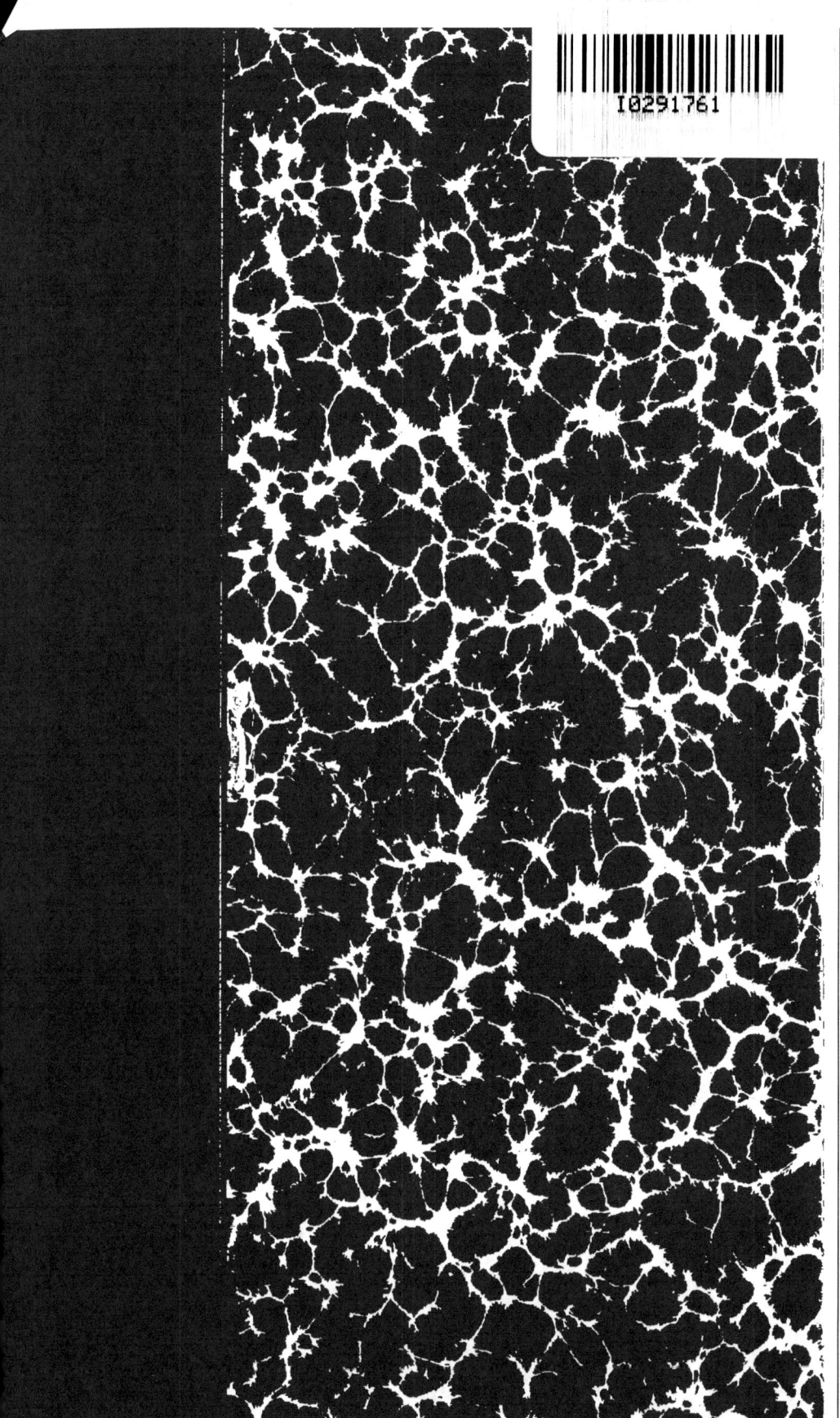

HISTOIRE
DE LA
GUERRE DE 1870-1871

PIERRE LEHAUTCOURT

HISTOIRE DE LA GUERRE DE 1870-1871

1re Partie. — **La Guerre de 1870**

(En cours de publication.)

    I. — **Les Origines** (*paru*).
   II. — **Les deux Adversaires.** — **Premières opérations** (7 juillet-2 août 1870) [*paru*].
  III. — **Wissembourg, Frœschwiller, Spicheren** (en préparation).
  IV. — **Les Batailles sous Metz** (en préparation).
   V. — **Sedan** (en préparation).
  VI. — **Capitulation de Metz** (en préparation).

2e Partie. — **La Défense nationale** (déjà publiée).

Cet ouvrage a obtenu de l'Académie française le septuple Goberl en 1899 et 1900.

    I. — Campagne de la Loire. — Coulmiers, Orléans, 1893.
   II. —   —   — Josnes, Vendôme, Le Mans, 1893.
  III. — Campagne de l'Est. — Nuits, Villersexel, 1896.
  IV. —   —   — Héricourt, La Cluse, 1896.
   V. — Campagne du Nord (Nouvelle édition), 1898.
  VI. — Siège de Paris. — Châtillon, Chevilly, La Malmaison, 1898.
 VII. —   —   — Le Bourget, Champigny, 1898.
VIII. —   —   — Buzenval, la Capitulation, 1898.

PIERRE LEHAUTCOURT

HISTOIRE

DE LA

GUERRE DE 1870-1871

TOME II

LES DEUX ADVERSAIRES
PREMIÈRES OPÉRATIONS

AVEC DEUX CROQUIS

BERGER-LEVRAULT & Cie, ÉDITEURS

PARIS | NANCY
5, RUE DES BEAUX-ARTS | 18, RUE DES GLACIS

1902

INTRODUCTION

Durant les années qui suivirent la guerre de 1870, rien n'était plus fréquent que d'attribuer nos désastres uniquement à deux causes, l'infériorité du nombre et la trahison. Peut-être même cette explication est-elle encore de mode dans certains milieux, bien que la réflexion indique aisément sa fragilité? Certes, notre faiblesse numérique a grandement contribué à l'écrasement si prompt des armées impériales; seule, elle ne saurait le justifier. En plusieurs circonstances, notamment à Spicheren, à Borny, à Rezonville, nos troupes eurent la supériorité du nombre sans en tirer parti. Que leur échec ait été tactique, comme le 6 août, ou stratégique, ainsi que les 14 et 16 août, il n'en fut pas moins dû à des motifs autres que l'infériorité de nos effectifs. Pour ce qui est de la trahison, on doit reconnaître que l'attitude du maréchal Bazaine explique amplement la série de batailles indécises ou de défaites dont la conclusion logique fut la capitulation de Metz. La même cause contribua indirectement au désastre qui engloutit l'armée de Mac-Mahon à Sedan. Mais on ne saurait y voir la raison déterminante de nos premiers échecs à Wissembourg et à Frœschwiller. Elle n'eut aucune part dans l'issue finale de la dernière partie de la guerre, alors que, en thèse générale, les armées de la Défense nationale avaient l'avantage du nombre. C'est un lieu commun que la victoire affectionne les gros bataillons, mais il n'est pas toujours exact. Les exemples du contraire abondent même dans l'histoire de tous les temps.

Ce que nous croyons fermement, ce que nous voudrions démontrer d'une façon irréfutable, est que l'origine de nos désastres réside avant tout dans *l'absence de préparation à la guerre.* Insouciant de l'avenir, ignorant le dehors, infatué de ses forces, de sa richesse, de sa civilisation, le pays n'était aucunement prêt aux sacrifices si lourds qu'entraîne aujourd'hui la lutte, même éventuelle, entre deux grands peuples. Il vivait sur le passé, confiant en ses gloires d'autrefois, persuadé que l'élan du soldat, soutenu par le patriotisme de la nation, balaierait tous les obstacles.

Quant à l'armée, elle laissait voir la même ignorance de l'étranger, la même infatuation naïve, le même culte de la routine. De l'épopée de la République et de l'Empire, elle gardait uniquement les souvenirs glorieux, les dates étincelantes, sans en chercher les causes profondes, sans se rendre compte, par exemple, de ce qui revient, dans nos victoires, au génie et à l'immense labeur de Napoléon Ier. Des guerres d'Afrique, de Crimée et d'Italie il lui restait cette conviction que l'entrain et le courage de notre soldat sont irrésistibles, qu'ils rendent inutile tout genre de préparation. Les conséquences furent d'autant plus graves qu'elle se vit en face d'un adversaire qui, lui, au contraire, n'avait négligé aucun détail de nature à faciliter, à renforcer son action extérieure. Elle allait combattre, à peu près désarmée, un ennemi qui avait consacré toutes ses ressources à accroître ses forces militaires, à assurer leur mise en œuvre.

De cette absence de préparation il résulta que notre loi de recrutement ne répondait pas aux exigences présentes, que nous ne disposions d'aucun moyen de pourvoir rapidement aux immenses besoins en chevaux, en véhicules, en matériel de tout genre qu'entraîne une mobilisation générale. La direction suprême, le commandement, l'instruction, l'armement et l'équipement des troupes étaient assurés d'une manière très insuffisante. L'organisation du temps de paix ne tenait compte que dans la plus faible mesure des nécessités de la guerre. Ni la mobilisation, ni la concentration n'avaient été préparées d'une façon rationnelle. Partout, dans tout ce qui touchait nos forces militaires et leur emploi possible, se montraient les conséquences de la non-préparation.

Les considérations qui précèdent ont dicté le présent volume. Avant d'entamer le récit des opérations proprement dites, nous avons tenu à y exposer en détail l'état moral et matériel des deux peuples, des deux armées. Puis nous avons abordé pour chacune l'étude de la mobilisation, de la concentration, dans la pensée que cette introduction était indispensable pour mettre en lumière les causes réelles des événements. Faute d'espace, nous avons dû limiter ceux-ci au 2 août. Un autre volume sera consacré aux quatre journées suivantes, du 3 au 6 août, dont l'influence fut capitale sur les résultats de la campagne.

Parmi les documents de toute nature, ordres, rapports, situations, témoignages *de visu*, dont nous avons fait usage, figurent en premier lieu les pièces restées longtemps inédites dont l'État-major de l'armée a commencé la publication, à la très grande satisfaction de tous ceux qui portent intérêt aux recherches historiques[1]. Nous n'avons rien dissimulé de leurs douloureux enseignements. On nous reprochera sans doute de rappeler des faits à jamais regrettables. Pourquoi raviver les cendres d'un passé qui nous a coûté tant de sang et de larmes? Les événements de cette funeste époque ne sont-ils pas connus dans leurs moindres détails? Nous pensons tout juste le contraire. L'histoire de la guerre de 1870 est moins répandue qu'on ne le croit en général. De plus, il n'est pas indifférent de montrer que tant de désastres furent dus avant tout à nos fautes, qu'il n'eût tenu qu'à nous de les rendre impossibles. Nous avions oublié cette vérité primordiale que tout, dans une organisation militaire, doit être conçu et pratiqué uniquement en vue de la guerre. Les faits allaient l'inscrire en caractères ineffaçables sur nos frontières démembrées.

Paris, février 1902.

---

[1]. Dans la *Revue militaire* (*Archives historiques*, 1899-1900), à laquelle a succédé, depuis le 1er janvier 1901, la *Revue d'histoire*, toutes deux rédigées à la Section historique.

GUERRE DE 1870

LES DEUX ADVERSAIRES
PREMIÈRES OPÉRATIONS

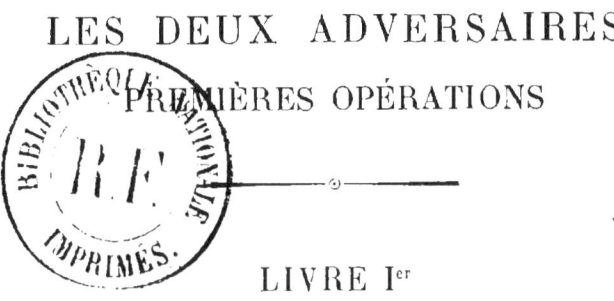

LIVRE Ier

LA FRANCE
LA NATION ET L'ARMÉE

I

LA NATION

La race. — État normal. — Le mensonge historique. — La vanité nationale. — Les progrès du luxe. — Idées dominantes. — L'esprit militaire. — Le patriotisme. — L'espionnage allemand.

Le Français de nos jours rappelle par des traits nombreux le Gaulois de César et de Strabon, mais tant d'invasions, de révolutions de tout genre se sont succédé dans notre pays depuis l'époque gallo-romaine, que les caractères généraux de la race en ont été modifiés. Certes, le paysan beauceron ou champenois n'es plus un homme « de guerre et de bruit, courant le monde, l'épée à la main, moins, ce semble, par avidité que par un vague et vain désir de voir, de savoir, d'agir[1] ». En outre, des différences marquées

---

1. Michelet, *Histoire de France*, cité par M. Élisée Reclus, *Géographie universelle*, I, 49.

séparent les habitants de nos provinces, le laboureur des plaines du Nord et le montagnard des Pyrénées, le pêcheur breton et le vigneron languedocien. Comme le dit M. Élisée Reclus, c'est dans les grandes villes seulement que se fondent ces types variés, au risque de perdre une partie de leur originalité et de leur valeur propre. L'ensemble n'en constitue pas moins une population homogène, dont les traits généraux se retrouvent partout, de Dunkerque à Perpignan et de Brest à Strasbourg.

Par sa situation géographique, la France est une zone de transition entre le nord et le midi de l'Europe. De même, le Français tient l'intermédiaire entre l'Anglais et l'Italien, entre l'Allemand et l'Espagnol. Il participe des qualités et des défauts de chacun. Tous les peuples trouvent en lui un écho de leur pensée, ce qui explique le caractère général de ses révolutions, leur contre-coup obligé sur le reste de l'Europe. L'historien allemand Ranke l'a dit : « L'office de la France est de briser d'époque en époque les lois fondamentales de la vie européenne, de changer de fond en comble les institutions, les formes et les principes qu'elle avait le plus contribué à faire prévaloir autour d'elle. »

De là aussi une sociabilité très développée, une bienveillance naturelle à l'égard de l'étranger, un esprit d'équité à son endroit. Il est rare qu'il ne se plaise pas chez nous. Mais cette facilité d'accueil entraîne sa banalité[1]. Nous admirons volontiers ce qui vient du dehors, nous l'imitons aisément, surtout dans ses défauts et sans aller au fond des choses. C'est affaire de légèreté. En France, on traite sérieusement les petites choses et légèrement les grandes. On nomme le jugement, cette qualité maîtresse, *sens commun*, sans doute par antiphrase, car rien n'y est plus rare. « Nous croyons tout, nous admettons tout, mais aussi nous expérimentons tout. Nous avons... horreur de l'étude persévérante, des abstractions, et nous rions au nez des choses et

---

1. Élisée Reclus, I, 49 et suiv.

des gens que nous ne comprenons pas tout de suite[1]. » Notre amour-propre diffère entièrement de la fierté castillane, de l'orgueil pharisaïque des Anglais ou des Américains, de la naïve infatuation des Allemands. « Nous avons plus de vanité que d'orgueil, plus d'amour-propre que de vanité... Nous revenons très facilement sur notre opinion, et il n'est pas même besoin pour cela que le raisonnement de notre adversaire soit convaincant[2]. »

En effet, si notre intelligence est vive, elle est souvent superficielle. Nos jugements sont trop hâtifs pour être approfondis. Nous sommes aussi prompts à la colère qu'à l'enthousiasme. On nous voit déchirer de nos mains celui que nous acclamions la veille, flotter sans cesse d'un extrême à l'autre. Nos divisions politiques sont profondes, trait qui nous est commun avec les Gaulois de César[3]. Peu de peuples, assurément, sont plus nerveux, plus accessibles aux influences du moment, plus difficiles à conduire. Depuis un siècle, nous oscillons sans cesse de la licence au despotisme. Nous souhaitons un gouvernement fort, sans pouvoir le supporter. Nous nous lassons aussi vite de la liberté que de la compression[4].

Si les bouleversements politiques nous effraient peu, nous

---

1. Alexandre Dumas, *Nouvelle lettre de Junius*, 19 et suiv. — « Le Français oublie tout de suite le passé, ne prévoit jamais l'avenir et ne vit que dans l'heure présente » (cité par le général Canonge, *Histoire militaire contemporaine*); Duclos, *Considérations sur les mœurs*, cité par F. Giraudeau, *La vérité sur la campagne de 1870*, 260.
2. A. Dumas, 19-21. — « Dans les villes, le peuple entoure les marchands, les questionne sur les pays d'où ils viennent et les presse de dire ce qu'ils ont appris. C'est sur ces bruits et ces rapports qu'ils décident souvent les affaires les plus importantes; ils ne tardent pas à se repentir d'avoir agi d'après des nouvelles incertaines et la plupart du temps inventées pour leur plaire » (César, *Commentaires*, cité par A. Dumas, 58).
3. César, *Commentaires*, traduction, Hachette, 1872, I, 179 et suiv.
4. « Notre pays est en proie à deux besoins contradictoires, le besoin du repos et celui des émotions vives et nouvelles; il veut à la fois qu'on rassure ses intérêts et qu'on satisfasse son imagination » (*Lettres de M. Guizot* recueillies par Mme Cornélis de Witt, p. 344, 2 déc. 1852). — « En France, tout gouvernement qui faiblit se couvre de ridicule; du moment où on cesse de le craindre, on cesse de l'estimer. Le peuple français n'a jamais su gré à ses chefs des concessions qu'ils lui ont faites. Il adore la force comme une divinité » (Imbert de Saint-Amand, *La jeunesse de l'impératrice Joséphine*, 208).

avons à un point extrême le souci des convenances, du sentiment général, du *qu'en-dira-t-on*. C'est en France que Rabelais a pris le type immortel de ses moutons de Panurge, et Henri Monnier celui de Joseph Prudhomme. La routine y est toute-puissante. A suivre la mode, les idées ambiantes, on perd aisément sa personnalité. On subit ses impressions plutôt qu'on ne les raisonne. Dans ces conditions, la parole et le journal exercent une influence excessive. « Nous sommes bavards avec délices... Dire quelque chose nous paraît être le commencement du génie ; faire quelque chose ne vient qu'après. Nous vivons sur des phrases, qui parfois ne signifient rien du tout, mais dont le bruit et la cadence nous plaisent... L'homme qui a trouvé un mot dure longtemps en France, et le mot dure toujours... Dès que nous sommes couverts par un mot, nous sommes tranquilles ; aussi, étant le peuple le plus ignorant, sommes-nous le plus littéraire qui soit. Nous vivons de littérature, c'est-à-dire *de la représentation par des mots* d'une réalité qui n'existe pas... Nous ne lisons pas, à moins que ce ne soit des fictions[1]. Je ne dis pas que nous aimons à écouter, mais nous aimons à entendre parler de n'importe quoi dont nous parlerons après. Aussi nous abondons en avocats, en auteurs dramatiques, en comédiens, en discoureurs parlementaires, en conférenciers, en journalistes, en historiens, en pîtres de carrefours... Un mot nous abat, un mot nous transporte... » Si nous nous décourageons vite, comme l'avait déjà observé César, nous nous réconfortons plus vite encore. Si nous sommes souvent prêts à la révolte contre nos chefs, nous ne le sommes pas moins à nous faire tuer pour eux[2].

Le conquérant des Gaules signale l'influence prépondérante des idées religieuses sur les Gaulois. De même, Alexandre Dumas voit en leurs descendants « le peuple chré-

---

[1]. A. Dumas, 19-21. A l'appui de ce jugement, on doit citer l'importance du roman, de la nouvelle, du théâtre, dans les lettres contemporaines.
[2]. A. Dumas, 19-21. — « Si le Gaulois est prompt à prendre les armes, il manque de fermeté pour supporter les revers » (César, *Commentaires*, cité par A. Dumas, *ibid.*).

tien par excellence ». On doit se demander si cette qualification est bien exacte, depuis le profond ébranlement apporté par le xviiie siècle aux vieilles croyances [1]. Il n'en reste pas moins que le Français a su maintes fois mourir pour une idée, une pure abstraction. Il est léger, soit : « Il y a dans le caractère français une crédulité proverbiale [2] », qui s'allie souvent à une extrême méfiance. Mais il est brave, enthousiaste, d'une grande franchise, généreux dans la victoire, reconnaissant du bien, oublieux du mal. Ses rancunes ne durent pas, témoins les désastres de 1814 et de 1815, si oubliés déjà en 1870, témoins ceux de 1870, dont nous ne nous souvenons guère. Longtemps le Français est resté fidèle aux traditions de la chevalerie, même à l'époque du réalisme triomphant [3]. Il est turbulent, peu discipliné de son essence, mais il possède à un degré rare la gaieté communicative, l'entrain, la facilité à se plier aux situations les plus difficiles. On peut tout lui demander, s'il a confiance en ses chefs. « Les Allemands, a dit le maréchal Marmont, ont eu souvent des succès avec des chefs médiocres; les Français valent dix fois leur nombre avec un chef qu'ils estiment et qu'ils aiment [4]. » Au cas contraire, ils sont parmi les pires soldats.

Si, de tout temps, l'étranger a sévèrement apprécié notre valeur morale, c'est qu'il prend au sérieux nos propres accusations; c'est que, loin de dissimuler nos faiblesses, ainsi que tant d'autres, nous les affichons à plaisir. De là des exagérations comme celle de Grimm, nous refusant « tout sentiment moral [5] ». De même l'auteur anonyme du *Dernier*

---

1. Les souvenirs publiés par nombre d'aumôniers militaires sur la guerre de 1870 indiqueraient le contraire. Voir, notamment, *Aux trois armées de la Loire, 1870-1871. Souvenirs d'un aumônier*, par l'abbé Albert Leroy (*La France illustrée*, 1900-1901).
2. Prince de Bismarck, *Discours du 30 novembre 1864*.
3. « Ce sont des hommes francs, peu portés à dresser des embuscades et habitués à combattre avec le courage, non avec la ruse » (César, *Commentaires*, cité par A. Dumas, 58).
4. *Esprit des institutions militaires*, IIe partie, ch. II, cité par le général Thoumas, I, 53.
5. *Grimm an seinen Freund Dahlmann*, 1832, cité par M. E. Reclus, I, 49.

des Napoléon voit en nous une « nation aveuglée, corrompue, dévoyée, entraînée par une fièvre chaude à tous les excès d'un matérialisme grossier..., à l'oblitération de tout sentiment du devoir, de la justice, de l'honneur...[1] ». Mais on doit reconnaître que, si l'instruction tend à se répandre davantage dans les masses, la culture morale y est entièrement négligée. On entretient l'enfant, le citoyen, de leurs droits, jamais de leurs devoirs. On ne s'inquiète pas de former leur jugement, leur caractère, de les préparer à leur mission future. Si, dans l'armée, la discipline n'est pas ce qu'elle devrait être, c'est qu'elle n'existe ni dans a famille, dont les liens se détendent, ni dans le pays où le sentiment du devoir, le sens du respect vont chaque jour s'affaiblissant. On affecte volontiers un scepticisme qui s'étend aux croyances religieuses, aux idées de patrie, aux traditions les plus respectées. Le succès refusé aux œuvres des Berlioz et des Wagner va aux parodies comme *la Belle Hélène, la Grande-Duchesse*. L'attention de la presse parisienne semble s'attacher surtout aux acteurs de bas étage, aux filles et aux assassins[2]. Après la période de réaction contre les idées religieuses qui marque l'avènement de la monarchie de Juillet, un mouvement en sens inverse se produit vers 1850. Mais il est plus apparent que réel. Pour beaucoup, il semble que le mot du général Trochu soit trop souvent juste : « Dieu considéré, non comme un principe, mais comme un moyen[3]. » Dans certaines classes de la société, les pratiques religieuses sont plutôt affaire de convention, de mode, que de croyance véritable. Les manifestations pieuses se multiplient, le culte des images se répand,

---

1. P. 167. Ce livre paraît dû à un diplomate autrichien ayant habité la France, ou du moins avoir été inspiré par lui. Voir également *La tyrannie prussienne*, par un Allemand, 74, et plusieurs articles de M. Gaston Deschamps, dans le *Temps* de mars 1901, au sujet de l'opinion que les Américains ont des Français.
2. Colonel Stoffel, *Rapports militaires écrits de Berlin*, X, d'après une lettre du 31 mai 1871; général Trochu, *Œuvres posthumes*, II, 85; général Ambert, *Récits militaires. Gaulois et Germains*, I, 240; *Le général Lapasset*, par un ancien officier de l'armée du Rhin, II, 125, lettre du 30 octobre 1870.
3. Lettre au général Lapasset, *Le général Lapasset*, II, 338.

rendant plus complète l'illusion d'un renouveau de la foi, sans que les progrès de l'incrédulité en soient réellement ralentis. C'est la religion sensuelle, le demi-paganisme des Italiens, qui gagne du terrain sur le catholicisme français, plus exempt d'éléments matériels. A mesure que l'aristocratie revient davantage aux pratiques religieuses, les masses deviennent moins croyantes.

Si l'éducation morale existe à peine, l'histoire contemporaine apparaît au travers d'un « immense et incessant mensonge ». La Révolution, le Consulat, l'Empire sont constamment transfigurés par la légende. On répand à leur sujet des idées fausses, faites pour vicier le jugement de tous. La presse, le Parlement, les fonctionnaires abusent à tout instant des épithètes redondantes. Nous comptons plus de grands citoyens et de généraux illustres que tous les pays de l'Europe réunis. Nous sommes élevés dans l'admiration de nous-mêmes ; nous en arrivons à dédaigner l'étranger, tout en le copiant, à ne tenir aucun compte de ses idées. « Nous sommes, avec tout notre esprit, le plus sottement vaniteux, le plus badaud et le plus niais de tous les peuples. Il n'y a pas un pays en Europe où il se débite plus de sottises, plus d'idées fausses et plus de niaiseries », a dit non sans exagération le colonel Stoffel [1].

Nous sommes si bien habitués à voir le passé au travers de la légende, que l'on accuse couramment de manquer de patriotisme ceux qui s'écartent des conventions admises. Dans leur *Conscrit de 1813*, les auteurs des *Romans nationaux*, Erckmann-Chatrian, ont reproduit sous une forme plus vivante les souvenirs de deux soldats du premier Empire. On leur reproche de faire craindre la guerre, parce qu'ils la peignent avec des couleurs trop vraies [2]. En réalité, leur

---

[1]. *Rapports militaires*, X-XVIII ; général Trochu, *Œuvres posthumes*, II, 41.
[2]. « Il faut avoir vécu à la veille de cette terrible année 1870, que nous pressentions tous, pour se faire une idée de l'action directe, immédiate de ces romans patriotiques, *Madame Thérèse*, *Le blocus* — traînées de poudre littéraires — qu'on accusait de faire craindre la guerre, parce qu'ils nous enseignaient l'horreur de l'invasion. Ces livres, en réalité, sentaient le salpêtre. Les Allemands s'inquiétaient fort de ce réveil de l'âme alsacienne... » (Jules Claretie, La vie à Paris, *Le Temps*, 30 mars 1899).

succès indique plutôt un réveil de l'esprit militaire, l'intuition confuse des dangers qui vont nous assaillir.

Si le bien-être s'est beaucoup accru dans la masse, sous l'influence d'une circulation plus active, d'échanges plus fréquents et plus faciles, le luxe fait des progrès inquiétants. La grande préoccupation est la conquête de l'argent, des jouissances qu'il procure[1]. De plus en plus, la vie sociale est viciée par le besoin de paraître. Les conséquences sont graves, même au point de vue matériel. Après s'être accrue lentement jusqu'en 1861, la natalité devient stationnaire ou diminue peu à peu, jusqu'à ce qu'elle se restreigne tout à fait[2]. Trop souvent le mariage devient une spéculation. Dans cette recherche obstinée des biens matériels, les femmes, du moins celles de certaines classes, ont la plus lourde responsabilité. L'exemple de la cour impériale est contagieux. Les goûts de dépense et de toilette ne connaissent plus de limites. Ils entraînent aisément la ruine des gens riches et, pour les autres, la gêne, des désordres de tout genre[3]. L'influence des femmes sur les destinées de la nation est d'autant plus grande qu'elle est cachée, que les lois, sinon les mœurs, semblent les en priver totalement, faire d'elles de perpétuelles mineures. Elles contribuent puissamment au mal très réel signalé par le général Trochu : « Le *moi* partout substitué au *nous,* et le sentiment de l'intérêt public dominé par une abominable individualité[4]. » De même, elles ont leur influence sur l'affaiblissement des caractères. « Du talent, tout le monde en a, talent léger, superficiel,

---

1. Général Ambert, *Récits militaires*, I, 240 ; *Le dernier des Napoléon,* 167; *La tyrannie prussienne*, par un Allemand, 74 : « L'amour désordonné du luxe et la seule préoccupation de la prospérité matérielle sont les sources les plus directes de l'affaiblissement moral de la nation » ; *Les causes de nos désastres. Réflexions d'un prisonnier de guerre,* par un officier supérieur, 106.

2. 494,608 naissances en 1850, 514,735 en 1861, 511,626 en 1869, 422,879 en 1871 (*Rapport de M. Raiberti sur le budget de la guerre pour 1901,* 18).

3. Ce mal n'est pas près de disparaître. Voir M. Paul Bourget, *Le luxe des autres;* M. Gaston Deschamps, La Parisienne, *Figaro* du 5 mai 1900, et Mme Arvède Barine, Le mariage en péril, *Figaro* du 23 mai 1898.

4. Lettre au général Lapasset, *Le général Lapasset,* II, 339. — « Vous êtes une collection d'individualités, vous n'avez plus que des intérêts sous des masques divers » (Bismarck à Jules Favre, E. Cresson, *Cent jours du siège à la préfecture de police,* 310).

prime-sautier, aimable..., du caractère, nulle part¹. » — « La liberté à la bouche, le servage au cœur », a dit Chateaubriand dans ses *Mémoires d'Outre-Tombe*. On abandonne volontiers aux gouvernants, quels qu'ils soient, le soin de ses intérêts les plus essentiels. « La nation, selon la saisissante définition de Chamfort, est un grand troupeau qui ne songe qu'à paître, mais elle est convaincue qu'elle mène tout². » L'individu a un sentiment exagéré de ses droits et point celui de ses devoirs. Quand on discute la Constitution de 1848, on propose de supprimer le remplacement et de rendre le service militaire obligatoire, double proposition qui est rejetée à la majorité de 663 voix contre 140³. Pourtant Napoléon Iᵉʳ avait dit : « Il n'y a de grande nation que celle où tout le monde est soldat; où M. l'archichancelier, que j'ai là à côté de moi, peut à chaque instant prendre son fusil et rejoindre son bataillon. C'est ainsi que l'on a une nation maçonnée à chaux et à sable⁴. » Le pas timide risqué en 1867 et 1868 vers l'obligation et l'égalité du service n'en rencontre pas moins une très vive opposition au Corps législatif. Bien plus, les dix années qui précèdent la guerre sont consacrées à une lutte incessante pour la réduction des charges militaires⁵. Les modérés ne sont pas les derniers à y prendre part. Le duc Decazes écrit dans une circulaire électorale : « Deux partis sont en présence : celui de la loi militaire, des budgets en déficit... Demandez-lui compte des lourds contingents qui épuisent l'agriculture... L'autre parti demande le désarmement, moins de casernes et plus d'écoles... » On citerait aisément cent circulaires pareilles⁶.

---

1. *Le dernier des Napoléon*, 290. — « Ici seulement, de tous les endroits de la terre, elles méritent de tenir le gouvernail; aussi les hommes en sont-ils fous, ne pensent-ils qu'à elles et ne vivent-ils que pour elles » (Lettre de Bonaparte à Joseph, 18 juillet 1795).
2. *Le général Lapasset*, II, 339; Trochu, *Œuvres posthumes*, II, 85.
3. Fernand Giraudeau, *Napoléon III intime*, 174; général Ambert, I, 240.
4. Commandant Bonnet, *La guerre franco-allemande de 1870-1871. Résumé et commentaires de la relation du grand état-major prussien*, I, 4.
5. F. Giraudeau, 176 et suiv.; Le même, *La vérité sur la campagne de 1870*, 125 et suiv.; *Histoire de la guerre de 1870-1871. Les Origines*, 20, 108, 153, 159, 175.
6. F. Giraudeau, 178.

Cette hostilité est si répandue, qu'elle amène le gouvernement impérial à des réductions d'effectif au moins inopportunes, comme en 1865, ou à d'enfantines propositions de désarmement, ainsi qu'en 1870[1].

Le fait que le service militaire est imposé seulement aux plus pauvres, le rôle joué par l'armée au moment du Coup d'État, contribuent à l'isoler davantage du pays. Les régiments sont soumis à d'incessants changements de garnison, onéreux pour chacun, l'État compris, et dont le résultat le plus clair est de développer l'oisiveté chez les officiers. A courir ainsi les grandes routes, les liens même de la famille, du pays natal, se détendent. L'armée devient une petite nation dans la grande, adulée, exaltée en temps de guerre et qui, durant la paix, est souvent en butte aux vexations, aux avanies. L'aisance générale, le luxe qui gagne partout, la font dédaigner, ainsi que le renoncement qu'elle impose. Les passions politiques poussent à l'insulter. Partout on la tourne en ridicule, au théâtre, dans le roman, à la tribune[2]. « Lorsque l'esprit militaire abandonne un peuple, a dit M. de Tocqueville, la carrière militaire cesse aussitôt d'être honorée et les hommes de guerre tombent au dernier rang des fonctionnaires publics. On les estime peu et on ne les comprend plus... Cette défaveur... est un poids très lourd qui pèse sur l'esprit de l'armée[3]. » Les classes aisées s'en désintéressent et en détournent leurs enfants. La grande majorité du pays la considère comme une réunion de mercenaires payés pour se faire tuer au lieu et place d'autrui[4]. Combien peu se rendent compte des devoirs qui leur incombent envers

---

1. *Les Origines*, 20, 171.
2. Commandant Bonnet, I, 4 ; *Les causes de nos désastres*, 106-108. — « Dans les dernières années qui précédèrent la guerre, l'opinion publique semblait prendre à tâche de démoraliser l'armée par le peu de considération dont elle l'entourait » (Colonel de Ponchalon, Souvenirs de guerre [1870-1871], *France militaire* des 17 et 18 déc. 1892); *Les Origines*, 164.
3. *Les causes de nos désastres*, 108; lettre du général duc de Mortemart, 17 mars 1857, *Journal de Castellane*, V, 165; lieutenant-colonel Rousset, *Histoire générale de la guerre franco-allemande*, I, 49.
4. Colonel Ponchalon, *loc. cit.* — « On entendait très souvent dire par un père à son fils : « Vas, tu n'es bon qu'à faire un soldat » (Bazaine, *Épisodes de la guerre de 1870 et le blocus de Metz*, XXIV-XXV).

la patrie! Vienne une déclaration de guerre, des milliers d'hommes valides se déroberont par tous les moyens à l'obligation de porter les armes. Le nombre des engagements volontaires sera d'abord très restreint [1]. Dans les journaux, aux réunions publiques, à la tribune, on affecte constamment de ne plus croire à la possibilité de la guerre; on célèbre l'avènement prochain de la paix perpétuelle, de la république universelle. « Nous décidions, nous autres Français, que, la guerre étant absurde, il ne devait plus y avoir de guerre, et tout le monde devait être de notre avis... [2]. » A ce courant en correspond un autre, inverse. Aux déclamations contre les choses militaires répond le chauvinisme, qui date du premier Empire et qui est devenu une « maladie nationale, constitutionnelle, endémique, épidémique, héréditaire ». Il est dangereux à l'extrême, car il substitue « la légende de la victoire certaine au sentiment des patients efforts qu'il faut pour la mériter [3] ». C'est l'exagération, la caricature du patriotisme.

Il faut bien remarquer que les circonstances ne sont pas, au début, pour provoquer un grand mouvement patriotique. « Pourquoi se battent les Français? Ils n'en savent rien. On leur a dit qu'ils se battaient parce que le roi de Prusse avait refusé de recevoir leur ambassadeur! C'est un bien petit prétexte pour justifier de si grands sacrifices. On leur a dit, pour les diviser, qu'ils se battaient afin de permettre à Napoléon III de reprendre le pouvoir absolu! Ils ne compren-

---

1. Bazaine, *Épisodes,* 109, lettre des conseillers municipaux et des fonctionnaires de la commune de Bizonne (Isère), sollicitant l'emploi comme infirmier ou le renvoi dans ses foyers du nommé Barbier, soldat de la deuxième portion de la classe de 1863, marié avec trois enfants, de façon qu'il ne soit plus exposé au feu; capitaine Pinget, *Feuilles de carnet (1870-1871),* 109, au sujet du nombre des « fils de la haute bourgeoisie », employés à la manutention de Lille vers la fin de la guerre. Après la paix, les citadelles de Lille et de Besançon furent combles de réfractaires. Pour s'en débarrasser, on les condamna à des peines insignifiantes. Voir, pour le nombre des engagés volontaires au début, le général Lebrun, *Souvenirs militaires,* 194, et pour les engagements dans les bataillons de marche de la garde nationale, *Siège de Paris. Châtillon, Chevilly, La Malmaison,* 126.
2. A. Dumas, *Nouvelle lettre de Junius,* 64; F. Giraudeau, *La vérité sur la campagne de 1870,* 174 et suiv.
3. Général Trochu, *Œuvres posthumes,* II, 41.

nent pas, puisque, trois mois auparavant, un plébiscite a fortifié l'Empire. On n'a pas pu leur montrer la frontière envahie, l'intégrité du sol national menacée. En somme, il se battent parce que, quatre ans auparavant, les Prussiens ont battu les Autrichiens et parce que nous n'avons pas su tirer notre épingle du jeu[1]. » Dès lors, le patriotisme des masses se traduit, surtout à Paris, par des cris, des chants, des démonstrations tapageuses qui en sont la parodie ; dans les provinces de l'Est, par l'accueil hospitalier fait aux troupes qui vont à la frontière[2]. Mais, quand s'ouvrira la série sans fin de nos désastres, l'enthousiasme du début disparaîtra vite, pour laisser trop souvent place aux sentiments les plus égoïstes. C'est ainsi que, le 29 août, à Rethel, le général de Wimpffen aura la plus grande peine à trouver une voiture, afin de porter ses bagages à Mézières. Il lui faudra presque employer la force. Ni le sous-préfet, ni le maire ne pourront ou ne voudront lui venir en aide. Que de faits semblables[3] !

Sans doute, il serait injuste de dire, avec un Allemand, que « le plus sérieux reproche » à adresser aux Français est leur « manque de patriotisme[4] ». Mais, on doit le reconnaître, l'idée de patrie n'est pas aussi puissante sur les masses qu'il serait souhaitable.

La légèreté nationale, le dédain de l'étranger qui nous est coutumier, et aussi la confiance naïve que nous lui témoignons volontiers, expliquent assez le développement de l'es-

---

1. Général du Barail, *Mes souvenirs*, III, 234-235.
2. Lettre du général Lapasset, 20 juillet 1870, *Le général Lapasset*, II, 109 ; Lettre du 25 juillet, *ibid.*, 112, au sujet de l'entrée à Sarreguemines ; capitaine Pinget, 57 et suiv. ; A. de Mazade, *Lettres et notes intimes, 1870-1871*, lettre d'un soldat du 5ᵉ corps, 28 juillet 1870, etc.
3. Général de Wimpffen, *Sedan*, 128 ; général Lebrun, *Bazeilles-Sedan*, 32, 56, 75, 191. — Le 18 août, sous Metz, Verdy du Vernois voit un paysan au pied de chaque poteau du télégraphe de campagne allemand. Les communes, rendues responsables de leur conservation, ont organisé d'elles-mêmes ce service de garde. — A Pont-à-Mousson, l'hôtesse de cet officier prussien, le croyant tué de la veille, le voit rentrer. Elle pousse un cri de joie et l'embrasse (*Im grossen Hauptquartier*, 86, 113).
4. *La tyrannie prussienne*, par un Allemand, 73. Voir plus loin comment une fraction de l'opposition entend le patriotisme.

pionnage en France avant la guerre et lors de ses débuts. Un Autrichien s'exprime ainsi : « Les Français... ne savaient et ne se souciaient pas de savoir ce qui se passait autour d'eux, encore moins là-bas, au delà des frontières..., tandis que nous voyions, chaque heure du jour et de la nuit, circuler dans leurs coulisses, à la cour, dans les ministères, dans les salons officiels, dans les cafés, dans les rues, dans les faubourgs, une légion de Prussiens, quelques-uns dans les positions les plus élevées, qui télégraphiaient d'heure en heure à Berlin chaque mouvement du gouvernement français..., chaque détail de l'armement et de la marche des troupes, chaque manifestation de la rue. Le même réseau de correspondances occultes enveloppait toutes les frontières de l'Est, toutes les places fortifiées de France[1]. » C'est un mal ancien, puisque, dès mars 1857, le colonel russe Albedinski obtient quantité de renseignements confidentiels d'un officier d'ordonnance de l'empereur[2]. Quelque temps avant la guerre, le directeur de la police de Berlin vient à Paris sous prétexte d'étude. Il repart après avoir créé un service d'espionnage et d'agents provocateurs[3]. La veille du départ de Napoléon III pour la frontière, on apprend, dit-on, que l'une des familières du château, parente de l'empereur, comtesse de S. T., est « en correspondance régulière avec les princes de la famille royale de Prusse, ainsi qu'avec plusieurs chefs de corps de l'armée allemande ». On fait des recherches dans ses papiers : elles montrent que l'accusation est fondée, et M. Gally, le régisseur des Tuileries, est chargé de renvoyer sur l'heure la comtesse ainsi que sa nombreuse parenté[4].

Au début de la guerre, notre confiance est si grande, que

---

1. *Le dernier des Napoléon*, 342. Voir le cas du nommé Glaser, à Creil, *La défense nationale en 1870-1871. Campagne du Nord*, 14.
2. *Papiers et correspondance de la famille impériale*, I, 114, lettre signée Tonnelie, du 12 mars 1858.
3. G. Rothan, rapport du 12 octobre 1870, *Souvenirs diplomatiques. L'Allemagne et l'Italie* (1870-1871), I, 199.
4. P. de Lano, *La cour de Napoléon III*, 63. D'autres cas semblables auraient été systématiquemtnt négligés (*ibid.*, 64).

nous ne prenons pas cet espionnage au sérieux[1]. Puis la réaction se fait et, suivant notre habitude, nous tombons dans l'extrême opposé en voyant des espions partout, en leur prêtant un rôle qu'ils n'eurent à aucun moment[2].

---

1. Sarazin, *Récits de la dernière guerre franco-allemande*, 15. — A Haguenau, le docteur Sarazin signale un officier prussien attablé avec un juif. Plusieurs officiers de lanciers en rient et déclarent qu'ils ne sont pas chargés de vérifier l'identité du personnage. Voir le *Journal d'un officier de l'armée du Rhin* (lieutenant-colonel, puis général Fay, 2e édition, 35 et 38). — « Des sujets prussiens ou bavarois, qui séjournaient en France et ont pu tout voir, cherchent à regagner leur pays en franchissant nos lignes. Que dois-je en faire ? » (Le général de Failly au major général, 31 juillet, *Revue d'histoire*, 1er S. 1901, 425).

2. *La défense nationale en 1870-1871. Siège de Paris. Châtillon, Chevilly, La Malmaison*, 124, 243 ; *Campagne du Nord*, passim ; major Kunz, *Der Feldzug der Ersten deutschen Armee im Norden und Nordwesten Frankreichs*, 1870-1871, II, 8, 61.

II

L'EMPEREUR

Le souverain. — L'homme. — Déclin de ses forces physiques. — Premiers symptômes de maladie. — Consultations du 20 juin et du 1ᵉʳ juillet 1870. — État physique pendant la guerre. — Responsabilités encourues.

Nous avons dit ce qu'est Napoléon III, l'homme et le souverain, l'extrême complexité de l'être moral, les infinis contrastes de son caractère[1]. Pendant la décadence du second Empire, de 1860 à 1870, son autorité va toujours diminuant dans le pays, à mesure que les difficultés s'accumulent autour de lui. Il cède peu à peu une grande partie des pouvoirs qu'il a d'abord assumés, et ces concessions, loin de désarmer les partis opposants, les rendent plus acharnés. Même dans l'armée, son prestige n'est plus ce qu'il était en 1850, comme le prouvent les résultats du plébiscite[2]. A Paris il n'a jamais été aimé et n'est plus redouté. Quand il se montre en public, il n'obtient pas de la foule les marques les plus ordinaires de respect. Souvent il remonte les Champs-Élysées, dans l'élégant appareil des promenades impériales, sans recueillir autre chose que des saluts isolés parmi les groupes de toute condition, assemblés sur son passage : « Ils le regardaient passer avec la plus profonde indifférence et la plus tranquille irrévérence[3]. »

Par contre, les ministres, le Parlement, les fonctionnaires, la presse officieuse font assaut envers lui d'une exagération d'éloges, d'une idolâtrie apparente, faites pour accroître le

---

1. *Les Origines*, 38 et suiv.
2. *Ibid.*, 175 ; 254,749 *oui*, 41,782 *non* et 2.997 *nuls* sur 300,684 inscrits pour l'armée de terre ; 23,895 *oui*, 6,009 *non*, 506 *nuls* sur 32,037 inscrits pour l'armée de mer (*Journal officiel* du 19 mai 1870). Voir, dans les *Papiers et correspondance*, I, 340, une lettre du général de Lorencez au sujet du plébiscite, signalant le « résultat déplorable dans son ensemble » et « monstrueux », pour un bataillon de chasseurs, du vote de la garnison de Toulouse.
3. Général Trochu, *Œuvres posthumes*, II, 38.

scepticisme railleur des masses. Elles ont vu tant de fois, depuis 1789, adorer et brûler par alternance des idoles d'un jour, qu'elles perdent peu à peu toute notion du respect[1]. Viennent les prochains désastres, il n'en restera plus rien.

D'ailleurs l'empereur, lui aussi, n'est plus ce qu'il était aux jours glorieux du second Empire. Depuis de longues années, sa santé va déclinant, au point de donner parfois les plus graves inquiétudes. Dès mai 1861, dans une lettre à l'impératrice, il se plaint de douleurs persistantes dans les jambes[2]. C'est en 1864, puis en août 1865, que se montrent les prodromes de la maladie qui doit l'emporter. Au camp de Châlons, le médecin-inspecteur Larrey lui fait connaître l'urgence d'une opération. L'empereur se récrie et ordonne le secret sur ces accidents : « Nous en reparlerons plus tard[3]. » Les années suivantes, des symptômes inquiétants se manifestent à diverses reprises[4]. Depuis 1866, Napoléon III ne peut rester en selle qu'au prix de douleurs aiguës. Au mois de mai, à la fin d'un dîner chez la princesse Mathilde, il est pris d'une crise si violente, qu'il doit rentrer aussitôt aux Tuileries, dans le brougham de l'écuyer de service[5]. En août, ses souffrances sont telles, qu'on fait venir à Paris un spécialiste allemand, le docteur Chelius ; il se tient quelques jours à sa disposition[6].

---

1. Trochu, *loc. cit.*, — Voir, comme échantillon des éloges hyperboliques adressés à l'empereur, le discours de M. Rouher au nom du Sénat, le 17 juillet 1870, *Journal officiel* du 18 juillet : « Votre Majesté, se refusant à des impatiences hâtives, a su porter depuis quatre années à sa plus haute expression l'armement de nos soldats, et élever à toute sa puissance l'organisation de nos forces militaires » ; discours du maréchal Niel au Sénat, 9 avril 1869, *ibid.*, 10 avril ; *ibid.*, 16 août 1869.
2. F. Giraudeau, 406. — En 1864, Napoléon III fut atteint par une crise violente en Suisse (Confidences du docteur Séc en mars 1866, Darimon, *Notes pour servir à l'histoire de la guerre de 1870*, 28).
3. Lettre du médecin-inspecteur Larrey au *Figaro*, 8 février 1886, Darimon, *Notes pour servir, etc.*, 28 ; Mme Carette, *Souvenirs intimes de la cour des Tuileries*, II, 126. Mme Carette ajoute que jusqu'en 1869 la santé de l'empereur parut bonne.
4. *Les Origines*, 70, 89, 93, 94.
5. P. de Massa, *Souvenirs et impressions*, 272.
6. Darimon, *Notes pour servir, etc.*, 29.

A la cour, quoi qu'on en ait dit, son état n'est un mystère pour personne ; mais il semble que, dans son entourage immédiat, il y ait un parti pris d'optimisme : « La santé de l'empereur donne beaucoup d'inquiétude, écrit Mérimée. Si j'en crois les gens les mieux informés, tels que Nélaton et le général Fleury, il n'y a rien de dangereux dans son fait : il a de temps en temps des douleurs de vessie[1]. » Sa maladie n'a jamais motivé de craintes sérieuses, assure le général Ducrot, mais « il est incontestable que sa constitution s'affaiblit de jour en jour, qu'il devient presque impotent, et qu'avec les forces physiques périclitent également la volonté et la vigueur morale ; en un mot, il paraît atteint, avant l'âge, de débilité sénile[2] ».

Les inquiétudes de son entourage gagnent le malheureux souverain, si bien que, le 7 octobre 1869, il remet à M. Rouher des lettres patentes pour la constitution éventuelle d'un conseil de régence[3]. Mais sa force d'âme est grande. Il se raidit contre la douleur et ne se plaint que très rarement. En juin 1870, Mérimée déjeune « avec l'empereur et l'impératrice, tous deux en bonne santé, l'empereur très engraissé et de très bonne humeur[4] ». Cette fois, la perspicacité du célèbre écrivain est en défaut : dès le

---

1. *Lettres à Panizzi*, 378, 7 septembre 1869. — Quoi qu'en dise Mme Carette, *loc. cit.*, la maladie de l'empereur était bien connue de l'impératrice. A une soirée, Mme Octave Feuillet entendit Napoléon III lui dire, dans les premiers mois de 1870 : « Sortons vite, je souffre horriblement » (Mme Octave Feuillet, *Quelques années de ma vie*, 78) ; voir également M. Darimon, Mémoires des hommes du temps présent, Notes sur la guerre, *Figaro* du 8 janvier 1894, d'après les souvenirs du général Lewal.

2. *Vie militaire du général Ducrot*, II, 316, lettre à M. L. Rambourg, 15 septembre 1869. A rapprocher des mémoires de lord Malmesbury, 19 mai 1870, p. 371, mentionnant chez Napoléon III « une certaine faiblesse d'esprit résultant de ses souffrances physiques ». Ce témoignage est précieux, venant d'un ami fidèle.

3. L'original de ces lettres, saisi chez M. Rouher, a été reproduit dans les *Papiers et correspondance de la famille impériale*, I, 99.

4. *Lettres à Panizzi*, 7 juin 1870, 378 ; Mme Carette, II, 137. — M. Darimon, qui fut reçu par l'empereur dans les premiers mois de 1870, fut « frappé de l'altération de ses traits et de la difficulté qu'il avait à se mouvoir ; il avait une peine infinie à conserver la station droite, et il se mordait fréquemment la moustache comme un homme qui éprouve une douleur continue. « L'empereur est malade », dis-je à Conti, que je vis au sortir de l'audience. Conti leva les yeux au plafond... et ne répondit rien » (Darimon, *Notes pour servir, etc.*, 30).

20 juin, le docteur Germain Sée est appelé en consultation à Saint-Cloud, sur les instances de la duchesse de Mouchy, qui a vanté à l'impératrice la sûreté de son diagnostic. Cette fois le malade, plus confiant qu'à l'ordinaire, détaille la nature de ses souffrances, se laisse examiner et, résolu à en finir, prie M. Sée de convoquer en consultation les médecins de sa maison. Le matin du 1er juillet, MM. Nélaton, Ricord, Fauvel, Corvisart et Sée se réunissent chez le docteur Conneau. Au grand étonnement de ses confrères, M. Sée formule d'emblée ce diagnostic : « Messieurs, l'empereur a la pierre. » Puis il donne ses raisons et réussit à convaincre M. Ricord, mais non les trois autres assistants. Pour clore la discussion, on décide d'examiner Napoléon III à la sonde. Sée et Ricord voudraient que l'examen ait lieu dès le 3 juillet, mais la majorité fait valoir que le souverain est mieux portant depuis quelques jours, et décide de renvoyer la décision définitive au mois de septembre. Il est cependant convenu que M. Sée rédigera la consultation. « Le diagnostic et les conseils qu'elle formule » ont été arrêtés en commun. Le 3 juillet, le docteur Sée la porte chez M. Conneau, le priant de la faire signer des autres consultants avant de la soumettre à l'impératrice[1].

Il semble que celle-ci n'en ait pas connaissance, du moins avant que la guerre soit devenue inévitable. Après le 4 septembre, on trouve dans les papiers de M. Conneau le précieux document cacheté et signé du seul docteur Sée. Sous le coup de l'insuccès de la lithotritie tentée en 1869 sur le maréchal Niel, dit-on, Nélaton a refusé sa signature, de crainte d'être obligé d'opérer l'empereur[2]. L'impératrice

---

1. *Union médicale* du 9 janvier 1873, article du docteur Amédée Latour, rédigé d'après les déclarations des docteurs G. Sée et Ricord ; il a été reproduit par M. Darimon, *Notes pour servir*, etc., 20 ; *Figaro* de mai 1896, versions des docteurs G. Sée et Ricord ; elles ne sont infirmées en rien par une lettre du docteur G. Nélaton, fils du célèbre Nélaton, qui se borne à une protestation vague (*Figaro* du 17 mai 1896). Voir aussi Fernand Giraudeau, *Napoléon III intime*, 406, et Mme Carette, II, 123, qui porte à tort la consultation au 2 juillet.

2. D'après le docteur Ricord, « sans refuser précisément sa signature », Nélaton « n'aurait pas demandé à l'apposer au bas du procès-verbal de la con-

ignorerait donc la gravité du mal qui mine Napoléon III. En décembre 1870, quelques mots échappés à la duchesse de Mouchy lui feraient connaître la vérité [1].

C'est ainsi que l'empereur entreprend une grande guerre, bien plus, qu'il voudrait la conduire lui-même, alors qu'il est sous le coup d'une maladie grave, rendant pour lui tout exercice physique pénible et peut-être dangereux [2]. Nous allons combattre la plus redoutable armée de l'Europe, avec un souverain « pour qui le moindre déplacement est un supplice atroce, qui se traîne en voiture dans les somnolences de ses douleurs, auquel il faut un courage surhumain pour se tenir à cheval, qui n'a pas la force de donner des ordres, qui risque tout au plus des conseils [3]... ». De fait, son état paraît empirer avant même l'ouverture des hostilités. « ...Pendant les jours qui ont précédé la déclaration de guerre, on remarquait visiblement que l'empereur était en proie à de grandes souffrances. Le jour de son départ pour l'armée, ses traits étaient complètement décomposés. Je ne pus m'empêcher de dire tout haut : « Et c'est avec un chef dans cet état-là qu'on veut faire la guerre [4] ! »

---

sultation. Ses confrères avaient suivi son exemple » (Darimon, *Notes pour servir*, *tc.*, 32).

Suivant le prince Napoléon, il aurait prié M. Conneau de lui dire pourquoi il avait tenu cachée une pièce aussi importante : « J'ai montré la pièce à qui de droit et en temps voulu, répliqua le pauvre docteur en baissant la tête. — Et que t'a-t-on répondu ? — On m'a répondu : « Le vin est tiré, il faut le boire » (*Ibid.*).

La consultation, signée seulement du docteur Sée, a été publiée dans les *Papiers et correspondance*, II, suite, 56 et dans l'*Union médicale*, article cité. Elle conclut à l'existence d'une pyélocystite calculeuse et à la nécessité du cathétérisme de la vessie, à titre d'exploration. Il n'est pas exact que cette consultation ait été retrouvée seulement en 1873, cachetée, dans les papiers de l'empereur, comme l'écrit Mme Carette, II, 123, puisqu'elle était reproduite dès 1872 dans les *Papiers et correspondance*.

1. F. Giraudeau, 406. — On doit faire remarquer que Mme la duchesse de Mouchy ne pouvait avoir eu connaissance de la consultation par les *Papiers et correspondance*, comme l'écrit M. Giraudeau, puisque la *Suite* qui contient ce document fut publiée en 1872 seulement.
2. « Il est à noter aussi que depuis ce temps (août 1869) l'équitation et les secousses de la voiture réveillent souvent des douleurs dans les reins ou dans les bas-ventre, ou au fondement » (Consultation du docteur G. Sée, *Papiers et correspondance*, II, suite, 60).
3. Général du Barail, III, 234.
4. Darimon, *Notes sur la guerre*, *Figaro* du 8 janvier 1894, d'après les sou-

En rejoignant l'empereur à Metz, M. de Massa est frappé de l'altération de ses traits, de l'alourdissement progressif de sa démarche naturellement lente. Après chaque étape, il faut que les docteurs Corvisart et Conneau lui donnent longuement leurs soins. Au lieu d'être toujours militairement vêtu comme en Italie, il laisse au cantonnement ou au bivouac sa tunique ouverte sur un gilet d'uniforme[1]. Le 2 août, M. Fernand Giraudeau le voit dans la soirée, la physionomie altérée, le corps affaissé. Il a eu peine à descendre de cheval et s'est plaint au général Lebrun de souffrir horriblement[2]. Les jours suivants, il mange à peine et ne dort plus. Chaque nuit, son valet de chambre l'entend pousser de lourds gémissements. « ... Il disait seulement : « Je souffre beaucoup », et l'on voyait de grosses gouttes de sueur perler sur son front ! » L'effort qu'il fera pour rester « près de cinq heures » à cheval, le 1er septembre, « semble au-dessus des forces humaines[3] ».

Comment expliquer, dès lors, que les ministres et l'impératrice, surtout ne soupçonnent pas cet état, ou que, le connaissant, ils admettent un seul instant la présence de l'empereur à l'armée ? Si des étrangers, tels que le général Ducrot, M. Darimon, Mérimée, Guizot, Mme Octave Feuillet, ont du moins le soupçon de la vérité, il est difficile d'admettre que l'entourage immédiat de l'empereur l'ignore en-

---

venirs du général Lewal. Au départ de l'empereur, on prit la précaution de donner des instructions à un jeune médecin de la suite impériale, chargé de faire au besoin une opération, si elle était jugée urgente (Darimon, *Notes pour servir, etc.*, 34, d'après les confidences du docteur Sée).

1. P. de Massa, 279.
2. F. Giraudeau, 413 ; Darimon, *Notes pour servir, etc.*, 34 ; général Lebrun, *Souvenirs militaires*, 223. — 9 août : « Je trouve le souverain bien vieilli, bien affaibli et n'ayant en rien l'attitude d'un chef d'armée » (Général Montaudon, II, 85).
3. D'après le docteur Gull, F. Giraudeau, 413-414... « Je tiens de source cercertaine que, pendant les dix jours qui ont précédé la bataille de Sedan, l'empereur urinait du sang presque pur » (*Les causes de la mort de l'empereur*, 33, cité par M. Darimon, *Notes pour servir, etc.*, 39) ; d'Abrantès, *Essai sur la régence de 1870*, 435, cité par le même. D'après le *British medical Journal*, cité par la *France* du 2 septembre 1870, M. Priscott Havitt, médecin de l'hôpital Saint-Georges, aurait été récemment appelé auprès de l'empereur. Le journal anglais ne donne pas le résultat de cette consultation.

tièrement. De ce chef, ses responsabilités, déjà si lourdes, sont nécessairement accrues[1].

---

1. Voir *supra*, p. 17, note 1. — « Les ministres n'ont point connu la consultation du 1ᵉʳ juillet. Le fait m'a été attesté à diverses reprises par M. Émile Ollivier et par M. Maurice Richard. M. Émile Ollivier m'a constamment répété : « Je jure que, mes collègues et moi, nous ignorions la maladie de l'empereur. Si nous l'avions sue, nous n'aurions pas laissé l'empereur prendre le commandement de l'armée, et nous l'aurions retenu à Paris. C'est un crime d'avoir gardé dans un tiroir une pièce qui pouvait exercer une influence décisive sur les résolutions du Gouvernement » (Darimon, *Notes*, 33). — « Je suis assez frappé de ce qui me revient de Paris. On y est à la fois très indifférent et très alarmé. On n'y désire pas grand'chose et on y craint beaucoup. La santé de l'empereur est la seule préoccupation sérieuse » (*Lettres de M. Guizot*, 415).

III

L'IMPÉRATRICE

La femme. — La souveraine. — La cour. — Les responsabilités de l'impératrice.

On sait par quel concours de circonstances, tenant plus du rêve que de la vie réelle, Mlle de Montijo se vit appelée « au plus beau trône du monde ». Sa beauté l'y fit rayonner d'un incomparable éclat, dont les souvenirs contemporains sont tout illuminés. Même le général de Moltke, peu suspect, est sous le charme. Il célèbre son cou et ses bras d'un modelé admirable, l'ovale parfait de son visage, sa mise exquise[1]. Le prince Napoléon voit en elle, simplement, « une femme à la mode[2] », mais son témoignage est à bon droit suspect, car il est séparé de l'impératrice par les divergences d'opinion les plus marquées.

En réalité, l'instruction de la belle souveraine a été fort négligée, ainsi qu'il paraît à ses lettres intimes. Elle a plus de passion que de jugement, plus de volonté que d'intelligence, plus de hauteur que de fierté, plus d'obstination que de persévérance[3]. Elle sait faire preuve, à l'occasion, du

---

1. Seinguerlet, *Propos de table du comte de Bismarck pendant la campagne de France*, 54 ; « ...Cette brillante et séduisante étrangère dont une passion de l'empereur avait fait la souveraine de mon pays » (Général Trochu, *Œuvres posthumes*, I, 140) ; « J'étais placé à côté de l'impératrice. Elle est toujours fort belle ; elle a un buste et des épaules magnifiques, des pieds très petits, des mains charmantes et des cheveux châtain clair » (Lord Malmesbury, 20 mars 1853, 180).
2. Darimon, *Notes pour servir*, etc., 236.
3. Voir ses lettres à l'empereur écrites d'Égypte (*Papiers secrets brûlés dans l'incendie des Tuileries*, 117, et *Papiers et correspondance*, I, 220). Elles montrent très peu de style et d'orthographe, avec une extrême banalité et une ignorance naïve. On y lit des phrases de ce goût : « Nous n'avons pas de moyen de communication, puisque le télégraphe est brisé » (10 octobre) ; « Il faut se refaire un moral, comme on se refait une constitution affaiblie, et une idée constante finit par user le cerveau le mieux organisé » (27 octobre). — Le 30 juillet 1870, l'impératrice télégraphie au prince impérial : « La petite Malakoff a encore

plus rare courage, notamment lorsqu'elle va voir les cholériques d'Amiens. Elle grandira dans l'adversité et forcera, aux heures douloureuses, l'estime de ses ennemis. Malgré des erreurs et des fautes qui coûteront à la France des flots de sang, elle se montrera digne du rang où l'a élevée le caprice de Napoléon III[1].

En elle, on a fort attaqué la femme, très injustement : « ...Tout ce que la légèreté et l'inimitié ont chuchoté... sur la moralité et la conduite privée de l'impératrice, avant et après son mariage, nous paraît aventuré et, en tout cas, singulièrement exagéré », a dit l'un des ennemis du second Empire[2]. Mais elle affecte une légèreté apparente, une « inconséquence de procédés..., une désinvolture physique et morale », qui vont jusqu'à l'étourderie. En plus d'un cas, elle paraît oublier la dignité de son rang. Elle encourage autour d'elle le luxe, la recherche passionnée du plaisir; elle donne à la cour des allures faites pour éloigner le respect; elle s'entoure volontiers d'étrangers et cède plus qu'il ne faudrait à leur influence. A Alexandrie, elle évite la réception solennelle de la colonie française, et justifie ensuite cette attitude par une sortie au moins inopportune contre nos compatriotes à l'étranger, « généralement des gens de sac et de corde ». Le vice-roi proteste inutilement en leur

---

trouvé deux trèfles à quatre feuilles. Je te les enverrai. Nous t'embrassons tous » (*Papiers et correspondance*, I, 419). Voir aussi Mérimée, *Lettres à Panizzi*, 21 septembre 1866, 14.

1. *Le dernier des Napoléon*, III, 369 : « Devant la tourmente, elle se réveille Française et vaillante »; Mérimée, *Lettres à Panizzi*, 234 et suiv. (11 août 1870) : « J'ai vu avant-hier l'impératrice. Elle est ferme comme un roc, bien qu'elle ne se dissimule pas toute l'horreur de la situation »; 16 août : « Je ne sais rien de plus admirable que l'impératrice en ce moment. Elle ne se dissimule rien et cependant elle montre un calme héroïque »; 22 août : « J'ai vu hier notre hôtesse de Biarritz. Elle est admirable et me fait l'effet d'une sainte »; général de Palikao, *Un ministère de la guerre de 24 jours*, 62 ; général Trochu, *Œuvres posthumes*, I, etc.

2. *Le dernier des Napoléon*, 105 ; P. de Lano, *La cour de Napoléon III*, 6 ; « Ni la publique notoriété des manquements de l'empereur à la foi conjugale, ni les exemples et les entraînements du milieu fort brillant, mais aussi fort mêlé qu'elle présidait dans l'éclat d'une incomparable beauté, n'avaient pu la faire dévier un instant d'une ligne de conduite personnelle très honorable, très correcte... » (Général Trochu, *Œuvres posthumes*, I, 141).

faveur[1]. Aux Tuileries, le général de Moltke remarque « sa vivacité imprévue en pareil lieu », et la princesse de Metternich aurait dit : « Mon impératrice, à moi, est une vraie impératrice ; la vôtre n'est que Mlle de Montijo[2]. » Elle pousse l'étourderie jusqu'à frapper de sa main un cent-garde au visage, afin de mettre à l'épreuve son immobilité de statue[3]. Elle aime le luxe et se montre parfois d'une avarice extrême[4]. Elle sait être charitable et bonne[5]. La raison d'État l'entraînera pourtant aux pires cruautés à l'égard de l'empereur, qu'elle obligera de rester à l'armée de Châlons, et d'y accepter le rôle le plus ingrat qui puisse revenir à un souverain. Elle a sur lui une extrême influence dont nous avons dit ailleurs les raisons[6].

Elle a voulu, dans une chimérique pensée de restauration et d'union des races latines, la guerre du Mexique qui déconsidère l'empire, affaiblit la France et prépare nos revers[7]. Elle contribue puissamment, par son attachement au pouvoir temporel et sa haine de l'Italie, aux embarras que cause à Napoléon III la question romaine. A la dernière heure, elle provoque l'échec de ses projets d'alliance, en le déterminant à ne pas abandonner Rome aux Italiens[8]. Enfin, on sait

---

1. *Le dernier des Napoléon*, 184 ; *ibid.*, 105, 110. — L'empereur a une cour d'Anglais et de Prussiens ; l'impératrice, d'Espagnols et d'Américains. Voir aux *Papiers secrets*, 135, des chansons ineptes trouvées aux Tuileries, concernant les séjours à Biarritz. Les femmes de la cour se donnent volontiers des surnoms significatifs : Cochonnette, Dindonnette, Salopette, Minette, les Canaillettes (P. de Lano, 90). M. de Maugny mentionne des arrière-soirées « prodigieusement folâtres » chez quelques-unes (de Maugny, *Souvenirs du second Empire. La fin d'une société*, 69, 70, 71, cité par P. de Lano, 7 à 10). Voir encore P. de Lano, 6-10 ; Seinguerlet, 54 ; général Trochu, *Œuvres posthumes*, I, 140).
2. P. de Lano, 19.
3. A. Verly, *Souvenirs du second Empire. L'escadron des cent-gardes*, 161-162.
4. P. de Lano, 74. — Le duc d'Albe, son neveu, lui doit deux termes de loyer. Elle lui envoie l'huissier. La lettre de M. Rouher, son mandataire, datée du 15 juillet 1875, est entre les mains de M. de Lano (*Ibid.*, 74).
5. P. de Lano, 74 ; *Le dernier des Napoléon*, 111.
6. *Les Origines*, 223.
7. Général Trochu, *Œuvres posthumes*, I, 141.
8. *Les Origines*, 346, 350, 361, 372 ; Lettres du docteur Conneau à Arese, 24 juin 1861 et 7 mars 1863, Bonfadini, 274, 308, citées par M. le comte Grabinski, *Un ami de Napoléon III*, 192 ; lord Malmesbury, 326 ; *Mémoires du comte de Beust*, II, 355.

quelle paraît être sa part dans la déclaration de guerre. Elle croit, dit-on, à la nécessité de rétablir l'autorité de l'empereur, dans l'intérêt même de son fils. Le meilleur moyen serait une campagne heureuse, qui rendrait à la dynastie son prestige au dedans comme au dehors[1].

---

1. L*es Origines,* 223 et suiv.; général Jarras, 57; P. de Lano, *La cour de Napoléon III,* 203; général du Barail, III, 142; prince de Hohenlohe, *Lettres sur la stratégie,* I, 294; général Trochu, *Œuvres posthumes,* I, 141; Darimon, *Notes,* 72, 238. — En sens contraire : Mme Carette, II, 99; G. Rothan, *L'Allemagne et l'Italie,* I, 388; de Beust, II, 355.

IV

LE GOUVERNEMENT

Affaiblissement du régime impérial. — Son évolution du 2 janvier. — Le plébiscite. Situation du cabinet. — L'impératrice. — La régence.

Nous avons dit combien, dans les années qui précèdent la guerre, le gouvernement impérial est atteint dans son principe, incohérent dans ses résolutions et ses actes, indécis dans sa politique [1]. Parfois l'empereur agit à l'écart de ses ministres ; il a ses diplomates officieux qui suivent une ligne distincte de la diplomatie officielle. Le gouvernement est tiraillé entre deux influences discordantes : celles de Napoléon III et de l'impératrice, cette dernière toujours grandissante à mesure que les années et la maladie affaiblissent la volonté de son époux. Autour de celui-ci, depuis des années, c'est une lutte, des intrigues constantes. Il rencontre les plus grandes difficultés dans l'application de ses conceptions, qu'elles touchent à l'intérieur du pays ou à l'étranger [2].

Il accomplit peu à peu une évolution qui doit transformer en une monarchie parlementaire le régime d'absolutisme césarien créé par la Constitution de 1852. Mais c'est moins affaire de conviction que de lassitude [3], et il y paraît à ses hésitations, au langage de ses fidèles. L'arrivée au pouvoir du cabinet du 2 janvier marque une phase décisive de cette transformation, non sans que, de droite et de gauche, une

---

1. *Les Origines*, 20, 44, 59, 106, 140, 149. A rapprocher de ce passage des *Lettres de M. Guizot*, 337, 9 mars 1852 : « Le mépris de tous les droits ne donne pas la force de surmonter tous les faits, et ce gouvernement si absolu, à qui personne ne résiste, est au fond et deviendra de plus en plus, à mesure qu'il durera, un gouvernement faible, incohérent, hésitant, qui ne pourra rien de difficile, ni de grand. »
2. P. de Lano, 215-232, lettres de M. Rouland, 21, 23 juin, 24 novembre 1863 ; *Les Origines*, 41, 94.
3. Lord Malmesbury, 372 ; *Les Origines*, 39 et suiv.

violente opposition se manifeste contre les tendances nouvelles. Les anciens amis de M. Émile Ollivier voient en lui un transfuge. D'autres l'accusent de préparer la ruine de de l'Empire. Le plébiscite, ce « Sadowa français », suivant la malheureuse expression de cet homme d'État, résulte de la nécessité de faire face à cette double opposition. Son éclatant succès n'est pas sans une affligeante contre-partie. Il dévoile à l'étranger la faiblesse de nos effectifs et l'existence, même dans l'armée, d'une opposition irréductible. Le ministère y puise néanmoins une confiance sans laquelle il eût peut-être hésité à déclarer la guerre[1].

D'ailleurs, au lendemain du 8 mai, sa situation paraît fort compromise. « Au Sénat, au Corps législatif, le vide se faisait d'une façon si apparente autour de lui, que l'illusion n'était plus permise. Le renvoi du cabinet était pour tous une résolution arrêtée ; toutefois, on reculait devant l'exécution[2]. » Le gouvernement est si affaibli, qu'il se voit réduit à prier, au nom de l'empereur, un député de l'opposition, M. Thiers, de défendre la nécessité d'un fort contingent[3]. Il ne prévoit nullement la guerre. Rien de mieux démontré[4]. Il est donc surpris par les événements et, dès la première heure, se voit en butte aux attaques directes ou dissimulées des opposants de droite et de gauche. Visiblement les partisans de l'Empire autoritaire considèrent la candidature Hohenzollern comme l'occasion rêvée de faire tomber un ministère qu'ils abhorrent. Ils ne contribuent pas pour peu à lui faire prendre envers la Prusse, dès le début, une attitude menaçante.

La guerre n'a pas commencé, que l'on voit se dessiner contre le cabinet un nouveau plan d'attaque. Dans une allocution adressée à l'empereur, au nom du Sénat, le président,

---

1. De Maupas, II, 495 ; *Les Origines*, 175. Voir *supra*, p. 15.
2. De Maupas, II, 500.
3. Ch. de Mazade, Cinquante années de politique contemporaine, Monsieur Thiers, *Revue des Deux-Mondes*, 15 décembre 1881, 833 ; *Les Origines*, 224.
4. *Enquête*, dépositions, I, Le Bœuf, 41 ; *Discours de M. Thiers* à l'Assemblée nationale sur l'emprunt de 2 milliards, 20 juin 1871, Paris, *Imprimerie nationale*, 1871, 6 ; *Les Origines*, 170 et suiv.

M. Rouher, va jusqu'à dire : « Que notre auguste souveraine redevienne dépositaire du pouvoir impérial; les grands corps de l'État l'entoureront de leur respectueuse affection, de leur absolu dévouement. » On voudrait constituer un conseil de régence, dont la présidence serait conférée à l'impératrice et la vice-présidence à M. Rouher. On attribuerait les portefeuilles aux membres du conseil, qui comprendrait les plus autorisés parmi les sénateurs et les députés des divers groupes[1]. Dans cette combinaison, l'impératrice jouirait d'une influence prépondérante. C'est l'une de ses faiblesses que de vouloir exercer une autorité personnelle. Pendant la guerre de 1854-1855, elle a encouragé l'empereur à se rendre en Crimée, contre l'avis de tous ses conseillers. En 1859, lors de la campagne d'Italie, en 1865, au moment d'un voyage de Napoléon III en Algérie, il lui confère la régence, non sans qu'elle contribue, dit-on, à l'avortement de la guerre contre l'Autriche[2]. Dès lors, il y a aux Tuileries un parti de l'impératrice. Les ministres ont pris l'habitude de la tenir au courant des affaires. Souvent l'empereur doit lutter contre les idées arrêtées qui résultent pour elle de ces confidences.

Parmi l'entourage impérial, ceux qui obéissent à son influence sont aussi ceux qui contribuent le plus à rendre la guerre inévitable. Leur projet, qui ne tarde pas à se dévoiler, est d'en finir au plus tôt avec la politique du 2 janvier[3]. Il trouve un obstacle dans l'empereur lui-même. Les lettres patentes du 23 juillet ne confèrent à la souveraine que des pouvoirs très limités : « Toutefois, notre intention n'est point que l'impératrice régente puisse autoriser, par sa signature, la promulgation d'une loi autre que celles qui sont actuellement pendantes devant le Sénat, le Corps législatif

---

1. Darimon, *Notes pour servir*, etc., 234.
2. Darimon, *Notes pour servir*, etc., 236, d'après les confidences du prince Napoléon. Le testament de l'empereur, daté du 24 avril 1865, à la veille de son départ pour l'Algérie, débute ainsi : « Je recommande mon fils aux grands corps de l'État, au peuple et à l'armée. L'impératrice Eugénie a toutes les qualités nécessaires pour bien conduire la régence » (*Ibid.*).
3. Darimon, *Notes pour servir*, etc., 239.

et le Conseil d'État... » De plus, elle reste en présence d'un ministère constitutionnel et parlementaire pour lequel ses sympathies sont nulles. Elle ne dispose plus de la même autorité qu'en 1859 ou en 1865 et supporte ces entraves avec impatience[1]. Il n'y aura donc aucune unité dans le gouvernement, tel qu'il est constitué au départ de l'empereur : « Il laissait derrière lui, non des hommes dévoués, tout prêts à se réunir dans un seul sentiment, la défense des intérêts et de l'honneur du pays ; mais des coteries hostiles, disposées à profiter de toutes les occasions pour créer des difficultés et... se supplanter les unes les autres[2]. » Entre la régence et Napoléon III, l'harmonie ne sera pas toujours parfaite, loin de là. « Il y eut deux gouvernements : l'un, à l'armée, ayant tous les attributs de la souveraineté, sans avoir auprès de lui aucun des intermédiaires légaux pour l'exercer ; l'autre, à Paris, entouré de tous les dépositaires de l'autorité, mais ne possédant pas toutes les prérogatives du pouvoir[3]. » De la fin de juillet aux derniers jours de l'Empire, les conflits seront incessants. Nous n'aurons que trop d'occasions de les mentionner.

1. Darimon, *Notes pour servir*, etc., 239-240 : « Les ministres avaient cessé d'aller l'entretenir des affaires de l'État ; elle voyait là une atteinte à ses prérogatives de régente *in petto* » ; de Gramont, 316 ; Mme Carrette, II, 116.
2. Darimon, *Notes pour servir*, etc., 246 ; *Les Origines*, 383, Le prince Napoléon et l'amiral Rigault de Genouilly en présence de l'empereur.
3. Cité par M. Darimon, *Notes pour servir*, etc., 247, et attribué par lui à l'empereur. Voir *Papiers et correspondance*, I, 419, télégramme au ministre de la guerre, 1er août, 8h 45 soir : « L'impératrice n'avait pas le droit de nommer un général à l'armée. La nomination du général Grandchamp doit être annulée. » La *Revue d'histoire*, 1er S. 1901, 567, reproduit plusieurs télégrammes relatifs à cette affaire. — Le décret du 23 juillet, qui parut au *Journal officiel* du 27, constituait ainsi le conseil de régence :
MM. le maréchal Baraguey-d'Hilliers, commandant la place de Paris, Baroche, Drouyn de Lhuys, Magne, de Persigny, Rouher, Schneider.
L'impératrice devait exercer la régence à dater du jour où l'empereur quitterait Paris, « en conformité des règles et instructions de l'ordre général de service transcrit, à cet effet, sur le Livre d'État ».

V

L'ADMINISTRATION

Les finances. — Le budget. — Les dépenses militaires. — Les fonctionnaires. La centralisation. — Ses effets. — La justice. — La police. — Le clergé.

En dépit de guerres coûteuses, de grands travaux entrepris sur tout le territoire, il est hors de conteste que la France est dans un haut état de prospérité au début de la guerre[1]. Les causes en sont multiples. La construction des voies ferrées, les progrès de la navigation à vapeur et de l'industrie, ont rendu dans toute l'Europe la circulation plus intense, les échanges plus actifs. En outre, l'Empire a eu du moins le mérite de maintenir l'ordre matériel, indispensable au développement économique du pays. Les résultats ont leur éloquence. En trente-quatre ans, la Restauration et le gouvernement de Juillet ont vu notre commerce extérieur s'accroître d'un milliard; en dix-sept ans, le second Empire le voit progresser de cinq milliards et demi. Quant au commerce intérieur, il passe de 1,200 millions à six milliards et demi — plus du quintuple. En 1851, l'industrie nationale employait 70,000 chevaux-vapeur; en 1870, 290,000. L'épargne nationale atteint, dit-on, deux milliards par an[2]. De 1853 à 1871, nous avons construit 13,000 kilomètres de routes impériales ou départementales, 26,000 de chemins de tout genre et 13,000 de voies ferrées. Pris dans leur en-

---

[1]. La dette flottante « n'est actuellement que de 600 millions, chiffre le plus abaissé qu'elle ait présenté chez nous depuis trente ans (*Mouvement*). Si nous n'avions pas encore des dépenses de plus d'un genre, des dépenses dont quelques-unes proviennent de nos malheurs, et si nous n'avions pas une indemnité de guerre de 5 milliards à payer, j'oserais dire que la France est en ce moment, dans une des situations financièrement les plus prospères qu'on puisse imaginer... » (*Discours de M. Thiers sur l'emprunt de 2 milliards, 20 juin 1871, 22*). — M. Thiers ne saurait être suspect de partialité.

[2]. Amagat, *Les finances de la France en 1871*, cité par F. Giraudeau, 259-260.

semble, les salaires se sont accrus de 45 p. 100, c'est-à-dire de près de moitié[1].

Aussi, quoique les dépenses budgétaires aient été beaucoup augmentées depuis la chute du gouvernement de Juillet, la France les supporte-t-elle aisément. Le budget général pour 1870 atteint un total de 2,222,331,878 fr. en dépenses et de 2,223,588,878 fr. en recettes, ce qui laisse un excédent apparent de 1,257,000 fr.[2] Le ministère de la guerre n'absorbe, pour sa part, que 373,001,182 fr.; celui de la marine et des colonies, 162,845,022 fr. Si l'on ne tient compte que des dépenses productives, c'est-à-dire de celles qui se traduisent en un résultat tangible pour l'armée, le budget de la guerre se réduit à 341,984,544 fr., non com-

---

1. *Rapport de M. Ducarre* au nom de la commission d'enquête sur les conditions du travail, Versailles, Cerf, 1875, cité par F. Giraudeau, 262-270.

2.
DÉPENSES.

Budget ordinaire :
1° Dette publique	490,462,297 fr.
2° Dotations et dépenses des pouvoirs législatifs, y compris la liste civile (25 millions) et le supplément à la dotation de la Légion d'honneur (11 millions environ).	49,250,800
3° Services des ministères	846,173,439
4° Frais de régie, de perception et d'exploitation des impôts et revenus publics	237,341,712
5° Remboursements, restitutions, non-valeurs, primes et escomptes	12,216,000
6° Gouvernement général de l'Algérie.	14,616,000
Total.	1,650,060,248
Budget extraordinaire	122,606,811
Budgets spéciaux.	449,664,819
Total général.	2,222,331,878 fr.

RECETTES.
Budget ordinaire	1,736,667,393 fr.
Budget extraordinaire	37,256,666
Budgets spéciaux.	449,664,819
Total général	2,223,588,878 fr.

(Capitaine E. Bureau, *Atlas de géographie militaire* [1870], adopté par M. le ministre de la guerre pour l'École impériale militaire de Saint-Cyr, tableaux 9 et 10.)

Il convient d'ajouter que, chaque année, le budget rectificatif modifie l'équilibre apparent des recettes et dépenses. Ainsi, en ce qui concerne le département de la Guerre, il y a, en 1866, un budget rectificatif de 9 millions; en 1867, de 14 millions; en 1868, de 50,185,905 fr.; en 1869, de 17.611,223 fr. (Général Lewal, *La Réforme de l'armée*, 603).

pris la gendarmerie, les invalides et les secours. Le service de la dette publique exige 490,462,297 fr., dont 70 millions seulement pour les pensions militaires ou civiles[1]. L'instruction publique ne dispose que de 24,283,321 fr., somme quatre fois moindre que celle allouée à l'agriculture, au commerce et aux travaux publics, confondus en un seul département. Cette modération relative de nos charges budgé-

---

[1].

Services des ministères.

1º Ministère d'État.	3,042,400 fr.
2º Ministère de la justice et des cultes.	82,340,106
3º Ministère des affaires étrangères	13,161,200
4º Ministère de l'instruction publique.	24,283,321
5º Ministère de l'intérieur.	59,414,345
6º Ministère de l'agriculture, du commerce et des travaux publics	97,500,653
7º Ministère de la guerre.	373,001,182
8º Ministère de la marine; services de la marine et des colonies.	162,845,022
9º Ministère des finances	18,433,610
10º Ministère de la maison de l'empereur et des beaux-arts	12,151,600
Total	846,173,439 fr.

Services du ministère de la guerre.

1º Administration centrale (personnel)	1,991,338 fr.
2º Administration centrale (matériel).	551,000
3º Dépôt général de la guerre.	144,500
4º États-majors.	22,735,632
5º Gendarmerie impériale.	27,826,109
6º Solde et prestations en nature	255,068,813
7º Habillement et campement.	18,589,630
8º Lits militaires.	4,959,449
9º Transports généraux.	2,564,450
10º Recrutement et réserve.	619,000
11º Garde nationale mobile.	5,497,727
12º Justice militaire.	1,273,845
13º Remonte générale	8,719,100
14º Harnachement.	701,788
15º Matériel de l'artillerie et établissements	4,735,665
16º Matériel du génie et établissements	9,351,890
17º Écoles militaires.	3,884,317
18º Invalides de la guerre	1,463,529
19º Solde de non-activité et solde de la réforme	547,000
20º Secours.	1,727,000
21º Dépenses secrètes.	50,000
Total	373,001,182 fr.

(E. Bureau, *loc. cit.*)

taires, surtout de celles incombant à l'armée, n'empêche pas l'opposition de représenter constamment le pays comme succombant sous les dépenses militaires. En réalité, selon le mot de M. Thiers, notre régime n'est pas celui de la paix armée, ainsi qu'on le dit trop souvent, mais de la paix désarmée[1]. Avant longtemps, la France supportera de tout autres charges, sans en être le moins du monde accablée.

Une part considérable des millions que nous dépensons chaque année est absorbée par les fonctionnaires, qui se sont tant multipliés chez nous depuis le commencement du siècle. Ils prennent une importance chaque jour plus considérable, qui tient surtout aux habitudes nationales : « Tout Français a le tempérament un peu femme. Il veut absolument que sa conduite soit tracée par un autre que par lui-même, d'où sa folle manie de réglementation. Une fois ses obligations connues, il ne lui est pas de soin plus cher que celui de les tourner[2]. » Depuis l'avènement de Napoléon III, le rôle des fonctionnaires s'est accru au point d'absorber la plupart des initiatives individuelles : « Vivant depuis longtemps sous un gouvernement qui agissait pour elles, qui pensait pour elles, les populations, excepté dans certains grands centres, s'étaient déshabituées d'agir et de penser. L'opinion publique, désintéressée de la marche des choses, ne se réveillait de sa léthargie que lorsqu'il s'agissait d'affirmer sa volonté de conserver le gouvernement établi et de prolonger son sommeil[3]. »

La Convention et le premier empire nous ont légué une centralisation excessive, que les régimes suivants n'ont eu garde d'affaiblir. La vie intellectuelle s'est peu à peu retirée de la province pour se concentrer dans la capitale. Partout règne une anémie mortelle, tandis que le centre meurt de pléthore[4]. « ...Paris est le seul champ ouvert à toutes les initiatives... ; partout ailleurs, *le Français n'est qu'un admi-*

---

1. *Les Origines*, 178.
2. *La tyrannie prussienne*, par un Allemand, 79.
3. Général du Barail, III, 234. Voir *Les Origines*, 108.
4. *Les Origines*, 152.

nistré — *administré de la politique,* car la toute-puissante machine gouvernementale montée par les Jacobins et Napoléon a son centre unique ici ; — *administré de l'idée,* car c'est ici encore le point d'intensité pour tout l'art, toute la science, toute la littérature du pays ; — *administré du sentiment,* dirais-je presque, car les pièces de théâtre, les romans, les recueils de vers, toutes les œuvres d'imagination qui propagent, par la mode, les plus récentes façons de jouir et de souffrir, s'élaborent ici [1]... » La centralisation fait de la France une vaste machine à nourrir une armée de bureaucrates routiniers et enclins à l'arbitraire. Déshabitué de s'occuper de ses propres affaires, « le pays n'a plus le sentiment du logique, du vrai, de l'exact ». Toute l'influence est aux avocats et aux journalistes, aux « blagueurs », suivant le mot trivial de Proudhon. On se préoccupe rarement de mettre « the right man in the right place », comme le veulent les Anglais. « Le barreau mène à tout [2]. »

Pour le département, ce régime est destructeur de toute initiative, de toute énergie individuelle : « Le gouvernement central le conduit, un bourrelet sur la tête qui est la préfecture, entre deux lisières qui sont le télégraphe et la poste. » De là, l'impossibilité pour l'un, qui ne peut tout voir, et la stérilité pour l'autre, condamné à l'inaction [3]. La grande préoccupation des préfets et de leur personnel est d'éviter ce qui pourrait les tirer de leur somnolence. Vers la fin d'août 1870, le maire de Rethel fait publier à son de trompe un arrêté engageant ses administrés à bien recevoir l'ennemi. Le préfet des Ardennes juge que ce fonctionnaire et le sous-préfet sont de parfaits administrateurs, ne lui causant aucun souci. Par contre, le maire de Signy-l'Abbaye encourage les francs-tireurs. C'est un brouillon ! « Plus on arrivait à chlo-

---

[1]. Paul Bourget, *Essais sur la psychologie contemporaine,* cité dans la *Revue hebdomadaire,* 23 décembre 1899, 437.
[2]. *Le dernier des Napoléon,* 172 ; *Considérations sur l'histoire du second empire et sur la situation actuelle de la France* (Attribué à M. de Parieu, ancien ministre), 33.
[3]. Général Trochu, *Œuvres posthumes,* II, 107 ; *Le dernier des Napoléon,* 167.

SITUATION MORALE ET MATÉRIELLE DE LA FRANCE. 35

roformer les populations, et plus on avait du mérite[1]. » C'est ainsi que le préfet de la Meurthe adressera son scandaleux avis aux populations, peu avant l'occupation de Nancy, et que, trop souvent, les maires paralyseront l'initiative individuelle[2].

Si l'administration est détournée de son rôle naturel au point de devenir nuisible, la justice n'est plus respectée comme il conviendrait. On lui reproche de rendre des services et non des arrêts, d'obéir au caprice de ses colères ou de ses amitiés. Le magistrat, dit-on, est devenu un fonctionnaire. Au lieu de consulter un dossier, il consulte un supérieur[3]. S'il perd ainsi de son autorité, le sens du juste, la nécessité du châtiment deviennent eux-mêmes étrangers au pays. Des pétitions couvertes de milliers de signatures demandent au Sénat l'abolition de la peine de mort. Dans les cours d'assises l'abus des circonstances atténuantes est criant[4].

Un auxiliaire souvent dangereux de la justice, la police, étend son rôle outre mesure. Le pays entier est comme « enveloppé d'un réseau de suspicions et de délations... ». Dans les réunions publiques, les orateurs les plus avancés sont souvent « des misérables à la solde d'agents secrets[5] ». Sans doute il y a de l'exagération dans ces imputations, mais elles ont une base sérieuse, comme le montrent les papiers des Tuileries[6].

Au début, après une certaine hésitation, les rapports entre l'empereur et le clergé sont excellents. Napoléon III montre un profond respect pour les idées religieuses et les ministres

---

[1]. Général de Wimpffen, *Sedan*, 128-131 ; *Papiers et correspondance*, I, 461, télégramme du général de Wimpffen, 30 août, 11ʰ 05 du matin.
[2]. *Campagne du Nord en 1870-1871*, 217 ; *Siège de Paris. Châtillon, Chevilly, La Malmaison*, 91.
[3]. *Le dernier des Napoléon*, 167-169. — Les journaux de la fin de l'empire sont pleins de ces accusations.
[4]. *Papiers sauvés des Tuileries*, 117 : Un fils assassine et outrage sa mère. Il obtient les circonstances atténuantes (Rapport secret signé Élisabeth, 1865).
[5]. *Le dernier des Napoléon*, 179.
[6]. Il résulte des *Papiers et correspondance* (I, 9, 103, 181) qu'il existait à Paris un cabinet noir régulièrement organisé.

des diverses confessions, surtout les catholiques. Ceux-ci lui en savent gré et le témoignent en toute circonstance. Mais la guerre d'Italie marque un complet changement de leurs dispositions, provoqué par la question romaine. Dans certains départements, on voit l'évêque et le préfet se séparer violemment. Dès 1860, une sorte de petite guerre commence entre le gouvernement et le clergé, au sujet de la brochure *Le Pape et le Congrès,* écrite par M. de la Guéronnière sous l'inspiration de Napoléon III. Elle ne tourne pas toujours en faveur des ministres. Ceux-ci prononcent des suspensions de traitement contre des desservants de l'Indre-et-Loire, de la Vienne, de la Charente-Inférieure, inculpés d'avoir critiqué leurs actes en chaire. Ils refusent l'autorisation légale à une communauté de Douai. Une circulaire du 18 octobre 1861 interdit la réunion de tout conseil supérieur, central ou provincial de la société de Saint-Vincent-de-Paul, congrégation laïque dont les progrès et les allures inquiètent le gouvernement. Celles des Rédemptoristes de Douai, des capucins d'Hazebrouck sont dissoutes[1]. Les catholiques et le gouvernement impérial vivent sur le pied, sinon d'une hostilité déclarée, du moins d'une grande froideur. De là l'importance que prend la question romaine dans les préoccupations de l'empereur. Il ne veut ni ne peut abandonner Rome à l'Italie, en dépit de ses inclinations personnelles, parce qu'il provoquerait aussitôt la désaffection d'une grande partie de ses partisans.

Vers la fin de l'empire, malgré la convention du 15 septembre 1864, malgré notre intervention à Mentana, le clergé glisse souvent à l'hostilité déclarée. Lors des élections de 1869, au plébiscite, il y a lutte ouverte dans un certain nombre de départements. De ce côté encore, le régime im-

---

[1]. F. Giraudeau, *Napoléon intime,* 225; *Mémoires du maréchal Randon,* II, 76-77; *Journal du maréchal de Castellane,* 277 et suiv., extraits de rapports de gendarmerie, à Lyon, 1er janvier 1860, et à Nîmes, 31 décembre 1859; *ibid.,* 281, lettre du maréchal Randon, ordonnant de révoquer toutes « les autorisations données au clergé à l'effet de réunir les soldats sous prétexte d'instruction religieuse »; *ibid.,* 334, 339, 343, 358, 376.

périal ne trouvera pas tous les appuis sur lesquels il serait en droit de compter[1].

---

[1]. Voir les *Papiers sauvés des Tuileries*, 218, au sujet des élections de 1869. — A propos des difficultés entre l'empire et le clergé, M. de La Gorce, *Histoire du second empire*, IV, 123, cite un grand nombre de documents : Circulaire du 8 avril, *Moniteur universel* de 1861, 499 ; séance du Sénat, 31 mai 1861, *ibid.*, 783 ; Destombes, *Vie du cardinal Regnier*, I, 458-505 ; II, 1-35 ; *Gazette des tribunaux*, 3 mars, 22 novembre 1861 et *passim* ; *Moniteur universel*, 1861, p. 1807 ; 1862, p. 666 et suiv. ; Baunard, *Vie du cardinal Pie*, II, 154 ; abbé Schall, *Vie d'Ad. Baudon*, 380-382 ; *Mémoires de M. de Falloux*, 388 et suiv. ; de Falloux, *Vie de M. Cochin*, 140 et suiv., etc.

VI

L'OPINION

Le Corps législatif de 1863 et de 1869. — Les dépenses militaires et les députés. — Le Corps législatif et la guerre. — L'opposition et l'idée de patrie. — L'internationale. — La presse.

Nous avons dit[1] combien le Corps législatif est hostile à l'accroissement des dépenses militaires, quelle difficulté éprouve l'empereur à obtenir de lui le vote de la loi de recrutement. Encore n'est-ce qu'une transaction. Non seulement les députés modifient le projet primitif au point de l'énerver entièrement, mais ils amoindrissent les effets des prescriptions qu'ils ont édictées, en réduisant les crédits nécessaires à leur application[2].

Si telles sont les dispositions de la Chambre de 1863, celle de 1869 est beaucoup plus opposée encore aux dépenses de l'armée. De nouveau l'opposition républicaine a été renforcée ; elle a pris un caractère intransigeant. En outre, l'élément libéral, de nuances et de tendances indécises, est très fortement représenté[3]. L'interpellation des 116, l'avènement du ministère du 2 janvier marquent une évolution significative dans la politique intérieure. Pour obéir aux tendances pacifiques manifestées de tous les côtés, le cabinet aventure un projet de désarmement voué à un complet échec[4].

C'est à peine s'il obtient du Corps législatif le vote du

---

1. *Les Origines*, 20, 153.
2. Pinard, *Mon journal*, II, 53-57 ; F. Giraudeau, *La vérité sur la campagne de 1870*, 174 et suiv. ; général Montaudon, II, 52.
3. D'après M. Thiers, *Enquête*, dépositions, I, 3, la Chambre de 1869 comptait 50 dynastiques de la famille Bonaparte, 50 républicains ou constitutionnels, 200 conservateurs troublés, inquiets, ne sachant quel parti prendre. — En 1857, le gouvernement avait recueilli à Paris 112,016 suffrages ; en 1863, 82,106 ; à cette date, les fonctionnaires, votèrent « en très grande majorité » pour l'opposition (*Papiers secrets*, 89, 92, Rapport du préfet de police).
4. *Les Origines*, 171.

contingent, réduit pourtant de 10,000 hommes. Il faut même qu'il invoque le dangereux appui de M. Thiers[1]. Pour emporter les hésitations des députés, Napoléon III a fait tirer à l'Imprimerie impériale une brochure portant le titre : *Une mauvaise économie,* qui est son œuvre. C'est la comparaison des armées de la France et de l'Allemagne du Nord en mai 1870. Elle se termine ainsi : « Que l'on compare l'état militaire de l'Allemagne du Nord au nôtre, et que l'on juge si ceux qui veulent encore réduire nos forces nationales sont bien éclairés sur nos véritables intérêts[2]. » L'empereur la destine aux députés, et l'on ignore par suite de quelles circonstance elle reste inconnue d'eux. Peut-être craint-il d'effrayer la population, au moment où il vient de l'appeler à consolider l'empire?

A la Chambre, depuis 1866, l'opposition est de plus en plus active. Elle cherche à mettre en lumière l'échec subi par notre influence en 1866. La vérité, déjà si triste, est encore exagérée pour les besoins de la cause. A la fin, Sadowa semble être « une défaite française plutôt qu'autrichienne[3] ».

En même temps que la gauche s'applique à cette tâche, elle travaille constamment, par une contradiction qui ne saurait être trop vigoureusement flétrie, à réduire nos dépenses militaires, c'est-à-dire les forces vives de la patrie.

---

1. *Les Origines,* 224.
2. Ce document a été reproduit en extraits dans le *Soir,* pendant le siège de Paris, et textuellement, par M. Amédée Le Faure, en 1871, sous le titre : *Une mauvaise économie. Brochure impériale trouvée aux Tuileries.* D'après M. Darimon, *Notes pour servir à l'histoire de la guerre de 1870,* 158, on aurait trouvé, en 1871, à l'Imprimerie nationale, un ballot contenant des exemplaires de cette brochure, destinés à être distribués aux députés, lors de la discussion du budget. — L'empereur aurait fait publier une autre brochure : *L'armée de la confédération de l'Allemagne du Nord,* due au capitaine d'état-major Samuel, et qui ne dissimulait rien des forces de nos futurs ennemis (F. Giraudeau, *La vérité sur la campagne de 1870,* 127). Il y a peut-être là une confusion. Napoléon III provoqua tout au moins la publication d'une brochure : *Notes sur l'organisation militaire de la confédération de l'Allemagne du Nord,* mais ce fut pendant sa captivité à Wilhelmshöhe.
3. F. Giraudeau, *La vérité sur la campagne de 1870,* 22 et suiv.; de Maupas, II, 521. — Dans la discussion au sujet du Saint-Gothard, Jules Favre rappelait la « Majorité de Sadowa » au patriotisme, parce qu'elle ne s'inquiétait pas assez, à son gré, des visées prussiennes.

Parmi elle, trop de députés appartiennent à cette fraction de l'opposition « qui n'a pas une idée de saine politique, ni la notion du gouvernement ». Ils donnent au monde « le pitoyable spectacle de Français insultant le drapeau national, encourageant et applaudissant ses ennemis [1] ».

Outre ces républicains qui attaquent l'empire en toute circonstance, il y a des libéraux comme Berryer qui le sapent en faisant des vœux pour sa durée. Ils scient à plaisir la branche sur laquelle ils sont assis [2]. « Dès que ces gens-là ne craignent plus, ils frondent », disait d'eux le duc de Mortemart [3]. Ils sont également « incapables de supporter un gouvernement fort et de s'en passer [4] ». De là, une nuance particulière, celle de l'opposition cléricale, de la *Gazette de France* et du *Français*, qui croit que le désir de conquérir la liberté, de protéger le pouvoir temporel, justifie toutes les alliances, toutes les compromissions. « M. Ranc a conté qu'un vieux notaire orléaniste disait devant lui, dans les bureaux du *Journal de Paris* : « Comment ! il ne se trouvera donc pas un jeune homme sans position pour nous débarrasser de ce Bonaparte ! » De même, la célèbre invocation de Félix Pyat « à la petite balle » est reproduite sans protestations, par un nombre de journaux relativement considérable [5].

Quand survient la candidature Hohenzollern, deux courants opposés se manifestent dans la Chambre, laissant d'abord la majorité incertaine. La gauche se montre hostile à tout ce qui pourrait provoquer une guerre, dont elle redoute les conséquences intérieures. L'extrême droite accuse la faiblesse et l'imprévoyance du cabinet. Elle est toute prête à ressaisir le pouvoir et compte y parvenir en déchaînant l'o-

---

1. *Le dernier des Napoléon*, 187 ; F. Giraudeau, *La vérité sur la campagne de 1870*, 174, 178 et *passim*.
2. Mérimée, *Lettres à Panizzi*, 31 mars 1862 ; F. Giraudeau, *Napoléon III intime*, 392.
3. Lettre du 1er avril 1853, *Journal du maréchal de Castellane*, cité par F. Giraudeau, *ibid*.
4. Lettre du comte de Circourt, 14 janvier 1873, *Vie du cardinal de Bonnechose*, I, 619.
5. F. Giraudeau, 391-393.

pinion. Comme les Girondins, le ministère fait la guerre lui-même, pour ne pas en laisser la direction à d'autres[1].

C'est ainsi que, les uns par une conviction peu fondée, les autres par entraînement, députés et ministres imposent la rupture avec la Prusse à un souverain qui n'y était nullement disposé. On va jusqu'à lui reprocher de trop temporiser, à l'accuser de couardise, à parler de déchéance[2]. La guerre déclarée, le Corps législatif affiche une confiance sans limites. Le 21 juillet, M. de Jouvencel propose la création de tirailleurs volontaires. Comme une certaine opposition se manifeste, il s'écrie : « Mais enfin, nos armées peuvent éprouver un revers. » (*Protestations sur un grand nombre de bancs.*) « ...Messieurs, je dis qu'il peut y avoir, en même temps que de grandes victoires, momentanément des invasions partielles (*Réclamations*). » Le rapporteur, M. Argence, assure que la loi serait inutile, que le nombre des engagements volontaires dépasse déjà 100,000, ce qui est faux. Le gouvernement met sagement un terme à ces inutiles discussions en clôturant la session (23 juillet)[3].

L'ouverture des hostilités rend l'opposition plus acharnée. Certains dissimulent mal leurs vœux intimes pour le succès de l'Allemagne. « Si le parti révolutionnaire s'était uni à nous pour défendre la patrie, nous eussions bien volontiers fait une amnistie, mais en présence de son attitude hostile, implacable, en présence des vœux à peine déguisés que ses journaux font pour notre défaite, quoi qu'il arrive, même après la victoire, nous ne ferons pas d'amnistie; vous pouvez l'affirmer hautement...[4] » — « Il nous faut encore une dé-

---

1. Pinard, II, 57.
2. Général Lebrun, *Souvenirs militaires*, 179; Mme Aubry, *Lettres d'une parisienne pendant la guerre*, 3.
3. *Journal officiel*, 22 et 24 juillet, 1308 et 1319. — Il y eut 28,000 engagés volontaires du 19 juillet au 31 août (*Enquête*, dépositions, I, Le Bœuf, 43). On comptait sur 100,000.
4. *Papiers et correspondance*, I, 457, le ministre de la justice au procureur général à Blois, 3 août; *ibid.*, 457-459, le préfet du Doubs à Intérieur, 7 août; Justice à empereur, 7 août; préfet du Rhône à Intérieur, 8 août; commissaire spécial de Nice à préfet de police, 10 août; F. Giraudeau, *La vérité sur la campagne de 1870*, 37 et suiv. : citations du *Réveil*, du *Rappel*, articles de MM. Siebecker, Lockroy, Delescluze, etc.

faite », disait l'un d'eux. Le 17 janvier 1871, l'*Électeur libre,* journal du frère de M. Ernest Picard, ose écrire : « Reichshoffen fut pour nous un trait de lumière. Désespérés avant l'ouverture de la campagne, nous conçûmes aussitôt de la défaite l'attente d'une meilleure destinée[1]. »

Il ne faudrait point croire que ces sentiments soient particuliers à d'obscurs journalistes des partis avancés. Des modérés, de prétendus libéraux ne craignent pas d'en afficher de semblables : « L'un des esprits les plus éminents, les plus justes et les plus fins de notre époque, M. Vitet, sous la pression de nos désastres, en face des Prussiens vainqueurs, de Paris assiégé et affamé, de la France envahie, agonisante, mutilée, écrivait cette phrase monstrueuse : « La chute de l'empire nous dédommage des malheurs de la guerre[2] ! »

Les courants d'idées venant des salons, des salles de rédaction, ont pénétré jusqu'aux couches profondes de la population, parmi les travailleurs des grandes villes : « Si les masses ne pensaient pas, les centres populeux déliraient, soumis aux excitations d'une opposition irréductible, et conspirant la chute de l'empire avec autant de ténacité que la masse rurale en conspirait la prolongation. » Quand l'armée marche à la frontière, elle laisse derrière elle des gens tout prêts « à lui tirer dans le dos », à transformer ses retraites en désastres[3]. La redoutable organisation connue sous le nom d'Internationale, sert de lien à ces hostilités éparses. Elle est prête à fournir les cadres d'un mouvement révolutionnaire[4].

Si le peuple est profondément travaillé par la propagande socialiste et révolutionnaire, l'aristocratie, la bourgeoisie

---

1. F. Giraudeau, 410.
2. F. Giraudeau, 399, d'après les *Souvenirs d'un vieux critique*, VII, 120 ; *Siège de Paris. Châtillon, Chevilly, La Malmaison*, 38-39.
3. Général du Barail, III, 234. Voir, au sujet de l'opinion vers la fin de l'empire, plusieurs rapports du préfet de police, en général très pessimistes (*Papiers et correspondance*, II, CXXXVI).
4. *Les Origines*, 175 ; *Siège de Paris. Châtillon, Chevilly, La Malmaison*, 143 ; *Le dernier des Napoléon*, 208.

aisée perdent chaque jour leur influence. Ni l'une, ni l'autre ne sont des castes, qui supposeraient des obligations, des devoirs, mais des coteries d'autant plus exclusives qu'elles ont moins de raisons d'être. En théorie, on attache aux titres, aux origines, au milieu, une importance extrême. Dans la pratique, on distingue mal entre l'aristocratie d'argent et celle de race, entre ceux qui tiennent leur nom de lointains aïeux et ceux qui l'ont acquis par un procédé quelconque, souvent tortueux. Même quand ils résident dans leurs terres, les privilégiés de la fortune mènent, en général, une vie tout à fait inutile. La chasse est leur occupation la plus sérieuse. Partant, leur influence est nulle sur l'entourage. On ne les respecte plus, en raison de leurs relations, de leurs alliances compromettantes, de leurs allures. On ne les craint pas, puisqu'ils n'ont aucun privilège. Ils ne consacrent plus, comme jadis, leurs fils au service du roi ou de l'église. Leur oisiveté est le plus funeste des enseignements.

Des éléments qui travaillent à la destruction de l'empire, la presse est l'un des plus actifs. Ce n'est pas qu'elle soit le puissant moyen d'information et d'éducation qu'elle pourrait être. Loin de là. Elle ignore l'étranger. « Notre pensée embrasse l'univers et la vôtre le boulevard des Italiens. Les débats de l'affaire Troppmann ont plus d'importance à vos yeux que ceux de la Chambre des communes ou du Reichsrath[1]. » Ce dédain du dehors tient à des causes complexes : la vanité nationale, qui nous prête tous les genres de supériorité ; la légèreté, qui nous porte à lire les feuilletons ou les comptes rendus d'assises beaucoup plus volontiers que les articles d'information. Les étrangers ne se font pas faute de souligner « l'ignorance profonde, impardonnable, stupéfiante » de la presse, de l'opinion, des salons. Ils voient dans notre France « une Chine murée dans son égoïsme et son abêtissement ». Une des pires maladies

---

1. *La tyrannie prussienne*, 85 : « Leur univers (celui des journalistes) s'étend du boulevard de Montmartre à la Madeleine... Le Français ne se soucie pas de ce qui se passe au delà de ses frontières ; mais il veut être amusé » (*Le dernier des Napoléon*, 172).

des peuples latins, la paresse, entre dans ces résultats. Chez nous, « on parle de tout, surtout de ce qu'on sait le moins[1]. » Ce travers national s'étend naturellement à la presse, avec des conséquences d'autant plus graves que l'action du journal devient chaque jour plus puissante. Le temps est passé où les publications périodiques étaient rares, à la portée, de par leur prix, d'un nombre restreint de lecteurs. La création par Émile de Girardin de la presse « à bon marché », l'énorme accroissement des moyens de communication, ont provoqué la diffusion du journal. Il va maintenant partout. Quel est le hameau perdu, la ferme isolée, où il ne pénètre pas, apportant trop souvent avec lui des éléments corrupteurs, éveillant parfois dans l'âme du lecteur d'âpres convoitises, des haines farouches, lui montrant l'étendue de ses droits, jamais celle de ses devoirs[2]?

Le gouvernement impérial se rend compte de cette importance croissante. Il cherche à en tirer parti dans sa lutte contre les partis hostiles. Mais l'opposition est active. Du 1er janvier au 15 avril 1869, elle crée dans les départements quatorze imprimeries et quarante-six journaux, tous organisés en vue de la polémique, « véritables armes de guerre, maniées avec une grande résolution et souvent une extrême violence ». En outre, elle réorganise la plupart des publications existantes[3]. A son exemple, le ministère de l'intérieur tente de développer l'action de la presse officieuse par des subventions, par l'envoi de rédacteurs choisis, en agissant sur les correspondants des journaux opposants[4].

---

1. *Le dernier des Napoléon*, 177-182.
2. *Le dernier des Napoléon*, 167, 177.
3. *Papiers et correspondance*, I, 22, Note sur l'organisation de la presse en vue des élections, 15 avril 1869, rédigée au ministère de l'intérieur. Malgré ces créations, il y a encore, dans les départements, une différence de 180 journaux en faveur de la presse officieuse, mais « c'est une supériorité de nombre plutôt que de force », car elle est peu lue. — Voir aussi un rapport de police sur la presse, sans doute de 1869, *Papiers secrets*, 73.
4. *Papiers et correspondance*, I, 25-26 : voir ce qui a rapport aux correspondances Pharaon, Cahot, Havas et au journal belge *Le Nord;* la même note mentionne « près de vingt journaux » allemands ou anglais avec lesquels le ministère a établi des relations suivies. — La correspondance Havas sert trois cent sept journaux.

Quant à la presse parisienne, son influence s'exerce surtout contre le gouvernement. D'une statistique établie par les préfets, il résulte que, déduction faite du *Journal officiel,* les abonnés aux organes de l'opposition sont de beaucoup les plus nombreux. Les feuilles démocratiques telles que le *Siècle* et le *National de 1869* sont largement répandues, surtout dans les cabarets. Le gouvernement cherche à lutter contre elles en recourant à la *Petite Presse,* au *Petit Journal,* qui côtoie la politique, sans l'aborder, et prépare même « la publication d'un roman militaire du premier empire », qui doit lui être donné par le cabinet de l'empereur[1]. Le ministère dispose de deux journaux de polémique courante, le *Peuple français* et la *Patrie,* dont il augmente la publicité par l'envoi d'exemplaires gratuits. La *France,* le *Messager de Paris,* le *Constitutionnel,* le *Public,* le *Pays,* le *Dix décembre* sont « divers par l'esprit qui les anime et l'influence qu'ils exercent, mais tous attachés fermement aux principes dynastiques ». Enfin, le *Figaro* a été l'objet d'un accord, « dont le ministre lui-même a suivi et dirigé toutes les phases[2] ». La *Presse,* le *Moniteur universel,* la *Liberté,* le *Journal des Débats,* le *Journal de Paris* sont classés parmi les journaux douteux ou d'opposition constitutionnelle. On ne désespère pas d'amener à une attitude plus modérée le *Siècle* et l'*Avenir national*[3].

Malgré ces efforts, l'action de la presse officieuse tend à décroître. La *Lanterne* de M. Henri Rochefort, maniée par une main experte, menace de tuer l'empire sous le ridicule. Le *Père Duchêne,* la *Marseillaise,* le *Rappel,* le *Réveil,* la *Cloche* et la *Réforme* l'attaquent sans paix ni trêve. Vers la fin de juin 1870, le ministère, mollement soutenu par les organes à sa dévotion, est combattu de droite et de gauche avec la dernière vigueur. C'est alors que commence la cam-

---

1. *Papiers et correspondance,* I, 28; *Papiers secrets,* 79.
2. *Papiers et correspondance,* I, 31. Voir également I, 84, 95, 164 et II, 171, concernant les rapports du gouvernement avec le *Pays,* le *Parlement,* le *Peuple français,* etc. Une note du 30 mars 1868, de M. F. Giraudeau (II, 174 et suiv.) donne des aperçus intéressants sur la presse parisienne; *Papiers secrets,* 74, 78.
3. *Papiers secrets,* 75, 76.

pagne de presse qui doit l'affoler et finalement le pousser aux pires résolutions[1]. De ridicules fanfaronnades s'étalent chaque jour dans la plupart des journaux de Paris, dans les plus lus : « Que les Prussiens prennent tout leur temps ! La France est prête ! — Personne n'ignore qu'en ce moment nous avons vingt jours d'avance sur la Prusse. Nous sommes prêts. Ils ne le sont pas[2]. » — « L'empereur... a porté la force militaire du pays à un degré d'intensité formidable[3]... ». Même des journaux modérés, des écrivains parmi les plus sérieux se laissent gagner à l'excitation ambiante. « Ce qui est certain, écrit M. de Mazade, c'est que la France, quant à elle, n'a fait que se défendre et relever un défi... Plus que jamais, c'est encore une question de savoir s'il (M. de Bismarck) aura été un politique supérieur ou un aventurier, s'il a servi son pays ou s'il ne lui a pas préparé quelque effroyable désastre... » Quant à la guerre, elle est dépeinte comme ayant été « subitement populaire »; elle a « entraîné le pays tout entier[4]... »

L'excès va si loin qu'une réaction se produit : « Plusieurs journaux, écrit l'*Univers*, expriment des sentiments patriotiques, qu'il faut louer, d'un ton qu'il faut blâmer. Ils parlent de passer le Rhin comme s'il s'agissait de passer la Seine, en flânant sur le pont des Arts ; ils disent que la campagne de Prusse sera une promenade jusqu'à Berlin ; ils menacent les Prussiens de les refouler à coups de crosses. C'est M. Émile de Girardin qui s'en tiendrait volontiers à la crosse contre les vainqueurs de Sadowa. Ces fanfaronnades, ces rodomon-

---

1. *Les Origines*, 220, 235, 241, 273.
2. Paul de Cassagnac, *Le Pays* des 9 et 12 juillet 1870. — Voir dans F. Giraudeau, *La vérité sur la campagne de 1870*, 46 et suiv., 85 et suiv., des extraits de la *Presse*, de l'*Opinion nationale*, de l'*Union*, du *Gaulois*, de l'*Univers*, du *Figaro*, du *National*, du *Monde*, de la *Liberté*, du *Paris-Journal*, du *Soir*, du *Français*, de la *Gazette de France*, du *Siècle*, du *Journal de Paris*. — Le *Constitutionnel*, le *Moniteur universel*, le *Journal des Débats*, le *Temps* sont pacifiques, à peu près seuls.
3. A. Granier de Cassagnac, le *Pays*, 18 juillet 1870.
4. *Revue des Deux-Mondes*, 1er août 1870, 743-748. — La presse de province n'est pas moins enthousiaste (Voir F. Giraudeau, *La vérité sur la campagne de 1870*, 93, extraits reproduits par le *Français*, le *Figaro*, le *Gaulois*, le *Soir*).

tades, ces insolences font pitié... A quoi servirait-il de le dissimuler... et pourquoi le dissimulerions-nous? La Prusse, qui était avant Sadowa une grande puissance militaire, est depuis quatre ans l'ennemi le plus redoutable que nous puissions rencontrer. Cet aveu n'a rien de blessant pour notre amour-propre national : il ne nous nuira, ni si nous sommes vainqueurs, ni si des revers nous éprouvent[1]. »

La presse va encourir des reproches plus graves. Le 17 juillet, M. Émile Ollivier dépose un projet de loi déclarant facultative l'interdiction, par un simple arrêté ministériel, de la publication, sous une forme quelconque, des mouvements de troupes, des opérations militaires sur terre et sur mer. Les contrevenants seront punis d'une amende de 5,000 à 10,000 fr., de la suspension du journal pendant six mois au moins, ou de sa suppression en cas de récidive[2].

Ce sont là des dispositions anodines, hors de proportion, certes, avec l'importance des intérêts que peut compromettre une seule indiscrétion. La commission élue au Corps législatif les trouve draconiennes et réduit à une suspension de six mois le maximum de la peine. Le 19 juillet, quand le projet ainsi modifié vient en discussion, une partie de la gauche l'attaque avec fureur. Jules Ferry s'écrie : « Mais c'est énorme! c'est excessif! » Gambetta assure que la loi est inutile. Pourtant elle est votée par 207 voix contre 19. Presque entière, l'opposition s'est prononcée négativement ou s'est abstenue et, parmi elle, la plupart des futurs membres du gouvernement de la Défense nationale. Avant deux

---

[1]. Reproduit par le *Figaro* du 16 juillet 1870 et par Mme Aubry, *Lettres d'une parisienne*, 3.

[2]. *Journal officiel* du 18 juillet, 1281 ; Darimon, *Notes pour servir, etc.*, 214 et suiv. Le 17 juillet, le *Staatsanzeiger* de Berlin publie la note suivante : « J'ai l'honneur d'inviter les honorables rédacteurs des journaux paraissant en Prusse à ne donner, à partir d'aujourd'hui, aucune nouvelle, si insignifiante qu'elle soit et qu'elle puisse paraître, sur les marches militaires et mouvements de troupes.

« Berlin, le 16 juillet 1870.

« *Le ministre de l'intérieur :* Comte EULENBURG. »

(Darimon, *ibid.*)

mois, ils apprécieront, par eux-mêmes, le danger des indiscrétions de la presse[1].

Vers la fin de l'empire, le *reportage* tend à prendre un grand développement, et les opérations futures sont une mine à ne pas dédaigner. Dès lors, la nouvelle loi menace dans leurs intérêts une grande partie des journalistes, les plus influents. Ils attaquent vivement le projet, puis les dispositions adoptées. On accuse M. Émile Ollivier d'avoir dit à la commission : « Présentez toutes les observations que vous voudrez; votez tout ce que vous voudrez; vous ne nous empêcherez pas de tuer les journaux qui nous gêneront et que nous voudrons tuer[2]. » La conclusion est aisée à déduire : dans la loi proposée, le gouvernement voit surtout un moyen de supprimer la presse indépendante. Le ministre finit par prendre peur du tapage mené autour de lui. « Huit jours ne s'étaient pas écoulés que les directeurs des principaux journaux étaient appelés au ministère de la justice, et qu'il intervenait entre ces messieurs et le gouvernement une sorte d'entente qui énervait complètement la loi.

« Il était convenu, en effet, que la presse s'abstiendrait de rien publier touchant les mouvements préliminaires de nos troupes, l'établissement ou le déplacement des corps d'armée, l'installation et la levée des camps... En revanche, une fois la campagne ouverte, liberté pleine et entière était laissée aux comptes rendus de tous les... événements militaires », qu'ils rentrassent dans les faits accomplis ou dans les mouvements dont l'ennemi a forcément connaissance presque aussitôt qu'ils s'opèrent.

Cet engagement a pour résultat « de rayer d'un trait de plume, non seulement l'arrêté ministériel du 22 juillet 1870,

---

[1]. Votent contre : MM. Arago, Bethmont, Crémieux, Desseaux, Dorian, Dréolle, Esquiros, Ferry, Gagneur, Gambetta, Garnier-Pagès, Girault, Glais-Bizoin, Guyot-Montpayroux, Magnin, Ordinaire, Pelletan, Jules Simon, Wilson ; parmi les abstentions figurent celles de MM. Jules Favre et Thiers (*Journal officiel*, 20 juillet, 1290). Voir *Siège de Paris. Le Bourget, Champigny*, 189 ; *Buzenval, la Capitulation*, 46, 128, 193, 225.

[2]. Darimon, *Notes pour servir*, etc., 217.

mais encore les deux circulaires adressées aux procureurs généraux pour requérir l'application rigoureuse de la loi. » On croit endiguer les indiscrétions en établissant un bureau de renseignements au ministère de l'intérieur. Une note au *Journal officiel* invite même les journaux à accréditer un rédacteur auprès de cette agence. Mais, dès les premiers jours d'août, on se rend compte de son inutilité. Le *Times* a publié depuis longtemps notre échec de Wissembourg, que Paris l'ignore encore[1].

Aussi la presse en prend-elle à son aise. Dès le 25 juillet, le *Journal officiel* contient une note où percent des menaces discrètes : Certains journaux continuent à donner des nouvelles de mouvements militaires. Le gouvernement se verrait à regret « forcé d'avoir recours à la loi ». Les 23, 25 août, il fait en vain « appel au patriotisme de la presse », en la menaçant « d'appliquer la loi dans toute sa rigueur ». Il ne parvient pas à l'empêcher de donner à l'ennemi les renseignements les plus précieux[2], tant il est vrai que, lorsque l'intérêt personnel est en jeu, il faut, pour lutter contre ses suggestions, autre chose que des menaces sans effet ou de vains appels au patriotisme.

---

[1]. Darimon, *Notes pour servir, etc.*, 219.
[2]. *Ibid.*, 222 et suiv.

VII

PARIS ET LES DÉPARTEMENTS

Paris et la guerre. — Patriotisme tapageur. — Les départements. — L'ensemble.

A Paris, pendant la seconde quinzaine de juillet, la population semble unanime. « Ici, écrit Mérimée, la guerre est plus populaire qu'elle ne l'a jamais été, même parmi les bourgeois. On est très braillard, ce qui est mauvais assurément[1]. » La collection de journaux de toutes nuances, les témoignages oculaires confirment cette opinion. L'enthousiasme de la foule ne va pas sans excès. M. Émile Ollivier est l'objet d'une manifestation hostile devant l'hôtel du ministère de la justice, parce qu'on le soupçonne de tendances pacifiques. De même pour M. Thiers. L'ambassade de Prusse, les banquiers, les négociants allemands sont menacés. L'Internationale risque une contre-manifestation pacifique qui entraîne des protestations tumultueuses.

Le patriotisme prend surtout cette forme tapageuse, de nature à faire douter de son sérieux. A l'Opéra, chaque soir, on réclame bruyamment la Marseillaise et le Rhin allemand. Le chanteur Faure est l'objet d'ovations sans fin[2]. Dans un concert des Champs-Élysées, on dit un morceau intitulé : l'Entrée à Berlin; ailleurs, on exige trente-deux fois de suite la Marseillaise[3]. « Tous les soirs, à partir du 15, des bandes

---

1. *Lettres à une inconnue*, 18 juillet, II, 369 ; Voir *suprà*, p. 46.
2. *Enquête*, dépositions, I, préfet de police Pietri, 252. — M. Pietri assure que la police n'y était pour rien. Au contraire, M. Darimon (*Notes pour servir, etc.*, 164) écrit qu'en apparence on cherchait à empêcher les manifestations et qu'on les excitait sous main.
3. Mme Aubry, 7-9. — « Le directeur de l'Horloge (concert aux Champs-Élysées) avait improvisé une pantomime dans laquelle on voyait un combat entre des zouaves et des soldats prussiens. Au dénouement, on amenait un Prussien avec son casque à pointe sur le devant de la scène, et, après l'avoir fortement houspillé, on le forçait à se mettre à genoux et à demander grâce... Les spectateurs restaient froids et indifférents. La police, qui avait autorisé et peut

d'ouvriers ou d'étudiants se formaient sur le boulevard. Elles couraient au ministère des affaires étrangères, à celui de la justice, à l'ambassade de Prusse, et c'étaient des cris... à faire douter de la raison des Parisiens... Des citoyens essayaient parfois de crier : « Vive la paix! » Ils étaient aussitôt entourés, insultés, frappés même ; la police avait grand'peine à s'emparer de ces perturbateurs, pour les arracher à la fureur du peuple.

Autour de la gare de l'Est, encombrée d'officiers, de soldats isolés, de réservistes rejoignant leurs dépôts, de détachements partant pour la frontière, la foule hurle des refrains guerriers, s'écrase contre les grilles et passe aux troupiers, à travers les barreaux, des aliments ou du vin [1]. Les régiments qui traversent Paris ont peine à se frayer passage. On les acclame. On leur fait escorte, on force leurs rangs, on s'empresse à porter fusils ou havresacs.

Ce bruyant enthousiasme va si loin que le préfet de police intervient. Le 18 juillet, il « croit devoir demander aux habitants de Paris de s'abstenir de démonstrations qui ne peuvent se prolonger davantage sans inconvénients [2] ». Le 25, on annonce officiellement que le ministre de la guerre a prescrit la veille de commencer la mise en état de défense de l'enceinte et des forts de Paris. Quelques observateurs se sentent pris d'inquiétude : « Ici, écrit Mérimée le 17 juillet, pour le moment, la guerre est très populaire. Il y a beaucoup d'enrôlements volontaires ; les soldats partent avec joie et sont pleins de confiance... J'ai peur que les généraux ne soient pas des génies. » Le 27 : « Toujours grand enthousiasme. 115,000 enrôlés volontaires. Les militaires

---

être provoqué cette ridicule exhibition, avait sans doute cru qu'un pareil spectacle réchaufferait le patriotisme. Elle s'était lourdement trompée » (Darimon, 165).

1. C. Farcy, *Histoire de la guerre de 1870-1871*, 15 et suiv.
2. *Journal officiel* du 18 juillet, 1276. A rapprocher de ce fait que, les 10 et 11 juillet, l'empereur fait paraître dans les journaux officieux de longs extraits de la brochure *L'armée de la confédération de l'Allemagne du Nord*, montrant que l'ennemi éventuel n'est pas à dédaigner, qu'il dispose de 906,000 hommes et de 170,000 chevaux (F. Giraudeau, *La vérité sur la campagne de 1870*, 127).

ont grande confiance; mais moi, je meurs de peur[1]. » Ces pressentiments ne vont pas jusqu'à l'âme des foules. On trouve trop modestes les proclamations de l'empereur; on croit à une série de triomphes prochains et faciles[2].

Si Paris est enthousiaste à peu d'exceptions près, la province est beaucoup plus réservée. Les rapports envoyés par les préfets, vers le 10 juillet, tendent à montrer que 18 départements seulement désirent la guerre; 53 se déclarent plus ou moins nettement en faveur de la paix; le reste est hésitant. Certaines opinions se manifestent d'une façon caractéristique. Ainsi pour le Vaucluse : « Les populations appréhendent une guerre qui porterait un trouble considérable dans les affaires, et elles craignent que l'empereur s'y laisse trop facilement entraîner. » Dans la Meuse, la masse désire « vivement » la paix. « Par tous ses intérêts, le département du Nord tient à la paix; mais, s'il le faut, si l'honneur et la sécurité l'exigent, il se résignera à la guerre[3]. »

---

1. *Lettres à Panizzi*, 423 et suiv.; « On se montre fort perplexe ici sur les probabilités du résultat..., l'espérance est mêlée à beaucoup de craintes » (Mme Aubry, 5, à la date du 19 juillet. — Voir *suprà*, p. 41, le nombre des engagés volontaires).
2. *Enquête*, dépositions, I, Piétri, 252; « Je crois que, si l'empereur s'y était refusé, les choses n'auraient pas bien tourné pour lui; son acquiescement lui donne, au contraire, un regain de popularité » (Mme Aubry, 1).
3. *Enquête*, pièces justificatives, II, 2ᵉ partie, 74 et suiv. — Ces analyses ont été reproduites d'après une communication du ministère de l'intérieur au *Journal officiel*, 20 octobre 1870, 1611. — Départements favorables à la guerre : Allier, Basses-Alpes, Ardennes, Aveyron, Bouches-du-Rhône, Corrèze, Corse, Dordogne, Doubs, Drôme, Eure, Eure-et-Loir, Haute-Loire, Loiret, Haute-Marne, Hautes-Pyrénées, Pyrénées-Orientales, Bas-Rhin. — En faveur de la paix : Ain, Aisne, Alpes-Maritimes, Ardèche, Ariège, Aube, Calvados, Charente, Charente-Inférieure, Cher, Creuse, Finistère, Gard, Haute-Garonne, Gironde, Hérault, Ille-et-Vilaine, Indre, Indre-et-Loire, Isère, Jura, Landes, Loir-et-Cher, Loire, Loire-Inférieure, Lot, Lot-et-Garonne, Lozère, Manche, Marne, Meurthe, Meuse, Moselle, Nord, Oise, Orne, Puy-de-Dôme, Haut-Rhin, Rhône, Haute-Saône, Saône-et-Loire, Sarthe, Seine-Inférieure, Seine-et-Marne, Seine-et-Oise, Deux-Sèvres, Somme, Tarn, Tarn-et-Garonne, Var, Vaucluse, Vosges, Yonne : voir aussi Pinard, II, 58. — Ces rapports des préfets, ou du moins les analyses qui en ont été publiées, ne sont pas l'expression exacte de la vérité. Il est évident que les fonctionnaires ont dû représenter la guerre comme plus populaire qu'elle n'était, pour plaire au ministère, et que, inversement, l'auteur des analyses faites par ordre du gouvernement de la Défense nationale a dû voir les choses sous un autre angle. Il n'en reste pas moins que l'ensemble donne une impression juste, car ces deux tendances se combattent.

Parmi les régions à inclinations pacifiques figurent les plus peuplées, les plus importantes par leur richesse, leur industrie et leur commerce, exception faite des Bouches-du-Rhône.

En somme, la France est fort divisée sur l'opportunité de la guerre; les témoignages contemporains en font foi. Les uns constatent la confiance générale, le parti-pris d'enthousiasme[1]. En Alsace, dit M. Beaunis, comme dans toute la France, le commerce et la haute bourgeoisie déplorent la guerre si follement engagée, mais cette opposition se noie dans l'ensemble. En effet, les dons nationaux affluent, ainsi que les offrandes aux sociétés de secours aux blessés. Chaque jour les colonnes du *Journal officiel* en sont remplies, dès le 17 juillet. On offre de doubler ses contributions, de verser chaque jour une certaine somme, tant que durera la guerre. Les élèves des écoles, des lycées donnent le montant de leurs prix. La générosité publique prend toutes les formes, malgré l'arrêt des affaires et la gêne qui menace[2].

D'autres témoignages laissent voir de graves inquiétudes, des doutes sur l'opportunité de la guerre : « Sauf quelques rares exceptions, personne n'en voulait, personne n'y croyait, personne n'y pensait d'une façon sérieuse. » Le pays ne demandait que « la tranquillité, l'ordre et les prospérités matérielles ». Il « voulait la paix[3] ».

---

1. Sarazin, XII ; « C'étaient (à Avranches?) des élans, des expansions, des ardeurs jusqu'alors inconnues dans nos placides contrées » (Mme Octave Feuillet, 80, 82); *Notes manuscrites* du commandant Tarret, au sujet de Metz ; *Papiers sauvés des Tuileries,* 250, lettre du curé de Lorry-devant-le-Pont à l'empereur, 28 juillet ; Beaunis, *Impressions de campagne,* 10, au sujet de Strasbourg, etc.
2. *Journal officiel* du 17 juillet et des jours suivants, p. 1267, 1276, 1279, 1288, 1295, 1304, 1308, 1313, 1319, 1333, 1337, 1339, 1340, etc.
3. Sarazin, X ; « Certes, les populations n'en voulaient pas ; mais, accablées par la prostration des affaires, par la stagnation du travail, elles espéraient une renaissance d'un état violent et momentané. Aussi, lorsque le gouvernement eut tiré son épée, ce sentiment, joint au vieux sang gaulois, fit qu'il y cut, presque partout, comme un courant d'enthousiasme » (*Récits du siège de Metz,* par le général Lapasset, *Le général Lapasset,* II, 160); Colonel de Ponchalon, Souvenirs de guerre, *France militaire* des 17-18 décembre 1892 ; lieutenant-colonel Patry, *La guerre telle qu'elle est (1870-1871),* 15 ; A. Rambaud, La Lorraine sous le régime prussien, *Revue des Deux-Mondes,* 1er mai 1871, 142 ; Delmas, *De Frœschwiller à Paris. Notes prises sur le champ de bataille,* 13.

De l'ensemble il est permis de conclure que l'enthousiasme tapageur et, jusqu'à un certain point, factice, soulevé à Paris ou dans les grands centres, n'est nullement partagé par la grande masse de la population. Certes, elle a confiance dans l'armée, dans les destinées de la France, mais elle appréhende les sacrifices de tout genre qui résulteront d'une nouvelle guerre, même heureuse. Elle la supporte beaucoup plus qu'elle ne la souhaite.

VIII

ORGANISATION DE L'ARMÉE

Recrutement. — Organisation. — Composition de l'armée. — Absence de grandes unités permanentes.

« Les institutions militaires, a dit le duc d'Aumale, ne garantissent pas la victoire ; elles donnent le moyen de combattre, de vaincre ou de supporter les revers. Sans elles..., pas de sécurité ni de véritable indépendance pour les nations[1]. » C'est elles, justement, qui manquent à la France ; c'est elles dont nous ressentirons cruellement l'absence à l'heure du danger.

On sait à quel point notre système de recrutement laisse à désirer lorsque survient Sadowa, quels efforts sont faits pour l'améliorer[2]. La loi de 1832 nous avait donné une bonne armée, celle qui conquit l'Algérie et combattit en Crimée. Mais elle avait de graves inconvénients, dont le principal était de constituer des réserves en petit nombre et sans instruction militaire. On n'attachait à cette lacune qu'une faible importance. Plusieurs fois le maréchal Soult déclarait à la tribune que les réservistes ne devaient pas être instruits : « Quand, au moment de la guerre, on appelle sous les drapeaux les jeunes gens qui n'ont pas encore servi, ils y arrivent plus volontiers que ceux qui connaissent les ennuis de la caserne, les inconvénients du métier[3]. »

La loi de 1855 ne fut pas un progrès, loin de là. Elle modifia entièrement la composition des rangs inférieurs, et tendit à détruire une pépinière d'excellents sous-offi-

---

1. *Institutions militaires de la France*, 6, cité par le général Thoumas, *Les transformations de l'armée française*, I, 13.
2. *Les Origines*, 153 et suiv.
3. Bazaine, *Épisodes*, XV. Voir dans F. Giraudeau, *La vérité sur la campagne de 1870*, 190-191, les opinions dans le même sens émises par le général Changarnier et le prince de Joinville.

ciers. L'exonération menaça de remplir nos régiments d'éléments vieillis et fatigués, renforcés à la guerre de réserves novices. En même temps, elle faisait croître l'antipathie pour le service militaire des éléments aisés, éclairés et laborieux du pays[1]. Elle exerçait la plus funeste influence sur le moral de l'armée, en multipliant les remplaçants[2]. « Il a vendu son cochon », disait d'eux le troupier, l'homme du peuple, dans leur langue expressive. Ce mot indique assez l'estime dans laquelle on tenait cette catégorie de soldats.

La loi de 1832 faisait porter le poids du service « sur la partie la plus pauvre, la moins instruite, souvent la plus chétive de la nation ». Celle de 1868 ne changea rien à cette criante inégalité. Elle créa deux catégories parmi les jeunes gens susceptibles de porter les armes : l'une ayant toutes les obligations en paix comme en guerre, et l'autre, à peu près aucune en temps de paix. L'armée ne recevait pas dans ses rangs la totalité de la nation. Elle n'était pas démocratique comme en Prusse, pays aristocratique par essence. Combien peu, chez nous, saisissaient ce contraste[3] !

Pendant les dernières années de l'empire, le contingent habituel était de 100,000 hommes. Déduction faite des non-valeurs, des recrues affectées à la marine et aux colonies, il restait environ 70,000 hommes. Les ressources budgétaires ne permettant d'en incorporer que 20,000, les 50,000 autres formaient une deuxième portion, qui recevait à peine un

---

1. Général Thoumas, II, 636; général de Wimpffen, *Sedan*, 34; *Les causes de nos désastres*, 89-91 ; *Journal du maréchal de Castellane*, V, 64 et suiv. : « La loi de la dotation de l'armée est un affaiblissement de la loi de la conscription. » Elle ne fut approuvée par le Conseil d'État que parce que l'empereur y tenait beaucoup ; *ibid.*, V, 279, 285, 328; général Montaudon, II, 14 ; comte de La Chapelle, *Les forces militaires de la France en 1870*, 2.

2. Sur 288 détenus au pénitencier de Metz en 1863, il y a 96 appelés, 64 engagés volontaires, 97 rengagés, 31 remplaçants (Général Montaudon, II, 14). Voir, au sujet des vieux soldats, le général Lewal, *La réforme de l'armée*, 267, et le général Trochu, *L'armée française en 1867*, passim.

3. *Les causes de nos désastres*, 91. — Il est à noter qu'en 1843 Napoléon III réclamait instamment pour nous, dans les journaux du Pas-de-Calais, l'organisation de l'armée prussienne (F. Giraudeau, *La vérité sur la campagne de 1870*, 94).

rudiment d'instruction[1]. Les premiers résultats obtenus paraissent très satisfaisants à des juges tels que le maréchal de Castellane[2], mais, à la mobilisation, ces réservistes ne conserveront plus rien d'une éducation hâtive.

Quoi qu'il en soit, la proportion des *appelés* dans l'armée active diminue constamment. Il y en a 144,066 en 1865, pour un effectif moyen annuel de 403,864, dont 53,117 remplaçants administratifs. Au 1er janvier 1870, ces derniers atteignent 69,163 sur un total encore inférieur[3].

L'effectif budgétaire est de 400,000 hommes, dont 24,012 officiers et de 90,822 chevaux; 60,000 hommes et 16,562 chevaux sont stationnés en Algérie. Mais ces 400,000 hommes sont loin de représenter autant de combattants. La gendarmerie y figure pour 20,243 hommes, les vétérans pour 300, les enfants de troupe pour 5,466; il faudrait tenir compte également des corps disciplinaires, des compagnies de remonte, des compagnies et des pelotons hors rang, etc., c'est-à-dire des *non-valeurs organiques*. En outre, il conviendrait d'en déduire le *déficit permanent* qui résulte des divers motifs d'absence (hommes en congé, aux hôpitaux, en détention, etc.). C'est ainsi que, pour un effectif moyen annuel de 414,754 hommes en 1869, le plébiscite révèle un total de 299,528 votants sur 300,684 inscrits[4].

L'infanterie représente un total de 374 bataillons seule-

---

[1]. Bazaine, *Épisodes*, XVI. Depuis 1860, la deuxième portion faisait dans les dépôts 3 mois de service la 1re année, 2 mois la 2e, 1 mois la 3e. — Le nombre total des hommes à incorporer en 1870, sur un contingent de 90,000, serait de 66,000 dont 45,000 pour l'infanterie, 10,500 pour la cavalerie, 7,000 pour l'artillerie, 1,500 pour le génie et 2,000 pour les équipages militaires (E. Bureau, tableau n° 12).

[2]. *Journal du maréchal de Castellane*, V, 338, 341, 344, 345; général Montaudon, II, 11; cette satisfaction s'étend même aux cavaliers des deuxièmes portions.

[3]. *Les Origines*, 156-175. — En 1865, sur 403,864 hommes, l'effectif moyen annuel comporte 22,112 officiers, 58,624 engagés et rengagés sans prime, 112,889 avec prime, 53,117 remplaçants administratifs, 13,056 commissionnés (*Mémoires du maréchal Randon*, II, 182-183, rapport à l'empereur). Les chiffres que donne le général Montaudon, II, 25, diffèrent sensiblement. Voir également aux Annexes en ce qui concerne les effectifs moyens.

[4]. Voir *suprà*, p. 15. — D'après le dernier *Exposé de la situation de l'empire*, au 1er janvier 1870, l'effectif est de 434,356 hommes, dont 365,179 pour l'intérieur, 63,925 pour l'Algérie, 5,252 pour les États romains. Mais il y a

ment, dont 26 pour la garde. Encore, faut-il en déduire la gendarmerie et les corps disciplinaires, qui ne peuvent guère entrer en ligne pour une guerre européenne. Les régiments sont à 2, 3 ou 4 bataillons; ceux-ci ont également une composition très variable[1]; 20 sont stationnés hors de France, en dehors des troupes d'Afrique.

La cavalerie compte 350 escadrons, dont 38 pour la

---

près de 108,000 hommes en congé, ce qui réduit le total des présents à 325,525 hommes (F. Giraudeau, *La vérité sur la campagne de 1870*, 133).

D'après E. Bureau, *Atlas militaire*, tableau n° 12, les 400,000 hommes de l'effectif budgétaire sont ainsi répartis :

États-majors	4,668 hommes,	dont	3,934	officiers.
Cent-gardes	221	—	13	—
Gendarmes d'élite	136	—	6	—
Garde impériale	27,287	—	1,209	—
Gendarmerie	20,243	—	654	—
Infanterie	219,413	—	10,015	—
Cavalerie	52,146	—	3,242	—
Artillerie	34,067	—	1,498	—
Génie	6,746	—	256	—
Équipages militaires	8,304	—	349	—
Vétérans	300	—	6	—
Services administratifs	10,890	—	2,049	—
Légion étrangère	2,658	—	117	—
Corps indigènes d'Algérie	12,912	—	664	—

La garde de Paris, 2 bataillons à 8 compagnies et 4 escadrons (2,856 hommes et 663 chevaux), le régiment de sapeurs-pompiers de Paris ne sont pas soldés par le ministère de la guerre et ne rentrent pas dans ces chiffres. En 1870, plus encore qu'aujourd'hui, l'effectif budgétaire était un effectif *moyen*. Les nombres cités ne sont donc qu'approximatifs. Voir, à titre de comparaison, l'effectif au 1er juillet 1869 donné par M. de La Chapelle, 93 et suiv.; M. Raiberti, dans son rapport de 1900 sur le budget de la Guerre, publie également des chiffres différents en ce qui concerne les officiers (p. 77).

1. *Garde impériale :* 3 régiments de grenadiers et 4 de voltigeurs, 1 régiment de zouaves, 1 bataillon de chasseurs; ces régiments à 3 bataillons, sauf celui de zouaves qui en a 2; ces bataillons à 7 compagnies, sauf celui de chasseurs qui en a 10. La garde comprend encore un régiment de gendarmerie à pied de 2 bataillons à 5 compagnies, qui n'est pas mobilisé en 1870.

Ligne : 100 régiments d'infanterie à 3 bataillons de 8 compagnies, dont 4 stationnés en Algérie et 2 dans les États romains; 20 bataillons de chasseurs à 8 compagnies, dont 1 en Algérie et 1 dans les États romains; 3 régiments de zouaves à 3 bataillons de 9 compagnies; 3 régiments de tirailleurs algériens à 4 bataillons de 7 compagnies; 1 régiment étranger à 4 bataillons de 8 compagnies; 3 bataillons d'infanterie légère d'Afrique à 5 compagnies; 5 compagnies de fusiliers de discipline, 2 compagnies de pionniers; 1 compagnie de sous-officiers vétérans; 1 compagnie de fusiliers vétérans (*Annuaire militaire de l'empire français pour l'année 1870*).

Effectif budgétaire : 100 régiments de ligne, 190,295 hommes; infanterie de la garde, 17,357; chasseurs à pied, 15,969; zouaves, 9,600; régiment étranger, 2,658; tirailleurs, 9,600 (Capitaine E. Bureau, *Atlas militaire*, tableau n° 13).

garde; elle est répartie en 63 régiments à 5 ou 6 escadrons. Les spahis rentrent dans cet effectif, bien qu'ils ne puissent combattre en Europe, du moins dans leur ensemble[1].

Le décret du 15 novembre 1865 fixe à 684 seulement le nombre de nos pièces de campagne, soit 2 pièces par 1,000 hommes pour 340,000. C'est une proportion fort insuffisante, car, en 1813, la grande armée possédait déjà 1,000 bouches à feu pour 425,000 hommes. La guerre de 1866 conduit à l'accroître. Le décret du 13 mai 1867 transforme en régiments montés les 5 régiments à pied; l'artillerie française représentera dorénavant un total de 984 pièces de campagne (38 batteries à cheval, 126 montées) et de 60 batteries à pied[2]. De ces 984 pièces, 60 resteront d'abord en Algérie ou à Rome, si bien que nous posséderons moins de 2 pièces par 1,000 hommes, pour les 500,000 soldats que l'empereur veut mettre en ligne. Un moment on a proposé la création de 28 batteries montées, ce qui eût porté notre artillerie à 1,158 pièces au lieu des 1,200 réclamées par le maréchal Soult. Cette augmentation est rejetée

---

1. Corps des cent-gardes de l'empereur, 1 escadron à 2 compagnies; escadron des gendarmes d'élite.
Garde impériale : 6 régiments de carabiniers, de cuirassiers, de dragons de l'impératrice, de lanciers, de guides et de chasseurs, tous à 6 escadrons.
Ligne : 10 régiments de cuirassiers, 12 de dragons, 8 de lanciers, à 5 escadrons; 12 régiments de chasseurs, 8 de hussards, 4 de chasseurs d'Afrique, 3 de spahis, à 6 escadrons; 6 compagnies de remonte employées à l'intérieur et en Algérie; 23 dépôts de remonte, dont 3 en Algérie. Les 9e chasseurs et 8 hussards sont stationnés en Algérie et 2 escadrons du 7e chasseurs dans les États romains (*Annuaire* de 1870).
Effectif budgétaire : 45,241 chevaux, dont 4,494 pour la garde, 3,546 pour les chasseurs d'Afrique, 3,118 pour les spahis (E. Bureau).

2. *Garde impériale :* 2 régiments, l'un monté, l'autre à cheval, à 6 batteries; 1 escadron du train d'artillerie à 2 compagnies.
Ligne : 20 régiments, dont 15 montés à 12 batteries (le 3e est stationné en Algérie), 4 à cheval à 8 batteries; 1 de pontonniers (le 16e) à 14 compagnies (la 11e en Algérie); 10 compagnies d'ouvriers d'artillerie (la 10e en Algérie); 6 compagnies d'artificiers (la 6e en Algérie); 1 compagnie d'armuriers (en Algérie); 2 régiments du train d'artillerie à 16 compagnies (la 5e du 1er régiment et la 15e du 2e en Algérie) [*Annuaire* de 1870].
Effectif budgétaire : Garde, 2,430 hommes et 1,797 chevaux; ligne, 28,437 hommes et 15,636 chevaux (19 régiments); pontonniers et train, 3,312 hommes et 1,657 chevaux (E. Bureau).

par le comité d'artillerie, sur la proposition du général Le Bœuf[1].

Quant au génie, plus encore que l'arme sœur, il est réparti en gros régiments, dont l'organisation ne prépare en rien celle du temps de guerre[2]. Le train des équipages militaires et les services administratifs absorbent un effectif d'hommes et de chevaux très considérable par rapport aux corps combattants[3]. Ils n'en seront pas moins incapables de satisfaire à nos besoins futurs, car rien n'a été prévu pour leur extension.

Au 1er juillet 1870, la garde mobile est nominalement répartie en 250 bataillons à 8 compagnies et 125 batteries à pied. Un décret du 18 juillet autorise la constitution de régiments provisoires à 2, 3 ou 4 bataillons, et celle de brigades ou de divisions formées uniquement de ces unités[4]. Pour toutes ces créations, on n'a préparé ni cadres, ni matériel. De longtemps elles n'auront une existence réelle.

L'une des raisons qui compliquent la formation de nouvelles unités, comme toute la mobilisation en général, est

---

1. Il trouve qu'on a toujours trop d'artillerie (A. Chuquet, *La guerre, 1870-1871*, 4) ; général de Blois, *Histoire de l'artillerie du 15e corps*, 142 ; général Thoumas, I, 131, 141. — Le 10 avril 1806, Napoléon évalue à *un millier de canons* le chiffre nécessaire à la France (Lettre au ministre Dejean). En 1810, il porte ce nombre à 1,300 (Lieutenant-colonel Rousset, I, 60).

2. 3 régiments à 17 compagnies, dont 1 de sapeurs-conducteurs ; 1 compagnie d'ouvriers ; 6 compagnies du génie sont stationnées en Algérie et 1 dans les États romains.
Effectif budgétaire : 6,958 hommes, 757 chevaux (*Annuaire* de 1870; E. Bureau).

3. *Garde :* 1 escadron du train à 3 compagnies.
Ligne : 3 régiments du train à 16 compagnies et 4 compagnies d'ouvriers ; le 2e régiment, 8 compagnies du 1er et 1 compagnie d'ouvriers sont stationnés en Algérie.
Il existe, en outre, 1 direction centrale des parcs, 3 parcs de construction, dont 1 en Algérie.
Troupes de l'administration : 9 sections d'infirmiers militaires (3 en Algérie) et 13 sections d'ouvriers militaires d'administration (3 en Algérie).
Effectif budgétaire du train : 8,304 hommes et 7,065 chevaux (*Annuaire* de 1870 ; E. Bureau). La composition de l'armée, telle qu'elle est indiquée par le comte de La Chapelle (*loc. cit.*, 93 et suiv.), le général Thoumas, I, *passim*, etc., présente souvent des inexactitudes.

4. *Journal officiel* du 22 juillet, 1,302. Au 1er juillet 1870, il n'existe de cadres que pour 150,000 à 180,000 gardes mobiles ; encore sont-ils incomplets. Ces gardes mobiles sont ceux originaires de Paris, du Nord et du Nord-Est.

la non-existence, dès le temps de paix, des grandes unités, brigades, divisions, corps d'armée. Depuis le 27 janvier 1858, la France est partagée en 5 grands commandements, portés ensuite à 7, confiés à des maréchaux ou à des généraux ayant commandé en chef. Cette organisation a été adoptée sous le coup de l'attentat d'Orsini, par suite de préoccupations plus politiques que militaires. Les régions ainsi constituées ont pour sièges Paris, Lille, Nancy, Lyon, Toulouse, Tours et Alger[1]. La répartition des troupes y est fort inégale et le nom de corps d'armée, qui leur est donné ensuite, ne répond à aucune réalité. Chacune comprend un certain nombre de divisions militaires, dont le chef exerce une autorité restreinte sur les troupes de son commandement. Il n'est ni leur inspecteur permanent, ni leur chef du temps de guerre. Quant à la subdivision, elle correspond à un département, quels que soient sa population et l'effectif qui y tient garnison. Par suite, au début d'une guerre, il faut créer de toutes pièces un nombre considérable de grandes unités, dont les chefs ne connaissent pas les troupes sous leurs ordres, de même que celles-ci les ignorent. Tel officier général qui a laborieusement formé des régiments, les voit, comme le maréchal de Castellane en 1859 et le général de Palikao en 1870, passer sous les ordres d'autres chefs qui recueillent ainsi ce qu'ils n'ont pas semé[2].

Le seul corps d'armée constitué en permanence est la garde impériale. En outre, les armées de Paris et de Lyon, dites simplement ensuite corps d'armée, comportent un certain nombre de divisions d'infanterie et de cavalerie qui n'ont ni existence permanente, ni lien commun. Enfin, on forme dans nos camps d'instruction, notamment au camp de Châlons, des divisions provisoires pour une durée res-

---

1. *Journal de Castellane*, V, 203; *Moniteur universel* des 28 janvier et 18 février 1858. Voir général de Palikao, 34, circulaire du 7 septembre 1859, au sujet des attributions des titulaires de grands commandements.
2. Lettres du maréchal de Castellane au maréchal Vaillant et à l'empereur, 4 mai, 6 mai et 1ᵉʳ juillet 1859 (*Journal de Castellane*, V, 248-256).

treinte[1]. Le caractère général de ces unités est de ne pas comprendre en permanence les mêmes corps. Les changements de garnison sont fréquents, sans qu'aucune règle y intervienne autre que le caprice des bureaux. L'instabilité est complète du haut au bas de l'échelle[2]. Les armes spéciales ne sont rattachées par aucun lien au reste des troupes, sauf dans la garde.

Cet état de choses est l'origine de graves inconvénients, qui se révèlent dès les guerres de Crimée et d'Italie[3]. Longtemps auparavant, on avait reconnu l'avantage de constituer les grandes unités en temps de paix. Une ordonnance royale du 17 mars 1788 porte dans son préambule que les troupes doivent être en permanence organisées, équipées et pourvues des effets de campement nécessaires en campagne. Elle crée 17 commandements territoriaux, dont 3, ceux de Lille, Metz, Strasbourg, réservés à des maréchaux. Les troupes y sont embrigadées.

Sur ce point, comme en beaucoup d'autres, la Révolution détruit sans remplacer. Napoléon Ier ne donne à la France aucune institution militaire, peut-être faute de temps ou plutôt parce que, avec sa puissance infinie de travail et la supériorité de son génie, il n'en éprouve pas le besoin[4]. Ni la Restauration, ni le gouvernement de juillet ne jugent à propos d'innover. C'est le maréchal Niel qui, le premier, revient aux idées de 1788 et prépare un projet d'endivisionnement destiné à rester lettre morte[5]. « Il résulte de ce vice capital d'organisation que les généraux, les étatsmajors, les services administratifs, les régiments d'infanterie et de cavalerie, l'artillerie et le génie des divisions et

---

1. Voir, aux Annexes, la répartition des troupes par corps d'armée en mai 1870.
2. Garnisons d'un officier du 86ᵉ de ligne : Fin 1860, Belfort ; 1863, camp de Châlons, puis Belfort ; 1864, Tours ; 1868, Granville, Lyon, camp de Sathonay, Montbrison, Saint-Étienne, Montbrison, Lyon ; 1869, camp de Sathonay (Colonel Duban, *Souvenirs militaires, 1848-1887*, 191).
3. Général Thoumas, I, 540 ; *Les Origines*, 153, 192 ; *De Fræschwiller à Sedan*, 175 (Journal d'un officier d'état-major du 1ᵉʳ corps).
4. Général Billot, *Rapport sur l'organisation du service d'état-major*, 47.
5. Général Thoumas, I, 468 ; général Derrécagaix, *La guerre moderne*, I, 102.

des corps d'armée s'acheminent au dernier moment, de toutes les parties de la France, sur les points de concentration. Ils encombrent les chemins de fer, chargés ainsi à la fois de transporter les hommes de la réserve, les forces mobilisées, les isolés, les chevaux, le matériel, les subsistances. Tous arrivent pêle-mêle, et dans le plus grand désordre[1]... » C'est la source de très graves dangers. L'empereur et son entourage s'en rendent compte jusqu'à un certain point, mais ils sont paralysés par la crainte de l'opinion, trop souvent hostile à ce qui est accroissement de nos forces, parce qu'elle y voit un danger pour les libertés publiques[2].

---

[1]. Général Fay, *Journal d'un officier de l'armée du Rhin*, 11.
[2]. D'après le comte de La Chapelle, 5, 59, l'empereur était partisan de la permanence des grandes unités, mais il se heurta constamment à l'opposition des bureaux.

IX

LE COMMANDEMENT

L'empereur chef d'armées. — L'empereur et la guerre. — Les généraux. — Excès de centralisation. — L'initiative. — Les idées régnantes. — Les ordres.

L'empereur est le chef suprême de l'armée, mais en théorie seulement. Il n'en exerce jamais les vraies attributions, durant la paix comme à la guerre. Il n'y a pas entre lui et ses troupes de lien véritable, resserré par des relations permanentes. Il n'a jamais appris à les connaître dans leur vie intime ; il ne les voit guère qu'au camp de Châlons, pendant de courts séjours, absorbés par des manœuvres d'apparat. Il ne sait leurs besoins que très indirectement. Elles apprécient sa bonté et professent à son égard un absolu loyalisme, mais son prestige auprès d'elles est beaucoup moindre que celui de certains généraux.

Quant au ministre de la guerre, c'est surtout un administrateur. Il s'occupe de questions budgétaires bien plus que de commandement. Comme l'empereur, il n'exerce aucune direction effective sur l'armée. Elle est soumise à l'action flottante, indécise, pleine de contradictions et d'imprévu, des bureaux, des comités d'armes, des titulaires de grands commandements. De là absence d'unité de vues, de suite dans les idées[1].

Napoléon III manque de l'une des qualités principales du chef d'armées. Il ne sait pas forcer l'obéissance. Sa bonté est excessive. Elle l'entraîne à commettre des injustices, à tolérer des infractions évidentes à la discipline. « L'empereur est trop bon... Ainsi, dernièrement, un capitaine de sa garde lui exposa qu'il allait avoir sa retraite et qu'il voudrait... la croix d'officier. L'empereur la lui accorda ; il se

---

1. Lieutenant-colonel Rousset, I, 43. Voir, au sujet de la conduite de nos affaires militaires, le *Journal de Castellane*, V, et les *Mémoires* du maréchal Randon.

SITUATION MORALE ET MATÉRIELLE DE LA FRANCE.

trouva que c'était un officier fort médiocre, qui n'avait la croix que depuis deux ans[1]. » — Un gendarme de sa garde lui a remis une pétition. Il est blâmé par son colonel, ce qui ne l'empêche pas de recommencer au bout de quelques jours. Le colonel le punit; Napoléon III ne lève pas la punition, mais fait parvenir 400 fr. au coupable. — Des officiers en garnison à Rouen ont des dettes. Ils envoient une députation à l'empereur qui leur donne à chacun 400 fr. Le général Gudin les punit pour s'être affranchis de la voie hiérarchique. L'empereur fait lever la punition[2].

Ce n'est point par excès de bonté seulement qu'il est hors d'état d'exercer un haut commandement. L'expérience et l'acquis indispensables lui font défaut. Néanmoins, il veut un instant partir pour la Crimée, en dépit des supplications de tout son entourage, qui tremble à la pensée de son éloignement et d'un échec possible[3]. Il commande l'armée en Italie, non sans donner des preuves de son inaptitude. Il n'a jamais mis à profit la sévère leçon de Napoléon Ier au roi Jérôme, le 1er août 1813 : « L'empereur me charge de dire à V. M... que la guerre est un métier et qu'il faut l'apprendre[4] ». Il croit pouvoir apporter aux armées l'imprévoyance, l'absence de préparation, la disproportion entre les moyens et le but qui caractérisent trop souvent ses entreprises politiques. Il a engagé la guerre d'Orient « sans plan, d'après sa seule inspiration ». — « Les ministres ont été fort surpris d'apprendre qu'une armée partait pour Gallipoli. » Au moment d'envoyer une expédition dans la Baltique, il ignore que Cronstadt est dans une île, et il faut une carte pour le convaincre[5].

De tout cela il résulte que l'on a peu de confiance dans

---

[1]. Confidence du maréchal Vaillant au maréchal de Castellane, 15 juin 1854 (*Journal de Castellane*, V, 151).
[2]. *Journal de Castellane*, V, 132 ; *Les Origines*, 40.
[3]. *Journal de Castellane*, V, 64 et suiv., février 1855.
[4]. Lettre du major général Berthier citée par le général Ambert, I, 415; voir *Les Origines*, 39.
[5]. *Mémoires de lord Malmesbury*, 217, conversation avec M. de Persigny, 23 mai 1855. Nous avons dit qu'il ne sait pas lire une carte topographique (*Les Origines*, 39).

ses talents de stratège. Les maréchaux Pellissier, de Castellane, d'autres encore s'expriment librement sur ce sujet[1]. Lui-même, qui a eu jadis une foi absolue en son étoile, paraît n'en avoir plus guère à la fin de juillet 1870. Au début, sous l'empire d'on ne sait quelles illusions, il semble croire que la guerre sera courte et facile. Il prévoit le prompt retour en Algérie du maréchal de Mac-Mahon ; il s'inquiète à peine de la campagne qui va commencer[2]. Mais tout trahit bientôt son incertitude, son doute obstiné de l'avenir. Il envoie, le 23, au ministre de la guerre une sorte de memento où il touche à une infinité de sujets, comme s'il était possible d'improviser ainsi des solutions, à la dernière heure[3]. Il s'est laissé imposer la guerre beaucoup plus qu'il ne l'a voulue et ne dissimule pas toujours de graves appréhensions[4] : « ...Moi aussi, je suis bien vieux pour une pareille campagne, et je ne suis pas valide du tout », dit-il au maréchal Randon. Il écrit au général Lepic, qui voudrait partir avec lui, au lieu de rester à la garde de l'impératrice : « Je vous laisse un poste d'honneur, où vous aurez peut-être à courir des périls aussi graves que ceux dont vous regrettez

---

1. Lord Malmesbury, 280-281, opinion du maréchal Pellissier ; *Journal de Castellane*, passim ; *Enquête*, dépositions, IV, général de Ladmirault, 296 : « La confiance que l'armée avait dans ses talents de commandant en chef n'était pas très grande ; elle avait pour lui une grande considération comme chef d'Etat. » Un rapport de police de 1870, sans date précise, publié dans les *Papiers sauvés des Tuileries*, 1 et suiv., fait pourtant mention d'une sorte de conspiration orléaniste tramée parmi les généraux et officiers supérieurs, mais sans aucune preuve à l'appui.
2. Voir dans la *Revue militaire* de 1900, p. 541 et 549, les extraits des *Souvenirs du maréchal de Mac-Mahon*, concernant des conversations de l'empereur avec le colonel Gresley, vers le 8 juillet, avec le maréchal les 21 et 22.
3. « L'auteur de cette savante compilation eût bien mieux fait d'employer son crédit à organiser (sic) d'une manière permanente, pendant la paix, la plus grande partie de ces prescriptions, qu'il était absolument impossible à l'homme le plus actif de créer à la dernière heure » (Général Fay, *Journal d'un officier de l'armée du Rhin*, 271).
4. *Les Origines*, 271 ; *Papiers secrets*, 159, note qui paraît être de 1867, sur l'inutilité et le danger d'une guerre avec l'Allemagne, de la main de M. Conti, avec additions de l'empereur ; le roi Guillaume à la reine Augusta, 3 septembre 1870, d'après sa conversation de la veille avec Napoléon III, Oncken, 206 ; *Le dernier des Napoléon*, 354 ; *Mémoires du maréchal Randon*, II, 308 ; général du Barail, III, 142 ; P. de Massa, 274 ; Darimon, *Notes pour servir*, etc., 135, etc.

SITUATION MORALE ET MATÉRIELLE DE LA FRANCE. 67

l'émotion... Dieu sait si nous nous reverrons[1]! » La proclamation qu'il adresse, le 23 juillet, « au peuple français », celle surtout du 28 à l'armée, trahissent la tristesse et aussi le vide de notre agression[2]. Pourquoi ces vœux en faveur de l'unité allemande? Ne sont-ils pas une amère dérision à la veille d'une guerre dont le but évident, sinon avoué, est de détruire l'œuvre de Sadowa? Est-il possible d'entraîner une nation avec des phrases aussi creuses? Il y a dans la proclamation du 28 juillet un contraste éclatant avec celle du 12 mai 1859 à l'armée d'Italie. Les troupes en ressentent pour la première fois une impression douloureuse[3].

Les sous-ordres de l'empereur pourront-ils suppléer aux lacunes de sa direction? C'est au moins douteux. L'organi-

---

1. Basset de Belavalle, Le palais de l'Élysée pendant le siège et la Commune, (Figaro du 13 juin 1895).

2. « Soldats,

« Je viens me mettre à votre tête pour défendre l'honneur et le sol de la patrie.

« Vous allez combattre une des meilleures armées de l'Europe ; mais d'autres, qui valaient autant qu'elle, n'ont pu résister à votre bravoure. Il en sera de même aujourd'hui.

« La guerre qui commence sera longue et pénible, car elle aura pour théâtre des lieux hérissés d'obstacles et de forteresses ; mais rien n'est au-dessus des efforts persévérants des soldats d'Afrique, de Crimée, de Chine et du Mexique. Vous prouverez une fois de plus ce que peut une armée française, animée du sentiment du devoir, maintenue par la discipline, enflammée par l'amour de la patrie.

« Quel que soit le chemin que nous prenions, hors de nos frontières, nous y trouverons des traces glorieuses de nos pères. Nous nous montrerons dignes d'eux.

« La France entière vous suit de ses vœux ardents, et l'univers a les yeux sur vous. De nos succès dépend le sort de la liberté et de la civilisation.

« Soldats, que chacun fasse son devoir, et le Dieu des armées sera avec nous !

« Au quartier impérial de Metz, le 28 juillet 1870.

« NAPOLÉON. »

(Journal officiel du 29 juillet, 1341 ; Revue militaire, 1900, 655.)

La proclamation du 23 juillet contient ce passage : « Nous ne faisons pas la guerre à l'Allemagne, dont nous respectons l'indépendance. Nous faisons des vœux pour que les peuples qui composent la grande nation germanique disposent librement de leurs destinées... »

3. Lieutenant-colonel Rousset, I, 137, 138. — « Un jour, c'était avant les désastres de Wœrth et de Spicheren, l'empereur, allant se promener en voiture découverte, hors des murs de Metz, traversait un faubourg dont les maisons sont bordées de lauriers roses. Quelques habitants... eurent... l'idée d'en cueillir des branches et de les jeter dans sa calèche. L'empereur sourit mélancoliquement et dit au général qui l'accompagnait : « J'aimerais mieux recevoir ces lauriers à la fin qu'au commencement d'une campagne » (Valfrey, Le maréchal Bazaine et l'armée du Rhin, 15).

sation militaire de la France fait que la grande majorité de nos officiers généraux vit à l'écart de la troupe et perd l'habitude du commandement. « Ce qui frappe tout d'abord, dans l'ensemble de l'armée, a dit un observateur pénétrant, c'est que les généraux ne sont point familiers avec les fonctions qu'ils exercent ; ils ignorent à la fois leurs droits et leurs devoirs... Très peu voient l'ensemble et parviennent à atteindre le niveau convenable... La plupart... ne sont que des colonels de telle ou telle arme[1]. » De fait, où prendraient-ils l'habitude de manier les troupes ? La guerre est une exception, et les manœuvres consistent en des évolutions de parade aux camps de Châlons ou de Sathonay, en de prétendus simulacres de siège ou de « petite guerre » aux abords des grandes places. Les inspections sont interminables. Tel officier général passe plusieurs semaines à voir un régiment dans ses plus petits détails[2], mais ce n'est pas là du commandement véritable, car l'inspecteur ne conserve aucun lien avec les corps qu'il examine ainsi. Quant aux commandants des divisions, des subdivisions militaires, ils n'ont guère le contact des troupes qu'au moment des revues. Jamais ils n'ont l'occasion de pratiquer l'étude de la carte et du terrain.

Il résulte de toutes ces causes une inexpérience qu'on serait loin d'attendre d'officiers généraux ayant si longtemps fait la guerre, au moins pour la plupart. Elle « les rend souvent incapables d'exécuter de leur chef la plus petite opération. — Ils n'ont pas d'initiative et craignent la responsabilité[3] ». Cette inertie a d'autres causes, plus profondes. Nous tenons de notre origine latine le goût de la centralisation, l'effroi de l'individualité. Nous prenons trop

---

1. *Les causes de nos désastres*, 15, 93. Voir aussi le général Montaudon, II, 61, et le général Lewal, *La réforme de l'armée*, 55.

2. En 1854 ou 1855, le général Le Pays de Bourjolly met 41 jours à voir le 6ᵉ lanciers (Souvenirs d'un témoin oculaire, le commandant L.).

3. *Les causes de nos désastres*. 16. — Nos mécomptes ne peuvent s'expliquer que « par le singulier système adopté depuis 20 ans et en vertu duquel les agents du pouvoir ont perdu toute initiative et tout sentiment de la responsabilité » (Général Fay, 27).

volontiers pour modèle Napoléon Ier, qui n'admettait guère d'initiative autour de lui, tant il avait foi en sa puissance de travail, en son génie[1]. La légèreté nationale nous fait redouter des responsabilités dont le poids serait trop lourd. Dans l'armée, cette tendance est encore exagérée par l'habitude de tout soumettre au chef, de n'agir que par sa volonté expresse, et jamais suivant ses directions générales. Le subordonné évite de prendre la moindre initiative. On érige en principe la théorie de l'obéissance inintelligente. A mesure qu'on s'élève dans la hiérarchie, les responsabilités s'élargissent en théorie, sauf à s'atténuer dans la pratique. « On était tellement habitué... à ne rien faire sans un ordre qu'on en aurait attendu un pour tirer son sabre du fourreau, si on avait été attaqué corps à corps[2]. » — Le 1er août, le général de Bonnemains a reçu l'ordre de porter sa division de Lunéville à Brumath. Il demande au major général s'il doit « emmener son artillerie et sa prévôté » dont il n'est pas parlé dans l'ordre[3] ! — Le 14 août, un bataillon du 6e corps est au repos près du fort Saint-Julien. Arrivent des obus. Le bataillon met sac au dos et rompt les faisceaux, mais reste sur place, dans l'attente d'un ordre qui ne vient pas[4].

En temps de paix, les opérations les plus simples, permutations d'officiers du même corps dans l'intérêt du service, obtention d'un cheval de remonte, exigent l'approbation ministérielle. Tout vient aboutir au ministère ou en part. Mais la centralisation s'arrête à ses portes, car les directions agissent chacune pour leur compte, au gré d'un personnel incompétent qui érige souvent la routine à la hauteur d'un dogme[5]. Au début d'une campagne, les incon-

---

1. Lieutenant-colonel de Heusch, *De l'initiative à la guerre*, 33. Y voir, p. 13, la citation tout à fait caractéristique d'une brochure de l'intendant général. Blondel, *De l'esprit et des devoirs militaires*.
2. Lieutenant-colonel Patry, 61.
3. Télégramme et réponse reproduits par la *Revue d'histoire*, 1er S. 1901, 647.
4. Capitaine Pinget, 14.
5. *Les causes de nos désastres*, 10 ; général Lewal, *La réforme de l'armée* 199, 462.

vénients se décuplent. Tous les ordres relatifs à la mobilisation sont donnés par le ministre de la guerre ou plutôt par ses bureaux. A ces prescriptions, qui descendent au plus petit détail, répondent des multitudes de questions, qui appellent elles-mêmes des explications. Nouvelles demandes d'éclaircissement, encore suivies de réponses. Le tout s'entre-croise, complique à l'infini la tâche de chacun. Les lenteurs et les retards sont inévitables, au moment où ils entraînent les pires conséquences [1].

Cette centralisation gagne de proche en proche, jusqu'au bas de l'échelle. Chaque grade est annulé par le supérieur. Les commandants d'unités, compagnies, bataillons, régiments même, sont tenus étroitement en lisière. On emploie des officiers à des détails qui devraient, au plus, occuper des sergents. Le prestige de chacun en souffre. Trop souvent le supérieur oublie que le sien tient, avant tout, à la considération dont ses subordonnés sont entourés. On voit interpeller grossièrement des officiers, même des colonels, devant leur troupe. Quant aux sous-officiers, leur position matérielle est « plus que précaire dans le présent, sans garantie aucune pour l'avenir [2] ».

La loi de 1832 sur l'avancement a sa part dans cet état de choses. Elle ne garantit ni les intérêts de l'armée, ni ceux des individus. En consacrant les droits de l'ancienneté pur et simple, elle « offre une prime à la paresse et à l'incapacité ». En n'entourant d'aucune garantie sérieuse l'avancement au choix, elle ouvre les portes toutes grandes à l'arbitraire, à la faveur, c'est-à-dire aux pires agents de désorganisation [3] : « On désigna sous le nom d'officiers d'avenir de bons jeunes gens dont le présent laissait fort à désirer. Il fallait, pour obtenir les faveurs, appartenir à certain monde frivole, et parler une langue inconnue sous les drapeaux.

---

1. Général Trochu, *Œuvres posthumes*, II, 125 ; général Montaudon, II, 63.
2. *Les causes de nos désastres*, 42-43, 93-96.
3. Général Lewal, *La réforme de l'armée*, 203-221 ; lieutenant-colonel Titeux, *Saint-Cyr et l'école spéciale militaire*, VIII.

« L'esprit militaire ne fut plus de bonne compagnie, et les salons le renvoyèrent à la caserne...

« Des relations civiles et financières, des parentés, certaines habitudes parisiennes peu sérieuses tenaient lieu de bons services. Il se fit ainsi de véritables fortunes..., scandaleuses, il est vrai, mais accueillies sans grande surprise, tant le sentiment militaire s'affaiblissait[1]... ».

L'insouciante bonté de l'empereur le rend accessible à toutes les influences. A son exemple, les inspecteurs généraux, les titulaires de grands commandements, qui distribuent les grades et ne sont maintenus par aucune règle précise, se laissent parfois aller à les subir. La composition des cadres en souffre.

En outre, l'avancement, tel qu'il est régi par la loi de 1832, est souvent affaire de hasard. Un certain nombre d'officiers, jusqu'au grade de chef de bataillon inclus, sont promus à l'ancienneté sans avoir à faire preuve des moindres aptitudes. Les autres, ceux promus au choix, le doivent parfois à des circonstances auxquelles leur valeur propre est étrangère. Telle campagne, telle blessure heureuse, telle circonstance insignifiante décide de leur sort. Le chef de corps, l'inspecteur général, le comité supérieur de classement sont omnipotents dans leur sphère. Leur décision est quelquefois dictée par les motifs les plus futiles[2].

On admet trop souvent que les campagnes de guerre, seules, donnent droit à l'avancement, en même temps que l'ancienneté. C'est ainsi que, par la force des choses, l'Algérie est devenue la pépinière de nos généraux, non sans les inconvénients les plus graves. Un certain nombre ne présentent pas les garanties indispensables, et cela depuis des années[3].

---

1. Général Ambert, *L'invasion*, 267 ; *Le dernier des Napoléon*, 170.
2. *Les causes de nos désastres*, 96 ; général Lewal, *La réforme de l'armée*, 221. — Ces abus ont longtemps persisté. En 1876 ou 1877, l'inspecteur général P. interroge le sous-lieutenant M. sur la guerre des Deux-Roses, puis sur la lutte des Guelfes et des Gibelins. Une réponse peu satisfaisante fait reculer M. d'un très grand nombre de rangs sur le tableau (Souvenirs du commandant M. de B., témoin auriculaire).
3. Lettre du maréchal Bugeaud au roi, 1844, citée par le lieutenant-colonel Titeux, 746 ; *Les causes de nos désastres*, 93-96.

Excellentes pour former des soldats et des officiers subalternes, les guerres coloniales sont une mauvaise école pour les échelons plus élevés. Les Anglais, dans leur guerre du Transvaal, en font après nous la dure expérience. « Nous avons payé chèrement nos victoires africaines...; l'école africaine occupait le sommet, elle régnait et gouvernait. Son dédain pour l'étude était partagé par le pouvoir suprême qui usait et abusait d'un mot nouveau, se débrouiller[1]. »

De faciles succès, obtenus avec de très faibles effectifs, sur un adversaire d'une grande bravoure, mais ne rappelant en rien, par son armement, par sa manière de combattre, nos adversaires possibles en Europe, tout cela est une pauvre préparation à la grande guerre. On y perd l'habitude du travail, rendu impossible par la vie errante, par le défaut de ressources. On croit pouvoir se tirer de toutes les difficultés avec de l'entrain, de l'énergie et du courage. Le plus grave est que cette guerre interminable offre toute grande la porte à la faveur. On dispose là d'un moyen commode de mettre une personnalité en évidence, et l'on n'y

---

1. Général Ambert, *L'invasion*, 15 ; *Les causes de nos désastres*, 96 ; général Canonge, II, 16, d'après le général von der Goltz, *Gambetta et ses armées;* général Lebrun, *Souvenirs militaires*, 185 ; lieutenant-colonel Titeux, *Saint-Cyr et l'école spéciale militaire en France*, 707. — « La guerre d'Afrique, guerre de marches de nuit, de surprises, de razzias, même accompagnées de combats sérieux, se rapprochait plus dans ses procédés de la guerre des Stradiots du xve siècle que des combinaisons stratégiques et tactiques de la guerre moderne en Europe. Les plus réputés des généraux algériens n'avaient jamais commandé, réunis pour le combat, que des groupes qui auraient à peine aujourd'hui des colonels pour chefs. Dans ces rencontres, quand elles étaient bien conduites, la supériorité d'organisation et d'armement assurait à nos troupes assez d'ascendant pour que leurs pertes fussent proportionnellement très restreintes » (Général Trochu, *Œuvres posthumes*, I, 643). — « Il se forma... (en Algérie) des sociétés d'admiration mutuelle, on pourrait dire de dénigrement réciproque ; on apprit à enfler les bulletins ; on transforma en victoires comparables à celle d'Austerlitz des affaires où nos troupes avaient poussé devant elles des ennemis qui reculaient pour les attirer dans quelque coupe-gorge ; on représenta comme des succès éclatants des combats d'arrière-garde, où... les troupes avaient laissé... bien de la laine aux buissons. Il y eut des officiers qui livrèrent des combats tout exprès pour se faire un nom et gagner un grade ; on apprit trop à réussir à coups d'hommes, et l'on se souvient encore du mot de Pellissier, qui n'était pourtant pas tendre... à un chef de colonne qui se vantait de ses succès : « C'est bien ! mais voyons d'abord les cacolets » (Général Thoumas, II, 632).

manque pas. Dès lors, la famille, la fortune, les relations, l'extérieur, une belle voix de commandement assurent l'avancement. On pèse ces détails plus que le caractère et l'instruction : « Le premier soin était de plaire. Jamais Louis XIV, dans toute sa puissance, n'avait vu semblable servilisme. L'oubli de la dignité personnelle dépassait toutes les bornes et, dans les promotions, chacun savait quelle influence avait présidé au choix... Les règles de la hiérarchie s'affaiblissaient, le respect disparaissait[1]. »

En outre, les questions d'avancement prennent une importance très exagérée. L'ambition, stimulée par des promotions rapides, prime toute autre considération. Le bien du service est un moyen ; ce n'est plus un but[2].

En France, on ne se rend pas compte que la meilleure part de nos victoires du début de ce siècle revient au génie de Napoléon Ier. On croit nos soldats invincibles, et cette croyance est encore fortifiée par les guerres de Crimée et d'Italie. Nouvelle raison de dédaigner l'étude. Pourquoi des travaux fastidieux, quand il suffit d'entraîner brillamment sa troupe[3] ?

L'empereur contribue grandement à répandre cet ordre d'idées. Il se laisse volontiers approcher par les généraux et les officiers supérieurs. Il les reçoit même régulièrement chaque dimanche, après la messe. « Un certain air, une physionomie plus ou moins heureuse, quelque mot bien placé, parfois une hardiesse et le plus souvent l'art de plaire fondaient une réputation... Pour obtenir de l'empereur, il suffisait de demander... Napoléon III... ne connaissait nullement le tirant d'eau des uns et des autres... » Il se laisse ainsi entraîner à des choix très médiocres. Il semble même que les puissantes individualités lui portent ombrage. En 1859, il n'appelle à l'armée ni le maréchal Pellissier, ni son

---

[1]. Général Ambert, *Après Sedan*, 432 ; *Les causes de nos désastres*, 97.
[2]. Voir les lettres du maréchal de Saint-Arnaud (*Souvenirs et mémoires* de juillet 1900), et *Les deux généraux Cavaignac* (*Souvenirs et correspondance*), *1808-1848*, passim.
[3]. Général Lebrun, *Souvenirs militaires*, 185 ; *État-major prussien*, I, 23.

collègue de Castellane, quoiqu'ils soient tout indiqués par leurs services, par le commandement qu'ils exercent. De même, en 1870, le général de Palikao commande un corps d'armée à Lyon. On lui retire ses troupes pour les envoyer à la frontière et il reste inactif, comme un autre officier général très en vue, Trochu.

On peut croire que, dans ces exclusions, le hasard n'est pour rien. Napoléon III n'est pas jaloux, mais il craint le voisinage d'un homme de guerre populaire, énergique et d'une haute capacité. Il aime les médiocrités soumises et ne s'inspire nullement du mot de Dupin : « Il n'y a que ce qui résiste qui soutient avec efficacité. »

Cette tendance se montre dans tout son jour au début de la guerre de 1870. Sur les huit commandants de corps d'armée, il y a quatre aides de camp de l'empereur, les généraux Bourbaki, Frossard, de Failly, Douay, et un ancien aide de camp, le maréchal Canrobert. Plus tard, le 3ᵉ corps est confié au maréchal Le Bœuf, jadis aide de camp, et le 12ᵉ au général Lebrun qui l'est encore. La plupart ont de beaux états de services, mais non tels qu'ils rejettent au second plan les généraux étrangers à la Maison impériale. De là des jalousies qui ne sont pas sans danger. De là aussi une tendance fâcheuse à la critique, même à l'indiscipline. « On riait dans les réunions d'officiers des choix qui plaçaient à la tête de la cavalerie un chef ne montant plus à cheval, ou à la tête d'un corps d'armée un officier du génie, habile ingénieur, mais qui, de sa vie, n'avait commandé ni bataillon, ni régiment, ni brigade, ni division[1]. »

L'état moral du haut commandement n'est pas ce qu'il devrait être. « ...L'esprit militaire n'existait plus, en 1870, dans les régions supérieures de l'armée... L'ambition avait troublé toutes les têtes ; on allait mendier son avancement comme le gueux mendie son obole. Le désintéressement avait disparu comme la dignité. Les règles de la hiérarchie

---

1. Général Ambert, *L'invasion*, 15 ; *Après Sedan*, 440. Les généraux visés sont Desvaux et Frossard.

étaient méconnues et le respect n'existait plus. Les appétits matériels de la société pénétraient dans l'armée par tous les pores[1]. »

L'extrême bonté de l'empereur, sa répugnance bien connue pour les actes de rigueur ont leurs conséquences obligées : « Beaucoup, enfin, n'apportent pas même, dans l'exécution des ordres qui leur sont donnés, l'énergie, le zèle et le dévouement qu'on est en droit d'attendre et d'exiger de gens entre les mains desquels sont placés les intérêts et la vie de tant d'hommes[2]. » Dès les premiers jours, ils laissent voir trop souvent des rivalités, des jalousies qui résultent de la parité des grades, de l'égoïsme inhérent à la nature humaine et surtout de l'absence d'une direction suprême. « En 1870, au début de nos opérations, ces sentiments ont plus d'une fois contribué à nos revers[3]. » — « ...Tel chef qui aurait pu porter secours à son voisin dans l'embarras, se tenait immobile, l'arme au pied, disant à voix basse : « Puisqu'il est si savant, qu'il s'en tire[4]! » On perd de vue un principe que nous n'aurions jamais dû oublier depuis Waterloo : la nécessité de la marche au canon, du mutuel appui entre les troupes voisines. Ces funestes exemples gagnent les rangs inférieurs. A Mouzon, le colonel M..., du 6ᵉ cuirassiers, refusera de charger sur l'ordre qui lui est envoyé par le général de Failly, sous ce honteux prétexte qu'il doit obéissance seulement à ses chefs directs[5].

La soif du bien-être et du luxe a pénétré l'armée comme

---

1. Général Ambert, *Après Sedan*, 440. Voir une lettre que le général d'Aurelle de Paladines adresse à l'empereur, 10 décembre 1869, afin d'être nommé sénateur (*Papiers sauvés des Tuileries*, 153).
2. *Les causes de nos désastres*, 16.
3. Général Derrécagaix, I, 62.
4. Général Ambert, *Après Sedan*, 439. Le général du Barail, III, 239, mentionne aussi les généraux « jaloux les uns des autres, prêts à s'abandonner au moment du danger, et dont un souverain malade et sans prestige ne peut comprimer par la crainte les rivalités ». Voir *ibid.*, III, 162, le récit d'une violente discussion entre Le Bœuf et Frossard, devant l'empereur ; général Lebrun, *Souvenirs militaires*, 215.
5. Général Lebrun, *Bazeilles-Sedan*, 68. Cet ordre était porté par le chef d'escadron d'état-major, plus tard général Haillot. Le 6ᵉ cuirassiers faisait partie du 12ᵉ corps, général Lebrun.

la société civile. « Dans cette malheureuse armée de Metz, un général jeune, très bien en cour..., avait amené, pour lui composer la cuisine recherchée qu'il aimait, une cuisinière cordon bleu breveté, du nom de Catherine. Le jour où il apprit les conditions de la douloureuse capitulation du 27 octobre, il s'écria : « Comment ! on nous laisse nos bagages et nos gens, mais c'est magnifique ! Je pourrai donc emmener Catherine ; voilà des conditions superbes ! » — « Un autre général débarquait en Allemagne, dans le lieu de la captivité, avec 2,000 kilogr. de bagages. » On conçoit que, dans ces conditions, des témoins aient prononcé le mot d'armée de Darius[1].

Au début, la confiance est très grande parmi la plupart des titulaires de hauts commandements. Ainsi, le maréchal Le Bœuf et son état-major manifestent une présomption de mauvaise augure[2]. Mais le découragement se répand très vite, comme la lassitude. « Ils en avaient assez de cette vie de fatigues et de dangers ; ils soupiraient après le bien-être perdu, après le repos, après les honneurs du palais et les flatteries des solliciteurs. Ils avaient péniblement conquis des sièges au Sénat et de grandes positions sociales, il leur semblait dur de mener une vie d'aventuriers... Chaque fois qu'on venait leur proposer telle ou telle opération de guerre, au lieu d'en lever les difficultés inhérentes à toute entreprise humaine », ils les accumulaient à plaisir[3]. — « ...Chose triste et douloureuse à dire, un certain nombre de généraux étaient plus préoccupés d'eux-mêmes, de leurs privations, de leur avenir que de leurs troupes ; ils craignaient de perdre

---

[1]. Général Ambert, *Après Sedan*, 428, d'après V. D. (général Derrécagaix) ; voir ce que dit le général Montaudon des bagages personnels du général Frossard, le 6 août.

[2]. Colonel Fix, *Lecture* du 11 mars 1899, 223 : « Le ministre paraissait plein de confiance (le 21 juillet) et pensait qu'il y avait une grande exagération dans les rapports du colonel Stoffel et du général Ducrot... Il était persuadé que, dans tous les cas, l'armée française, quand même elle serait inférieure en nombre, parviendrait à battre l'ennemi » (*Souvenirs intimes du maréchal de Mac-Mahon, Revue militaire*, 1900, 549).

[3]. Journal du général Lapasset, cité par le général Ambert, *L'invasion*, 258 ; *ibid.*, 20 ; *Le général Lapasset*, II, 152.

ce qu'ils avaient eu tant de peine à obtenir; ils avaient la maladie que les Arabes définissent sous le nom de : Avoir le ventre trop plein[1]. » Souvent ils restent à l'écart de leur troupe. Le lieutenant-colonel Patry affirme qu'il n'a jamais vu le visage de son général de brigade, qu'il n'a jamais rencontré son général de division au milieu des colonnes ou des bivouacs. « Quant au commandant du corps d'armée, on ignorait même jusqu'à son nom[2]. » Le capitaine Pinget voit pour la première fois son divisionnaire, La Font de Villiers, le 29 octobre, lors de la livraison des troupes aux Allemands[3]. Bien plus, un officier général, malade à Forbach, le 6 août, au lieu de se faire transporter en arrière, comme il le peut fort bien, va se mettre aux mains de l'ennemi, à Sarrebruck[4].

Quant à l'instruction technique, elle est ce qu'on peut attendre de telles conditions. Autour de Metz, le 13 août, tel général de brigade veut envoyer un bataillon en reconnaissance de nuit, sans indiquer la direction autrement que par un geste. Il donne, lui et bien d'autres, l'impression d'un « ignorant intimidé » par la nouveauté des circonstances[5].

Avant même le début des opérations, beaucoup se sentent confusément troublés par le souvenir des succès foudroyants de 1866, par l'adoption d'un nouvel armement de l'infanterie. Jusqu'alors, de l'avis unanime, l'offensive était la caractéristique de nos troupes. « Soldats, disait Napoléon III, au début de la campagne d'Italie, je ne crains que votre trop grande ardeur. » De même Moltke écrit, le 5 juillet 1860, au colonel Ollech : « On n'a jamais réussi à être supérieur aux Français sur le terrain de la *virtuosité*. De ce qu'ils

---

1. *Journal du général Lapasset*, cité par le général Ambert, *L'invasion*, 252.
2. Lieutenant-colonel Patry, *La guerre telle qu'elle est*, 44 ; il faisait partie du 4ᵉ corps, division de Cissey, brigade Brayer, 6ᵉ de ligne.
3. Capitaine Pinget, *Feuilles de carnet*, 55.
4. Lettre du roi Guillaume à la reine Augusta, 13 août, Oncken, *Unser Heldenkaiser*, 201. Ce malheureux se fait accompagner de sa femme, de ses domestiques, etc.
5. Lieutenant-colonel Patry, 67.

attaquent constamment, il n'en résulte nullement que nous devons le faire[1]. » L'introduction dans notre armée du fusil à chargement rapide modifie ces tendances. On paraît croire que, jointe aux progrès de l'artillerie, elle impose de renoncer à l'offensive. Les *Observations sur l'instruction sommaire pour les combats,* parues en 1867, l'indiquent nettement : « Les perfectionnements considérables introduits depuis quelques années dans le système de l'armement, la rapidité du tir du fusil d'infanterie, la mobilité, la portée, la justesse de l'artillerie doivent exercer une action importante sur la conduite des opérations..., plus particulièrement sur la tactique du champ de bataille... » Puis elles posent en principe que « le feu acquiert ainsi... une action prépondérante qui s'affirme d'elle-même ». Ainsi, l'on passe sous silence la part si considérable du *mouvement* dans toute action de guerre ; on va plus loin encore : « Aborder de front, en terrain découvert, une infanterie non entamée, surtout si elle est protégée par des obstacles ou des couverts, a toujours été une opération dangereuse. Aujourd'hui surtout, avec les armes nouvelles, l'avantage appartient à la défense[2]. » Au lieu de modifier nos procédés tactiques, de rendre les formations moins vulnérables, on va imposer à notre infanterie une attitude qui n'est pas dans son tempérament ; on recommande aux cavaliers l'emploi fréquent du fusil, même à cheval. On tend ainsi à paralyser l'entrain et l'initiative naturels à notre soldat[3]. Plus tard, le 1er août 1870, le maréchal Le Bœuf fait distribuer à tous les officiers des *Instructions tactiques* im-

---

1. *Moltkes taktisch-strategische Aufsätze aus den Jahren 1857-1871*, 24 ; *Revue d'histoire*, 1er S. 1901, 545.
2. *Observations critiques sur l'instruction sommaire pour les combats*, annexées au titre XIII de l'ordonnance du 3 mai 1832 sur le service des armées en campagne ; « On ne vit dans cette supériorité — du chassepot — qu'une nouvelle facilité donnée à la défensive, et cette opinion erronée... fut propagée presque officiellement dans les rangs de l'armée... » (Général Canonge, *Histoire militaire contemporaine*, II, 66).
3. Général Canonge, *ibid.* ; *Historique du 2e hussards*, 178 ; *Souvenirs militaires du général Montaudon*, II, 39 ; Colonel Devaureix, *Souvenirs et observations sur la campagne de 1870 (Armée du Rhin)*, I, p. 11, cité par la *Revue d'histoire*, 1er S. 1901, 544 et suiv.

primées à Metz et conçues dans un sens moins nettement défensif[1]. Mais il est trop tard pour remonter le courant établi depuis 1866.

D'ailleurs, l'influence des *Observations sur les combats* ne s'arrête pas à la tactique du champ de bataille. Peu à peu elle s'étend à « la conduite des opérations ». De ce que le feu a acquis au combat une influence prépondérante, on déduit qu'il y a lieu de rechercher les terrains les plus favorables à l'emploi des feux, c'est-à-dire les positions défensives. On oublie le rôle capital du mouvement, de la manœuvre et l'on revient, sans bien s'en rendre compte, à la guerre de positions, telle qu'on la pratiquait avant Frédéric II[2]. Il faut lire les deux ouvrages du maréchal Bazaine, l'*Armée du Rhin* et les *Épisodes de la guerre de 1870*, pour apprécier la portée des idées de nos généraux les plus en vue. A maintes reprises, il y signale la nécessité « de ne livrer, autant que possible, que des combats défensifs, sur des positions connues et fortifiées par des travaux rapides ». Il voudrait « faire la guerre méthodiquement comme au xviie siècle ». En 1869, un projet a été établi pour la construction d'ouvrages de campagne à Frouard, sur le plateau et dans la forêt de Haye. Quelques jours avant la déclaration de guerre, il attire l'attention du ministre sur l'importance de cette « position ». Le maréchal Le Bœuf lui répond, avec assez de raison : « Quand nous en serons là, nous serons bien malades[3]. » Ainsi, voilà notre idéal, la guerre de positions, après tant de glorieuses campagnes qui en sont la négation même !

Les tendances à tout centraliser, à absorber toute initiative se traduisent dans les ordres de mouvement ou de combat. On entend prévoir le moindre incident, ne laisser

---

[1]. Voir dans la *Revue d'histoire*, 1er S. 1901, 594, la reproduction de ces instructions, envoyées le 1er août à raison de 1,270 exemplaires pour le 2e corps. Elles furent imprimées chez J. Verronnais.

[2]. La *Revue d'histoire*, 1er S. 1901, 548, cite à l'appui le *Mémoire militaire* du général Frossard et la lettre du général Ducrot, 19 septembre 1867 (*Vie militaire*, II, 181).

[3]. Bazaine, *Épisodes de la guerre de 1870*, XXIX ; *L'armée du Rhin*, 3.

aucune liberté aux sous-ordres, avec les résultats les plus pitoyables. « Le commandement français était si incapable en ce temps-là que, pour réaliser un faible travail, il imposait aux troupes des fatigues extraordinaires[1]. » L'un des exemples typiques de ces ordres si touffus, si pleins de détails inutiles et en même temps si vides, si peu précis, est celui du général de Failly pour le mouvement du 2 août, c'est-à-dire pour l'une des opérations accessoires de la prétendue reconnaissance offensive sur Sarrebruck. Il détaille ce que feront les régiments, les bataillons et les escadrons. Par contre, il omet d'indiquer l'essence même de l'opération à entreprendre : son objectif et son but. Ce n'est pas qu'il soit trop court, puisqu'il mesure trois pages in-8°. Mais on est entré dans tant de détails, qu'on a perdu de vue l'essentiel. Il s'y voit jusqu'à des prescriptions de chaque jour : « Dans tous les mouvements, laisser toujours libre la moitié des rues et des routes, afin que la circulation puisse être maintenue et que les ordres puissent être communiqués. » Fait qui a son importance, l'exploration de la cavalerie est limitée à 8 kilomètres[2].

Dans ces conditions, quoi d'étonnant à ce que les troupes ignorent généralement où elles vont, ce qu'elles font, où est l'ennemi ? Elles lèvent leurs camps, les portent à quelques centaines de mètres, redressent les tentes, préparent la soupe, renversent les marmites, pour se déplacer encore, sans y rien comprendre. Elles se voient avec étonnement disposer pour le combat, sans qu'on tienne compte de la forme du terrain. Par contre, on jalonne les lignes comme avant une revue[3]. « Durant les vingt jours de marche autour de Metz, nous n'avons jamais su où nous étions, si nous marchions en avant ou en retraite, si l'ennemi était loin ou proche, à droite ou à gauche[4]. » Aussi n'est-il pas

---

[1]. Général Bonnal, *Frœschwiller*, 451.
[2]. Général Derrécagaix, *La guerre moderne*, I, 582-585 ; *Revue militaire*, 1899, 299.
[3]. Capitaine Pinget, 20-22.
[4]. Lieutenant-colonel Patry, 35 ; commandant Tarret, *Souvenirs manuscrits*.

rare que des troupes établissent leurs grand'gardes du côté opposé à l'ennemi, comme il arrivera pour certaines fractions des 4ᵉ et 6ᵉ corps le soir du 17 août. Tant il est vrai que tout se tient dans une armée. On ne peut violer l'un des principes essentiels de son existence sans en atteindre tous les organes, en gêner tout le fonctionnement.

X

LES ORGANES DU COMMANDEMENT

L'état-major. — Le Dépôt de la guerre. — L'administration. — Le service de santé.

Au début de la guerre, il n'y a rien chez nous qui rappelle le grand état-major prussien. Le *Dépôt de la guerre* en tient lieu dans une certaine mesure, mais c'est surtout un institut géographique, un dépôt d'archives. On s'y occupe beaucoup de la carte de France, très peu des pays étrangers et de leurs armées. Lors des guerres d'Italie et de Crimée, nous sommes à cet égard d'une pénurie qu'on a peine à imaginer. Même en 1867, au moment de l'affaire du Luxembourg, le ministère de la guerre manque des données les plus indispensables pour la préparation d'une campagne[1]. Le maréchal Niel cherche à combler ces lacunes. De juin 1868 au printemps de 1870, on réunit au Dépôt de la guerre nombre de documents sérieux. Des officiers rapportent d'Allemagne des itinéraires, des reconnaissances, des renseignements statistiques. On reproduit par la photogravure des cartes à grande échelle[2]. Mais la plupart de ces travaux restent enfouis dans la poussière de nos archives. Il n'y a aucun organe pour les mettre en œuvre.

Les cadres du Dépôt de la guerre, des états-majors des commandements territoriaux et des divisions actives sont alimentés par le corps d'état-major. Depuis sa création, en 1818, par le maréchal Gouvion Saint-Cyr, il est resté à peu près dans son état primitif. Son recrutement continue de s'opérer parmi les élèves sortants de Saint-Cyr ou de l'École

---

[1]. *Les Origines*, 133, 191. Voir également une note de M. Léouzon-Leduc, destinée à l'empereur et datée du 8 juillet 1870 (*Papiers et correspondance*, II, suite, 62).

[2]. Général Jarras, *Souvenirs*, 8 et suiv. Les itinéraires furent donnés à l'impression le jour de la déclaration de guerre; on distribua un volume de renseignements à tous les officiers généraux et supérieurs (*Ibid.*).

polytechnique et aussi, par exception, dans les sous-lieutenants d'infanterie ou de cavalerie. L'ensemble de sa composition est excellent; il a fourni à l'armée un grand nombre de généraux distingués. Malgré le faible effectif de ses officiers et leur commune origine, l'esprit de corps y est moindre que dans l'intendance et le génie. Il n'y a pas trace de particularisme. Peut-être faut-il l'attribuer aux inégalités d'avancement, souvent peu justifiées, qui se produisent parmi ses membres?

Depuis longtemps son fonctionnement motive des plaintes. La lenteur des promotions dans un corps fermé, où les officiers de mérite abondent, provoque des démissions, la diminution du nombre des candidats. En 1849, le ministre, général comte d'Hautpoul, veut le fondre dans l'infanterie et la cavalerie. C'est qu'on applique très incomplètement les règlements de 1818 et de 1833, en particulier sur les stages régimentaires. On ne cherche pas à tirer parti d'un personnel de choix. Brillamment sorti de Saint-Cyr, le lieutenant d'état-major accomplit ses stages et cesse alors, pour ainsi dire, de mener une existence militaire. « A la suite de quelques années passées au Dépôt de la guerre, l'officier devenait presque un employé civil, déshabitué de la discipline, ne montant plus à cheval, redoutant quelquefois le contact avec les troupes et vivant complètement en dehors de la vie militaire. Pour peu que l'âge vînt l'alourdir, il n'était qu'un homme de science ou de bureau [1]. »

Hors du Dépôt de la guerre, les officiers d'état-major ne trouvent pas un meilleur emploi de leurs facultés. S'ils sont attachés à un commandement actif ou territorial, ils consacrent leur existence officielle à signer des reçus, à écrire des lettres sans intérêt, à transmettre des ordres insignifiants. On ne se conforme presque jamais aux prescriptions de l'ordonnance de 1833 sur leur préparation à la guerre.

---

[1]. *Histoire de l'ex-corps d'état-major*, 119, 265-268; général Lewal, 51; général Billot, *Rapports à l'Assemblée nationale sur l'organisation du service d'état-major*, 50-85; Rapports de la commission de 1858 et de la commission belge de 1867, du maréchal Niel, 19 juin 1869, extraits cités *ibid.*, 68-72, 124.

Quant aux aides de camp, ils ne sont guère plus occupés que les généraux, qui se complaisent d'ordinaire dans un doux *farniente*. Ce n'est pas toujours dans l'état-major que l'on recrute nos attachés militaires[1]. Dès lors, l'oisiveté physique et intellectuelle entraîne ses conséquences ordinaires : « ... Bon nombre de ces officiers, qui avaient vécu loin des troupes pendant plusieurs années, ne possédaient plus les aptitudes, ni l'activité nécessaires à leurs fonctions, y compris l'équitation[2]. » Ceux qui n'ont pas été employés à la carte de France en arrivent à ne plus avoir le sens du terrain. Ils ignorent souvent nos frontières. « Ce qui est malheureusement vrai, c'est l'ignorance en géographie dont firent preuve, au début de la guerre, un grand nombre d'officiers supérieurs d'état-major. Nous connaissons à cet égard des anecdotes authentiques, si incroyables que nous nous garderons bien de les raconter[3]... » Quelques-uns n'ont pas la perception très nette de devoirs militaires qu'aucun règlement ne précise. A Sedan, tout l'état-major de l'armée, moins deux capitaines, croit devoir rentrer dans la ville, lors de la blessure du maréchal de Mac-Mahon, en abandonnant son successeur[4].

Dans ces conditions, l'impression générale, dès avant la

---

1. Les premiers attachés militaires furent nommés en janvier et février 1860 : le lieutenant-colonel Colson, les chefs d'escadron d'Andigné et d'Andlau, les capitaines de Beaulaincourt-Marles et de Galliffet, ces deux derniers n'appartenant pas à l'état-major. Il y avait déjà à Paris des attachés militaires prussien, anglais, autrichien et russe (*Journal de Castellane*, V, 285 ; *Histoire de l'ex-corps d'état-major ;* général Thoumas, I, 102).

2. Bazaine, *Épisodes*, XIV.

3. Général Thoumas, I, 102.

4. Général de Wimpffen, *Sedan*, 167. — Dans les derniers jours de juillet, le chef d'état-major de la division Ducrot reçoit le médecin principal Sarazin, étant couché tout habillé, à 6 heures du soir, et lui déclare que le général est fou, qu'il faut le saigner (Sarazin, *Récits de la dernière guerre franco-allemande*, 15). — Le chef d'état-major du général de Cissey doit se reporter à un memento pour savoir si un régiment fait partie de sa division ; il ne daigne pas indiquer à un chef de détachement la route à suivre pour rejoindre son corps (Lieutenant-colonel Patry, 28). — Dans son rapport à l'Assemblée nationale, M. le général Billot fait remarquer que le service d'état-major n'était réglé par rien, sinon par les articles 8 et 9 du *Service en campagne*. Les prescriptions concernant le corps lui-même s'éparpillaient dans les 120 volumes du *Journal militaire officiel*. Le lieutenant-colonel Vial le constatait lui-même dans son cours à l'école d'état-major (Rapport cité du général Billot, 8).

guerre de 1870, est que la manière d'utiliser ce corps spécial, beaucoup plus que son organisation même, laisse grandement à désirer. On cherche vainement à nier son infériorité par rapport à l'état-major prussien[1]. Son recrutement « et son affectation permanente à des fonctions spéciales, offraient aux généraux de grandes garanties... Mais le mérite de ce personnel était devenu un obstacle à son avancement, et une centralisation excessive ne laissait à son zèle d'autre champ d'action que le travail de bureau[2] ». — « Le mérite des personnes n'est pas ici en cause, a dit le général Maillard... Quelque solides qu'ils soient, des brins épars ne sauraient former un faisceau ! Le corps d'état-major a manqué d'une direction supérieure[3]... »

Ce n'est pas faute de personnel que pèche le fonctionnement de nos états-majors. Au contraire, il y a pléthore dans les premières formations. Là où l'ennemi emploie un ou deux officiers, nous en avons trois ou quatre, sinon plus : « ... Des états-majors nombreux, dont presque aucun des officiers ne connaît la langue de l'ennemi ; pas de documents, pas de cartes, quoique le Dépôt de la guerre en regorge[4]... »

Rien n'a été prévu des nécessités de la guerre. Le 19 juillet, le maréchal Le Bœuf invite les états-majors de corps d'armée à se procurer dans le commerce des presses lithographiques. On lui répondit qu'il est interdit d'en vendre sans autorisation ministérielle. Il faudra s'en passer, de toute nécessité[5]. On s'aperçoit, le 21 juillet, que le *chiffre* en usage est très incomplet, qu'il ne renferme aucun des

---

1. Voici comment, dans un document officiel, on les comparait entre 1868 et 1870 : « En Prusse, le corps d'état-major est composé d'excellents officiers, mais il est peu nombreux... En France, il se compose de 580 officiers. — Qu'on se figure le choix que l'on aurait en France en choisissant les 112 meilleurs ! » (Comte de La Chapelle, 104).
2. Général Derrécagaix, *Cours d'histoire militaire à l'École de guerre*, 1885-1886, cité par le général Maillard, *Les éléments de la guerre*, I, 91.
3. *Ibid.* ; *Les causes de nos désastres*, 18 ; général Fay, *Journal d'un officier de l'armée du Rhin*, 224.
4. Général de Wimpffen, 74.
5. Général Pierron, *Les méthodes de guerre*, I, 392, télégrammes du maréchal Le Bœuf, 19 juillet 1870 et du maréchal Bazaine, 22 juillet.

mots techniques indispensables[1]. On reconnaît là encore l'effet de notre imprévoyance.

Un autre organe du commandement laisse grandement à désirer. C'est l'intendance, qui a su développer son rôle au point d'acquérir une indépendance à peu près absolue. Aucun règlement ne précise la nature de son service en campagne, pas même des traditions uniformes. En paix, comme en guerre, l'autorité du commandement est nulle sur les services administratifs; leurs fonctionnaires sont les délégués propres du ministre, c'est-à-dire, de fait, autonomes. Parfois des officiers généraux ayant conscience de leur valeur et de leurs droits, comme Ducrot, essaient d'enrayer les empiétements de l'intendance. Ils échouent fatalement, grâce à la forte composition de ce corps, à son particularisme, à l'appui des Chambres et de la Cour des comptes.

« Des signatures! tel était dans un grand nombre de cas le résultat le plus clair de l'intervention des intendants et des sous-intendants... Ces signatures n'avaient le plus souvent qu'une valeur de forme, parce qu'elles n'engageaient ni dégageaient aucune responsabilité. En général, ce qui caractérisait l'intendance, c'est l'excès de la formalité et, comme en devenant excessive, la formalité paraît vexatoire, l'impopularité du corps de l'intendance grandissait tous les jours. » En Crimée, elle a été obligée de recourir à la maison Pastré, de Marseille, pour ne pas exposer nos soldats à mourir de faim sur le plateau de la Chersonèse. Durant trois semaines, ils n'ont touché ni pain, ni vin. Les bestiaux qu'on leur livre sont d'une maigreur et d'une faiblesse telles que, parfois, ils ne peuvent aller de Kamiesh au camp[2].

En 1859, la situation est la même; malgré la richesse du pays, les vivres manquent souvent, comme le reconnaît la

---

1. Général Pierron, I, 5 *bis*, extrait du Journal de marche du 5e corps.
2. Général Thoumas, II, 53 ; *ibid.*, 11 et suiv. ; « Les troupes arrivent ainsi presque toutes sur des bâtiments *à vapeur* qui marchent vite, tandis que les denrées dont elles doivent vivre sont portées sur des bateaux *à voiles* qu vont lentement » (Le général Canrobert au général Marbot, 15 avril 1854, *Carnet de la Sabretache*, février 1901, 70).

relation officielle. Nous ne serons pas plus heureux en 1870, sur notre propre sol. Ces déplorables résultats tiennent, là encore, à notre manie habituelle de tout centraliser. Les fonctionnaires de l'intendance, qui reçoivent du ministère les moindres prescriptions, n'ont pas plus le sens de l'initiative que les généraux et les corps de troupe. Ils ne peuvent même pas disposer de ce qu'ils ont sous la main, sans un ordre ministériel [1].

En outre, les attributions de l'intendance sont trop vastes. Elle étend son action au contrôle, à l'administration des corps et services, à l'alimentation, à l'habillement, à l'équipement de l'armée, au service de santé. Si elle affecte la prétention d'être indépendante des généraux, ceux-ci ne se font pas faute de la tenir à l'écart de leurs combinaisons. Elle ignore trop souvent où elle doit réunir ses approvisionnements, quelle ligne de marche on va suivre.

Enfin, la mobilisation des services administratifs a été aussi mal préparée que celle de l'armée, en général. Il leur manque quantité de personnel et de matériel; quant aux moyens de transport, il faudra y suppléer dès le début par d'immenses convois de réquisition, où l'ordre est difficile à maintenir et dont la capacité de transport est restreinte [2]. Malgré tous ses efforts, l'intendance sera souvent impuissante à faire vivre les troupes, parce qu'elle ne sait plus tirer parti des ressources locales, avoir recours aux autorités civiles. Depuis les guerres de l'Empire, elle en a entièrement perdu l'habitude [3].

Le service de santé est « le triomphe de l'anarchie la plus complète ». Il est tiré en tous sens par l'intendance, le train des équipages, les médecins et les pharmaciens. La direction effective, aussi bien que la responsabilité, lui fait défaut. L'administration joue un rôle excessif, au détriment des

---

1. Bazaine, *Épisodes*, XXI; *Les causes de nos désastres*, 48; lieutenant-colonel Rousset, I, 71.
2. *Les causes de nos désastres*, 48-57. Voir, dans la *Revue d'histoire*, 1ᵉʳ S. 1901, 135, l'état de nos équipages auxiliaires au 30 juillet 1870. Il y a de 400 à 720 voitures de réquisition par corps d'armée.
3. Von der Goltz, *La nation armée*, traduction, 426.

malades. L'intendance entend conserver un formalisme qui n'est pas de mise à la guerre. En outre, dans ce cas encore, le personnel manque. Depuis 1852, nous avons 1,147 médecins et 159 pharmaciens militaires. Les corps une fois pourvus, il reste 173 médecins disponibles pour les hôpitaux et ambulances ; aucune réserve n'a été prévue. De là des soins très insuffisants sur le champ de bataille et la mort de quantité de blessés[1]. « ... Sans l'abondance des ambulances prussiennes, non point seulement à Frœschwiller, mais partout où nous passerons, les Français en seraient réduits le plus souvent à laver leurs plaies avec la pluie du ciel et à les bander avec les lambeaux de leurs chemises[2]. »

Notre matériel de santé est lourd, mal approprié, incomplet. Le personnel, malgré son dévouement, n'est pas au niveau du rôle écrasant qui lui incombe en campagne. Les médecins des corps, tenus à l'écart des hôpitaux, perdent rapidement la pratique de leur profession et l'habitude du travail. Bien peu sont au courant des progrès survenus dans les autres armées, notamment de l'emploi des antiseptiques. La convention de Genève leur est parfois inconnue. « ... Dans toute notre armée, quoique la France ait signé la convention, pas un soldat ne connaît cet insigne — la croix rouge — et n'a d'ordres pour la respecter ; les officiers eux-mêmes, sauf de rares exceptions, l'ignorent[3]. » On tire ainsi, fort

---

1. Général Thoumas, II, 79 ; lieutenant-colonel Rousset, I, 73 ; sur 95,615 morts de la guerre de Crimée, 75,000 sont imputables à la maladie. En Italie, 9 médecins militaires sont chargés de recevoir et de traiter à Milan 8,176 blessés. Il leur faut recourir à 280 médecins italiens. Les ambulances divisionnaires, qui comptent 20 médecins sous le premier Empire n'en ont plus que 4 en Italie (*Revue du Cercle militaire*, 15 septembre 1900).

2. Delmas, *De Frœschwiller à Paris*, 76 et suiv. ; *ibid.*, 57.

3. Delmas, 76 et suiv. — Lors de la déclaration de guerre, la Société française de secours aux blessés possède en tout 133 fr. de rente 3 p. 100. Le 25 août, ses recettes atteignent déjà 2,792,303 fr. « On se gaussait volontiers de la Convention de Genève, que l'on considérait comme une billevesée humanitaire... Le signe de sauvegarde paraissait un emblème sans valeur : « Est-ce que nous « avons eu besoin de cela en Crimée et en Italie ? » Les fourgons d'ambulance n'arboraient point la bannière, les officiers du service sanitaire n'adoptaient point le brassard : à quoi bon ces enfantillages ? » (Maxime Du Camp, cité par la *Revue du Cercle militaire*, 22 septembre 1900, 303).

innocemment, sur des ambulances, sur des infirmiers civils[1].

L'organisation des secours médicaux sur le champ de bataille est rudimentaire. Il n'y a pas dans les corps de brancardiers sérieusement organisés ; ils ne possèdent aucun matériel[2]. Notre imprévoyance se montre là encore dans tout son jour. Nous n'avons su tirer aucun enseignement des expériences meurtrières faites en Crimée et en Italie[3].

---

1. Delmas, 192.
2. « Dès que le régiment entrait dans la zone du feu, les musiciens disparaissaient, les médecins (presque tous) aussi. Au régiment, je n'en ai jamais vu un seul sur le champ de bataille.

« On enlevait les blessés au petit bonheur, ou bien on les laissait sur place. Le service de santé disposait cependant de quelques mulets par corps d'armée, mulets porteurs de cacolets préhistoriques sur lesquels les pauvres soldats étaient affreusement ballottés... Ni postes de secours, ni ambulances, rien ! » (*Souvenirs manuscrits* du commandant Tarret, 16). — M. le général Thoumas, II, 215, donne la composition en voitures des formations sanitaires de 1870, d'après le règlement du 15 janvier 1867.

3. *Dossier de la guerre de 1870*, 3-5, 7, 8-10, 73.

XI

LES CADRES

Nos écoles militaires. — Saint-Cyr. — École polytechnique. — Le corps d'officiers. Les sous-officiers.

« J'ai été longtemps inspecteur ; j'ai constaté qu'il y avait moitié des officiers qui ne savent pas l'orthographe, un quart qui la sait à peu près et à peine le dernier quart qui la sait tout à fait ; un grand nombre sort des petites classes de la société ; un officier ayant cinquante francs de rente est chose rare[1]. »

Il ne faudrait pas prendre au pied de la lettre cette boutade du célèbre commandant de l'armée de Lyon, ni oublier qu'elle remonte à 1854 et que, dans sa pensée, elle s'applique à l'infanterie. Il n'est pas moins vrai que l'instruction générale, même l'éducation, laissent à désirer dans l'ensemble de nos officiers. Les témoignages en abondent[2].

Il faut bien dire que chez nous, depuis la Révolution, les institutions militaires, c'est-à-dire l'ensemble des lois qui forment l'ossature, la charpente de l'armée, n'existent que fort incomplètes. « ... A dater de l'épopée napoléonienne, les institutions militaires furent remplacées par le *culte de la légende*..., excitant spécialement approprié à la vivacité, à la vanité, à la mobilité des imaginations fran-

---

1. Le maréchal de Castellane parlant à l'empereur, 11 juin 1854 (*Journal de Castellane*, V, 47).
2. « Malheureusement nous sommes en cette science (la géographie), comme en beaucoup d'autres choses, d'une affreuse ignorance » (*Le général Lapasset*, II, 227, lettre du 10 janvier 1871). — Plus j'ai eu l'occasion de considérer, dans la guerre de 1870-1871, la composition du cadre d'officiers de l'armée vaincue, moins j'ai été surpris de la grandeur de la catastrophe qui a renversé cette grande nation militaire. L'éducation, cet élément capital de la suprématie morale, semble ne se trouver que dans certaines branches seulement de l'armée... » (Général sir Randal H. Roberts, cité par M. le général Pierron, *Méthodes de guerre*, II, 1257).

çaises¹. » Sous Louis XVI, il y avait en France onze collèges militaires, une école de cavalerie, une école du génie, sept écoles d'artillerie, c'est-à-dire vingt établissements destinés à former des officiers. En 1870, la Prusse possède vingt-trois centres du même genre. Chez nous, avec une armée active de beaucoup accrue, en présence des exigences chaque jour croissantes de la guerre, il y en a six depuis 1818. Encore sont-ils grandement défectueux. Jusqu'en 1852, l'École spéciale militaire, qui fournit des sous-lieutenants à l'infanterie, à la cavalerie, à l'infanterie de marine et au corps d'état-major, ne possède, en fait de remonte, que six chevaux de tombereau. C'est le maréchal de Saint-Arnaud qui la dote d'une section de cavalerie, sur les instances du général Trochu.

L'instruction y est d'une insigne faiblesse. A part les règlements militaires et la manœuvre, que les élèves s'assimilent avec une exactitude pédantesque, en poussant à un point qu'on a peine à imaginer le culte du mot à mot et de la forme, ils n'apprennent rien ou peut s'en faut². Un certain nombre de professeurs civils sont chargés de cours d'instruction générale, tels que l'histoire ou la physique, dont le niveau est inférieur à celui d'un lycée moyen; des officiers professent l'art militaire, la fortification, l'artillerie, souvent dans le sens le plus rétrograde, en affectant d'ignorer les progrès récents. Le personnel de professeurs et d'instructeurs est plus que médiocre. On dirait qu'il est choisi au rebours du sens commun. Le résultat est aisé à prévoir. L'esprit qui règne à Saint-Cyr est celui d'un collège mal tenu, plutôt que d'une grande école militaire. Il se traduit par des brimades souvent grossières, qui vont quelquefois jusqu'à la férocité. Les élèves affichent un dédain

---

1. Général Trochu, *Œuvres posthumes,* II, 189 ; général Billot, *Rapport sur le projet de loi relatif à l'organisation du service d'état-major,* 47 ; lieutenant-colonel Rousset, I, 73.
2. Le cours d'allemand ou d'anglais est facultatif; celui d'art et d'histoire militaires ne comporte pas les campagnes modernes (Rapport du général de Gondrecourt, 1867, cité par M. le lieutenant-colonel Titeux, 444).

injurieux pour les adjudants chargés de leur surveillance. Ils en usent parfois à l'égard de ces *bas officiers,* suivant leur expression, comme des collégiens mal élevés font pour leurs *pions.*

Quant à la discipline, elle est difficilement maintenue, parce qu'on fait appel aux moyens de répression matérielle plutôt qu'à la force morale. Il se produit des révoltes périodiques, comme celle qui motive l'exclusion de 32 élèves, le quart de la promotion de 1835-1837, sous le commandement du sévère général Baraguey-d'Hilliers. Quelques mois avant 1870, le commandant de l'École, général de Gondrecourt, est encore l'objet d'une manifestation collective, aussi contraire que possible à la discipline. C'est ainsi que, avec de très bons éléments, Saint-Cyr donne de médiocres résultats pour l'armée, faute d'une organisation et d'une direction rationnelles[1].

L'École polytechnique est destinée à recruter, outre certaines carrières civiles, l'artillerie, le génie et, accessoirement, la marine, ainsi que le corps d'état-major. C'est « une sorte de contresens » en tant qu'école militaire. Le ministre de la guerre « y règne, mais n'y gouverne pas ». L'esprit militaire y est nul. Pour la grande majorité des élèves, l'armée n'est qu'un pis-aller. Ils en sortent sans la moindre préparation au commandement[2].

L'École d'état-major n'a d'une école d'application que le nom. Les études y sont très faibles, comme à Saint-Cyr, et pour des raisons identiques. Le choix des professeurs, le mode d'enseignement, les matières des programmes sont considérés sans doute comme des accessoires de nulle importance. La meilleure partie du temps est consacrée à des

---

1. Général Trochu, *Œuvres posthumes,* II, 222-239 ; lieutenant-colonel Titeux, 407-444, 830 : lettre du général Trochu, 14 novembre 1894 ; rapport de la commission instituée par le ministre de la guerre, 15 janvier 1861 ; rapport du maréchal Randon, 4 mai 1861 ; rapport du général de Gondrecourt, 1867 ; préface du général du Barail, *ibid., vij;* lettres d'anciens élèves ; *Souvenirs personnels* de l'auteur.

2. Général Trochu, *ibid.;* général Lewal, 556 ; lieutenant-colonel Titeux, préface du général du Barail, *ix.*

travaux graphiques dont l'utilité est très restreinte[1]. Les exercices pratiques se bornent à quelques reconnaissances, à des levés sur le terrain, faits trop souvent sans l'ombre de sérieux. Pendant des années, l'École n'a même pas eu de manège. Les élèves apprenaient à monter dans un établissement civil[2] !

L'École d'application de l'artillerie et du génie, l'École de cavalerie souffrent plus ou moins des mêmes maux. D'ailleurs, l'ensemble de ces établissements ne forme qu'une partie relativement faible des officiers. La grande majorité, surtout dans l'infanterie et la cavalerie, provient *du rang,* c'est-à-dire des sous-officiers. Leur instruction générale est très faible, en général ; leur éducation est souvent des plus sommaires, mais ils y suppléent par une profonde connaissance des détails, par un grand sens du devoir. Joints aux anciens élèves des écoles, ils constituent un tout très hétérogène, auquel manquent une origine commune, un enseignement militaire orienté vers le même objectif. La camaraderie y est réelle, malgré des causes d'inégalité trop nombreuses[3].

L'instruction n'est pas plus en honneur dans nos régiments que dans les écoles. On se fait gloire de connaître jusqu'aux fautes d'impression d'un règlement de manœuvres, mais on ignore les armées étrangères et nos grandes guerres. « L'armée se dispensait de toutes sortes de travaux intellectuels, parce que l'instruction n'était comptée pour rien dans la distribution de l'avancement[4]. » Dans les réunions d'officiers, les chances de promotion et l'étude de l'Annuaire font les bases de la conversation. La vie régimentaire est peu active, les loisirs nombreux. En l'absence de toute relation civile, d'une occupation intellectuelle quel-

---

1. L'exécution d'une carte topographique, d'après un plan relief, exigeait 43 séances de deux heures et demie.
2. Général Trochu, *loc. cit.*
3. Général Thoumas, I, 405.
4. Général Ambert, *Après Sedan,* 423 ; « Ce n'était pas les plus travailleurs qui étaient le mieux vus des chefs » (Général Thoumas, I, 9).

conque, la meilleure part de l'existence s'écoule au *café*. Le capitaine Bitterlin et le général Boum sont les exagérations de types réels[1]. Faute d'occupation sérieuse, nombre d'officiers consacrent les heures disponibles à des travaux qui n'ont aucune utilité militaire[2].

La guerre de 1866 n'a rien appris à la grande masse de l'armée. Dans la conférence que le ministère fait publier sur cette campagne, on lit que la tactique prussienne est déplorable, que la stratégie est mauvaise, que tout ce que nous pouvons souhaiter, si nous avons à combattre la Prusse, est qu'elle suive les mêmes errements. « Là-dessus, l'armée française s'était rendormie[3]... » — L'inutilité du travail n'avait été que trop préconisée, écrit un autre témoin; les quelques officiers qui se livraient à des travaux militaires en tiraient plus d'ennui que de profit; on plaisantait ceux qui parlaient de l'organisation militaire de la Prusse : « Bah ! disait-on, *on se débrouillera toujours*[4] *!* »

De tout cela résulte un double courant. Nombre de jeunes officiers, très braves à l'occasion, servent médiocrement, en attendant de se faire valoir par une action d'éclat, un accident heureux ou, simplement, de brillantes relations. D'autres, en général plus âgés, sont de vrais soldats, expérimentés, ayant fait la guerre en Algérie, en Crimée, en Italie, au Mexique. Ils souffrent du favoritisme et s'en plaignent avec la liberté de langage qui, de tout temps, a caractérisé nos armées. Mais ils paient largement de leur personne et constituent, en somme, le meilleur élément de nos forces, celui qui fera la valeur des belles troupes de Metz. Inférieurs aux officiers prussiens en connaissance

---

1. Général Thoumas, II, 636 ; « Tout le monde, en France, est brave, mais les officiers travaillent trop peu et ne savent pas leur métier.

« C'est là que le bât nous blesse » (Verly, *Souvenirs du second Empire*, I, 187, lettre du 12 août 1870).

2. Ils font de la tapisserie, de la menuiserie et jusqu'à de la cordonnerie (*Souvenirs personnels* de l'auteur).

3. Commandant Bonnet, *Guerre franco-allemande de 1870-1871*, I, 3.

4. Colonel de Ponchalon, Souvenirs de guerre, *France militaire* du 18 décembre 1892. — A Saint-Cyr, on désignait sous le nom de *crétins* les élèves les mieux classés (lieutenant-colonel Titeux, *op. cit.*).

théorique de la guerre, ils ne leur cèdent en rien comme qualités de commandement [1].

Malheureusement, nos cadres subalternes, de par leur origine et la lenteur de l'avancement en temps de paix, ont une tendance à vieillir. En 1867, la moyenne d'âge d'une brigade de l'armée de Paris est de 47 ans pour les chefs de bataillon, de 45 pour les capitaines, de 37 pour les lieutenants. Certains de ceux-ci ont de 9 à 10 ans de grade. De là des allures un peu lourdes, du manque d'entrain, une sorte d'apathie morale [2].

Le corps des sous-officiers était excellent dans l'armée du roi Louis-Philippe. Le général Thoumas, entrant dans un régiment d'artillerie, en avril 1844, trouvait sa composition « presque parfaite ». Sur 10 sous-officiers d'une batterie, la moitié au moins avaient plus de 7 ans de service. Leur connaissance profonde des détails, leur zèle assidu en faisaient pour les officiers d'inestimables collaborateurs.

Cette situation, à peu près la même dans les autres armes,

---

[1]. Général Ambert, *Après Sedan*, 432 ; général Thoumas, II, 636 ; lieutenant-colonel Rousset, I, 52 ; *État-major prussien*, I, 22 ; colonel de Ponchalon, *France militaire* du 20 décembre 1892 ; commandant Tarret, *Souvenirs manuscrits* : « Calmes au feu, pleins de sang-froid, toujours maîtres d'eux, on les aurait suivis partout. Les capitaines avaient un ascendant très grand sur leurs hommes... On eût pu beaucoup obtenir d'une telle armée, malgré son ignorance pratique » ; lettre du général Ducrot, 17 janvier 1867, *Revue militaire*, 1900, 524. — Au contraire, le prince de la Moskowa a cru devoir écrire : « Dans l'artillerie, l'instruction, l'éducation, ont élevé les caractères des officiers ; quelles que soient leur origine, leur naissance, ils sont essentiellement nobles, parce qu'ils ont acquis.

« Dans la cavalerie, on trouve un grand nombre d'officiers bien nés, bien élevés, beaucoup servant par amour de l'art, ayant dans leurs sentiments cette élévation que donne l'instruction, la naissance, ayant, en général, un niveau plus élevé que celui des officiers d'infanterie.

« Je ne veux certainement pas dire qu'il n'y ait pas de bons et braves officiers dans cette arme ; mais, enfin, je les classe en troisième ligne et comme, pour moi, la valeur d'une arme est toute dans ses officiers, je place l'infanterie en dernier » (Prince de la Moskowa, Quelques notes intimes sur la guerre de 1870, *Correspondant* du 10 décembre 1898, 959). Ces appréciations ont une certaine saveur sous la plume du descendant de Michel Ney.

De même, M. le lieutenant-colonel Patry, *La guerre telle qu'elle est*, 5, signale « l'attitude fort réservée » avec laquelle les vieux officiers de son régiment accueillent la guerre. Plusieurs des plus anciens capitaines font tous leurs efforts pour obtenir des emplois de repos relatif.

[2]. Général Montaudon, II, 27.

se modifie à dater de l'année 1854, qui marque l'apogée de notre armée d'autrefois. La loi de 1855, les congés renouvelables, les semestres, la diffusion du bien-être dans la nation, la facilité croissante des communications, relâchent les liens régimentaires. Les sous-officiers se recrutent moins facilement ; ils sont moins attachés à leurs devoirs ; ils quittent plus aisément les drapeaux. Leur niveau baisse lentement. La loi de 1868, qui abolit les primes de rengagement, accélère cette descente. Le maréchal Niel cherche à les retenir par la perspective d'emplois civils. Mais il meurt, et son idée n'est pas sérieusement appliquée[1].

---

1. Général Thoumas, I, 317-319. « Tous les chefs de corps se plaignent amèrement de ne plus trouver à remplacer les fourriers et les sergents-majors que la libération leur enlève chaque jour. C'est déjà un grand mal dans le présent, mais qui s'accentuera dans l'avenir, car c'est dans cette catégorie que nous puisons les excellents officiers de troupe, aussi remarquables par leur solidité, leur dévouement, leurs modestes prétentions, que par leur intelligence pratique de toutes les choses secondaires du métier » (Lettre du général Ducrot, 17 janvier 1867, *Revue militaire*, 1900, 524) ; lettre du même, 28 juillet 1866, *Revue de Paris*, 15 septembre 1900 ; général Montaudon, II, 14.

XII

L'INSTRUCTION

L'instruction d'ensemble. — L'infanterie. — Le service d'avant-postes. — La cavalerie. L'exploration et la sûreté. — Les armes spéciales.

Ce qui fait surtout défaut à nos cadres, du haut au bas de l'échelle, est l'instruction. Nous avons dit quelle fâcheuse influence ont eue à cet égard les guerres d'Afrique. Elles ont mis en faveur les théories creuses sur la toute-puissance de l'élan, de la *furia francese,* sur l'inutilité du travail : « Depuis de longues années, l'armée française avait désappris la guerre.

« Une école toute-puissante, composée de soldats aussi heureux que braves, affichait hautement son mépris pour l'étude de l'art militaire.

« Les guerres de Crimée et d'Italie avaient paru confirmer l'opinion de ceux qui faisaient reposer le succès uniquement dans la valeur des troupes[1]... » De même, le maréchal de Castellane écrit, longtemps avant 1870 : « On a trop de confiance dans les principes d'Afrique, où on est loin d'avoir appris la guerre. Avoir affaire à des Arabes ou à des troupes sur le continent, ce n'est pas la même chose[2]. » Nos campagnes d'Algérie ont eu ce résultat de nous faire oublier les enseignements de l'épopée révolutionnaire. Nous avons perdu le sens de la guerre à un point qu'on aurait peine à imaginer. « L'armée était soumise à un système d'instruction absurde ; on n'enseignait rien de ce qui se faisait devant l'ennemi. Les manœuvres étaient des parades où l'on jouait au soldat. La chose était tellement connue, que les vieux officiers, vétérans de Crimée et d'Italie, disaient tout haut

---

1. Général Bonnal, *Frœschwiller,* 445. Voir aussi le lieutenant-colonel Titeux, 708 ; L. Dussieux, ancien professeur à Saint-Cyr, *L'armée en France ;* général Lewal, 231.
2. *Journal de Castellane,* V, 235.

que, le jour de l'entrée en campagne, il fallait oublier tout ce que l'on avait appris en temps de paix[1]. »

Aux camps de Châlons et de Sathonay ont lieu de prétendues manœuvres, auxquelles prennent part simultanément jusqu'à trois divisions d'infanterie. Mais les résultats sont très maigres. Tout est sacrifié à l'effet décoratif, « au panorama[2] ». On en arrive à de véritables impossibilités. L'un des généraux les plus en vue, de Palikao, fait manœuvrer un « simulacre de corps d'armée », à Lyon, sur un champ de 85 hectares[3]. Il ne suffirait pas aujourd'hui pour un régiment.

En cela, comme en tout le reste, notre préparation à la guerre est nulle. L'empereur le déplore, sans rien faire pour y remédier : « Ce qui me désole..., c'est que nous avons toujours l'air, en présence d'autres armées et même de l'armée sarde, d'enfants qui n'ont jamais fait la guerre[4]. » D'autres que Napoléon III commencent à percevoir la vérité : « ...Je crois, avec beaucoup d'officiers, que les casernes et les champs de manœuvres actuels de l'empire sont tout à fait insuffisants; que le régime... de nos villes de garnison est insuffisant aussi pour les soldats, pour les officiers et pour les généraux; il faudrait qu'il soit complété, chaque année, par la pratique des camps et des manœuvres[5]... »

En matière de tactique, nous avons été singulièrement distancés par les nations voisines. Le règlement de 1791, pour notre infanterie, était la reproduction à peu près textuelle de celui de Potsdam. Ceux de 1831 et de 1862[6] le

---

1. Commandant Bonnet, I, 3; colonel de Ponchalon, *France militaire* du 20 décembre 1892.
2. Général Lewal, 535; colonel de Ponchalon, *loc. cit.* — Le camp de Châlons, créé en 1856, fut inauguré en 1857. M. le général Montaudon mentionne les instructions qui y furent données en 1864, pour les manœuvres du maréchal de Mac-Mahon, comme « un véritable traité d'art militaire ». Il croit le séjour au camp de la plus grande utilité (II, 14).
3. Général de Palikao, *Un ministère de la guerre de vingt-quatre jours*, 39.
4. Lettre de Napoléon III au ministre de la guerre, 29 mai 1859, citée par le général Ambert, *L'invasion*, 381.
5. Lettre d'un officier supérieur, 1866 (*Le général Lapassel*, II, 300).
6. Rapports des commissions de 1831 et 1862, général Trochu, *L'armée française en 1867*, 210.

reproduisent presque complètement, en conservant pieusement, tous deux, l'effrayante complication des évolutions de ligne : ce devrait être des manœuvres pour le combat, et ce n'est que mouvements de parade, inutilisables à la guerre. Dès longtemps, le général Morand l'a dit, dans son *Armée selon la Charte :* « Les manœuvres actuelles ne peuvent, sans un grand danger, être faites devant l'ennemi... Elles sont tellement confuses, qu'un officier qui parvient à les faire exécuter avec quelque précision passe pour un homme habile[1]. »

A la suite de Sadowa, on peut croire que de profonds changements vont être apportés à cette tactique. Le ministère de la guerre publie les *Observations sur l'instruction sommaire pour les combats* (1867), les *Observations sur l'instruction des tirailleurs,* le *Règlement de 1869,* le tout conçu sous l'empire des idées les plus rétrogrades. Dans les premiers de ces opuscules, on préconise encore la ligne de bataillons en colonnes à intervalles de déploiement, c'est-à-dire la formation de combat utilisée par le maréchal Soult à Austerlitz. Les tirailleurs en petit nombre, une compagnie au plus sur six, entament l'action. Puis les bataillons se déploient pour préparer l'attaque par des feux de salve et forment enfin la *colonne d'attaque.*

Ces procédés tactiques impliquent l'emploi de fortes colonnes, le déploiement et le reploiement des lignes sous le feu, à courte distance de l'ennemi, tous mouvements compliqués et dangereux. De plus, les *Observations* font, nous l'avons dit, ressortir la supériorité de la défensive, l'impossibilité de mener à bien une attaque de front. Le règlement de 1869 se montre un peu plus libéral en introduisant la *colonne de division,* c'est-à-dire de deux compagnies, relativement souple. Mais les Prussiens possèdent, depuis 1861, la colonne de compagnie, plus maniable[2].

---

[1]. Général Trochu, *loc. cit.*
[2]. *Observations sur l'instruction sommaire pour les combats,* p. 17 ; lieutenant-colonel Faurie, *De l'influence du terrain sur les opérations militaires,* 15-16 ; Général Thoumas, II, 455-456 ; colonel de Ponchalon, *loc. cit. ; État-*

D'ailleurs, l'application, plus que les règlements eux-mêmes, laisse à désirer. L'instruction des recrues est confiée à un cadre pour tout le régiment; les commandants d'unités se désintéressent de cette initiation, si importante. Quant à l'instruction des anciens soldats, elle chôme à peu près entièrement en hiver pour reprendre le 1er avril, suivant l'expression consacrée. Elle consiste uniquement en manœuvres à rangs serrés. On s'exerce un peu au combat de tirailleurs, après l'adoption du règlement de 1869, mais jamais hors de la place d'exercices. Pendant deux mois, on fait une marche militaire par semaine, sans idée tactique, sans le moindre dispositif de sûreté. « Jamais de service en campagne, jamais! J'étais candidat officier en 1870, j'ai passé mes examens devant le général inspecteur la semaine de la déclaration de guerre, et jamais je n'avais vu placer des avant-postes. Jamais je n'avais vu le régiment se couvrir en marchant[1]. »

Dans ces conditions, quoi d'étonnant à ce que l'on ignore totalement le terrain? Des corps tiennent garnison plusieurs années sur la frontière allemande sans connaître les environs[2]. En huit ans, le lieutenant-colonel Patry n'a pas vu un seul exercice d'embarquement en chemin de fer[3]. L'instruction individuelle du tireur n'existe que de nom. Dès les premiers jours de la campagne, nos soldats ouvrent le feu à des distances beaucoup trop grandes, gaspillent leurs munitions sans profit aucun[4]. On se rend compte de notre infériorité et, le 4 août, le *Journal officiel* annonce que les

---

major prussien, I, 24. Le *Rapport* de l'attaché militaire prussien, major von Waldersee, 15 juillet 1870, signale la lourdeur de notre bataillon, son inaptitude au combat en ordre dispersé. Le comte von Waldersee est le futur généralissime en Chine.

1. *Souvenirs manuscrits* du commandant Tarret. Voir, dans la *Revue d'histoire*, 1er S. 1901, 373, l'ordre de marche de la division Laveaucoupet, 31 juillet, tel qu'il est exposé dans une lettre au général Frossard. Il n'y est pas question d'avant-garde. En revanche, l'arrière-garde est formée d'un régiment entier et de *la cavalerie*. On marche pourtant à l'ennemi. De même, voir *ibid.*, 1349, l'ordre de marche de la division Douay, le 3 août.
2. Lieutenant-colonel Patry, 45; *Les causes de nos désastres*, 27.
3. Lieutenant-colonel Patry, 13.
4. *Les causes de nos désastres*, 27.

« officiers de tous les régiments » ont reçu une « instruction pour le tir[1] ». Cette publication, survenant si tard, restera aussi inutile que les *Instructions tactiques* distribuées au cours de la concentration.

Parmi les branches les plus négligées de l'instruction figure en premier lieu le service d'avant-postes. Bien que le règlement sur le service en campagne, qui date de 1832, soit inspiré des meilleures traditions de nos grandes guerres, on en a peu à peu perdu la compréhension et l'usage. En règle générale, les officiers ne savent ni placer une grand'-garde, ni conduire une reconnaissance, même ceux qui ont fait la guerre[2]. Le 4 août, le lieutenant-colonel Patry voit installer une grand'garde à Kirschnahmen. La compagnie s'arrête en un point quelconque, sur une route, forme les faisceaux et fait la soupe, sous la protection d'*une* sentinelle. Elle est à *sept* kilomètres de l'ennemi. Ni le chef de bataillon, ni le lieutenant-colonel, ni le colonel, ni le général de brigade ne viennent contrôler ces dispositions sommaires[3].

Couramment, les grandes unités s'établissent dans le voisinage de l'ennemi, sans une grand'garde. Quand, par hasard, on fait des reconnaissances, c'est toujours à la même heure, ce qui permet à nos adversaires d'y parer[4]. Le service d'avant-postes s'exécute constamment avec la plus extrême négligence[5].

Si l'infanterie est mal préparée à la guerre, que dire de la cavalerie? Depuis 1815, certains de ses régiments, ceux de cuirassiers, par exemple, n'ont pas vu le feu de l'en-

---

1. P. 1363.
2. Lieutenant-colonel Patry, 5; commandant Tarret, *loc. cit.* Voir dans les *Feuilles de carnet,* 1870-1871, du capitaine Pinget, le placement d'une grand'-garde au 11 août, par une compagnie du 75e de ligne.
3. Lieutenant-colonel Patry, 49.
4. *Trois mois à l'armée de Metz,* 21, 36. Le 28 juillet, à Boulay, le 3e corps n'a pas de grand'garde sur la route de Hargarten.
5. Général Fay, *Journal d'un officier de l'armée du Rhin,* 151; général Lebrun, *Bazeilles-Sedan,* instruction du 19 août aux généraux du 12e corps; *ibid.,* 33, instruction du 22 août; instructions générales pour le 4e corps d'armée, 28 juillet, *Revue militaire,* 1900, 94 1, etc.

nemi. Les campagnes de Crimée, d'Italie et du Mexique l'ont laissée dans l'ombre. Elle y a puisé très peu d'enseignements. Elle garde le souvenir des chevauchées légendaires d'Eckmühl, de La Moskowa et de Waterloo, plutôt que des précieuses leçons des Lasalle, des Colbert, des de Brack. Elle arrive ainsi à perdre de vue les nécessités de la guerre. Son règlement de 1829, même revu en 1866, est inférieur à celui de 1788. Une foule de détails minutieux ont ce résultat de l'alourdir, de compliquer ses moindres déplacements. Ses évolutions, plus encore que celles de l'infanterie, sont des mouvements de parade, dont l'unique utilité est de faire mouvoir lentement nos escadrons sur le terrain de manœuvres. Elles exigent un tracé de lignes préparatoire, qui exclut la présence de l'ennemi. Les commandements se répercutent à l'infini, sans nécessité[1].

« Aux inspections générales, un régiment était réputé convenablement instruit quand il exécutait à peu près correctement... une sorte de carrousel où tout était calculé, jusqu'à la longueur d'une foulée, des manœuvres d'ensemble qu'on ne pratiquait jamais à la guerre, parce que, si on les avait tentées, l'on aurait presque toujours été pris en flagrant délit de formation et bousculé...

« A quoi appréciait-on la valeur d'un officier de cavalerie ? A la hardiesse qui le poussait à s'élancer en avant ? A la perspicacité qui lui avait fait voir quelque chose ? A la précision avec laquelle il rendait compte de ce qu'il avait vu ? Pas le moins du monde ! Pour qu'il avançât, un officier devait passer pour bon manœuvrier. Et pour passer pour un bon manœuvrier, il fallait que le commandement qu'il entendait éveillât dans sa mémoire un second commandement résultant du premier, et qu'il proférait, sans même se rendre compte du point où il dirigeait sa troupe. Si ce second commandement n'était pas instantané, comme le son d'un piano quand le doigt se porte sur une touche, si l'of-

---

1. *Revue de cavalerie*, avril 1900, Les règlements et les formations tactiques de la cavalerie française, 78 ; lieutenant-colonel Rousset, I, 58.

ficier se donnait le temps de la réflexion, il était perdu, car, ou bien il se trompait, ou, s'il ne se trompait pas, le léger retard entre les deux commandements suffisait à tout brouiller¹. »

Avant l'instruction passent les détails d'un *service intérieur*, formaliste, minutieux à l'extrême. Un colonel se fait gloire de présenter à l'inspection générale des chevaux bien gras, des écuries d'une propreté parfaite, une litière abondante. D'entraînement il n'est pas question ; on craint le galop ; la charge est indiquée et peu pratiquée. On ignore les ralliements. On supprime entièrement la manœuvre et le service en campagne². « Pendant tout le temps que j'ai été sous-officier, c'est-à-dire pendant quatre ans, je ne me souviens pas d'avoir placé une seule fois une vedette ni fait de service en campagne. On se bornait à aller *pistoleter* contre les dragons de l'impératrice sur le terrain de la Solle, et ensuite on les chargeait en ligne ou en colonne, suivant le cas³. » Le tir est tout à fait négligé⁴ ; en même temps, on conserve la déplorable habitude du tir à cheval ; on reçoit ainsi les charges allemandes, avec les pires résultats⁵. Jamais il n'est question de reconnaissances, de marches en terrain

---

1. Général du Barail, III, 165. — « On fit consister la science des manœuvres dans la récitation littérale du texte de la théorie... et l'on passa pour un grand manœuvrier, en se faisant suivre d'un cavalier porteur d'une corde ayant en longueur l'intervalle réglementaire de deux escadrons, afin de faire mesurer les intervalles et de mettre aux arrêts » les capitaines qui n'avaient pas conservé les leurs (Général Thoumas, II, 490).
2. *Revue de cavalerie*, loc. cit.; général Ambert, *Après Sedan*, 434 ; lieutenant-colonel Rousset, I, 352. — M. le général du Barail (III, 176), tout en admettant que nos cavaliers « n'étaient pas familiarisés avec le service en campagne », croit que nos généraux auraient pu en tirer un meilleur parti, s'ils avaient su « les lancer en avant ». En somme, ni les cavaliers ni les généraux ne connaissaient leur métier.
3. De Baillehache, *Souvenirs d'un lancier de la garde impériale*, 117 ; général Ambert, *Après Sedan*, 434 : La cavalerie était « bien plus occupée de la conservation des chevaux que de leur emploi. Trois fois par semaine, dans la belle saison, le régiment allait à la manœuvre pour exécuter les évolutions. On croyait que le dernier mot de l'arme était la charge en ligne. »
4. Le 30 juillet 1870, le 1ᵉʳ hussards n'a pas encore tiré à balles avec le fusil modèle 1866 (Lettre du général commandant la cavalerie du 6ᵉ corps au maréchal Canrobert, *Revue d'histoire*, 1ᵉʳ S. 1901, 176).
5. Voir Cardinal von Widdern, *Kritische Tage*, 1ʳᵉ partie, IIIᵉ vol., liv. Iᵉʳ, 149 et *passim*.

difficile, de service d'avant-postes. Aussi, dès que la guerre commence, la cavalerie donne-t-elle lieu à des plaintes constantes. Elle a si bien perdu de vue les principes élémentaires de son emploi, que l'un de ses généraux les plus distingués, Margueritte, croit devoir lui adresser des recommandations de ce genre : « Dans le service de reconnaissance et d'éclaireurs, il importe de bien reconnaître le terrain et l'ennemi, de ne donner que des renseignements positifs, afin d'éviter des erreurs regrettables[1]. »

Dans cette cavalerie si peu manœuvrière, si mal préparée à la guerre, l'équitation même n'est pas en honneur. Nombre d'officiers ne montent que pour le service. « Le colonel du 2e régiment de cuirassiers, Rosetti, après avoir fourni la charge, était fatigué : pour revenir, il rencontra la voiture de la cantinière et se fit véhiculer là dedans.

« Mais tout à coup un régiment de ulans apparaît et met a panique parmi les voitures. Rosetti s'empresse de quitter sa carriole et de remonter à cheval. Il décampe aussi vite que son obésité le lui permet. Bientôt, se croyant hors d'atteinte, il descend de nouveau, demande l'hospitalité dans une maison confortable, s'installe dans un bon lit et se livre avec délices au repos. Mais il est réveillé par Messieurs les Prussiens, qui le prient d'aller s'installer chez eux, et voilà mon pauvre gros Rosetti emmené prisonnier : c'est lui-même qui a, dans une lettre, raconté son odyssée[2]. »

Enfin, comme le fantassin, le cheval de cavalerie succombe sous une charge trop lourde. Le luxe des bagages grandit sans cesse. Quand le général du Barail reçoit à Lunéville

---

1. Général Philebert, *Vie du général Margueritte*, 412. — Chacun connaît la reconnaissance du colonel Dastugue, le matin du combat de Wissembourg. A Metz, le général Desvaux réprimanda durement un officier des dragons de l'impératrice, parce que, envoyé en reconnaissance, il a quelque peu dépassé les grand'gardes de l'infanterie (Témoignage verbal du commandant L.). Voir aussi *Les causes de nos désastres*, 27 et suiv. ; capitaine H. Choppin, Trente ans de vie militaire, *Revue hebdomadaire*, décembre 1898, 181 ; général Fay, *Journal d'un officier de l'armée du Rhin*, 29 ; général Thoumas, I, 6 ; général Castex, *Ce que j'ai vu*, II, 29, au sujet d'une reconnaissance du général de Clérembault à Boulay.

2. Verly, *Souvenirs du second Empire*, I, L'escadron de scent-gardes, 191, lettre du 20 août 1870.

ses régiments de chasseurs d'Afrique, ils traînent derrière eux une infinité de chevaux de bât et de mulets, comme s'ils allaient manœuvrer dans le désert[1]. De là, plus de lourdeur encore. Toutes ces causes font que, trop souvent, pendant la guerre, notre cavalerie est pire que non existante : elle donne l'illusion d'une force active et encombre sans profit les colonnes ou les bivouacs[2].

Les armes spéciales ont sur la cavalerie et l'infanterie l'avantage d'un puissant esprit de corps, qui tient à leur excellente composition et surtout à l'origine commune de la plupart des officiers. Il va jusqu'au particularisme. Les occasions que ces armes « savantes » ont d'entrer en contact avec les autres sont rares, d'autant qu'elles ne les recherchent guère. Elles affectent même de se tenir à l'écart, de former une petite armée dans la grande[3]. Les régiments d'artillerie ne comportent pas d'autre unité tactique ou administrative que la batterie, comme au commencement du siècle, alors que cette arme jouait un rôle beaucoup moindre. Nous n'avons pas su garder les traditions napoléoniennes du combat des masses d'artillerie. Nous employons nos canons par batteries isolées, goutte à goutte. Une grande partie de ceux du corps d'armée est comprise dans sa *réserve d'artillerie,* dénomination qui implique des idées rétrogrades en matière de tactique. Au lieu de mettre en batterie, dès le début, tous les canons disponibles, de façon à acquérir la supériorité du feu, nous en conservons d'inactifs, quitte à les faire battre successivement.

Les règlements de l'artillerie sont, comme ceux des autres armes et plus encore peut-être, formalistes et surannés. Les prescriptions de l'*Aide-mémoire de campagne,* publié en 1866, sont essentiellement les mêmes qu'en 1809 et 1831. La préparation au combat est nulle. Les écoles à feu se pratiquent sur des espaces beaucoup trop restreints, dans des

---

[1]. Général du Barail, III, 151.
[2]. « C'était là, ainsi que partout, comme s'ils n'avaient pas de cavalerie » ; Cardinal von Widdern, *Kritische Tage,* 1re partie, IIIe vol. liv. Ier, 214 et *passim.*
[3]. Général Lewal, 557.

conditions qui ne rappellent en rien la guerre. On n'est même pas fixé sur les procédés à employer pour le réglage[1]. Quant à des mises en batterie dans tous les terrains, personne n'y songe. Avec un très bon corps d'officiers et de sous-officiers, de grandes traditions, beaucoup d'esprit de corps, l'artillerie française est mal préparée à la guerre ; l'infériorité de son matériel est irrémédiable[2].

Quant au génie, plus encore que l'arme sœur, il est resté fidèle aux traditions d'autrefois. Il vit de souvenirs. En matière de fortification permanente, son respect pour l'œuvre de Vauban le rend hostile à toutes les nouveautés qui obtiennent droit de cité dans les pays voisins. Il ne sait pas donner à la fortification passagère, à l'organisation rapide d'une position, des abords d'une place, l'importance qui leur revient nécessairement. De nos 152 forteresses, aucune n'est à la hauteur des progrès récents[3].

---

1. Voir *Revue d'histoire,* 1er S. 1901, 158, un ordre du général de Rochebouët exposant un procédé de réglage par obus percutants (30 juillet 1870).
2. Voir le général Thoumas, II, 455, 553-554 ; général Ambert, *Après Sedan,* 435 ; *Les causes de nos désastres,* 33 et suiv. ; lieutenant-colonel Rousset, I, 66. — En raison de la nature des fusées, le matériel français ne peut produire d'effet entre 2,000 et 2,650 mètres pour le 12, entre 2,000 et 2,850 mètres pour le 4 ; il ne permet pas d'employer les obus ordinaires avec éclatement à moins de 1,500 mètres (Général Thoumas, I, 554) ; « L'artillerie a une capacité de manœuvre supérieure à l'artillerie allemande, mais elle lui est inférieure quant au nombre, à la sûreté et à la portée du tir » (*Rapport* de l'attaché militaire prussien von Waldersee, 15 juillet 1870). — Voir, en ce qui concerne l'absence de préparation de l'artillerie à la guerre, l'ordre du 28 juillet du général de Rochebouët, commandant l'artillerie du 3e corps, *Revue militaire,* 1900, 925.
3. Général Lewal, 577-579, nombre approché.

XIII

ÉTAT MORAL

Le soldat. — Les remplaçants. — L'éducation morale. — La discipline. — La tenue.

Nous avons dit la fâcheuse influence qu'exerce la loi de 1855 sur la composition des rangs inférieurs de l'armée. Elle augmente dans des proportions considérables le nombre des remplaçants, au point que, sur les 75,000 appelés de la classe 1869, il y a 42,000 *remplacés,* plus de moitié. Un certain nombre de ces soldats de métier se battent bien, mais ils n'ont ni le désintéressement, ni le patriotisme de leurs camarades du contingent. En outre, leur présence est un dissolvant. Ils entretiennent dans l'armée des habitudes d'ivrognerie et de débauche. Le paiement des primes est trop aisément l'occasion d'orgies[1].

La légende et l'intérêt personnel ont souvent poétisé la figure du vieux soldat. On a voulu y voir le modèle des recrues, le héros modeste qui leur montrait la voie de l'honneur et du sacrifice. Dans son *Armée française en 1867,* le général Trochu montre ce qu'il faut en croire[2]. La vérité est qu'un grand nombre de vieux soldats laissent fort à désirer comme valeur morale. L'esprit militaire leur fait défaut. En juillet 1870, sur les 110 hommes d'une compagnie du 6ᵉ de ligne, il y a au plus une douzaine de vieux soldats

---

1. « Dans ce pays soi-disant si démocratique..., l'impôt du sang, le plus lourd de tous, continua à peser exclusivement sur la classe pauvre, au grand détriment de nos forces nationales, qui furent empestées par des remplaçants... » (*Le général Lapasset,* II, 223); général Ducrot, *La journée de Sedan;* général Thoumas, 18 et suiv. Voir *supra,* p. 57. — Sans dissimuler les inconvénients graves du remplacement, le général Thoumas fait ressortir qu'il sont imputables à la société plutôt qu'à l'armée. Il ajoute : « Les remplaçants, considérés en masse, étaient de bons soldats. » M. le capitaine Blanc, *Généraux et soldats d'Afrique,* 26, a dit des remplaçants : « C'étaient des soldats propres, obéissants, résignés à la condition qu'ils avaient acceptée, souvent par esprit de sacrifice, par dévouement à leurs parents » (cité par le général Thoumas, *ibid.*).
2. P. 71 et suiv.

de Crimée et d'Italie. Ils s'empressent de disparaître dès qu'ils peuvent, recherchant tous les emplois où ils jouiront d'une sécurité relative, ceux d'ordonnance et de conducteur, par exemple[1].

Sur l'ensemble de l'armée, les campagnes d'Afrique, l'abus des congés renouvelables, des semestres, le passage fréquent des hommes des deuxièmes portions, exercent une influence fâcheuse. Les anciens soldats rappelés apportent souvent les pires dispositions. De plus, l'armée souffre du mal qui ronge la société civile. La recherche du bien-être, des jouissances matérielles, l'affaiblissement de toutes les croyances, rendent plus rares les sentiments de devoir, d'abnégation, de patriotisme. Au feu « le vieux sang gaulois se réveillait, on retrouvait un très grand nombre de braves gens; mais combien d'autres aussi s'esquivaient pour fuir le danger[2] ! » — « Le soldat avait perdu quelques-unes de ses anciennes vertus, à force d'être flatté, caressé, exalté outre mesure... » Pourtant il « était encore ce vaillant homme popularisé par l'histoire et que nous retrouvons sous les drapeaux de Montenotte, d'Iéna, de Montmirail, d'Afrique et de Crimée. Un jour audacieux jusqu'à l'héroïsme, et le lendemain prêt aux subites défaillances. A tout prendre », l'un des meilleurs soldat du monde — lorsqu'il est bien commandé[3]. « Le troupier français est ainsi fait qu'il supportera gaiement toutes les privations et toutes les fatigues, s'il en voit la nécessité et s'il croit au succès. Au contraire, il devient indiscipliné, sceptique, prêt à crier : « Nous sommes trahis ! » si on lui impose des efforts... dont l'utilité ne lui est pas démontrée. C'est un élément impressionnable, délicat, promptement accessible au découragement et à l'enthousiasme. Il peut rendre beaucoup entre les mains

---

1. Lieutenant-colonel Patry, 63. Voir *suprà*, p. 56.
2. *Le Général Lapasset*, II, 152; général Ambert, *Après Sedan*, 429. — Le général Thoumas, II, 633, fait ressortir la fâcheuse influence des campagnes d'Afrique sur la discipline. On inventa même à leur occasion un nouveau mot, *chaparder*, pour déguiser le vol et le pillage.
3. Général Ambert, *Après Sedan*, 429; général Montaudon, II, 96, d'après le maréchal Marmont, *Esprit des institutions militaires*.

d'un artiste, mais il se brisera vite entre celles d'un maladroit[1]. »

C'est, en effet, le commandement qui manquera au soldat de 1870, beaucoup plus que le soldat au commandement. Sur les champs de bataille de Lorraine, sur les routes où l'indécision et l'ignorance de ses chefs lui font exécuter tant de mouvements inutiles, il ne cède en rien aux Allemands comme courage et abnégation. « Il fut digne de sa réputation, a dit un bon juge... Tout ce que j'ai vu de l'armée impériale en 1870, m'a rempli d'admiration et de respect pour le soldat français[2]. »

Pourtant ses qualités tiennent beaucoup plus à la race qu'à l'éducation. Sous les drapeaux on fait appel à l'obéissance matérielle, aux punitions disciplinaires. On ne tient aucun compte du facteur moral, qui serait tout-puissant. Le véritable éducateur du soldat devrait être le capitaine, et l'on n'accorde aucune importance à ce grade, surtout dans l'infanterie où l'éducation a justement le plus grand rôle. La loi sur l'avancement permet que de très médiocres officiers parviennent à ce grade. Il n'ont rien du directeur, du tuteur qu'ils devraient être[3].

En temps de paix, l'abus de punitions souvent disproportionnées assure une apparence de discipline. Mais, dès les premières heures d'une guerre, il n'y a plus qu'une seule répression effective, la mort. Encore la justice militaire fonctionne-t-elle avec une lenteur excessive, qui émousse l'effet du châtiment et rend indispensable l'emploi d'une juridiction illégale, celle des cours martiales[4]. Le commandement est désarmé au moment où les passions du soldat sont sollicitées au plus haut point. D'où un relâchement forcé, qui conduit parfois aux pires conséquences. Nous

---

1. Lettre d'un cavalier, *Revue de cavalerie*, août 1900, 540.
2. Général du Barail, III, 238.
3. Général Trochu, *Œuvres posthumes*, II, 263.
4. Général Lebrun, *Bazeilles-Sedan*, 218 ; général Martin des Pallières, *Orléans*, 41 ; général Thoumas, I, 202. — L'emploi des cours martiales et prévôtales n'est pas nouveau. Voir le livre d'ordres du 2ᵉ grenadiers à pied de la garde impériale en 1812 (*Carnet de la Sabretache*, 31 juillet 1900).

avons la « discipline de garnison » et pas du tout « la discipline de guerre[1] ».

Il faut ajouter que l'éducation morale du soldat présente de grandes difficultés, parce que celle de l'enfant, de la recrue, n'existe pas. Les tendances égalitaires du caractère national, ses dispositions à la critique, à l'ironie facile, exercent en permanence une fâcheuse influence sur la discipline. Le vote de l'armée au plébiscite est une faute grave en ce qui touche la société civile, plus grave au point de vue militaire. Une proportion relativement très forte vote *non*; des corps de troupe, l'école militaire de Strasbourg affirment en majorité leur hostilité à l'Empire[2].

Dans son insouciante bonté, l'empereur entend qu'on évite de trop exiger du soldat, surtout à Paris. Il en résulte un « relâchement général ». On hésite à réprimer certaines défaillances, on craint de mécontenter les troupes par des manœuvres trop longues ou en les exposant au mauvais temps. On met à la mode un « déplorable système de fausse paternité[3] ».

De tout temps, dans les armées françaises, on a volontiers critiqué ses chefs. Cette tendance nationale s'exagère dans les périodes critiques, comme celle que nous traversons à la veille de nos désastres. En campagne, lorsque le commandement trahit sa faiblesse, c'est bien pis encore : « ...La plupart des officiers sont vis-à-vis de leurs inférieurs

---

1. Général Trochu, *Œuvres posthumes*, II, 28 et suiv. ; *Les causes de nos désastres*, 40-43 : « La discipline laissait beaucoup à désirer dans notre armée : suffisante... en cas de premiers succès, elle devait être impuissante à conjurer les effets de dislocation... après des revers..., elle n'était que factice et superficielle ; » général Fay, *Journal d'un officier de l'armée du Rhin*, 223.

2. Voir *suprà*, p. 15. Dans la cavalerie 1/26e, dans l'infanterie 1/6e des votes sont négatifs (*Mémoires du maréchal Randon*, II, 275-277) ; à Paris, le 7e bataillon de chasseurs vote *non* en majorité (Général Lebrun, *Bazeilles-Sedan*, 59). — L'empereur a pourtant été l'objet d'une ovation sans exemple à l'École militaire, le lendemain de l'enterrement de Victor Noir (de Baillehache, 132-134).

3. *Les causes de nos désastres*, 40-41 ; général Canonge, II, 18 ; « Nous pourrions nommer deux maréchaux de France qui s'opposèrent à l'admission, dans la garde impériale, d'un colonel, sous le seul prétexte qu'il eût sévère. Être sévère consistait à maintenir la discipline » (Général Ambert, *L'invasion*, 267).

en professorat permanent d'indiscipline[1]. » Il en résulte un autre mal : « la déplorable habitude que nos officiers de tous grades ont contractée de ne pas exécuter rigoureusement les ordres qui leur sont donnés... » Le supérieur se contente presque toujours de gémir ou de fermer les yeux[2].

De cet ensemble il ressort que le relâchement gagne d'une façon constante, pendant la durée du second Empire. Les preuves en abondent : « La formation de la garde marche lentement..., écrit le maréchal de Castellane, le 30 septembre 1854. Les officiers généraux vont dans les casernes en habit bourgeois; ils y voient et inspectent les troupes dans ce costume[3]. » — « Il y avait un immense laisser-aller pour la tenue à l'armée d'Italie. L'empereur aurait voulu conserver les shakos à l'infanterie, il a cédé ; il a défendu les tentes aux officiers, ils en ont constamment eu. Les officiers généraux étaient les premiers à ne pas obéir ; on n'a pris aucune mesure de sévérité contre eux, pour les obliger à exécuter et à faire exécuter les ordres. La campagne a été très courte, heureusement ; si elle s'était prolongée, on aurait eu de beaux désordres[4]. »

Au commencement de 1866, sur l'ordre de Napoléon III, le maréchal Randon rappelle les officiers à l'exécution du règlement, en ce qui touche la tenue et les permissions. Dès le 2 février, l'empereur lui écrit : « Mon cher Maréchal, ainsi que vous l'aviez prévu, j'ai déjà reçu des réclamations

---

1. *Les causes de nos désastres*, 45 ; Bazaine, *Épisodes*, XXVI. — L'indiscipline est un mal endémique à nos armées. Voir, en ce qui concerne les meilleures troupes de Napoléon 1er, les extraits du livre d'ordres du 2e grenadiers de la garde en 1812, *Carnet de la Sabretache*, 31 juillet-30 novembre 1900.
2. Général Lebrun, *Bazeilles-Sedan*, 215.
3. *Journal de Castellane*, V, 54. — Le lieutenant-colonel P., du 2e grenadiers de la garde, trouvant à Vienne que la neige gêne la marche, fait prendre de son chef à sa troupe le chemin de fer, pour aller à Lyon, et croit la chose naturelle, puisque les grenadiers ont payé leur transport (*Ibid.*, V, 119, 18 décembre 1855). — Les officiers des lanciers de la garde vont en bourgeois au-devant du 11e chasseurs qui passe à Melun (*Ibid.*, V, 167, 14 avril 1857). — Voir, pour la tenue de la garde, *ibid.*, 112 et 120, notamment une conversation avec l'empereur, 13 novembre 1855. En Crimée, la garde va à la tranchée en bonnets de police, la giberne attachée à la courroie de sac. Les artilleurs de la garde portent des chapeaux de paille
4. *Journal de Castellane*, V, 258.

au sujet des mesures de discipline que vous avez prescrites. Faites-moi le plaisir de m'envoyer la copie de vos circulaires, afin que je puisse juger si ces réclamations ont quelque apparence de justice. » Le 3, le ministre répond par l'offre de sa démission motivée : « Jamais, peut-être, la hiérarchie n'a été aussi effacée et, par suite, jamais le principe d'autorité n'a été plus méconnu [1]. » Cette même année 1866, du Mexique, le lieutenant-colonel de Galliffet écrit à M. Piétri : « La troupe, au point de vue de l'ardeur, n'a rien perdu, mais c'est une indiscipline dont on n'a pas d'idée ; les officiers hurlent continuellement [2]... »

Vers la fin du second Empire, le relâchement s'accroît encore sous l'influence des agitations politiques, de la presse révolutionnaire, des clubs. « Pour des raisons diverses, la discipline... était fort ébranlée au moment même où la France allait avoir besoin du dévouement, de l'abnégation de tous [3]. » L'aspect des troupes qui traversent Paris, les derniers jours de juillet, est des moins rassurants. Un témoin voit défiler, le 16, sur le boulevard Sébastopol, une fraction du 95e ; par une chaleur étouffante elle marche en débandade : « La coqueluche du moment est toujours le soldat, le héros français ; mais je vous avoue que j'en ai, de ce héros français, jusqu'à la gorge. Quand donc seront-ils tous aux frontières... ? Cette soldatesque pullule dans les rues, avinée, débraillée, hurlante, et la populace la fête, la régale... Sapristi ! Je les voudrais voir à un autre feu que celui du cabaret [4]... »

---

1. *Mémoires du maréchal Randon*, II, 125.
2. *Papiers secrets des Tuileries*, 229, lettre du 11 décembre.
3. Général Canonge, II, 18 ; Dick de Lonlay, *Français et Allemands*, IV, 507. — L'armée du Rhin est, dit-on, travaillée par les révolutionnaires. Des renseignements très précis portent que l'armée renferme 60 agents de l'*Internationale*. Il est impossible de les saisir (Bazaine, *Épisodes*, 43, déposition du maréchal Le Bœuf, devant le conseil d'enquête présidé par le maréchal Baraguey-d'Hilliers).
4. Mme Aubry, *Lettres d'une Parisienne*, 4 ; *De Frœschwiller à Sedan*, 189 et suiv.

XIV

LE MATÉRIEL

Le fusil Chassepot. — L'approvisionnement d'armes. — Le canon. — La mitrailleuse. L'armement des places. — La tenue de campagne.

On sait l'impression que produit en Europe le fusil à aiguille, lors de la campagne de Bohême. Chez nous, depuis longtemps, des études ont été commencées concernant les armes à chargement rapide. La nécessité de faire vite conduit, dès 1866, à l'adoption du chassepot. Bien qu'imparfait, il constitue une amélioration très marquée de l'arme prussienne. Il est moins lourd, mieux en main, d'un maniement et d'un entretien plus faciles[1]; sa trajectoire est plus tendue, sa portée supérieure.

Le maréchal Niel demande au Corps législatif des crédits pour 1,800,000 fusils. On lui en accorde 1,200,000. Le 1er juillet 1870, 1,037,555 ont été fabriqués, bien qu'on ait cru devoir ralentir la fabrication vers la fin de 1869, afin de réduire progressivement le nombre des 15,000 ouvriers employés. Ainsi, nous n'avons même pas l'approvisionnement, déjà insuffisant, accordé par la Chambre[2].

---

1. Il fut adopté par une commission qui comptait seulement deux officiers d'artillerie (*Enquête*, dépositions, I, Le Bœuf, 44). Le fusil Dreysse est de 15 millimètres au lieu de 11, du poids de $5^{kg},470$ au lieu de $4^{kg},795$; sa vitesse initiale est de 350 mètres au lieu de 403; sa portée efficace de 600 mètres au lieu de 1,600. Son obturation est très défectueuse (Général Thoumas, II, 99). Les défauts graves du fusil Chassepot sont la fragilité de l'aiguille, le peu de solidité de la cartouche en papier qui ne résiste pas à la pluie et aux frottements, la fréquence des ratés.

2. La loi du 14 août 1868 alloue au ministère de la guerre, sur l'emprunt de 429 millions, un crédit de 91,600,000 fr. pour la fabrication de 1,200,000 fusils modèle 1866 et la transformation en armes à tir rapide de 350,000 fusils ancien modèle (*Enquête*, dépositions, V, 2º partie, 34). Il semble résulter des relevés, parfois contradictoires, communiqués par le ministère de la guerre à l'Assemblée nationale, que les 1,037,555 chassepots fabriqués au 1er juillet 1870 comprennent 967,555 fusils d'infanterie attribués à l'armée de terre, 28,010 cédés à la marine et 41,990 carabines ou mousquetons. D'après l'un de ces relevés (*Enquête, loc. cit.*), sur les 967,555 fusils d'infanterie, 340,863 sont en service

Des 1,200,000 fusils du modèle 1866, un million seulement sont destinés à l'infanterie. Leur fabrication ne sera terminée qu'en septembre 1870. Les 200,000 restants iront à la cavalerie, à l'artillerie, à la gendarmerie, etc.; environ 40,000 ont été fabriqués, car on a longuement hésité avant de faire choix du modèle définitif : il n'est adopté que le 3 janvier 1870, six mois avant la guerre. En outre, un certain nombre d'armes ancien modèle ont été transformées : 33,040 carabines, 271,439 fusils d'infanterie et 37,636 fusils de dragons, au total 342,115 armes, quantité légèrement inférieure à celle du programme. Enfin, il existe dans nos arsenaux, entre les mains de la garde nationale sédentaire et des pompiers, un nombre immense de fusils, dont la valeur technique est très faible. Ils ne peuvent guère être utilisés que pour la défense des places [1].

L'approvisionnement en cartouches chassepot est fort insuffisant : 113 millions au 1er juillet 1870 ; il y en a 95 pour les fusils transformés et 73 pour les armes à percussion, c'est-à-dire une quantité relativement bien plus considérable. On compte mettre à la disposition de chaque homme 280 cartouches ; on lui en donnera réellement 134 [2].

Si le chassepot est très supérieur à l'armement des Prussiens, le fusil transformé, dit à tabatière, qui va en général

---

et 626,692 en magasin ; des 40,000 mousquetons ou carabines, 29,551 sont en service et 10,449 en magasin. Le total, avec les 28,010 fusils de la marine, seraient de 1,035,565 armes au lieu de 1,037,555, chiffre indiqué par le même document. La différence tient peut-être aux mousquetons de l'artillerie de marine. — Les chiffres que donne le général de Palikao (*Un ministère de la guerre de vingt-quatre jours*, 76) comportent un certain nombre d'inexactitudes. — Les régiments d'infanterie reçurent chacun 2,000 fusils, au lieu des 4,000 qui auraient été nécessaires (de La Chapelle, 90).

1.   1,357,915 fusils d'nfanterie à percussion, rayés ;
        70,435 fusils de dragons à percussion, rayés ;
        105,647 mousquetons de gendarmerie ;
        61,195 mousquetons d'artillerie ;
        315,667 fusils à percussion lisses.
        (*Enquête*, dépositions, V, 2e partie, 34).

2. Chaque homme porte 90 cartouches ; la réserve divisionnaire, 24 par homme ; le parc de corps d'armée, 20 ; la partie attelée du grand parc, 20 ; en tout 154 cartouches et 280 avec le reste du grand parc (Décision ministérielle du 13 octobre 1867, citée par le général Thoumas, II, 204). Le grand parc ne fut pas constitué, ce qui réduisit l'approvisionnement à 134 cartouches.

armer nos bataillons de mobiles, a une valeur beaucoup moindre. Comme toutes les armes qui ont subi des modifications de principe, il est lourd, d'un maniement souvent difficile, d'une précision et d'une portée fort irrégulières.

Quand ils rejoignent les drapeaux, nos réservistes n'ont pour la plupart aucune notion du chassepot. A la veille des grandes batailles sous Metz, on en est réduit à leur donner une instruction hâtive. Enfin, ils n'ont pas toujours les accessoires indispensables de l'arme. Dans certains corps, il faut dédoubler ceux des anciens soldats pour les en doter[1].

Le matériel d'artillerie ne vaut pas le fusil, à beaucoup près. Nos batteries de campagne attellent trois bouches à feu, le 4 et le 12 rayés, le canon à balles. Au cours de la campagne, nous ferons également usage du 8 rayé et de pièces de divers modèles, telles que le 7 se chargeant par la culasse, ces dernières à titre d'exception. Au début, la grande masse de nos canons est du calibre 4. C'est une pièce très maniable, que quatre chevaux traînent aisément. Son calibre est de $86^{mm},5$ à l'embouchure. Si elle est très légère, ses projectiles le sont aussi ; sa portée, sa précision sont très restreintes. Quant au canon de 12, du calibre de $121^{mm},3$ et beaucoup plus lourd, il exige un attelage de six chevaux. Nous n'en possédons que 30 batteries sur 164. Sa portée maxima est de 3,000 mètres. Supérieur en précision et en efficacité à la pièce de 4, le 12 est encore très inférieur aux canons prussiens[2].

Tout ce matériel se charge par la bouche. Voici ce qu'en

---

[1]. Philibert de Tournus, *Récit d'un évadé d'Allemagne*, 11, à la date du 15 août ; de La Chapelle, 90, etc. « La gendarmerie est encore pourvue de l'ancien armement, pour lequel il lui sera impossible, en campagne, de s'approvisionner en cartouches » (Le général Bourbaki au major général, 30 juillet, *Revue d'histoire*, 1er S. 1901, 188).

[2]. Le 4 pèse 330 kilogr. et le 12 (ancien canon-obusier de 12, rayé) 600. Le 12 et le 8 conservent les affûts et voitures du modèle 1827 ; le 4 a un matériel nouveau, construit d'après les mêmes principes. Ces pièces tirent la boîte à mitraille, l'obus ordinaire et l'obus à balles. L'obus ordinaire est muni d'une fusée percutante ou d'une fusée fusante. Celle-ci, beaucoup plus fréquemment en usage au début de la guerre, détonne de 1,400 à 1,600 mètres ou de 2,750 à 2,950 mètres pour le 4 ; de 1,350 à 1,550 ou de 2,650 à 2,850 mètres pour l 12. (Général Thoumas, II, 126-127 ; lieutenant-colonel Rousset, I, 62 et suiv.).

dit le prince de Hohenlohe, dans ses *Lettres sur l'artillerie :* « Les pièces françaises étaient encore ces vieux canons de bronze à âme lisse, transformés d'après le système Lahitte. Cette transformation constituant en quelque sorte un palliatif, on avait fait... des canons qui n'étaient ni chair ni poisson. Mais on l'avait élevée à la hauteur d'un système, et on conservait ces pièces parce que, dans la guerre de 1859, on en avait obtenu de bons résultats. Or, leur tir était bien plus mauvais encore que celui des canons autrichiens en 1866[1]. »

L'organisation de nos projectiles laisse grandement à désirer. La fusée fusante est réglée à un minimum de 1,350 mètres et à un maximum de 2,950 pour l'obus ou le shrapnel. Il n'est prévu aucune distance intermédiaire entre 1,600 et 2,750 mètres (4), entre 1,550 et 2,650 mètres (12). D'où une infériorité flagrante vis-à-vis des Allemands, qui font surtout usage de fusées percutantes et ouvrent le feu à 3,000 ou 3,500 mètres, pour le continuer parfois aux distances les plus rapprochées. Aux termes d'une décision du 13 octobre 1867, l'approvisionnement des pièces devrait être de 440 coups. Il est réduit presque de moitié par suite de l'absence du *grand parc*. Au 1er juillet 1870, il existe 383,366 coups de canon de 4 et de 12 de campagne[2].

L'empereur compte suppléer à l'infériorité de nos bouches à feu, qu'il connaît fort bien, au moyen des canons à balles ou mitrailleuses, dont il a fait étudier la construction dès 1863 par le chef d'escadron de Reffye. En juillet 1866 la fabrication commence à Meudon et, vers la fin de 1868, 24 batteries sont prêtes. Mais ces nouveaux engins sont inconnus d'un grand nombre d'officiers d'artillerie. Des précautions excessives ont été prises pour éviter toute indiscrétion. Dans chaque batterie destinée à recevoir une mitrailleuse, un petit nombre d'hommes, seulement, est initié à leur maniement. Les tables de tir suppléeront à tout.

---

1. Traduction française, 26 et 50 ; *État-major prussien*, I, 17.
2. *Enquête*, dépositions, I, Le Bœuf, 45 ; lieutenant-colonel Rousset, I, 62-64.

D'ailleurs, on n'a pas fait autrement en 1859, avec les canons rayés de 4. Des commandants de corps d'armée, comme le maréchal Bazaine, ne voient la nouvelle arme qu'au moment de la concentration[1].

Est-elle de nature à justifier toutes les espérances mises en elle? Sa portée maxima est de 1,800 mètres seulement, très inférieure à celle du canon; son réglage est délicat. Si son effet moral est grand, en particulier sur les troupes amies, elle est incapable de lutter contre les pièces prussiennes. Faite pour des circonstances particulières, elle ne peut prétendre à remplacer le canon, et l'on va promptement s'en rendre compte[2].

Nos arsenaux renferment un immense matériel, dont une grande partie, il est vrai, entièrement vieilli, et le reste très inférieur aux bouches à feu de l'ennemi. Nous disposons de 12,336 canons, obusiers ou mortiers de place, de siège et de côte; de 9,366 pièces de campagne[3]. Jusqu'en 1867,

---

[1]. Lieutenant-colonel Rousset, I, 64; *Les Origines*, 192; général Thoumas, II, 129 : Deux ou trois officiers seulement les avaient *aperçues* avant la guerre. Quelques commandants de batterie furent convoqués à Meudon dans les premiers jours de juillet; mais, justement, ils ne reçurent pas de mitrailleuses. Voir, dans le même sens, de La Chapelle, 91. — A la 8ᵉ batterie du 4ᵉ régiment, 8 servants avaient été exercés à Meudon. Ils ne furent pas mobilisés avec la batterie (Bazaine, *L'armée du Rhin*, 242, dépêche au ministre, 18 juillet).

[2]. Général Thoumas, II, 129 et suiv.; *ibid.*, VI.

[3]. Au 1ᵉʳ juillet 1870 :

Canons rayés de 24 de place	824
— rayés de 24 de siège	123
— rayés de 12 de place	1,249
— rayés de 12 de siège	922
— lisses de 24 de siège	112
— lisses de 16 de place	1,874
— lisses de 12 de place	92
Obusiers de 22ᶜ de siège	778
Mortiers lisses de 32ᶜ	293
— lisses de 27ᶜ	715
— lisses de 22ᶜ	1,187
— lisses de 15ᶜ	1,038
Canons de 30 rayés de côte en fonte	1,199
— de 24 lisses de côte en fonte	197
— de 16 lisses de côte en fonte	100
Obusiers de 22ᶜ lisses de côte en fonte	1,462
Mortiers à plaque de 22ᶜ en fonte	143
Canons de 19ᶜ de la marine en fonte	28
Total	12,336

(*Suite page 118.*)

presque tout cet énorme attirail est entassé dans les arsenaux, sans que son affectation ait été réglée à l'avance et même que le matériel de campagne soit sur roues. Depuis cette époque, on l'y met au prix d'un énorme travail[1], mais il n'en faut pas moins opérer, à la dernière heure, un grand nombre d'expéditions qui se croisent en tous sens, encombrent les gares et n'arrivent pas toujours à destination.

Si nous allons combattre avec un matériel vieilli, que tous les artilleurs de l'Europe savent être inférieur à celui des Prussiens, la faute n'en est pas à l'empereur. Il se tient au courant des progrès de l'artillerie et consacre des sommes considérables, sur sa cassette, à des expériences concernant les mitrailleuses, les canons et divers engins. Le commandant de Reffye, qui doit attacher son nom à la réfection de notre matériel, est chargé de ces essais[2]. « Parbleu! je me vois encore, a dit un ancien député, rencontrant dans la cour du ministère de la guerre le général X..., qui sortait du comité d'artillerie, et qui me dit : « Si

Canons rayés de 12 de campagne	497
— rayés de 8 de campagne	112
— rayés de 4 de campagne	2,607
— rayés de 4 de montagne	581
— à balles	190
— lisses de 8 de campagne	634
— obusiers de 12 de campagne	1,832
— obusiers de 12 léger	599
Obusiers de campagne de 16ᶜ	1,204
— de campagne de 15ᶜ	743
— de montagne de 12ᶜ	367
Total	9,336

(Lettre du ministre de la guerre, 17 janvier 1872, *Enquête*, dépositions, V, 2ᵉ partie, 30). Voir aussi général Thoumas, II, 153, et général Montaudon, II, 36. Il existe 2,315 affûts et 4,427 caissons de 4; 644 affûts et 1,244 caissons de 12; 192 affûts et 192 caissons de canons à balles. Tous les parcs et batteries approvisionnés, il restera 145,488 coups de campagne à tirer. Il y a 3,800,000 cartouches pour mitrailleuses, 11 millions de kilogr. de poudre en baril ; nos poudreries peuvent produire 54,000 kilogr. par jour en travail ordinaire (*Enquête*, dépositions, I, Le Bœuf, 44).

1. Général Thoumas, I, 468 : « Au 1ᵉʳ janvier 1867, il n'existait à cet égard *rien*, absolument rien. »

2. *Papiers et correspondance*, I, 154. — L'empereur alloue à M. de Reffye 2,000 fr. par mois (Voir une lettre du capitaine Pottier, son adjoint, 1ᵉʳ octobre 1870 ; *ibid.*, 83). En mars et mai 1870, M. de Reffye reçoit 12,000 fr.

« vous saviez, mon cher, comme l'empereur nous persécute
« avec sa marotte de canons se chargeant par la culasse!
« Parce qu'il a servi autrefois dans l'artillerie suisse, il ne
« peut pourtant pas s'imaginer qu'il connaît le métier mieux
« que nous[1]. »

Des causes multiples empêchent l'adoption d'un nouveau matériel. En premier lieu, la difficulté que nous éprouvons à admettre l'infériorité du nôtre : « Nous avons, en France, une beaucoup trop grande idée de notre supériorité et, en général, de tout ce que nous possédons. Par suite de ce sot et ridicule orgueil, nous sommes habituellement en arrière des autres puissances pour l'emploi des choses utiles. J'ai passé ma jeunesse à entendre vanter notre artillerie (le système Gribeauval), et nous avions certainement alors le plus mauvais matériel de l'Europe[2]. »

En outre, on complique la question du chargement par la culasse d'une autre, fort grave, celle de la substitution de l'acier au bronze. Nos artilleurs ne sont nullement convaincus des avantages de ce métal pour la fabrication du canon. Nous avons dit l'accueil fait, en 1868, aux offres du fabricant Krupp[3]. On s'imagine que la Prusse sera obligée de revenir au bronze. Peut-être aussi croit-on abonder dans les idées de l'empereur, en conservant un matériel à l'adoption duquel il a tant contribué[4]?

D'ailleurs, nous venons de dépenser 113 millions pour renouveler nos fusils. Comment le Corps législatif, qui a déjà réduit d'un tiers le nombre des chassepots à fabriquer, accueillerait-il une nouvelle et très considérable demande de crédits? Enfin, tout indique que l'empereur croit

---

1. Fernand Giraudeau, 477.
2. Maréchal Marmont, *Mémoires*; général Lebrun, *Souvenirs militaires*, 37.
3. *Les Origines*, 192.
4. Général Castex, *Ce que j'ai vu*, II, 15 : « Au moment où le commandant Berge écrivit des rapports favorables au canon Krupp, le général Le Bœuf fut vivement sollicité de prescrire des essais comparatifs. Il s'y refusa, « pour ne pas être désagréable à son souverain, auteur de notre système de pièces ». Le général Lebrun remit à l'empereur et au ministre Niel, en 1867, après une visite au camp de Beverloo, un rapport très favorable au canon prussien (Général Lebrun, *Souvenirs militaires*, 41).

posséder dans les canons à balles et le chassepot des moyens assurés de vaincre[1].

Non seulement l'armement n'est pas ce qu'il devrait être, mais l'équipement est fort incomplet. Le ministère de la guerre évalue à 32 millions de francs les effets de toute nature, nécessaires à l'excédent d'effectif créé par la loi de 1868. Il les demande au Corps législatif qui lui accorde un million[2]. Quoi d'étonnant, dès lors, si la garde mobile va, presque partout, manquer de toute espèce d'effets? D'ailleurs, les approvisionnements dont nous disposons ne sont pas répartis à l'avance entre les dépôts, ou même dans des magasins régionaux correspondant aux divisions militaires. Obéissant une fois de plus à notre manie de centralisation, nous les avons groupés surtout à Paris, d'où il faut les expédier dans toutes les directions. Dès les premiers jours de la concentration, c'est un concert de plaintes. On manque, en particulier, d'effets de campement. Quant aux voitures, elles sont entassées dans les deux grands parcs de matériel de Bourges et de Satory, les parcs de construction de Vernon, de Châteauroux et d'Alger[3]. Quelques mois avant la guerre, on se décide à en répartir un certain nombre entre nos places frontières, notamment Toul. Mais ces dispositions sont fort insuffisantes pour assurer leur distribution, et les réclamations seront de même incessantes[4]. Dans ce cas encore, l'absence de préparation est évidente.

On a peine à le croire, les dispositions relatives à la tenue

---

1. Général Thoumas, II, 129; général Lebrun, 42. — On offrit la dynamite au ministère de la guerre. Il répondit qu'il n'était pas bon d'avoir dans une armée deux genres de poudre (Jacqmin, *Les chemins de fer français pendant la guerre*, 322).

2. Lieutenant-colonel Rousset, I, 72.

3. De La Chapelle, 90; note du maréchal Niel pour l'empereur, 25 juillet 1867, portant qu'il est préférable de ne pas distribuer en permanence les effets de campement (*ibid.*, 60-69). D'après cette note, le campement est réparti entre Metz, Strasbourg, Châlons, Paris, Lille, Lyon; le matériel des subsistances entre Strasbourg, Langres, Paris, Lyon, Marseille. Voir général Thoumas, II, 208, 219, 225, la composition des équipages de pont, des convois de subsistances et des bagages des corps de troupe en 1870.

4. Si les documents publiés dans l'*Enquête* par le maréchal Le Bœuf sont exacts, les effets de tout genre ne manquent pas. C'est leur répartition et leur envoi qui offrent des difficultés insurmontables. (*Suite page 121.*)

de campagne sont datées du 15 juillet 1870, jour où la guerre est virtuellement déclarée[1]. Durant toute la fin de ce mois, les commandants de corps d'armée échangent sans cesse des dépêches avec le ministère et le major général, au sujet de cette tenue, qui, depuis longtemps, devrait être invariablement fixée[2].

Notre fantassin est trop lourdement chargé. Il porte 90 cartouches, une demi-couverture, une tente-abri que lui imposent les traditions de la guerre d'Afrique, comme s'il était naturel d'opérer de même dans les pays d'Europe, où le cantonnement est presque toujours possible. Le bivouac sous la tente présente pourtant une foule de désavantages, notamment celui de faciliter les reconnaissances de l'ennemi, qui se rend aisément compte des effectifs. Le choix des emplacements est délicat; les causes de désordre sont multiples et, par-dessus tout, le repos des troupes ne peut être que fort imparfait. Le cantonnement est donc, en général, très supérieur au bivouac[3].

Avec les effets d'habillement, les objets d'équipement,

Il reste en magasin, l'armée étant complètement habillée et équipée :
    536,510 capotes,   703,500 képis,
    713,227 pantalons,   287,594 havresacs,
    749,048 vestes,   2,246,417 paires de souliers.

Au 1er juillet, nous possédons un total de :
750,000 tentes-abris, des bidons, des marmites, des gamelles pour 500,000 hommes, 240,000 demi-couvertures et 350,000 couvertures de campement.

L'armée active pourvue, il reste seulement 3,640,000 rations de biscuit. Un contrat est passé en Angleterre pour quatre millions de rations (*Enquête*, dépositions, I, Le Bœuf, 42, 50).

1. *Papiers et correspondance*, I, 437. Voir, dans la *Revue militaire*, 1900, 1004, une lettre du général Bourbaki au major général, 29 juillet, demandant que, comme en Italie, les lanciers de la garde fassent la campagne en veste bleue et non en habit blanc. L'empereur approuve le même jour.

2. Dépêche de Bazaine au ministre, 18 juillet, au sujet des ceintures de flanelle (*Armée du Rhin*, 241); Historique du 64e (Bazaine, *Épisodes*, 112), au sujet du versement des shakos. Voir, en outre, notre chapitre relatif à la concentration.

3. *Les causes de nos désastres*, 60-62 ; *L'armée du Rhin*, 12-13 ; *Souvenirs de la guerre de défense nationale*, 29 ; général Thoumas, II, 316 et suiv. — Bazaine, pourtant peu suspect de tendance aux innovations, réclame la suppression de la demi-couverture, de la tente-abri. Il fait remarquer que le système d'une gamelle et d'une marmite par escouade offre les plus grands inconvénients. Si ces ustensiles viennent à disparaître avec l'un des hommes, les autres sont privés d'aliments chauds, ou il leur faut emprunter la marmite des voisins, s'ils ont assez de temps pour s'en servir.

dont un certain nombre inutile, la charge du soldat atteint 30 kilogr., poids écrasant qui conduit fréquemment à la faire réduire avant le combat. « Cette habitude était devenue si générale, qu'au moment d'entrer en ligne les officiers donnaient d'eux-mêmes l'ordre de déposer les sacs... » Il faut préposer quelques hommes à leur garde, c'est-à-dire réduire les effectifs, puis les abandonner en cas d'insuccès. Alors le soldat ne peut, ni s'abriter des intempéries, ni faire cuire ses aliments, ni changer d'effets[1].

Ce qui contribue encore à alourdir nos troupes est la quantité de vivres dont on les surcharge. Elles arrivent à porter ainsi jusqu'à huit rations, et cela dans l'une des parties les plus riches de la France[2]. Enfin, notre chaussure est d'un emploi incommode à la guerre. Parfois le soldat n'ose ôter ses souliers, parce qu'il lui faudrait trop de temps pour les remettre[3].

---

1. *Journal de Castellane,* V, 112; général Montaudon, II, *passim;* le général de Cissey au général de Ladmirault, 1ᵉʳ août, *Revue d'histoire,* 1ᵉʳ S. 1901, 627; lieutenant-colonel Rousset, I, 54.
2. Le 31 juillet 1870, le 64ᵉ de ligne porte 8 jours de vivres (Historique du corps, reproduit par Bazaine, *Épisodes,* 112).
3. Capitaine Pinget, 20.

XV

LA MARINE

Le budget. — Les effectifs. — La flotte. — Études en vue de la guerre. — La diversion dans la Baltique.

En 1870, bien que notre commerce maritime soit déjà en décadence marquée, la marine constitue l'un des éléments essentiels de nos forces, tant par le nombre des unités de combat qu'elle peut mettre en ligne sur mer, que par les ressources en hommes et en matériel dont elle disposerait en vue d'une guerre terrestre. Son budget atteint 162,845,022 fr., le service des colonies compris. Son effectif budgétaire est de 5,219 officiers ou assimilés et de 63,184 officiers mariniers, marins, etc.[1]. Il faut y ajouter les armes et corps spéciaux coloniaux, soit 254 officiers et 4,251 hommes, au total 72,708 hommes.

Sur ce nombre, 36,630 font partie des équipages; 603 officiers et 16,191 hommes de l'infanterie de marine. Ces derniers, répartis en 140 compagnies depuis le décret du 26 novembre 1869, forment une division de 4 régiments, dont moitié environ est stationnée aux colonies (7,933 hommes).

---

1. L'effectif réel révélé par le plébiscite est de 32,027 (*Journal officiel* du 19 mai 1870). — Les 68,403 hommes de la marine proprement dite se décomposent ainsi :
  1° États-majors militaires et civils : 4,369 officiers et assimilés dont 2,228 pour les officiers de la marine, et 1,184 officiers mariniers et marins, etc. ;
  2° Maistrance, gardiennage et surveillance : 10 officiers et 3,600 hommes ;
  3° Équipages et troupes : 840 officiers et 58,400 hommes.
Au total 68,403 hommes, sans le personnel du ministère, les ouvriers des constructions navales, etc. Avec ces diverses catégories, les armes et corps spéciaux des colonies, l'effectif atteint 96,835 hommes (Capitaine Bureau, *Atlas militaire,* tableaux 25 et 26). — A la fin de 1869, notre flotte de commerce comprend 15,778 navires, avec 1,074,656 tonneaux de jauge ; celle de l'Angleterre, 39,087 navires et 7,186,430 tonneaux ; celle des États-Unis, 16,934 navires et 2,572,602 tonneaux ; celle d'Italie, 18,822 navires et 1,013,098 tonneaux ; celle d'Allemagne, 1,035,972 tonneaux (Lieutenant de vaisseau Guérard, *La marine française jugée après les désastres de 1870-1871,* 235).

L'artillerie de la marine, constituée en un très fort régiment de 28 batteries, 7 compagnies et 1 section d'ouvriers, représente un effectif de 186 officiers et 4,453 hommes, dont un tiers aux colonies (1,641 hommes).

Les établissements de la marine, nombreux et importants, présentent cette particularité d'être situés en grande partie à l'intérieur du pays et non sur les côtes [1].

Les bâtiments susceptibles de combattre sont figurés par 18 frégates, 9 corvettes, 7 garde-côtes, 15 batteries. C'est un total de 49 navires cuirassés, dont 1 corvette seulement est hors des mers d'Europe. Mais 27 au plus, ceux des deux premières catégories, sont capables d'un rôle offensif.

Viennent ensuite 110 bateaux à vapeur non cuirassés, dont 59 de grand échantillon, sur lesquels 50 environ disponibles. Les 51 autres le sont également, à part un seul, mais tous n'ont qu'une faible valeur militaire [2]. Enfin, la marine dispose d'une flotte de transport, relativement très considérable, puisqu'elle comprend 96 unités. Ce serait un précieux élément pour l'expédition rêvée dans la Baltique [3].

Depuis 1869, le département de la marine étudie un projet de diversion sur les côtes de l'Allemagne du Nord. Des renseignements recueillis par deux capitaines de vaisseau, de Champeaux et Galibier, successivement envoyés à Copenhague, on arrive à conclure que nos bâtiments ne pourraient opérer sans troupes de débarquement ; d'où la nécessité d'une grande opération impliquant des forces considérables sur mer et sur terre. Un ancien fonctionnaire danois, très compétent, nous donne des informations plus certaines, mais dont le sens général est identique. C'est ainsi que l'on est

---

1. Capitaine Bureau, *loc. cit.*, tableaux 27 et 28 : Arsenaux de Cherbourg, Brest, Lorient, Rochefort, Toulon ; fonderies de Ruelle et de Nevers ; forges de la Nièvre et de La Villeneuve ; ateliers de construction de machines d'Indret ; forges de La Chaussade, à Guérigny.

2. 24 frégates à hélice, 19 corvettes à hélice, dont une au Japon ; 51 avisos à hélice, dont un sur la côte orientale d'Afrique ; 10 frégates à roues, 6 corvettes à roues.

3. 27 anciens bâtiments de ligne à hélice, dont un bâtiment-école ; 47 transports à hélice ; 20 vapeurs à roues ; 22 vapeurs de rivière.

amené à la pensée d'un débarquement en Danemark, devant aboutir à une invasion de l'Allemagne du Nord[1].

Nous avons vu à quelles difficultés ce projet se heurte dès le début[2]. La rapidité des événements, nos revers des premiers jours d'août en feront voir très vite le néant. Dès lors, le principal rôle de la marine consistera à renforcer l'armée d'une forte proportion de son personnel, ainsi que d'un matériel très considérable.

---

1. *Enquête,* dépositions, I, amiral Rigault de Genouilly, 127.
2. *Les Origines,* 384.

LIVRE II

LA CONCENTRATION

I

L'APPEL DES RÉSERVES

Absence de règles précises. — Premières dispositions. — L'appel des réservistes. Leur incorporation. — L'indiscipline.

En 1870, il n'existe aucun système arrêté, aucune règle précise pour la mobilisation et la concentration. Ces deux opérations, tout à fait distinctes, s'enchevêtrent de façon à se confondre. « On appelait la première : passage sur le pied de guerre ; la seconde, formation de l'armée. Elles s'effectuaient simultanément sur le théâtre d'opérations et, pour ainsi dire, à l'entrée » du territoire ennemi [1]. Dès longtemps, des voix autorisées ont fait ressortir la supériorité du système prussien et proposé de l'adopter en le modifiant. Ni l'empereur, ni le maréchal Niel, bien qu'ils connaissent les rapports prophétiques du lieutenant-colonel Stoffel, ne croient devoir innover. Deux ordres de considérations les y déterminent. Ils craignent d'inquiéter la Chambre et les électeurs ; ils ne se rendent pas exactement compte des avantages que leur mobilisation donne aux Prussiens. Le maréchal Le Bœuf maintient purement et simplement toutes les décisions prises à cet égard par son prédécesseur, sans même les examiner [2].

---

[1]. Général Derrécagaix, *La guerre moderne*, I, 373.
[2]. Général Lebrun, *Bazeilles-Sedan*, 213-215 ; *Souvenirs militaires, 1866-1870*, 177.

En juillet 1870, notre mobilisation va donc s'opérer dans les mêmes conditions qu'en 1854 et en 1859, c'est-à-dire au milieu d'un désordre extrême, sans un plan arrêté, une pensée directrice. Mais la guerre présente soulève pour la nation la question d'existence. Ce n'est pas une affaire exclusivement politique, comme à ces deux dates. Les conséquences peuvent être tout autres.

Les premières dispositions prises remontent au 7 juillet. Une grande partie de l'état-major de la future armée du Rhin se réunit au cabinet du ministre de la guerre[1]. A dater du même jour, l'intendant général Blondeau prend sur lui de faire des approvisionnements de siège, surtout en blé et farine. Le 8, avis est donné au gouverneur général de l'Algérie de tenir les troupes prêtes à un embarquement[2]. Le 9, à Strasbourg, on signale l'arrivée d'ordres concernant les munitions, le chargement des caissons. Le génie est invité à faire visiter nos forteresses du Nord-Est. Le 10, écrit Ducrot, « les munitions et le matériel affluent au camp [de Châlons] et, paraît-il, dans nos places... ». Le 11 les généraux sont invités à rejoindre leurs postes et à vérifier l'existence des ordres d'appel destinés aux réservistes[3]. Le 12, on rappelle à l'activité quelques milliers d'hommes des équipages de la flotte. Le 14, après la courte détente qui a suivi la renonciation du prince Léopold, les généraux, les officiers des états-majors et des divers services sont avisés, par télégramme, de leur affectation de guerre. Le ministre prescrit l'appel sous les drapeaux des réservistes et des hommes de la deuxième portion[4]. Enfin, le 15, à 5 heures du soir, il lance un ordre relatif aux transports par voies ferrées, sous la forme d'une lettre, à son collègue des travaux publics[5]. Cette fois, l'énorme

---

1. Notamment les chefs de section, colonels Lewal, Lamy, d'Andlau, lieutenant-colonel Ducrot (Colonel Fix, Souvenirs d'un officier d'état-major, Lecture du 11 mars 1899, 221).
2. Le 12, le colonel Gresley arrive à Alger avec un ordre d'embarquement immédiat, presque aussitôt révoqué (Revue militaire, 1900, 541).
3. Le texte de ce télégramme figure dans la Revue militaire, ibid.
4. Voir le texte dans la Revue militaire, 1900, 541.
5. Général Derrécagaix, I, 383; Vie militaire du général Ducrot, II, 332,

machine est mise en branle; le sort en est jeté. Dès lors, les télégrammes affluent dans toutes les directions. Les régiments d'infanterie reçoivent l'ordre de former trois bataillons de guerre, un quatrième bataillon et un dépôt; ceux de cavalerie, de constituer quatre escadrons de guerre; ceux d'artillerie, de mobiliser toutes leurs batteries.

En même temps, les corps sont invités à diriger leurs unités sur les emplacements de concentration; les arsenaux, les magasins, à faire de multiples expéditions. Ces ordres se croisent avec ceux relatifs au personnel, qu'il faut désigner pour le moindre emploi, avec les demandes d'explications ou autres, qui viennent de tous côtés. C'est un affreux désarroi, auquel ajouteront encore les jours suivants, quand il s'agira d'appeler les gardes mobiles, d'improviser pour eux cadres, équipement, habillement, de leur distribuer armes et munitions [1].

Avant le 9 septembre 1868, pour appeler les hommes de la réserve, le commandant de recrutement en remettait la liste au sous-intendant, qui préparait les ordres de route et les transmettait ensuite au préfet. Celui-ci les envoyait, par la poste, aux maires chargés de les faire parvenir aux intéressés. On conçoit la lenteur de ce procédé. A Lille, par exemple, la sous-intendance avait à établir 5,000 ordres de route. La transmission par le maire et le préfet nécessitait de 6 à 8 jours. En 1868, on modifie ces règles, en suppri-

---

335, lettres à Mme Ducrot des 9, 10, 12 juillet 1870; général Thoumas, I, 554. — Le 15 juillet, à 8^h 10 du matin, le général Frossard, qui commande au camp de Châlons, reçoit du ministre ce télégramme : « L'empereur compte sur votre dévouement et votre patriotisme pour l'exécution rapide des ordres que vous allez recevoir successivement »; à 8^h 55 : « Tenez vos divisions prêtes à partir; prescrivez au général Ducrot de se rendre sur-le-champ à Strasbourg pour y prendre le commandement d'une division qui s'y forme »; à 11^h 30 du soir : « Tenez vos divisions prêtes à embarquer demain soir pour Saint-Avold. Elles formeront le 2e corps de l'armée du Rhin, vous en conserverez le commandement » (Journal des marches et opérations du 2e corps, Revue militaire, 1899, 437). — « Ce matin, les 4 divisions de l'armée de Lyon ont reçu télégraphiquement l'ordre de se tenir prêtes au premier signal. — La deuxième portion de contingent et les réserves sont rappelées » (Lettre du 15 juillet, Le général Lapasset, II, 105).
1. Général Thoumas, I, 546.

mant l'intermédiaire du maire, du préfet et de l'intendant. Au moment où un soldat rentre dans ses foyers, le chef de corps envoie son feuillet matricule au commandant de recrutement, qui dresse pour lui un ordre d'appel individuel. Il n'y a plus qu'à y mettre la date et à l'expédier par la gendarmerie[1].

C'est ainsi que l'on procède en 1870. Le 14 juillet, à 8ʰ 40 du soir, le ministre donne, par télégramme, l'ordre de rappeler les réservistes et les hommes des deuxièmes portions, c'est-à-dire un total de 173,507 hommes[2]. On suppose qu'ils auront rejoint les bataillons de guerre dans un délai de quinze jours. Il faut bientôt en rabattre. Tout d'abord, la mise en route est loin de s'opérer le même jour. Le 18 juillet, trois départements, le Nord, le Cantal, le Cher, font partir 7,889 hommes. Le 19, c'est dix départements et 14,331 hommes ; le 20, seize départements et 25,077 hommes ; le 21, quinze départements et 22,597 hommes ; le 22, vingt-trois départements et 43,542 hommes ; le 23, quatorze départements et 22,629 hommes ; le 24, trois départements et 5,471 hommes ; du 25 au 28, cinq départements et 21,484 hommes. D'où un total de 163,020 hommes, inférieur de 10,487 hommes au chiffre prévu[3]. Le déficit tient à des causes diverses : sursis de départ, faveurs à des hommes mariés, admission, parfois trop facile, de malades dans les hospices

---

1. *Enquête*, dépositions, I, Le Bœuf, 69.
2. Situation au 1ᵉʳ juillet :

	Réservistes.	Hommes de la 2ᵉ portion.	Total.
Classe 1863	26,071	33,567	59,638
Classe 1864	30,000	110	30,110
Classe 1865	3,962	54	4,016
Classe 1866	917	23,372	24,289
Classe 1867	299	25,989	26,288
Classe 1868	133	29,033	29,166
Totaux	61,382	112,125	173,507

Les deuxièmes portions des classes 1864 et 1865 avaient été appelées à l'activité les 20 mai et 15 juin 1867 (Général Derrécagaix, I, 407).

3. Général Derrécagaix, I, 409.

civils[1]... Il pourrait être moins considérable, mais ce n'est pas là que gît le principal danger. Le réserviste, le soldat de la deuxième portion renvoyé dans ses foyers, reste affecté au régiment où il a servi. Or, avec le régime de perpétuels changements de garnison, tel corps stationné à Tarbes en 1868, peut se trouver, en 1870, à Dunkerque ou à Strasbourg. Il n'en recevra pas moins les mêmes réservistes venant de tous les points de la France, même des plus éloignés, puisque le recrutement est national, c'est-à-dire fonctionne sur le territoire entier. De là vient que le bureau de recrutement de Nîmes, par exemple, met en route 47 détachements, dont 28 de la première portion et 19 de la deuxième. Le nombre total de ces groupes, de force variable, qui traversent la France en tous sens, dépasse certainement 2,000[2].

Passe encore si les régiments occupaient la même garnison que leur dépôt. Il en est ainsi pour l'artillerie et le génie. Dans l'infanterie et la cavalerie, cette condition n'est réalisée que par exception. Le hasard seul a réglé la situation réciproque des bataillons actifs et du dépôt qui les alimente. Parfois la distance est très considérable. Le 86e de ligne, à Lyon, a son dépôt à Saint-Malo ; le 98e est à Dunkerque et à Lyon ; le 13e, à Béthune et à Romans ; le 16e, à Sétif et au Puy[3]. On dirait d'une gageure, d'une insulte préméditée au sens commun.

Grâce à ce système de mobilisation, si l'on peut dire ainsi, tel dépôt, celui du 54e de ligne à Napoléon-Vendée, doit incorporer 12 détachements de 60 à 200 hommes provenant des Côtes-du-Nord, de l'*Aude*, de la Manche, du *Gard*, du Finistère, de la *Dordogne*, du Loir-et-Cher, de la Mayenne,

---

1. *Enquête*, dépositions, I, Le Bœuf, 48. — Les derniers départements à mettre en route leurs réservistes sont l'Ille-et-Vilaine, qui fait partir ses derniers détachements le 25 ; la Loire et la Corse, le 26 ; les Côtes-du-Nord, le 28 (Général Derrécagaix, I, 409). A La Rochelle, le 82e de ligne reçoit ses premiers réservistes les 19 et le 20, avant de partir pour Lyon, le 22 (Général Arvers, *Historique du 82e*, 285).
2. Général Derrécagaix, I, 403 ; général Thoumas, I, 546. — M. le lieutenant-colonel Rousset dit même « 3,000 ou 4,000 détachements peut-être » (I, 109).
3. *Annuaire* de 1870 ; général Fay, *Journal d'un officier de l'armée du Rhin*, 10 ; lieutenant-colonel Rousset, I, 109.

de la Charente-Inférieure et de la Vendée. Les bataillons de guerre sont à Condé (Nord), d'où ils partent, le 21 juillet, pour Thionville. Ils y restent jusqu'au 24, et se rendent ensuite à Colmen. Les détachements partant de Napoléon-Vendée auront à traverser une grande partie de la France, sans même savoir exactement où retrouver leur corps[1]. Il est inévitable que les erreurs et les pertes de temps soient nombreuses.

D'autres difficultés se produisent, toujours par suite de notre imprévoyance. Les dépôts ont l'ordre de mettre les réservistes en route par détachements de 100 hommes au moins, sous la conduite d'un officier. Ils cesseront leurs envois quand l'effectif des bataillons actifs aura atteint 2,400 hommes[2]. En divers cas, les autorités militaires territoriales interviennent abusivement pour retarder le départ de ces détachements[3]. De plus, les dépôts manquent souvent des armes et des effets indispensables[4]. Il résulte de là que, le 30 juillet, l'armée a reçu 38,678 réservistes en tout, provenant de 142 détachements. Le 6 août, vingt-deux jours

---

1. Général Derrécagaix, I, 411 ; général Montaudon, II, 62. — La bonne volonté ne manque pas toujours aux réservistes, car le général Montaudon (II, 52) mentionne ce fait que certains se présentèrent aux corps dès le 15 au matin, avant même d'avoir reçu leur convocation. — Des erreurs se commettent fréquemment dans l'envoi des détachements. L'ordre de bataille du 4ᵉ corps communiqué au général commandant la 5ᵉ division militaire ne comporte pas le 5ᵉ bataillon de chasseurs, bien qu'il en fasse partie (Revue d'histoire, 1ᵉʳ S. 1901, 387, lettre au général de Ladmirault, 31 juillet).

2. Enquête, dépositions, I, Le Bœuf, 48.

3. Mac-Mahon à Guerre, 31 juillet : « Le major général de l'armée m'a fait savoir hier que les commandants territoriaux avaient reçu ordre de V. E. de diriger d'urgence sur l'armée les détachements disponibles des dépôts, de manière à compléter l'effectif des corps à 2,400 hommes. Plusieurs chefs de corps, notamment le colonel du 87ᵉ, ont reçu de leurs majors l'avis que les généraux commandant les divisions territoriales s'opposaient à cet envoi, à moins d'un avis particulier du ministre » (Général Pierron, Méthodes de guerre, I, 24 bis). Voir la Revue militaire de 1900, p. 817, pour ce qui concerne les détachements des 71ᵉ, 60ᵉ, 9ᵉ, 75ᵉ, 94ᵉ de ligne. Il faut dire que le ministre a prescrit, le 23 juillet, de ne faire partir aucun détachement sans un ordre de lui (Ibid.).

4. Major général à Guerre, 27 juillet, 1ʰ 12 du soir : « Les détachements qui rejoignent l'armée continuent à arriver sans cartouches et sans campement. » — Du même au même, 29 juillet, 10 heures du matin : « ...Les hommes qui rejoignent le 5ᵉ corps arrivent presque tous sans campement, sans marmites... » (Papiers et correspondance, I, 441-444). Voir la Revue militaire de 1900, p. 816, en ce qui concerne les détachements des 24ᵉ, 71ᵉ, 65ᵉ, 11ᵉ de ligne.

après leur appel à l'activité, la moitié au plus a rejoint[1]. C'est un résultat très inférieur à ce qu'on espérait, bien que les circonstances l'expliquent assez. Il a fallu, dans des cas nombreux, abuser au dernier point des forces de nos soldats. Ainsi, les zouaves du 2ᵉ régiment, qui résidaient dans le Nord, se sont rendus à Marseille, puis à Oran, et sont retournés à Marseille pour rejoindre leur corps en Alsace. Ils ont effectué un trajet de plus de 2,000 kilomètres en chemin de fer et deux traversées de trois jours.

Autre exemple. Le 18 juillet, un détachement du 53ᵉ part de Lille afin de rallier son dépôt à Gap. Il y arrive le 28, après avoir fait cinq étapes à pied, faute de voie ferrée au delà de Grenoble. Il n'en repart qu'au bout d'un mois, le 30 août, pour des raisons inconnues. On l'arrête à Lyon parce qu'on ignore où est son régiment. Finalement on le dirige, aux premiers jours d'octobre, sur la Loire, où il doit faire partie du 27ᵉ de marche. Il arrive, le 11, en plein combat d'Orléans et s'engage avant même d'avoir rejoint son nouveau corps. L'ancien a déjà disparu à Sedan, depuis plus d'un mois[2].

On conçoit, dès lors, la lenteur de notre mobilisation. Nous piétinons sur place, attendant des réservistes qui n'arrivent pas ou qui rejoignent sans l'attirail indispensable. « Comme la rentrée de nos réserves, comme toute cette organisation de guerre est longue ! », écrit le général Lapasset, le 30 juillet. Le 1ᵉʳ août : « ...Nos réserves n'arrivent pas, et il est grandement à souhaiter que l'on ne commence pas une affaire aussi ardue avant d'être complètement en mesure[3]. »

---

1. Général Derrécagaix, I, 409-411. Voir dans la *Revue militaire* (*loc. cit.*, 825) la dépêche du ministre en date du 29 juillet, relative aux détachements mis en route par ordres des 27, 28 et 29 juillet, total : 24,940 hommes.

2. Général Derrécagaix, I, 404-405. — Les premiers détachements de réservistes atteignent l'armée vers le 24 juillet (135 hommes du 73ᵉ et 175 du 33ᵉ au 4ᵉ corps, lieutenant-colonel Rousset, *Le 4ᵉ corps de l'armée de Metz*, 25). Un télégramme du major général à l'empereur, 25 juillet, 4ʰ 05 du soir, signale l'arrivée à Sarreguemines d'un premier détachement (*Papiers et correspondance*, I, 439). Le 6ᵉ de ligne est parti de sa garnison le 20 juillet ; on lui envoie 200 réservistes le 25, et 300, les derniers, le 29 (Lieutenant-colonel Patry, 8).

3. *Le général Lapasset*, II, 114. « ...Certains colonels, les voyant arriver sans bidon, sans gamelle, sans couverture, sans armes et même sans munitions, n'hé-

Non seulement les réservistes rejoignent tardivement leurs corps, quand ils rejoignent, mais ils donnent, dans une foule de cas, l'exemple d'une indiscipline contagieuse. Mal préparés à une incorporation inattendue par un passage en général très court sous les drapeaux, peu ou point résignés à l'abandon de leurs foyers, aux duretés d'une vie nouvelle, ils sont tout d'abord l'objet de graves mécomptes : « On n'avait pas suffisamment analysé et étudié la situation militaire, au point de vue de la mobilisation et de la valeur intrinsèque des réserves. Nous n'avions, en réalité, de bonne armée que celle qui était sous les drapeaux... Sillonnant en tous sens le territoire français, ces hommes, demi-soldats et demi-civils, rejoignirent leur corps avec une lenteur déplorable, et dans des conditions détestables [1]. »

Le 24 juillet, tous les réservistes du Bas-Rhin sont bloqués dans Strasbourg par l'encombrement des voies ferrées. Mécontents, indisciplinés, « sans chefs, sans ordres, sans distributions de vivres régulières..., on les voit errer par bandes dans toutes les rues, nuit et jour, sales, ivres, grossiers, mendiant même. On les cantonne, au nombre de plusieurs milliers dans la caserne des Ponts-Couverts ; un seul officier, un capitaine de chasseurs qui en perd la tête, est chargé de les administrer ». En homme de décision et de coup d'œil, le général Ducrot propose de les incorporer sur place, dans les régiments déjà en Alsace. On refuse [2].

Il faut dire que l'autorité militaire a sa responsabilité

---

sitent pas à demander qu'on les débarrasse de ces renforts plus nuisibles qu'utiles » (Général Montaudon, II, 62). — Le 4 août, 300 hommes de la deuxième portion rejoignent le 81e de ligne. Ils n'ont ni tentes, ni demi-couvertures, ni poches à cartouches et sont presque sans vêtements. Leur moral est médiocre (*Ibid.*, II, 69), etc., etc.

1. Duc de Gramont, *La France et la Prusse pendant la guerre*, 318.
2. Docteur Sarazin, *Récits de la dernière guerre franco-allemande*, 6-9 ; docteur Beaunis, *Impressions de campagne* (1870-1871), 11 ; F. Piton, *Journal d'un assiégé* (à Strasbourg, en 1870), à la date du 20 juillet : Beaucoup de soldats, pris de vin, sont couchés le long de la route qui conduit au champ de manœuvres où ils bivouaquent. L'indiscipline est trop souvent palpable et un officier dit à l'un de ses camarades : « De ce train nous sommes flambés. » — Étant tout enfant, nous avions eu le même spectacle à Colmar, lors de la guerre d'Italie.

engagée dans cette indiscipline. A Laon, par exemple, elle n'a rien prévu pour le logement et l'alimentation des réservistes. Le 28 juillet, une sorte d'émeute se produit parmi eux. Le préfet, M. Ferrand, et le général Théremin d'Hame ont peine à rétablir l'ordre et à conduire ces hôtes gênants à la gare[1]. De Marseille, le général commandant le territoire télégraphie : « 9,000 réservistes ici ; je ne sais qu'en faire. Pour m'en débarrasser, je vais les envoyer tous en Algérie par les transports disponibles. » Bien que le ministre intervienne pour arrêter l'effet de cette inepte décision, elle est en partie exécutée[2].

On peut croire que, en arrivant aux corps, les détachements de réservistes sont loin de présenter l'aspect de soldats faits. Le 30 juillet, 300 hommes du 6e de ligne vont de Thionville à Sierck. Ils couvrent 4 kilomètres de route, « les uns étendus dans les fossés et refusant de se lever ; les autres répandus dans les champs, par petits paquets, partout où il y a de l'ombre, le reste cheminant cahin-caha, en maugréant contre le soleil, contre le sac, contre tout le tremblement[3] ». Un autre témoin, le général Lapasset, signale la mauvaise volonté et l'indiscipline contagieuse des réservistes. Le 12 août, à Mercy-le-Haut, il en renvoie 1,600 sous Metz, préférant combattre avec 4,500 soldats qu'avec 6,000, dont une forte proportion ne lui inspire aucune confiance[4].

L'instruction militaire de la plupart est presque nulle. Une grande partie de ceux des classes de 1863 et de 1864

---

1. Mme Carette, *Souvenirs intimes de la cour des Tuileries*, II, 103. « En tenue débraillée, sale ou maculée, la plupart des hommes envahissaient les marchands de vins, étaient vautrés sur les trottoirs ou paraissaient ivres ; ils donnaient à ces agglomérations de soldats allant combattre beaucoup plutôt la désinvolture d'émeutiers » (Général Castex, *Ce que j'ai vu*, II, 20).
2. *État-major prussien*, I, 41 ; Procès-verbaux de la commission des marchés. Déposition de l'intendant général Blanchard (*Dossier de la guerre de 1870*, 93).
3. Lieutenant-colonel Patry, 26 ; docteur Sarazin, 12, au sujet de la marche de la 2e brigade de la division Ducrot, de Strasbourg à Haguenau.
4. Récit du siège de Metz, *Le général Lapasset*, II, 161 ; Lettre du 14 août, *ibid.*, 120 ; Journal du général Lapasset, général Ambert, *L'invasion*, I, 257 ; Bazaine, *L'armée du Rhin*, 10-11 ; général Montaudon, II, 62.

appartient à la deuxième portion. Ils auraient dû accomplir deux périodes d'instruction, l'une de trois mois, l'autre de deux. Presque tous n'en ont fait qu'une, par économie. Ils ne savent ni manœuvrer, ni surtout manier un chassepot[1].

---

1. Dick de Lonlay, III, 161. — Lors de l'appel du 14 juillet, la classe de 1862 est libérable, l'année militaire commençant alors le 1ᵉʳ juillet.

II

DÉTAILS DE LA MOBILISATION

Les états-majors. — L'infanterie. — La cavalerie. — Les armes spéciales.
La garde mobile. — La garde nationale et les corps francs.

Les détails infinis de la mobilisation d'une armée comme la nôtre n'ont été prévus que par exception. Pour les états-majors, par exemple, rien n'est préparé. La constitution de la maison de l'empereur, le service de ses aides de camp et officiers d'ordonnance ne sont arrêtés qu'à la date du 18 juillet[1]. Encore ces prescriptions sont-elles très vagues et ne limitent-elles pas le nombre des fourgons mis à la disposition du fastueux entourage de Napoléon III.

Pour l'état-major général de l'armée du Rhin, les voitures et harnais existent, mais il n'y a ni hommes, ni chevaux. Le capitaine Fix, qui en a la charge, essaie de se faire céder des attelages par la compagnie des Petites-Voitures, sans succès. Il lui faut s'adresser à un marchand de chevaux. Quant aux conducteurs, il a défense d'en prendre dans l'armée active, et se voit obligé de requérir des gardes mobiles qu'il affuble d'une chéchia, d'une vareuse de laine bleue, d'un pantalon de toile et d'une paire de souliers achetés à la Belle Jardinière. Plus tard, à Metz, l'intendance leur refusera des manteaux, sous prétexte de formes administratives[2].

Les états-majors de corps d'armée et de divisions ne sont pas mieux pourvus. Le 20 juillet, celui du 4ᵉ corps ne dispose d'aucun secrétaire, d'aucun papier, d'aucune pièce d'archives. Il est représenté par un seul officier, qui impro-

---

[1]. Notes sur le service de MM. les aides de camp et officiers d'ordonnance, sur l'organisation des équipages de MM. les aides de camp et officiers d'ordonnance (*Papiers et correspondance*, I, 55).
[2]. Colonel Fix, *Lecture* du 11 mars 1899, 224.

vise son personnel au moyen d'un musicien d'infanterie et d'un garde mobile, requis par hasard[1]. Durant la quinzaine qui suit, les réclamations sont incessantes touchant les chevaux, les voitures, le matériel de nos états-majors.

Le 15 juillet, ordre a été donné aux colonels des régiments de ligne de former un 4e bataillon et un dépôt, composés exclusivement de réservistes et de soldats de la deuxième portion. Les bataillons de guerre ne devraient comporter que des hommes de l'armée active et des réservistes. Dans la même journée, nouvel ordre : ces bataillons recevront tous les hommes disponibles, quelle que soit leur origine[2]. Les jours suivants, on appelle à l'activité les gardes mobiles, on improvise des régiments provisoires, des régiments de marche, ceux-ci formés de 3 ou 4 quatrièmes bataillons (19 juillet). On convoque le contingent de 1870, porté de 90,000 à 140,000 hommes. Le 26, un décret autorise la création de bataillons étrangers. Cette hâte trahit l'inquiétude; le gouvernement impérial commence à se rendre compte des difficultés auxquelles il s'est si légèrement exposé.

Au 1er juillet 1870, l'effectif du régiment d'infanterie devrait être de 1,900 hommes environ : il est à peine de 1,300 hommes. Chaque compagnie est supposée compter 112 hommes; elle ne dépasse guère 55 à 65[3]. Après la mise sur pied de guerre, en défalquant les non-combattants, les non-valeurs diverses, elle atteint une moyenne de 75 à 80 hommes, et le bataillon de 450 à 480. L'arrivée

---

[1]. Lieutenant-colonel Rousset, *Le 4e corps de l'armée de Metz*, 25.
[2]. Général Derrécagaix, I, 407; *Journal officiel*, 18 juillet, 1275. Les 4es bataillons étaient à 4 compagnies et les dépôts à 2, destinées à être dédoublées, ces six compagnies prélevées sur les bataillons actifs, à 8 compagnies en temps de paix et à 6 en campagne. — Un décret du 22 juillet prescrit la formation d'un bataillon des chemins de fer, que la compagnie de l'Est est chargée d'organiser à l'effectif de 40 officiers, 600 hommes et 44 voitures (*Journal officiel*, 4 août, 1368).
[3]. Discours de M. Thiers sur l'emprunt de 2 milliards, 20 juin 1871, *Imprimerie nationale*, 1871, 9 et 10; lieutenant-colonel Rousset, I, 53. Le maréchal Le Bœuf dit « moins de 1,300 hommes », dans la séance du 30 juin 1870. — D'après le comte de La Chapelle, 93, l'effectif de paix normal du régiment de ligne aurait été de 2,000 hommes et celui du bataillon de chasseurs de 800.

des premiers détachements de réservistes la porte à 110 ou 115 hommes; elle atteindra finalement 120 ou 125 vers le 15 août[1]. Le bataillon sera de 750 rationnaires au plus, c'est-à-dire inférieur d'un quart au bataillon allemand.

Faute d'organisation et de préparation, les dépôts chargés d'alimenter les corps actifs, de réparer leurs pertes en hommes et en matériel, sont livrés au plus complet désordre. Telle compagnie compte 1,400 ou 1,500 hommes, dont il est impossible de faire même l'appel. Leur inaction est complète. « Notre caserne ressemblait à une halle ouverte la nuit aux vagabonds[2]. »

Pour la cavalerie, la mobilisation paraît plus facile, car l'effectif du temps de paix se rapproche davantage de celui de guerre. En outre, 11,000 chevaux de la gendarmerie sont répartis entre les escadrons mobilisés. Pourtant ceux-ci n'atteignent, à la fin de juillet, que 110 chevaux, chiffre très inférieur à l'effectif réglementaire de 150[3]. On en est réduit à toutes sortes d'expédients : achats directs par des dépôts de remonte éventuels, par les états-majors ou les corps; suppression du troisième cheval des capitaines d'état-major, à moins qu'ils ne l'aient acheté à leurs frais[4].

Malgré tout, non seulement nos escadrons sont trop

---

1. Commandant Patorni, *Neuf mois de captivité en Allemagne*, 7 : Vers la fin de juillet, à la division Bataille du 2ᵉ corps, les compagnies ne comptent que 75 hommes; après l'arrivée des premiers réservistes, 116; enfin 126, après l'arrivée des derniers. — Le 85ᵉ compte environ 95 hommes par compagnie, en quittant Metz le 20 juillet; après avoir reçu 450 réservistes du dépôt (Gray), il atteint 120 ou 125 hommes (Commandant Tarret, *Souvenirs manuscrits*).
2. A. Delorme, *Journal d'un sous-officier*, 24-26. — En dépit des apparences, ce livre a un fond d'exactitude emprunté aux souvenirs d'un témoin.
3. *Enquête*, dépositions, I, Le Bœuf, 44. — L'effectif normal du régiment de ligne ou de réserve est de 803 hommes et 624 chevaux; celui du régiment de légère, de 958 hommes et 749 chevaux (De La Chapelle, 93). D'après le colonel Rüstow, *Guerre des frontières du Rhin* (1870-1871), I, 2, au lieu de 7 officiers, 164 hommes et 150 chevaux, effectif réglementaire, la cavalerie mobilise à grand'peine, par escadron, 6 officiers, 120 hommes et 105 chevaux (Lieutenant-colonel Rousset, I, 58-60); le général Bonie, *Campagne de 1870*, *La cavalerie française*, 4, et *Les remontes françaises. Histoire et projets de réforme*, 25, dit 102 chevaux.
4. *Enquête*, ib'd.; général Pierron, *Méthodes de guerre*, I, 690, instruction du 14 juillet 1870; *ibid.*, II, 1410, lettre du général de Cissey au général de Ladmirault, 5 août.

faibles, mais ils contiennent nombre de chevaux de quatre ans[1]. L'ensemble manque de sang et d'entraînement. En 1866, il eût été difficile de donner plus de 350 chevaux aux quatre escadrons de guerre. Un crédit extraordinaire de 23 millions permet de faire de grands achats (1866 et 1867), tant en France qu'en Hongrie, en Angleterre, en Hollande et en Allemagne. Par contre, un certain nombre de chevaux de cavalerie passent dans l'artillerie, lors de la transformation des régiments à pied de cette arme en régiments montés. On les remplace par des chevaux de gendarmes. Enfin, on supprime les musiques de la cavalerie.

La remonte ainsi obtenue est médiocre dans son ensemble. Nos 63 régiments mettent en ligne 31,500 chevaux environ, outre les 12,000 restés dans les dépôts. Moitié au plus de ces derniers sont propres au service[2]. Notre cavalerie, trop peu nombreuse déjà, ne pourra se renforcer. En outre, ses chevaux sont surchargés comme le fantassin. Le poids qu'ils ont à porter dépasse souvent 155 kilogr., plus que ne porte un mulet de bât[3]. Comment, dans ces conditions, exiger une mobilité réelle ?

Tous les régiments ont d'abord mobilisé quatre escadrons, le reste demeurant au dépôt. Puis les corps de cavalerie légère, qui ont six escadrons dès le temps de paix, en mobilisent un cinquième qui rejoint les autres[4]. Les dépôts sont fort inégalement pourvus : pour les uns, « il y a des

---

1. Général Bonie, *loc. cit.*
2. Le colonel Rüstow (I, 2), comprend dans ces 63 régiments les 3 régiments de spahis qui restèrent en Algérie.
3. Le harnachement pèse 22 kilogr. ; l'habillement, l'armement, le campement, les vivres, 68 kilogr. ; le cavalier, 65 kilogr. (ce qui n'est guère) [Lieutenant-colonel Rousset, I, 58].
4. Le 26 juillet, à Thionville, les 5es escadrons des 2e et 7e hussards arrivent de Versailles (Lieutenant-colonel Rousset, *Le 4e corps*, 30). L'historique du 2e hussards (p. 178-181) porte cette arrivée au 12 août seulement. — Le 6e dragons, à Libourne et à Bordeaux, forme quatre escadrons de guerre (1er, 2e, 4e, 5e) à l'effectif total de 40 officiers, 541 hommes, 529 chevaux. Le 3e escadron, de dépôt, compte 11 officiers, 194 hommes, 120 chevaux. Les 22 et 23 juillet, les escadrons de guerre partent pour Lyon (*Historique du 6e régiment de dragons*, 212). — Le 3e hussards, mobilisé à 48 officiers, 662 hommes, 626 chevaux, quitte Lyon le 23 juillet (Capitaine Dupuy, *Historique du corps*, 88).

masses de chevaux et peu de cavaliers » ; dans les autres, « des masses de cavaliers et peu de chevaux [1]. »

La mobilisation de l'artillerie et des trains s'effectue dans des conditions plus difficiles, parce qu'il leur manque un nombre d'animaux beaucoup plus considérable. Le ministère de la guerre a en dépôt chez les cultivateurs une réserve de 17,000 chevaux, qu'il rappelle par un ordre du 16 juillet, à 9 heures du soir. Une prime est même allouée pour tous ceux réintégrés avant le 22 [2]. Ils affluent dès le jour suivant, non sans donner lieu à des mécomptes. Certains ont été négligés et sont en mauvais état. La grande masse, employée aux travaux agricoles, n'est plus entraînée aux allures rapides. D'ailleurs, leur effectif est insuffisant ; il faut recourir aux chevaux de la gendarmerie, à des achats précipités, dans de mauvaises conditions. Nous avons perdu l'habitude de la réquisition, bien que les lois la concernant n'aient jamais été abrogées [3]. Nous en sommes réduits à des expédients.

Non seulement les chevaux, mais le harnachement, la ferrure manquent [4]. A Vincennes, par exemple, au Fort-Neuf,

---

1. Bazaine, *Épisodes*, XXI.
2. *Enquête*, dépositions, I, Le Bœuf, 44 ; général Derrécagaix, I, 383. — Par mesure d'économie et surtout après une guerre, on confiait aux cultivateurs un certain nombre de chevaux de trait qui étaient inspectés chaque année par une commission composée d'un officier et d'un vétérinaire.
3. D'après le lieutenant-colonel Rousset, I, 66, il y a dans les batteries et les parcs mobilisés un déficit de près de 9,000 chevaux.
4. « Général artillerie à Guerre, Paris.
« Douai, 28 juillet, 8ʰ 05 soir.
« Le colonel du 1ᵉʳ du train m'informe d'un fait grave : sur 800 colliers restant à la direction de Saint-Omer, 500 destinés autrefois à l'artillerie se trouvent trop étroits. Que faut-il faire pour parer à cette éventualité ?
« Il y a en magasin, à Douai, 1,700 colliers dont un tiers se trouvent dans le même cas. Le directeur d'artillerie va s'enquérir immédiatement des ressources que peut lui offrir l'industrie privée pour élargir ces colliers » (*Papiers et correspondance*, I, 443).
« Colonel 1ᵉʳ train d'artillerie à Guerre.
« Saint-Omer, 11 août.
« Il a bien été envoyé à l'arsenal de Saint-Omer 1,200 harnais à bricole, mais on a omis le complément de ce harnachement, qui se compose de 600 selles et accessoires, 600 brides de sous-verge, sans lesquelles les compagnies ne peuvent être pourvues. Les formations se trouvent ainsi arrêtées dès aujourd'hui » (*Ibid.*, 448). Voir aussi le général Montaudon II, 63, et la *Revue militaire*, 1900 : dépêche du maréchal de Mac-Mahon au ministre, 29 juillet, lettres du général Forgeot au maréchal et au général Soleille, même date ; *ibid.*, 817.

il n'y a pas de moyens d'attache pour les chevaux ramenés par les cultivateurs. On les parque en liberté entre deux bâtiments; l'avoine et le fourrage leur sont jetés *en vrac*. Les plus voraces se gorgent aux dépens des autres, non sans ruades. Il s'abreuvent comme ils peuvent[1].

Dans une batterie huit hommes ont été exercés au maniement des mitrailleuses. Elle est mobilisée, attelant ces engins. Les huit hommes ne partent pas avec elle[2]. Ailleurs les munitions manquent[3]. Des batteries incomplètes sont dirigées sur la base de concentration. Quelques-unes font la guerre avec des pièces et des voitures *d'instruction*. De six du 4e corps, parties de Metz pour Thionville, le 20 juillet, quatre (1er régiment) n'ont pu atteler que deux sections et deux (17e régiment) une seule. Le 31 juillet, deux batteries du 5e corps sont à 4 pièces seulement[4]. Au 4 août, le maréchal Canrobert signale encore le personnel incomplet des vingt batteries du 6e corps[5]. Quant à

---

1. Souvenirs *de visu*.

2. Voir *suprà*, 117, le maréchal Bazaine au ministre, 19 juillet. Il s'agit de la 8e batterie du 4e régiment (Bazaine, *Épisodes*, 1 ; *L'Armée du Rhin*, 242). Voir le Journal inédit du comte de Leusse, *Revue militaire*, 1900, 835.

3. « Colonel directeur parc 3e corps à directeur artillerie, ministère de la guerre :

« Metz, 27 juillet, 7h 58 matin.

« Les munitions de canons à balles n'arrivent pas » (*Papiers et correspondance*, I, 442) ; général Thoumas, I, 468.

4. Le maréchal Bazaine au ministre, 20 juillet, *L'armée du Rhin*, 243 ; lettre du général Liédot au général Soleille, 31 juillet, *Revue d'histoire*, 1er S. 1901, 395 : les 5e et 6e batteries du 20e régiment n'ont encore que 4 pièces et 4 caissons ; les canons des réserves divisionnaires sont attelés à 4 chevaux au lieu de 6, dont plusieurs complètement ruinés. Voir aussi, *ibid.*, 407, une lettre du général Bourbaki au major général, 31 juillet : il manque aux quatre batteries de la réserve (Garde) 8 caissons, 4 affûts, 4 chariots de batterie ; aux 2 batteries à cheval, 4 caissons, 2 affûts, 1 chariot. — D'après une note du maréchal Niel pour l'empereur, 25 juillet 1868, nous possédons en *matériel sur roues*, prêt à marcher, 90 batteries dont 20 de 12 et 70 de 4 avec les unités de parc correspondantes, et 16 réserves divisionnaires d'infanterie. Ce matériel est réparti entre 14 places.

Une deuxième catégorie demanderait 15 jours pour être mise en route : 24 batteries de mitrailleuses réunies à Meudon, 58 batteries, dont 11 de 12 et 47 de 4, 9 réserves divisionnaires et les unités de parc correspondantes (De La Chapelle, 66).

5. Le maréchal Canrobert au ministre, 4 août, *Papiers et correspondance*, I, 444. — Un décret du 16 juillet a constitué un cadre de dépôt dans chaque régiment d'artillerie ou du train d'artillerie.

l'équipement, à l'habillement, ils laissent grandement à désirer[1].

La mobilisation du génie n'a pas été mieux préparée ; elle donne d'aussi médiocres résultats[2]. En temps de paix nous ne possédons aucune troupe de chemins de fer. On se hâte d'y suppléer, dès le 22 juillet, par la création d'un corps franc spécial[3]. Cette improvisation donnera peu ou point de résultats.

Si la mobilisation présente de grandes difficultés pour l'armée active, elle est plus laborieuse encore pour la garde nationale mobile, dont les cadres sont incomplets autant que médiocres, qui ne possède ni traditions, ni esprit de corps, ni approvisionnements constitués dans la plupart des cas. Dès le 16 juillet, on prescrit son appel à l'activité dans les 1er, 2e, 3e corps d'armée. Le lendemain, cette prescription est étendue au reste de la France. Jusqu'alors, on n'a prévu que l'organisation de bataillons et de batteries de gardes mobiles. A la date du 18 juillet, un décret autorise la création de régiments à deux, trois ou quatre bataillons, et le groupement de ces corps en brigades à deux ou trois régiments ; deux de ces brigades formeront des divisions. Dès le 24, six régiments provisoires sont ainsi créés[4]. Les colonnes du *Journal officiel* sont remplies de nominations d'officiers.

Si l'on a encore des illusions sur le parti à tirer de ces formations, elles ne sont pas de longue durée. Les mobiles de la Seine se concentrent au camp de Châlons, où l'on compte les instruire rapidement. Dès le premier moment,

---

1. « Un grand nombre d'hommes provenant de la réserve ou de la deuxième portion du contingent n'ont qu'une seule veste » (Le général de Labastie au maréchal Canrobert, 31 juillet, *Revue d'histoire*, 1er S. 1901, 399).

2. Voir *Revue d'histoire*, 1er S. 1901, 395, situation du génie du 5e corps au 31 juillet : les compagnies n'ont guère que moitié de l'effectif réglementaire, composé presque uniquement de réservistes qui sont, pour la plupart, sans campement. Les officiers ne sont pas montés. Les conducteurs sont, en majorité, incapables de monter à cheval et de conduire.

3. *Revue d'histoire*, 1er S. 1901, 355, le major général aux diverses autorités, 31 juillet.

4. Mobiles de la Seine (Général Derrécagaix, I, 407).

ils y donnent la preuve d'un détestable esprit. Le 2 août, le maréchal Le Bœuf télégraphie que l'intention de l'empereur est de les disperser. « On pourrait les répartir entre les places de Belfort, Thionville, Longwy, Phalsbourg, La Petite-Pierre, Marsal, Toul, Verdun, Bitche, Mézières, Soissons, Sedan, Langres etc., et en laisser deux bataillons au camp de Châlons... » Le ministre est prié d'étudier la question et de donner prompte satisfaction au désir de Napoléon III[1]. Nos revers surviennent peu après ; on craint de mécontenter la population parisienne dans un moment inopportun. Le 17 août, les bataillons de la Seine seront encore à Châlons, plus indisciplinés que jamais. Nous verrons comment le général Trochu les ramènera sous Paris.

Aux premiers jours d'août, l'appel de la garde mobile a donné de si mauvais résultats et l'on manque pour elle de tant de choses indispensables que, le 4, le maréchal Baraguey-d'Hilliers prescrit, par télégramme, de suspendre l'envoi des ordres de convocation[2]. Mais un double courant de réclamations se produit après nos premières défaites. Les villes, les départements demandent l'armement des gardes mobiles[3] ; l'autorité militaire ou civile se plaint de les voir inutilement encombrer les places de guerre ou les chefs-lieux[4]. Les armes, l'équipement, les vivres et la solde font

---

1. *Papiers et correspondance*, I, 452, télégramme du 2 août, 6 heures du soir. — Il faut dire que ces gardes mobiles manquent de tout en arrivant au camp et qu'on les laisse longtemps sans armes. Le ministre écrit, le 31 juillet, au maréchal Canrobert qu'il lui fait envoyer 15,000 fusils, et que 6,000 autres parviendront au camp vers le 5 ou le 6 (*Revue d'histoire*, 1er S. 1901, 398 ; témoignage verbal de M. Henry Houssaye, alors sous-lieutenant de mobiles).
2. Télégramme du 4 août, 10h 20 du matin, aux généraux commandant à Rouen, Caen, Alençon, Évreux, Versailles, Beauvais, Melun, Troyes, Auxerre, Orléans et Chartres (*Papiers et correspondance*, I, 453).
3. Préfet de Perpignan à Intérieur, 8 août, 2h 15 soir : « ...Les populations murmurent de ce qu'on n'organise pas la garde nationale mobile. Il me paraît utile de rassurer promptement le pays... » (*Papiers et correspondance*, I, 447).
4. « Préfet d'Épinal à Intérieur, 12 août, 8h 05 matin :
« Nous avons à Épinal, depuis douze jours, 4,000 gardes mobiles sans armes, mal payés, qui deviennent une cause d'inquiétude pour la population... » (*Papiers et correspondance*, I, 449). — « Commandant supérieur Langres à Guerre, 13 août, 7h 35 soir : « Nous n'avons que 400 fusils, modèle 1842 transformé, se chargeant par la culasse ; il nous arrive environ 6,000 gardes mobiles ; envoyez des armes de suite » (*Ibid.*, 449). — Du même au même, 13 août, 8 heures

défaut. D'Épinal, de Langres, de Besançon, de Vesoul, de Lons-le-Saunier, de Lyon, de Chaumont, de Laval, d'Évreux les plaintes affluent jusqu'à la fin d'août. Trois mois et plus après la déclaration de guerre, on verra paraître devant l'ennemi des gardes mobiles vêtus, pour tout uniforme, d'une blouse de cotonnade bleue à galons rouge et d'un képi. L'intendance se désintéresse volontiers de troupes étrangères à l'armée active. Quant aux préfets, ils n'ont ni la compétence ni les moyens voulus pour s'en occuper utilement.

Un décret du 26 juillet a mis le corps des douanes à la disposition du ministre de la guerre; un autre, du 28, autorise l'organisation de corps francs. Les douaniers, comme les gardes forestiers, sont armés de mauvais mousquetons qui se chargent par la bouche. Leur organisation de guerre n'a pas été prévue, et ils ne rendront que des services insignifiants[1]. De même pour la garde nationale. Quand surviennent nos premières défaites, un mouvement d'opinion très marqué se prononce en vue de son accroissement. L'Empire l'a notablement réduite à Paris et supprimée dans nombre de villes. On voudrait la rétablir : « N'est-il pas opportun, écrit le préfet du Bas-Rhin, d'organiser et d'armer à Strasbourg et dans les principaux centres une garde nationale solide et d'expulser les ouvriers étrangers suspects[2]? » Le ministre de l'intérieur répond : « ... Il n'y a

---

soir : « Nous n'avons ici ni bidons, ni gamelles pour faire manger la soupe à la garde nationale mobile qui se réunit à Langres... » (*Ibid.*, 450). — « Général 7e division à Guerre, 15 août, 9h 35 matin : « A Langres sont réunis trois bataillons de la garde mobile de la Haute-Marne, un de la Meurthe et quatre des Vosges. Il n'y a, dans cette place aucun ustensile de campement; urgence d'y envoyer immédiatement tentes ou tentes-abris, couvertures, bidons, gamelles, marmites pour 8,000 hommes ». Le même manque d'objets de campement se fait sentir à Besançon, à Vesoul, à Lons-le-Saunier (*Ibid.*, 450). Voir aussi les télégrammes des préfets du Gard, du Rhône, de la Haute-Marne, de la Mayenne, du conseiller d'État en mission à Évreux (7-30 août) [*Papiers et correspondance*, I, 450-456].

1 Général Derrécagaix, I, 409. — D'après une lettre du directeur, colonel de la 1re légion des douaniers de l'Est, au major général, 31 juillet, les 3 bataillons de guerre des douanes seront concentrés, le 4 août, sur Thionville (81 hommes), à Metz (208) et à Bitche (222) [*Revue d'histoire*, 1er S. 1901, 356].

2. Télégramme du 17 juillet, 9h 50 matin (*Papiers et correspondance*, I, 452).

pas lieu en ce moment d'organiser une garde nationale à Strasbourg et dans les principaux centres. La formation de corps de francs-tireurs la remplacerait avec avantage, là où vous croirez qu'ils peuvent utilement s'organiser. Quant aux ouvriers étrangers suspects, vous avez toujours le droit de les expulser; mais agissez avec prudence à cet égard et assurez-vous préalablement qu'ils ont des projets hostiles[1]. »

Quand surviennent Frœschwiller et Spicheren, les mêmes demandes se reproduisent, plus instantes[2]. Le gouvernement impérial se dérobe le plus qu'il peut à l'obligation que lui fait l'opinion. Il craint l'action dissolvante de la garde nationale sur le peu de troupes régulières qui lui reste, sur la nation elle-même, et ces craintes n'ont, certes, rien d'exagéré[3].

---

1. Télégramme du 17 juillet, 7ʰ 55 soir (*Papiers et correspondance*, I, 452).
2. Le préfet du Rhône à Intérieur, 7 août, 7ʰ 47 soir; général en chef à Guerre, Lyon, 9 août; colonel directeur à La Fère à Guerre, 9 août (*Papiers et correspondance*, I, 454 et suiv.).
3. Préfet de la Drôme à Intérieur, 8 août, 6ʰ 05 soir. Le même, 7 août, 2ʰ 35 soir; Intérieur à préfet Bouches-du-Rhône, 11 août, 7ʰ 30 soir (*Papiers et correspondance*, I, 455 et suiv.; *Siège de Paris. Châtillon, Chevilly, La Malmaison*, 14, 120; *Le Bourget, Champigny*, 147, 193, 235; *Buzenval, La capitulation*, 34, 115, 223, 257, 260, 275, 281, 291).

III

ORGANISATION DE L'ARMÉE DU RHIN

Le plan de 1868. — Les trois armées. — L'armée du Rhin. — Le haut personnel.
Les divers éléments.

Peu après l'affaire du Luxembourg, l'empereur a préparé lui-même, avec la collaboration du général Lebrun, un projet qui est imprimé sous le titre de *Composition des armées en 1868* et distribué à un petit nombre de personnalités[1]. Ce document indique notre ordre de bataille éventuel et la composition détaillée des diverses unités que nous mettrons sur pied. Il est, d'ailleurs, basé sur des données fort incertaines, puisqu'il évalue l'effectif *possible* des troupes de campagne, au 1ᵉʳ juillet 1868, à 489,978 hommes avec 918 pièces[2], chiffre que jamais n'atteindront les armées impériales.

D'après ce projet, qui paraît alors définitif, nos forces actives constitueront trois armées : la 1ʳᵉ, concentrée à Metz, forte de trois corps (129,665 hommes, 19,753 chevaux de selle, 52 batteries); la 2ᵉ, en Alsace, de trois corps également (120,891 hommes, 17,314 chevaux de selle, 49 batteries); la 3ᵉ, de réserve, au camp de Châlons, comptant deux corps (87,113 hommes, 12,674 chevaux de selle, 36 batteries). En outre, il y aura trois corps de réserve : un de 26,047 hommes, 2,019 chevaux de selle, 4 batteries, à Belfort; un autre de 39,361 hommes, 2,591 chevaux de

---

1. Général Lebrun, *Souvenirs militaires,* 42 et suiv. ; général Derrécagaix, I, 103, 345. — D'après le général Lebrun, l'empereur consacra huit mois à ce travail, qui fut terminé le 2 janvier 1868. L'Imprimerie nationale le tira à 100 exemplaires, dont 14 seulement furent distribués (Le n° 71 existe aux Archives historiques. Il a été reproduit dans un volume publié par M. de La Chapelle, chez Amyot, 1872, *Les forces militaires de la France en 1870*).
2. Une récapitulation indique les incomplets qui sont considérables pour l'artillerie, le train, l'état-major, l'intendance, etc., au total 69,840 hommes et 40,268 chevaux ou mulets.

selle, 6 batteries, à Paris, et un troisième, 32,580 hommes, 6,131 chevaux de selle, 12 batteries, représenté par la garde[1].

C'est un total de 435,000 hommes, sans les 54,321 hommes à laisser en Algérie; il dépasse encore, de beaucoup, nos forces présentes.

Après le 6 juillet 1870, nos premières dispositions sont arrêtées sur ces bases. Du 7 au 11 juillet, toute la répartition du personnel et des troupes est faite entre trois armées qui seront confiées aux maréchaux de Mac-Mahon, Bazaine et Canrobert. L'empereur exercera les fonctions de généralissime.

Ce travail préliminaire n'est pas terminé, quand, le 11 juillet, en rentrant de Saint-Cloud, après un entretien avec Napoléon III, le maréchal Le Bœuf déclare que des modifications graves sont nécessaires. On va former une seule armée, que l'empereur commandera lui-même, comme en Italie, au lieu de se contenter de la direction suprême, plus conforme à sa situation et à ses aptitudes[2]. Ce n'est pas que l'ancienne répartition soit définitivement abandonnée. On se propose d'y revenir dès la première victoire[3]. Comment, après avoir préparé le projet de 1868, Napoléon III a-t-il été amené à le modifier dans son essence même, au dernier moment, alors que les inconvénients d'un tel changement sautent aux yeux? Il semble que divers motifs y

---

1. De La Chapelle, 30-35; général Derrécagaix, I, 103; général Canonge, II, 19. — Suivant un autre projet manuscrit vu par M. le général Thoumas, l'armée d'Alsace compte deux corps à 3 divisions et 1 division de cavalerie à 3 brigades; 1 corps à 2 divisions et 1 division de cavalerie à 2 brigades; 2 divisions de cavalerie de réserve et 1 réserve générale d'artillerie. L'armée de Lorraine a la même composition, sauf qu'elle ne compte qu'une division de cavalerie de réserve. L'armée de Châlons a 1 corps à 3 divisions et 1 division de cavalerie à 3 brigades; 1 corps à 2 divisions et 1 division de cavalerie à 2 brigades; la garde impériale, 2 divisions d'infanterie et 1 division de cavalerie à 3 brigades. Les trois armées absorbent la totalité de notre artillerie (Général Thoumas, I, 468).
2. Général Lebrun, 180.
3. Darimon, *Notes pour servir*, etc., 153. — D'après le rapport du général de Rivières, *Le Procès Bazaine, Compte rendu sténographique quotidien*, 164, on aurait renoncé aux trois armées « afin de pouvoir modifier plus facilement la répartition des forces suivant les circonstances ».

LA CONCENTRATION. 149

aient contribué. Comme le croit le général Lebrun, l'empereur a dû être influencé par l'opinion de l'archiduc Albert. On a souvent admis en Autriche que la constitution d'une armée unique permet de réduire les états-majors et les non-valeurs[1]. C'est vrai, avec ce correctif que le maniement d'une masse trop lourde dépasse les forces d'un général en chef. L'Autriche, en 1866, et la France, en 1870, n'en ont que trop fait l'expérience[2].

D'après d'autres témoins, c'est à l'impératrice qu'il faudrait attribuer le revirement de Napoléon III. Mère plutôt que femme, elle jugeait le pouvoir plus en sûreté entre ses mains et faisait partir, « pour commander l'armée, un pauvre homme qui n'avait même plus la force de régner[3] ».

Il est possible, enfin, que l'empereur et l'impératrice soient d'accord pour voir des inconvénients sérieux à une disposition qui pourrait grandir les maréchaux au détriment du souverain[4]. D'autres faits semblent l'indiquer.

Quoi qu'il en soit, l'entourage du maréchal Le Bœuf, notamment les généraux Lebrun et Jarras, fait en vain remar-

---

1. Général Lebrun, *Souvenirs militaires*, 181 ; *Procès Bazaine*, déposition du maréchal Le Bœuf, 20 octobre 1873. Voir de La Chapelle, 82, qui reproduit le texte des observations de l'archiduc Albert au sujet de l'organisation de 1868. — Pourtant, dans le plan que nous avons analysé, l'archiduc Albert admet l'existence de deux armées françaises (*Les Origines*, 352).
2. Rapport du 22 juillet 1868 (lieutenant-colonel Stoffel, *Rapports militaires*, 163-201) au sujet de l'armée de Bohème en 1866 ; *La campagne d'Italie en 1859*, par l'état-major prussien, 139 ; général von der Goltz, *La nation armée*, 28 ; général Thoumas, I, 487 et suiv.
3. Général du Barail, III, 145. — Suivant le général Lebrun (*Souvenirs*, 322-323), le maréchal Le Bœuf ne fut pour rien dans la conception d'une seule armée. Napoléon III la lui imposa. A l'armée, le 20 juillet, on croit encore aux trois commandements de maréchaux (Lettre du général Lapasset, *Le général Lapasset*, II, 109). — D'après les entretiens de M. Darimon avec M. le général Lewal, analysés dans les Mémoires des hommes du Temps présent (*Figaro* du 8 janvier 1894), « c'est le général Frossard qui eut l'idée de modifier cette organisation et de remplacer les trois armées par une seule..., placée sous le commandement de l'empereur. Il donnait pour raison que, sous Napoléon Ier, il n'y avait pas d'exemple, au début d'une campagne, de généraux dirigeant leurs corps d'armée... » d'une façon indépendante. Dans ses *Notes pour servir à l'histoire de la guerre de 1870-1871*, p. 152, M. Darimon reproduit cette pitoyable explication : « ... On avait, dans cette circonstance, cru obéir à une simple réminiscence de l'épopée impériale ; l'armée du Rhin prenait la succession de la Grande-Armée... »
4. Voir *suprà*, p. 74.

quer les inconvénients d'un seul commandement[1]. La décision est prise. Au lieu de trois armées, on en formera une seule, de huit corps à trois divisions, sans la garde. Puis, nouveau changement. Pour dédommager les maréchaux, on constitue trois corps d'armée à quatre divisions, qui leur sont attribués, et quatre à trois divisions. Il faut modifier en conséquence la répartition du personnel, de l'artillerie, des trains. C'est tout un travail à refaire. Le 14 juillet, il est à peine terminé, bien que commencé le 6[2].

Dans la combinaison adoptée, le maréchal Le Bœuf va exercer les fonctions de major général, celles de Berthier à la Grande-Armée. Officier d'artillerie, n'ayant jamais commandé une division d'infanterie ni fait partie d'un état-major, il est mal préparé à une tâche écrasante. C'est à lui qu'il appartiendra de prendre les ordres de l'empereur, de les provoquer au besoin, d'en assurer l'exécution. Avec un généralissime tel que Napoléon III, ce rôle ne pourra qu'être des plus laborieux. C'est, en outre, une faute grave que de décapiter le ministère de la guerre dans le moment le plus critique. Napoléon Ier prenait soin de laisser le ministre à ses occupations d'administrateur et d'organisateur[3]. Il y a au moins imprudence à ne pas l'imiter.

Dès le premier jour, Le Bœuf a prévu la guerre. Il la désire selon toute apparence. Jusqu'à son départ de Paris il déploie une « activité infatigable, une extrême puissance de travail, une initiative décidée et intelligente[4] ».

Les deux adjoints au major général, avec le titre d'aides-majors généraux, également empruntés à l'épopée impériale, sont les généraux Lebrun et Jarras : le premier, « d'un esprit vif, primesautier, s'assimilant promptement toutes les conceptions, d'une bienveillance qui rend le service très facile, mais manquant peut-être d'esprit de suite et de mé-

---

1. Général Lebrun, *Souvenirs militaires*, 181.
2. Général Thoumas, I, 544 ; général von der Goltz, *La nation armée*, traduction, 27 ; général Lebrun, *Souvenirs militaires*, 194 et suiv.
3. Colonel Fix, *Lecture* du 11 mars 1899, 222.
4. Général Lebrun, *Souvenirs militaires*, 176.

thode »; le second, « réfléchi, froid, taciturne, méticuleux, d'une droiture inflexible, très rigoureux dans le service et parfois dans son langage, à tel point qu'on redoute d'être sous ses ordres ». Il s'occupe surtout des bureaux, qui absorbent à peu près toute son activité, tandis que Lebrun travaille plutôt avec l'empereur et le major général[1]. Afin de pouvoir au besoin remplacer ce dernier, il l'accompagne auprès de Napoléon III. C'est presque toujours lui qui donne connaissance des dispositions prises au général Jarras, chargé de les notifier ensuite à l'armée. Lebrun est donc un trait d'union entre l'empereur ou le major général et Jarras, qui leur sert lui-même de lien avec les troupes.

Disons de suite que cet aide-major général accepte un rôle singulièrement rétréci et qu'il y apporte des idées plus étroites encore. De son propre aveu, il ignore le plus souvent les motifs des décisions prises. Il voit à peine le maréchal Le Bœuf ou le général Lebrun « une ou deux fois par jour, pendant des instants très courts ». L'empereur ou le major général reçoivent souvent des rapports verbaux dont il n'a aucune connaissance. Il n'est pas rare que Napoléon III donne des ordres à son insu ou même sans que Le Bœuf en soit informé. Par suite, le général Jarras n'est nullement au courant de la situation. C'est après la guerre seulement qu'il peut voir « combien est grand le nombre des faits, des rapports et des renseignements » qu'il a ignorés. Des corps d'armée effectuent des mouvements, et il n'en est pas averti. Il apprend par la voix publique la reconnaissance de Margueritte sur Pont-à-Mousson et n'a jamais rien su du rapport qu'a dû établir cet officier général[2].

L'empereur reçoit toute une catégorie de renseignements qui ne lui sont jamais communiqués : ceux concernant l'ennemi, qui viennent, soit d'agents secrets relevant du souverain ou de son cabinet, soit de la régente ou du ministère. L'état-major général a d'autres espions dont les rapports

---

[1]. Colonel Fix, *ibid.*; général Jarras, 69; général Castex, *Ce que j'ai vu*, II, 26).
[2]. Général Jarras, 69-72; général Montaudon, II, 76.

arrivent directement au général Jarras, mais ils sont peu nombreux et leurs dires ont toujours à être contrôlés. Quant aux commandants de corps d'armée, ils recueillent aussi certaines données venant de leurs propres agents ou des prisonniers de guerre et les envoient chaque jour à Jarras. Jamais il ne reçoit par cette voie rien qui ait une certaine importance, ce qui l'amène à croire que les corps d'armée rendent directement compte à l'empereur[1].

La réunion en une seule des trois armées primitives n'est pas sans mécontenter l'un au moins des maréchaux. Le plus en vue, Bazaine, se considère dès lors comme méconnu. Il reste blessé dans son espoir et ses ambitions. De là vient l'indifférence gouailleuse avec laquelle il accueille les ordres de l'empereur, aussi bien que les événements. Malgré les souvenirs du Mexique, il jouit de la confiance de l'armée, d'une popularité réelle[2]. Peut-être y a-t-il dans celle-ci une nuance d'opposition au gouvernement impérial, qui l'a un moment traité avec une froideur visible? On croit en ses hautes aptitudes; on le juge au niveau des situations les plus difficiles.

Quant aux commandants de corps d'armée autres que les maréchaux, leur choix se fait surtout parmi les aides de camp de l'empereur[3], en tenant compte de leurs vœux personnels plutôt que des intérêts du service. Le 15 juillet, Napoléon III demande au général Bourbaki : « Voulez-vous commander le 1er corps ou la garde impériale? » La réponse est d'un courtisan : « Je ferai en cette circonstance, comme

---

1. Général Jarras, 69-72. — Les renseignements venus par ces différentes voies étaient chaque jour résumés sur une feuille destinée à être mise sous les yeux de l'empereur et communiquée aux commandants de corps d'armée, comme en 1859. L'organisation du service des renseignements fut réglée par deux dépêches aux commandants de corps d'armée (20 et 27 juillet) qui ont été reproduites dans la *Revue militaire*, 1899-1900. Les bulletins de renseignements publiés par cette revue montre que le grand quartier général est beaucoup mieux informé que ne le dit Jarras.
2. Colonel Fix, *Souvenirs d'un officier d'état-major*, II, 16. — Dans ses *Épisodes*, 5 et suiv., l'ex-maréchal Bazaine se plaint de n'avoir pas été consulté sur le choix entre le 3e corps et la garde, qu'il eût préférée. Il assure de s'en être plaint à l'empereur, chose difficile à comprendre. Outre que le 3e corps équivalait numériquement presque au double de la garde, Bazaine, le moins ancien des maréchaux, n'avait nul droit d'en réclamer le commandement.
3. Voir *supra*, p. 74.

toujours, ce que l'empereur croira utile au bien du service. — Ma première idée, dit alors Napoléon III, était de vous confier le commandement de la garde. J'ai été amené à y renoncer, je vous demande ce que vous préférez ; mon désir serait que vous preniez le commandement de la garde, mais je vous laisse le choix. » Obéissant à cette suggestion si timide, le général choisit ce corps de réserve pour lequel il n'est nullement fait, lui le brillant capitaine qui mènerait si bien au feu les zouaves et les tirailleurs du 1er corps[1].

Vis-à-vis du général Frossard, Napoléon III montre la même indifférence bienveillante, la même insouciance des intérêts vitaux de l'armée, la même indécision. Il lui télégraphie, le 14 juillet, à 1h 27 du soir : « S'il y a la guerre, je voudrais que vous eussiez le commandement en chef du génie. Cependant, si vous tenez à conserver... votre corps d'armée, répondez-moi[2]. » Finalement, Frossard commande le 2e corps, pour lequel il n'est nullement préparé. Le général Deligny a dit de lui et du maréchal Le Bœuf, qui sera mis plus tard à la tête du 3e corps : « Deux des lieutenants de Bazaine, en particulier, n'avaient point été suffisamment formés au maniement des armes combinées et éprouvaient beaucoup de peine dans leur mise en jeu sur un grand théâtre de guerre ; tous même, on peut le dire, outre qu'ils étaient plus ou moins déroutés par les malheurs qui s'appesantirent sur nos armées, avaient, en quelque sorte, leur éducation militaire à refaire[3]... »

Les premiers états-majors constitués pour l'armée du Rhin le sont avec une très grande prodigalité de personnel.

---

1. D'Eichthal, *Le général Bourbaki*, 48. — Le soir du 14 juillet, le lieutenant-colonel Leperche a su de Bourbaki que celui-ci prenait le commandement du 1er corps.
2. Le général Frossard commandait les trois divisions du camp de Châlons. Il répond, à 4 heures du soir, qu'il est prêt à tout ce que voudra l'empereur (*Papiers et correspondance*, I, 418). L'indécision sur ce point dura 48 heures. On donna ordres et contre-ordres, qui entraînèrent des modifications correspondantes dans l'ordre de bataille (général Jarras, 52). Voir les Annexes, pour la constitution de l'armée du Rhin.
3. Général Deligny, *1870. Armée de Metz*, 7 ; général Ambert, *L'invasion*, 16 et 59.

L'état-major général, en particulier, comprend 3 colonels, 3 lieutenants-colonels, 8 chefs d'escadron, 16 capitaines, nombres hors de proportion avec les nécessités du service et qui nous conduiront à manquer de l'indispensable, dès la constitution des 13e et 14e corps en août 1870 [1].

Les huit corps d'armée du début appartiennent à trois types différents : trois sont à quatre divisions d'infanterie, quatre en ont trois; la garde impériale en a deux. Tous possèdent une division de cavalerie à deux ou trois brigades, celles-ci de deux ou trois régiments. En 1869, il a paru une brochure officieuse, *Observations sur la cavalerie*, où l'on affirme qu'à l'avenir chaque division d'infanterie comportera un régiment de cette arme. On n'en tint aucun compte [2]. Pour la première fois dans notre histoire militaire, la division d'infanterie a trois batteries, deux de 4 et une de canons à balles. Mais nous ne possédons qu'un nombre insuffisant de ces derniers, si bien que vingt-quatre divisions seulement sur vingt-six en sont pourvues. Chacune dispose d'une réserve divisionnaire de cartouches [3].

Les divisions de cavalerie des corps d'armée, sauf celle de la garde, n'ont pas d'artillerie en permanence. Chaque corps possède une réserve, qui compte de six à dix batteries et un équipage de ponts. Deux équipages de réserve sont destinés à être rattachés aux 1er et 3e corps, c'est-à-dire aux futurs noyaux d'armée [4].

---

1. *Revue militaire*, juillet 1900, 534 et suiv. ; *Histoire de l'ex-corps d'état-major*, 202-205. — Les détails de la composition diffèrent dans ces deux documents. La maison militaire de l'empereur, le cabinet et l'état-major particulier du major général ne sont pas compris dans ces chiffres (voir aux Annexes).

2. Général Fay, *Journal d'un officier de l'armée du Rhin*, 38. — En Allemagne, la nécessité d'un régiment de cavalerie par division d'infanterie ne fait alors aucun doute (prince de Hohenlohe, *Lettres sur la cavalerie*, cité par le général Thoumas, I, 477).

3. Cette réserve transporte 289,872 cartouches modèle 1866 et 13,104 cartouches modèle 1863. En outre, le parc de corps d'armée à 4 divisions dispose de 833,986 cartouches modèle 1866 et de 85,824 modèle 1863 (Le général Forgeot au maréchal de Mac-Mahon, 31 juillet, *Revue d'histoire*, 1er S. 1901, 360).

4. *Revue militaire*, 1900, 1018, Journal de marche de l'artillerie de l'armée du Rhin. — La réserve d'artillerie d'un corps d'armée compte 2 batteries de 12, 2 ou 4 batteries montées de 4, 2 ou 4 batteries de 4 à cheval. — Le 6e corps n'a pas d'équipage de ponts.

Quant au groupement des régiments d'infanterie dans les divisions et les corps d'armée, il s'effectue en tenant compte, au moins partiellement, des garnisons du temps de paix. Cinq divisions sur vingt-six n'ont pas de bataillon de chasseurs.

Outre les divisions de cavalerie attachées aux corps d'armée, il est constitué une réserve forte de trois divisions à deux brigades. Son nom implique déjà une conception rétrograde du rôle de cette arme et, en fait, elle sera d'une très faible utilité. De même, il existe une réserve générale d'artillerie de seize batteries, dont le rôle sera singulièrement effacé. Celle du génie, trois compagnies, est dans le même cas. Nous n'avons tiré aucun enseignement de la campagne d'Italie, où la réserve générale d'artillerie n'a pas brûlé une étoupille [1].

---

[1]. Général Thoumas, I, 485. Voir la composition aux Annexes. Remarquer que la division de cuirassiers de Bonnemains est la seule à disposer d'une batterie de mitrailleuses.

IV

LES TRANSPORTS DE CONCENTRATION

La préparation des transports. — La commission des chemins de fer. — Les transports de 1870. — Absence de direction. — Désordre des embarquements. — Les isolés. — L'indiscipline. — Encombrement des gares.

Lors de nos mobilisations précédentes, la concentration a été le désordre même : « La guerre paraissait imminente et occupait tous les esprits... A ce moment, par terre et par mer, par wagons et par bateaux, dans la précipitation et le pêle-mêle, les troupes, hommes et chevaux, le matériel et les approvisionnements... étaient mis en mouvement, encombraient toutes les voies et allaient s'accumuler un peu au hasard sur tel point et sur tel autre. A chacun des groupes qui prenaient terre, avec des manquements et dans le désarroi qu'on peut imaginer, on disait : « Débrouillez-vous », et il s'en allait insouciant du côté de l'ennemi[1]... »

Les dernières années qui précèdent la guerre de 1870, on s'est rendu compte du danger de ces procédés, de l'avantage qu'il y aurait à préparer les transports par voie ferrée. On commence d'apprécier, encore que d'une façon incomplète, l'utilité capitale des chemins de fer aux premiers jours d'une campagne. Ils simplifient et accélèrent, dans une très forte mesure, tout cet immense mouvement d'hommes, de chevaux, de matériel, de denrées de toute nature, qu'exige la concentration d'une armée.

Quoi qu'il en soit, on crée, le 24 mars 1869, la commission centrale des chemins de fer, dont le général Jarras réclamait la constitution dès 1867[2]. Mais la mort du maréchal

---

1. Général Trochu, *L'armée française en 1867*, 157.
2. *Les Origines*, 294. — Elle est composée de trois officiers généraux, de deux ingénieurs du ministère des travaux publics et des directeurs des grandes compagnies de chemins de fer (général Jarras, 18-19).

Niel semble faire oublier l'importance d'une préparation rationnelle. En janvier 1870, son successeur refuse de convoquer cette commission, qui cesse ainsi de fonctionner, sans raison apparente. Il ne paraît pas, d'ailleurs, que ses travaux aient eu une réelle importance. Elle s'est bornée à reviser les règlements concernant les transports par chemins de fer. L'opposition des directeurs de grandes compagnies l'empêche de préparer un plan d'ensemble. Le rapport du 30 juillet 1869, qui résume ses travaux, ne parvient au général Jarras que le *2 juin 1885*. Jamais le ministre n'en a eu connaissance[1].

Si incomplètes qu'elles soient, ces études présentent une évidente utilité. Mais, dès l'ordre de mobilisation, il semble que personne ne s'en souvienne au ministère de la guerre. Le désordre, l'absence de toute méthode, de système quelconque, sont pareils à ce qu'on a vu lors des guerres de Crimée et d'Italie, avec cette aggravation que les effectifs sont beaucoup plus considérables, que le temps presse et que l'existence du pays est en jeu. « Les compagnies de chemins de fer reçurent à la fois, de l'intendance, de la direction des mouvements militaires, de l'artillerie, du génie, des ateliers de Meudon, des ordres qui, indépendants les uns des autres, occasionnaient la plus étrange confusion. »

Chacun agit dans une sphère restreinte, sans s'inquiéter de ce qui se passe chez son voisin : « J'expédie, parce qu'on me dit d'expédier, disait un fonctionnaire, je n'ai pas à m'occuper de ce qui se passe à l'arrivée[2]. » Tout est centralisé au ministère, mais celui-ci est en pleine anarchie. Huit directions y agissent chacune pour leur compte, suivant leurs traditions personnelles ou leurs fantaisies[3].

1. Général Jarras, 18-21 ; général Lewal, 462.
2. Jacqmin, *Les chemins de fer français pendant la guerre de 1870-1871*, III. — « ...Personne ne centralisait et ne coordonnait les dispositions à prendre. Les ordres se succédaient venant de toutes parts, dans la confusion, dans la contradiction, gaspillant le temps et l'argent, et dispersant le matériel roulant à ce point que la direction technique ne savait plus où le saisir, pour être appliqué à des besoins qui se présentaient partout à la fois... *Personne en réalité ne commandait, tout le monde donnait des ordres* » (général Trochu, *Œuvres posthumes*, I, 110).
3. Général Lewal, 462.

C'est dans la journée du 15 juillet que le ministre des travaux publics notifie aux compagnies de l'Est, du Nord et de Paris-Lyon-Méditerranée un arrêté portant réquisition de tous leurs moyens de transport, et autorisant la suspension du trafic privé sur leurs réseaux entiers. Les compagnies de l'Ouest et d'Orléans sont invitées seulement à concourir aux transports par des prêts de matériel. Le même jour, les trois autres reçoivent des généraux Lebrun et Jarras des indications relatives aux premiers trains militaires.

La compagnie de l'Est n'est pas surprise par cette réquisition. Ses dispositions sont préparées; elle les arrête dans la nuit du 15 au 16 juillet. Trois de ses lignes peuvent être utilisées pour notre concentration : Paris, Soissons, Reims, Charleville, Thionville; Paris, Frouard, Metz ou Strasbourg; Paris, Mulhouse, Colmar, Strasbourg. On prévoit 18, 24 et 18 trains journaliers sur chacune, suivant leur nature. Ces prévisions vont être largement dépassées. En effet, les transports commencent le 16 à 5ʰ45 du soir et, jusqu'au 22, le nombre des trains lancés chaque jour varie entre 49 et 74[1].

Les premiers départs s'effectuent au milieu d'un désordre extrême, dû autant à l'imprévoyance du commandement qu'à l'inexpérience des troupes. Un régiment doit partir le 16 à 5ʰ45 du soir. Il encombre la cour de la gare de l'Est avant 2 heures; il y touche même des demi-couvertures de campement. Un second a l'ordre de s'embarquer à La Villette. Il arrive avant 3 heures à la gare de l'Est et on a peine à lui faire rebrousser chemin. Tous ces mouvements s'opèrent à travers une foule tapageuse, qui envahit jusqu'aux quais de départ, force les cordons de sentinelles, entraîne des soldats dans les cabarets voisins. Des cas d'ivresse furieuse se produisent, dépassant tout ce qu'on voit d'ordinaire. On peut

---

1. 16 juillet . . . 15 trains.   20 juillet . . . 50 trains.
   17 juillet . . . 49 —   21 juillet . . . 55 —
   18 juillet . . . 54 —   22 juillet . . . 74 —
   19 juillet . . . 62 —

Des 49 trains du 17 juillet, 34 parcourent la ligne Paris-Strasbourg ou Paris-Metz, 17 venant de Châlons et 17 de Paris (Jacqmin, III, 113; Dick de Lonlay, II, 232; général Thoumas, I, 547).

croire à des empoisonnements prémédités[1]. Des vols de munitions, d'objets d'équipement se produisent au milieu de ces scènes répugnantes. Des officiers affirment ne pas avoir à s'occuper de l'embarquement de la troupe, ce soin incombant aux agents de la compagnie, au besoin à quelques sous-officiers.

Heureusement, l'accès du mal amène une réaction. On arrive peu à peu à établir un ordre relatif, en supprimant tout séjour inutile dans les gares. D'ailleurs, l'artillerie, la garde impériale, beaucoup de régiments de ligne, s'embarquent sans bruit, avec le calme et la dignité qui conviennent.

Un autre fait, des plus graves, se produit dès les premiers jours. La commission centrale des chemins de fer a pris pour base de ses travaux un effectif de 70 officiers, 2,890 hommes, 39 chevaux, 14 voitures par régiment d'infanterie. Les chiffres réels sont très notablement inférieurs[2]. Les conséquences apparaissent aisément : une forte proportion d'un matériel indispensable est inutilisée ; les voies sont encombrées en pure perte. De plus, dès les 3ᵉ ou 4ᵉ jours de la mobilisation, les gares sont pleines d'isolés, formés ou non en détachements et consistant surtout en réservistes. Les uns par ignorance, les autres par mauvaise volonté, ils constituent des masses flottantes, circulant sans but déterminé sur les lignes.

---

1. Jacqmin, 115 ; voir *supra*, p. 51.
2. Pour un état-major et trois bataillons, on embarque ainsi :

45 officiers,	950 hommes,	9 chevaux.
22 —	550 —	3 —
65 —	1,450 —	11 —
64 —	1,600 —	11 —
65 —	1,400 —	9 —
65 —	1,350 —	11 —
62 —	1,420 —	8 —
65 —	1,600 —	11 —
65 —	1,500 —	11 —
60 —	1,500 —	7 —

Soit, en moyenne, 58 officiers, 1,332 hommes, 9 chevaux (Jacqmin, 116). — Les chiffres de 22 officiers, 550 hommes et 3 chevaux ne peuvent s'expliquer que par l'existence d'un ou plusieurs détachements. Il est à noter que l'effectif de guerre indiqué ci-dessus diffère très notablement de celui adopté par l'empereur pour ses études (voir aux Annexes).

vivant au hasard des buffets improvisés par le patriotisme des populations. Ce mal est loin de diparaître avec les derniers jours de la concentration. A la fin d'août, il y a en gare de Reims quatre ou cinq mille de ces traînards, qui s'y livrent effrontément au pillage, sans nulle répression [1].

L'appel des gardes mobiles aux chefs-lieux de canton, qui a lieu le 19 juillet, ajoute encore au désordre. Les autorités locales vont jusqu'à requérir des wagons pour des parcours de quelques kilomètres. Malgré tout, en dépit de l'absence de préparation sérieuse, la compagnie de l'Est accomplit une tâche écrasante dans un temps relativement très court. Le 26 juillet, à minuit, c'est-à-dire en moins de onze jours, elle a mis en marche 594 trains militaires, transportant à la frontière 186,620 hommes, 32,410 chevaux, 2,162 canons ou voitures, 995 wagons de munitions [2]. La majeure partie s'est accumulée autour de Metz, où la compagnie dispose heureusement d'établissements considérables, la gare principale, celle de Devant-les-Ponts, les ateliers de Montigny-lès-Metz. On organise huit chantiers de débarquement pour le matériel de guerre. Il y a 6,550 mètres de voies de garage qui permettent de décharger 310 wagons à la fois, c'est-à-dire au moins 930 par jour. En réalité, on ne dépasse pas une moyenne de 775 du 16 juillet au 15 août. D'ailleurs, les dispositions prises pour l'enlèvement du matériel et des denrées débarquées sont fort insuffisantes. Même les troupes qui arrivent les premières à Metz n'ont aucune destination précise ; elles attendent plusieurs heures à la gare, sans

---

[1]. Jacqmin, 116-119. — Des faits analogues se produisent ailleurs, notamment à la gare de Laon (*Campagne du Nord en 1870-1871*, 8).

[2]. Jacqmin, 119-123. — En 22 jours, du 16 juillet au 6 août inclus, la compagnie de l'Est transporte environ 300,000 hommes sans les isolés ; 64,700 chevaux, 6,600 canons ou voitures, 4,400 wagons de munitions ou de subsistances (*Ibid.*, 123-126). Des troupes sont embarquées à deux ou trois reprises et figurent, par suite, plusieurs fois dans ces 300,000 hommes. Il n'y a que deux collisions de trains à Toul et à Nançois-le-Petit. La seconde seule a de l'importance : 2 militaires grièvement blessés, 35 légèrement, 26 contusionnés. En outre, 42 accidents sont dus à des imprudences individuelles. Le nombre total des trains militaires est de 1,223 en 22 jours, soit une moyenne journalière de 55 (*Enquête*, dépositions, I, Le Bœuf, 52, d'après le rapport annuel de la compagnie de l'Est).

qu'on croie devoir débarquer leurs bagages ou leurs voitures. Les chefs de corps ou de détachement voudraient même empêcher de garer les trains qui les ont amenés, d'où des discussions fâcheuses avec le personnel de la compagnie et finalement une perte de temps qu'il eût été facile d'éviter[1].

Quant aux denrées qui encombrent la gare, l'intendance n'a reçu aucun ordre pour leur déchargement. Elle ne croit pas davantage devoir user d'initiative. Dès lors, c'est la plus extrême confusion. On décharge les wagons au hasard des besoins journaliers, sans s'inquiéter du reste. Souvent des camions portent à grande distance des denrées qui, déchargées, sont remises sur roues et reconduites à la gare pour être expédiées plus loin. On décharge du fourrage que l'on conduit dans Metz, tandis que, de Metz, d'autre fourrage est transporté à la gare. C'est un inexcusable gaspillage de forces, de temps et d'argent. Ce n'est pas tout. Quantité de voitures régimentaires, 1,200 — assure M. Jacqmin — arrivent en gare; la compagnie reçoit l'ordre de les conserver, puis d'en faire la répartition entre les corps. Nouvelle cause d'encombrement, sans nulle nécessité.

Tandis que les quais, les voies de garage sont combles de vivres, de munitions, de matériel, un nombre immense de voitures de réquisition stationne autour de la ville, vides ou très peu chargées. L'intendance ne sait pas plus s'en servir qu'utiliser les ressources locales pour l'alimentation des troupes. Elle n'est pas seule, il faut le répéter, à porter la responsabilité de tant d'erreurs, de négligences grossières. Le commandement en a sa large part. C'est ainsi qu'il invite la compagnie de l'Est à immobiliser le matériel nécessaire à l'embarquement d'un corps d'armée de 30,000 hommes. On répartit donc, sans profit, quarante trains environ dans les gares comprises entre Frouard et Thionville. L'ordre de les tenir prêts à se mettre en mouvement, dans un délai de quatre heures, est donné à deux reprises, sans nul résultat[2].

1. Jacqmin, 119-123.
2. Jacqmin, 123-126. — Bien que M. Jacqmin ne le dise pas, il est évident que cet ordre ne s'appliquait qu'à l'infanterie du corps d'armée en question.

Les conséquences sont aisées à prévoir. Dès le 1ᵉʳ août, d'après le major général, l'encombrement a pris « des proportions inquiétantes ». Les wagons s'accumulent autour de Metz. On doit employer à leur déchargement jusqu'à des corvées de la garde, qui n'en fournit pas d'ordinaire. On convertit en garages toutes les voies secondaires; on va être obligé de recourir aux voies principales, quand on se décide à décharger denrées et matériel. Il faut des semaines pour en venir à bout; l'investissement de Metz est commencé depuis longtemps que ce travail n'est pas terminé. On retrouve ainsi, après le 18 août, quatre millions de cartouches, dont on ignorait jusqu'à l'existence [1].

Dans de telles conditions, l'immense mouvement vers la frontière, qu'implique la concentration, présente des difficultés à peine imaginables. Il est encore compliqué par le retour du matériel vide, par l'évacuation des hôpitaux de la région, dont les malades sont dirigés sur Paris, le 3 août, enfin, par les réquisitions directes des autorités locales, militaires ou civiles. Ainsi, le maire de Strasbourg requiert, le 19 juillet, le transport de six wagons de sel par semaine; le 26, c'est le ministre de la guerre, pour trois wagons de pierres meulières destinées chaque jour aux fortifications de Paris [2].

Si la compagnie de l'Est a ainsi accompli une tâche écrasante, ce n'est pas que le commandement, l'administration et les troupes l'aient facilitée en aucune façon. Les deux premiers ont manqué de la plus simple prévoyance; quant aux troupes, un trop grand nombre font preuve d'indiscipline. Les témoignages oculaires abondent. C'est un groupe de soldats avinés pénétrant de force dans le compartiment

---

1. Jacqmin, *loc. cit.*; *Procès Bazaine,* compte rendu sténographique quotidien; l'intendant général Wolf au ministre, 31 juillet; l'intendant général inspecteur Robert au ministre, m. d., *Revue d'histoire*, 1ᵉʳ S. 1901, 356, 357; le major général au ministre, 1ᵉʳ août; le ministre au major général et à l'intendant en chef; le directeur de l'exploitation de la compagnie de l'Est à l'intendant général Blondeau, *ibid.*, 573 et suiv.; le major général au général Bourbaki, 1ᵉʳ août, *ibid.*, 645.
2. Jacqmin, 126 et suiv.

du général de Laveaucoupet[1]. Ailleurs, des troupes d'Afrique traversent l'Alsace : « Entassés dans des wagons..., préférant à l'asphyxie des compartiments les rayons d'un soleil ardent, les uns se pendent en grappes aux portières ; les autres, escaladant le toit des wagons, s'y livrent aux gambades les plus désordonnées... Voici un train de zouaves ; pour voyager à l'ombre, ils ont ravagé sur la route quelque bois d'acacia, et les wagons disparaissent sous la verdure. Le train n'est point en gare et déjà ils sont à terre, se ruant, comme une nuée de sauterelles, sur les vivres et les rafraîchissements... Le clairon sonne le départ et nul n'entend le signal et ne veut l'entendre ; le train s'ébranle, il part ; alors seulement chacun reprend sa place et nous lance un bruyant et dernier adieu[2]. »

Lui aussi, le général Trochu voit à la gare de Châlons, le 17 août, un régiment de zouaves qui se rend au camp. Ces soldats, « déjà logés dans les wagons, faisaient retentir la gare de clameurs, de chansons sans nom, et une douzaine d'entre eux, entièrement nus, quelques-uns ayant des bouteilles aux mains, exécutaient sur l'impériale des voitures, sautant de l'une à l'autre, des danses d'un cynisme révoltant[3] » !

On voit dans quelles conditions s'accomplit notre concentration : l'imprévoyance, l'absence de préparation des uns, l'indiscipline, l'inexpérience des autres font de cette grande opération un prologue des désastres qui vont suivre. Au lieu d'être concentrée dans moins de quinze jours, comme on s'en flattait, l'armée ne l'est, et fort incomplètement, que le 6 août. Il lui a fallu vingt-deux jours, un tiers en plus, dans

---

1. J. de La Faye, *Le général de Laveaucoupet*, 189 ; « Aux gares de Mâcon, de Dijon, tous nos soldats étaient déjà pris de boisson, débraillés. La *Marseillaise*, les cris : « A Berlin ! A Berlin ! » retentissaient... dans l'intérieur des gares. C'était une bousculade, un désordre dont les officiers pouvaient à peine se rendre maîtres. Frappé de la différence de tenue des deux armées, je ne pus m'empêcher d'avouer à l'empereur mes tristes impressions dès mon arrivée à Saint-Cloud » (prince de la Moskowa, Quelques notes intimes sur la guerre de 1870, *Correspondant* du 10 décembre 1898, 957 et suiv.).
2. Delmas, *De Fræschwiller à Paris*, 15.
3. Général Trochu, *Œuvres posthumes*, I, 110.

un moment où les minutes valent des heures. Notre aveuglement est tel pourtant, que nous trouvons encore là l'occasion de nous admirer : « Assurément, en ces quelques jours, une prodigieuse activité a été déployée : une masse immense a été jetée aux frontières avec tous ses moyens de guerre..., et tout cela s'est accompli, sous l'intelligente impulsion du maréchal Le Bœuf, avec une sorte de régularité foudroyante, avec un ordre singulier dans l'impétuosité[1]. »

---

1. Ch. de Mazade, *Revue des Deux-Mondes,* 1ᵉʳ août 1870, 751. — Le maréchal Niel assurait à l'empereur que nos effectifs seraient complets dans un délai de 9 à 15 jours. Le maréchal Le Bœuf affirmait que 15 jours suffiraient (comte de La Chapelle, 59).

V

LA ZONE DE CONCENTRATION

Noyaux de concentration. — Dispositif en cordon. — La cavalerie.

Il n'est pas besoin de souligner l'importance de la concentration pour la suite d'une campagne. Si elle est vicieuse, si la zone où se rassemblent les troupes n'a pas été déterminée d'après des considérations rationnelles, il est très difficile d'y remédier. La rapidité des événements est telle, dans la guerre moderne, que le temps même fait défaut. Les conséquences s'en déroulent à peu près inéluctables, telles que les veut l'enchaînement logique des faits.

En 1870, voici quels sont les centres adoptés pour la formation de l'armée du Rhin. Le 4ᵉ corps, où entrent les garnisons des places du Nord et du Nord-Est, se concentre autour de Thionville; le 3ᵉ corps, qui groupe les trois divisions de Paris et celle de Metz, autour de cette dernière ville, puis de Boulay; le 2ᵉ corps, venant tout entier du camp de Châlons, autour de Saint-Avold, puis de Forbach; le 5ᵉ corps, ancienne armée de Lyon, à Phalsbourg et à Bitche; le 1ᵉʳ corps, qui unit des éléments venus d'Alsace, de Franche-Comté et d'Algérie, à Strasbourg. Le 7ᵉ corps doit d'abord grouper à Colmar[1] des garnisons venant du Sud-Est, de Clermont-Ferrand, de Perpignan et même de Civita-Vecchia. On le ramène ensuite à Belfort, pour en achever les travaux de défense. Quant au 6ᵉ corps, constitué au moyen d'éléments empruntés à l'Ouest, au Centre et au Sud-Ouest, il se concentre au camp de Châlons, en seconde ligne. Une autre réserve, la garde impériale, se

---

[1]. D'après le général Jarras, la première idée était de concentrer le 7ᵉ corps autour d'Huningue.

formera à Nancy, puis à Metz, ainsi que la réserve générale d'artillerie. Les trois divisions de la réserve de cavalerie seront, elles aussi, en deuxième ligne à Lunéville, Pont-à-Mousson et Metz[1].

Ainsi, au début des opérations, nos six corps d'armée de première ligne vont être répartis sur la longue étendue comprise entre Thionville et Belfort, par Strasbourg, plus de 250 kilomètres. Trois, les 2e, 3e, 4e, à Saint-Avold, Metz et Thionville, forment un groupe relativement compact[2]. Deux sont en arrière, l'un à Metz, l'autre au camp de Châlons, celui-ci surtout incapable de prendre part au choc initial, en raison des distances. Quant aux divisions de cavalerie de réserve, tout indiquées pour la protection de nos rassemblements, l'exploration du territoire ennemi, elles se concentrent en deuxième ligne, comme si l'on cherchait à compliquer leur tâche. C'est essentiellement un dispositif d'attente, dicté par des considérations géographiques, par la répartition des voies ferrées et des quais de débarquement utilisables, peut-être aussi par de vagues réminiscences de la campagne de 1815, des guerres de la période révolutionnaire et du xviiie siècle. Il n'est admissible que pour un temps limité, à la condition d'être promptement remplacé par un autre, mieux approprié à des opérations actives. Ses inconvénients sont multiples. Non seulement nos troupes se concentrent dans le voisinage immédiat de la frontière, au risque de surprises qui ne leur seront pas épargnées, et sans avoir devant elles une zone de manœuvres assez large, mais elles ne sont pas à proximité de leurs futures lignes de marche. Leur dissémination n'est même pas pour faciliter notre alimentation, car si les corps d'armée sont séparés

---

1. Division de Bonnemains, Lunéville ; division de Forton, Pont-à-Mousson ; division du Barail, Lunéville, puis Metz ; grand parc du génie, Metz ; grand parc de l'artillerie, Toul (huit sections mobilisées dans les arsenaux de Metz, Strasbourg, Besançon, Lyon, Douai, La Fère, Rennes et Toulouse) [*Enquête*, dépositions, I, Le Bœuf, 52].

2. Général Jarras, 54. — D'après le général, cette disposition en cordon était essentiellement provisoire, ce qu'il est facile d'admettre. Mais le fait brutal n'en reste pas moins que l'ennemi la trouva ainsi.

par de larges intervalles, chacun d'eux est étroitement groupé sans nécessité[1].

Comment ce dispositif provisoire est-il maintenu jusqu'aux premiers combats, sauf quelques modifications insuffisantes? Il faut l'attribuer, en premier lieu, à l'influence de l'archiduc Albert. L'empereur n'a fait « que se conformer aux indications » de son plan de campagne, en cherchant à grouper deux masses: l'une en Alsace, de Haguenau à Belfort, l'autre en Lorraine, de Thionville à Sarreguemines; la première destinée à passer le Rhin et à marcher sur Stuttgard et Nuremberg, au-devant d'une armée autrichienne; la seconde, chargée d'un rôle démonstratif sur la Sarre et devant ensuite renforcer d'une grande partie de ses éléments les troupes de la rive droite du Rhin[2].

Une autre considération paraît avoir contribué à la répartition de nos forces. C'est le désir d'interdire à l'ennemi, le plus possible, l'accès du territoire national. Cette préoccupation perce constamment dans la correspondance journalière[3]. Enfin, malgré le retard évident éprouvé par notre concentration, on s'imagine encore avoir une avance marquée sur l'ennemi[4]. On ne sera que trop tôt détrompé.

---

1. Général Montaudon, II, 76 ; de La Chapelle, 84 ; *Revue d'histoire*, 1er S. 1901, 127.
2. Général Lebrun, 183, 106-170 ; *Revue d'histoire*, 1er S. 1901, 126 et suiv. Voir au chapitre VIII les détails de ce plan.
3. *Revue d'histoire*, 1er S. 1901, 129.
4. Le maréchal Le Bœuf écrit, le 1er août, au ministre que « l'ennemi est loin d'être prêt » (*Ibid.*, 130).

VI

LE COMMANDEMENT

Les états-majors. — État moral. — Indécision du commandement.
Contre-ordre et désordre.

A Metz, l'état-major général de l'armée du Rhin s'établit à l'hôtel de l'Europe. Dans l'émoi et la confusion de ces derniers jours de juillet, on voit s'y agiter pêle-mêle, nuit et jour, une foule d'officiers, de voyageurs de toute nationalité, de domestiques, d'ordonnances, de plantons, de femmes de militaires, de fournisseurs, de clients quelconques[1]. Les journalistes sont nombreux et leur tâche facile. Le correspondant du *Standard* se vante d'être tout à fait au courant de ce qui se passe dans les bureaux. Le propos est entendu et son auteur incarcéré. Le 2 août, le journal anglais n'en publie pas moins la « composition exacte de notre armée, l'indication des régiments, les noms des généraux et l'emplacement de tous nos corps[2]... ».

L'hôtel de l'Europe est d'ailleurs fort loin de la Préfecture, où s'installe l'empereur. Son choix ne présente que des désavantages. Il peut s'expliquer seulement par notre insouciance habituelle, et surtout par ce fait que l'on croit être à Metz pour quelques jours, avant d'entreprendre une campagne offensive.

Si les Allemands ont toute facilité pour se renseigner, grâce à notre aveugle confiance, nous sommes moins favorisés. Le service des renseignements, improvisé à la dernière heure, fonctionne très mal. A Metz même, dans le voisinage immédiat de la frontière, on a peine à organiser l'espionnage. « Le commissaire central de police ne put trouver des agents inspirant confiance pour aller sur le territoire alle-

---

1. Colonel Fix, *Souvenirs d'un officier d'état-major*, II, 10 ; lieutenant-colonel Patry, 66 ; Bazaine, *Épisodes*, 9.
2. Général Fay, *Journal d'un officier de l'armée du Rhin*, 38.

mand... savoir ce qui s'y passait et... nous tenir au courant des mouvements de l'ennemi. » Il n'y a guère que le commissaire spécial de Thionville à nous faire parvenir quelques données utiles[1].

Au début, le maréchal Le Bœuf, son entourage et la grande majorité de nos généraux sont très confiants. Le premier, dit-on, consulté par un de ses amis, lors des premiers incidents de juillet, sur l'opportunité d'entreprendre avec sa famille un voyage en Allemagne, lui répond, la mine attristée : « Hélas ! vous le pouvez, la Prusse nous échappe encore[2]. » Les circonstances ne tardent pas à modifier cette impression. En rentrant d'Allemagne, M. Rothan va voir le maréchal à Paris et lui annonce que, selon toute vraisemblance, le 25 juillet tous les réservistes d'infanterie auront rejoint leur corps; le 2 août, au plus tard, la concentration sera terminée. En traversant la gare de Hanovre, le baron de Werther a annoncé que les Prussiens avaient une forte avance et qu'ils nous surprendraient en pleine formation. A ces nouvelles, les traits du maréchal se contractent; il pâlit, s'agite anxieusement; il semble sortir d'un rêve[3].

Si telles sont ses impressions à Paris, il en va bien autrement quand il arrive à Metz. Il est parti, le 24 juillet, avec les généraux Jarras et Lebrun. A peine sur la frontière, il constate à sa grande stupeur que la mobilisation est très laborieuse, que les réservistes rejoignent avec une lenteur désespérante. L'empereur, qui débarque le 28, à 5 heures du soir, se montre, lui aussi, inquiet de l'avenir, de la faiblesse de nos effectifs, affligé des démonstrations bruyantes qu'il rencontre partout[4]. Déjà on lui conseille de verser des gardes mobiles dans les corps actifs. Il objecte la loi, avec raison. Il réunit en conférence les maréchaux Bazaine, Le Bœuf, les généraux Lebrun, Jarras, le tout pour

---

1. Bazaine, *Épisodes*, 9. A rapprocher de ce qu'écrit le général Jarras.
2. Général Castex, *Ce que j'ai vu*, II, 15 ; Souvenirs inédits du maréchal de Mac-Mahon, *Revue militaire*, 1900, 549 ; *Les Origines*, 306 ; voir *supra*, p. 76.
3. G. Rothan, *L'Allemagne et l'Italie*, I, 46.
4. Général Lebrun, *Souvenirs militaires*, 182-194.

se borner « à une causerie sans portée et sans résultat sur la situation [1] ». Des difficultés imprévues surgissent à chaque instant ; les réclamations, les demandes s'accumulent ; les ordres, les contre-ordres s'enchevêtrent, portant sur les intérêts les plus vitaux comme sur des détails sans importance. On retire les demi-couvertures ; on veut les rendre ; on décoiffe la garde de ses bonnets à poils ou de ses shakos légendaires ; on la recoiffe ; puis elle se décoiffe encore toute seule. Les corps d'armée avancent, reculent, oscillent au gré du moment. Les idées paraissent très peu arrêtées. Chaque avis est admis et, le plus souvent, c'est le dernier qui prévaut. Nous opérons une série de « mouvements d'oscillation stériles et sans portée, uniquement motivés par l'impression changeante de chaque jour et presque de chaque heure ». Le colonel chargé des opérations à l'état-major général, pris de désespoir devant tant d'incohérence, répète : « Ah ! que je voudrais être loin d'ici ! Que je voudrais être marguillier à Quimper-Corentin ! » Naturellement le découragement gagne de proche en proche, à commencer par nos principaux états-majors : « Bien avant les grandes batailles, j'ai entendu un aide de camp du maréchal dire sur la place de la Préfecture : « Nous sommes f... » Rien de plus choquant que cette dépression morale qui succède à un excès de confiance encore moins justifié [2].

Au début des opérations, plusieurs tendances se manifestent parmi les généraux. Les uns, peu à peu plus rares, croient à des succès faciles, parce qu'ils ignorent tout de l'Allemagne. D'autres, comme Ducrot, savent nos causes d'infériorité, mais espèrent quand même, tant leur confiance est grande dans notre soldat bien conduit. « La guerre est inévi-

---

1. Général Jarras, 58-61.
2. Colonel Fix, 10-14 ; général Jarras, 60 ; *ibid.*, 54-55. — Le ministre de la guerre à l'intendant en chef, à Metz, 8 août : « Votre dépêche d'hier, 9ʰ 30 matin, demande d'urgence des farines sur Metz ; celle de 5ʰ 30 soir dit de cesser tout envoi et, enfin, une troisième de 10ʰ 10 demande 2,200 quintaux de diverses denrées. Ces alternatives se succédant à de courts intervalles me mettent dans le plus grand embarras ; quoi qu'il en soit, je ne fais plus rien expédier de Paris sur Metz » (*Enquête,* dépositions, intendant général Blondeau).

table et prochaine. Nous ne sommes pas prêts, mais nous nous débrouillerons en route¹. »

Beaucoup ne sont pas sans de graves appréhensions : « A Alger tout le monde était convaincu que la guerre était inévitable, et tout le monde la redoutait². » — « La jeunesse dans l'armée évoquait les souvenirs d'Iéna, rappelait les faciles victoires de l'Algérie et les douteuses victoires de Magenta et de Solférino. Moins sujets aux illusions, les officiers supérieurs et les généraux jetaient un regard inquiet sur l'avenir³. » Lors de la concentration, ces impressions se précisent. L'un des plus vigoureux de nos brigadiers, Lapasset, écrit le 23 juillet : « J'avais la prescience de ce qui arrive ; aujourd'hui je touche du doigt des énormités. Notre légèreté se rit de tout cela ; nous souffrons et nous plaisantons⁴ ! » Le 1ᵉʳ août : « ... Nous sommes toujours dans la période de préparation..., il est grandement à souhaiter que l'on ne commence pas une affaire aussi ardue avant d'être complètement en mesure⁵... » Le général Trochu et la plupart des visages amis que rencontre le chef d'escadron Castex, à la fin de juillet, sont fort sombres. Le général de Rochebouët revêt une expression désespérée pour dire qu'il revient de Strasbourg et de Metz : « ... Rien n'y est prêt, rien, rien, rien⁶ ! »

A mesure que le temps fuit, ces impressions se font plus vives. Les mouvements incessants dans lesquels se consument l'ardeur et les forces des troupes révèlent trop clairement la faiblesse du commandement, l'absence chez lui de tout plan mûrement arrêté⁷.

---

1. Lettre citée par M. le général du Barail, III, 135.
2. Du Barail, III, 135, à la date du 14 juillet : « Le 15, on eut un moment d'espoir et, pour être franc, de soulagement à l'annonce du désistement de Léopold. »
3. Général Ambert, *L'invasion*, 1 ; général Montaudon, II, *passim*.
4. *Le général Lapasset*, II, 112 ; général Thoumas, I, 545, d'après une lettre écrite de Metz par l'un des principaux personnages de l'armée.
5. *Le général Lapasset*, II, 114.
6. Général Castex, *Ce que j'ai vu*, II, 19-20 ; « Je n'avais aucune confiance dans le succès de la campagne » (déposition de l'intendant général Wolf devant la commission des marchés, *Dossier de la guerre de 1870*, 92).
7. Général Castex, II, 25 ; *Trois mois à l'armée de Metz*, 20 : « Ce qui m'a surtout empêché de prendre des mesures, c'est l'absence d'ordres, de projet. Pas plus à Metz qu'à Paris, je n'ai jamais su au juste ce qu'on voulait faire... » (déposition de l'intendant général Wolf, *Dossier de la guerre de 1870*, 92).

Les vices d'une organisation rudimentaire se montrent un à un. Malgré les leçons de l'expérience, nous avons persisté à ne pas organiser d'avance les corps d'armée, les divisions, les brigades. La très grande majorité des officiers généraux est inconnue de leurs troupes et ne les connaît aucunement. Les états-majors, les services administratifs ont été improvisés au dernier moment. Des détachements, des corps entiers sont à la recherche de leurs chefs et réciproquement. « Suis arrivé à Belfort ; pas trouvé ma brigade, pas trouvé général de division. Que dois-je faire ? Sais pas où sont mes régiments », télégraphie le général Michel au ministre de la guerre, le 21 juillet[1]. Celui-ci serait bien en peine de répondre, car il ne connaît même pas l'emplacement de tout un corps d'armée, dont le chef est d'ailleurs à Paris, le 27 juillet, tandis que ses troupes se concentrent à Belfort : « Où en êtes-vous de votre formation ? Où sont vos divisions ? L'empereur vous commande de hâter cette formation pour rejoindre le plus vite possible Mac-Mahon sur le Bas-Rhin[2]. » — « Tel général en chef arrivait sans indication des troupes qui devaient composer son corps d'armée, et il apprenait avec autant d'étonnement que de satisfaction, de la bouche d'un de ses subordonnés, le nom des généraux et les numéros des régiments placés sous ses ordres. » Ailleurs, on oublie dans leurs garnisons des régiments que l'on croit à l'armée[3]. Le 10e dragons, destiné au 1er corps, est dirigé de Limoges sur l'Alsace, par étapes. Naturellement il ne rejoint qu'après Frœschwiller[4].

On ne sait même pas s'en tenir au projet vicieux adopté pour la concentration. Le 3e corps, qui a l'ordre de se concentrer à Metz, reçoit avis de se porter immédiatement à Boulay ; le 5e doit aller de Bitche à Sarreguemines ; la garde, de Nancy à Metz. On les rapproche de la frontière, sans

---

1. *Papiers et correspondance*, I, 439.
2. Le général de La Bastide renvoie de Belfort au général Félix Douay, à Paris, quai de Billy, 10, cette dépêche du major général (27 juillet, 3h 57 du matin, *Papiers et correspondance*, I, 443).
3. *Le général Lapasset*, II, 208-209, récit du siège de Metz par le général.
4. Commandant de Chalus, 18.

doute dans l'espoir d'arrêter les patrouilles de l'ennemi, pour ne pas donner aliment aux plaintes des journaux[1]. Naturellement ce déplacement entraîne une série de marches inutiles, qui impatientent et fatiguent les troupes. Celles-ci souffrent de l'irrégularité des distributions. « L'état-major jette la pierre à l'intendance et réciproquement[2]. » En l'absence de règles précisant les attributions de chacun, les plaintes sont universelles et le rendement presque nul. « Tous les services font défaut à la fois; tout le monde court; tout le monde crie; tout le monde donne des ordres que personne n'exécute; rien n'avance; rien ne se fait qu'à moitié, et de la célèbre formule — « Débrouillez-vous » — il ne sort qu'une bousculade générale[3]. »

Même à la tête de l'armée il n'y a pas unité de vues et de direction. Obéissant à une tendance que nous avons déjà signalée, l'empereur reçoit directement nombre de rapports; il y répond par des ordres dont il ne songe même pas à donner avis aux plus intéressés. Des officiers envoyés par l'état-major général sont surpris de constater une situation toute différente de celle qu'ils prévoyaient d'après leurs instructions[4]. La direction suprême est flottante, indécise, comme la pensée du César vieilli, aux prises avec une maladie grave, qui voit depuis des années pâlir peu à peu son étoile...

---

1. *Le général Lapasse*[1], II, 211.
2. Capitaine H. Choppin, *Revue hebdomadaire*, novembre 1898, 181 ; *Trois mois à l'armée de Metz*, 21.
3. Docteur Sarazin, 6-9.
4. Colonel Fix, 16-18. Voir *suprà*, p. 151.

VII

LES TROUPES

État moral. — Armement. — Équipement. — Parcs et munitions. — L'intendance. Les vivres. — Le service de santé. — Les équipages. — Les cartes.

Par la force même des choses, les dispositions du commandement influent sur celles des troupes. Elles sont parties pleines d'ardeur, débordant d'un enthousiasme bruyant, mais sincère, auquel ajoutent les démonstrations patriotiques, la générosité des populations frontières[1]. Les hésitations de la direction, les ordres et contre-ordres perpétuels produisent très vite leur effet ordinaire. A la confiance naïve du début succède un certain malaise, que la proclamation de l'empereur contribue à accroître[2]. L'indiscipline se trahit par mille détails : « Ah ! que les novateurs militaires ont fait de mal à l'armée...! on a semé le désordre et tant soit peu d'indiscipline. Il faudra quelques exemples et une main ferme pour remettre le tout en ordre... Notre tenue en vue de la paix se trouve profondément modifiée ; les soldats jettent leurs shakos... pour éviter cette perte... et surtout ces actes d'indiscipline, on va être obligé de les leur retirer[3]... »

---

1. *Le général Lapasset*, II, 107, lettre du 18 juillet; de Baillehache, 155; capitaine H. Choppin, *Revue hebdomadaire*, novembre 1898, 180; colonel de Ponchalon, *France militaire* du 24 décembre 1892.
2. Commandant M. Dumas-Guilin, *Souvenirs de la dernière invasion. Épisodes de la guerre de sept mois sous Metz et dans le Nord*, I, 4 ; commandant Tarret, *Souvenirs manuscrits*.
3. *Le général Lapasset*, II, 116, lettre du 1er août; docteur Sarazin, 12; « Les hommes continuent à jeter leurs shakos; impossible de réprimer ces actes d'indiscipline, qui résistent aux punitions. Je demande que, comme dans la campagne d'Italie, le shako de l'infanterie soit supprimé (le général de Failly au ministre, 27 juillet, *Revue militaire*, 1899, 285); général Jarras, 59 ; « Les hommes sont trop chargés ; le général Bellecour partage mon opinion à cet égard et les shakos commencent à jalonner les routes et à marquer les bivouacs abandonnés » (le général de Cissey au général de Ladmirault, 1er août, *Revue d'histoire*, 1er S. 1901, 627); ordre du général Frossard, 31 juillet, *ibid.*, 371. Dans

LA CONCENTRATION.   175

Bien plus, «...des régiments entiers... ont jeté cartouches et sacs, en demandant des voitures pour les porter ». Le 2 août, l'empereur voit le sol ainsi jonché, et nos troupes ont parcouru au plus 5 ou 6 kilomètres ! Il en est très effrayé [1]. Une revue passée, le 31 juillet, dans la garde, permet de constater que nombre d'hommes ont laissé dans les garnisons leur seconde paire de chaussures [2]. Dans plusieurs corps d'armée, ils vont jusqu'à briser, à jeter leurs armes. Un ordre général du 5ᵉ corps, daté du 19 juillet, porte ce qui suit : « Les hommes qui briseraient leurs armes en resteront privés et seront tous placés aux avant-postes [3]. » Très vite, le soldat perd l'habitude de rendre les marques extérieures de respect, même aux officiers du plus haut grade [4]. Tout dénote que l'indiscipline, cet ennemi mortel des armées, n'attend que les catastrophes prochaines pour les rendre peut-être irrémédiables. Les échelons supérieurs, eux-mêmes, n'en sont pas exempts [5].

Si nos effectifs sont fort au-dessous des prévisions, le matériel de tout genre n'est pas moins incomplet. Il n'y a pour l'ensemble de l'armée que six magasins centraux, dont un en Algérie. Ils sont les uniques dispensateurs du campement, de l'équipement et de l'habillement, qu'ils envoient dans toutes les directions, au prix d'erreurs, de retards sans nombre, en accroissant encore l'encombrement des voies ferrées. Le 26 juillet, le maréchal Le Bœuf et le général Lebrun visitent le magasin central de Metz. Le désordre y est « effroyable ». Il renferme 400,000 toiles de tentes et les troupes voisines en manquent. Elles sont d'ailleurs

---

une dépêche du 22 juillet, le général de Failly demandait même la suppression du talpack des hussards (général Pierron, *Méth des de guerre*, II, 1294), etc.

[1]. Déposition du maréchal Le Bœuf devant le conseil d'enquête, Bazaine, *Épisodes*, 143.

[2]. Journal de marche de la 2ᵉ brigade de la division Picard, *Revue d'histoire*, 1ᵉʳ S. 1901, 147.

[3]. *Revue militaire*, 1899, 165 ; prince Bibesco, *Belfort, Reims, Sedan*, 29.

[4]. Docteur Merchie, inspecteur général du service de santé en Belgique, *Les secours aux blessés après la bataille de Sedan*, 106.

[5]. Voir dans le général Lebrun, *Bazeilles-Sedan*, 170, la scène navrante qui se produit au 12ᵉ corps, le 2 septembre, entre le général de B. (de Béville) et l'un de ses colonels (Martin, du 6ᵉ cuirassiers).

inutilisables, faute de cordeaux et de piquets[1]. Par contre, dès le début des opérations, on n'y trouvera ni marmites, ni bidons, ni gamelles[2].

Dès lors, un grand nombre de régiments et surtout de détachements de réservistes sont dirigés sur la frontière avec un équipement très incomplet, parfois même sans capotes. Chaque jour, les commandants de corps d'armée signalent des lacunes de ce genre[3]. Le 27 juillet, le maréchal Le Bœuf se plaint encore au ministre de ce que des réservistes continuent d'arriver sans cartouches, ni campement. A la même date, toute la division Grenier, du 4e corps, n'a pas de tentes-abris[4]. Le 29, il manque au 5e corps 2,176 tentes-abris, 2,149 couvertures, 3,020 ceintures de flanelle, 1,452 musettes-mangeoires. Le général de Failly réclame du campement pour 5,000 hommes. Le 31, 602 hommes du 65e arrivent à Thionville sans tentes-abris. Le 1er août, 550 hommes du 71e n'ont ni shakos, ni ceintures de flanelle, ni petits bidons, ni piquets de tente. Il leur manque jusqu'à des cartouchières. Le 2, le 2e corps n'a pas encore l'indispensable. Le 7e corps est immobilisé une quinzaine de jours en attendant le matériel annoncé de Paris. Partout des réservistes ne peuvent quitter les dépôts faute de campement ou d'équipement[5].

---

1. Général Lebrun, *Souvenirs militaires*, 1866-1870, 206.
2. Général du Barail, III, 163, à la date du 10 août; dès le 1er, il n'y a plus à Metz ni ceintures de flanelle, ni petits bidons, ni piquets de tente, ni cartouchières (le général Arnaudeau au général Metman, *Revue d'histoire*, 1er S. 1901, 610); le major général au général Dejean, 1er août, *ibid.*, 577.
3. Le maréchal Bazaine au ministre, 21 juillet, *L'armée du Rhin*, 246; du même au même, 21 juillet, *ibid.*, 247; le 22, à son arrivée à Thionville, le 2e hussards n'a ni campement, ni outils, ni moyens de transports (*Historique du corps*, 178); au 64e de ligne, la moitié du régiment touche son campement, le 23, au point de concentration (Historique reproduit par Bazaine, *Épisodes*, 112); le 5e dragons ne reçoit ses tentes que les 25 et 26 (De Saint-Just, *Historique*, 335). Voir encore la *Revue militaire*, 1900, 937 et suiv.: le général de Ladmirault au ministre, 29 juillet, télégramme du général commandant à Lille, m. d., 5h 02 et 5h 40 soir, etc.
4. Télégramme, 1h 12 soir, *Papiers et correspondance*, I, 441; lieutenant-colonel de Rousset, *Le 4e corps de l'armée de Metz*, 25, 35.
5. Journal de marche du 5e corps, *Revue militaire*, 1899, 291; le major général au ministre, 29 juillet, *Papiers et correspondance*, I, 441; *Revue d'histoire*, 1er S. 1901, 384; le général Arnaudeau au général Metman, 1er août, *ibid.*, 610;

Trop souvent le commandement et l'intendance ne montrent aucune trace d'initiative. On voit un maréchal de France, futur commandant en chef de l'armée du Rhin, télégraphier au ministre le 18 juillet : « Puis-je faire délivrer des ceintures de flanelle aux hommes qui en manquent[1]? »

Même, en ce qui concerne les armes, nous sommes insuffisamment pourvus. L'effectif de paix ne dépasse guère 1,250 hommes par régiment d'infanterie ; l'armement est de 2,000 fusils, et l'effectif de guerre atteint en moyenne 3,520 hommes, y compris la classe de 1869, incorporée du 8 au 12 août. De même, il manque une grande quantité de pièces de rechange, 18,000 obturateurs pour le seul 7ᵉ corps, au 1ᵉʳ août[2]. Quant aux cartouches, il n'y a dans les régiments aucun approvisionnement, en dehors de la consommation courante. Des régiments les reçoivent aux points de concentration[3]. Les officiers sont invités à se procurer des revolvers. Il n'y en a pas dans les arsenaux et les ressources du commerce sont vite épuisées. Le plus grand nombre reste armé de pistolets[4].

On sait quelles espérances exagérées nous fondons sur les mitrailleuses. Elles ont été réparties entre les divisions d'infanterie, sans que toutes puissent en recevoir. Mais leurs munitions parviennent très tardivement. Le 27 juillet, le 3ᵉ corps n'en possède pas encore[5]. C'est à grand'peine,

---

commandant Patorni. *Neuf mois de captivité en Allemagne*, 7 ; capitaine H. Choppin, *Revue hebdomadaire*, novembre 1898, 180 ; *Les causes de nos désastres*, 12 ; le général de Forton au major général, 29 juillet ; rapport journalier de la 1ʳᵉ division du 2ᵉ corps, 29 au 30 juillet ; le général de Ladmirault au major général, 30 juillet ; le général Douay au major général, m. d. ; le général commandant la 11ᵉ division militaire au ministre, m. d. ; le général commandant la 4ᵉ division militaire au ministre, 1ᵉʳ août ; Journal de marche de la brigade Berger, m. d. (*Revue militaire*, 1900, 1012 ; *Revue d'histoire*, 1ᵉʳ S. 1901, 144, 167, 177, 352, 384, 576, 624), etc.

1. *L'armée du Rhin*, 241.
2. Journal de marche de la réserve d'artillerie du 7ᵉ corps, *Revue d'histoire*, 1ᵉʳ S. 1901, 639 ; le général directeur de l'artillerie au général Soleille, 1ᵉʳ août ; *ibid.*, 652.
3. Général Lebrun, *Souvenirs militaires*, 202 et suiv. ; Journal du général Soleille, 29 juillet, *Revue militaire*, 1900, 1025, etc.
4. *Papiers et correspondance*, I, 439, le ministre au général de Failly, 21 juillet ; capitaine H. Choppin, *loc. cit.* ; *Revue militaire*, 1900, 817.
5. Voir *suprà*, p. 142.

d'ailleurs, que l'artillerie réunit la quantité indispensable de gargousses et d'obus. Le crédit pour la transformation de l'armement a laissé un excédent de trois ou quatre millions. On l'utilise à fondre des projectiles ou fabriquer du matériel. « Sans cette ressource, il eût été absolument impossible de faire la guerre en 1870, ce qui n'aurait peut-être pas empêché le gouvernement de la déclarer[1]. »

Quand le matériel existe, il manque d'attelages. Le 29 juillet, le maréchal de Mac-Mahon télégraphie au ministre que la compagnie de pontonniers et l'équipage de ponts du 1er corps vont être dirigés d'Auxonne sur Strasbourg, aussitôt après les batteries et les réserves divisionnaires. Mais la compagnie du train d'artillerie destinée à fournir les attelages n'est que la 15e à mobiliser, et il manque encore 2,300 chevaux[2]. Il n'y a pas à mettre en cause les deux régiments du train. Ils ont chacun à recevoir, immatriculer, marquer, accoupler et harnacher 5,000 chevaux arrivés avant leurs conducteurs. Ceux-ci proviennent des excédents renvoyés par les régiments d'artillerie, naturellement avec un certain retard[3].

Dès lors, les réclamations s'accumulent inutilement. Les parcs d'artillerie, les équipages de ponts sont immobilisés faute d'attelages. A Forbach, le 6 août, nous perdrons ainsi l'équipage du 3e corps, envoyé de Saint-Avold sans un cheval pour le traîner. Bien plus, des batteries sont dirigées sur les points de concentration avec quatre et même deux pièces attelées[4].

---

1. Général Thoumas, I, 552. C'est le 7 juillet seulement que des approvisionnements furent *commandés* pour les places de l'Est. — On prépara deux équipages de siège de 225 bouches à feu pour Coblenz et Mayence, à Lyon, Langres et Paris. L'un d'eux fut pris à Metz. Voir leur composition, *ibid.*, 235. — Une lettre du colonel-directeur à Strasbourg, 29 juillet, porte que le 1er équipage de siège doit être formé à Strasbourg, où sont arrivées déjà 255 bouches à feu de gros calibre (*Revue militaire*, 1900, 1023).

2. Dépêche du 29 juillet, général Pierron, I, 695.

3. Le directeur de l'artillerie au général Soleille, commandant en chef l'artillerie de l'armée du Rhin, 31 juillet 1870, général Pierron, I, 695; dépêche de Bazaine au major général, 26 juillet, *L'armée du Rhin*, 253; Journal du général Soleille, 29 juillet, *Revue militaire*, 1900, 1023.

4. Voir *supra*, p. 142; général Fay, *Journal d'un officier de l'armée du Rhin*, 26; général de Palikao, 57; prince Bibesco, 19, 22; commandant de Chalus, 193.

Les services administratifs, c'est-à-dire tout cet organisme compliqué auquel incombe le soin d'alimenter l'armée, de lui fournir des vêtements et des chaussures de rechange, de recueillir et d'hospitaliser ses blessés ou ses malades, sont plus lents encore à se constituer. « Notre système administratif, notre organisation militaire sont créés en vue de la paix et non... de la guerre... Nous sommes à attendre encore nos ambulances, nos réserves de cartouches, une partie de nos réserves de campement et de nos transports. L'intendance se multiplie ; malheureusement, qui trop embrasse, mal étreint et, à force de vouloir tout faire, elle consume ses efforts dans une impuissance radicale[1]. » Partout ce sont les mêmes plaintes : « ... Mon intendant est seul, sans sous-intendants, sans comptables, sans fours de campagne... », écrit Bazaine au général Frossard, le 24 juillet[2].

Non seulement l'intendance est impuissante, de par sa constitution propre et aussi par les fautes du commandement, mais elle gêne ou même arrête les efforts des autres services[3]. Un chef d'escadron doit partir sur l'heure de Strasbourg avec deux batteries. Il présente au magasin l'ordre signé Ducrot pour obtenir des effets de campement. L'officier comptable refuse de les livrer sans un visa de l'intendant, pour le moment introuvable. Le général est obligé, lui-même, d'aller assurer l'exécution de son ordre. Il prévient le comptable qu'en cas de récidive, il le fera passer en conseil de guerre[4]. Ce respect inintelligent de la forme va si loin, que, le 17 juillet, un télégramme du ministre de la guerre est conçu en ces termes : « A dater de ce jour, tout fonctionnaire de l'intendance qui refusera aux troupes le matériel et les moyens dont elles auront besoin pour se

---

1. *Le général Lapasset*, II, 114, lettre du 28 juillet ; le général de Cissey au général de Ladmirault, 1er août, *Revue d'histoire*, 1er S. 1901, 625.
2. *L'armée du Rhin*, 253 ; dépêche de Bazaine au ministre, 21 juillet, *ibid.*, 247.
3. Le comte de Leusse à Ducrot, 1er juillet 1871, général Pierron, I, 378.
4. Docteur Sarazin, 9-15. — A la date du 27, la division Ducrot n'a ni sous-intendant, ni comptables, ni subsistances assurées (Intendant général à Guerre, 27 juillet, 12h 30 soir, *Papiers et correspondance*, I, 442 ; intendant du 1er corps à Guerre, 28 juillet, 7h 35 matin, *ibid.*, 443) ; intendant du 7e corps à Guerre, 4 août, 7h 06 matin, *ibid.*, 444.

mettre en mouvement..., sous prétexte que les formalités réglementaires ne lui permettent pas de satisfaire sur l'heure aux demandes à lui adressées, sera blâmé très sévèrement, s'il n'est même puni d'une manière exemplaire[1]. » Nul besoin d'insister sur les dangers de l'état de choses révélé par ce télégramme. Le commandement s'est laissé dépouiller par l'intendance de ses attributions les plus essentielles, de celles que, seul, il peut et doit exercer. Quoi d'étonnant si aucun besoin n'est convenablement assuré?

Du premier au dernier jour de la concentration, c'est un concert de plaintes unanimes : les vivres manquent autant que les moyens de transport. Le 19 juillet, à Strasbourg, Ducrot décrit la situation comme inquiétante en ce qui touche les subsistances. Les ressources du commerce sont presque nulles. Aucune mesure n'a été prise pour assurer la fourniture de la viande[2]. Le lendemain, c'est l'intendant général Wolf qui écrit : « Il n'y a à Metz ni sucre, ni café, ni riz, ni eau-de-vie, ni sel, peu de lard et de biscuit. Envoyez d'urgence au moins un million de rations sur Thionville[3]. » De son côté, le maréchal Bazaine transmet au ministre un télégramme du général de Failly : « Aucune ressource, point d'argent dans les caisses ou dans les corps ; je réclame de l'argent sonnant. Nous avons besoin de tout, sous tous les rapports[4]. »

A cette date, l'intendance de Strasbourg en est encore à signer des contrats irréalisables pour le riz, le sucre, le café et le vin. « Un marché général va être passé pour la viande de l'armée[5] », qu'il sera encore plus impossible d'exécuter.

---

1. Général Pierron, I, 5 bis.
2. *Vie militaire du général Ducrot*, II, 339 ; télégramme au ministre.
3. *Papiers et correspondance*, I, 438, l'intendant général à l'intendant général Blondeau, ministère de la guerre, 20 juillet, 9h 50 matin ; général de Failly à Guerre, 18 juillet, *ibid.*; Bazaine à Guerre, 20 juillet, Bazaine, *Épisodes*, 1, etc.
4. Bazaine, *Épisodes*, 1 et suiv. ; télégramme du 19 juillet. — Le 1er août, le général de Cissey signale encore au général de Ladmirault la pénurie d'argent où se trouvent les troupes, officiers et lui-même compris. Les bureaux de poste ne peuvent pas payer les mandats, motif d'indiscipline (*Revue d'histoire*, 1er S. 1901, 627).
5. Guerre à Ducrot, 20 juillet, général Fay, *Journal d'un officier de l'armée du Rhin*, 24.

LA CONCENTRATION.

Plusieurs jours s'écoulent sans que la situation s'améliore, bien au contraire. Le 24 juillet, « Metz, qui fournit les 2ᵉ, 3ᵉ, 4ᵉ et 5ᵉ corps, n'a ni biscuit, ni avoine[1] ». Le 25 : « Il n'existe aujourd'hui, dans les places de Mézières et de Sedan, ni biscuit, ni salaisons[2]. » Le 26, c'est l'intendant en chef qui montre les troupes autour de Metz obligées de consommer le biscuit de réserve, faute de pain. L'empereur propose au ministre de la guerre d'en faire cuire à la manutention de Paris, pour le leur envoyer[3] ! Le 29, le major général signale encore la même pénurie : « Je manque de biscuit pour marcher en avant. Dirigez, sans retard, sur Strasbourg tout ce que vous avez dans les places de l'intérieur[4]. »

Le 1ᵉʳ août, la situation n'est pas meilleure[5]. Même le 8, des télégrammes tels que le suivant s'échangent encore : « L'intendant en chef de l'armée du Rhin demande quatre cent mille rations de biscuit et de vivres de campagne. On n'a pas une ration de biscuit, ni de vivres de campagne, à l'exception de sucre et café[6]... » Notre préparation est tellement incomplète, que, le 3 août, les commandants de corps d'armée ignorent le nombre des rations de vivres et le montant des indemnités allouées à chaque grade[7].

Dans ces conditions, quoi d'étonnant à ce que les corps

---

1. Intendant militaire 5ᵉ division à Guerre, 24 juillet, général Fay, 24.
2. Sous-intendant militaire de Mézières à Guerre, 25 juillet, général Fay, 25 ; *Papiers et correspondance*, I, 440.
3. *Papiers et correspondance*, I, 441, télégrammes du 26 juillet, 6ʰ 45 et 8ʰ 47 soir.
4. Général Pierron, I, 338, télégramme au ministre de la guerre ; *Papiers et correspondance*, I, 441.
5. Le major général au ministre ; le ministre au major général et à l'intendant en chef, *Revue d'histoire*, 1ᵉʳ S. 1901, 573 et suiv.
6. Général de Wimpffen, 330. Le télégramme du 8 août est daté du camp de Châlons. — « Il manque à Verdun, comme approvisionnement de siège, vin, eau-de-vie, sucre et café, lard, légumes secs, viande fraîche. Prière de pourvoir d'urgence pour 4,000 hommes » (Général subdivision à général division, Metz, 7 août, 5ʰ 45 soir, *Papiers et correspondance*, I, 446).
7. Le commandant du 4ᵉ corps au major général, général Pierron, I, 492. — Le *Journal officiel* du 4 août annonce, p. 1368, qu'à partir du 5 la ration de viande est fixée à 400 grammes ; celle de lard à 300. C'est à partir du 3 août que commence la perception des vivres de campagne (le major général aux commandants de corps d'armée, 31 juillet, *Revue d'histoire*, 1ᵉʳ S. 1901, 355).

souffrent de l'irrégularité ou même de l'absence des distributions? Du 24 au 27 juillet, l'une des brigades du 1ᵉʳ corps (2ᵉ de la 2ᵉ division) touche à grand'peine ses vivres journaliers, sans aucune ration de réserve. Le 3 août, la division doit percevoir, en passant par Haguenau, deux jours de pain destinés à l'aligner à quatre rations. Elle ne peut en toucher qu'un seul. Les 4 et 5 août, aucune distribution. Le 6, le convoi est pris à Frœschwiller, sans avoir pu rien distribuer aux troupes. Le 7, à Saverne, on touche 2,000 rations, soit un peu plus d'un quart par homme, après quatre jours passés sans recevoir de vivres[1]. On vit d'expédients, de ressources improvisées, avant même le début des opérations : « Débrouillez-vous, mot odieux, qui pouvait avoir sa raison d'être en Afrique, quand, après de longues expéditions, tout venant à manquer dans les colonnes, on n'avait à la rigueur à s'en prendre à personne. Mais, au premier jour d'une guerre prévue depuis quatre ans, déclarée avec tant de hauteur, après plusieurs années d'un budget... si lourd, après une paix de si longue durée..., nous dire : Débrouillez-vous ! Ah ! c'est vraiment trop fort[2] ! »

Sur un autre point, l'intendance est également en défaut, avec des conséquences plus douloureuses, s'il est possible. Elle a assumé la charge du service de santé, en confinant les médecins dans leur rôle purement technique. Dès la concentration, tout manque à nos formations sanitaires, personnel et matériel. Celui-ci est groupé aux Invalides, avec une réserve à Marseille, mais sans harnais. Les atte-

---

1. *Journal de marche* de la 2ᵉ division du 1ᵉʳ corps, extrait reproduit par M. le général Pierron, I, 677. — « La brigade de cavalerie qui est à Soultz manque d'avoine... Le pays est épuisé. Il faut absolument faire venir de l'avoine, par chemin de fer, de l'intérieur » (le maréchal de Mac-Mahon à l'intendant du 1ᵉʳ corps, *ibid.*, 335). — « On vit au jour le jour ; le pain est assuré d'une manière précaire : pas de fours de campagne, pas de biscuits en réserve... » (*Journal de marche* de la division Laveaucoupet, cité par J. de La Faye, *Cinquante ans de vie militaire. Le général de Laveaucoupet*, 197 ; de Saint-Just, *Historique du 5ᵉ de dragons* : à dater du 26 juillet, on ne touche plus de distributions régulières de fourrage. Les 1ᵉʳ et 2 août, par exemple, il n'y a ni paille, ni foin. Voir encore la *Revue militaire*, 1900, 818, 854, Journal de marche des services administratifs du 2ᵉ corps, etc.
2. Général Fay, 25.

lages font défaut, eux aussi, en sorte que certaines divisions et presque tous les quartiers généraux ne reçoivent pas leurs ambulances avant le 4 ou le 6 août[1]. Le 27 juillet, le personnel et le matériel de l'ambulance d'une division (1re du 1er corps) tiennent dans un fiacre[2]. Les commandants de corps d'armée multiplient en vain les réclamations. Jusqu'au 6 août les plaintes sont continuelles[3]. Lors des premières batailles, nos blessés seront trop souvent abandonnés à la pitié de l'ennemi ou des habitants.

Ce n'est pas seulement le matériel sanitaire qui fait défaut ou arrive tardivement. Il en est de même pour les fourgons à vivres, les fours roulants, bref l'immense attirail des services administratifs proprement dits. Comme nous l'avons dit, il ne saurait en être autrement. Nous avons un petit nombre de magasins où tout le matériel est entassé, les voitures démontées et « engerbées ». En outre, notre système de centralisation fait que tous les ordres partent du ministère, que toutes les réclamations, les demandes y aboutissent. De là un désordre qu'on a peine à imaginer. Jusqu'en juillet 1868, les dispositions sont telles au parc de Vernon, qu'il faudrait, après les avoir remises sur roues, faire sortir par une seule porte 6,700 voitures. Le directeur calcule que

---

1. Général Lebrun, *Souvenirs militaires*, 206. — Les ambulances des 1re, 3e, 4e divisions et du quartier général du 1er corps ne rejoignent que le 5 août; celle de la 2e division, incomplète, n'arrive que le 4 (médecin-inspecteur Dauvé, L'ambulance de la division Abel Douay en 1870, *Spectateur militaire*, 1899, tome XXXVI, 101). — Voir, pour la répartition du matériel de santé, une note du maréchal Niel du 25 juillet 1868, de La Chapelle, 69.

2. Docteur Sarazin, 12; *De Frœschwiller à Sedan*, 10; *Revue militaire*, 1900, 1005, lettre du général Bourbaki au major général, 29 juillet, rendant compte que 13 voitures d'ambulance viennent d'être mises à la disposition de la garde, dont 3 à 4 roues, mais qu'elles n'ont pas les harnais correspondants.

3. « ... Envoyez aussi des cantines d'ambulance » (général Frossard au ministre, 19 juillet); le maréchal Bazaine au ministre, 21 juillet ; « ... Pas plus que vous, je n'ai de moyens d'ambulances, ni de cacolets.

« Je n'ai pas un infirmier » (le maréchal Bazaine au général Frossard, 24 juillet); le maréchal Bazaine au major général, 26 juillet (Bazaine, *L'armée du Rhin*, 242-261 ; général de Wimpffen, 329). — Voir aussi *Papiers et correspondance*, I, 440 et suiv. : l'intendant du 3e corps à Guerre, 24 juillet ; l'intendant du 7e corps à Guerre, 4 août; maréchal Canrobert à Guerre, 10 août; préfet du Bas-Rhin à Intérieur, 11 août; *Revue militaire*, 1900, 923 et suiv. : télégramme du maréchal Bazaine au ministre et réponse, 29 juillet; Journal de marche de la division de L'Abadie, *ibid.*, 953, etc., etc.

huit mois seraient nécessaires[1]. Dès qu'il en est informé, l'empereur donne l'ordre de modifier cette répartition, et le matériel du train est partagé entre neuf places. Mais cet essai de décentralisation est encore trop timide.

Même à l'état-major général de l'armée du Rhin, les équipages de campagne doivent être improvisés. Il existe tout juste pour eux des voitures et des harnais. Il faut leur procurer des attelages et des conducteurs. Aucun cadre n'a été prévu[2]. « Les bagages ou, pour parler plus exactement, leur mauvaise réglementation, puisque chacun restait à peu près libre de les organiser comme il l'entendait, ont été une des plaies de Metz. On y avait apporté les traditions d'Afrique, du Mexique et d'Italie ; le hasard, la précipitation qui avaient présidé à la réunion des voitures de vivres et d'approvisionnements augmentaient encore le chaos[3]. »

Dès les premiers jours les plaintes affluent. Le général de Failly télégraphie au ministre (19 juillet) : « ... Envoyez des voitures pour les états-majors. Personne n'en a. Envoyez aussi des cantines d'ambulance[4]. » Le 21 juillet, le maréchal Bazaine rend compte que la majeure partie des voitures réunies à Toul est en mauvais état, faute des précautions indispensables. Les bois ont joué et les roues doivent être châtrées. « Tous les commandants de corps d'armée récla-

---

1. *Enquête*, déposition de l'intendant général Blondeau, 13 février 1873, citée par M. le général Pierron, II, 1250 ; comte de La Chapelle (inspiré par Napoléon III), *Les forces militaires de la France en 1870*, 66-69-77 ; *ibid.*, note du maréchal Niel, 25 juillet 1868 ; note du ministre de la guerre, sans date.

2. Voir *suprà*, p. 137.

3. Colonel Fix, *Lecture* du 11 mars 1899. — A la suite de la guerre d'Italie, on avait substitué les voitures aux mulets à bagages (*Les causes de nos désastres*, 52-63). « On se souvient, par exemple, que l'ordre fut donné aux troupes de Paris et de Lyon de prendre leurs voitures dans ces deux places ; mais les corps n'avaient pas de chevaux pour les traîner ; ils devaient partir le soir ou dans la nuit ; ils n'allèrent point chercher leurs voitures » (général Lewal, 400). Une mesure prise à la dernière heure contribua à la mauvaise organisation des équipages : « L'intention de l'empereur est que, dans la garde comme dans la ligne, le personnel nécessaire à la conduite des voitures régimentaires soit emprunté à la garde mobile » (le major général au général Bourbaki, 30 juillet, *Revue d'histoire*, 1er S. 1901, 184).

4. Bazaine, *L'armée du Rhin*, 242 ; *ibid.*, 246, télégramme du 21 juillet ; *ibid.*, 247 ; *Revue militaire*, 1900, 865, Journal de marche des services administratifs du 2e corps, etc.

ment à grands cris des moyens de transport... » Le 22, il s'agit de douze fours roulants qui manquent au 3ᵉ corps¹. Le 24, « le 4ᵉ corps n'a encore ni cantines d'ambulances, ni voitures d'équipage pour les corps et les états-majors. — Toul est complètement dégarni². » — « Le 3ᵉ corps quitte Metz demain. Je n'ai ni infirmiers, ni ouvriers d'administration, ni caisson d'ambulance, ni fours de campagne, ni train, ni instruments de pesage... ; à la 4ᵉ division et à la division de cavalerie, je n'ai pas même un fonctionnaire³... » Le 27, l'intendant du 1ᵉʳ corps n'a ni sous-intendant, ni train, ni ouvriers d'administration ; il ne peut atteler aucun caisson ni rien constituer⁴. Le 30, il manque au 4ᵉ corps les chevaux et les harnais pour atteler 12 caissons et 6 voitures de ses ambulances. Le 1ᵉʳ août, le 3ᵉ corps n'a pas encore toutes ses voitures ; on télégraphie à Paris pour lui en faire envoyer⁵. Le 4, date du combat de Wissembourg, « le 7ᵉ corps n'a pas d'infirmiers, pas d'ouvriers, pas de train... ». Jamais il n'aura ses moyens de transport réglementaires⁶.

Ainsi, au début des opérations, les troupes sont dépourvues de nombreux moyens d'action. Les états-majors n'ont ni personnel subalterne, ni chevaux de trait, ni équipages constitués, ni même leur plus indispensable moyen de travail, des cartes. Il ne semble pas, d'ailleurs, que chacun attribue à ce fait l'importance qui conviendrait⁷. Ce n'est

---

1. Bazaine, *loc. cit.*, 247 et suiv. ; Bazaine, *Épisodes*, 3.
2. *Papiers et correspondance*, I, 439 : le général Ladmirault au major général, 24 juillet, 9ʰ 12 matin.
3. *Papiers et correspondance*, I, 439 : l'intendant du 3ᵉ corps à Guerre, 24 juillet, 7 heures soir ; Bazaine, *L'armée du Rhin*, 252-255.
4. *Papiers et corespondance*, I, 441, intendant général à Guerre ; l'intendant du 2ᵉ corps au général Frossard, 27 juillet, cité par M. le général Pierron, II, 1379 ; le général de Ladmirault au major général ; télégramme du maréchal Bazaine au même ; le général Bourbaki au même, 30 juillet, *Revue d'histoire*, 1ᵉʳ S. 1901, 152, 166, 186.
5. Télégramme du major général au maréchal Bazaine, 31 juillet, 2ʰ 15 soir, et 1ᵉʳ août, 3ʰ 17 soir, Bazaine, *L'armée du Rhin*, 261. Une note du général Frossard, 1ᵉʳ août, signale l'arrivée de 122 petites voitures régimentaires (*Revue d'histoire*, 1ᵉʳ S. 1901, 593).
6. *Papiers et correspondance*, I, 441, intendant 7ᵉ corps à Guerre, 4 août, 7ʰ 06 matin ; *Les causes de nos désastres*, 12.
7. Un député aurait demandé au maréchal Le Bœuf s'il avait muni nos officiers de bonnes cartes. — « Certainement, ils ont les meilleures qui existent. — Vous

pas faute de réclamations. De tous côtés, dès le premier jour, on signale l'absence de cartes de la région frontière [1]. L'état-major est réduit à en emprunter aux maires, à se renseigner par ouï-dire. Le peu de cartes qui existaient chez les libraires de Metz ont été accaparées par les officiers de la garnison. Le général Jarras, lui-même, n'a qu'un seul exemplaire de la carte de France au 80,000e. Il faut faire autographier un croquis sommaire des environs. Pendant l'investissement, nous n'avons pas mieux pour reporter chaque jour nos emplacements et ceux de l'ennemi [2]. L'état-major du génie du 3e corps possède des cartes d'Allemagne en telle quantité, qu'il renonce à les emporter toutes ; mais il n'a pas de cartes de France au 80,000e et doit se borner à un très petit nombre de réductions au quart, obtenues par la photographie [3]. Tout ce que reçoivent les corps de troupe se borne à un ridicule croquis « à une échelle impossible, inappréciable » des routes de Metz au Rhin [4]. Même lorsque, à la fin d'août,

---

me faites bien plaisir, Maréchal, et tous les officiers en ont ? — Tous ! et tenez, j'ai la mienne sur moi. » Et Le Bœuf tirant à moitié son épée du fourreau : « La voilà ! » (*Le dernier des Napoléon*, 352). Ce trait est conté également par M. Fernand Giraudeau, *La vérité sur la campagne de 1870*, 220, qui l'attribue à « un général ».

1. Lettre du général de Laveaucoupet à sa femme, 20 juillet, J. de La Faye, 190 ; Delmas, 109 ; le 31 juillet, au 6e de ligne, personne n'a de cartes, pas même les officiers supérieurs (lieutenant-colonel Patry, 33) ; général de Wimpffen, 74 ; dernière dépêche du général Abel Douay, tué à Wissembourg : « Je n'ai pas une seule carte du pays où j'arrive ! » — « Vous ne ferez donc pas distribuer de cartes ? dit, le 4 août, le général de Ladmirault au général Lebrun. — Ma foi, ce serait bien volontiers, mais nous n'en avons pas au grand état-major ; j'en ai réclamé, le colis n'est pas encore arrivé » (général Castex, II, 31).

2. Colonel Fix, *Lecture* du 18 mars 1898, 270. — Le 31 juillet, le major général envoi au 2e corps *un* exemplaire de la carte au 80,000e du département de la Moselle ; au 5e corps, *trois* exemplaires du Bas-Rhin et *un* de la Moselle. Il ajoute : « Dans le cas où ce nombre vous paraîtrait insuffisant, vous voudriez bien me le faire savoir, et je vous en adresserais de nouveaux exemplaires, au fur et à mesure du tirage » (le major général aux généraux Frossard et de Failly, *Revue d'histoire*, 1er S. 1901, 371, 394).

3. *Trois mois à l'armée de Metz*, par un officier du génie, 2e édition, 1871, 16. — « Le dépôt envoie d'énormes paquets de cartes inutiles pour le moment ; n'avons pas une carte de la frontière de France... » (général commandant le 2e corps à Guerre, 21 juillet, 8h 55 matin, *Papiers et correspondance*, I, 439) ; Historique du 5e corps, *Revue militaire*, 1899, 170. Il y a jusqu'à des cartes de Pologne et d'Autriche, Journal inédit du comte de Leusse, *Revue militaire*, 1920, 836).

4. *Histoire de l'er-corps d'état-major* (attribuée au général Riff), 48 ; commandant Tarret, *Souvenirs manuscrits*, 2, 4. — Le 30 juillet, le major général

le général de Wimpffen va rejoindre l'armée de Châlons, le ministère de la guerre lui remet un rouleau de cartes au 320,000ᵉ. Pas une n'est au 80,000ᵉ. Il doit emprunter la collection d'un ami [1].

Ces cartes, distribuées avec tant de parcimonie, ne sont pas tenues au courant. Quantité de routes nouvelles, de voies ferrées, de ponts n'y figurent pas, même sur la frontière la plus exposée. Visiblement, on ne prête aucune attention à ces détails [2].

---

envoie au 2ᵉ corps « 600 cartes indiquant les routes qui conduisent au Rhin »; au 6ᵉ corps, 1,000 (*Revue d'histoire*, 1ᵉʳ S. 1901, 145, 175, notes d'envoi). — Le 7 août, on distribua un autre croquis, de même valeur : « Les routes du Rhin à Berlin. » Le premier a été reproduit par la *Revue d'histoire, ibid.*, 144.

[1]. Général de Wimpffen, 123. — Il résulte d'une lettre du maréchal Canrobert au général Levassor-Sorval, 30 juillet, que chaque division reçut uniquement deux collections au 320,000ᵉ (feuilles 9, 13, 14, 15, 19, 20), l'une pour le divisionnaire, l'autre pour le chef d'état-major. — Le major général télégraphie au ministre, 29 juillet : « Donnez ordre au Dépôt de la guerre d'activer le plus possible l'envoi des volumes de notices et d'itinéraires qui *viennent* d'être imprimés chez Dumaine. L'empereur désire les avoir tirés [mot qui paraît ajouté par erreur] très promptement. Qu'on ne perde pas une minute » (*Dossier de la guerre de 1870*, 68). — « Ne serait-il pas possible de m'envoyer... une carte tenue au courant des chemins de fer allemands ? » (le général F. Douay au major général, 31 juillet, *Revue d'histoire*, 1ᵉʳ S. 1901, 426).

[2]. « ... Quand l'armée française s'est trouvée, en Lorraine, aux prises avec l'ennemi, elle a acheminé des armées entières sur une seule route tracée sur la carte, ignorant qu'à côté de cette unique artère des voies carrossables excellentes permettaient à 4 et 5 colonnes de s'avancer dans des directions parallèles... » (*Rapport du général Billot*, 82).

VIII

LES EFFECTIFS

Effectif total. — Les non-valeurs. — Les mécomptes. — Les engagements volontaires. Les forces disponibles.

Si nos prévisions sont trompées en ce qui touche la mobilisation et la concentration, beaucoup plus lentes qu'on ne l'imaginait, elles ne le sont pas moins pour les effectifs. On les évalue officiellement à 1,100,000 hommes, y compris 500,000 gardes mobiles[1], mais c'est là pure fantaisie. Nous disposons de 417,000 gardes mobiles seulement au 1er juin 1870, sans la classe 1869 dont le service légal commence le 1er juillet. Dans les mêmes conditions, l'armée active et la réserve réunies ne comptent pas 600,000 hommes, mais bien 567,131[2]. Encore faut-il en déduire des non-valeurs et des manquants qui représentent un total de 74,546 hommes, ce qui ramène l'effectif disponible à 492,585 hommes, sans la classe 1869, qui sera réellement incorporée du 8 au 12 août seulement[3].

---

1. Général Derrécagaix, I, 112.
2. *Enquête*, dépositions, I, Le Bœuf, 67, état daté du 5 juillet 1870 et signé du colonel Hartung, directeur adjoint du personnel. Voir, au sujet de la rédaction de cette note, les souvenirs de M. le général Lewal reproduits par M. Darimon, *Figaro* du 8 janvier 1894. L'empereur croyait pouvoir compter sur un effectif de 588,000 combattants, moins les 75,000 hommes du contingent de 1869, non encore instruits, soit 513,000 combattants. — Au 1er juillet 1870, l'armée active et les réserves comptent 564,748 hommes (général des Pallières, *Orléans*, 12, d'après les documents fournis par le ministère de la guerre à la commission d'enquête sur les actes du gouvernement de la Défense nationale. — Enfin, suivant le dernier exposé de la situation de l'empire, l'effectif total aurait atteint le 1er janvier 1870 647,172 hommes, dont 212,816 réservistes et hommes des deuxièmes portions (F. Giraudeau, *La vérité sur la campagne de 1870*, 133). Mais cet effectif paraît fort au-dessus de la réalité quand on le compare à ceux résultant des autres documents d'origine officielle. Voir les Annexes.
3. Cette incorporation a été retardée par le plébiscite et par diverses causes. *Non-valeurs organiques* (gendarmes d'élite, gendarmerie impériale, état-major des places, officiers hors cadres, vétérans, écoles militaires, dépôts de remonte; ouvriers de l'artillerie, du génie et du train; compagnies et pelotons hors rang,

Le maréchal Le Bœuf compte mobiliser 350,000 hommes, ce qui laisserait un excédent de 142,585 hommes destiné à constituer les garnisons de l'Algérie (50,000 hommes), le corps d'occupation des États romains (6,500 hommes), enfin les garnisons et troupes de l'intérieur (86,085, puis 161,085 hommes après l'incorporation des 75,000 recrues de la classe 1869[1]).

La réalité modifie entièrement tous ces chiffres. Au lieu de 567,131 hommes, nous en mettons sur pied 553,223 seulement, appartenant à l'armée active ou aux réserves. Celles-ci fournissent du 18 au 28 juillet 163,020 hommes, nombre inférieur de 10,487 à celui prévu le 5 juillet. De plus, ces 163,020 réservistes sont loin de rejoindre tous en

---

comptables, maîtres-ouvriers) : 42,987 hommes [ce qui paraît au-dessus de la vérité] ;

Déficit permanent dans les corps de troupes (pionniers et fusiliers de discipline, hommes des hôpitaux et en convalescence ; en mission ou détachés des corps, en jugement et en détention) : 29,451 hommes ;

Non-valeurs de la réserve (hommes employés dans les services publics, douanes, etc. ; à réformer, insoumis et déserteurs) : 2,108 hommes.

Total : 74,546 hommes (*État du 5 juillet 1870* déjà cité).

Les 492,585 disponibles se décomposent ainsi :

États-majors	4,034 hommes.	Génie	10,325 hommes.
Infanterie	340,084 —	Équipages militaires.	14,752 —
Cavalerie	54,170 —	Infirmiers, etc.	14,359 —
Artillerie	54,861 —		(*Ibid.*).

On remarquera la forte proportion du train et des services administratifs.

Voir, à titre de comparaison, les effectifs au 1ᵉʳ juillet 1869 (de La Chapelle, 77, 93, d'après les documents remis à l'empereur par le ministre de la guerre) :

Effectif disponible : 593,329 hommes, y compris les 77,185 hommes de la classe 1868, soit en réalité 526,144 hommes ;

Non-valeurs organiques : 25,447 hommes ;

Déficit permanent : 30,230 hommes ;

Disponibles de l'armée active : 359,077 hommes ;

Réservistes, sans les non-valeurs : 234,252 hommes.

L'effectif disponible est visiblement exagéré, les non-valeurs organiques réduites outre mesure.

1. *État au 5 juillet 1870* déjà cité. — La classe 1869 doit fournir 220,000 incorporations, dont 75,000 pour l'armée active et 145,000 pour la garde mobile (*Enquête*, dépositions, V, 2ᵉ partie, 28, lettre de M. Moret, chef du bureau du recrutement au ministère de la guerre, au général des Pallières). — Au 8 mai 1870, le plébiscite donna lieu à l'inscription de 300,684 électeurs (Armée de terre) et de 32,037 (Marine) [*Journal officiel* du 19 mai 1870]. — M. le général Canonge, II, 16, écrit 331,887 votes militaires, dont 289,673 pour l'intérieur et 42,194 pour l'Algérie ; 29,633 votes émis par la marine. — Voir *supra*, p. 15 et *Les Origines*, 73, pour les chiffres admis par le maréchal Randon dans le travail remis à l'empereur, le 22 août 1866.

temps opportun. Au bout de 15 jours, l'armée n'a reçu que 142 détachements : 36,768 hommes, d'où une nouvelle réduction de 126,252 hommes sur l'effectif prévu. Au lieu de 492,585 hommes, le total disponible atteint 482,098 seulement dont 126,252 réservistes, arrivés ou équipés tardivement, grossissent inutilement les dépôts. En leur ajoutant les 56,500 hommes prévus par le maréchal Le Bœuf pour les garnisons de l'Algérie et de Rome, on arrive à un total de 182,752 hommes, qui réduirait notre effectif de campagne à un *maximum* de 299,346 hommes[1] (1er août).

En réalité, à cette date, l'armée du Rhin compte au plus 264,010 rationnaires. Encore faut-il remarquer qu'ils sont loin de représenter autant de combattants. La proportion des non-valeurs y est très forte. De plus, un certain nombre d'unités n'ont pas encore atteint la zone de concentration.

Quoi qu'il en soit, nous n'avons pas mobilisé au 1er août, de beaucoup, les 350,000 hommes sur lesquels comptait le maréchal Le Bœuf au 5 juillet, et surtout les 400,000 hommes que l'empereur espérait mettre en ligne. Au ministère de la guerre on croit la différence moindre. On prête à l'armée du Rhin un effectif supérieur de 24,844 hommes, parce qu'on y fait figurer des éléments qui n'ont pas encore rejoint et des réservistes en route des dépôts vers les corps[2]. Les évaluations de l'état-major prussien sont beaucoup plus près de la vérité[3].

Même en ce qui touche les engagements volontaires, nous éprouvons des mécomptes. L'enthousiasme belliqueux est si superficiel que, dans les huit jours qui suivent la déclara-

---

1. Le 6, vingt-deux jours après l'appel, moitié à peine des réservistes figurant sur les contrôles sont parvenus à l'armée. Le 6 août, l'armée du Rhin compte environ 283,841 rationnaires (général Derrécagaix, I, 112 et 426). — Voir les Annexes.

2. Général Derrécagaix, I, 426 ; de La Chapelle, 77.

3. 250,000 hommes sans les réservistes ; 343,000 après leur incorporation (*État-major prussien*, I, 74). Ce sont les évaluations du général de Moltke (III, I, 120, Mémoire de l'hiver 1868-1869, n° 18). Il évalue notre effectif mobilisé à 335,000 hommes, dont 35,000 pour l'Algérie, 5,000 pour Rome, 50,000 pour l'intérieur. Il resterait pour l'armée de campagne 250,000 hommes, portés ensuite à 343,000, après l'incorporation des 93,000 réservistes.

tion de guerre, c'est à peine si quelques milliers d'anciens soldats ou de jeunes gens s'engagent volontairement. Au début des campagnes d'Italie ou de Crimée, il y en a eu de 12,000 à 15,000. On comptait sur 35,000 au moins[1].

Chose grave, la formation des huit corps de l'armée du Rhin absorbe presque toutes nos ressources. Il ne reste à l'intérieur du pays, sans les dépôts, que quatre régiments d'infanterie, les 22e, 34e, 58e, 79e de ligne, à Toulouse, huit escadrons (8e chasseurs, 3 escadrons du 7e); dans les États romains, le 6e bataillon de chasseurs, les 35e et 42e de ligne, deux escadrons du 7e chasseurs; en Algérie, les 16e, 38e, 39e et 92e de ligne, le régiment étranger, les trois bataillons d'infanterie légère d'Afrique, deux régiments de cavalerie française (8e hussards, 9e chasseurs) et trois de spahis, ceux-ci en majeure partie inutilisables hors de la colonie. Enfin il y a, tant en France qu'en Algérie, 114 quatrièmes bataillons.

L'artillerie dispose de dix batteries montées (8 du 3e régiment en Algérie, 10e et 12e du 14e régiment dans les États romains) et de 60 batteries à pied[2]. Encore celles-ci sont-elles loin de suffire pour nos places. Le génie pourrait fournir trois compagnies de mineurs et huit de sapeurs. Quant à la garde mobile, elle en est aux débuts de son organisation.

---

[1]. Général Lebrun, *Souvenirs militaires*, 194.
La classe 1870, sans les contingents des départements envahis, produit 141,000 incorporations dans l'armée, 37,266 dans la garde mobile. Les engagés volontaires pour la durée de la guerre (Loi du 17 juillet 1870) atteignent un total de 140,514 dans l'armée, 7,192 dans la garde mobile; total, 147,706.
En outre, la loi du 10 août 1870 rappelle 92,600 anciens militaires des première et deuxième portions; 177,000 hommes âgés de moins de 35 ans et n'ayant jamais servi; 14,000 hommes incorporés dans la garde mobile. Le total général des hommes appelés sous les drapeaux ou servant au début de la guerre, s'élève ainsi à 1,814,320 hommes sans la marine, les corps francs et la garde nationale sédentaire (général des Pallières, *Orléans*, 12, d'après les documents fournis par le ministère de la guerre à la commission d'enquête sur les actes du gouvernement de la Défense nat'onale; *Enquête*, dépositions, V, 2e partie, 28)., — L'État major prussien, I, 14, n'évalue qu'à 172,000 hommes le contingent moyen.

[2]. Général Fay, 21; général Derrécagaix, I, 426. — Il y a des divergences entre ces deux auteurs. Suivant le maréchal Le Bœuf (*Enquête*, dépositions, I, 49), il reste disponible 1,151 compagnies d'infanterie ou 192 bataillons à 6 compagnies (les 4es bataillons n'en ont que 4); 107 escadrons, 10 batteries de campagne, 20 batteries de dépôt, 55 batteries à pied. Le grand parc comprit deux de ces dernières, sans les nouvelles formations. Voir aux Annexes.

Les quatrièmes bataillons, improvisés de la veille, ayant une très faible consistance, les troupes réellement disponibles se réduisent à six régiments d'infanterie, deux régiments de cavalerie, deux batteries, c'est-à-dire moins de deux divisions pour la garde de Paris, de Lyon, de tout le territoire. Il serait imprudent de dégarnir davantage l'Algérie, du moins pour l'instant. Quant aux troupes de la marine, qui peuvent former une belle division, elles sont destinées à une diversion dans la Baltique, mais ne sauraient y suffire. Cette opération est donc devenue impossible, avant même le début de la campagne[1]. Non seulement nous allons paraître devant l'ennemi en très grande infériorité numérique, mais nous ne disposons que de forces insuffisantes pour garder notre territoire et aussi parer aux cas imprévus[2].

---

1. Voir *suprà*, p. 124.
2. Voir, aux Annexes, les effectifs du 27 juillet au 6 août.

IX

NOS PLACES FORTES

La fortification en France. — Etat des places fortes. — Metz. — Strasbourg. Les petites places.

Sous aucun rapport, peut-être, notre infériorité n'est plus grande qu'en ce qui concerne les places fortes. Nos officiers du génie comptent parmi les plus instruits de l'Europe. Ils sortent en très grande majorité de l'École polytechnique, qui a fourni à la France tant de savants, d'hommes distingués en tout genre. Mais leur valeur individuelle ne change rien aux tendances du corps. Les idées les plus rétrogrades y ont seules cours, de par l'influence toute-puissante d'un comité uniquement recruté parmi les officiers généraux les plus anciens. Empiétant peu à peu sur les attributions du commandement, de consultatif qu'il était, il est devenu dirigeant. Rien ne se fait en matière de fortification ou de casernement sans son agrément. Il dispense l'avancement à sa guise, ce qui l'amène à se recruter lui-même. Il paraît surtout prendre à tâche de maintenir des traditions vieillies. « Avant la campagne de 1870, le comité du génie soutenait que nos forteresses n'étaient pas trop nombreuses, qu'elles pouvaient résister à l'artillerie nouvelle, et ne voulait pas convenir que la moitié... aurait dû être démolie et l'autre moitié reconstruite[1]... » Un officier d'artillerie des plus distingués, le général de Blois, écrit en 1865 : « L'enseignement à l'école de Metz, mû par l'impulsion acquise à l'école de Mézières, suit encore aujourd'hui sa marche invariable, avec la même régularité que le balancier d'une horloge qui

---

[1]. *Note sur l'organisation militaire de la Confédération de l'Allemagne du Nord*, publiée par Napoléon III pendant sa captivité à Wilhelmshöhe, citée par le général Brialmont, *Le général de Blois*, 53; général Lewal, 577-579.

n'aurait besoin d'être remontée qu'une fois tous les cent ans[1]. » Non seulement le comité du génie ne tient qu'un compte très insuffisant des progrès de l'artillerie, mais il refuse d'admettre les changements qu'ils ont apportés à la fortification dans la plupart des pays. Pour lui, le système bastionné constitue l'arche sainte à laquelle il est interdit de toucher. Il oppose à tous les novateurs le grand nom de Vauban. « Bien loin de porter envie au roi de Prusse pour ses fortifications polygonales, nous devons nous féliciter plutôt de ce que son gouvernement a donné la préférence à un système aussi défectueux[2]. » Ce n'est pas sans résistance qu'on se résigne à construire autour de Metz, de Belfort, de Langres, quelques forts détachés, d'ailleurs trop rapprochés de ces villes et en nombre insuffisant. Dans une lettre au général Ducrot (12 avril 1867), l'une des personnalités les plus en vue du génie, le général Frossard, établit doctement pourquoi « nous ne ferons pas de forts autour de Strasbourg ». On se bornera à quelques postes avancés, c'est-à-dire en réalité à rien[3].

Non seulement nous ne progressons pas en matière de fortification, mais nous ne prenons pas même le soin d'entretenir la multitude de places, de postes fortifiés, de batteries qui garnissent nos frontières et nos côtes. A lui seul, leur nombre serait un obstacle. Quelques forteresses, rendues tout à fait intenables par les progrès de l'artillerie, Wissembourg et Lauterbourg, par exemple, sont déclassées peu avant la guerre, sans qu'on en rase les fortifications. L'ennemi les trouvera désarmées, mais intactes. Les autres sont presque aussi délaissées, les approvisionnements bien au-dessous du nécessaire, les remparts mal tenus, et leur mise en état nécessitant de grands travaux. Presque rien n'y

---

1. *La fortification en présence de l'artillerie nouvelle*, citée par le général Brialmont, 56.
2. Cité par le général Brialmont, 83 ; général Mengin-Lecreulx, *Observations sur l'ouvrage de M. le général de Blois*, par un vieil officier du génie, *Spectateur militaire* de 1867.
3. *Vie militaire du général Ducrot*, II, 108.

a été fait de ce qu'il faudrait pour leur permettre de résister à l'artillerie moderne[1].

Les plus importantes n'ont pas de gouverneur désigné à l'avance. C'est le 7 août, seulement, que l'empereur nomme celui de Metz. Aucune n'a de garnison spéciale. On improvise la leur au dernier moment, en général avec les pires éléments, dépôts à peine instruits, gardes mobiles tout à fait ignorants. Quant à l'armement, aux approvisionnements, ils sont plus qu'insuffisants[2]. Le matériel d'artillerie, en particulier, est fort au-dessous des canons allemands. « La plupart des forteresses que nous avons visitées n'avaient, en 1870, qu'un nombre de bouches à feu de beaucoup inférieur au chiffre fixé pour l'armement de défense... » Un grand nombre sont à âme lisse, c'est-à-dire incapables de lutter avec les pièces ennemies. Souvent la vétusté des affûts est telle, qu'elle les empêcherait de supporter un tir quelque peu prolongé. A Givet, ils « étaient rongés par l'action du temps et le commandant de place ne crut ni utile, ni prudent de les faire sortir des magasins ». Ailleurs, ce sont les projectiles qui manquent. Au moment où Auxonne est menacée d'une attaque, on en est réduit à improviser des obus à balles. « Enfin, nos côtes peuvent être considérées comme à peu près désarmées ; les pièces qui sont espacées sur le littoral de la Manche, de l'Océan et de la Méditerranée, ne constituent guère qu'un approvisionnement de fonte[3]... »

---

1. Le général Forgeot au général Soleille, 1er août, *Revue d'histoire*, 1er S. 1901, 586 ; « La place de Belfort n'a pas non plus d'approvisionnements de siège » (le général F. Douay au major général, 31 juillet, *ibid.*, 401) ; un décret du 27 juillet déclare en état de guerre les places d'Alsace et de Lorraine, Verdun et Montmédy comprises.
2. *Revue militaire*, 1900, 1021 et suiv., Journal du général Soleille ; lettres du même au général commandant la 5e division militaire et au général Forgeot, 29 juillet ; général Canonge, II, 28. — Voir dans l'*Enquête*, dépositions, V, 2e partie, 32, l'armement de nos places lors de leur investissement. Sur 4,284 bouches à feu, 1,593 seulement étaient rayées. Aucune ne se chargeait par la culasse.
3. Rapport de M. Riant à l'Assemblée nationale, *Dossier de la guerre de 1870*, 78 ; lieutenant-colonel Prévost, *Les forteresses françaises pendant la guerre de 1870*, *ibid.*, 79. — Cette situation n'est pas nouvelle, surtout en ce qui concerne nos côtes. Les rapports de la commission de défense de 1836 (16 mai 1840), du comité d'artillerie (14 mars 1840), de la commission d'armement (14 juin 1841) établissent nettement que tout est « à créer dans cette partie

Nous avons deux points d'appui sur la frontière allemande, Metz et Strasbourg. Tous deux ont été très négligés. Autour de Metz quatre forts sont mis en construction à la suite de la guerre de 1866, Saint-Quentin, Plappeville, Saint-Julien, Queuleu. Le 26 juillet 1870, aucun n'est en état de défense. Tous sont ouverts sur une partie de l'enceinte, avec des parapets ébauchés, un armement épars sur le terre-plein. Loin d'accélérer les travaux, la perspective d'une guerre les ralentit. Le jour de la déclaration du duc de Gramont, 6 juillet, le général Fournier demande au général Dejean s'il faut pousser la construction des forts et si de nouveaux fonds seront alloués. « S'il y avait des fonds disponibles pour Metz, je les retirerais », répond le futur ministre de la guerre. Dès lors les travailleurs civils disparaissent. On les remplace par des soldats, qui se plaignent et travaillent le moins qu'ils peuvent. Les officiers du génie renoncent à en rien obtenir [1].

Les forts restent donc inachevés. Vers le 22 juillet, l'ingénieur en chef des ponts et chaussées offre au maréchal Bazaine, qui accepte, de faire les travaux nécessaires pour permettre d'amener leur armement au pied des rampes de Longeville et de Saint-Julien [2]. Le 27, on en est encore à organiser le service de l'artillerie dans Metz et à Strasbourg. Le major général prescrit de recourir aux officiers de la garde mobile, aux retraités [3]. Bref, il prétend improviser à la dernière heure des dispositions qui réclament la lente préparation du temps de paix. Le 1er août, on réunit une commission « pour s'occuper immédiatement de pourvoir aux besoins

---

du service : ouvrages défensifs, bâtiments, matériel d'artillerie, projet même d'armement » (*Rapport du lieutenant-colonel baron de Chabaud-Latour* à la Chambre des députés, 1845, 39-43).

1. *Trois mois à l'armée de Metz*, 17-19 ; Dick de Lonlay, II, 237, situation au 17 juillet ; *Procès Bazaine*, 299, déposition du général de Laveaucoupet ; Dick de Lonlay, VI, 9. — Le général Dejean était alors directeur du génie au ministère.
2. Bazaine, *Épisodes*, 5, texte de la réponse du maréchal.
3. Général Fay, 33, télégramme du major général aux commandants des 5e et 6e divisions militaires ; *Revue militaire*, 1900, 1029, lettres du colonel de Girels au général Soleille ; du général Soleille au général commandant la 5e division militaire et au général Forgeot (29 juillet) ; le général Forgeot au général Soleille, 1er août, *Revue d'histoire*, 1er S. 1901, 585.

du service de l'artillerie dans les places de l'Alsace ». Le 5, veille de Spicheren et de Frœschwiller, on expédie à Metz un 4ᵉ bataillon destiné à en constituer la garnison avec « quelques compagnies du 1ᵉʳ du génie, les dépôts du 11ᵉ chasseurs, du 44ᵉ de ligne, le 4ᵉ bataillon de ce dernier régiment et 218 douaniers[1] ». Il s'agit de Metz, de la seconde forteresse de France, qui va jouer un rôle décisif !

Strasbourg, autre grande place que guettent déjà les convoitises allemandes, est encore plus délaissée. Ses fortifications sont à peu près telles qu'en 1840. « Si l'armement de sûreté est en place sur les remparts..., l'armement de défense est encore dans les arsenaux ; le logement des poudres... mal assuré ; 60,000 kilogr. se trouvent réunis dans des bâtiments de la citadelle non voûtés à l'épreuve de la bombe, à 2,500 mètres seulement de Kehl ! et 12,000 kilogr. de l'approvisionnement de la place sont emmagasinés à Neuf-Brisach. C'est à peine s'il existe des abris voûtés pour la garnison, et il en manque absolument pour les vivres... » Le bois de blindage fait presque entièrement défaut[2].

Ce « boulevard de la France » n'est pas gardé. En dehors des troupes destinées à faire partie de l'armée du Rhin, qui vont en partir, il n'y a que des dépôts encombrés de recrues ou d'engagés volontaires tout à fait ignorants, de réservistes à peine instruits. La population s'alarme de cet abandon[3]. Aussi, quand surviennent nos premiers désastres, son émotion est poignante : « Nous manquons de troupes pour le périmètre énorme des fortifications » (8 août). « La situation de l'Alsace empire à chaque heure... La défense de Stras-

---

1. Télégramme du major général au ministre, 5 août, général Fay, 43.
2. Prince Bibesco, *Belfort, Reims, Sedan*, 30 ; *Revue militaire*, 1900, 1023, lettre du colonel-directeur au général Soleille, 29 juillet. — A cette date, l'armement de défense est « presque terminé, excepté sur les fronts sud ». « Le maréchal Le Bœuf vint visiter Strasbourg, le 30 juillet, où il n'avait envoyé aucune instruction, quoiqu'il se fût réservé le commandement du territoire. On n'y avait pris aucune disposition sous le rapport de la défense. Les pièces n'étaient même pas sur les remparts. Le maréchal fit une scène des plus violentes au commandant de la place, qui se contenta de répondre qu'il n'avait pas reçu d'instructions » (Souvenirs inédits du maréchal de Mac-Mahon, *Revue d'histoire*, 1ᵉʳ S. 1901, 136).
3. *Papiers et correspondance*, I, 452, télégrammes du 17 juillet, 9ʰ 50 matin et 7ʰ 55 soir. Voir *supra*, p. 134 et 145.

bourg est impossible avec quelques centaines d'hommes[1]... »
(9 août).

Quant aux petites forteresses qui garnissent en si grand nombre la frontière d'Alsace-Lorraine, leur abandon est encore plus complet. Le 8 août, Thionville, au lieu de sa garnison normale, 4,000 à 5,000 hommes, en a tout juste 1,000, dont 600 mobiles, 90 douaniers et 300 cavaliers ou artilleurs non instruits[2]. A Schlestadt, les fortifications sont en mauvais état ; il n'y a aucune espèce d'armement sur les remparts ; la place possède les deux tiers de son approvisionnement normal en poudre à canon et fort peu de cartouches. Elle n'a d'abris voûtés ni pour les hommes, ni pour les vivres. Il n'y a pas de bois de blindage.

Neuf-Brisach est à ce point dégarni que Ducrot télégraphie au ministre, le 20 juillet : « Demain il y aura à peine 50 hommes pour garder Neuf-Brisach et Fort-Mortier... » Les petites places voisines ne sont pas moins dénuées[3]. A Bitche, aux derniers jours de ce mois de juillet précurseur de tant de désastres, il n'y a pas un seul sac de farine, un pain cuit d'avance, une pièce de canon sur affût, un obus en réserve, dit avec quelque exagération un témoin oculaire[4]. La réalité est à peine moins triste.

---

1. *Papiers et correspondance*, I, 463, télégrammes des 8 et 9 août, préfet à Intérieur, à impératrice régente ; général Ambert, I, 469.
2. Télégramme au major général, Discours du duc d'Audiffret-Pasquier, *Journal officiel* du 23 mai 1872.
3. Prince Bibesco, 31 ; général Ambert, I, 443, 446, 451, 492, 493, 495, 496, 502, 506, 601, avis du conseil d'enquête ; *Papiers et correspondance*, I, 438. — « A Schlestadt, on ne peut rien laisser sur les remparts en fait d'armement ; faute de factionnaires, tout serait volé ou dégradé. » Le colonel directeur de l'artillerie à Strasbourg a obtenu « non sans peine », pour chacune des places de La Petite-Pierre et de Lichtenberg, « 1 sous-officier et 4 canonniers servants » (Lettre au général Soleille, 29 juillet, *Revue militaire*, 1900, 1023).
4. Colonel Duban, *Souvenirs militaires, 1848-1887*, 109 ; général Ambert, I, 418 ; *Historique du 5ᵉ corps d'armée*, *Revue militaire*, 1899, 160, 162. « Je vais désigner les officiers qui seront appelés à commander les places de Lichtenberg et La Petite-Pierre », écrit le ministre (30 juillet)[Lettre au major général, *Revue d'histoire*, 1ᵉʳ S. 1901, 135]. Voir *ibid.*, 586, une lettre du général Forgeot au général Soleille concernant l'état de Strasbourg, Belfort, Neuf-Brisach, Fort-Mortier, Schlestadt, La Petite-Pierre, Lichtenberg, au 1ᵉʳ août. A cette date, on annonce l'envoi d'une batterie (1ʳᵉ du 9ᵉ régiment) et d'un bataillon (4ᵉ du 63ᵉ) destinés, avec le 1ᵉʳ bataillon de la garde mobile de la Meurthe, à constituer la garnison de Phalsbourg (le général commandant la 5ᵉ division militaire au major général, *ibid.*, 576).

X

NOS PLANS D'OPÉRATIONS

Le plan de 1868. — Le plan de l'archiduc Albert. — Le plan de l'empereur.
Discussion.

Les premières études d'un plan d'opérations en Allemagne remontent à l'Affaire du Luxembourg. Elles prennent la forme d'un document imprimé, *Composition des armées en 1868*, dont nous avons déjà parlé[1]. L'empereur y admet que le total de nos forces actives, y compris l'Algérie, atteindra, au 1er juillet, 489,978 hommes, 121,218 chevaux et 918 canons, supposition purement gratuite, nous l'avons vu.

Un autre travail, le *Mémoire militaire rédigé en vue d'une guerre avec l'Allemagne,* par le général Frossard (1867)[2], doit exercer sur nos opérations de 1870 une influence beaucoup plus grande. L'auteur admet que l'ennemi disposera, au début, de 470,000 hommes seulement, dont 160,000 sur la Sarre et 80,000 face à la Basse-Alsace, toutes hypothèses sans base sérieuse.

A ce dispositif imaginaire, la France opposerait : une armée du Rhin ayant son aile droite (60,000 hommes) dans la Haute-Alsace ou à Strasbourg, et son aile gauche (60,000 hommes) en Basse-Alsace ; une armée de la Moselle (140,000 hommes) placée devant le grand débouché de Sarrebruck, et présentant un de ses corps vers Thionville ; une première armée de réserve (120,000 hommes) sur la base Reims-Châlons, Reims étant devenu un camp retranché ; une

---

[1]. Voir *suprà*, p. 147. — Outre ce mémoire, nombre de travaux relatifs à une invasion en Allemagne furent rédigés par nos officiers d'état-major, de 1866 à 1870. La *Revue militaire*, 1900, 1513, donne une liste incomplète de ces études.

[2]. La *Revue militaire*, 1900, 514 et suiv., et M. le général Derrécagaix, I, 346, en ont publié des analyses. — La 1re partie du mémoire, qui existe seule aux Archives historiques, a même été reproduite par la *Revue militaire*, 1900, 728 et suiv.

deuxième armée de réserve (90,000 hommes) sous Paris et formée en partie de gardes mobiles.

Officier du génie distingué, le général Frossard tend naturellement à s'exagérer l'importance des fortifications. Dès les premières lignes de son mémoire, cette tendance se manifeste. Il jette un coup d'œil inquiet sur la frontière, sur les places fédérales restées aux mains de la Prusse. « Cette ceinture de fer qui nous étreint doit peser sur nous d'un poids plus lourd. » Le peu de valeur de la plupart de ces forteresses, la possibilité de les tourner par le pays de Bade et la vallée du Rhin, font que de pareilles craintes semblent exagérées. Quoi qu'il en soit, ces prémisses admises, le général suppose que l'ennemi viendra se concentrer « devant la Basse-Alsace et sur le front et le flanc de la Lorraine, pour tenter immédiatement l'invasion du pays ». Afin d'y parer, rien de mieux qu'une vigoureuse offensive, « en passant le Rhin à Neuf-Brisach et Huningue, et en cherchant à séparer les États du Sud de ceux du Nord ». C'est la mission réservée à l'armée d'Alsace. Elle présente cet inconvénient majeur que les points de passage admis sur le Rhin sont excentriques par rapport à la direction générale des opérations.

En Lorraine, comme en Alsace, on sera peut-être conduit à arrêter d'abord l'invasion ; le général Frossard compte pour cela sur une série de positions défensives habilement choisies et sagement utilisées. La ligne de la Lauter sera occupée, en premier lieu, de Lauterbourg au col du Pigeonnier. Mais ce n'est pas là que devra se produire la principale résistance, car nos positions seraient trop aisément tournées par la gauche et prises à revers par la droite. Il faudra abandonner la Lauter, dès le premier moment, devant des forces supérieures attaquant à la fois par les Vosges et par la plaine du Rhin. L'armée de la Basse-Alsace se concentrera donc derrière la Sauer, où elle occupera « la belle position » qui, se « développant sur une crête de 9 à 10 kilomètres, a pour points de résistance Frœschwiller et Wœrth ». Il faudra y élever quelques ouvrages de campagne, notamment sur la rive gauche, « près du village de Gunstett... » Par Niederbronn et Bitche, on donnera la main à l'armée de la Moselle, que l'on renforcera au besoin. C'est, en effet, l'emplacement du maréchal de Mac-Mahon, le 6 août. Il sera évidemment déterminé par le souvenir du mémoire du général Frossard[1].

De même, l'armée de Lorraine a une « belle position » pour son aile droite, « le plateau entre Sarreguemines et Saint-Avold, où se développerait une ligne de bataille de 12 à 13 kilomètres... Le centre s'étendrait entre Rouhling et Cadenbronn, point culminant... La gauche, qui maîtriserait le chemin de fer et la route, devrait avoir un poste avancé à Forbach et détacher une division à Saint-Avold, afin d'empêcher un mouvement tournant des troupes ennemies venant de Sarrelouis[2]. »

Elle aussi, l'aile gauche occuperait une position défensive, de Kœnigsmacher à Luttange et Hombourg, avec un fort détachement à Freistroff, prête à appuyer la droite vers Cadenbronn ou à faire face au Luxembourg.

Ces idées, destinées en grande partie à se réaliser en 1870, ne sont rien moins que conformes aux nécessités de la guerre. Elles prêtent à la défensive, à la recherche des « positions » une influence tout à fait exagérée. Le général oublie cette grande leçon de Napoléon, remise en lumière par Moltke, que l'offensive seule est féconde ; que la défensive pure est d'avance condamnée à l'insuccès. Il va jusqu'au bout de son idée, en prévoyant les lignes de retraite de l'armée de Lorraine : elle se retirera derrière la Seille, avec Metz pour point d'appui de gauche, puis, par Lunéville, sur Langres qui sera également le nœud de concen-

---

1. Dans une lettre de Frossard à Ducrot, 5 juillet 1867, on retrouve la même idée : « Tenir aussi longtemps que possible, par la gauche de notre première ligne défensive, à la belle position du Pigeonnier » ; puis se replier sur la Sauer en occupant Sembach et Climbach (*Vie militaire du général Ducrot*, II, 174).

2. *Revue militaire*, 1900, 514 et suiv. — La position de Cadénbronn est signalée pour la première fois, en 1819, par le général Haxo et reconnue par divers hommes de guerre, notamment le général Schneider (général Derrécagaix, I, 35).

tration de l'armée d'Alsace, après une retraite sur la « position » Altkirch-Mulhouse, puis sur Belfort-Vesoul[1].

Il y aurait beaucoup à dire sur ce choix de Langres comme point de concentration. Il procède sans doute de la théorie des « clés de pays », si magistralement critiquée par Clausewitz et qui fit commettre tant de fautes aux Alliés en 1814. D'ailleurs, nous le répétons, l'erreur principale du général Frossard consiste dans l'importance exagérée prêtée aux positions ; il tient compte du terrain et point de l'adversaire, qui peut pourtant imposer sa volonté, s'il est bien conduit, et rendre inutilisables les « belles positions » si doctement choisies.

On doit ajouter que ces théories ne sont pas spéciales au savant gouverneur du prince impérial. Elles gagnent des hommes beaucoup plus habitués à la conduite des troupes et d'une valeur plus marquée. Ainsi Ducrot voudrait conserver une solide défensive de Mannheim à Metz, en se portant par une vigoureuse et rapide offensive sur le haut Mein, pour se relier à l'armée autrichienne au cœur de l'Allemagne. On séparerait ainsi de la Prusse les États du Sud ; on suivrait la route de 1806 par la Franconie ou l'on se porterait vers le Hanovre, la mer du Nord et le corps de débarquement[2]. Ce projet, dont l'archiduc Albert et l'empereur Napoléon III semblent s'être ensuite inspirés, ne tient nul compte de l'adversaire. Il met en oubli ce principe essentiel qu'il faut chercher la décision en marchant droit au gros de l'ennemi et en le mettant hors de cause. La même erreur se retrouve dans les autres plans d'opérations établis pour notre armée en 1870.

---

1. Général Derrécagaix, I, 103-351. — Le mémoire du général Frossard fut annoté par Bazaine, dont la *Revue militaire* de 1900 reproduit les annotations (p. 519 et suiv.). Le maréchal paraît admettre le rôle prépondérant réservé à la défensive, mais, avec Gouvion-Saint-Cyr, il croit que des positions de flanc seraient plus avantageuses. Il admet que l'ennemi nous sera très supérieur en nombre et qu'on devra lui résister seulement « dans de bonnes conditions tactiques ». Ces curieuses annotations contiennent en germe tous nos échecs de Spicheren à Saint-Privat.

2. Le général Ducrot au général Frossard, 12 septembre 1867, *Vie militaire du général Ducrot*, II, 184. — Dans une lettre au maréchal Bazaine, du 6 mai 1868, Ducrot développe à peu près le même projet (*Ibid.*, II, 244).

Nous avons dit[1] comment l'archiduc Albert est amené à discuter un projet d'opérations combinées pour nos armées et les Austro-Italiens. Il admet, en ce qui nous concerne, qu'il faut avant tout « tromper l'ennemi sur le véritable point d'attaque », que, pour cela, le meilleur moyen est d'abord de « tromper les siens : l'armée, le pays et surtout les administrations de chemins de fer, car c'est de là que l'ennemi reçoit ses informations [2] ».

Nous constituerons donc deux armées, l'une de douze divisions, en Lorraine, l'autre, destinée à atteindre dix-huit divisions, en Alsace. La 1re aura ses huit divisions de première ligne établies à Thionville, à Metz et vers la Sarre, le 13e jour de la mobilisation. C'est à elle qu'il appartiendra d'attirer l'attention de l'adversaire, en s'emparant le 15e jour de Sarrebruck et en prenant l'offensive, durant un temps limité, au delà de la Sarre. Elle retiendra ainsi le plus de troupes qu'il sera possible sur la rive gauche du Rhin[3].

Le principal rôle reviendra à l'armée d'Alsace, qui passera ce fleuve, le 16e jour, avec cinq divisions, destinées à être renforcées par treize autres venant de Nancy, de Paris, du Midi ou d'Algérie. Cette masse se portera sur Stuttgard, Nordlingen et Nuremberg, où son gros arrivera les 37e et 40e jours. De là, elle opérera sa liaison avec l'armée autrichienne concentrée, au préalable, en Bohême. Si les forces prussiennes sont trop considérables vers Ansbach ou Nuremberg, la « grande armée » française se portera sur le Danube, le passera en amont ou en aval d'Ulm et marchera vers Ratisbonne, d'où elle se mettra en relation avec les Autrichiens et, sans doute, les Italiens.

Dans les deux cas, le but final est le même : marcher

---

1. *Les Origines*, 352 et suiv.
2. Général Lebrun, *Souvenirs militaires,* plan rédigé de la main de l'archiduc Albert, 170, 151 ; *Revue d'histoire*, 1er S. 1901, 128.
3. Général Lebrun, plan rédigé de la main de l'archiduc Albert, ou observations de l'archiduc, 106, 151, 153 ; *Revue d'histoire*, 1er S. 1901, 129. — Un détail donnera une idée du sérieux avec lequel fut établi le plan de l'archiduc Albert. Les deux armées possèdent un total de 30 divisions (général Lebrun, p. 151, 153, 154) et toutes nos forces régulières d'infanterie représentent 115 régiments, soit au plus 28 à 29 divisions.

sur Berlin, par Leipzig, en reproduisant l'exemple de 1806[1].

Pour apprécier la portée de ce projet, il suffit de remarquer qu'il est basé sur deux suppositions purement gratuites : nos deux armées auront terminé leur concentration de façon à entamer les opérations actives le 16e jour; la mobilisation prussienne sera beaucoup plus lente que la nôtre, ce qui empêchera l'ennemi de tenter avant sept semaines un mouvement offensif au delà de la Sarre[2]. Il n'est guère possible de se tromper plus lourdement, on le voit. Établir un plan dans ces conditions revient presque à faire abstraction de l'adversaire.

Les grandes lignes du projet de l'archiduc Albert et du général Lebrun se retrouvent dans un autre, auquel s'arrête un instant l'empereur. Il suppose la formation de trois armées, celles d'Alsace, de Lorraine, de Châlons, et de deux corps de réserve, à Lyon et à Toulouse. Celui de Lyon, général de Palikao, doit comprendre les troupes de Civita-Vecchia, des 4es bataillons et des gardes mobiles. Celui de Toulouse, général Trochu, serait fort d'une division d'infanterie, de 4es bataillons et de gardes mobiles. Le dernier doit se porter sur la Loire; le premier sur les derrières des trois armées[3].

Le rôle de celles-ci rappelle le projet de l'archiduc Albert. « On avait eu d'abord la pensée de franchir le Rhin, de se jeter entre... la confédération du Sud, que l'on croyait devoir prendre une attitude expectative, et... la confédération du Nord.

---

1. Général Lebrun, plan rédigé de la main de l'archiduc Albert, 153, 170, 172. — L'archiduc établit formellement que ce plan serait le seul qu'admettrait l'Autriche.
2. Général Lebrun, 100-106, etc. — Il faut ajouter que les textes reproduits par le général ne sont pas toujours très clairs et que l'on a peine à discerner, parfois, ce qui provient de l'archiduc des réflexions personnelles de l'auteur. De là des contradictions comme celle des pages 98, 118, 124, etc., où il est question tantôt de 15 jours, tantôt de trois semaines pour la durée minima de notre mobilisation.
3. *Enquête*, dépositions, Le Bœuf, 51. — On remarquera qu'en dehors des troupes absorbées par la constitution de nos huit corps d'armée du début, il était resté dans le midi de la France quatre régiments d'infanterie disponibles. Voir *suprà*, p. 191.

« Dans cette hypothèse, les troupes réunies en Lorraine devaient marcher sur l'Alsace et passer le Rhin », après l'armée déjà concentrée le long de ce fleuve [1]. « Le maréchal Canrobert se portait en Lorraine, suivant les circonstances, et prenait soit à Metz, soit à Nancy, une position destinée à couvrir nos communications. A mesure que l'espérance d'un concours, sur lequel nous avions cru pouvoir compter, s'affaiblissait, la pensée d'opérer sur la Sarre, et peut-être même de passer à une attitude défensive, prenait de plus en plus de consistance. Ainsi, dans l'origine, il y avait en Alsace, sous le maréchal de Mac-Mahon, trois corps d'armée qui devaient occuper Colmar, Strasbourg et Bitche. La garde devait rester à Nancy.

« Les circonstances politiques ne se dessinant pas telles que nous l'espérions, on appela le corps du général de Failly à Sarreguemines et on fit venir la garde à Metz. » On discuta même les avantages d'une position centrale sur la frontière ou à l'intérieur, le plateau de Haye, par exemple. On y renonça par crainte d'abandonner, sans combat, à l'ennemi, une étendue considérable de territoire [2].

Tel est le plan adopté par Napoléon III, à en juger d'après son principal collaborateur. On voit combien il est vague, incertain. Après sa chute, l'empereur a tenté de lui donner une forme plus précise. Suivant la brochure *Des causes qui*

---

[1]. « Le point qui paraissait préférable était Maxau, qui se trouvait à 30 kilomètres au-dessus de la forteresse de Germersheim et à 20 kilomètres au-dessous de Rastatt, ce qui permettait de laisser ces deux forteresses, l'une à sa gauche, l'autre à sa droite » (*Œuvres posthumes de Napoléon III*).

[2]. *Enquête*, dépositions, I, Le Bœuf, 51. Les *Œuvres posthumes de Napoléon III* sont plus explicites. — « ... Il (l'empereur) me fit connaître (22 juillet) qu'il avait l'intention de franchir le Rhin au-dessous de Strasbourg, de manière à séparer le sud et le nord de l'Allemagne. Trois corps d'armée et la garde devaient se concentrer sur Metz, deux corps à Strasbourg et deux autres rester en réserve à Châlons.

« Il m'invita à examiner le point qui me semblerait le plus convenable pour traverser le Rhin entre Strasbourg et Wissembourg...

« L'empereur ne paraissait pas douter que, dès le début, l'armée française ne culbutât les Allemands » (*Souvenirs inédits* du maréchal de Mac-Mahon, extrait reproduit par la *Revue militaire*, 1900, 550). — Un important matériel destiné à jeter deux ponts sur le Rhin, dont l'un, à Kehl, fut remisé dans le canal du Rhône au Rhin, près de Rheinau (Journal du général Soleille, *Revue militaire*, 1900, 1022).

ont amené la capitulation de Sedan[1], il consiste à concentrer 150,000 hommes à Metz, 100,000 hommes à Strasbourg et 50,000 au camp de Châlons, à réunir en une seule masse les deux premières. Puis, pendant que la troisième s'avancera jusqu'à Metz, on surprendra, avec 250,000 hommes, le 9 août, le passage du Rhin à Maxau et on marchera sur Würzburg. De son côté, la flotte française aura retenu dans le Nord une partie des forces ennemies. On pourra gagner ainsi la ligne intérieure entre la Prusse et le Sud de l'Allemagne, forcer ce dernier à la neutralité ; puis, après un premier succès, vaincre les hésitations de l'Autriche et de l'Italie[2].

Avant de discuter les chances de ce plan, il importe de fixer un point au moins douteux : A-t-il réellement existé sous une forme concrète ? La plupart des témoignages sont muets ou négatifs à cet égard. Ainsi, d'après le général Jarras, l'empereur n'arrête aucun projet d'opérations ; il ne fait étudier spécialement aucune région de l'Allemagne[3]. Il ne semble pas qu'il ait adopté le plan de l'archiduc Albert : « J'avoue que je ne m'en étais pas douté et que rien dans les dispositions qui ont été prises n'a pu me le faire supposer... Je puis affirmer, en tout cas, que je n'en ai jamais eu connaissance, même indirectement. Je cherche, d'ailleurs, inutilement ce qui a été fait qui puisse ressembler, non pas même à un commencement d'exécution, mais seulement à une intention d'opérer dans le sens de l'archiduc[4]. » Le 30 juillet, le maréchal Bazaine écrit au général de Ladmirault : « ... J'ai vu hier l'empereur à Saint-Avold ; rien n'est encore décidé sur les opérations à entreprendre.

---

1. Si cette brochure n'est pas de l'empereur, comme on l'a souvent affirmé, elle fut du moins inspirée par lui (général Jarras, 51).
2. Maxau est à 15 kilomètres au nord de Lauterbourg (*Des causes qui ont amené la capitulation de Sedan,* analysé par M. le général Canonge, II, 39). Il n'est pas exact que l'empereur ait communiqué ce projet, le 15 juillet, aux maréchaux de Mac-Mahon et Le Bœuf. A cette date, le premier était encore en Algérie. Il arriva le 21 à Paris.
3. Général Jarras, 2-7.
4. Général Jarras, 51. Le maréchal Canrobert, *Enquête,* dépositions, IV, 287, dit formellement qu'il n'y eut pas de plan d'opérations. Cette opinion est directement contredite par le général Lebrun et le maréchal Le Bœuf.

Il semble cependant que l'on penche vers un mouvement offensif en avant du 2ᵉ corps[1]. »

On peut, dès lors, considérer comme certain que le plan de Napoléon III reste à l'état d'intention vague. Ce n'est en aucune façon un projet arrêté, pour lequel des mesures d'exécution aient été prises. C'est un rêve, une chimère, rien de plus. Il « ne repose, en somme, que sur des illusions[2] ». Un juge éminent a pourtant dit qu'il n'était pas « sans valeur, du propre aveu de nos ennemis[3] ». Il semble qu'il y ait une certaine indulgence dans cette manière de l'envisager. Le projet de l'empereur ignore l'adversaire, fait table rase de ses intentions, de ses mouvements. Le déploiement stratégique terminé, nous devrions subordonner nos décisions ultérieures aux circonstances, c'est-à-dire aux emplacements et à l'état de l'ennemi, prendre pour objectif ses masses et non des points géographiques sans valeur propre.

Dès que les armées sont en présence, dès que Napoléon III se rend compte de l'erreur commise en supposant la concentration des Allemands plus lente que la nôtre, tout son plan s'écroule comme un château de cartes. Il n'a cru ni Ducrot, admettant que la mobilisation prussienne de 1866 a duré 14 jours, ni Stoffel, portant ce délai à 20 ou 25 jours, ni le commandant Samuel et le colonel Lewal, le réduisant à 22 au maximum. Il s'en rapporte au général Lebrun, à l'archiduc Albert, supposant que l'ennemi ne pourra déboucher avant sept semaines au sud de la Sarre[4]. Les faits montrent bientôt combien ce temps est exagéré.

---

1. Bazaine, *Épisodes*, 10 ; « personne ne pouvait deviner quel plan de campagne était adopté ; il paraîtrait même, si toutefois il y en avait un, que ni le général Lebrun ni le général Jarras n'en avaient reçu la confidence » (colonel Fix, II, 3).
2. Général Canonge, II, 40.
3. Général Bonnal, *Frœschwiller*, 3. — Le général von Verdy du Vernois écrit : « Une telle introduction de la campagne pouvait être considérée comme justifiée en elle-même, à la condition que l'adversaire ne serait pas en état de s'y opposer à temps avec la supériorité du nombre ou de la devancer » (*Im grossen Hauptquartier*, 35).
4. Général Ducrot, lettre du 28 juillet 1866, *Revue militaire*, 1900, 524, colonel Stoffel, *Rapports militaires écrits de Berlin*, 12 août 1869 ; Rapport du capitaine Samuel, annoté par le colonel Lewal (*Revue militaire*, 1900, 546 et suiv.).

Il y a, dit le prince de Hohenlohe, 35 milles (de 7,500 mètres) à vol d'oiseau, de Maxau à Munich, c'est-à-dire quinze jours de marche pour une armée de 300,000 hommes. Est-il possible d'admettre que les armées prussiennes resteront immobiles pendant ces quinze jours, sans rien faire afin de gêner notre mouvement? Pourquoi concentrer la 2ᵉ armée à Metz, à près de 20 milles de la 1ʳᵉ, puisqu'on veut les réunir avant de passer le Rhin, ce qui fera perdre une semaine? Pourquoi former la 3ᵉ à 20 milles en arrière de Metz? Le maréchal Niel admettait que la concentration serait terminée le 12ᵉ jour de la mobilisation, c'est-à-dire le 26 juillet, mais la nécessité de réunir les armées de Metz et de Strasbourg empêchera de passer le Rhin à Maxau avant huit jours, c'est-à-dire avant le 4 août. Comment les armées prussiennes, même non soutenues par les contingents du Sud, verraient-elles s'exécuter cette opération, puis la marche sur Würzburg, qui doit la suivre, sans les gêner en quoi que ce soit? Il y a là un vice essentiel, de nature à rendre toute cette combinaison irréalisable, si elle existait réellement[1].

---

1. Prince de Hohenlohe, *Lettres sur la stratégie*, traduction, I, 296. — Le maréchal Niel assurait à l'empereur que nos effectifs seraient complets du 9ᵉ au 15ᵉ jour au plus; le maréchal Le Bœuf disait 15 jours (de La Chapelle, 59).

XI

LA MARINE

Préparation à la guerre. — La mobilisation. — Premières dispositions au dehors.

La préparation de la marine n'est pas plus complète que celle de l'armée. A la veille de la guerre de Crimée, elle ignore si bien les forces navales de la Russie, qu'elle en est d'abord réduite, pour les apprécier, à des états datant de 1790[1]. Le 27 juillet, le vice-amiral Bouët-Willaumez télégraphie : « La majorité de Brest est dépourvue de cartes mer du Nord et Baltique. Il en faudrait onze séries à l'escadre actuelle[2]. » Le ministre de la marine, amiral Rigault de Genouilly, déclare en conseil que son département n'est pas prêt pour une grande guerre. Comme l'armée, et plus encore peut-être, la marine souffre de l'excès de centralisation, du défaut général d'initiative. On y décourage le travail individuel. L'avancement ne revient pas toujours au plus digne, tant s'en faut[3]. La décadence, déjà commencée, de notre marine marchande s'étend à nos forces de guerre. Celles-ci, en dépit d'un lourd budget, d'un immense matériel et d'un nombreux personnel, ne sont pas à la hauteur

---

1. Note de M. Léouzon-Leduc en date du 8 juillet 1870, *Papiers et correspondance de la famille impériale*, 2ᵉ vol., complément, 62 ; lieutenant de vaisseau Guérard, *La marine française après les désastres de 1870-1871*, 85, 286.
2. *Papiers et correspondance*, I, 441. — « Tout à peu près manquait dans l'arsenal de Cherbourg, fort délaissé depuis quelques années par les ministres de la marine, qui l'avaient dépouillé au profit de Brest et de Toulon, leurs lieux de naissance ou de prédilection. Non seulement les objets d'armement et les approvisionnements n'y étaient pas en quantité suffisante, mais il ne s'y trouvait pas le nombre d'hommes nécessaire. » Les marins de l'inscription maritime étaient à peu près tous à la pêche sur les côtes de la Terre-Neuve ou d'Écosse (René de Pont-Jest, *La campagne de la mer du Nord et de la Baltique*, 8). M. de Pont-Jest était autorisé officiellement à suivre la campagne à bord de l'escadre. Ses impressions ont d'abord paru sous la forme de huit articles du *Moniteur universel*.
3. C. Farcy, *Histoire de la guerre de 1870-1871*, 14 ; A. Guérard, 51, 52, 136.

de leurs obligations[1]. Heureusement nos bâtiments n'auront pas d'adversaires à leur taille.

Les premiers ordres donnés par le ministère de la marine datent du 7 juillet ; on arme des transports, des frégates cuirassées ; on suspend l'envoi en congé des quartiers-maîtres et marins. La division du Nord prend la mer. A dater du 9, les préparatifs sont plus marqués. Ordre est donné à Cherbourg et Toulon de diriger des transports sur Oran ; à Cherbourg, Toulon et Brest, d'armer de nouveaux cuirassés[2]. On connaît la présence, sur les côtes d'Angleterre, d'une escadre prussienne de quatre bâtiments, dont l'un, très fort, le *König Wilhelm*[3]. Notre division du Nord est de beaucoup inférieure, ce qui cause des craintes sérieuses. On redoute même que l'ennemi ne passe dans la Méditerranée et ne coule quelques-uns de nos transports. L'effet moral serait immense. On prend des mesures pour y parer. L'escadre du vice-amiral Fourichon a été rappelée de Malte à Alger ; on la porte à Oran, pour surveiller le détroit de Gibraltar. Quant aux bâtiments prussiens, ils quittent Plymouth le 10 et prennent pour direction apparente Lisbonne, en réalité, celle de la Jade. Le 16, ils sont à Wilhelmshafen[4]. On ne tarde pas être fixé sur leurs intentions. Le 18 juillet, ordre est adressé à l'amiral Fourichon, par notre consul à Gibraltar, de rallier Brest avec toute son escadre[5].

Au moment de la déclaration de guerre, nos stations navales ont été fort réduites par suite des nécessités budgétaires. Il faut envoyer des renforts sur tous les points du globe. Deux corvettes cuirassées partent, l'une pour les

---

1. A. Guérard, 55-62.
2. C. Farcy, 14 ; dépêches des 9, 10, 11 juillet, reproduites dans l'*Enquête*, dépositions, I, Rigault de Genouilly, 138.
3. *Enquête*, dépositions, I, Rigault de Genouilly, 126 ; *État-major prussien*, I, 114.
4. *Enquête*, dépositions, I, Rigault de Genouilly, 126 ; dépêches des 10, 11 et 12 juillet, *ibid.*, 139. Le 12, notamment, on télégraphie à l'ambassadeur de France à Madrid et au ministre à Lisbonne pour savoir si l'escadre prussienne est dans l'un des ports de la péninsule. — L'un des cuirassés allemands est dirigé sur l'embouchure de l'Elbe (*État-major prussien*, I, 114).
5. Dépêche reproduite dans l'*Enquête*, dépositions, I, Rigault de Genouilly, 139.

mers de Chine, l'autre pour la Nouvelle-Calédonie. Une frégate est dirigée sur les Antilles, où l'on n'est pas sans inquiétudes touchant l'esprit de la population noire, une autre sur le Pacifique. En outre, nous allons établir deux croisières, dans la mer du Nord et au détroit de Gibraltar. Une division gagnera le Levant et une le Gabon, où elle relèvera la frégate et les avisos appelés dans l'Atlantique, sur les routes de retour en Europe; une croisière sera établie dans les détroits des mers de Chine. Enfin, des croiseurs isolés partent de Cherbourg et de Brest pour la Manche et ses atterrages [1].

1. *Enquête,* dépositions, I, Rigault de Genouilly, 132.

LIVRE III

L'ALLEMAGNE

I

LE PAYS

La race. — La haine de la France. — Tendances particularistes. — L'Allemagne et la guerre. — L'unité morale.

Quelle que soit leur parenté d'origine, en dépit de la multiplicité de leurs rapports depuis les temps le plus reculés, il y a des différences essentielles entre le Français et l'Allemand. La frontière idéale qui les sépare n'a rien de fictif. Ces deux peuples, a dit finement M. Cherbuliez, « sont d'autant plus appelés à agir l'un sur l'autre qu'ils se ressemblent moins : l'un, race vive, communicative..., dont le souverain légitime est le discours écrit ou parlé, et où l'on voit par instants une grande passion commune se répandre de proche en proche..., enflammer toutes les âmes ; l'autre, race lente et réfléchie, qui raisonne ses impressions, creuse ses passions et les refroidit en les expliquant..., se défie de ce qui semble évident, où chacun tient à avoir sur toute chose son propre avis, et se donne quelquefois le luxe d'en avoir deux ; l'un, amoureux des idées claires, qui sont quelquefois des idées étroites ; l'autre, visant au complexe et se payant souvent d'idées confuses qui le mènent où il ne veut pas aller ; l'un, enfin, pays de la méthode, de l'éloquence, des chansons et des folies passionnées ; l'autre, pays des systèmes, de la critique audacieuse, des longues patiences et des folies froides[1]... ». Sans doute, il y a de l'exactitude

---

1. V. Cherbuliez, *L'Allemagne politique*, 10.

dans cette opposition des caractères français et allemand, mais elle ne donne pas une idée complète du dernier. L'Allemagne n'est pas uniquement le pays des systèmes, de la critique osée et profonde, c'est aussi celui de la réalité, du sens pratique le plus aigu. « Pour ces Allemands disciplinés et indépendants, extrêmement audacieux d'idées et attachés à la réalité, tout ce qui existe est vrai, tout est bien à sa place. Leur intelligence et leur goût obstiné des faits leur en donnent le respect [1]... »

Non seulement les Allemands ont la forte compréhension de la réalité, jointe au sens de la critique, ce qui explique leur aptitude aux études historiques; ils ont aussi un goût profond de la nature, un rare instinct poétique. A une grande force de volonté, à une singulière persévérance dans leurs entreprises, ils savent joindre la foi toute-puissante, le dévouement naïf et sincère à la cause embrassée. Il y a beaucoup de vérité dans ce qu'en dit l'un des maîtres de la comédie moderne, quand il dépeint « les Germains aux pieds pesants, ruminants et soumis, portant le casque à pointe, comme les bœufs portent le joug, et marchant comme eux, lourdement, patiemment, jusqu'au bout du sillon [2] ».

Mais l'Allemand, avec cette apparence de calme et même de lourdeur, se laisse facilement entraîner aux extrêmes. Chez lui, l'amour devient parfois mysticisme, le sentiment de la sensiblerie; la politesse dégénère en étiquette, la joie de vivre en arrogance, la colère en fureur. Il est l'homme des rancunes longuement caressées, des vengeances froidement accomplies. Il n'a pardonné aux Français ni l'incendie du Palatinat sous Louis XIV, ni l'exécution de Conradin au temps de Charles d'Anjou [3]. C'est un contraste de plus avec

---

1. Maurice Barrès, L'appel au soldat, *Revue hebdomadaire*, 23 décembre 1899, 459.
2. A. Dumas, *Nouvelle lettre de Junius*, 65.
3. « Dans le discours prononcé, le 28 mars 1832, devant l'Académie des sciences de Munich, le chanoine Dœllinger commence ainsi une étude sur la politique de Louis XIV : « Lorsque, au mois d'octobre 1870, deux historiens célèbres, Thiers et Ranke, se rencontrèrent à Vienne, le premier demanda à

nous, le peuple oublieux par essence, sur lequel les plus sévères leçons glissent, sans rien laisser que des traces passagères.

En tant qu'individu, l'Allemand a moins de personnalité que le Français, l'Italien ou l'Anglais. Il se laisse plus facilement influencer par les mouvements d'opinion, par les événements, par ses gouvernants. Chez aucun peuple, la presse n'est plus facilement disciplinée, plus docile aux influences extérieures. Il aime à se mouvoir par masses; il a le sens de l'association; la discipline et la méthode lui sont faciles. Il arrive très aisément à confondre le devoir et la consigne[1]. Ses vertus sont facilement viciées par une hypocrisie innée, un manque absolu de générosité. Il sait mettre au service du patriotisme le plus étroit la plus haute culture, les recherches les plus approfondies. Il n'est pas jusqu'à la religion rude, jalouse, arrogante du Prussien, qui n'ait une part importante dans son développement national[2]. Il s'y joint, à notre égard, « un trait de caractère, un sentiment que les plaines sablonneuses du nord de l'Allemagne paraissent avoir toujours inspiré, le sentiment des Vandales chastes devant les mœurs et le luxe de l'empire romain, une sorte de fureur puritaine, la jalousie et la rage contre la vie facile de ceux qui jouissent[3] ».

Longtemps la Prusse n'est en aucune façon la personnification de l'unité allemande. Même elle soulève chez ses frères de race les plus vives et les plus profondes antipa-

---

l'autre : « A qui les Allemands font-ils la guerre, maintenant que l'empereur est renversé ? — A Louis XIV, répondit le savant allemand » (Mémoire de M. Banning, Étoile belge de janvier 1901).

1. Lieutenant-colonel Rousset, I, 104, d'après E. Reclus, Géographie universelle ; lieutenant-colonel Titeux, 703, d'après Ernest Renan, La réforme morale et intellectuelle de la France.
2. Albert Duruy, Souvenirs de campagne et de captivité, Revue des Deux-Mondes, 1er juin 1871, 450-456 ; Albert Sorel, La discipline et l'instruction obligatoire en Prusse, ibid., 15 mai 1871, 280-291. Voir, au sujet de la religion en Prusse, le trait conté par M. Fautras, De la Loire à l'Oder, 49, au sujet d'un aumônier prussien et de prisonniers français.
3. E. Renan, La France et l'Allemagne, Revue des Deux-Mondes du 15 septembre 1870; voir, au sujet de l'absence de générosité du caractère allemand, G. Rothan, L'Allemagne et l'Italie, 1870-1871, 17 septembre-1er novembre.

thies. Mais elle trouve un levier bien autrement puissant que l'unité : la haine contre la France, sentiment qui est de tradition en Allemagne, qui fait partie du caractère national. Chez l'homme le plus cultivé, comme chez le dernier paysan, on retrouve le même dogme de crainte et de haine. « La Francophobie est non seulement dans la légende universelle, dans le livre, dans la poésie, dans les monuments, elle fait partie de l'éducation nationale... » Menzel, l'un des historiens les plus populaires de son pays, porte fièrement le titre de *Franzosenfresser* (mangeur de Français)[1]. Nous avons dit comment ce sentiment, à peine assoupi depuis 1815, se réveille plus intense que jamais en 1840 et surtout après l'avènement de Napoléon III[2]. En 1859, le roi Guillaume de Wurtemberg disait au ministre de France à Stuttgard : « J'ai réussi à empêcher la mobilisation des armées de la Confédération germanique. Puisse l'Italie être la dernière aventure de l'empereur, car je ne réponds pas de le préserver une seconde fois des haines qui se sont accumulées contre lui en Allemagne! » De même, en 1867, le premier ministre de Bavière, prince de Hohenlohe, dit à M. de Cadore : « La peur de la France et les préjugés qui existent contre elle sont des sentiments inhérents à tous les Allemands, et l'attitude du Midi de l'Allemagne ne dépendra pas, le cas échéant, de la volonté d'un souverain ou d'un ministre, mais du mouvement et des circonstances dans lesquelles un conflit surgira[3]. »

Ces idées n'excluent pas un particularisme très vivace, dont M. de Bismarck est le premier à reconnaître l'existence : « Le patriotisme allemand, en règle générale, a besoin, pour agir et produire des effets, d'être aidé par l'attachement à la dynastie... » Par suite, « l'Allemand est plutôt prêt à prouver son patriotisme comme Prussien, Hanovrien, Wurtembergeois, Bavarois, Hessois que comme

---

1. *Le dernier des Napoléon*, 262.
2. *Les Origines*, 3, 6.
3. G. Rothan, Les relations de la France et de la Prusse de 1867 à 1870. *Revue des Deux-Mondes*, novembre-décembre 1886, 65.

Allemand... ». Il est « tout disposé à combattre, par le feu et le fer, son voisin allemand et son frère de sang, à le tuer en personne, si, par suite des querelles qu'il ne comprend pas lui-même, il en reçoit l'ordre de sa dynastie[1]... ».

Ces tendances et aussi certains côtés du caractère national expliquent l'attitude d'une partie de l'Allemagne envers la France. Les preuves en abondaient aux Tuileries. M. H. Bordier a donné une liste, fort incomplète, de plus de 2,000 Allemands de tout rang, de toute condition, officiers prussiens ou autres, savants, commerçants, industriels, princes même, sollicitant des secours, des décorations, le remboursement de prétendues créances arriérées, offrant des inventions utiles à l'armée, des remèdes, des pièces de vers, des morceaux de musique. Chez presque tous, du Hohenzollern au laboureur souabe, l'obséquiosité est inlassable, identique, qu'il s'agisse d'une commande de canons, d'une médaille de Sainte-Hélène ou de la décoration d'un grand-père, ancien soldat de l'Empire, que l'on renvoie en attendant une honnête compensation[2]. Comment supposer chez ces quémandeurs la haine de la France et de l'empereur ?

D'autres faits indiquent des visées particularistes dans la Bavière, le Wurtemberg, la Hesse, le Hanovre, tendances qui persistent pendant une partie de la guerre[3]. Mais le

---

1. Bismarck, *Pensées et souvenirs*, I, 365.
2. H. Bordier, *L'Allemagne aux Tuileries*, passim.
3. « La Bavière s'est tellement appliquée à conserver à ses troupes un caractère particulier, qu'aujourd'hui il n'y a pas plus de ressemblance entre l'armée bavaroise et celle du Nordbund qu'entre les armées prussienne et française » (*Süddeutsches Heerwesen und süddeutsche Politik*, von einem Norddeutschen, Berlin, 1869, p. 23, cité par V. Cherbuliez, *La Prusse et l'Allemagne*, III, 54); Conversations de Ducrot avec M. de Dalwigk, premier ministre de la Hesse, en octobre 1868 ; avec le grand-duc de Hesse, qui parle des « insupportables Prussiens, de la prétendue Confédération du Nord », offre de céder toute la rive gauche du Rhin et recommande une vigoureuse offensive sur la rive droite : « Le plus léger succès déterminera tous les États du Sud de l'Allemagne à marcher avec vous » (*Vie militaire du général Ducrot*, II, 274-283); « Die deutschen (bayerischen) Grenzdörfer zeigen französische Sympathien » (*Kriegstagebuch* de l'état-major de la 6e division de cavalerie au 5 août, cité par Cardinal von Widdern, *Kritische Tage*, 1re partie, 3e vol., 1re livr., 127); V. Cherbuliez, *La Prusse et l'Allemagne*, III, 78, au sujet de Stuttgard, l'*Antiberlin*; Enquête,

gouvernement impérial, qui a peu fait pour les encourager[1], s'en exagère volontiers l'importance. Il prête aux masses profondes de la population les sentiments des cours, des hauts fonctionnaires. Il ne se rend pas compte que l'Allemagne, divisée à l'intérieur, sera une contre l'étranger[2].

Tous les gouvernements allemands attendent un conflit avec la France, et cela depuis trois ans; mais, à part M. de Bismarck, nul n'en prévoit la proximité immédiate. Dans certaines parties du pays, on s'agite en faveur du désarmement, de la suppression de la peine de mort en matière politique; les socialistes commencent une propagande active. Au commencement de juillet, tout en Allemagne revêt l'aspect d'une paix profonde : le roi Guillaume est aux eaux, le chancelier et le général de Moltke dans leurs terres; beaucoup de généraux mettent à profit l'intervalle des inspections du printemps et des manœuvres pour des cures ou des voyages. Le commandant de la garde est à Saint-Pétersbourg ; son chef d'état-major voyage également[3].

La déclaration du 6 juillet, les événements qui suivent si rapidement surprennent et troublent chacun. On s'imagine que, si Napoléon III agit avec une précipitation aussi contraire aux précédents de 1854 et de 1859, c'est qu'il a fait en secret ses préparatifs et qu'il va brusquement prendre l'offensive. Jusqu'à son départ pour Cologne, le roi Guillaume est persuadé que nous allons envahir la rive gauche du Rhin et le grand-duché de Bade. Il prépare la mise en lieu sûr de ses papiers les plus précieux[4]. Des généraux influents prévoient le transport sur le Rhin de toutes les

---

dépositions, I, de Gramont, 113; Mme Carette, II, 113; *Mémoires de Bismarck* recueillis par M. Busch, I, 56; *La tyrannie prussienne*, par un Allemand, 115; de Baillehache, 236; *Papiers sauvés des Tuileries*, 18, 20; *Artilleristische Erinnerungen*, 11, etc.

1. *Vie militaire du général Ducrot*, II, 276, paroles prêtées à deux de nos diplomates, MM. d'Astorg et de La Rochefoucauld.
2. *Les Origines*, 186, 286, 304, 338.
3. L. Schneider, II, 138-143; prince de Hohenlohe, *Lettres sur la stratégie*, I, 259; Verdy du Vernois, 2 : « Les officiers auxquels incombe surtout la préparation de la guerre... sont en voyage ou en permission. »
4. L. Schneider, II, 146-158.

unités disponibles avant qu'elles soient mobilisées, faute que les Allemands nous abandonneront, heureusement pour eux. On songe à utiliser la garde royale prussienne comme troupe de couverture [1].

L'ordre de mobilisation fait l'effet d'un calmant. Dans ce pays de hiérarchie et de discipline, chacun voit ce que veut le gouvernement, chacun sait ce qu'il doit faire. L'enthousiasme guerrier, qui est immense, se maintient dans de justes limites : « J'ai vu de mes yeux les masses populaires entourer le palais du roi à cette nouvelle et se livrer à des acclamations interminables. Une personne, ayant fait remarquer que le roi avait à travailler et qu'il lui fallait du repos pour cela, toute cette foule se tut et s'écoula sans bruit [2]. »

L'Allemagne entière croit à une provocation préméditée de notre part, à la volonté arrêtée de lui faire la guerre. L'élan est unanime, tel qu'en 1813 : « Les réservistes et les hommes de landwehr... ne purent attendre l'ordre de convocation; beaucoup d'entre eux rejoignirent leur corps avant d'avoir été appelés [3]. » Le sentiment universel est que le moment vient de réaliser le rêve si longtemps caressé de l'unité nationale. L'Allemagne entend clore pour jamais cette période de son histoire, pendant laquelle elle n'a été qu'un champ clos, livré à toutes les armées de l'Europe [4].

---

1. Prince de Hohenlohe, *Lettres sur la stratégie*, I, 259-262 ; lieutenant-colonel Stoffel, IV-VI.
2. Prince de Hohenlohe, *ibid.*, 262.
3. Prince de Hohenlohe, *Lettres sur l'infanterie*, 240 ; L. Schneider, II, 159, 161, 169-171.
4. Général von der Goltz, *La nation armée*, 446 ; Justus Eberhardt, D'Ingolstadt à Coulmiers, traduction, *Revue hebdomadaire*, juillet 1898, 40 ; Oncken, 138 ; von Wilmowski, *Feldbriefe*, 12 ; *État-major prussien*, I, 132.
Le 19 juillet, le Reichstag de l'Allemagne du Nord ouvre un crédit de 120 millions de thalers (450 millions de francs); les parlements de Bavière, de Wurtemberg, de Bade, de Hesse votent des crédits de 18,260,000, de 5,900,000, de 6,287,000 et de 3,376,000 florins (de 2 fr. 10 c.) [*État-major prussien*, I,51].

II

LE ROI GUILLAUME

Réorganisation de 1860. — Guerre de 1866. — Le roi Guillaume. — Moltke. — Roon

Après les grandes guerres de l'épopée impériale, l'armée prussienne subit peu de modifications. De 1815 à 1859, elle reste la même dans ses grandes lignes, à part des accroissements d'effectif. Bien que la mobilisation de 1859 n'ait été suivie d'aucune opération, elle met au jour de grands défauts. Le prince régent, futur roi Guillaume, juge une réorganisation nécessaire et en arrête personnellement les traits principaux, avec une sûreté de main qui montre combien il connaît les besoins à satisfaire. Dès lors, malgré l'opposition des Chambres prussiennes, si persistante qu'elle n'est brisée définitivement qu'en 1867[1], à la suite de deux campagnes victorieuses, l'armée active est dotée d'une réserve propre; la landwehr, isolée d'elle, est destinée à la garde du territoire, sauf des cas exceptionnels. Dès la fin de 1860, la Prusse peut mobiliser 370,000 soldats, avec plus de 100,000 hommes de dépôt et 150,000 landwehriens instruits. Cet effectif la met à la tête des puissances militaires de l'Europe, la Russie exceptée.

Elle applique, en outre, le grand et salutaire principe du service personnel et obligatoire. Tout sujet prussien est astreint à porter les armes de 17 à 42 ans, dont trois dans l'armée active, quatre dans la réserve, cinq dans la landwehr, treize dans le landsturm. Cette dernière force, purement nominale, n'est pourvue d'aucune organisation et

---

[1]. Loi du 9 novembre (*État-major prussien*, I, 52). — En 1859, la Prusse n'a que 18 millions d'habitants et un budget de 487 millions; son contingent annuel est de 40,000 hommes et l'effectif de l'armée de 130,000. On crée d'un seul coup 36 régiments d'infanterie, 10 de cavalerie et 5 groupes d'artillerie (lieutenant-colonel Titeux, 704).

rappelle plutôt notre garde nationale qu'une formation régulière.

Il existe d'abord huit corps d'armée prussiens, organisés en permanence, stationnés constamment dans les mêmes régions et affectant une formation uniforme : 1 bataillon de chasseurs, 2 divisions d'infanterie, 1 régiment d'artillerie de campagne, 1 bataillon de pionniers, 1 bataillon du train. En cas de mobilisation, chaque division d'infanterie comprend un régiment de cavalerie. Le reste de cette dernière arme est groupé en divisions indépendantes, sauf pour le corps de la garde qui possède en tout temps une division de six régiments.

La guerre de 1866, la rupture d'équilibre qui en résulte, renforcent l'armée prussienne de 21 régiments d'infanterie, 3 bataillons de chasseurs, 17 régiments de cavalerie, 3 régiments d'artillerie de campagne, 3 bataillons de pionniers, 3 bataillons du train. On constitue trois corps d'armée, les IXe, X^e et XIe ; on y incorpore les contingents autonomes des deux Mecklembourg et du Brunswick (3 régiments d'infanterie, 1 bataillon de chasseurs, 3 régiments de cavalerie et 5 batteries). Quant à l'armée saxonne, sous le nom de XIIe corps, elle prend purement et simplement la suite des corps d'armée prussiens ; les troupes du grand-duché de Hesse forment une 25e division rattachée provisoirement au XIe corps. Il y a unité presque absolue dans les troupes de la Confédération du Nord. Une partie des États qui la composent ont même abdiqué toute prérogative militaire, en confiant leurs contingents à la Prusse, qui les administre moyennant une somme fixée par homme et par an [1].

Le roi Guillaume exerce les fonctions de généralissime, non point pour la forme, mais d'une façon effective. Il a pris une part directe, prépondérante, à la fabrication du formidable outil qu'est devenue l'armée de l'Allemagne du Nord. Un Français a dit de lui qu'il était « resté, depuis Waterloo, où tout enfant il commençait déjà à venger

---

[1]. *État-major prussien*, I, 51-52 ; lieutenant-colonel Rousset, I, 77-80.

sur nous son pays, le type admirable de toutes les vertus du soldat[1] ». Sans aller si loin, on doit reconnaître qu'il possède, à un degré rare, beaucoup des qualités du chef d'armées et du souverain. Sa force d'âme est grande, sa tranquillité d'esprit étonnante au milieu des circonstances les plus heureuses, comme dans les événements les plus alarmants. Il ne laisse voir, en aucun cas, trace de précipitation. Même en campagne, le calme est singulier, presque claustral autour de lui. Ainsi, durant la guerre de Bohême, on dirait qu'il s'agit de manœuvres ou d'inspection. Sa simplicité de vie est très grande. Il couche sur un lit de camp, et le reste de son ameublement n'est rien moins que luxueux[2]. Il pousse même fort loin l'esprit d'ordre et l'économie. Le 17 août, en visitant le champ de bataille de Rezonville, il voit le cadavre d'un hussard de Ziethen dont l'uniforme et la schabraque sont neufs. Il prescrit aussitôt de les faire renvoyer au corps. Son fidèle serviteur, L. Schneider, dépose devant lui sa plume et omet de l'essuyer. Le roi l'essuie lui-même, sans mot dire[3].

Il est soldat de la tête aux pieds; il porte à l'armée une infinie affection, révélée par quantité de documents. C'est lui qui rédige d'un seul jet, avec deux corrections de style et quelques points d'interrogation, le projet de réorganisation militaire de 1860[4]. Il ne s'est pas borné à la direction suprême; il a exercé effectivement tous les grades d'officier jusqu'au commandement du IIIe corps[5]. Il s'occupe directement du personnel entier par l'intermédiaire de son cabinet militaire. Le ministre de la guerre et le chef d'état-major travaillent tous deux sous sa direction, l'un à l'organisation, à l'administration de l'armée, l'autre à la préparation de la guerre. Il les dirige de telle sorte qu'aucun conflit ne s'élève entre eux.

---

1. *Le maréchal de Moltke,* par ***, 258.
2. L. Schneider, I, 78, 247-275; II, 17. — Voir Ernest Lavisse, *Trois empereurs d'Allemagne.*
3. L. Schneider, III, 268; I, 78.
4. L. Schneider, II, 131. Le texte de ce projet figure *ibid.*, 132.
5. L. Schneider, I, 21.

Avec des dehors bienveillants, une patience inépuisable, il a le caractère ferme, la décision prompte : « Personne absolument n'osait, en face de ce maître, se permettre de sortir de son rang et, si quelqu'un avait osé le faire une fois, il n'aurait sûrement pas recommencé[1]. » Il se considère comme le premier serviteur de l'État ou, plus exactement, comme le premier des officiers prussiens. Rien ne lui coûte pour accomplir ses devoirs de roi. On est toujours assuré d'aller à son cœur en lui montrant une obligation à remplir[2]. Sa tenue est la correction même, en toutes circonstances. La première fois qu'on lui rend les honneurs royaux, il défaille dans les bras du capitaine von Kleist, tant son émotion est puissante au sentiment de sa responsabilité. Il n'a ni confident, ni favori; il s'attache à ne jamais parler de l'armée à M. de Bismarck, de politique au général von Manteuffel[3].

Il travaille beaucoup et ne dédaigne pas de livrer aux journaux le résultat de ses études militaires, par l'intermédiaire du fidèle L. Schneider. Il est familier avec l'usage des cartes, avec la lecture du terrain. Il l'étudie soigneusement pour toutes les opérations en cours[4]. Sans grande ouverture d'esprit, il écrit pourtant, comme il pense, clairement et simplement. Toute emphase lui est étrangère. Il apporte le même soin à régler les plus minces détails d'une cérémonie et les questions les plus importantes. Il a ce don si rare chez les souverains de discerner le mérite et de lui servir d'appui. C'est ainsi qu'il s'entoure d'hommes de premier ordre, auxquels il reste fidèle, sans jamais leur abandonner aucun de ses droits. Il est le Louis XIII d'un autre Richelieu, mais un Louis XIII conscient de sa valeur, qui ne nourrit pas d'arrière-pensées à l'égard de son ministre[5].

---

[1]. L. Schneider, II, 154; I, 74.
[2]. Prince de Bismarck, *Pensées et souvenirs*, I, 357, incident de Jüterbock, octobre 1862.
[3]. L. Schneider, I, 110; 128-131.
[4]. L. Schneider, I, 19 et suiv.; II, 145-155.
[5]. L. Schneider, I, 21. — Voir aussi E. Ollivier, Le roi Guillaume de Prusse, *Revue des Deux-Mondes*, 15 juin 1900; Benedetti, *Essais*, 68 et suiv.; Bismarck, *Pensées et souvenirs*, II, 331; Alexandre Dumas, *Nouvelle lettre de Junius*, 28.

En vrai Prussien, il professe volontiers cette théorie commode : ce qui est bon à prendre est bon à garder. Les scrupules ne le gênent aucunement quand il s'agit d'arrondir son territoire. Il irait même volontiers au delà de ce que lui conseillent ses intérêts véritables[1]. Il allie cette rapacité à des idées religieuses fort arrêtées, allant jusqu'au piétisme. Il se considère comme le fondé de pouvoir du Dieu des armées. Il a sa Bible et son Décalogue à lui. « Tout ce qui le concerne ou lui profite est licite ; la tentative la plus risquée, l'acte le plus inique... » Il « a tellement d'indulgence à dépenser chez lui, qu'il ne lui en reste plus pour les autres[2] ». Il fait profession d'aimer la paix et mène à bien trois guerres en sept ans.

Le premier de ses collaborateurs militaires, Helmuth Carl Bernhardt von Moltke, à peine moins âgé que lui, est né, en 1800, à Parchim, dans le Mecklembourg-Schwerin. Il suit son père qui émigre en Danemark, et devient sujet danois (1806). En 1820, il est second lieutenant dans son pays d'adoption, mais il passe bientôt au service de la Prusse (1822). Dès lors, le souvenir de son ancienne patrie ne l'embarrassera guère. La défaite du Danemark, en 1864, est même pour lui l'occasion de railleries qui font peu d'honneur à son cœur. Chez ce calculateur émérite, le caractère est d'accord avec le physique. A son aspect extérieur, à son visage ascétique, fortement accusé, à son profil coupant d'oiseau de proie correspondent un manque absolu de générosité, une parfaite sécheresse de cœur[3].

Au service de la Prusse, il est devenu promptement capitaine d'état-major ; chargé d'une mission en Turquie, il assiste aux déroutes des Turcs devant l'armée égyptienne, que nos officiers ont tant contribué à mettre sur pied. En 1857, il est général-major et fait fonctions de chef d'état-

---

1. *Les Origines*, 84.
2. *Le dernier des Napoléon*, 243-249.
3. Verdy du Vernois, *Im grossen Hauptquartier*, 22-31, signale pourtant sa bonté persistante pour son entourage, son calme parfait, sa très grande simplicité sans la moindre trace d'égoïsme. Les *Erinnerungen an Moltke* du général von Blume sont dans le même sens.

major de l'armée. Il trouve là le véritable emploi de ses facultés. Ce n'est pas l'homme des hautes inspirations, des combinaisons géniales. Il se laisse souvent surprendre par les événements et n'a rien du pouvoir de divination qui marque les grands capitaines. Mais il est circonspect dans la préparation et abandonne un minimum au hasard. Il fait de la guerre une affaire de raisonnement, presque de mathématique. Comme préparation, en tant que mobilisation, concentration, déploiement stratégique, il a dépassé tout ce qui s'était fait avant lui. Sans doute, il dispose de moyens bien supérieurs à ceux de Napoléon, qui met dix-huit semaines, en 1800, à mobiliser l'armée de réserve, alors que les Allemands consacrèrent dix-huit jours à leur mobilisation générale de 1870[1]. Mais il n'en possède pas moins des qualités incomparables en tant que chef d'état-major. Il sait s'entourer de collaborateurs de premier ordre, tels que jamais, sans doute, n'en a compté un état-major. Maniant des masses supérieures à tout ce qu'on a vu jusqu'alors, il a su trouver la formule de la guerre d'armées opposée à la guerre de masses, telles que la pratiquait Napoléon. Il ne procède pas, comme lui, par ordres précis, positifs, mais par directives, laissant à ses lieutenants une part considérable d'initiative. Ils savent toujours en user[2].

S'il mûrit ses projets dans tous leurs détails, il est audacieux à l'extrême dans l'exécution. Sa devise est : *Erst wägen — dann wagen*. C'est un « offensif à outrance ». Il a la ferme « volonté de vaincre », si puissante à la guerre. On a dit de lui, justement : « La préparation des moyens et l'énergie des résolutions, poussées jusqu'à leur dernière limite, constituent sinon toute la méthode de guerre du

---

[1]. Karl Bleibtreu, *La légende de Moltke*, traduction, 77.
[2]. Nous avons longuement discuté ce côté de de Moltke dans le *Spectateur militaire* : La concentration, la guerre d'armées et la guerre de masses, décembre 1896 ; La guerre d'armées suivant les procédés du maréchal de Moltke, avril 1897. Plusieurs auteurs français défendent une thèse opposée à la nôtre, notamment M. le général Cardot, dans ses Leçons du 16 août, *Revue de cavalerie*, 1900-1901.

général de Moltke, au moins son trait le plus caractéristique[1]. »

Il faut ajouter que la meilleure part de ses succès doit être attribuée à ses adversaires. « ...Loin de lui faire payer les fautes qu'il commettait, ils travaillaient pour lui et s'offraient, pour ainsi dire, au couteau. » La conscience qu'il avait de la supériorité de son outil était telle, qu'il risquait sans scrupule des mouvements d'une suprême imprudence[2]. Sa grandeur est faite surtout de la profonde nullité des généraux qui lui furent opposés.

Le ministre de la guerre, général von Roon, est un administrateur de premier ordre. Il faut dire qu'il occupe sa charge pendant vingt ans, de 1858 à 1878, et que, fortement soutenu par son souverain, il n'a pas à lutter contre ses propres subordonnés, ni contre un Parlement omnipotent, fantasque, ignorant, toujours prêt aux expériences ruineuses, ainsi qu'il arrive parfois. Grâce à son esprit de suite, sous la direction constante et personnelle du roi, il parvient à obtenir une très grande cohésion pour l'armée de la Confédération du Nord. Son organisation est très sensiblement en avance sur celle des armées voisines. L'armement et l'instruction y sont l'objet d'une attention constante.

---

1. *Le maréchal de Moltke*, 151 ; K. Bleibtreu, 77 ; lieutenant-colonel Rousset, I, 83-84 ; Verdy du Vernois, *Im grossen Hauptquartier*, 22-32.
2. Karl Bleibtreu, 77 ; *Le maréchal de Moltke*, 151.

III

L'ORGANISATION MILITAIRE

L'état-major prussien. — Le corps d'officiers. — Les sous-officiers. — Le soldat.

Le commandement est peut-être le principal élément de supériorité de l'armée prussienne, non que les individus y vaillent davantage, mais parce qu'ils sont animés d'un même esprit, que la discipline y est parfaite du haut au bas de l'échelle. Les princes de la famille royale exercent des commandements réels ; ils sont les premiers à donner l'exemple du respect des supérieurs, de l'attachement au souverain, du dévouement au bien du service. Une bonne part des généraux ont vieilli aux côtés du roi, mais l'exécution rigoureuse et constante de leurs obligations militaires les maintient moralement et physiquement aptes à conduire des troupes. Leur esprit est excellent.

Ils ont pour les seconder un état-major recruté dans toutes les armes, qui est l'œuvre personnelle du général de Moltke. Pendant de longues années, il s'est attaché à en éliminer les médiocrités, à le doter de l'unité de doctrine, des fortes méthodes de travail de nature à en faire le meilleur des aides pour le commandement. Il est même de taille à suppléer, dans une certaine mesure, à ses défaillances [1].

D'ailleurs, l'ensemble du corps d'officiers est très remarquable par sa composition, sa cohésion [2]. Recruté parmi la noblesse ou la haute bourgeoisie, sortant d'écoles où les

---

1. Voir, dans *Im grossen Hauptquartier*, 31, de Verdy du Vernois, les détails relatifs à la vie intime du grand état-major, « cercle d'amis... travaillant ensemble au mieux de tous et de chacun », parmi lesquels la supériorité intellectuelle de Moltke n'admet aucune rivalité. Notez que les trois chefs de section, les *demi-dieux*, comme on les nomme, n'ont que trente-huit ans (*Ibid.*, 32).

2. Général Trochu, *Œuvres posthumes*, II, 216 ; lieutenant-colonel Rousset, I, 84 ; M. le général Billot fait remarquer, p. 85 de son rapport à l'Assemblée nationale, que les officiers généraux prussiens sont « presque tous anciens élèves de l'Académie de guerre », et que les « trois quarts ont servi dans l'état-major ».

études sont surtout pratiques, où l'on s'attache principalement à former le caractère des élèves, à leur donner l'esprit militaire et les qualités de commandement voulues, il professe pour la carrière des armes un culte véritable. Des prérogatives enviées en font une caste privilégiée par rapport aux fonctionnaires et au reste de la nation. Il y puise un sens de sa dignité et du devoir qui va jusqu'à l'abus. Son instruction technique est l'objet de soins éclairés et constants. On s'attache à développer en lui l'initiative; les moyens d'exécution sont laissés à sa discrétion; on ne juge que les résultats. Les commandants de compagnie, en particulier, jouissent d'une indépendance qui n'a chez nous aucune analogie. On arrive ainsi à simplifier grandement la tâche de chacun. Nous verrons, vers le milieu d'août 1870, la IIe armée (sept corps d'armée et 260,000 hommes) pourvue d'un état-major de six officiers et six adjoints, sous les ordres d'un général de brigade [1].

Quant aux sous-officiers, sortant en grande partie d'écoles spéciales, ils sont confinés dans leur situation plutôt par la tradition que par la règle écrite. C'est à titre de rare exception qu'ils deviennent officiers. Mais ils sont entourés d'une considération et d'un bien-être inconnus dans notre armée. Ils exercent une part d'autorité très appréciable, contrairement aux nôtres. Le rengagement est de règle pour eux.

Le soldat allemand ne possède ni l'entrain endiablé, ni la souplesse native, ni la résistance aux privations et aux fatigues du Français; il n'a pas comme lui le goût du combat individuel; sa valeur intrinsèque dépend davantage de celle de ses cadres. En revanche, il se plie mieux à la discipline; il a le sens du respect, de la hiérarchie. Il est plus malléable, d'un commandement moins délicat. Les divisions politiques n'ont point entamé son patriotisme, son dévouement au roi. Il est plus accessible aux idées religieuses, qui con-

---

[1]. Général Derrécagaix, I, 111 ; lieutenant-colonel Rousset, I, 84-86 ; lieutenant-colonel Titeux, 701-739 ; *ibid.*, préface du général du Barail, *viij.*

tribuent certainement à le soutenir dans les souffrances et les privations que la guerre entraîne.

« L'Allemand, dit un officier prussien, a le sentiment du devoir et de l'obéissance; il se fait à une discipline sévère; il est plein de dévouement, mais animé d'un esprit *non vivant*. Lent par nature, plutôt lourd que mobile, intellectuellement tranquille, réfléchi, sans élan ni feu sacré, désirant la victoire *sans la vouloir à tout prix*, obéissant avec calme, d'une manière consciencieuse, mais mécaniquement et sans enthousiasme, se battant avec résignation, valeur, héroïsme, se laissant peut-être immoler inutilement, mais vendant cher sa vie, il n'a pas le sentiment guerrier, il n'est pas belliqueux, il n'a rien de commun avec l'ambition, mais il est un excellent matériel de guerre, en raison de sa ductilité et de sa consistance. Ce qu'il faudrait lui inoculer, c'est une volonté propre, une impulsion personnelle, la tendance à aller en avant[1]. »

Il y a, d'ailleurs, des différences marquées entre les contingents prussiens et ceux de l'Allemagne du Sud. Les Bavarois, en particulier, montrent moins de solidité au feu, moins d'exactitude dans le service[2]. Tout bien considéré, le soldat français de 1870 vaut largement l'allemand. Notre infériorité technique et numérique est si grande, la lutte si inégale, qu'elle devrait être impossible. C'est au soldat, aux officiers subalternes à peu près seuls que revient l'honneur de l'avoir si longtemps prolongée[3].

---

[1]. Cité par M. le général Derrécagaix, II, 78; lieutenant-colonel Rousset, I, 86-88.
[2]. Voir le général Bonnal, *Fræschwiller, passim*, et Weidner, *Revue hebdomadaire*, 28 avril 1899, 616.
[3]. Lieutenant-colonel Rousset, I, 86 : « Non! le soldat allemand ne valait pas le nôtre, et c'est à cela que le pays doit de n'avoir point péri. »

IV

LES FORCES MILITAIRES

L'infanterie. — La cavalerie. — L'artillerie. — Les pionniers. — Les services divers
Les armées du Sud. — La marine.

L'infanterie prussienne compte 97 régiments à trois bataillons, dont 9 pour la garde. Il existe, en outre, 17 régiments fédéraux, 4 régiments hessois (à 2 bataillons); 17 bataillons de chasseurs, dont 1 pour la garde et 1 bataillon de tirailleurs qui en fait également partie[1]. Chaque régiment forme, à la mobilisation, un ou deux bataillons de dépôt, et le bataillon de chasseurs, une compagnie. Il y a 216 bataillons de landwehr[2].

Le fantassin est armé du fusil Dreyse, dont l'adoption remonte à 1841. Le chargement par la culasse en faisait alors une arme très supérieure aux similaires, bien qu'il ne valût pas la réputation acquise par lui en 1864 et 1866. Sa portée efficace de 600 mètres seulement, sa trajectoire peu tendue, sa vitesse initiale de 257 mètres, le rendent fort inférieur au chassepot. Il va être l'objet d'une modification sérieuse, dont les études ont été terminées en 1869, quand la guerre oblige d'y renoncer[3].

Par contre, dans l'infanterie prussienne l'instruction est très solide; le tireur reçoit une éducation approfondie, qui compense en grande partie son armement. Aux petites distances, il reprend tout son avantage. On attache le plus haut prix au développement moral et physique du soldat.

---

1. 4 régiments à pied, 4 régiments de grenadiers, 1 régiment de fusiliers 1 bataillon de chasseurs, 1 bataillon de tirailleurs (garde royale); 16 bataillons de chasseurs de la ligne, dont 11 prussiens, 2 saxons, 1 mecklembourgeois, 2 hessois.
2. 166 seulement peuvent être formés en 1870, faute d'hommes instruits (*État-major prussien*, I, 53).
3. *État-major prussien*, I, 52.

Au lieu de le laisser trop souvent croupir dans l'oisiveté, on s'efforce de réduire au minimum le service intérieur, le temps perdu aux corvées fastidieuses, pour donner davantage au travail profitable. On décentralise l'instruction, en accordant une large part d'autorité et d'initiative aux officiers subalternes et surtout aux commandants de compagnie. En Prusse, cette unité a sa vie propre ; ce n'est pas, comme chez nous, un simple groupe administratif.

La tactique de l'infanterie n'est pas encore ce que veulent les progrès de l'armement. Elle est rigide et admet trop volontiers l'emploi des formations denses sous le feu. Pourtant elle est moins arriérée qu'en France. L'emploi de la colonne de compagnie, notamment, donne au bataillon prussien plus de souplesse, contre ce qui devrait être. En outre, les manœuvres annuelles développent, dans les cadres surtout, l'intelligence du terrain, l'aptitude aux mouvements du champ de bataille. Le service de sécurité en marche et en station est pratiqué avec une exactitude, une précision dont nous sommes fort loin. Les régiments ne se confinent pas sur les terrains de manœuvres comme les nôtres. Ils savent pratiquer le plein air [1].

La Confédération du Nord possède 76 régiments de cavalerie, dont 8 pour la garde prussienne. Ils sont groupés en deux divisions et vingt-deux brigades, celles-ci destinées à être disloquées lors de la mobilisation. Chacune, en effet, est rattachée à une division d'infanterie que l'un de ses régiments complète en campagne. Chaque régiment forme quatre escadrons de guerre et un de dépôt. L'effectif des premiers est de 5 officiers, 150 sabres, 170 chevaux. Cette cavalerie, d'un tiers plus nombreuse que la nôtre, est beaucoup plus manœuvrière, mieux préparée à la guerre. Elle n'ignore pas, comme nous, le service en campagne, les mouvements en terrain varié. Notre infériorité sera même si

---

[1]. Colonel Rüstow, I, 79 et suiv. ; lieutenant-colonel Rousset, I, 88-90. — Le bataillon est d'environ 1,000 hommes ; le fantassin porte 80 cartouches ; les caissons de bataillon et les colonnes de munitions, 85. Total : 165.

grande, que, à mainte reprise, les escadrons allemands agiront comme s'ils n'avaient pas d'adversaire [1].

L'artillerie est groupée en 13 régiments de campagne, un par corps d'armée, sans les six batteries de la division hessoise. Chacun compte douze batteries montées, divisées en trois groupes, trois batteries à cheval, enfin un groupe de colonnes de munitions. A la mobilisation, il constitue un dépôt de deux batteries montées et une à cheval.

Quant à l'artillerie de forteresse, elle est groupée en régiments distincts de l'arme de campagne. En principe, il y en a un par corps d'armée, comportant deux divisions à quatre compagnies qui se dédoublent à la mobilisation. Le total de l'artillerie atteint 1,170 bouches à feu et treize groupes de colonnes de munitions, sans les 234 pièces de dépôt, les 176 compagnies de forteresse. La nôtre est inférieure de plus d'un tiers, même en ne tenant pas compte des contingents du Sud. Quant au matériel prussien, il est incomparablement supérieur. Le canon de campagne est en acier; il se charge par la culasse. Il y a deux calibres distincts : le 4 (78,5 millimètres) et le 6 (91,5). Celui-ci est moins fortement représenté : six batteries par régiment sur quinze.

La portée efficace de ces pièces dépasse 3,000 mètres et leur précision est beaucoup plus grande que celle des nôtres, surtout du 4 de campagne qui arme la grande majorité de nos batteries [2]. Chaque corps d'armée possède de 84 à 90 canons, soit trois par 1,000 hommes, proportion que nous sommes loin d'atteindre.

---

1. 8 régiments de cuirassiers prussiens; 23 de dragons, dont 16 prussiens; 17 de hussards, dont 16 prussiens; 18 de ulans, dont 16 prussiens; 2 régiments hessois se rattachant plutôt aux dragons.
La garde prussienne comprend : 1 régiment de gardes du corps, 1 régiment de cuirassiers, 3 régiments de ulans, 2 de dragons, 1 de hussards (lieutenant-colonel Rousset, I, 90-93).
2. Les pièces sont approvisionnées à raison de 257 ou 238 coups pour les caissons et les colonnes de munitions; 220 et 200 coups pour les colonnes de munitions de réserve qui correspondent à notre grand parc (lieutenant-colonel Rousset, I, 95).

La tactique de l'artillerie a fait de grands progrès depuis 1866, grâce aux enseignements de la guerre de Bohême. Au lieu de répartir la moitié des batteries à la gauche des corps d'armée, ce qui ralentit ou empêche leur entrée en ligne, on va les rapprocher le plus possible des têtes de colonne. Leur action en masse, dès le début du combat, exercera sur nos troupes une influence déprimante. Elles soutiendront l'infanterie jusqu'à la dernière minute, en faisant preuve parfois de la plus extrême hardiesse. Leur supériorité incontestée sera l'un des facteurs essentiels des succès de l'ennemi[1].

En Prusse, le génie n'est pas, comme chez nous, isolé de parti pris des autres armes par sa constitution en régiments. Les bataillons de pionniers sont répartis à raison d'un par corps d'armée. De même pour le train. Il y a séparation absolue entre les ingénieurs et les pionniers, qui participent davantage à la vie commune de l'armée.

Quant à l'administration, elle est, comme de raison, entièrement subordonnée au commandement. Le service de santé, très fortement constitué en personnel et en matériel, jouit d'une autonomie à peu près complète. Il n'est pas soumis à l'intendance, ainsi que chez nous[2]. Ses formations de guerre, de même que celles du train et de l'artillerie, sont grandement facilitées par un système de recensement et de réquisition des chevaux qui nous fait défaut.

Enfin, la landwehr est apte à renforcer les bataillons de première ligne ou à constituer des unités de réserve. A chaque régiment actif correspond un régiment à deux bataillons. Contre ce qui a lieu pour notre garde mo-

---

[1]. Capitaine Leurs (de l'armée belge), *L'artillerie de campagne prussienne de 1864 à 1870*, 14-19. — Les idées nouvelles sur l'emploi de l'artillerie furent répandues notamment par le prince Krafft von Hohenlohe-Ingelfingen, dont la conférence à Berlin (18 mars 1869), *Ideen über die Verwendung der Feld-Artillerie*, eut un grand retentissement.

[2]. Docteur Merchie, *Les secours aux blessés après la bataille de Sedan*, 191, rapport au ministère belge sur la situation du service de santé en Prusse à la date du 25 mai 1869. — Le bataillon de pionniers du temps de paix compte 1 compagnie de pontonniers, 2 de sapeurs, 1 de mineurs. La dernière quitte le bataillon à la mobilisation.

bile, il comprend surtout des hommes instruits, sortant de l'armée active. En principe, la landwehr est astreinte à deux convocations de quinze jours en cinq ans. Elle comporte seulement de l'infanterie et de l'artillerie, comme en France.

Aux forces de la Confédération du Nord vont s'adjoindre celles des États du Sud. La Bavière a plus d'affinités de race, de religion avec l'Autriche qu'avec la Prusse. Les liens du passé, ceux qui unissent les deux familles souveraines, l'attirent plutôt vers l'est qu'au nord. Pourtant, les aspirations à l'unité allemande y sont très marquées, mais le pays entend conserver sa nationalité et une indépendance relative, ce qui motive des tiraillements nombreux. La loi du 30 janvier 1868 modèle son organisation militaire sur celle de la Prusse. Toutefois, le service n'est que de trois ans dans la réserve; il se réduit, en pratique, à un an et demi dans l'armée active. Le nombre des compagnies du bataillon est ramené de 6 à 4, sur le modèle prussien, mais l'uniforme, le règlement de manœuvres et l'armement restent distincts. Le fusil Podewils, transformé en 1867, est, depuis 1869, remplacé par une arme nouvelle, du système Werder, supérieure au fusil Dreyse. Quatre bataillons en sont armés au début de la guerre.

L'ensemble de l'armée bavaroise forme deux corps d'armée, chacun de deux divisions, à peu près du type prussien, avec 10 bataillons de chasseurs, 16 régiments d'infanterie, 10 régiments de cavalerie, 4 régiments d'artillerie, 1 régiment du *génie*, 2 bataillons du train [1].

Le Wurtemberg, lui aussi, a modelé son organisation sur celle de la Prusse, non sans des résistances plus marquées encore qu'en Bavière. Au lieu d'un corps d'armée que l'on voulait organiser en 1866, on ne pourra y constituer qu'une

---

[1]. *État-major prussien*, I, 54-55 : 2 régiments de cuirassiers, 6 de chevau-légers, 2 de ulans ; chacun des régiments d'artillerie a 8 batteries de campagne, 4 de forteresse et 1 de parc ; le régiment du génie, 2 divisions de 3 compagnies de campagne et 4 compagnies de forteresse. Il existe 32 districts de bataillons de landwehr, mais on ne peut constituer que 16 bataillons, faute d'éléments.

forte division à trois brigades¹. Il n'y a que 4 bataillons de landwehr.

Quant aux règlements de manœuvres, à l'armement, aux détails de l'organisation, ils sont conformes au type prussien. Mais la durée du service n'est que de deux ans, sauf dans la cavalerie².

Le grand-duc de Bade, gendre du roi Guillaume, est inféodé à la politique prussienne, et la population du grand-duché, jalouse de l'Alsace, très hostile à la France. Dès lors, l'assimilation à la Prusse se fait avec une extrême facilité. Le 12 février 1868, on promulgue une loi militaire calquée sur la loi prussienne. Les règlements, l'armement, les détails de l'organisation sont identiques; la mobilisation même est celle de l'Allemagne du Nord. Les troupes badoises forment une forte division d'infanterie. Les dix districts de landwehr vont constituer 6 bataillons de 602 hommes³.

L'effectif de paix pour le Nord de l'Allemagne est de 304,413 hommes, auxquels s'ajoutent les 50,068 Bavarois, les 14,124 Wurtembergeois, les 13,963 Badois; au total 382,568 rationnaires, sans les états-majors, les officiers hors cadres, les cadres de landwehr, etc. Cet effectif budgétaire, un peu supérieur aux chiffres réels, est presque l'équivalent du nôtre, mais nous avons en plus l'obligation de garder l'Algérie, et nos réserves sont loin de posséder la valeur, l'élasticité de celles des Allemands. Ceux-ci ont, en outre, une évidente supériorité technique, à laquelle nous ne pouvons opposer que la bravoure et l'entrain de nos soldats. « Quand, en 1870, les armées allemandes se furent formées sur le Rhin, a dit von der Goltz, on eût difficilement trouvé un seul général qui ne fût pas décidé à entrer immédiatement en France. Nous avions tous le sentiment qu'il fallait

---

1. 3 bataillons de chasseurs, 8 régiments d'infanterie à 2 bataillons; 4 régiments de cavalerie à 4 escadrons; 1 régiment d'artillerie à 9 batteries de campagne et 3 batteries de dépôt; 3 colonnes de munitions; 2 compagnies de pionniers; 2 sections du train.

2. *État-major prussien*, I, 55-56.

3. 6 régiments à 3 bataillons; 1 régiment d'artillerie de campagne à 10 batteries; 1 bataillon d'artillerie de forteresse à 6 compagnies; 2 compagnies de pionniers; 1 groupe du train (*État-major prussien*, I, 57).

mettre à profit notre supériorité numérique et morale, en prenant l'offensive énergiquement et rapidement[1]... »

L'Allemagne du Nord possède une marine naissante à laquelle ne vont guère les sympathies de la nation, plus attirées vers l'armée. C'est qu'elle n'a pas d'histoire. Créée par le Grand Électeur, elle disparaît à la mort de celui-ci, pour ne revivre qu'au xixe siècle, à la suite des guerres de l'Indépendance. Encore ses débuts sont-ils des plus modestes. En 1849, en 1864, elle ne peut se mesurer avec la flotte danoise. On travaille ensuite à la développer, mais avec beaucoup de lenteur. En 1870, le nombre de ses bâtiments est fort au-dessous du nôtre. Parmi eux figurent 5 cuirassés seulement ; 7 bâtiments à voiles, 2 corvettes protégées, 2 corvettes, 1 aviso et 1 canonnière de 1re classe restent désarmés, soit parce qu'ils sont incapables de combattre, soit parce que de grosses réparations leur sont indispensables, soit, enfin, parce que les ressources du personnel font défaut les premiers temps[2]. Il y a seulement 13 grands bâtiments et 21 canonnières susceptibles de combattre, sur lesquels 3 corvettes et 1 canonnière sont dans les mers lointaines.

Le personnel actif comprend 6,204 hommes, dont 4,841 pour les équipages, mécaniciens et chauffeurs ; 905 hommes pour un *bataillon de mer* à 5 compagnies, sorte d'infanterie de marine ; 458 artilleurs de marine en un groupe de 3 compagnies. La réserve atteint 12,940 hommes, mais 6,105 sont, de par leur éloignement, dans l'impossibilité de rejoindre sans de longs délais. Il reste donc 6,835 disponibles[3]. Le total, 13,039 hommes, est fort au-dessous de ce que nous pouvons mettre en ligne.

---

1. *La nation armée*, traduction, 163.
2. 1° 3 frégates cuirassées, 2 monitors cuirassés, 5 corvettes protégées, 4 corvettes, 1 vaisseau de ligne, 2 avisos, 3 frégates à voiles, 4 bricks à voiles, 1 yacht royal ; total : 25 bâtiments.
2° 8 canonnières de 1re classe, 14 de 2e classe. La *Revue militaire* de juillet 1900 contient un historique abrégé de la marine allemande, d'après le lieutenant Heye, *Die Marine-Infanterie*. Voir l'*État-major prussien*, I, Annexe 4.
3. *État-major prussien*, I, 68-69. — Les équipages de la flotte comptent 3,923 hommes ; la compagnie des machines et des ouvriers, 918 hommes.

V

LA MOBILISATION

Mesures préparatoires. — L'ordre de mobilisation. — Les différentes armes. — Armement des places. — Les États du Sud. — Les effectifs. — La marine. — La défense des côtes.

Le 15 juillet 1869, « un militaire bien placé pour étudier les institutions militaires prussiennes », écrivait « dans un rapport inédit », après avoir enregistré, non sans satisfaction, un renseignement d'après lequel la mobilisation des troupes de l'Allemagne du Nord exigerait 21 jours : « ... Deux nations ne se décident à la guerre qu'après de longues hésitations, de fréquents pourparlers, de nombreux essais d'arrangement, pendant lesquels chacune, de son côté, se prépare peu à peu et augmente ses forces progressivement...

« Ces considérations, dont on apprécie d'autant mieux la justesse qu'on connaît mieux la Prusse, subsisteraient en cas d'une guerre avec la France, et on peut regarder comme certain que l'armée prussienne ne serait pas mobilisée d'un seul coup, ou par suite d'un ordre de cabinet unique, pour ainsi dire. Le gouvernement prussien commencerait par compléter, à l'effectif de guerre, l'artillerie de campagne de la garde et des corps d'armée les plus rapprochés du Rhin... Ce n'est qu'au cas où la guerre lui semblerait devenue inévitable qu'il prescrirait par un ordre de cabinet définitif la mobilisation proprement dite [1]... »

Le volume publié, en 1871, par M. le colonel Stoffel ne contient (p. 457 et suiv.) que les tableaux joints à son rapport du 15 juillet 1869. Il en mentionne seulement le titre suggestif : *Du temps nécessaire à la mobilisation des corps d'armée de l'Allemagne du Nord et à la concentration des*

---

1. *Bulletin militaire de l'étranger*, 1871, n° 5, p. 50.

armées sur les frontières de France. Il résume également en quelques lignes les dépêches télégraphiques chiffrées que le colonel adressa au ministre de la guerre, du 14 au 17 juillet 1870 : « Notre attaché militaire fait connaître que l'ordre de mobilisation est parvenu à tous les corps d'armée le 15 juillet au matin, qu'il s'étend aux forces militaires de toute l'Allemagne et que, vu l'urgence, la durée de la mobilisation pour chaque corps d'armée a été réduite à 11 jours, comptés à partir du 15 juillet compris. La dépêche du 16 juillet se termine ainsi :

« J'ai indiqué, dans mon rapport du 15 juillet 1869, qu'il faut estimer à 8 ou 9 jours le temps nécessaire pour que plusieurs corps d'armée, mobilisés chacun dans sa province, soient transportés, par les voies ferrées, vers un point de concentration déterminé ; on voit donc qu'après 20 jours, comptés à partir du 15 juillet, la Prusse aura, sur différents points de nos frontières, plusieurs armées de 100,000 à 120,000 hommes chacune[1]. »

Plusieurs observations s'imposent au sujet de ce qui précède. Comme nous le verrons, le premier jour de la mobilisation en Prusse n'est pas le 15, mais le 16 juillet ; il s'applique non à toute l'Allemagne, mais à la Confédération du Nord ; la mobilisation est générale et non progressive ; enfin, la durée de 21 jours au moins admise dans le rapport du 15 juillet 1869 est singulièrement exagérée. Quand, le 16 juillet 1870, notre attaché militaire fait parvenir un renseignement plus proche de la vérité, il est déjà trop tard.

En Prusse, le premier plan de mobilisation date de 1809, au moment où la jeune monarchie s'essayait à revivre après la terrible secousse d'Iéna. L'ordre de cabinet du 3 avril et l'instruction du 12 constituent un plan complet dans ses grandes lignes. On sait les résultats qui en découlent pendant les guerres de l'Indépendance. L'expérience des mobilisations de 1859, de 1864, de 1866 n'est pas perdue, bien

---

[1]. *Rapports militaires écrits de Berlin, 1866-1870*, 463-464.

que, dans aucun de ces cas, il ne s'agisse d'une opération générale, exécutée d'un seul jet. En 1859 et 1864, on ne mobilise que des fractions de l'armée ; en 1866, la période de tension politique est de longue durée et la mobilisation s'opère progressivement. Néanmoins, la rapidité obtenue est assez grande, de 9 à 15 jours pour l'infanterie, de 15 à 17 pour la cavalerie, 20 environ pour l'artillerie[1].

Après la campagne de Bohême, le système de mobilisation prussien s'étend à toute l'Allemagne. Les États vassaux du Nord, puis ceux du Sud adoptent également, la Bavière exceptée, les dispositions relatives à la réquisition des chevaux et des moyens de transport[2]. Partout la distinction s'établit entre la mobilisation (*Mobilmachung*), régie par le *Mobilmachungsplan*, et la concentration (*strategische Aufmarsch*), prévue dans le *Fahrplan* ou plan de transport. A ce moment, en France, ces deux opérations sont encore confondues sous des dénominations vagues, telles que *mise sur pied de guerre*. Chez les Allemands et, en particulier, les Prussiens, elles sont prévues dans le plus grand détail, chaque autorité étant appelée à préparer la mobilisation et le transport de l'unité immédiatement subordonnée, tout en se maintenant dans la limite des prescriptions arrêtées, selon le cas, par le ministère de la guerre ou le grand état-major.

On sait que l'ordre de mobilisation est lancé dans la nuit du 15 au 16 juillet, pour la Confédération du Nord. Bien que la relation de l'état-major prussien affirme le contraire, il est certain que des mesures préparatoires sont prises durant la période de tension politique, et cela dès le 8 juillet. Le roi Guillaume y fait allusion, le 11, dans une audience accordée à M. Benedetti ; le 10, le préfet des Bouches-du-Rhône a annoncé au ministre de l'intérieur le rappel des landwehriens établis à l'étranger ; à la même date, on si-

---

1. *Rapports militaires écrits de Berlin*, 457 et suiv., d'après un certain nombre d'exemples ; général Derrécagaix, I, 377 et suiv. ; Verdy du Vernois, *Im grossen Hauptquartier*, 7-8.
2. Voir la série d'articles parus dans le *Bulletin militaire*, puis *Revue militaire de l'étranger*, de 1871 à 1873, tomes I, II, III.

gnalait des mouvements de troupes en Allemagne. Le 12, la 16ᵉ division (Trèves) reçoit des instructions précises du général commandant le VIIIᵉ corps à Coblenz, pour le cas de l'ouverture prochaine des hostilités. Le 13, le 40ᵉ régiment d'infanterie (Trèves) a l'ordre d'être prêt à partir dans les vingt-quatre heures. Le 14, notre consul général à Francfort, M. Rothan, télégraphie : « Depuis plusieurs jours déjà, les réserves ont été appelées sous les drapeaux, sans bruit, par convocations individuelles, et les soldats sont rompus aux fatigues par des marches forcées[1]. » Il n'est pas démontré, d'ailleurs, que ces derniers renseignements soient rigoureusement exacts, du moins pour l'ensemble de la Confédération du Nord. Mais le fait de préparatifs restreints est indéniable. Ainsi, d'après l'historique du 40ᵉ régiment d'infanterie (VIIIᵉ corps, Trèves), on prévoit, avant l'ordre de mobilisation, la retraite sur le Rhin des commandements de districts de landwehr de Trèves, Sarrelouis, Saint-Wendel et Simmern ; la formation sur ce fleuve des dépôts des troupes en garnison à Trèves, Sarrelouis, Saint-Wendel ; l'appel des réservistes par affiches, au lieu d'ordres individuels ; l'enlèvement rapide du matériel de Sarrebruck, Saint-Wendel, Trèves et son transport à Coblenz ou aux environs[2].

C'est dans la nuit du 15 au 16 seulement qu'est lancé

---

[1]. Général Derrécagaix, I, 377 et suiv. ; Verdy du Vernois, I, 19-20 ; *Les Origines*, 243 ; G. Rothan, *L'Allemagne et l'Italie*, I, 21. — L'État-major prussien (I, 49) écrit au contraire : « Du côté allemand, toute mesure partielle, même l'armement des forteresses frontières, avait été jusqu'alors (nuit du 15 au 16 juillet) évitée. On voulait *ne pas mobiliser* ou mobiliser *entièrement*, et l'on comptait, grâce à l'ordre établi dans tous les services, ne pas arriver trop tard. » De même, lire dans Verdy du Vernois, *Im grossen Hauptquartier*, 3 et suiv., un télégramme du général von Tresckow et la réponse du général von Roon, 11 juillet. Un voyage de l'Académie de guerre, auquel prennent part trois des chefs de section du grand état-major prussien, Verdy du Vernois, Bronsart von Schellendorf et von Brandenstein, n'est interrompu que le 15 juillet, dans l'après-midi.

[2]. Gisevius, *Das hohenzoll. Fusilier-Regiment Nr 40 im Kriege 1870-1871 gegen Frankreich*, 12 et suiv. ; *Revue militaire de l'étranger*, 1886, tome XXX, 600 et suiv. Voir également les historiques des 113ᵉ et 114ᵉ régiments d'infanterie (Badois). — Au contraire, les historiques des régiments d'artillerie sont à peu près unanimes à signaler ce fait que les corps exécutent leurs écoles à feu au 16 juillet et que la mobilisation les surprend entièrement.

l'ordre définitif. Il est d'une exemplaire concision : « Mobilisation conforme au plan ; le 16 juillet est le premier jour de la mobilisation [1]. » Contre l'attente de Napoléon III, les États du Sud suivent aussitôt l'exemple donné par la Prusse. Dans le grand-duché de Bade, l'ordre est donné à peu près simultanément ; en Bavière, il est envoyé le 16 ; le premier jour de la mobilisation est fixé au 17 ; en Wurtemberg, c'est le 17 seulement que la même décision est prise. Quant à la Hesse, elle est liée à la Prusse par une convention plus étroite que les autres États du Sud. L'ordre parti de Berlin s'applique aux troupes hessoises sans aucun retard.

Quoi qu'il en soit, il arrive à destination du 16 au 19 au plus tard. En règle générale, les régiments d'infanterie sont mobilisés du septième au onzième jour ; ceux de landwehr, du dixième au quinzième. On constitue ainsi 802 bataillons, dont 463 de ligne, 147 de dépôt et 192 de landwehr [2]. Quant à la cavalerie, elle emploie plusieurs modes de mobilisation. Les régiments stationnés sur la frontière sont mobilisés dès la première heure et consacrés à un rôle de couverture. Le sixième jour, ils sont renforcés par d'autres, venus de l'intérieur et dont la mobilisation a été accélérée. Enfin, du septième au onzième jour, la masse des escadrons est prête à marcher, après s'être mobilisée normalement.

En raison de son faible effectif en chevaux, la mobilisation de l'artillerie est beaucoup plus délicate que celle des autres armes. Néanmoins elle se termine du neuvième au treizième jour pour les batteries et les colonnes de munitions de l'armée active, le quatorzième jour pour les unités de réserve [3].

---

[1]. Prince de Hohenlohe, *Lettres sur la stratégie*, I, 262 ; Moltke, *Histoire de la guerre de 1870*, traduction, 7.
[2]. *Revue militaire de l'étranger*, 1872, II, 382 et 1886, XXX, 402-415 ; on a consulté, en outre, nombre d'historiques régimentaires. — Certains corps, placés dans des conditions particulières, terminent leur mobilisation avec des retards considérables. Ainsi le 33e, qui se recrute dans la Prusse orientale, est détaché à Cologne (VIIIe corps). Il n'est mobilisé que le 30 juillet (15e jour) et s'embarque, le 31, pour rallier son corps d'armée.
[3]. Historiques régimentaires. M. le général Derrécagaix (*loc. cit.*) évalue ainsi la durée moyenne : infanterie, sept jours ; cavalerie, dix jours ; artillerie,

En dépit de quelques erreurs de détail, l'ensemble s'opère avec le plus grand ordre, au moins pour l'Allemagne du Nord[1]. Ses 13 corps d'armée sont mobilisés dans leur région d'origine. En outre, quatre divisions de landwehr se constituent à Berlin, Stettin et Posen[2].

La 17e division d'infanterie, composée de régiments hanséatiques et mecklembourgeois, est provisoirement destinée à couvrir le Sleswig-Holstein. On la remplace au IXe corps par la 25e (grand-ducale hessoise).

La cavalerie constitue des divisions indépendantes au moyen des régiments qui ne sont pas attachés à l'infanterie, exception faite de la garde et du XIIe corps (saxon), qui possèdent chacun une division de cette arme dès le temps de paix[3]. Naturellement les grandes unités ainsi improvisées manqueront d'abord de cohésion, comme les nôtres.

On s'occupe activement d'armer Sarrelouis, Mayence, Coblenz, Cologne, Wesel, Minden, Sonderburg-Düppel, l'embouchure de l'Elbe, et même les forts détachés de Magdeburg. Huit régiments d'infanterie sont désignés pour le service de garnison[4]. Peu à peu, ils seront appelés à faire

---

onze jours. — Certaines exceptions se produisent pour la cavalerie comme pour l'artillerie : Le 4 août, le 11e hussard n'a encore que 3 escadrons sur la Sarre, le 4e est à Cologne (Cardinal von Widdern, *Kritische Tage* III, 207).

1. Le 18 juillet, on n'est pas encore fixé sur le point de savoir si l'infanterie prussienne fera campagne en casque ou en béret (*Moltkes Korrespondenz*, I, 27). — Il ne paraît pas y avoir de modèle réglementaire de revolver pour les officiers. C'est la femme de l'auteur des *Artilleristische Erinnerungen* qui lui achète, au dernier moment, un revolver Lefaucheux. — A Ingolstadt, au 13e régiment d'infanterie bavarois, « il règne partout une confusion telle que la tour de Babel n'en a pas dû voir de pareille ». De guerre lasse, les réservistes vont coucher à l'hôtel (Eberhardt, 41).

2. Division de landwehr de la garde et 2e division de landwehr (brandebourgeoise), à Berlin ; 1re division (poméranienne), à Stettin ; 3e division (combinée), à Posen. La 2e division est à seize bataillons, les autres à douze. Chacune compte un régiment de cavalerie et trois batteries de réserve, une compagnie de pionniers de forteresse.

3. Toute la cavalerie des 17e et 25e divisions leur reste attachée (*État-major prussien*, I, 58), exception voulue par leur rôle ou leur composition. — On constitue sept groupes de télégraphes de campagne, cinq groupes de télégraphes d'étapes ; cinq groupes de chemins de fer de campagne, cinq dépôts de munitions de réserve, 21 colonnes de munitions de réserve (*Ibid.*, 59).

4. A Mayence, les 19e, 30e, 81e ; à Sarrelouis, le 70e ; à Coblenz, le 68e ; à Cologne, le 65e ; à Rastatt, le 34e ; à Sonderburg-Düppel, le 25e. Le 23e doit

partie des armées actives. Partout, les effectifs réglementaires sont atteints, à très peu d'exceptions près. Ils sont même parfois de beaucoup dépassés dans la landwehr de l'Ouest. La mobilisation terminée, les forces allemandes du Nord, la Hesse comprise, atteignent 396 bataillons, dont 52 de landwehr; 320 escadrons, dont 12 de réserve; 214 batteries (1,284 pièces), dont 12 de réserve; 44 compagnies de pionniers, dont 4 de forteresse. Parmi ces troupes, 65 bataillons, 28 escadrons, 18 batteries, 5 compagnies de pionniers vont rester provisoirement à la garde du sol national. En outre, il existe une proportion considérable de troupes de garnison[1]. Un certain nombre sont disponibles, et l'on pourrait les employer, elles aussi, contre un corps de débarquement[2]. Y compris les troupes de remplacement[3], c'est un total de 982,064 hommes et 209,403 chevaux pour l'Allemagne du Nord seule. Que pèseront en face d'eux les 567,131 rationnaires de notre armée active et de nos réserves, dont 55,000 environ sont absorbés par l'Algérie et les États romains[4]?

En outre, la Bavière mobilise ses deux corps d'armée; 8 bataillons de troupes actives vont garder les forteresses, à

---

d'abord se partager entre Neisse et Glatz; mais, au bout de peu de jours, on n'a plus aucune inquiétude pour l'Autriche et ce régiment rejoint son corps d'armée (*État-major prussien*, I, 59).

1. 138 bataillons, dont 24 d'infanterie de ligne; 48 escadrons, 27 batteries, 173 compagnies d'artillerie de forteresse, 29 compagnies de pionniers de forteresse.

2. 23 escadrons, 10 batteries, 7 compagnies de pionniers (*État-major prussien*, I, 60).

3. 118 bataillons, 18 compagnies de chasseurs, 76 escadrons, 41 batteries, 13 compagnies de pionniers (*État-major prussien*).

4. Ces 982,064 hommes et ces 209,403 chevaux se décomposent ainsi :

Armées de campagne : 385,000 combattants d'infanterie, 48,000 sabres, 1,284 pièces.

Troupes de garnison : 115,200 hommes d'infanterie, 7,200 cavaliers, 34,600 hommes d'artillerie de forteresse, 162 pièces attelées.

Troupes de remplacement : 122,500 hommes d'infanterie, 15,200 cavaliers, 246 pièces attelées.

Prusse et contingents assimilés. .	888,254 rationnaires,	187,537	chevaux.
Saxe.	59,423	—	13,989	—
Mecklembourg	12,109	—	2,646	—
Hesse	22,278	—	5,231	—

(*État-major prussien*, I, 60-61).

l'armement desquelles on travaille activement. Du 25 juillet au 1ᵉʳ août, Landau et Germersheim sont mis à même de résister à un coup de main. Quant à Ulm (rive droite) et Ingolstadt, les travaux, moins urgents, ne sont pas poussés avec la même hâte, et l'on ne tarde pas à les arrêter. L'armée bavaroise de campagne compte 50 bataillons, 40 escadrons, 32 batteries et 6 compagnies du génie, soit environ 50,000 combattants d'infanterie, 5,500 sabres, 192 pièces. Y compris les troupes de garnison et de dépôt, c'est un total en rationnaires de 128,964 hommes et 24,056 chevaux[1].

Comme en Bavière, le 1ᵉʳ jour de la mobilisation est le 17 juillet pour le Wurtemberg. Ordre est donné, en même temps, d'armer Ulm (rive gauche). L'ensemble des rationnaires représente 37,180 hommes et 8,876 chevaux. La division de campagne est forte de 15 bataillons, 10 escadrons, 9 batteries, 2 compagnies de pionniers, soit 15,000 combattants d'infanterie, 1,500 sabres et 54 pièces entièrement mobilisés le dixième jour[2].

Le grand-duché de Bade a été le premier à armer ouvertement. Dès le 15 juillet, il requiert 4,479 chevaux et rap-

---

1. *Troupes de garnison :* 24 bataillons (dont 8 de l'armée active), ³/₄ escadron, 16 batteries de forteresse, 4 compagnies du génie de forteresse (18,400 fantassins, 90 cavaliers, 3,800 artilleurs).
Troupes de remplacement : 16 bataillons, 10 compagnies de chasseurs, 10 escadrons, 8 batteries, 2 compagnies du génie (20,400 fantassins, 1,800 cavaliers, 24 pièces attelées).
On forme en Bavière : 1 compagnie des chemins de fer, un groupe des télégraphes de campagne et deux dépôts de munitions de réserve. Il reste à Germersheim 4 bataillons actifs (2 des 4ᵉ et 8ᵉ régiments); à Landau, 2 bataillons (1 des 4ᵉ et 8ᵉ régiments); à Ulm, le 3ᵉ du 12ᵉ régiment; à Ingolstadt, le 3ᵉ du 13ᵉ régiment (*État-major prussien*, I, 61).

2. *Troupes de garnison et de dépôt :* 8 bataillons, 6 escadrons, 3 batteries, 4 batteries de forteresse, 1 compagnie du génie, 1 détachement de pionniers, 1 dépôt par régiment ou bataillon, soit, en rationnaires, 8,000 hommes d'infanterie, 900 sabres, 900 hommes de l'artillerie de forteresse, 12 pièces attelées.
Sont d'abord destinés à servir de garnison :
4 bataillons de ligne (les 4ᵉ et 6ᵉ régiments, formés en une brigade);
1 compagnie du génie ;
1 des 6 escadrons de remplacement ;
1 des 3 batteries de remplacement.
Les 4 bataillons de ligne sont ensuite remplacés par 2 bataillons de landwehr (*État-major prussien*, I, 63).

pelle les hommes en congé. L'ordre de mobilisation est lancé dans la nuit du 15 au 16, ainsi que celui de mettre Rastatt en état de défense. On mobilise 35,181 hommes et 8,038 chevaux, dont 13 bataillons, 12 escadrons, 9 batteries, 1 compagnie de pionniers forment une division active (11,700 fantassins, 1,800 cavaliers, 54 pièces)[1].

Si l'on résume cette longue énumération, on obtient pour l'ensemble des armées allemandes :

Armée de campagne : 474 bataillons, 382 escadrons, 264 batteries, 53 compagnies de pionniers, soit 462,300 combattants d'infanterie, 56,800 sabres, 1,584 pièces.

Troupes de garnison et de remplacement : 328 bataillons, 144 et $3/4$ escadrons, 82 batteries, 201 compagnies de forteresse, 51 et $1/2$ compagnies de pionniers (297,500 combattants d'infanterie, 25,890 sabres, 40,500 artilleurs de forteresse, 462 pièces).

Le total des rationnaires, pour le mois d'août, atteint une moyenne de 1,183,389 hommes et 250,373 chevaux[2], chiffres qui, sans doute, n'ont jamais été réalisés depuis les temps légendaires de Darius et de Xerxès. C'est plus du double de ce que nous mettons sous les armes, sans la garde mobile. En outre, ces 1,200,000 hommes ne comprennent pas, comme celle-ci, d'hommes complètement neufs au métier des armes.

La mobilisation de la marine a été moins facile. Le 15 juillet, 500 matelots en congé ont été rappelés ; l'ordre de mobilisation est lancé le 16. Du 16 au 27, on convoque suc-

---

1. *Troupes de garnison :* 11 bataillons, 1 escadron, 9 compagnies d'artillerie de forteresse, 1 compagnie de pionniers, au total : 8,600 fantassins, 100 cavaliers, 1,200 artilleurs.

Troupes de remplacement : 4,400 fantassins, 600 cavaliers, 12 pièces (6 détachements d'infanterie, 3 escadrons, 2 batteries, 1 détachement de pionniers).

A Rastatt, le 6e régiment d'infanterie et 2 bataillons du 4e ; 4 bataillons de landwehr (3e, 4e, 5e, 6e), 1 escadron de garnison, le bataillon d'artillerie de forteresse, 1 compagnie de pionniers de forteresse.

A Maxau, le 1er bataillon de landwehr ; à Mannheim et Karlsruhe, le 2e (*État-major prussien*, I, 65).

2. *État-major prussien*, I, 67. — Voir, dans *Les Origines*, p. 162, ce que pensait M. Thiers des effectifs allemands, avant la guerre.

cessivement les réservistes et les hommes de la *seewehr*[1]. Le centre de mobilisation est Kiel. Mais ses communications avec le reste du pays étant insuffisantes, tous les réservistes n'ont pu encore rejoindre le 30 juillet. Le 31, la marine compte 10,382 rationnaires[2].

Vers le 15, il n'y a d'armé que les trois frégates cuirassées *König Wilhelm*, *Kronprinz*, *Friedrich-Karl* et le monitor *Prinz Adalbert*, groupés en escadre et destinés à manœuvrer dans l'Atlantique. En outre, quatre canonnières sont réparties sur les côtes. Dès l'ordre de mobilisation, on s'occupe d'armer le monitor *Arminius*, les corvettes *Elisabeth* et *Nymphe*, le yacht royal *Grille*, les vingt canonnières disponibles. En outre, on loue ou l'on achète des bâtiments destinés au service de reconnaissance et aux travaux des corps. Mais de tous ces navires, les trois frégates cuirassées et les deux monitors ont seuls une réelle valeur[3].

La défense des côtes est d'abord organisée par le ministère de la guerre, puis, à dater du 18 juillet, par un *gouvernement général des côtes*, nouvellement constitué. Les travaux à exécuter sont immenses. Les deux ports de guerre de Wilhelmshafen et de Kiel n'ont jamais été moins prêts à la défense, le premier surtout. Les fortifications y sont inachevées, sans aucun armement. Son accès ne peut être réellement interdit avant le 31 juillet. Jusqu'à cette date, c'est à l'escadre qu'il appartiendrait de le défendre. Les ouvrages de Kiel sont en complète transformation. Le 5 août seulement ses dernières batteries sont armées.

---

1. Le 16, rappel des réservistes et des seewehriens de la division des arsenaux et des troupes de la marine; le 18, rappel de tous les autres réservistes, de tous les timoniers et des deux plus jeunes classes de la seewehr des équipages de la flotte; le 27, rappel des matelots de toutes les classes, ainsi que des hommes astreints au service maritime jusqu'à l'année de naissance 1842 inclus (*État-major prussien*, I, 69).

2. Équipages de la flotte : 5,824 hommes;
Division de l'arsenal : 1,411 hommes;
Bataillon de mer, y compris la compagnie de remplacement et 1 bataillon de réserve en formation : 1,998 hommes;
Artillerie de marine : 1,149 hommes.

3. *Jahrbücher für die deutsche Armee und Marine*, août 1900, 119.

D'après les Allemands eux-mêmes, ce qui sauve leurs côtes est l'irrésolution et l'absence de plan arrêté de notre part : « Avec un peu plus d'énergie, les Français auraient pu forcer le port de Kiel, car ses défenses ne possédaient que deux pièces à longue portée, et les torpilles qui le fermaient n'avaient qu'une faible valeur défensive. Quand on voulut les faire exploser après la guerre, toutes s'y refusèrent obstinément[1]. »

L'infériorité matérielle de la marine prussienne est telle qu'elle ne peut risquer des rencontres sérieuses en haute mer, sans s'exposer à être anéantie. Son rôle est donc tout tracé. Elle va se borner à protéger les ports de guerre, les ports de commerce les plus importants et les embouchures des grands fleuves. Le projet d'opérations du vice-amiral Jachmann est établi sur ces bases. Il n'exclut pourtant pas la possibilité de courts mouvements offensifs, exécutés par les trois frégates cuirassées, au cas où ils auraient des chances de succès.

Le point le plus important à défendre, de par son rôle futur et sa situation entre les embouchures du Weser et de l'Elbe, est le port de Wilhelmshafen. A peu près terminé, il est encore sans armement. Des forces navales qui y seraient établies pourraient prendre de flanc une escadre cherchant à forcer l'entrée de l'Elbe ou du Weser, ou couper les communications d'un ennemi opérant dans la Baltique. Ces considérations déterminent la répartition des bâtiments de la Confédération[2]. Le 31 juillet, ils sont ainsi groupés : dans la mer du Nord, à l'embouchure de la Jade, six navires, dont les trois frégates cuirassées; sur l'Elbe, à Cuxhaven, deux cuirassés et trois petits bâtiments; sur l'Hever, à Husum, un aviso; en route vers la mer du Nord, par le canal de l'Eider, sept petits bâtiments; six autres dans la Bal-

---

[1]. *Jahrbücher, loc. cit.* — Les embouchures des fleuves, les ports de commerce sont protégés par des estacades et des batteries basses. Sur l'Elbe e le Weser, 14 bateaux à vapeur et 7 canots à rames sont armés en torpilleurs pour la défense locale. Tous les ouvrages reçoivent trois mois de vivres (*État major prussien*, I, 72).

[2]. *État-major prussien*, I, 112-113.

tique, à Friedrichsort; quatre à Stralsund et un à Neufahrwasser, près de Danzig[1].

En outre, des mesures sont prises contre un débarquement éventuel. Jusqu'au 27 juillet, les Ier, IIe, IXe, X[e] corps sont tout entiers disponibles en Allemagne. Après cette date, on les remplace par des fractions spécialement destinées à la défense des côtes : trois divisions d'infanterie s'établissent, du 28 juillet au 3 août, à Hambourg, à Brême et le long du chemin de fer de Celle à Uelzen; des détachements occupent Lübeck, Neumunster, Oldenburg, Bremerhafen, le tout aux ordres du grand-duc de Mecklembourg-Schwerin[2]. En outre, le gouverneur général Vogel de Falkenstein dispose de 77 bataillons, 5 compagnies de chasseurs, 33 escadrons, 17 batteries, 48 compagnies d'artillerie de forteresse ou de côte, 11 compagnies de pionniers, soit environ 89,000 à 90,000 combattants faisant partie des troupes de dépôt et de garnison. L'intention est d'en employer une partie au cas d'un débarquement. Le 28 juillet, toutes les unités de dépôt reçoivent l'ordre de tenir un tiers ou une moitié de leur effectif prêt à marcher, s'il n'est indispensable pour la défense des côtes[3].

Dans ces conditions, notre projet de diversion aurait peu de chances d'aboutir. Peut-être est-il heureux qu'il n'ait pas été mis à exécution?

---

1. *État-major prussien*, I, 116 et *Annexes*, 24-26 : dans la Jade, 3 frégates cuirassées, 2 canonnières de 1re classe, 1 canonnière de 2e classe; à Cuxhaven, 2 monitors, 1 canonnière de 1re classe, 2 canonnières de 2e classe; à Husum, 1 canonnière de 2e classe; dans le canal de l'Eider, 7 canonnières de 2e classe; à Friedrichsort, 1 vaisseau de ligne, 1 corvette protégée, 1 aviso, 1 canonnière de 1re classe, 2 canonnières de 2e classe; à Stralsund, 1 yacht royal, 2 canonnières de 1re classe, 1 canonnière de 2e classe; à Neufahrwasser, 1 corvette. Dans les stations navales : 1 corvette protégée et 1 corvette en Asie orientale; 1 corvette aux Açores; 1 canonnière de 2e classe aux Antilles (*Annexes*, 26). En outre, le VIe corps reste d'abord en Silésie.
2. *État-major prussien*, I, 119 : 17e division d'infanterie, à Hambourg; 2e division de landwehr, à Brême; division de landwehr de la garde, à Hanovre. La 1re division de landwehr est attendue, du 8 au 12 août, à Weimar et Lübeck.
3. *État-major prussien*, I, 119-120.

VI

LE PLAN DE MOLTKE

Plans d'invasion avant Moltke. — Ses études de 1857 à 1870. — Le plan de 1868-1869.
Discussion. — Ordre de bataille des armées allemandes.

C'est Clausewitz, le grand écrivain militaire prussien, qui étudie, le premier, un plan méthodique d'invasion de la France. Il pose en principe qu'il faudrait de sept cent à huit cent mille hommes, répartis en deux grandes armées opérant par l'est et le nord-est. La décision suprême devrait être cherchée, d'une part, à Paris, et, de l'autre, sur la Loire [1].

Un second projet, qui date de 1860, provient d'un Bavarois, le général von Hartmann. Il admet, comme axe principal d'invasion, une ligne allant du Rhin à Nancy par la Sarre. On se bornerait à masquer Strasbourg, Bitche, Metz, Thionville. Deux grandes armées seraient constituées, prenant pour bases, l'une Germersheim et Landau, l'autre Sarrelouis. Elles opéreraient leur jonction à Nancy et se porteraient ensuite sur Paris. A la même date, le lieutenant-colonel Meyer, du grand état-major prussien, propose deux lignes d'invasion rappelant les précédentes : Sarrebruck, Saint-Avold, Verdun et Sarreguemines, Frouard, Pont-à-Mousson [2].

Le général de Moltke fait une étude beaucoup plus approfondie des opérations possibles contre la France. Il s'y consacre dès qu'il prend les fonctions de chef d'état-major. On peut dire que c'est la pensée directrice de sa vie. Son premier projet date du 28 novembre 1857 ; il est encore pure-

---

1. *Théorie de la Grande guerre*, traduction du lieutenant-colonel de Vatry, III, 220 et suiv. — Clausewitz admet une coalition de la Prusse, de l'Autriche, de la Confédération germanique, de l'Angleterre et des Pays-Bas.
2. Général Derrécagaix, I, 339-340. — Le général von Hartmann commanda le IIe corps bavarois en 1870.

ment défensif comme les suivants, ceux d'octobre 1858 et du printemps de 1860. Le dernier présente une particularité intéressante, en ce qu'il admet, il est vrai à une date lointaine, l'alliance de la France et du grand empire du nord : « Pour la Russie, le temps n'est pas encore venu où la coopération de l'orient slave avec l'occident latin contre le reste de l'Europe pourra changer la face du monde[1]. »

Un quatrième mémoire, de novembre 1861, s'il prend la défensive pour base, établit déjà la possibilité d'une offensive ultérieure[2]. Le cinquième, qui date de juin 1863, montre par le raisonnement le plus serré que, normalement, la France doit opérer contre l'Allemagne avec trois armées distinctes, l'une concentrée à Metz, l'autre à Strasbourg, la troisième et la plus forte au centre de cette ligne. Il admet que nos forces actives ne dépasseront pas 205,000 hommes en quatre semaines et finalement 250,000 hommes. Dans ce cas, le général de Moltke paraît être sensiblement au-dessous de la vérité. La même constatation s'impose dans plusieurs des projets ultérieurs. Le célèbre chef d'état-major tend à estimer ses adversaires inférieurs à leurs forces réelles, ce qui aurait pu et dû lui coûter de fâcheuses surprises.

De 1863 à 1866, toute son attention se tourne vers le Danemark, puis vers l'Autriche. Nous ne sommes plus qu'un atout dans le jeu de la Prusse. C'est lorsque notre gouvernement se réveille de son rêve, que Moltke revient à ses projets favoris. Il faut à la France, écrit-il à M. de Bismarck, le 8 août 1866, vingt-six jours pour concentrer 250,000 hommes entre Metz et Strasbourg. Dès lors, il est d'une extrême importance de terminer au plus tôt les négociations avec l'Autriche, de façon à avoir les mains libres vers l'est comme vers l'ouest, au cas où nos voisins voudraient nous arracher le fruit d'une campagne glorieuse[3]. Céder des territoires à la France serait inconciliable avec

---
1. *Moltkes Korrespondenz*, III, I, nos 1, 2 et 3, p. 1-30.
2. *Ibid.*, 30-43.
3. Nouvelle allusion à une alliance franco-russe, répétée à deux reprises.

la mission historique dévolue à la Prusse. Il faut donc combattre, et Moltke compte sur la coopération de ses ennemis de la veille, les Allemands du Sud. En huit ou dix jours leurs contingents pourront être concentrés à Mannheim. Les 90,000 hommes de l'armée du Main grossie du IIe corps de réserve se porteront sur Mayence. La France ne pourra rassembler ses forces en un temps aussi court, et ses chances de succès seront très faibles si, seule, elle lutte contre toute l'Allemagne.

Au cas où elle aurait l'appui de l'Autriche, la situation serait différente ; il faudrait garder la défensive en Bohême et prendre l'offensive sur le Rhin. Mais, dans ce cas encore, Moltke compterait sur le succès final [1].

A mesure que le temps s'écoule, la confiance du chef d'état-major s'accroît avec les forces dont il dispose. En 1867, il étudie un double projet d'opérations contre les lignes Metz — Thionville et Nancy — Pont-à-Mousson, en admettant que la Prusse violera la neutralité du Luxembourg. Le 15 mai, il établit que l'Allemagne du Nord, seule, dispose maintenant de forces suffisantes pour nous vaincre ; il évalue à trente jours le temps nécessaire pour concentrer sept corps d'armée sur le Rhin ; il en faudrait quarante-deux pour les treize corps existants. Il s'élève contre la pensée de construire des fortifications, des obstacles inertes. Il préférerait de nouvelles voies ferrées qui permettraient de réduire à quatre semaines la durée de la concentration [2].

---

1. *Moltkes Korrespondenz*, III, I, 66 et suiv., n° 6. — M. de Bismarck est d'un avis opposé (*Les Origines*, 81).

2. *Moltkes Korrespondenz*, III, I, 71, lettre au général von Roon, n° 8. — Dans une lettre du 6 juillet au même, n° 9, il renouvelle ses objections contre la pensée de construire de nouvelles fortifications à Sarrelouis, des forts d'arrêt sur les chemins de fer. — La lettre du 6 septembre à M. de Bismarck, n° 10, signale de notre part des symptômes de guerre prochaine, quoique notre préparation laisse fort à désirer : ainsi, le 9e dragons a réformé 131 chevaux achetés en 1866 et reconnus impropres au service. Fin juillet, le régiment d'artillerie montée de la garde est encore de 10 à 30 chevaux *par batterie* au-dessous de l'effectif réglementaire. Nous n'avons que 50,000 chassepots au plus. Nous aurions moins de 300,000 hommes à mettre en campagne. L'entrevue de Salzbourg n'a rien donné en ce qui touche l'alliance autrichienne (*Ibid.*).

Dès le 16 novembre 1867, il admet la possibilité de mieux faire. Un plan qui porte cette date est basé sur la concentration entre la Sarre et le Rhin, le 25ᵉ jour, de huit corps d'armée, 250,000 hommes. La garde et le Xᵉ corps resteraient disponibles. Dans ces conditions, on pourrait prendre l'offensive contre nous, même dès le début, si nous ne l'avions prise nous-mêmes avant le 33ᵉ jour. La possibilité d'une surprise stratégique n'échappe pas au célèbre chef d'état-major. Le 21 mars 1868, il étudie les mesures à prendre pour y parer. Il suppose que 70,000 Français pourraient atteindre le Rhin le 20ᵉ jour. Dans ce cas, il y aurait avantage à reporter la concentration sur la rive droite du fleuve[1]. L'idée est juste, mais Moltke évalue trop bas, comme précédemment, l'effectif dont nous pourrions disposer.

En avril 1868, il admet la possibilité de concentrer 280,000 hommes en vingt-deux jours, 430,000 hommes en trente jours. Le principal axe d'opérations serait la ligne Mayence-Nancy. Dans un plan plus détaillé, datant lui aussi de 1868, revu en janvier et mars 1869, il étudie une concentration basée sur la coopération des États du Sud. Il prévoit deux hypothèses : la France est seule ; elle est alliée à l'Autriche. Dans la première, l'Allemagne constituerait quatre armées concentrées, la Iʳᵉ, le soir du 17ᵉ jour, autour de Wittlich (60,000 hommes) ; la IIᵉ, le soir du 19ᵉ jour, en avant de la ligne Neunkirchen — Deux-Ponts et à Neunkirchen — Homburg (130,000 hommes) ; la IIIᵉ, 140,000 hommes, dont 60,000 Allemands du Sud, avant le 18ᵉ jour, derrière le Kling-Bach. Enfin, le 20ᵉ jour, au plus tard, 60,000 hommes de la IVᵉ armée seraient autour de Marnheim, sur la route de Kaiserslautern à Mayence. L'ensemble aurait ses trains complets le 23ᵉ ou le 24ᵉ jour ; mais l'offensive pourrait commencer le 22ᵉ.

---

1. *Moltkes Korrespondenz*, III, I, 8 et suiv., nᵒˢ 12 et 13. — Dans le plan nᵒ 12 comme dans les précédents, Moltke admet la constitution de quatre armées allemandes et non de trois comme cela eut lieu au début de la guerre de 1870. De même pour les plans 14, 16, 18.

Dans le cas d'une guerre contre la France et l'Autriche, Moltke semble admettre que cette dernière, seule, aurait à subir les conséquences d'une défaite : « Comme nous ne voulons rien de la France, une paix rapide se conclurait peut-être avec le nouveau pouvoir » succédant au régime impérial. Dès lors, il faudrait d'abord écraser celui-ci, quitte à se retourner ensuite contre l'Autriche. Dix corps d'armée concentrés dans le Palatinat auraient à nous combattre, tandis que trois, avec deux divisions de landwehr, opéreraient vers les frontières autrichiennes[1].

Les travaux que nous venons de résumer ne sont guère qu'une préparation du plan définitif, qui est établi dans l'hiver de 1868-1869 et revu à diverses reprises, notamment en juillet 1870. Cette fois, Moltke prévoit la neutralité hostile, sinon l'hostilité de l'Autriche, mais en admettant que la Russie, au moins par une neutralité bienveillante, paralysera en grande partie sa voisine du sud-ouest. Il suppose que, par suite de difficultés de transport, et peut-être aussi de raisons politiques, l'Allemagne du Nord ne pourra disposer, en premier lieu, que de dix corps d'armée, soit 330,000 hommes, en face desquels seront réunis 250,000 Français, que l'arrivée des réservistes portera ensuite à 343,000 hommes. Ces réservistes, croit-il, ne seront pas versés dans les régiments, mais constitueront une armée de réserve. D'ailleurs, la proportion des forces sera retournée au bénéfice de la Prusse, si les États du Sud combattent avec celle-ci, ce que Moltke ne considère pas comme assuré, ou si les trois

---

[1]. *Moltkes Korrespondenz*, III, I, n°s 14, 15, 16, p. 89-114. — Dans le n° 18, Moltke répète la même assertion au sujet de la France, à laquelle la Prusse ne veut rien prendre : « Es ist wahrscheinlich dass in Frankreich nach der ersten verlorenen Schlacht ein Dynastiewechsel eintritt, und da wir nichts von Frankreich wollen, so wird sich mit den neuen Machthabern ein baldiger Abschluss verhandeln lassen » (p. 116).

La phrase finale d'une lettre aux colonels Veith et comte Wartensleben (n° 17) semble indiquer que les Prussiens n'auraient pas confiance en les Saxons au cas d'une guerre contre l'Autriche : le XII° corps serait dissous. Cette hypothèse est confirmée par d'autres passages de la Correspondance.

Au grand état-major prussien on croit que l'Autriche n'entrera dans la lutte qu'après le succès de nos troupes (Verdy du Vernois, *Im grossen Hauptquartier*, 13).

corps d'armée disponibles, joints à quelques divisions de landwehr, peuvent être appelés sur la base de concentration.

Dans ce cas il y aurait, dès le début, pour l'Allemagne du Nord, une supériorité numérique qui serait encore accrue, si les Français s'avisaient de risquer des diversions sur les côtes ou contre les États du Sud. Les troupes restées sur le territoire suffiraient largement à repousser les premières. Quant aux autres, dans des conférences tenues à Berlin avec les représentants militaires du Sud, on a reconnu que, les premiers jours, les contingents du Nord seraient incapables, ne fût-ce qu'en raison des distances, de concourir à la défense directe du Rhin supérieur et de la Forêt-Noire. La vraie manière de les défendre consisterait à concentrer toutes les forces allemandes sur le Rhin moyen, d'où l'on opérerait dans le flanc des assaillants aventurés contre l'Allemagne du Sud[1].

« La neutralité de la Belgique, de la Hollande et de la Suisse limite le théâtre de la guerre à l'espace entre Luxembourg et Bâle. » Violer la neutralité belge ou suisse présenterait pour la France beaucoup plus d'inconvénients que d'avantages. D'ailleurs, la concentration de forces importantes sur la Moselle menacerait trop directement Paris pour qu'elle pût risquer des entreprises de cette sorte. Sa première concentration doit donc s'opérer sur la ligne Metz-Strasbourg. L'objectif sera de tourner le front du Rhin, trop fort de Wesel à Mayence pour qu'on l'attaque directement, de marcher sur le Main, afin de couper l'Allemagne du Sud des États du Nord, de conclure avec elle un traité séparé, puis de se porter vers l'Elbe. C'est, en effet, le projet de Ducrot, de l'archiduc Albert et de Napoléon III, au moins dans ses grandes lignes. Pour y parer, le meilleur moyen serait encore la concentration au sud de la Moselle de toutes les forces disponibles dans le Palatinat bavarois. Si les Français veulent pleinement utiliser leurs lignes de concentra-

---

1. *État-major prussien*, I, 74; von der Goltz, *La nation armée*, 117; Verdy du Vernois, 13.

tion, ils auront deux centres de débarquement, Strasbourg et Metz, séparés par les Vosges. Au cas où le premier des groupes ainsi constitués, sans doute le plus faible, n'aurait pas pour objectif l'Allemagne du Sud, il ne pourrait rallier le premier que par étapes, avec une grosse perte de temps. En face d'eux, les forces allemandes du Palatinat disposeraient de la « ligne intérieure », en opérant contre l'un ou l'autre, même contre tous deux, si elles étaient assez fortes. Dès lors, la concentration dans le Palatinat paraît s'imposer dans toutes les éventualités. Elle permettra de prendre l'offensive en temps opportun et d'empêcher l'ennemi de fouler le sol allemand.

Moltke va jusqu'à croire que cette concentration si près de la frontière française peut s'opérer sans le moindre risque. Dès le 10e jour les premières unités auront débarqué ; le 13e, elles atteindront l'effectif de deux corps d'armée. Le 18e jour, les Allemands auront sur place 300,000 combattants et, le 20e, presque tous leurs trains. Les Français n'ont opéré depuis Napoléon Ier que des mobilisations partielles. Rien ne permet de croire qu'ils procéderont plus rapidement. Sans doute, grâce à l'accumulation de leurs garnisons dans le nord-est, à un bon système de voies ferrées, à l'abondance du matériel de transport, ils pourraient, en mettant les corps en mouvement sans attendre leurs réservistes, concentrer très rapidement 150,000 hommes, « procédé qui conviendrait au caractère national et qui a été discuté dans les milieux militaires ». En admettant que cette armée, fortement pourvue de cavalerie et d'artillerie, concentrée à Metz le 5e jour, franchît la frontière le 8e près Sarrelouis, il resterait aux Allemands la ressource de reporter leur base de concentration à l'est du Rhin. Il faudrait six étapes aux Français pour atteindre le fleuve. Le 14e jour, ils y heurteraient des forces supérieures, tenant tous les points de passage et qui pourraient, quelques jours après, prendre l'offensive avec un effectif plus que double. D'ailleurs, les inconvénients d'une mobilisation en deux échelons sont tels que Moltke ne croit pas à sa probabilité[1]. Il ne semble pas, en outre, qu'il apprécie à leur valeur les effectifs que nous pouvons, dès les premiers jours, porter sur la frontière. On verra que nous aurions pu avoir, jusque vers la fin de juillet, une supériorité numérique assez grande pour jeter le plus extrême désordre dans la concentration de nos adversaires. Moltke s'en rendra compte trop tard, et il reportera le débarquement d'une partie des troupes allemandes à l'est du Rhin, au risque d'inconvénients graves.

Cette fois il propose de constituer trois armées, qui seront concentrées sur la rive gauche du fleuve, dans le saillant que dessine le territoire allemand entre la Belgique et la frontière française. De là, on pourra prendre l'offensive dans toutes les directions, même si nous violons la neutralité belge, en opérant par la ligne de la Sambre. De même, on protégera efficacement le sud de l'Allemagne, car notre offensive y prêterait nécessairement le flanc aux armées concentrées entre Rhin et Moselle[2].

Celles-ci seront ainsi groupées : la Ire (VIIe et VIIIe corps) autour de Wittlich, à droite; la IIe (IIIe, IVe, X^e corps et garde) au centre, à Neunkirchen-Homburg; la IIIe (V^e, XIe corps, contingents bavarois, wurtembergeois et badois) à gauche, derrière le Kling-Bach. Une réserve (IXe et XIIe corps) sera à Homburg, prête à renforcer le centre. Outre ces 384,000 hommes[3], il restera les Ier, IIe, VIe corps, environ 100,000 hommes, qui ne pourront être transportés en même temps que le reste, faute de matériel disponible.

En somme, les Allemands prendraient l'offensive le 21e jour avec 384,000 hommes, et le 25e, avec 484,000[4]. Leurs forces constitueraient deux masses, l'une, principale,

---

1. Il la considérerait comme « très malheureuse et très dangereuse » pour nous (Verdy du Vernois, 13).
2. Verdy du Vernois, 10.
3. Ire armée, 60,000 hommes; IIe, 131,000; IIIe, 130,000; réserve, 63,000. Les Ire et IIe armées seraient concentrées le 19e jour; la IIIe (partie prussienne), les 18e et 20e jour; la réserve, le 19e jour.
4. *Moltkes Korrespondenz*, III, I, n° 18, 114-131. — Le mémoire expose ensuite les dispositions à prendre pour la couverture, à peu près celles qui furent prises en réalité.

les Ire et IIe armées, destinée à l'offensive sur la Sarre ; l'autre, secondaire, la IIIe armée, appelée à jouer d'abord un rôle de couverture et ensuite à renforcer la première[1]. Moltke considère comme improbable que nous puissions auparavant attaquer la IIe armée, la plus exposée, en ayant la supériorité du nombre. Même si nous concentrons toutes nos forces contre elle, de façon à la refouler sur la réserve, il restera aux Allemands la faculté d'accepter la bataille avec 200,000 hommes, le 20e jour, à Marnheim, dans une position très favorable. Rien n'empêchera, en outre, de renforcer la IIe armée de la IIIe et de jeter la Ire sur le flanc et les derrières des assaillants. On fera ainsi agir simultanément 300,000 hommes. Si, au contraire, la IIe armée tient ferme sur la frontière, ce qui est plus probable, elle y sera renforcée par la réserve, pendant que les Ire et IIIe armées assureront ses ailes, ce qui permettra de prendre aussitôt l'offensive en territoire français. Si l'on n'a pas encore de données suffisantes sur la répartition des forces adverses, les quatre divisions de cavalerie (76 escadrons) en procureront avec l'appui de quelques soutiens d'infanterie.

Un débarquement n'est à craindre qu'au début des opérations. Il deviendra évidemment impossible dès l'invasion de la France. Pour protéger les côtes de la mer du Nord, qui paraissent les plus menacées, Moltke dispose de 26,000 hommes environ de troupes locales et de 29,000 hommes appartenant à l'armée de campagne (17e division d'infanterie et 2e division de landwehr à Hambourg et à Brême), soit 55,000 hommes. Pour défendre les côtes de la Baltique, il y aurait, en dehors des garnisons locales, les 11,000 hommes de la 1re division de landwehr. La division de landwehr de la garde (11,000 hommes) serait en réserve générale à Hanovre. De plus, au cas où une diversion se produirait dans cette mer, on aurait le temps d'y parer au moyen de transports par voies ferrées. On concentrerait aisément ainsi plus de 40,000 hommes. Resteraient, enfin, les trois

---

1. Verdy du Vernois, 11.

corps d'armée demeurés sur le territoire au début des opérations[1].

Le mémoire que nous venons d'analyser procède d'idées éminemment justes et dont la plupart doivent se vérifier entièrement. Il contient, dans leur germe, les premiers succès des Allemands, qui eurent une telle influence sur le résultat final. Comme pour tous les plans que Moltke a élaborés de 1857 à 1870, l'idée maîtresse est le choix du « centre de gravité » de Mayence, suivant l'expression de Clausewitz. Le premier objectif est le gros des forces adverses, qu'il faudra battre[2]. Puis l'on marchera sur Paris, après avoir opéré une vaste conversion à gauche, en cherchant à nous refouler vers le nord. C'est d'après ce projet que l'état-major prussien arrête tous les détails de la concentration, ainsi que l'ordre de bataille des trois armées et de la réserve. Elles sont constituées les 18 et 25 juillet : Ire armée, général von Steinmetz, VIIe, VIIIe corps, 3e division de cavalerie ; IIe armée, prince Frédéric-Charles de Prusse, garde, IIIe, IVe, X^e corps, 5e et 6e divisions de cavalerie ; IIIe armée, prince royal de Prusse, V^e, XIe corps, Ier et IIe corps bavarois, divisions wurtembergeoise et badoise, 4e division de cavalerie ; réserve, IXe et XIIe corps[3].

---

1. *Moltkes Korrespondenz*, ibid.; Verdy du Vernois, 13. — Dans un travail de l'hiver 1869-1870 (*ibid.*, n° 19) Moltke évalue nos forces mobilisées à :

370 bataillons	259,000 combattants,
62 régiments de cavalerie	31,000 —
164 batteries	25,000 —
Génie.	8,000 —
Total	323,000 combattants,

sans les 12,000 hommes des trains et les 65,000 réservistes (?). Il suppose qu'il resterait *10,000 hommes* seulement en Algérie, 15,000 à Paris, Lyon, Strasbourg. On aurait donc 300,000 hommes au plus à concentrer en 21 jours ; on constituerait deux masses séparées par les Vosges, 50,000 hommes en Alsace et 240,000 hommes en Lorraine.

Enfin, le projet n° 20, du 6 mai 1870, traite des opérations offensives en France. On marcherait sur Paris en contournant Metz au sud. On pourrait procéder à la formation d'un *corps de cavalerie* de 76 escadrons. Il formerait avant-garde générale avec la 5e division d'infanterie. C'est l'application d'une idée de Napoléon et de Clausewitz (*Revue militaire*, 1900, 522).

2. Verdy du Vernois, 8.

3. Restent sur le territoire, sans affectation présente, les Ier, IIe, VIe corps, les 1re et 2e divisions de cavalerie ; la 17e division d'infanterie, la division de

Cinq gouvernements généraux sont constitués pour l'ensemble de l'Allemagne du Nord : le 1er, qui comporte tous les districts situés sur les côtes des Ier, IIe, IXe et Xe corps, général Vogel von Falkenstein, à Hanovre ; le 2e, territoire des VIIe, VIIIe et XIe corps, général von Herwarth, à Coblenz ; le 3e, IIIe et IVe corps, général von Bonin, à Berlin ; le 4e, Ve et VIe corps, général von Löwenfeld, à Posen ; le 5e, XIIe corps, général von Fabrice, à Dresde. Les pays de côtes, les provinces du Rhin, celles limitrophes de la Russie et de l'Autriche ont été constitués en gouvernements distincts, de façon à en faciliter la défense, le cas échéant[1]. Les gouverneurs généraux ont la haute direction et la surveillance des autorités militaires de leur territoire ; ils doivent assurer la création des nouvelles unités et la sécurité du pays. Dans ce but, ceux du Hanovre et de Coblenz ont la disposition des troupes mobilisées qui n'appartiennent point aux armées actives. Celles du gouvernement de Hanovre sont, en outre, sous les ordres directs du grand-duc de Mecklembourg-Schwerin[2], qui s'opposerait à toute tentative de débarquement. L'unité de direction et d'efforts serait donc assurée si cette éventualité se réalisait.

landwehr de la garde, les 1re, 2e, 3e divisions de landwehr sont destinées à la défense des côtes (*État-major prussien*, I, 82-83).
La IIe armée, renforcée de la réserve et du IIe corps, atteindra sept corps d'armée. Il y a « quelque difficulté à faire mouvoir une si lourde machine », surtout quand Frédéric-Charles se rend à une aile, comme le 8 août (von der Goltz, *La nation armée*, 28).

1. Le 13 août, un 6e gouvernement général fut constitué pour le Wurtemberg, avec le général von Suckow à sa tête.
2. *État-major prussien*, I, 83-84.

VII

LA CONCENTRATION

Mesures de sécurité. — Les transports. — Concentration projetée.

Dans l'angle de la Moselle et du Rhin, le voisinage des garnisons françaises menace la sécurité de la mobilisation. On prend donc la précaution de faire refluer sur le fleuve les commandements de districts de landwehr, les approvisionnements et le matériel en excédent des corps de troupe. C'est là que sont convoqués réservistes, hommes de complément. C'est de là qu'ils partent pour rallier leurs unités. Exception est faite en ce qui concerne le personnel destiné à compléter la garnison de Sarrelouis. Il est versé directement dans les 69e et 70e régiments, qui en font partie, afin de la mettre plus vite sur pied de guerre.

Malgré ces mouvements, la mobilisation du VIIIe corps suit sa marche normale et, dès le 26 juillet, elle est terminée. Sarrelouis, très proche de la frontière, peut, depuis le 17, résister à une escalade. Les vivres et le bétail y sont en quantité suffisante [1].

Dans le Palatinat bavarois, aussi exposé à nos attaques, les commandements de district restent en place, mais tout prêts à la retraite [2]. Les dépôts des villes ouvertes ont été transférés à Aschaffenburg et à Würzburg.

On s'attend à l'invasion immédiate du pays de Bade, et la mobilisation y a été préparée en conséquence. Au premier signal, les commandants de districts évacueraient le pays; les réservistes de la région comprise entre Rastatt et Lörrach, le long du Rhin, rejoignent directement leurs corps. Les régiments de Fribourg et de Constance ont été,

---

[1]. *État-major prussien*, I, 84; major von Schell, *Les opérations de la Ire armée sous les ordres du général von Steinmetz*, traduction, 3.
[2]. Celui de Deux-Ponts excepté, car, le 31 juillet, il est transféré à Spire.

dès le 16 juillet, transportés à Rastatt par voie ferrée, pour en renforcer la garnison. Le 17, ils sont rejoints par un régiment prussien et une compagnie de mineurs venant, l'un de Francfort, l'autre de Coblenz. C'est le premier secours de l'Allemagne du Nord aux États du Sud.

Depuis 1866, les conditions des transports par chemins de fer ont été sensiblement améliorées. Le rendement journalier des lignes à une voie atteint douze trains; celui des lignes à deux voies, dix-huit. En outre, le nombre d'essieux de chaque train s'est accru au point que le transport d'un corps d'armée exige seulement cinq jours et demi ou trois jours et demi, selon qu'il s'agit d'une ou de deux voies. Bien que ces résultats soient très notablement au-dessous de ce qu'obtient au même moment la compagnie française de l'Est[1], ils sont encore supérieurs à ceux de 1866. De plus, tout a été préparé pour que chaque ligne de transport soit utilisée constamment, sans aucune interruption, ne serait-ce qu'au retour du matériel. On s'est attaché à transporter en premier lieu les unités de combat, puis les trains. On a évité, le plus possible, de mêler sur une même ligne des troupes de divers corps d'armée, en consacrant plutôt, au contraire, plusieurs lignes au même corps.

L'Allemagne du Nord dispose de neuf lignes de transport; les États du Sud de trois. C'est un total de douze pour treize corps d'armée, très supérieur, toute proportion gardée, à ce que nous possédons[2]. Quatre traversent le Rhin, mais tous les détails concernant l'embarquement, le

---

1. Voir *supra*, p. 158, 160.
2. Ligne A : Berlin, Hanovre, Cologne, Bingerbrück, Neunkirchen.
Ligne B : Leipzig ou Harburg, Kreiensen, Mosbach (près Biebrich).
Ligne C : Berlin, Halle, Kassel, Francfort, Mannheim, Homburg.
Ligne D : Dresde ou Leipzig, Bebra, Fulda, Kastel (près Mayence).
Ligne E : Posen, Görlitz, Leipzig, Würzburg, Mayence, Landau.
Ligne F : Munster, Dusseldorf, Cologne, Call.
   Pour le Sud :
Ligne 1 : Augsburg, Ulm, Bruchsal.
Ligne 2 : Nördlingen, Crailsheim, Meckesheim.
Ligne 3 : Würzburg, Mosbach, Heidelberg.
(*État-major prussien*, I, 84, 86 ; Jacqmin, 212.)

transport des troupes, ont été réglés et sont suivis avec autant de soin, d'exactitude, que nous y mettons de laisser-aller et d'insouciance. Le matériel est en quantité telle, que l'on consacre aux dix premiers corps les 3/5es seulement des voitures et les 2/5es des locomotives, même en admettant qu'elles fassent le trajet une seule fois.

Le 17, on envoie de Berlin aux corps d'armée les tableaux de marche et de transport. Il sont conçus de manière que les armées soient établies, le 3 août, sur les points ci-après : la ligne Sarrelouis-Merzig, pour la Ire ; Völklingen, Sarrebruck, les abords de Sarreguemines, pour la IIe ; les environs de Landau et de Karlsruhe, sur chaque rive du Rhin — condition éminemment fâcheuse — pour la IIIe. Quant aux corps de réserve, le 3 août ils doivent être, le XIIe, à Kaiserslautern, le IXe, à Homburg et Deux-Ponts, derrière la IIe armée.

VIII

LA COUVERTURE ALLEMANDE

La couverture sur la Sarre. — Dans le Palatinat. — Renforts. — La rive droite du Rhin.

Les Allemands ont pris quelques dispositions pour protéger leur concentration. Bien que, jusqu'au dernier moment, ils redoutent l'offensive de notre part, ils se bornent à une *couverture* très réduite. A Trèves, après l'envoi de deux bataillons, l'un à Sarrelouis, l'autre à Sarrebruck, il reste deux bataillons du 40e et le 9e hussards. Sarrelouis, complètement armé, a pour garnison six bataillons des 69e et 70e, avec un escadron du 7e ulans et une proportion suffisante d'artillerie ou de pionniers; Sarrebruck, le reste du 7e ulans et un bataillon du 40e arrivé le 17. C'est un effectif de trois bataillons et sept escadrons qui doit garder la frontière entre la Moselle et Sarreguemines, 60 kilomètres à vol d'oiseau. Évidemment, il ne s'agit pas là d'une protection véritable, mais de simples postes d'observation[1]. La moindre poussée crèverait cette toile d'araignée.

A dater du 25 juillet, le 5e dragons se porte au sud-est, à Blieskastel, avec mission de couvrir le chemin de fer Ludwigshafen-Homburg contre de faibles détachements français, et d'établir une liaison provisoire avec les troupes du Palatinat[2].

Dans cette province, Germersheim et Landau ont pour

---

[1]. Extrait des instructions du général commandant le VIIIe corps : « ... Les autres troupes (régiment n° 40, régiment de hussards n° 9, 3 escadrons du régiment de ulans n° 7) auraient à refouler, le cas échéant, de faibles détachements ennemis, mais elles devraient se replier devant des forces supérieures..., afin de ne pas s'affaiblir inutilement, d'une part, et, d'autre part, afin d'éviter de faire bénéficier l'ennemi du succès moral d'un combat heureux » (Verdy du Vernois, I, 19).

[2]. *Moltkes Korrespondenz*, III, I, 151, n° 30.

garnison les 4ᵉ et 8ᵉ régiments bavarois avec une certaine proportion d'artillerie et de génie. Le 5ᵉ bataillon de chasseurs, le 1ᵉʳ bataillon du 7ᵉ régiment et le 5ᵉ chevau-légers sont disponibles pour garder la frontière de Homburg à Langenkandel, environ 40 kilomètres, dont 30 en pays de montagne. C'est un total de deux bataillons et quatre escadrons, très insuffisant également. Aussi les Bavarois se bornent-ils à occuper quelques points sur les routes principales et à entretenir de là un service actif de patrouilles. Le 5ᵉ bataillon de chasseurs et deux escadrons observent les montagnes du Palatinat occidental, en tenant Homburg, Deux-Ponts, Pirmasens, Vorder-Weidenthal. L'autre bataillon et les deux escadrons restants, à Bergzabern, Winden, Langenkandel, sont renforcés, le 19, d'un escadron badois qui vient à Winden. En outre, depuis le 18, il y a à Hagenbach un bataillon et un autre escadron badois, qui observent Lauterbourg, en établissant la liaison avec Winden[1]. Le 19 juillet, le front de 45 kilomètres entre Homburg et le Rhin est donc tenu par trois bataillons et six escadrons. La partie plane de ce terrain, moitié moindre que le reste, est gardée par deux fois plus de troupes. Derrière elles, il n'y a d'autre réserve que les garnisons de Landau et de Germersheim, à peine suffisantes[2].

Ce réseau de protection serait illusoire devant la moindre attaque. Aussi, dès le 22 juillet, les 5ᵉ et 9ᵉ régiments d'infanterie bavarois, les 6ᵉ et 10ᵉ bataillons de chasseurs, le 2ᵉ chevau-légers, deux batteries sont transportés par voie ferrée dans le Palatinat, avant même d'avoir achevé leur mobilisation, et s'échelonnent le long du chemin de fer, de

---

[1]. La division de cavalerie affectée à la IIIᵉ armée, 4ᵉ prussienne, n'est entièrement concentrée que le 1ᵉʳ août; on la cantonne au milieu du Vᵉ corps, au lieu de la porter en avant, derrière la masse de couverture. Portée, le 24, entre Billigheim et Landau, elle serait prête à soutenir la 4ᵉ division bavaroise et la 42ᵉ brigade, en cas d'invasion française (général Bonnal, *Frœschwiller*, 30). En outre, le front de concentration est marqué par le Kling-Bach. La réserve de couverture est à Billigheim, également sur le Kling-Bach. Il n'y a aucun vide entre eux, violation du principe napoléonien de la concentration de la couverture sur ses éléments de queue (*Ibid.*, 39).

[2]. Général Bonnal, 18.

Landau à Wissembourg. Dès le 24, au soir, il y a dix bataillons, huit escadrons et deux batteries à portée de cet axe. Deux bataillons et deux escadrons font face à Wissembourg ; un bataillon et deux escadrons patrouillent de Langenkandel vers Lauterbourg, par le Bien-Wald.

Le 28 juillet, le XIe corps détache la 42e brigade en avant-garde à Rheinzabern, avec ordre de relever le poste bavarois de Langenkandel. Dès lors, les troupes de couverture entre Vosges et Rhin atteignent dix-sept bataillons, onze escadrons, six batteries ressortissant aux deux réserves établies entre Billigheim et Rheinzabern. Le commandement supérieur est confié au général von Kirchbach, qui est à Landau, et auquel aucune de ces réserves n'appartient. L'unité de direction n'existe pas[1].

Quant à la rive droite du Rhin, que nous ne songeons pas à attaquer, depuis le 17, elle est observée jusqu'à la Lauter par la brigade de cavalerie badoise cantonnée autour de Karlsruhe. Dès l'arrivée des réservistes à Rastatt, les 3e et 5e régiments en ont été retirés et se sont établis, le 20, entre Mörsch et Daxlanden. Cette nouvelle brigade, renforcée d'un escadron et de deux batteries, observe de la Lauter à la Murg. Au delà, jusque vers Hügelsheim, c'est Rastatt qui surveille le Rhin.

Le 23 juillet, la division de campagne badoise est concentrée entre Karlsruhe et Mörsch. Il ne lui manque que ses trains. Son avant-garde (trois bataillons, quatre escadrons et deux batteries) a été poussée jusqu'à la Murg, son gros entre Kuppenheim et Oos. Deux escadrons observent le Rhin jusqu'à Kehl[2]. En outre, dès le 16, les deux ponts de Kehl ont été coupés ; les jours suivants, on arrête la circulation des bacs et des ponts volants entre Huningue et Lauterbourg. Le 22, on fait sauter le pilier droit du pont tournant de Kehl. Au contraire, il importe de conserver le plus de temps possible le pont de bateaux de Maxau. Des

---

1. Général Bonnal, 24.
2. Dix escadrons wurtembergeois renforcent la division badoise, à la date du 22 (*État-major prussien*, I, 95 ; *Moltkes Korrespondenz*, III, 1, n° 41, 155).

pionniers badois et bavarois y exécutent des travaux de défense, terminés le 24. Des dispositions sont prises pour en remorquer rapidement les bateaux à Germersheim.

On connaît, depuis le 18, l'envoi à Strasbourg de canonnières à faible tirant d'eau, qui font craindre pour les ponts du Rhin. On construit donc, en amont de celui de Maxau, une estacade couverte par une batterie. Un autre barrage est tenu prêt à Germersheim ; on ferme à Rastatt l'embouchure de la Murg, au moyen de bateaux chargés de pierres. Enfin, on prépare la destruction des voies ferrées le long du Rhin et de la Kinzig, ainsi que de la route du Kniebis vers Stuttgart. Un détachement stationne dans ce but à Oberkirch [1].

Ces préparatifs, s'ils montrent que l'on redoute l'invasion de la province du Rhin, du Palatinat et du pays de Bade, ne sont pas de nature à l'arrêter. Tout au plus pourraient-ils la ralentir.

Malgré les mesures les plus sérieuses prises pour l'alimentation des troupes concentrées entre Rhin et Moselle, les ressources du Palatinat s'épuisent rapidement. Au moment où les Allemands vont prendre l'offensive, on y craint une famine [2].

---

1. *État-major prussien*, I, 96 ; *Moltkes Korrespondenz*, III, I, 141, télégramme du 18 au lieutenant-colonel de Leszczynski.
2. Prince de Hohenlohe, *Lettres sur la stratégie*, I, 286. — Voir, pour le détail de ces mesures, l'*État-major prussien*, I, 111. — Cartes distribuées aux troupes allemandes avant le 31 juillet : Environ 170,000 feuilles de cartes de France, dont 132,000 au 80,000°, et 52,000 feuilles de l'Allemagne occidentale. A comparer avec ce qui a lieu chez nous (voir *suprà*, p. 185).

LIVRE IV

PREMIÈRES OPÉRATIONS

I

DU 15 AU 19 JUILLET

Commandement provisoire du maréchal Bazaine. — Premiers renseignements sur l'ennemi. — Ses forces réelles. — La concentration des 2e et 5e corps. — Nouvelles de l'ennemi. — Premières tendances à la défensive.

C'est le 15 juillet que commencent nos véritables préparatifs, en avance d'un jour sur ceux de la Prusse. Le maréchal Bazaine, nommé au commandement du 3e corps, est invité à se rendre dans les quarante-huit heures à Metz. Jusqu'à l'arrivée de l'empereur, les généraux Frossard, de Ladmirault et de Failly, qui commandent les 2e, 4e, 5e corps, seront placés sous ses ordres. Presque aussitôt (16 juillet), on lui subordonne, à titre provisoire, les huit corps de l'armée du Rhin[1]. Mais il ne reçoit aucune instruction sur la conduite à tenir, aucune donnée concernant les emplacements des 1er, 6e, 7e corps et de la garde, aucun aperçu des intentions de l'empereur, qui, d'ailleurs, ne les a pas

---

[1]. Le ministre au maréchal Bazaine, 15 et 16 juillet, *L'armée du Rhin*, 17-18; d'après la première dépêche, les 4e et 5e corps se concentreront à Thionville et à Bitche. — Dans ses *Épisodes*, 1 et suiv., l'ex-maréchal se plaint de ce que les sept autres commandants de corps d'armée ne se soient pas mis tous en rapport avec lui.
Le général Frossard fut avisé de sa nomination et de la concentration du 2e corps à *Sarreguemines, Saint-Avold* et *Forbach* par trois télégrammes arrivés le 15, à 8h 10, 8h 55 du matin, 11h 30 du soir (Journal de marche du 2e corps, Revue militaire, 1899, 437). La même *Revue*, 1900, 542, donne le texte du troisième de ces télégrammes.

encore arrêtées. Déjà le libellé de ces télégrammes trahit le désordre et l'incertitude de la direction suprême.

Les premiers renseignements concernant l'ennemi sont arrivés le 14 juillet, venant du commandant Samuel. Ils annoncent l'envoi à Trèves, Sarrelouis et Sarrebruck de détachements d'infanterie, d'artillerie et de pionniers. Le 15, le maréchal Le Bœuf écrit à Frossard que, d'après les nouvelles reçues jusqu'alors, il y a une division prussienne à Sarrebruck et une à Sarrelouis. D'autres renseignements portent ces forces à un effectif plus élevé. Toutefois, durant les premiers jours, l'impression générale est que les Allemands songent uniquement à la défensive[1].

C'est aussi le 15 juillet que le général de Failly reçoit le commandement du 5e corps, qui doit se former à Phalsbourg et à Bitche. Ordre lui est donné de se rendre dans cette dernière ville, où il aura deux divisions d'infanterie. « Le maréchal Bazaine, écrit le ministre, vous donnera des ordres ultérieurs, pour les positions que vous aurez à occuper en vue de vous rapprocher de lui, suivant les opérations de l'armée prussienne, qui, dans ce moment, paraît border la Sarre de Sarrebruck à Trèves, avec les masses principales à Sarrebruck, Sarrelouis et Sarrebourg... » Jusqu'ici elles « ne paraissent pas considérables ».

« Elles semblent être composées de bataillons de garnison venus de Mayence et de Coblenz.

« La Bavière, que vous avez devant vous à Bitche, ne me paraît pas encore en mesure, et je pense même qu'elle pourrait rester neutre[2]... »

Ces singuliers renseignements, dont l'équivalent a sans doute été envoyé aux autres corps d'armée, trahissent déjà notre tendance constante à exagérer, parfois à l'extrême, l'effectif de nos adversaires. Il n'y a le long de nos fron-

---

[1]. *Revue militaire*, 1900, 542, 642. — Voir, au sujet du commandant Samuel, *Les Origines*, p. 182.

[2]. Lettre du 15 juillet (Historique du 5e corps, *Revue militaire*, 1899, 159). — Le mot *position* revient à tout instant dans la correspondance de l'époque, là où nous emploierions le mot *emplacement*. On entendait bivouaquer chaque soir dans des positions défensives (*Revue d'histoire*, 1er S. 1901, 376).

tières, le 15 et les jours suivants, que de faibles garnisons du temps de paix. Aucun des bataillons de Coblenz et de Mayence n'a été mis en mouvement. De Trèves on se borne à détacher quelques troupes, dans la nuit du 15 au 16, pour se garder de toute surprise[1]. Loin de pouvoir nous inquiéter, les Prussiens opèrent des mouvements discordants qui trahissent leur faiblesse. Le 16, à la suite d'un télégramme de Coblenz, qui fait craindre une attaque soudaine[2], le 7e ulans quitte Sarrebruck pour Ottweiler, à 3h 30 du matin. Le commandant du VIIIe corps, surpris d'une retraite que rien ne motive, donne aussitôt l'ordre de réoccuper cette ville, ce qui a lieu le 17. Elle est restée 24 heures au moins à l'abandon.

Pourtant, chez nous, l'opinion publique manifeste déjà une certaine nervosité. Un télégramme de Thionville annonçant l'entrée des Prussiens en France, on juge bon de le communiquer au Sénat, sans en vérifier l'exactitude. Il est ensuite démenti, après qu'il a causé une vive impression[3].

Notre concentration commence le même jour, 16 juillet, à 6 heures du soir, par le transport à Sarreguemines, Forbach et Saint-Avold de la majeure partie des troupes du camp de Châlons, destinées à former le 2e corps. « Que vos masses ne dépassent pas Saint-Avold, télégraphie le ministre de la guerre à Frossard, mais éclairez-vous militairement jusqu'à la frontière, sans compromettre des détachements ; surtout, organisez l'espionnage ; je vous allouerai des fonds spéciaux ; vous serez l'œil de l'armée[4]. » En réa-

---

1. Verdy du Vernois, *Études de guerre*, I, 20. Voir supra, p. 263.
2. Verdy du Vernois, I, 25 ; Cardinal von Widdern, *Kritische Tage*, III, II, 10 : Coblenz, 16 juillet, minuit 44 : « Attaque soudaine possible. Les ulans de Sarrebruck doivent, en se repliant, intercepter sur plusieurs points la ligne de Bingen et de Kaiserslautern, sans toutefois détruire aucun ouvrage d'art important. »
3. *Journal officiel* du 17 juillet, 1267 ; général Fay, 22. — Cette alerte fut causée par une patrouille de sept chevaux du 9e hussards (Historique du corps ; *Revue militaire de l'étranger*, 1886, XXX, 330).
4. Général Fay, 22. Ce texte ne figure pas dans l'historique du 2e corps. — Voir dans la *Revue militaire*, 1900, 640, une dépêche du maréchal Le Bœuf relative à l'organisation du service des renseignements et à la répartition des

lité, le 2ᵉ corps va dépasser de beaucoup Saint-Avold, afin de s'étendre autour de Forbach et de Sarreguemines, comme le portait la lettre ministérielle du 15. Dès le 17, le général de Failly a insisté auprès de Frossard pour qu'il fît occuper la dernière de ces villes, station du chemin de fer qui relie nos rassemblements de Lorraine et d'Alsace, à proximité immédiate de l'ennemi[1]. Le 2ᵉ corps s'étend sur plus de 30 kilomètres, de Saint-Avold à Sarreguemines. Il constitue une informe *couverture,* très près de la frontière, sans que ni l'empereur ni le maréchal Bazaine soient pour rien dans ce dispositif.

La concentration du 5ᵉ corps, qui doit d'abord se faire, tantôt à Bitche, tantôt à Phalsbourg et à Bitche, s'opère ensuite à peu près uniquement à Bitche, non sans être l'occasion d'un « immense encombrement ». Tout manque à la fois dans cette petite place, où rien n'a été prévu pour alimenter des masses aussi considérables. Avant que le corps d'armée ait achevé de s'y concentrer, le ministre modifie ses premiers ordres, en maintenant provisoirement à Strasbourg, sous le commandement du général Ducrot, la division Guyot de Lespart, qui arrive de Lyon[2]. Il espère ainsi

---

fonds secrets entre les divers commandements. — Du 17 au 19 juillet, lors de son débarquement, le 2ᵉ corps occupe les emplacements suivants :
Quartier général, Saint-Avold.
1ʳᵉ *division,* autour de Saint-Avold.
2ᵉ *division,* 23ᵉ et 67ᵉ de ligne, Forbach, avec 1 bataillon du 67ᵉ à Spicheren ; 66ᵉ de ligne, Rosbruck ; 8ᵉ de ligne, Merlebach ; 12ᵉ bataillon de chasseurs, Freyssing. Les deux brigades sont donc disloquées.
3ᵉ *division,* 1ʳᵉ brigade, 10ᵉ bataillon de chasseurs, Rosbruck ; 2ᵉ de ligne et compagnie du génie, Sarreguemines, avec 1 bataillon à Neunkirch ; 63ᵉ de ligne, en arrière de Merlebach ;
2ᵉ brigade, 24ᵉ de ligne, près de la station de Bening-Merlebach. Le 40ᵉ de ligne débarque à Saint-Avold pour se rendre à Bening, le 21.
Division de cavalerie, Saint-Avold ; artillerie, 2 batteries, Saint-Avold ; 2 à Forbach ; 1 à Bening.
(Historique du 2ᵉ corps, *Revue militaire,* 1899, 440-441).
1. Historique du 5ᵉ corps, *Revue militaire,* 1899, 161 ; télégramme au général Frossard. — La mobilisation de la garde impériale n'est prescrite que le 17 juillet (*Ibid.*, 1900, 444, Journal de marche). — Le maréchal Bazaine arrive à Metz le même jour (*Ibid.*, 1900, 620).
2. Historique du 5ᵉ corps, *ibid.*, 1899, 160-162 ; télégrammes du général de Failly au ministre, au maréchal Bazaine, au général Ducrot, 17 juillet ; commandant de Chalus, 194, télégramme du ministre au général de Failly. — Le

ne pas dégarnir l'Alsace, qui, autrement, serait à peu près vide de troupes. Mais, pour fuir ce danger imaginaire, il retarde, en réalité, l'achèvement de notre concentration. Il en modifie le plan, à peine arrêté, sans que l'ennemi ait fait le moindre mouvement offensif et même que la guerre soit déclarée.

Le 19 juillet, jour où la rupture définitive est notifiée au gouvernement prussien[1], le maréchal Le Bœuf hésite entre des renseignements contradictoires. De ceux, notamment, venus du général Frossard, il semble résulter que « l'ennemi ne cherche pas... et ne cherchera peut-être pas ultérieurement à masser ses forces principales sur la Sarre et le Palatinat (sic) ». Dans cette hypothèse, il resterait sans doute concentré à l'est du Rhin, en nous laissant la faculté d'enlever Sarrelouis par une attaque brusquée. Même on est disposé à admettre que, si les Prussiens ne tiennent pas sur la Sarre, Sarrelouis sera, selon toute vraisemblance, abandonné par eux, dès que nous aurons pris l'offensive au nord de cette rivière. Nous arrêterons une détermination lorsque nous connaîtrons « les vues de l'armée prussienne ». Des renseignements plus précis sont d'autant plus nécessaires, que le général Ducrot annonce, le même soir, la concentration de l'ennemi « en forces derrière la Moselle, entre Trèves, Coblenz et Mayence ». De Metz, Bazaine, mieux placé pour en juger, ne signale rien de pareil. Le major général n'en croit pas moins une vérification nécessaire[2]. Évidemment il n'a rien abandonné de ses intentions d'of-

---

17 juillet, vote par la Chambre des projets de loi portant ouverture de crédits de 440 millions au ministère de la guerre, de 60 millions à la marine, de 5 millions aux finances ; portant le contingent de 1869 à 140,000 hommes et autorisant la formation du contingent de 1870 (Journal officiel, 18 juillet, 1261).

1. Les Origines, 336. — Le 20 juillet, la déclaration de guerre est officiellement communiquée aux Chambres ; à 7 heures du matin, le télégramme suivant est envoyé aux commandants de corps d'armée : « La déclaration du gouvernement de l'empereur a été remise à Berlin ; nous sommes, dès aujourd'hui, régulièrement en état de guerre avec la Prusse. Prenez immédiatement toutes les mesures qui en sont les conséquences » (Revue militaire, 1900, 622).

2. Le major général au maréchal Frossard, 19 juillet, Revue militaire, 1900, 620. — Le Journal officiel du 20 publie un décret du 19, portant nomination du maréchal Le Bœuf comme major général de « l'armée du Rhin ».

fensive brusquée, mais il n'est pas sans inquiétudes sur l'adversaire.

Le long de la frontière, le 2ᵉ corps achève sa concentration ; sa 2ᵉ division détache un bataillon du 67ᵉ de ligne et un peloton de chasseurs à Spicheren, entre Forbach et Sarrebruck. Le général Frossard dirige vers Sarrelouis une reconnaissance qui traverse Carling, pousse jusqu'à L'Hôpital et Creutzwald-la-Croix, sans pénétrer sur le territoire prussien. Elle rapporte que des colonnes sont en marche de Trèves sur Sarrelouis et Sarrebruck, que « la masse s'échelonne entre Mayence et la Sarre [1] ».

A l'est du 2ᵉ corps d'armée, le 4ᵉ commence sa concentration sous Thionville. A l'est, le 5ᵉ a plus de moitié de son effectif aux environs de Bitche ; la brigade de Bernis (5ᵉ hussards et 12ᵉ chasseurs), qui vient de Paris, a été arrêtée à Niederbronn pour relier la droite du corps d'armée aux troupes d'Alsace. A gauche, Rohrbach est occupé par le 3ᵉ lanciers, qui surveille la voie ferrée et établit la liaison vers Sarreguemines. Nos commandants d'unités usent si peu de leur initiative, que le général de Failly télégraphie au maréchal Bazaine : « Dois-je rester concentré à Bitche, ou m'étendre un peu, par exemple, de Rohrbach à Haspelscheidt ? » Bazaine répond aussitôt : « J'approuve vos mouvements sur Rohrbach et Haspelscheidt, puisque cela vous relie avec le général Frossard. Mais ne vous amincissez pas trop [2]... » On saisit là, sur le vif, une double tendance : d'une part, nos généraux vont chercher à étendre leur front, dans la chimérique pensée d'interdire partout à l'ennemi l'accès du sol national ; d'autre part, leurs dispositions vont, de plus en plus, être arrêtées en vue de la défensive pure. Pourtant nos troupes n'ont encore devant elles que de fai-

---

[1]. Il s'agit des 1ᵉʳ et 2ᵉ escadrons du 4ᵉ chasseurs (Dick de Lonlay, *Français et Allemands*, II, 9). — Bien que cet ouvrage soit purement anecdotique, il résume un grand nombre d'historiques et de témoignages oculaires, qui le rendent utile à consulter, surtout en ce qui touche le détail.

[2]. Voir le texte de ces deux télégrammes (Historique du 5ᵉ corps, *Revue militaire*, 1899, 463).

bles détachements. A tout instant l'ennemi attend l'attaque de forces très supérieures, ce qui n'empêche pas ses cavaliers de montrer une croissante activité. Le 19 juillet, trois escadrons du 7e ulans poussent de Sarrebruck vers Forbach et rencontrent des chasseurs à cheval qui refluent vers Stiring. Les jours suivants, les Prussiens apprennent de même que la division Bataille est stationnée dans le voisinage immédiat de la frontière [1].

1. *État-major prussien*, I, 96.

II

DU 20 AU 23 JUILLET

Le 20 juillet. — Nouvelles tendances à la défensive. — Ducrot en Alsace.
Le 21 juillet. — Le 22 juillet. — Le 23 juillet.

Le 20 juillet, le major général informe les commandants des 3e, 4e, 5e corps et le général Ducrot que la Bavière a pris parti contre nous[1]. Déjà le service des renseignements signale de fortes agglomérations de troupes ennemies : « 20,000 Prussiens à Rastatt ; une grande accumulation de forces entre Mayence et Coblenz ; 40,000 hommes à Dudweiler, près de la Sarre[2]. » Un télégramme du maréchal Bazaine confirme partie de ces bruits, en y ajoutant des détails fantaisistes : « Les Prussiens paraissent vouloir attendre la bataille dans les environs de Mayence ; ils concentrent des troupes entre cette place et Coblenz ; elles s'y nourrissent difficilement ; on pense généralement qu'une guerre, qui durerait deux ou trois mois, ruinerait et désorganiserait le pays. On ne laisse que les infirmes dans les administrations et, l'on fait marcher tous les hommes valides de 18 à 36 ans[3]. »

Ces renseignements si incertains ne sont pas sans influence sur l'empereur. Déjà ses idées en sont modifiées. Il prescrit à Bazaine d'envoyer « une avant-garde à Sierck, afin d'inquiéter l'ennemi sur nos projets[4] ». Nous augmentons notre dissémination sans profit, car l'ennemi ne peut croire à des opérations sérieuses sur la ligne Thionville-Sierck-Trèves, trop excentrique.

De même, le maréchal informe les commandants de corps

---

1. *Revue militaire*, 1900, 622.
2. *Ibid.*, 643. — Cette prétendue concentration à Dudweiler est signalée dans nombre de bulletins de renseignements de la fin de juillet, peut-être par suite d'une manœuvre du contre-espionnage allemand.
3. Général Fay, 34.
4. *Ibid.*, 23.

d'armée « que l'empereur ne veut pas commencer la campagne avant que l'armée se soit complètement constituée.

« En attendant, que l'on se tienne sur la défensive en s'éclairant et se renseignant bien... »

A Frossard, il télégraphie que ses cantonnements lui paraissent trop espacés ; il jugerait préférable d'occuper seulement Sarreguemines, Forbach, Saint-Avold[1].

La concentration continue avec des retards, des difficultés imprévues. Le 4e corps n'a encore à Thionville que quatre régiments d'infanterie et deux de cavalerie, dont une partie sans tentes-abris. Six batteries fort incomplètes partent de Metz pour le rallier[2]. Au 2e corps, malgré les recommandations de Bazaine, le général Frossard ne juge pas à propos de se concentrer davantage. A la suite d'une fausse alerte, il porte à Spicheren un deuxième bataillon du 67e de ligne et à Stiring le 1er bataillon du 8e. De plus, le 63e quitte Merlebach pour prendre position entre Cocheren et Théding[3]. La nuit du 20 au 21 juillet est marquée par plusieurs alertes. Les troupes tirent dans le vide et l'un de nos soldats au moins est atteint par une balle française[4]. Déjà nous faisons preuve d'une dangereuse nervosité.

Autour de Bitche, le 5e corps a dix-neuf bataillons, deux batteries à cheval incomplètes et deux compagnies du train. Le 5e lanciers remplace à Rohrbach le 3e qui va à Bitche. De ces deux points, on entretient un service de patrouilles vers la frontière et vers Sarreguemines, toujours sans pénétrer sur le sol ennemi[5].

---

1. Texte de ces télégrammes, 20 juillet, Bazaine, *L'armée du Rhin*, 245 ; *Épisodes*, 3. En réalité, le premier paraît être du 21 juillet (Voir la *Revue militaire*, 1900, 635).
2. Journal de marche, *Revue militaire*, 1900, 345 ; télégramme du maréchal Bazaine au ministre, 20 juillet, *Épisodes*, 3 ; *L'armée du Rhin*, 244.
3. Historique du 2e corps, *Revue militaire*, 1899, 443. — La brigade de dragons est à Merlebach ; celle de chasseurs, à Forbach ; la 3e *division* de la réserve d'artillerie et l'une des batteries de la 3e division, à Bening (*Ibid.*).
4. Le 1er bataillon du 67e, qui occupait le plateau de Spicheren depuis le 19, se replie dans la nuit, à la suite d'une fausse alerte, et rentre à Forbach vers 3 heures et demie du matin. A peine arrivé, il reçoit du général Bataille l'ordre de réoccuper sa position, ce qui a lieu vers 5 heures (Dick de Lonlay, II, 12).
5. Historique du 5e corps, *Revue militaire*, 1899, 167. — Le 20 juillet l'effectif du 5e corps d'armée est 455 officiers, 10,775 hommes et 636 chevaux.

Le général Ducrot, qui commandait l'une des divisions du camp de Châlons, a reçu l'ordre de se rendre à Strasbourg, pour y exercer le commandement jusqu'à l'arrivée du maréchal de Mac-Mahon. Son premier acte est de faire évacuer Wissembourg et Lauterbourg, où nous avions quelques centaines d'hommes. Bien que ces deux places, qui bordent la frontière même, soient intenables, leur possession à titre de postes ne serait pas sans utilité. On pourrait y appuyer notre système de couverture. A un autre point de vue, leur abandon est d'un fâcheux effet, en un moment où il faudrait entretenir la confiance des troupes et de la population. Le major général ne l'approuve donc pas; le préfet et le sous-préfet multiplient les démarches pour obtenir la réoccupation de ces petites forteresses, d'abord sans résultat [1].

Bien que Ducrot ait avec passion souhaité la guerre, il voit nettement combien notre défaut de préparation nous crée de causes d'infériorité. Les places d'Alsace sont à l'abandon et nul ne peut y remédier : « Demain il y aura à peine 50 hommes à Neuf-Brisach, Fort-Mortier, Schlestadt, La Petite-Pierre et Lichtenberg sont également dégarnis. Il serait facile de trouver des ressources dans la garde nationale mobile et... sédentaire, mais je ne me crois pas autorisé à rien faire, puisque Votre Excellence ne m'a donné aucun pouvoir [2]. »

Le défaut de ressources ne l'empêche pas d'agiter des projets d'une exécution délicate. Dès l'arrivée à Strasbourg du maréchal de Mac-Mahon (23 juillet), il cherche à faire admettre l'urgence d'établir une ou deux têtes de pont sur la rive droite du Rhin. Il voudrait, notamment, jeter

---

1. *Vie militaire du général Ducrot*, II, 345; général Ducrot, *Wissembourg*, 6; le ministre lui télégraphie : « Il me paraît difficile que vous ne fassiez pas occuper ou au moins protéger par des détachements mobiles Wissembourg et Lauterbourg, afin de garantir nos populations frontières contre des tentatives peu sérieuses, mais nuisibles aux habitants que votre observation défensive devrait protéger » (*Ibid.*, s. d.).

2. Ducrot au ministre, 20 juillet, 8ʰ 30 soir (*Papiers et correspondance*, I, 437; *Vie militaire du général Ducrot*, II, 339).

des troupes à Kehl et y improviser des ouvrages de défense. De même à Vieux-Brisach. Fort justement, Mac-Mahon répond qu'il n'a ni les ordres voulus, ni assez de troupes. Quant au 1ᵉʳ corps, Ducrot a préparé son installation aux environs de Strasbourg, sur la Brusche et l'Ill, la division de cavalerie formant rideau le long de la Zorn, vers Brumath. Mais ces dispositions ne seront pas maintenues par le maréchal[1].

Plus que jamais, l'intention de l'empereur est de garder la défensive pour l'instant. Le 21 juillet, le major général le confirme au maréchal Bazaine[2]. Celui-ci renouvelle au général Frossard ses recommandations de la veille, en les exagérant encore : « Par ordre de l'empereur, vous ne devez faire aucun mouvement offensif sans un ordre formel de S. M. Vous ne devez pas franchir la Sarre. L'empereur consent à ce que vous vous empariez de la partie de Sarrebruck qui se trouve sur la rive gauche, sans plus, si vous le trouvez nécessaire ou avantageux pour... votre corps d'armée... Défense formelle de rien faire sur Sarrelouis[3]. » Il va porter, le matin du 22, la division Montaudon (1ʳᵉ du 3ᵉ corps) sur Boulay, avec une forte avant-garde à Teterchen. Dès qu'il sera possible, la 2ᵉ division ira s'établir derrière la 1ʳᵉ, sans doute vers Courcelles-Chaussy et Bionville. De même, le 4ᵉ corps dirigera une division sur Bou-

---

1. *Vie militaire du général Ducrot*, II, 341-346 ; Notes du général reproduites dans la *Revue militaire*, 1900, 627. Le 1ᵉʳ tirailleurs manque encore à la division Douay. On le remplace provisoirement par le 36ᵉ de ligne (Général Bonnal, *Frœschwiller*, 58).

2. Télégramme chiffré : « L'empereur ne veut pas ouvrir la campagne avant que l'armée se soit complètement constituée. En attendant, qu'on se tienne sur a défensive en s'éclairant et se renseignant bien. Donnez des ordres en conséquence aux commandants de corps d'armée et au général Ducrot » (*Revue militaire*, 1900, 635).

3. Télégramme chiffré, 21 juillet, 7 heures soir (*Revue militaire*, 1900, 636). Le maréchal ajoute : « Des hauteurs, par lesquelles vous arriverez à cette partie de Sarrebruck, vous dominerez complètement la ville et, avec votre canon, vous pourrez même rendre la gare intenable.

« Plus tard, si on veut s'emparer de cette gare par un mouvement offensif, l'empereur voudrait qu'on passât la Sarre en aval ou en amont, de manière à la tourner et obliger l'ennemi à l'abandonner sans combat sérieux. Vous devez vous attendre à trouver quelques ouvrages en terre sur les hauteurs qui couvrent l'entrée de la grande rue... »

zonville : « J'espère, écrit Bazaine au général Frossard, qu'avec ces dispositions, notre frontière sera suffisamment surveillée et que les populations seront sauvegardées[1]. » On voit à quel courant d'idées il obéit, ainsi que le major général : l'établissement d'une sorte de cordon défensif, le long de la frontière, lui paraît nécessaire pour la couvrir et surtout rassurer les populations, que la vue des cavaliers ennemis effraie déjà. Il obéit à la crainte de l'opinion, qui doit nous entraîner à commettre tant de fautes au cours de la guerre.

La concentration du 4ᵉ corps continue le 21 juillet. Il a autour de Thionville les éléments de deux divisions d'infanterie environ. Suivant les ordres de Bazaine, le 73ᵉ de ligne et le 11ᵉ dragons vont occuper Kœnigsmacher et Sierck, dans la direction de Trèves[2].

Au 2ᵉ corps, le général Frossard pousse une forte reconnaissance de Saint-Avold sur Sarrelouis ; mais, comme elle ne s'aventure pas au delà de la frontière, elle rentre sans aucune donnée nouvelle. De Forbach, le général Bataille juge à propos de renforcer les troupes détachées au plateau de Spicheren. Il y réunit le 67ᵉ de ligne, une batterie de 4 et un peloton du 4ᵉ chasseurs. Des reconnaissances parties de ce village et de Stiring signalent la présence des Prussiens au delà de la Sarre. Enfin, la 2ᵉ division continue de se concentrer autour de Bening-Merlebach[3].

Au 5ᵉ corps, le général de Failly annonce le passage à Rheinzabern et la marche sur Pirmasens de « détachements prussiens » venant de Karlsruhe. Il en conclut que leur but probable est de cacher un mouvement de concentration sur Kaiserslautern. « Ce matin il était passé ainsi environ 12,000 à 13,000 hommes à Rheinzabern. » Un autre « rassemblement prussien » se forme à Deux-Ponts[4].

---

1. Le maréchal Bazaine au général Frossard, 21 juillet (*Revue militaire*, 1900, 622).
2. Journal de marche du 4ᵉ corps, *Revue militaire*, 1900, 346.
3. Historique du 2ᵉ corps, *ibid.*, 1899, 443.
4. Télégramme au ministre (Historique du 5ᵉ corps, *ibid.*, 171). — Le rapport général du 5ᵉ corps porte ces naïves recommandations, le 21 juillet : « La guerre est définitivement déclarée. L'ennemi est vigilant et entreprenant. Il faut,

Le 22 juillet, les renseignements sur l'ennemi semblent se préciser, en devenant plus inquiétants. De deux côtés on confirme la présence d'un corps considérable à Dudweiler, entre Sarrebruck et Neunkirchen. De Strasbourg on annonce la formation de deux grandes armées, l'une en avant de Mayence, ce qui est exact, l'autre derrière la Forêt-Noire, avec Haguenau et les passages des Vosges pour objectifs, ce qui est entièrement faux[1]. Déjà les dispositions prises par le major général trahissent une tendance plus marquée à la défensive. Lui aussi invite les troupes à s'exercer au service de sécurité. « ...Elles auront bientôt devant elles un ennemi qui, de longue main, s'est appliqué tout particulièrement à pratiquer, en temps de paix, le service de sûreté des camps, bivouacs et cantonnements. Que l'on fasse des théories dans tous les corps à ce sujet et des exercices autant que possible[2] ». De même, le maréchal Bazaine insiste, auprès des généraux Frossard et de Ladmirault, sur l'obligation stricte de garder la défensive. Il faut « éviter des engagements qui pourraient nous entraîner loin de la frontière, avant le moment que S. M. veut fixer elle-même... Nos reconnaissances ne devront donc pas être agressives[3]. » On ne saurait mieux faire, évidemment, pour paralyser chez nous toute velléité d'offensive. Aussi les mesures prises ont-elles, en général, un caractère nettement défensif. De Forbach, le 66ᵉ de ligne va renforcer le 67ᵉ au plateau de Spicheren, qui est maintenant occupé par une brigade d'infanterie avec une batterie et un peloton de chasseurs. A Stiring, le 8ᵉ de ligne détache un second bataillon. Enfin,

---

en conséquence, toujours se garder militairement, s'éclairer dans toutes les marches, reconnaissances et patrouilles » (*Ibid.*).

Dans la nuit du 20 au 21, la garde impériale a commencé son mouvement de Paris à Nancy (Journal de marche, *Revue militaire*, 1900, 445).

1. Dépêches du commandant Samuel à Forbach, et du maréchal Bazaine à Metz, 21 juillet, *ibid.*, 643. — Le maréchal dit 40,000 hommes.
2. *Ibid.*, 636, télégramme aux commandants de corps d'armée ; *ibid.*, 1899, 174.
3. *Ibid.*, 1900, 636 ; Bazaine, *L'armée du Rhin*, 249-250, lettre aux généraux Frossard et de Ladmirault, 22 juillet : « Nous ne devons donc point dépasser la frontière ; nous nous bornerons à observer les Prussiens et à repousser toute incursion et toute tentative de ce corps » ; *Épisodes*, 6.

l'un des régiments de la 3ᵉ division, le 63ᵉ, vient camper entre Morsbach et Forbach, pour être mieux en mesure de soutenir la 2ᵉ. Quant aux reconnaissances habituelles, on continue de les exécuter avec la plus grande timidité[1].

Au 5ᵉ corps, le général de Failly réclame l'envoi à Bitche de sa 3ᵉ division (Guyot de Lespart), restée jusqu'alors à Strasbourg, puis à Haguenau, et qui lui fait défaut pour garder les « nombreux débouchés de la frontière ». Il voudrait remplacer à Bitche la brigade de lanciers par celle de chasseurs, qui est encore à Niederbronn et qui, armée de carabines, serait plus apte au service d'avant-postes[2].

Le 23 juillet, « personne dans l'armée française » ne connaît encore « ni la composition des armées allemandes, ni leurs points de concentration ». On assure que le prince Frédéric-Charles est arrivé à Conz, où sont réunies des troupes nombreuses. On ne croit plus à un fort rassemblement à Dudweiler. Il s'y trouverait seulement quelques troupes pour couvrir Neunkirchen, trois bataillons et cinq escadrons en avant de Sarrebruck, 4,000 à 5,000 hommes à Sarrelouis[3]. Rien de précis ne se dégage de ces bruits vagues, non contrôlés, pas plus que de ceux recueillis les jours précédents.

Ils continuent néanmoins d'influer sur nos décisions. Le major général invite le maréchal Bazaine à porter, le 24, son quartier général de Metz à Boulay; ses divisions se relieront à droite au 2ᵉ corps et à gauche au 4ᵉ, en occupant Bouzonville. Quant au 5ᵉ corps, il dirigera deux divisions de Bitche sur Sarreguemines, où il relèvera les troupes du 2ᵉ. Sa 3ᵉ division, restée en Alsace, ira à Bitche. La garde impériale entamera un mouvement de Nancy sur Metz; la division de cavalerie de Forton, en formation à Pont-à-

---

1. Historique du 2ᵉ corps, *Revue militaire*, 1899, 445.
2. Le général de Failly au maréchal Bazaine, 2 télégrammes du 22 juillet, Historique du 5ᵉ corps, *ibid.*, 172-173. — L'effectif du 5ᵉ corps est de 640 officiers, 13,729 hommes, 2,907 chevaux.
3. *Ibid.*, 1900, 643-644, d'après un télégramme du commandant Samuel et un bulletin du 4ᵉ corps; télégramme de Bazaine au major général, *L'armée du Rhin*, 251; lieutenant-colonel Rousset, I, 155.

Mousson, se portera incessamment sur Faulquemont. Toutes ces troupes sont placées sous les ordres directs de Bazaine, mais pour peu de temps, car le maréchal Le Bœuf part de Paris, dans la nuit du 23 au 24 ; il précédera l'empereur à Metz de quelques jours seulement[1].

Sur la frontière, la concentration continue plus lentement qu'on ne l'espérait. Au 4e corps, celle de l'infanterie se termine le 23 ; on renforce d'un bataillon le détachement de Kœnigsmacher ; quatre bataillons et un régiment de dragons vont s'établir à Kédange. Malgré cette dispersion croissante, la garnison de Sarrelouis se montre plus entreprenante. Ses patrouilles viennent jusque sur notre sol, à Schreckling et à Willing[2].

Au 2e corps, on ébauche quelques reconnaissances vers Sarrebruck et à l'ouest, sans nul résultat, bien qu'on ait mis en mouvement des effectifs très considérables. On lasse et on mécontente ainsi les troupes, de même qu'on affaiblit leur moral par un luxe de précautions tout à fait exagérées[3].

---

1. Télégramme du maréchal Le Bœuf à Bazaine, 23 juillet, 2h 50 soir, et lettre du même au même, 23 juillet, *Revue militaire*, 1900, 625-626 ; télégrammes aux commandants de corps d'armée, moins le 6e, et au maréchal Bazaine, *ibid.*, 628 ; *L'armée du Rhin*, 251-252 ; commandant de Chalus, 194, télégramme de Bazaine au général de Failly, 9h 30 soir. — C'est le 23 que l'empereur adresse au major général la « note concernant les principaux objets sur lesquels doit porter son attention », savante compilation où abondent des recommandations impraticables (*Revue militaire*, 1900, 623 ; général Fay, 271 ; voir *suprà*, p. 66).

2. Journal de marche du 4e corps, *Revue militaire*, 1900, 347 ; lieutenant-colonel Rousset, *Le 4e corps de l'armée du Rhin*, 26.

3. Le 23 juillet, le général Bastoul, avec la 2e brigade de la 2e division, 1 batterie de 4 pièces et 2 escadrons du 4e chasseurs, reconnaît vers Spicheren, au nord des bois de Saint-Arnual ;

Le général Bataille, avec une partie de sa 1re brigade, 1 section d'artillerie et 2 escadrons du 4e chasseurs, prend position sur la route de Sarrebruck, pour soutenir Bastoul ; 1 bataillon du 8e de ligne reconnaît vers Sarrebruck, en suivant la voie ferrée ;

Le colonel du Ferron, avec 2 bataillons du 23e et un escadron du 4e chasseurs, bat le pays entre Schœneck et Gusweiler ;

Pour soutenir ces divers détachements, 7 bataillons et 1 batterie de la 3e division quittent Bening à 4 heures du matin et vont prendre position à Forbach (Historique du 2e corps, *Revue militaire*, 1899, 446).

Emplacements du 2e corps au 23 juillet :
Quartier général et 1re division, Saint-Avold ;
2e division, Forbach, avec 1 brigade à Spicheren et 2 bataillons à Stiring ;
3e division, Bening, Merlebach, Morsbach ;
Brigade de dragons, Merlebach ; la brigade de chasseurs est répartie entre les divisions (*Ibid.*).

Au 5ᵉ corps, des renseignements recueillis pendant la nuit ont fait connaître la présence de gros rassemblements ennemis sur la frontière. Le général de Failly prescrit aussitôt une double reconnaisance de Bitche et de Rohrbach, dans la direction de Volmunster. Tout le corps d'armée, moins la division Guyot de Lespart, encore en Alsace prend les armes pour cette opération, qui ne donne aucun résultat. D'ailleurs, notre cavalerie a, comme d'habitude, évité avec soin de traverser la frontière[1]. On sait seulement, par les rapports des habitants ou des autorités civiles, qu'il s'opère une concentration ennemie vers Deux-Ponts, et que le gros des Prussiens serait à Saint-Wendel, au nord de Sarrebruck[2].

Au 1ᵉʳ corps, le maréchal de Mac-Mahon arrive à Strasbourg dans la journée du 23, ainsi que les premiers détachements de troupes d'Afrique. Il joint au sien propre le commandement du 7ᵉ corps, avec mission de surveiller la frontière de Bâle à Lauterbourg et aux Vosges[3]. La division Abel Douay étant presque complète, il lui donne l'ordre de porter à Haguenau sa 1ʳᵉ brigade, la 2ᵉ restant à Brumath[4]. Elle va servir de couverture à nos troupes d'Alsace.

---

1. Historique du 5ᵉ corps, télégrammes du général de Failly au maréchal Bazaine, *Revue militaire*, 1899, 227 ; *Le général Lapasset*, II, 111. — Le général de Failly juge nécessaire de faire venir d'urgence le 5ᵉ hussards de Niederbronn. Il demande à remplacer sur ce point le 12ᵉ chasseurs par un régiment de lanciers. — Effectif du 5ᵉ corps le 23 juillet : 650 officiers, 14,015 hommes, 3,166 chevaux.
2. *Revue militaire*, 1899, 228-229, télégramme du sous-préfet de Sarreguemines.
3. Télégramme du major général au maréchal de Mac-Mahon, 23 juillet, *ibid.*, 1900, 628 ; Notes dictées par le maréchal en janvier 1871, *Revue d'histoire*, 1ᵉʳ S. 1901, 581.
4. Journal de marche du 1ᵉʳ corps, *ibid.*, 1899, 101.

III

DU 24 AU 25 JUILLET

Le 24 juillet. — Mouvement du 5ᵉ corps sur Sarreguemines. — Les Allemands. — Reconnaissance Zeppelin. — Le 25 juillet. — Mouvement de Ducrot sur Frœschwiller.

Le 24 juillet apporte la confirmation des renseignements relatifs à la concentration de l'ennemi. Ils indiquent de gros rassemblements à Dudweiler et Neunkirchen, à Ottweiler et Saint-Wendel. Beaucoup de troupes seraient arrivées à Landau[1]. De L'Hôpital on signale de nombreux ennemis dans Lauterbach. Bien que, d'après tous les rapports, les Allemands paraissent redouter une invasion, leurs reconnaissances deviennent toujours plus entreprenantes. L'une d'elles, partant de Sarrelouis, est venue occuper Willing, a enlevé la caisse de la douane et plusieurs employés, puis a poussé jusqu'à Tromborn. Une autre attaque le poste de douaniers à Schreckling ; une troisième enlève celui de Scheibenhardt, sans ombre de représailles de la part de nos troupes, toujours retenues en deçà de la frontière par des ordres inopportuns et aussi par la passivité générale[2].

L'armée opère le mouvement d'ensemble prescrit la veille et dont le résultat va être de la rapprocher de la frontière en augmentant sa dispersion. Au 4ᵉ corps, le 73ᵉ de ligne est tout entier à Sierck, le 11ᵉ dragons et le 20ᵉ bataillon de chasseurs à Kœnigsmacher ; le général Pajol échelonne ses troupes sur la route de Bouzonville, en se reliant au 3ᵉ corps, dont le 18ᵉ bataillon de chasseurs est à Teterchen[3].

---

[1]. Télégrammes du commandant Samuel et du sous-préfet de Wissembourg, *Revue militaire*, 1900, 644.

[2]. Télégrammes du général de Ladmirault et du commissaire spécial de Lauterbourg, *ibid.*, 644-645.

[3]. 1ᵉʳ et 2ᵉ bataillons du 33ᵉ à 3 kilomètres en avant de Bouzonville ; le 3ᵉ bataillon, à Freistroff ; le 2ᵉ bataillon de chasseurs à Chémery, ainsi que le 3ᵉ dragons (*Ibid.*, Journal de marche du 4ᵉ corps, 348).

Au 2ᵉ corps, la journée du 24 est consacrée à de nouvelles reconnaissances, sans plus de résultats, parce qu'elles continuent d'être conduites au rebours de toute méthode rationnelle[1]. Le 5ᵉ corps opère son mouvement vers l'ouest. Dans la matinée, les 1ʳᵉ et 2ᵉ divisions, la réserve d'artillerie quittent Bitche pour Sarreguemines, fatigante étape de 30 kilomètres sur une seule route et par une chaleur lourde[2]. La 3ᵉ division, partie de Niederbronn, vient relever les deux autres à Bitche, où elle arrive les 24 et 25 juillet. Dans cette région également, les Allemands montrent une activité croissante. Leurs patrouilles coupent le chemin de fer à Rohrbach, enlèvent des douaniers et du bétail à Schweigen. Le général de Failly juge nécessaire d'armer le personnel de la voie ferrée et d'organiser une surveillance constante[3].

A Strasbourg, le maréchal de Mac-Mahon arrête ses premières dispositions d'après les instructions du major général. Tous les renseignements lui font prévoir une attaque venant du nord et non de l'est... « Ne pouvant défendre directement la frontière entre Wissembourg et Lauterbourg, le maréchal prit le parti de concentrer ses forces sur le versant est des Vosges, de manière à conserver ses communications avec l'armée principale, établie sur le revers opposé... L'empereur ayant approuvé ce projet..., chaque division se mit en mouvement aussitôt qu'elle était formée[4]. » Le général Abel Douay part pour

---

[1]. Historique du corps, *Revue militaire*, 1899, 448.

[2]. « Cette marche a été des plus pénibles, en raison de la grande chaleur, pour des troupes non habituées aux fatigues.

« Elles laissèrent de nombreux traînards en arrière » (Historique du 5ᵉ corps, *ibid.*, 230).

Le 12ᵉ chasseurs, resté à Niederbronn, ne rejoint Bitche que le 28 ; le 3ᵉ lanciers est à Sarreguemines, le 5ᵉ lanciers à Rohrbach ; le 5ᵉ hussards est disloqué entre les divisions et le quartier général (*Ibid.*, 232). — Voir *Le général Lapasset*, II, 112, lettre du 25 juillet ; télégramme du général Nicolas, 24 juillet (De Chalus, 194, et Historique du 5ᵉ corps, *Revue militaire*, 1899, 233) ; rapport du général Nicolas, général de Wimpffen, *Sedan*, 344.

[3]. Télégrammes reproduits dans l'historique du 5ᵉ corps, *Revue militaire*, 1899, 233.

[4]. Notes dictées par le maréchal en janvier 1871, *Revue d'histoire*, 1ᵉʳ S. 1901, 581.

Haguenau le matin du 24. Le soir, sa division y est au complet, sauf l'artillerie[1]. Quant au 7ᵉ corps, il est loin de pouvoir rallier le 1ᵉʳ. De Haguenau à Belfort, tous deux sont répartis sur une profondeur de 145 kilomètres, qui rend leur coopération impossible à bref délai. D'ailleurs, une grande partie du 7ᵉ corps n'a pas encore atteint la frontière.

On sait la faiblesse des troupes allemandes chargées de la couverture entre la Moselle et le Rhin, ainsi que le long de ce fleuve[2]. Au sud de la Lauter, leurs reconnaissances n'ont d'abord constaté que la présence de douaniers français. Afin de recueillir des données plus précises, le commandant de la division badoise jette en Alsace, par Lauterbourg, le capitaine wurtembergeois Zeppelin, trois officiers et cinq dragons badois (24 juillet). Sur le Seltzbach, ils trouvent seulement des vedettes du 2ᵉ lanciers, auxquelles ils enlèvent un cheval et arrivent ainsi, après avoir traversé Wœrth, jusque vers Niederbronn, où le général de Bernis est stationné avec le 12ᵉ chasseurs. Le matin du 25, la petite troupe s'est arrêtée dans une auberge, au Schirlenhof, entre Reichshoffen et Gundershoffen, quand elle est surprise par un peloton de chasseurs. Seul Zeppelin parvient à s'échapper; le reste est tué ou pris. Toutefois, la reconnaissance a pu constater l'absence de troupes françaises jusqu'au delà de Wœrth[3].

---

1. Journal de marche du 1ᵉʳ corps, *Revue militaire*, 1899, 102.
2. Voir *supra*, p. 264.
3. Le capitaine Zeppelin passa la nuit dans le Hoch-Wald, où il reçut l'hospitalité d'un bûcheron, en se faisant passer pour un officier français (Général Bonnal, *Frœschwiller*, 29). — D'après l'*État-major prussien* (I, 99), la reconnaissance se composait de 4 officiers et 3 dragons ; 1 officier fut tué et le reste pris ; Cardinal von Widdern (*Kritische Tage*, 1ʳᵉ partie, III, I, 124) rapporte que 2 des 5 dragons avaient été, au préalable, envoyés en estafettes. Au contraire, l'historique du 5ᵉ corps, *Revue militaire*, 1899, 237, porte la reconnaissance à 15 cavaliers ; 2 officiers auraient été tués, 2 pris dont 1 blessé, et 6 caliers pris. Nous eûmes 1 tué et 1 blessé. Le télégramme du général de Bernis, *ibid.*, 239, mentionne la perte pour les Allemands de 1 officier tué, 2 officiers et 3 cavaliers pris, plusieurs blessés, 6 chevaux tués. Enfin, Dick de Lonlay (I, 4) écrit que le 12ᵉ chasseurs (5ᵉ escadron, 4ᵉ peloton) prit 3 officiers, 6 dragons, dont 4 blessés, et 7 chevaux ; 4 chevaux furent tués ; 3 autres dragons auraient été pris ensuite à Morsbronn. Nous perdîmes 1 tué, 2 cavaliers et 5 chevaux blessés. — On voit, par ces contradictions, combien il est difficile de connaître l'exacte vérité sur le moindre fait.

Dans la journée du 25 juillet, les renseignements que nous recueillons indiquent chez l'ennemi la crainte toujours très vive d'une irruption soudaine de nos troupes. Des dispositions sont prises à Winden et, en général, à tous es points d'embranchement, pour couper les voies ferrées. Pourtant un corps prussien, massé à Landau, aurait son avant-garde à Schweigen, tout près de notre frontière[1].

Le maréchal Le Bœuf est arrivé à Metz de la veille. « A sa grande stupéfaction », il constate que notre concentration ne s'est pas opérée, de beaucoup, avec la rapidité prévue. Les réservistes rejoignent très lentement. Le matériel est tout à fait incomplet. Pendant le peu de jours qui précèdent l'arrivée de l'empereur, le major général va épuiser ses forces, consacrer ses jours et ses nuits au travail de cabinet ou à des tournées sur la frontière, sans pouvoir combler les lacunes qui résultent de notre défaut de préparation ?

Dès le premier jour, il laisse entrevoir la vérité au souverain : « Je suis auprès du général de Failly (à Sarreguemines). Tout (va) bien au moral. Les troupes vont bien. L'organisation est encore fort incomplète, pour ce qui concerne les accessoires seulement. J'en écris au ministre par télégramme. Un premier détachement de réservistes est arrivé ici[3]. »

De son côté, l'empereur n'est pas sans inquiétudes : « Je viens de lire un télégramme de Sarrebruck, du 24, où il est dit qu'il y a eu une escarmouche à Gersweiler, où les Français ont perdu dix hommes et les Prussiens personne. Est-ce vrai[4] ? »

Le long de la frontière, nos troupes continuent à former

---

1. *Revue militaire*, 1900, 645, d'après une lettre du capitaine Jung (25 juillet). — Winden est au sud de Landau ; un embranchement en part sur Maxau. En réalité, l'avant-garde du XIe corps est sensiblement plus au nord (Voir *infrà*).
2. Général Lebrun, 192 ; général Fay, *loc. cit.*; général Montaudon, 61 et suiv. ; colonel Fix, II, 4 et 5.
3. *Revue militaire*, 1900, 631.
4. L'empereur au maréchal Le Bœuf, 25 juillet, 5h 45 soir, *ibid.*, 639. — La réponse du major général, datée de 9 heures soir, est négative.

un cordon défensif, toujours plus continu, sans sortir nulle part de leur attitude passive. La 3ᵉ division du 4ᵉ corps porte son quartier général de Thionville à Kédange[1]. Au 3ᵉ corps, le maréchal Bazaine s'établit à Boulay; la division Metman est à Valmunster et celle du général Aymard à Teterchen. Au 2ᵉ corps, Frossard multiplie les reconnaissances aux abords de Saint-Avold et de Forbach, sans autre résultat que de fatiguer les troupes[2]. A en juger par sa correspondance et celle du général Metman, leurs préoccupations sont dirigées dans un sens nettement défensif. Il n'y est question que de se soutenir mutuellement, de se secourir en cas d'attaque[3].

Au 5ᵉ corps, les mêmes inquiétudes se font jour. Les divisions Goze et de L'Abadie sont installées aux abords de Sarreguemines; le 61ᵉ de ligne, à la ferme de Wising; le 5ᵉ lanciers, à Rohrbach; la division Guyot de Lespart, à Bitche; le 12ᵉ chasseurs, à Niederbronn. Tous les services rencontrent de grandes difficultés à s'organiser. « Le personnel et le matériel de l'administration sont insuffisants; les approvisionnements manquent en vivres comme en munitions; tout est à faire ou à créer[4]. »

Derrière nos corps de première ligne, la garde commence son mouvement de Nancy sur Metz, en deux étapes. La 1ʳᵉ division se met en marche le 25 juillet; la 2ᵉ division et la division de cavalerie, les 26 et 27 juillet. Le 28, le corps d'armée sera presque tout entier concentré au camp de Chambières[5].

En Alsace, l'incursion de Zeppelin surprend désagréable-

---

1. A Freistroff, le 2ᵉ bataillon de chasseurs; 1 bataillon du 33ᵉ et 3 escadrons du 3ᵉ dragons, 2 bataillons du 54ᵉ; en avant de Bouzonville, 2 bataillons du 33ᵉ; à Chémery, 1 bataillon du 54ᵉ. Le 65ᵉ va de Thionville à Kédange, avec 1 section d'artillerie (Journal de marche du 4ᵉ corps, *Revue militaire*, 1900, 349).
2. Ainsi les 32ᵉ, 55ᵉ, 1 bataillon du 40ᵉ et 2 pelotons du 7ᵉ dragons sont employés à une reconnaissance sur Lauterbach, qui aboutit à la saisie d'*une boîte aux lettres* (Historique du 2ᵉ corps, *ibid.*, 1899, 449).
3. Lettres aux généraux Bataille et Aymard citées, *ibid.*, 637.
4. Historique du 5ᵉ corps, *ibid.*, 1899, 236; rapport du général Nicolas, général de Wimpffen, *Sedan*, 344.
5. Journal de marche de la garde, *Revue militaire*, 1900, 449 et suiv.

ment l'état-major du 1ᵉʳ corps. Le maréchal de Mac-Mahon croit devoir diriger aussitôt la division Ducrot sur Frœschwiller[1]. Elle se mettra en marche les 26 et 27. Dès son arrivée, le général fera occuper par un régiment Lembach, Climbach, le col du Pigeonnier et la route de Pfaffenbronn, qui conduit de Lembach à Soultz. De plus, le 3ᵉ hussards ira de Brumath à Soultz ; le 2ᵉ lanciers, de Haguenau à Hatten ; le 11ᵉ chasseurs, de Brumath à Haguenau, Bischwiller et Soufflenheim. Les deux premiers régiments surveilleront la frontière, de Wissembourg à Lauterbourg, et le Rhin, de Lauterbourg à Seltz ; le 11ᵉ chasseurs observera le fleuve, de Seltz à Gambsheim. Les 3ᵉ hussards et 2ᵉ lanciers sont placés sous les ordres du général Ducrot[2].

Il est difficile de ne pas voir dans ces dispositions l'influence du mémoire du général Frossard dont nous avons parlé[3]. Sous son inspiration, près de moitié du 1ᵉʳ corps — deux divisions d'infanterie et trois régiments de cavalerie — va être répartie de Frœschwiller au Rhin, vers Gambsheim, environ 31 kilomètres, et de Haguenau à la frontière (27 kilomètres). Cette dissémination, déjà très grande, sera encore accrue les jours suivants. Elle ne répond à aucune idée stratégique, car si Haguenau est un important nœud de communications, Frœschwiller n'a aucune valeur à ce point de vue. La division Ducrot n'y gardera même pas la voie ferrée de Haguenau à Sarreguemines. Elle sera trop loin du général Douay pour le soutenir efficacement. Enfin, les trois régiments de cavalerie répartis autour de la forêt de Haguenau ne constituent qu'une couverture illusoire.

---

1. Ordre verbal donné dans la nuit du 25 au 26 (*Vie militaire du général Ducrot*, II, 346).
2. Journal de marche du 1ᵉʳ corps, *Revue militaire*, 1899, 102 ; le régiment détaché doit occuper Lembach, Climbach et le col du Pigeonnier « par trois compagnies ».
3. Voir *suprà*, p. 199.

I

DU 26 AU 27 JUILLET

Le 26 juillet. — Renseignements sur l'ennemi. — Offensive projetée. — Le 27 juillet. Nouveaux renseignements.

Le 26 juillet, les nouvelles de l'ennemi affluent, exactes en général : « Les troupes du Sud, prêtes à entrer en campagne, sous le commandement du prince royal, sont : deux corps prussiens, aile droite ; deux corps bavarois, deux parcs d'artillerie, la division de réserve wurtembergeoise et badoise, total : 160,000 hommes. L'armée du centre, qui comprend le corps saxon et des fractions du IIe corps, compte, dans la partie inférieure du Rhin, 290,000 hommes. Les troupes sur le Rhin, de Rastatt à Cologne, se montent donc à environ 450,000 hommes. Mayence, devenue dépôt central, est, à l'heure qu'il est, complètement armée ; six divisions de cavalerie de ligne... ont été formées... Trois corps d'armée sont désignés pour l'armée des côtes et pour la réserve... On pense que les Français s'avanceront sur le Rhin, et l'on ne s'opposera à leurs mouvements que lorsque les forces principales seront réunies[1]... »

De même, le général Frossard télégraphie : « 60,000 hommes au moins seraient dirigés de Cologne sur Trèves et le pays derrière la Sarre. Ils y arriveront aujourd'hui... » Ce renseignement est transmis à l'empereur, et le major général écrit en marge : « Sans considérer cette nouvelle comme certaine, je crois nécessaire de prendre l'offensive le plus tôt possible[2]. »

---

[1]. La *Revue militaire*, 1900, 646, ne précise pas l'origine de ces renseignements.
[2]. *Ibid.* — D'autre part, on résume ainsi les emplacements du VIIIe corps prussien : Saint-Wendel et Tholey, 1 division d'infanterie, 1 brigade de cavalerie ; Ottweiler et Lebach, 1 brigade d'infanterie ; entre Sarrelouis et Sarrebruck, 1 brigade d'infanterie et 1 brigade de cavalerie.

Du Palatinat et du pays de Bade, les nouvelles sont plus vagues : il y aurait « un camp bavarois » à Homburg ; à Kaiserslautern, « une concentration de Badois et de Bavarois ». Des rassemblements prussiens se formeraient à Landau, depuis le 24 au matin, avec une avant-garde à Schweigen. « De Bâle à la hauteur de Rastatt, les têtes et débouchés des vallées seraient occupés par des avant-gardes de l'armée du prince royal. Des forces prussiennes semblent se masser à Karlsruhe et à Rastatt. Des avis indiquent que le XIe corps prussien serait à Trèves[1]. »

De Strasbourg, le capitaine Jung annonce que l'état-major de la division badoise compte sur l'extension de notre front d'opérations, de Luxembourg à la Forêt-Noire. Dans ces conditions, « les troupes massées de Mayence à Rastatt nous couperaient et nous prendraient à revers[2] ».

Bien que ces derniers renseignements soient inexacts pour la plupart, ils ont naturellement leur répercussion sur les dispositions prises : « Montrez votre cavalerie, télégraphie Le Bœuf aux commandants des cinq premiers corps d'armée ; il faut qu'elle nous éclaire au loin sur toute la ligne de la Sarre. Qu'elle ne craigne pas de s'avancer au delà de la frontière, en prenant les précautions et mesures de prudence nécessaires, pour ne pas se compromettre. Qu'ils (*sic*) vous adressent des rapports sur ce qu'ils auront reconnu. Rendez-moi compte[3]. » De même, Frossard écrit au général Bataille : « Je trouve que vous ne faites pas assez de reconnaissances. Vous avez à votre disposition une brigade de cavalerie légère et vous ne la montrez pas assez. » Au 4e corps, le général de Cissey pousse trois escadrons, appuyés par un bataillon, en pays ennemi, sur Perl, Borg

---

1. *Revue militaire*, 1900, 657, d'après l'enregistrement des bulletins du service des renseignements.
2. *Ibid.*, Lettre du capitaine Jung. — Une lettre du général Ducrot à sa femme, 26 juillet, contient ce passage : « Nos adversaires se tiennent toujours sur la défensive et nous attendent avec une certaine anxiété » (Y. K., *La sortie de la Marne, 30 novembre 1870*, 16).
3. *Revue militaire*, 1900, 637, télégramme du 26 juillet, 11^h 35 matin ; général Fay, 26.

et Eft. A son compte rendu, le général de Ladmirault répond en recommandant « la prudence », comme l'a fait Le Bœuf[1]. Singulière façon de rendre notre cavalerie plus entreprenante !

Le major général a parcouru la partie ouest de la frontière et vu trois de nos corps d'armée, les 2e, 4e et 5e. De sa visite au 4e corps, il rapporte une impression favorable ; l'état moral et matériel est très bon, l'esprit excellent « comme partout ». Mais là, de même qu'ailleurs, les services administratifs sont très incomplets ; « on ne peut espérer d'avoir tous ses moyens réguliers avant la fin du mois ». Le maréchal a dû prescrire de réunir des convois auxiliaires, pour que les troupes puissent entrer plus vite en campagne[2].

Cette pensée de hâter l'offensive de l'armée perce à plusieurs reprises dans la correspondance du major général. Il presse le maréchal Bazaine d'user largement de son initiative pour mettre le 3e corps en état de marcher. Il lui rappelle que, « jusqu'à l'arrivée de l'empereur, les quatre corps d'armée placés dans cette partie de la frontière » sont sous ses ordres. Ces grandes unités occupent des emplacements qui paraissent répondre à toutes les éventualités, « en attendant que l'on prenne une offensive générale, ce qui ne peut tarder[3] ». Le soir même, il revient sur ce thème : « Notre immobilité donne confiance à l'ennemi, et Mac-Mahon doit avoir en ce moment une petite affaire à Seltz ; il est temps de prendre l'offensive.

« Tenez-vous donc prêt, pour samedi ou dimanche (30 ou 31 juillet). » Ainsi, le major général voit nettement la

---

1. Télégramme du général de Cissey et réponse du général de Ladmirault, *Revue militaire*, 1900, 638.
2. Télégrammes à l'empereur et au maréchal Bazaine, 26 juillet, *ibid.*, 632.
— Le nombre des voitures de réquisition constituant le train auxiliaire varie de 400 pour la garde à 720 pour le 2e corps. Il y en a, de plus, 300 pour le grand quartier général et 250 pour la réserve de cavalerie (État au 30 juillet, *Revue d'histoire*, 1er S. 1901, 135 ; *Revue militaire*, 1900, 851, 861 et *passim*). Le total des voitures reçues ou attendues au 30 juillet, sans les 1er, 6e, 7e corps, dépasse 4,072.
3. Télégramme au maréchal Bazaine, 26 juillet, *ibid.*, 633.

nécessité d'une prompte offensive ; ce qui l'arrête est uniquement notre défaut de préparation, les difficultés et les lenteurs qu'il entraîne.

Au 3ᵉ corps, le 3ᵉ division (Metman) quitte Metz pour occuper Gommelange, Bettange et Valmunster. La 1ʳᵉ (Montaudon) est à Boucheporn, se reliant au 4ᵉ corps, dont une fraction est à Bouzonville, et au 2ᵉ, encore à Saint-Avold[1].

Ce dernier corps d'armée continue le système de reconnaissances qu'il a employé jusque-là, et dont le plus clair résultat est de lasser les troupes. Il y consacre des effectifs trop considérables, surtout en infanterie, et les lance à une heure quelconque, sans objectif précis. Ainsi, le 26, à 4 heures du soir, tout le 76ᵉ de ligne va reconnaître « la route de Sarrelouis », naturellement avec un résultat nul.

Devant les emplacements du 5ᵉ corps, des partis ennemis se montrent à Bliesbrücken, où ils tentent de couper la voie ferrée ; le 61ᵉ, qui est à la ferme de Wising, reçoit l'ordre d'y porter un bataillon « et de rester sous les armes toute la nuit », précaution assurément exagérée devant quelques cavaliers[2].

Dans la soirée, la brigade Lapasset part inopinément pour aller fermer « une trouée » entre les 2ᵉ et 5ᵉ corps. Elle s'établit au bivouac à Grossbliederstroff, à 9 kilomètres vers l'ouest de Sarreguemines, et à 14 de Sarrebruck[3].

La 1ʳᵉ division de la garde termine son mouvement sur Metz « dans d'assez bonnes conditions, après deux marches pénibles, mais sans incident grave[4] ».

En Alsace, la 1ʳᵉ brigade du général Ducrot arrive à Haguenau dans la matinée. L'après-midi, quelques reconnaissances allemandes, dont l'une traverse Lauterbourg pen-

---

1. *L'armée du Rhin*, 19 ; général Montaudon, II, 65.
2. Télégrammes aux maréchaux de Mac-Mahon et Bazaine, 26 juillet, Historique du 5ᵉ corps, *Revue militaire*, 1899, 239.
3. *Le général Lapasset*, II, 113. — L'historique du corps d'armée ne mentionne pas ce mouvement.
4. Télégramme du général Deligny à Bourbaki, 26 juillet, 9ʰ 10 soir, *Revue militaire*, 1900, 634.

dant que l'autre menace Wissembourg, suffisent pour jeter dans la population, même dans une partie des troupes, une sorte de panique. Ducrot dirige de suite deux bataillons sur Reichshoffen et un autre sur Seltz, en soutien de la cavalerie qui occupe ces deux points [1].

Cet incident montre déjà quel ascendant la cavalerie ennemie a su prendre sur la nôtre, combien la confiance est atteinte chez nous. Il conduit le maréchal de Mac-Mahon à mettre le général Douay sous les ordres de Ducrot, afin d'assurer « l'unité de la défense du côté du nord [2] ».

Dans la journée du 27 juillet, les renseignements affluent, de valeur fort inégale. Ainsi, « un agent très sûr », que le major général a envoyé à Trèves, signale la présence de « 50,000 à 60,000 hommes dans les provinces rhénanes, pour défendre le passage de la Sarre ». Le pays est ruiné. « L'ennemi y vit très difficilement et y souffre assez pour qu'il ait été question d'abandonner les provinces... Les réservistes commencent à arriver en grand nombre aux corps de la Sarre.

---

1. Journal de marche du 1er corps, *Revue militaire*, 1899, 103 ; télégramme du maréchal de Mac-Mahon, 27 juillet, *ibid.*, 1900, 639. — Voir dans A. Duquet, *Frœschwiller, Châlons, Sedan*, 15, plusieurs télégrammes de l'inspecteur du chemin de fer : « Je rentre à l'instant à Haguenau avec le détachement en reconnaissance à Gundershoffen. Recevons dépêche de Reichshoffen ainsi conçue : « Faites revenir les troupes immédiatement ; les Prussiens arrivent. » — « Reichshoffen envahi par deux régiments prussiens. Je retiens le train S par ordre du général commandant. Deux bataillons de chasseurs partent pour Niederbronn. » — Télégramme du maréchal de Mac-Mahon au capitaine Bosson à Reichshoffen : « Le général de Bernis mande à la même heure que vous que les gares de Gundershoffen et de Reichshoffen sont détruites. Vous me dites que c'est une panique. Mandez-moi immédiatement ce qu'il en est... » — Le 27, le général Ducrot écrit à sa femme : « Nos hommes sont pleins d'ardeur et de confiance ; mon 1er zouaves est magnifique ; si tu l'avais vu défiler hier devant moi, au moment de son arrivée, après une marche pénible, tu aurais été satisfaite » (Y. K., *La sortie de la Marne, 30 novembre 1870*, 16). — Le 1er bataillon du 50e a été dirigé sur Soultz ; les deux autres sont à Oberbetschdorf (Colonel de Ponchalon, Souvenirs de guerre, *France militaire*, 24 décembre 1892).

2. Télégramme du maréchal de Mac-Mahon, 27 juillet, *Revue militaire*, 1900, 639. — Le mouvement de Ducrot ne doit être terminé que le 28 (Télégramme du maréchal, 26 juillet, 9h 45, *ibid.*, 634). L'alerte du 27 fut causée par 2 compagnies, l'une bavaroise et l'autre badoise, avec 1 escadron badois, qui pénétrèrent dans Lauterbourg, y firent des réquisitions et coupèrent le télégraphe (*État-major prussien*, I, 100).

« La concentration principale... est à Mayence[1]. »

Le général Frossard admet que les VIIe et VIIIe corps sont en marche vers la Sarre, tandis que la concentration principale s'opère entre Neunkirchen et Saint-Wendel. Il croit que Sarrebruck va être plus fortement occupé, que l'ennemi s'y consolidera « par des ouvrages et un armement », sur les hauteurs au sud. L'officier du génie perce dans cette phrase.

Le général y ajoute une suggestion beaucoup mieux justifiée : « Nous sommes quatre corps d'armée établis depuis Sarreguemines jusque vers Sierck. Nous nous relions bien les uns aux autres pour une action commune de défensive; mais, pour l'offensive, il me semble qu'aucune indication ne nous guide encore, de manière à nous permettre de diriger nos études dans tel ou tel sens[2]. »

De Thionville viennent des renseignements dont la plupart sont entièrement faux : il y aurait de Trèves à Sarrebruck plus de 32,000 hommes : un corps d'armée à Sarrebruck, 25,000 hommes; 3,000 à Sarrelouis, 4,000 disséminés sur la Sarre, 600 à Trèves. De nombreuses troupes seraient en marche par l'Eifel, vers Conz et la frontière. Un mouvement général aurait lieu vers Saint-Wendel, Homburg, Neunkirchen et le bassin de la Sarre[3].

Enfin, le général Lebrun résume ainsi nos données sur l'ennemi : une division d'infanterie et une brigade de cavalerie à Saint-Wendel et Tholey; une brigade d'infanterie à Ottweiler et Lebach; une autre à Sarrelouis et Sarrebruck; une brigade de cavalerie entre ces deux villes. « Peu de monde à Trèves et à Conz. » Les corps d'armée de l'est commencent à se concentrer sur le Rhin, surtout vers Mayence et Francfort. Un camp considérable aurait été vu sur les hauteurs entourant Homburg; enfin, une concentration de

---

1. Télégramme chiffré du major général à l'empereur, 27 juillet, 11 heures (?), *Revue militaire*, 1900, 648.
2. Lettre autographe au maréchal Le Bœuf, 27 juillet, *ibid.*, 649.
3. Lettre de Bazaine au général Frossard, 27 juillet, *ibid.*, 649. — D'une lettre de Bazaine au général de Ladmirault, même date, il résulte que *le maréchal n'est pas en communication télégraphique avec Metz* (*ibid.*).

troupes nombreuses s'opère à Dudweiler, entre Sarrebruck et Neunkirchen[1].

C'est au *Gaulois* du 27 juillet que notre service des renseignements emprunte ses données premières sur le haut commandement ennemi. On sait ainsi quels sont les commandants des troupes des côtes, des Ire, IIe, IIIe armées[2].

De ces nouvelles contradictoires l'empereur dégage des sujets d'inquiétude. Aussi jugerait-il nécessaire de rapprocher le 7e corps du 1er et même de l'amener à Strasbourg. Le maréchal de Mac-Mahon se porterait à Haguenau, tandis que « Neufbrisach et Belfort seraient occupés par la garde mobile », c'est-à-dire par des troupes dont la valeur est purement nominale. Le major général en fait ressortir l'impossibilité. Mac-Mahon pourra appeler à lui la division Conseil-Dumesnil, qui est à Colmar; mais il faut que la ligne de Lyon à Strasbourg soit gardée, et la garde mobile en est incapable[3].

Au 4e corps, le matériel de campement est encore si incomplet, que des bataillons entiers (2e et 3e du 1er de ligne), des régiments même (15e de ligne) n'ont pas de tentes-abris. Les divisions continuent leur concentration, la 1re vers Kœnigsmacher et Sierck, la 2e sur les glacis de Thionville, la 3e vers Kédange et Bouzonville. Une partie de leur artillerie manque encore[4].

Au 3e et surtout au 2e corps, la journée est consacrée à de nombreuses reconnaissances, exécutées avec un effectif

---

1. Note du 27 juillet au général Bourbaki, 5 heures soir, *Revue militaire*, 1900, 652. — Il y aurait 20,000 hommes à Homburg et autant à Dudweiler.
2. *Ibid.*, 651.
3. Télégramme de l'empereur, 9^h 30 matin et réponse du major général, 27 juillet, *ibid.*, 634; général Fay, 32; général Lebrun, *Souvenirs militaires*, 197. — Le même jour, un décret appelle le contingent de 1869 (90,000 hommes). Celui de 1870 est porté à 140,000 hommes. Les départements de la Moselle, du Haut et du Bas-Rhin sont mis en état de siège (Journal de marche de l'état-major général, *Revue militaire*, 1900, 635). En réalité, le contingent de 1869 a été porté à 140,000 hommes (*Journal officiel* du 18 juillet, 1261).
4. Journal de marche du 4e corps, *ibid.*, 351; Historique du 2e hussards, 179. — L'effectif du corps d'armée est de 26,080 hommes au 28 juillet, et de 26,725 au 29 (*Revue militaire*, 1900, 950, télégramme au major général, 29 juillet, 2^h 25 soir).

beaucoup trop considérable. Elles aboutissent, sur plusieurs points, à des escarmouches, sans nous apprendre rien de positif sur les emplacements, les forces et les intentions de l'adversaire [1]. Le 5º corps dirige en territoire ennemi deux groupes, chacun de deux escadrons (5º hussards et 3º lanciers), qui poussent l'un vers Bliesranschbach, l'autre jusqu'à Bebelsheim, à 8 kilomètres au plus de Sarreguemines. Cinq bataillons sont mis en mouvement pour les appuyer [2]. De plus, le général de Failly fait jeter deux ponts de circonstance, l'un sur la Sarre, en amont de Sarreguemines, l'autre sur la Blies, près de son confluent, afin de faciliter notre débouché éventuel en territoire allemand. Entre lui et le commandant du 1er corps, des tiraillements se produisent, suite d'un commandement mal défini. Le maréchal de Mac-Mahon déduit d'un rapport de sa cavalerie qu'un corps ennemi a traversé Lauterbourg, pour s'avancer dans l'intérieur du pays. Il a dirigé sur Reichshoffen la division Ducrot et demande que le général Guyot de Lespart, qui est à Bitche, se tienne en relations avec elle par Sturzelbronn et Neunhofen. Le major général décide que le 5º corps occupera ces deux points, en reliant la droite de ses avant-postes à la gauche de ceux de Ducrot [3]. Au contraire, le général de Failly estime Neunhofen trop loin de Bitche, pour que la division de Lespart puisse l'occuper. Il n'est même pas d'avis de tenir en permanence Sturzelbronn, et prescrit d'y faire passer deux fois par jour des reconnaissances de cavalerie. Quant au général de Bernis, encore à Niederbronn avec le 12º chasseurs, il n'en partira qu'après l'arrivée à Reichshoffen du général Ducrot [4].

---

1. Dépêche du maréchal Bazaine, au général de Failly, 27 juillet, Historique du 5º corps, *Revue militaire*, 1899, 285 ; Historique du 2º corps, *ibid.*, 1900, 104 ; lieutenant de Saint-Just, *Historique du 5º dragons*, 335.
2. Historique du 5º corps, ordre pour la reconnaissance du 27 (*Revue militaire*, 1899, 242). — L'historique est muet sur les résultats de cette double reconnaissance. Le même document (*Ibid.*, 283) signale l'arrivée de *six* batteries de mitrailleuses. Or, il n'y en a que 3 pour tout le corps d'armée.
3. Télégramme de Bazaine à Mac-Mahon et au général de Failly, 27 juillet, 10ʰ 15 soir, Bazaine, *Épisodes*, 9-10 ; *L'armée du Rhin*, 257.
4. Télégrammes au général Guyot de Lespart, au général Ducrot, au maré-

En Alsace, des bruits de concentration ennemie ont couru le 26 juillet. Le général Ducrot reçoit du maréchal l'ordre de garnir et de surveiller la frontière de Wissembourg à Seltz, par Lauterbourg, tout en se reliant au 5ᵉ corps. Aussi place-t-il, le 27, sa 1ʳᵉ brigade entre Wœrth et Frœschwiller, avec un bataillon à Gunstett. La 2ᵉ est transportée, par voie ferrée, à Reichshoffen. Il manque encore sept batteries sur vingt au 1ᵉʳ corps[1].

---

chal de Mac-Mahon, 27 juillet, Historique du 5ᵉ corps, *Revue militaire*, 1893, 284-285. — L'effectif des troupes de Sarreguemines est de 16,000 hommes et 3,700 chevaux, sans la 3ᵉ division à Bitche, le 84ᵉ, à Phalsbourg et Bitche, le 12ᵉ chasseurs, à Niederbronn.

1. Le Journal de marche du 1ᵉʳ corps, *ibid.*, 103, porte le quartier général du 5ᵉ corps à Bitche. Or, il est à Sarreguemines depuis le 24; voir le télégramme de Bazaine au général de Failly, 27 juillet, 10ʰ 15 soir, déjà cité.

V

LE 28 JUILLET

L'empereur à Metz. — Sa proclamation à l'armée. — Le 28 juillet. — Ducrot en Alsace.

C'est le 28 juillet, à 10 heures du matin, que l'empereur quitte le palais de Saint-Cloud, pour se rendre à Metz, avec son fils. Depuis les premiers jours du mois, il est passé par une foule d'impressions contradictoires. Parfois il semble plein de confiance, mais, d'ordinaire, il est sous le coup de sombres pressentiments. On remarque ses allusions à la longueur probable, aux difficultés de la guerre, ses ordres concernant les fortifications de Paris et de nouveaux ouvrages à y entreprendre. Certain jour, on observe sur ses traits l'expression qu'ils avaient aux plus mauvaises heures de l'expédition du Mexique. A d'autres moments, on est surpris de l'entendre rappeler et même de lui voir imiter quelques-unes des dispositions de Napoléon Ier en 1815. Tout indique que, le 28 juillet, à l'instant où il s'embarque au parc de Saint-Cloud, c'est avec de funèbres pressentiments qu'il quitte la résidence impériale. Il gagne ensuite la ligne de l'Est par le chemin de fer de Ceinture, car il veut éviter de traverser Paris, dont il redoute de surexciter la fiévreuse émotion. « Nous avons entendu raconter en détail ce départ d'un palais qui devait être bientôt incendié… Il nous a été donné d'entrevoir l'attitude de plusieurs personnages de cette scène, et surtout une sorte d'abattement fatidique dont parut enveloppé le souverain [1]… »

Le soir, à 7 heures, Napoléon III et son fils sont à Metz.

---

1. *Considérations sur l'histoire du second empire*, 25 (attribué avec toute apparence de raison à M. de Parieu, ministre du Conseil d'État en 1870); *Journal officiel* du 29 juillet, 1341. — M. Ernest Lavisse, qui était présent lors du départ de Saint-Cloud, a bien voulu nous confirmer ce qui précède.

Une proclamation l'annonce à l'armée dans les termes les moins encourageants[1].

L'impression est fâcheuse. On remarque l'inquiétude que laisse percer l'empereur. Ce n'est pas son ton habituel à la veille d'une campagne, celui qu'il prenait en 1859 pour s'adresser à l'armée d'Italie.

Napoléon III s'est rendu à la préfecture où il a établi son quartier impérial. C'est là qu'il entre immédiatement en conférence avec le major général, les deux aides-majors généraux et le maréchal Bazaine, venu de Boulay à sa rencontre. Il est mis au courant de la situation : notre effectif est fort au-dessous des prévisions ; les réservistes arrivent lentement, très souvent dépourvus d'effets de campement ou même de munitions ; le biscuit manque aussi bien que les moyens de transport ; les demandes, les réclamations sont incessantes[2]. Dès lors, l'empereur est contraint d'ajourner l'offensive rêvée. En attendant qu'elle soit possible, il ira le lendemain, 29, à Saint-Avold, pour s'entretenir de la situation avec le général Frossard et voir par lui-même l'état des troupes[3]. Visiblement il est entré dans la période d'incertitudes, d'hésitations, de tâtonnements, qui finira seulement avec les derniers jours de l'empire.

Si l'offensive est ajournée, ce n'est pas que nous en abandonnions encore la pensée. Nous n'imaginons pas la mobilisation de l'ennemi aussi avancée qu'elle l'est. Nous croyons même qu'il sera encore possible de le devancer. Ainsi, à la date du 28 juillet, le maréchal Bazaine prescrit de faire reconnaître les voies qui conduisent de nos bivouacs à la frontière, afin de faciliter notre débouché. Il entend que les troupes fassent des marches militaires, sac au dos, dans cette direction[4].

---

1. Voir *suprà*, 67.
2. *Revue militaire*, 1900, 656, télégramme du major général au ministre : « Le biscuit manque pour marcher en avant. Dirigez, sans retard, sur les magasins de Strasbourg, tout ce que vous avez dans les places de l'intérieur » ; général Fay, 33, etc.
3. *Ibid.*, télégramme du major général à Frossard, 28 juillet, 10ʰ 30 soir.
4. Instruction du 28 juillet. *Ibid.*, 658.

Ce n'est pas seulement le biscuit, les moyens de transport qui manquent; les effectifs sont très incomplets. Le 28 juillet, quatorzième jour de la mobilisation, l'ensemble de l'armée du Rhin compte au plus 200,795 hommes [1].

Dans cette journée du 28, le 4ᵉ corps (1ʳᵉ division) exécute une reconnaissance de Sierck vers Perl. La 3ᵉ division part de Kédange, pour aller s'établir à Colmen, plus près de la frontière, mais dans des emplacements très étendus. Elle est presque déployée en cordon [2].

Au 2ᵉ corps, on multiplie les reconnaissances, comme les jours précédents. On canonne même le terrain de manœuvres de Sarrebruck. Le seul résultat palpable est de nous faire connaître que l'ennemi a son premier campement

---

1. Fait typique, les documents reproduits par la *Revue militaire*, 1900, 658-660, donnent, pour le 28 juillet, des effectifs tout à fait différents : 187,000 hommes, d'après le Journal de marche de l'état-major général, et 200,795 d'après le Tableau de l'effectif au 28 juillet. Ce dernier comprend sans doute les fractions en route pour l'armée. Voici l'analyse de ces deux documents (le second effectif est celui du tableau) :

1ᵉʳ corps (28,000-34,360 hommes) : 1ʳᵉ division, Reichshoffen; 2ᵉ, Haguenau; 3ᵉ et 4ᵉ, Strasbourg.

2ᵉ corps (22,800-23,460 hommes) : 1ʳᵉ division, Saint-Avold; 2ᵉ, Forbach; 3ᵉ, Bening; division de cavalerie, Merlebach.

3ᵉ corps (31,500-31,597 hommes) : 1ʳᵉ division, Boucheporn; 2ᵉ, Teterchen; 3ᵉ, Bettange et Bouzonville; 4ᵉ, Metz.

4ᵉ corps (23,000-26,080 hommes) : 1ʳᵉ et 2ᵉ divisions, Sierck et Thionville; 3ᵉ, Colmen, Filstroff, etc.

5ᵉ corps (23,000-23,000 hommes) : 1ʳᵉ et 2ᵉ divisions, Sarreguemines; 3ᵉ, Bitche; division de cavalerie, Niederbronn et Sarreguemines.

6ᵉ corps (26,000-29,820 hommes) : 1ʳᵉ et 2ᵉ divisions, camp de Châlons; 3ᵉ, Soissons; 4ᵉ, Paris.

7ᵉ corps (9,400-8,400 hommes) : 1ʳᵉ division, Colmar; 2ᵉ, Belfort; 3ᵉ, Lyon; division de cavalerie, Belfort (en réalité, 1 brigade est restée à Lyon).

Garde impériale (20,500-20,548 hommes) : Metz.

Réserve de cavalerie (2,500-3,560 hommes) : 1ʳᵉ et 2ᵉ divisions, Lunéville; 3ᵉ, Pont-à-Mousson.

Les emplacements d'un certain nombre de divisions de cavalerie ne sont pas indiqués. Elles sont stationnées : 1ᵉʳ corps, à Haguenau, Soultz, Brumath; 3ᵉ corps, à Boulay; 4ᵉ corps, à Thionville; 6ᵉ corps, à Paris.

2. 3ᵉ division du 4ᵉ corps (Journal de marche, *Revue militaire*, 1900, 351) : quartier général, Colmen; 1 bataillon du 65ᵉ, Lacroix; 33ᵉ, en avant de Bouzonville, où il doit être relevé par la division Metman du 3ᵉ corps; 2ᵉ bataillon de chasseurs, 54ᵉ et 65ᵉ, entre Filstroff et Halstroff, dont 2 bataillons du 65ᵉ à Halstroff; 15ᵉ de ligne, 1 batterie de mitrailleuses et compagnie du génie, à Kédange. Voir le lieutenant-colonel Rousset, *Le 4ᵉ corps*, 30; *Historique du 2ᵉ hussards*, 179; de Lonlay, II, 337.

PREMIÈRES OPÉRATIONS. 301

important à 6 kilomètres de la frontière, au nord de Ludweiler[1].

Au 5ᵉ corps, le général de Failly donne à la division de Lespart l'ordre d'occuper Sturzelbronn et Neunhofen, comme le voulait le maréchal de Mac-Mahon. Il renouvelle ses réclamations au sujet du campement, qui est en quantité insuffisante. Un régiment est parti de Lyon sans couvertures. Il n'existe pas de bâts pour les cantines d'ambulance qui sont, par suite, inutilisables[2].

La garde impériale termine, le jour même, son mouvement sur Metz. Dès lors, elle est complète, sauf en ce qui concerne les trains et les services[3].

En Alsace, le capitaine Jung résume les renseignements qu'il a recueillis jusqu'au 28 juillet, en annonçant que le nœud de la concentration allemande est à Wiesbaden. D'après lui, les forces de l'ennemi dessineraient un arc de cercle convexe passant par Deux-Ponts, Kaiserslautern, Pirmasens, Bergzabern, Maxau, Karlsruhe ou Rastatt, la Forêt-Noire (le Kniebis) et Würzburg[4]. Le général Ducrot leur prête des emplacements plus rapprochés de la vérité : il y aurait des postes sur la ligne Wörth, Langenkandel, Winden, Bergzabern, Pirmasens, Neu-Hornbach, et, en arrière, un corps de 25,000 à 30,000 hommes entre Landau et Neustadt[5].

Il ignore que le général de Failly s'est décidé à occuper Sturzelbronn et Neunhofen. Dès lors, il trouve sa gauche très en l'air et renonce à tenir le col du Pigeonnier, pour se garder vers Niederbronn et Philippsbourg. Sa ligne d'a-

---

1. Historique du 2ᵉ corps, *Revue militaire*, 1900, 106. — Le bulletin de renseignements de l'état-major général, pour le 28 juillet, porte confirmation de la concentration de 26,000 Allemands à 5 kilomètres au nord de Sarrebruck, du côté de Dudweiler (*Ibid.*, 290, Historique du 5ᵉ corps); *État-major prussien*, I, 98).
2. Historique du 5ᵉ corps, *Revue militaire*, 1900, 287 et suiv., télégrammes du général de Failly au major général, au général de Lespart; télégrammes du maréchal Bazaine.
3. Journal de marche, *ibid.*, 1900, 451.
4. Lettre du 28 juillet, *ibid.*, 651.
5. *Ibid.*, 1036, renseignements datés du 28 à 11ʰ35.

vant-postes passe par Frœschwiller, Neehwiller, Jägerthal et Niederbronn[1].

Nous avons dit que l'empereur voudrait rapprocher le 7ᵉ corps du 1ᵉʳ. Mais ce mouvement serait prématuré, car la concentration des troupes du général Félix Douay est des plus laborieuses. Arrivé le matin à Belfort, il écrit que, faute de train régulier, il commence l'organisation d'un train auxiliaire. Sa 1ʳᵉ division, à Colmar, ne compte que dix bataillons dépourvus de tentes, avec un matériel insuffisant. Il n'a aucune nouvelle des divisions Liébert, Dumont, de la brigade de cavalerie Ducoulombier[2]. Comment se mouvoir dans de telles conditions?

---

1. Journal de marche, *Revue militaire*, 1899, 104.
2. Dépêche du général Douay, 28 juillet, 1 heure soir, *ibid*, 1900, 657; prince Bibesco, 19.

VI

LE 29 JUILLET

Renseignements sur l'ennemi. — Sa répartition exacte. — Nos emplacements. — Nos effectifs. — Les projets de l'empereur. — Les mouvements du 29 juillet. — Le 1ᵉʳ corps en Alsace.

Les reconnaissances journalières de nos troupes, nombreuses dans certains corps d'armée, ne fournissent que des renseignements insignifiants, tant elles sont mal conduites. Les seules données de quelque valeur nous viennent de l'espionnage et des journaux. Encore sont-elles très vagues. Ainsi le bulletin du grand quartier général signale un mouvement actif du Rhin vers la Sarre, qui coïncide avec l'arrivée du roi de Prusse à Coblenz; celui du 2ᵉ corps mentionne la même activité, concordant avec « ce que l'on dit » d'une grande concentration en arrière de Sarrebruck et de Sarrelouis, jusqu'à Ottweiler et Saint-Wendel, où seraient les gros rassemblements. Le général de Failly annonce de même que le VIIIᵉ corps est concentré à Lebach. De Luxembourg on confirme que les Prussiens ont commencé leur mouvement vers Sarrebruck; un déserteur de Sarrelouis signale des forces considérables rassemblées derrière la Sarre, entre ces deux villes; un espion, qui donne le même renseignement, les évalue à 200,000 hommes. Enfin, le commissaire spécial de Thionville apprend à 5 heures du soir que toutes les troupes restées autour de Conz se dirigent en ce moment sur Sarrebruck[1]. Cet ensemble indique une concentration au nord de cette ville, en vue d'une offensive sans doute prochaine, si l'on en juge par la campagne de 1866.

---

1. *Revue militaire*, 1900, 821 ; Journal de marche de la division de Laveaucoupet, *ibid.*, 852 ; bulletins de renseignements de l'état-major général ; rapport du général Frossard ; bulletins de renseignements du 2ᵉ corps ; rapport du général de Laveaucoupet ; rapport d'un agent de Thionville ; lettre de Luxembourg, etc. (*Ibid.*, 1040 et suiv.).

En Alsace, il y a contradiction entre les divers renseignements recueillis. D'après les uns, une armée considérable se formerait derrière la Forêt-Noire. Le roi de Prusse serait attendu, le 29, à Francfort. De son côté, le capitaine Jung écrit : « ...Il semble résulter de cette série de documents que l'aile gauche de l'armée ennemie se refuse de plus en plus..., que les corps badois ou bavarois sont relégués en arrière, enfin que les masses prussiennes sont concentrées dans un rayon fort rapproché de Coblenz, Mayence et Francfort. Quant aux troupes qui s'appuient à la Forêt-Noire, elles ne seraient, en réalité, qu'un rideau sans importance... Dans ce moment, pour le côté que j'observe, toute l'inquiétude semble se porter sur Landau, Germersheim, Mannheim, Maxau et Rastatt. » Le commissaire spécial de Lauterbourg annonce que, toute la nuit, des Prussiens sont arrivés à Kandel, et qu'un corps important se dirige sur Lauterbourg[1]. Bien que contradictoires, tous ces renseignements indiquent l'existence d'une autre zone de concentration au nord de la Lauter, et permettent de conclure à une offensive prochaine de l'ennemi[2].

De notre côté, le 1er corps, qui s'étend de Strasbourg à Reichshoffen et à Seltz, est tout à fait isolé du 7e, encore réparti de Colmar à Belfort, et dont une grande partie n'a pas quitté Lyon. Le 5e, qui va de Niederbronn à l'ouest de Sarreguemines, le relie insuffisamment à nos troupes de Lorraine, un peu mieux concentrées que les précédentes. Le 2e corps, entre Spicheren et Saint-Avold, le 3e, de Metz à Bouzonville, le 4e, de Thionville à Sierck et à Colmar, sont plus à portée de se soutenir. Derrière eux, la garde et le grand quartier général sont à Metz; le 6e corps, au camp

---

1. *Revue militaire*, 1900, 821 ; bulletins de renseignements du 1er corps et Renseignements généraux (rives du Rhin) datés du 29 juillet, *ibid.*, 1034 et suiv.
2. Le 29 soir, celui-ci est ainsi réparti : VIIe et VIIIe corps, en marche sur Trèves et Hermeskeil ; Ve et XIe, en voie de concentration depuis les 25 et 27 à Landau et Germersheim. Les 27 et 28, la division wurtembergeoise se concentre au nord de Karlsruhe ; la division badoise est déjà au nord de Rastatt ; les Ier et IIe corps bavarois se forment à Spire et Billigheim. Derrière les Ire et IIIe armées, la IIe se concentre en avant de Mayence (*Ibid.*, 1900, 822, d'après le général von Verdy du Vernois, I, 223).

de Châlons, à Soissons et à Paris ; la division de cavalerie de Bonnemains, à Lunéville ; la division de Forton, à Pont-à-Mousson. Les équipages de pont et parcs de corps sont encore à l'intérieur du pays[1], la réserve générale d'artillerie, à Nancy. Le grand parc d'artillerie, qui doit se concentrer à Toul, est en formation dans huit arsenaux, de Douai à Toulouse. Le 1er équipage de pont de réserve s'organise à Toul, le 2e à Strasbourg[2]. L'ensemble de ces forces éparses, auxquelles manquent encore tant d'éléments d'action, représente 200,448 hommes. Encore faut-il comprendre dans ce chiffre des fractions qui n'ont pas encore rejoint la zone de concentration, telles que le 6e corps et partie du 7e[3].

Cette situation ne saurait permettre une offensive immédiate et, de fait, on n'y songe guère. Le major général télégraphie au maréchal de Mac-Mahon : « L'Empereur n'a pas l'intention de vous faire mouvoir avant huit jours. Il compte

---

1. A Besançon (1er corps), à Lunéville (2e), à Metz (3e), à Verdun (4e), à Épinal (5e), à La Fère (6e), à Vesoul (7e), à Versailles (garde). A Lunéville, la division du Barail n'a encore que son chef et quelques officiers ; la division de Forton (Pont-à-Mousson) n'a ni son artillerie, ni quantité de matériel ; la division de Bonnemains n'a pas encore ses deux batteries. Son effectif est de 160 officiers, 2,321 hommes et 2,043 chevaux (*Revue militaire*, 1900, 1015 ; p. 1014, c'est 2,094 hommes et 1,923 chevaux). Celui de la division de Forton est de 158 officiers, 2,080 hommes et 2,066 chevaux.

2. *Ibid.*, 822. — Les emplacements du 1er corps ne sont pas exactement indiqués dans ce document. Il y a lieu de les rectifier d'après l'historique du corps d'armée.

3. Situation sommaire au 29 juillet, d'après la *Revue militaire*, 1900, 832 :

1er corps	34,003 hommes,	6,674 chevaux.
2e corps	23,430 —	4,789 —
3e corps	35,807 —	7,312 —
4e corps	26,080 —	»
5e corps	15,274 —	3,698 —
6e corps	29,974 —	1,134 —
7e corps	10,546 —	»
Garde	20,548 —	»
Réserve de cavalerie . . .	4,561 —	3,778 —
Réserve du génie	225 —	56 —
Total	202,448 —	»

Ce document, tiré des Archives historiques, donne lieu aux remarques ci-après : 1° son total est inexact (202,448 au lieu de 200,448, chiffres réels). Ce dernier total serait nécessairement faux, lui aussi, puisque le 28, l'effectif total est déjà de 200,795 (*Revue militaire*, 1900, 660) ; 2° le 1er corps est porté à 34,003 hommes (34,360 au 28 juillet) ; 3° le 5e corps, à 15,274 (23,000 au 18 juillet) ; 4° la réserve générale d'artillerie n'est pas mentionnée.

sur vous pour continuer à éclairer la frontière... » Il est bien loin de croire la concentration allemande aussi avancée qu'elle l'est en réalité, et s'imagine avoir le temps de prendre un parti [1].

La journée du 29 juillet est donc à peu près perdue pour l'armée. Au 4º corps, elle se passe à des mouvements sans signification précise. La 1ʳᵉ brigade, l'artillerie et le génie de la 2ᵉ division s'établissent autour de Lacroix, sur la route de Kemplich à Monneren, en réserve de la 3ᵉ division, qui est à Colmen, et prêts en même temps à appuyer la 1ʳᵉ à Sierck. Dans la matinée, une reconnaissance prussienne se montre à Waldwisse. Aussitôt le général Berger se porte sur ce point avec trois bataillons, deux escadrons et deux pièces. Naturellement les cavaliers ennemis disparaissent avant son arrivée [2]. Cette échauffourée présage la défensive plutôt que l'offensive rêvée.

Le 3ᵉ corps continue son mouvement vers la frontière. Sa 2ᵉ division est à Teterchen, Hargarten, Falk, Velving, Tromborn, au sud-ouest et à quelques kilomètres de Bouzonville. La 1ʳᵉ brigade de sa 4ᵉ division va de Metz à Boulay [3]. Malgré les fatigues inutiles causées par l'incessant déplacement des bivouacs, les troupes sont magnifiques, dit un témoin oculaire [4].

Le 2ᵉ corps n'opère que des mouvements insignifiants. Les renseignements recueillis montrent l'ennemi tellement en forces au nord de la Sarre, que le général de Laveaucoupet ordonne la formation d'une compagnie mixte d'é-

---

1. Télégramme du 29 juillet, 10ʰ 30 matin, *Revue militaire*, 1900, 841 ; général Frossard, Rapport sur les opérations du 2ᵉ corps, cité *ibid.*, 825.
2. Journal de marche de la brigade Berger, Historiques des 65ᵉ et 54ᵉ de ligne, *Revue d'histoire*, 1ᵉʳ S. 1901, 164 ; Journal de marche du 4ᵉ corps, le général de Ladmirault au major général, les généraux Bellecour et de Lorencez au général de Ladmirault, *Revue militaire*, 1900, 353, 934, 943-947. — Ces divers documents ne concordent pas pour la date et l'heure de cet incident ; le général Berger mit en mouvement les 2ᵉ et 3ᵉ bataillons du 65ᵉ, le 2ᵉ bataillon du 54ᵉ, 2 escadrons du 7ᵉ hussards et 2 pièces de la 10ᵉ batterie du 10ᵉ régiment.
3. Journal de marche de l'état-major général, *ibid.*, 824 ; Journaux de marche du 3ᵉ corps, rapport du général Metman, 29 juillet, *ibid.*, 919 et suiv.
4. *Trois mois à l'armée de Metz*, 22.

claireurs volontaires, afin de « rendre les surprises plus difficiles » dans ce pays couvert et accidenté[1].

Au 5ᵉ corps, le général de Bernis, resté jusqu'alors à Niederbronn, arrive à Bitche avec le 12ᵉ chasseurs. La concentration du corps d'armée s'achève avec peine, en raison du dénuement des troupes, auxquelles manquent quantité d'effets[2]. Sur les instances du général de Failly, le ministre de la guerre prescrit au 84ᵉ de ligne, qui est à Phalsbourg et à Bitche, de rallier la division de L'Abadie d'Aydrein. Mais alors ces deux places vont être entièrement dégarnies[3]. Le major général voudrait y envoyer de la garde mobile. Déjà le général de Failly demande l'armement des populations frontières[4].

Suivant le désir du maréchal de Mac-Mahon, le général de Lespart fait occuper chacun des points de Sturzelbronn et de Neunhofen par trois compagnies du 27ᵉ de ligne (1ᵉʳ bataillon)[5]. Par suite, Ducrot évacue Bœrenthal et Philippsbourg, qu'il avait occupés pour couvrir sa gauche. Bien que son premier acte ait été l'évacuation de Wissembourg et de Lauterbourg, il transmet au maréchal une demande de l'intendance à l'effet de réoccuper la première de ces places, où il existe une manutention, et de « faciliter ainsi

---

1. Journaux de marche du 2ᵉ corps, des divisions Vergé, Bataille, de Laveaucoupet, *Revue militaire*, 1900, 848 et suiv. Le 10ᵉ bataillon de chasseurs va des abords de Bening sur la hauteur de Cocheren, moins une compagnie laissée à Bening ; le 40ᵉ de ligne porte son 3ᵉ bataillon de Bening en avant de Merlebach.
2. Historique du 5ᵉ corps, état des effets nécessaires au corps d'armée, *ibid.*, 1899, 290. Voir *suprà*, p. 176.
3. Le général Crespin au major général, 29 juillet, *ibid.*, 1900, 956.
4. Télégramme au major général, 29 juillet, *ibid.*, 957 ; le major général au maréchal de Mac-Mahon, *ibid.*, 842. Le 4ᵉ bataillon du 96ᵉ de ligne est à Phalsbourg depuis le 28.
5. Le général de Lespart au maréchal de Mac-Mahon et au général Ducrot, 29 juillet, 12ʰ 20 soir. — Emplacements du 5ᵉ corps le 29 :
Quartier général : Sarreguemines.
Division Gorse : Sarreguemines, moins le 61ᵉ de ligne, à la ferme de Wising.
Division de L'Abadie : état-major, Sarreguemines ; 84ᵉ de ligne, Phalsbourg et Bitche ; 49ᵉ, 88ᵉ de ligne, artillerie, génie, Welferding.
Division Guyot de Lespart : Bitche.
Division Brahaut : 5ᵉ hussards, cavalerie divisionnaire ou escortes ; 12ᵉ chasseurs, Bitche ; 3ᵉ lanciers, Neunkirch ; 5ᵉ lanciers, Rohrbach.
Réserves d'artillerie et du génie : Sarreguemines.
Parc d'artillerie : Épinal.   (*Ibid.*, 962).

les distributions de vivres aux troupes de sa division[1] ». Dans la journée du 29, le gros de celle-ci est autour de Reichshoffen, la division Abel Douay à Haguenau, le reste du 1er corps à Strasbourg[2]. Notre service de reconnaissances est si imparfait, que l'état-major de ce corps d'armée arrive aux conclusions suivantes : « Tout indique que les avant-postes ennemis se sont éloignés de la frontière ; le plus rapproché paraît être à Bobenthal[3]. »

Ainsi, deux divisions sont à proximité de la frontière, à Reichshoffen et Haguenau. Le reste du corps d'armée, à Strasbourg, séparé d'elles par plus de 25 kilomètres, est, par suite, hors d'état de les recueillir en cas d'attaque imprévue. Le 7e corps, qui se constitue péniblement dans la Haute-Alsace, est lui-même tout à fait incapable d'intervenir. A Colmar, la division Conseil-Dumesnil n'a que sept bataillons incomplets ; la division Liébert en a un peu plus à Belfort. La cavalerie est représentée par trois régiments et l'artillerie par trois batteries. Le parc est encore à Vesoul[4].

---

1. Souvenirs inédits du maréchal de Mac-Mahon, *Revue d'histoire*, 1er S. 1901, 115. Voir *suprà*, p. 276. — Le général Ducrot fait allusion à cette demande de l'intendance dans *Wissembourg, Réponse du général Ducrot à l'état-major allemand*, 9.

2. *Division Ducrot* : état-major, Reichshoffen ; troupes, Niederbronn, Wœrth.
Division Abel Douay : état-major, 74e, 78e, 1er tirailleurs, artillerie et génie, Haguenau ; 16e bataillon de chasseurs, Seltz ; 50e de ligne, Gunstett, Soultz, Oberbetschdorf.
Division de cavalerie : état-major, brigades Michel et de Nansouty, Brumath ; brigade de Septeuil, Soultz, Bischwiller et Soufflenheim, moins 1 escadron et demi du 11e chasseurs à Seltz (Journal de marche du 1er corps et journal inédit du comte de Leusse, *Revue militaire*, 1900, 833 ; *Revue d'histoire*, 1er S. 1901, 138, d'où il appert que le journal de marche du 1er corps donne des emplacements erronés pour la division Ducrot aux 29 et 30 juillet. Ceux portés ci-dessus ressortent des historiques du corps.

3. Journal de marche du 1er corps, *Revue militaire*, 1900, 833. — Pourtant, au 29 juillet, l'*Historique du 3e hussards*, p. 89, signale, d'après les habitants, « des forces considérables se massant entre Wissembourg et Landau ».

4. *Division Conseil-Dumesnil* : 17e bataillon de chasseurs, 3e et 21e de ligne.
Division Liébert : 5e et 89e de ligne, 8 compagnies du 37e.
Division de cavalerie : 5e hussards (5 escadrons), 4e et 8e lanciers.
Génie : 12e compagnie du 2e régiment.
Artillerie : 3 batteries.
(*Revue militaire*, 1900, 971, télégramme du général Douay au major général, 29 juillet, 2h 55 soir). Un autre télégramme du même (p. 969) mentionne des batteries du 19e qui semblent n'avoir jamais fait partie du 7e corps.

Ces troupes, si incomplètes, « sont très imparfaitement pourvues d'ustensiles et de matériel ». Des bruits vagues annoncent la présence de l'ennemi à Lörrach et à Nollingen. Bien que le général Douay ne l'y croie pas en grande force, il juge très en l'air le dépôt du 45ᵉ à Huningue ; il estime urgent de couvrir Mulhouse et le chemin de fer[1]. Là encore, l'unique, la constante préoccupation est celle de la défensive.

De notre deuxième ligne, la garde impériale est à Metz, à peu près constituée[2] ; le 6ᵉ corps continue son organisation au camp de Châlons. Le major général croit nécessaire de le faire intervenir à bref délai. Il demande au maréchal Canrobert : « Dans combien de jours pourriez-vous vous porter en avant, avec les deux divisions de Châlons, celle de Soissons, votre cavalerie et votre artillerie de réserve ? — La route se ferait probablement à pied. » La réponse est peu encourageante : Les trois divisions réclamées pourront se mettre en marche le 1ᵉʳ août, avec leur artillerie, « mais sans cantines d'ambulances régimentaires, ni ambulances divisionnaires, ni voitures régimentaires » pour celle de Soissons. « L'artillerie, moins son parc de réserve et les réserves divisionnaires de cartouches, pourrait partir le 2 août, mais sans voitures... Nous n'avons ici, continue le maréchal Canrobert, ni série divisionnaire (d'outils de boucher), ni matériel de subsistances, ni biscuit, ni sucre, ni café. Une seule compagnie du train, sur six, est au camp[3]. »

Ainsi, le commandement suprême, aussi bien que les chefs des corps d'armée de première ligne, laissent voir une inquiétude croissante. Ils n'ont sur l'ennemi que des renseignements vagues, mais indiquant, en somme, qu'il est à

---

1. Télégramme au major général, 29 juillet, 7ʰ 20 soir ; *Revue militaire*, 1900, 968.
2. Effectif au 29 juillet : 991 officiers, 19,487 sous-officiers et soldats, 6,383 chevaux (*Ibid.*, 1007) ; 850 hommes des dépôts lui sont envoyés le même jour (*Ibid.*, 1004). Ces chiffres ne concordent pas avec la situation sommaire reproduite *supra*, p. 305.
3. Télégramme au maréchal Canrobert, 29 juillet, 10ʰ 49 matin, et télégramme au major général, 7ʰ 33 soir, *ibid.*, 965.

proximité, en forces considérables. Notre défaut de préparation et ses déplorables conséquences éclatent à tous les yeux. Dès lors, quoi d'étonnant à ce que les intentions de l'empereur, du major général, se modifient entièrement ? Au lieu de prendre hardiment l'offensive, ils hésitent, cherchent des atermoiements, et vont enfin se résigner à subir en plastrons inertes les coups de l'adversaire.

VII

HYPOTHÈSE DE L'OFFENSIVE FRANÇAISE

Renseignements sur l'armée française. — Moltke et la surprise stratégique.
Mesures pour y parer. — Ses résultats probables.

C'est le 24 juillet que commence la concentration des Allemands, le lendemain du jour où leurs premières troupes ont achevé de se mobiliser. Dans l'intervalle, le grand état-major prussien a suivi attentivement les événements en France. Malgré la confusion des nouvelles rapportées par les journaux, la circulation en tous sens des troupes rejoignant la frontière, des réservistes gagnant les dépôts, puis leurs corps, un de ses officiers, le major Krause, parvient à établir un ordre de bataille à peu près exact de l'armée du Rhin. Il est communiqué, dès le 24 juillet, au commandement, et l'on n'a plus à lui apporter que des corrections peu importantes.

On connaît donc à Berlin, à cette date, la concentration du 2e corps à Saint-Avold[1]; celle des 4e, 3e corps et de la garde, à Thionville, Metz, Nancy; du 5e corps, entre Sarreguemines et Bitche; du 1er, à Strasbourg; du 6e, à Châlons, ainsi que de deux divisions à Paris. On n'a d'incertitude qu'au sujet de la formation du 7e corps à Belfort, où l'on croit une division de réserve seulement. On n'est pas mieux fixé en ce qui concerne la réserve de cavalerie, et l'on suppose que les divisions de Paris sont destinées à une diversion par mer. Les noms des commandants de corps d'armée, la force de ceux-ci en infanterie sont bien connus. Il n'y a d'erreurs que pour les commandants de divisions et de brigades, ainsi que pour les numéros des régiments.

On part de cette donnée que nos bataillons ont été mobi-

---

[1]. La capture d'un soldat du 23e de ligne, le 20 juillet, fait connaître la présence, à Forbach, de la division Bataille du 2e corps (von Schell, 11).

lisés à l'effectif moyen de 500 hommes au plus. A dater du 29 juillet, après l'incorporation des réservistes, ils atteindront 700 hommes. La cavalerie ne dépassera pas 500 sabres par régiment[1]. On suppose que la division d'infanterie compte 6,500 hommes et qu'elle en aura 9,100 le 29 juillet. Les 19 divisions des cinq premiers corps et de la garde représenteraient 123,500 hommes d'infanterie (24 juillet) et 162,500, le 29. En y comprenant les troupes de Châlons, Paris et Belfort, ces effectifs s'élèveraient à 172,900 et 227,500 hommes.

En outre, l'examen attentif des mouvements de troupes signalés en France amène à cette conclusion inattendue, que les corps ont été transportés sur la frontière sans avoir reçu leurs réservistes et surtout sans avoir terminé leur mobilisation[2]. Une décision aussi grave ne peut avoir été dictée uniquement par la volonté de troubler la mobilisation prussienne entre la Moselle et le Rhin. Il y faut des motifs plus sérieux. Dès lors, on a toute raison d'admettre que les Français, usant d'une supériorité numérique momentanée, vont jeter toutes leurs forces disponibles dans la province du Rhin et le Palatinat, pour empêcher la concentration allemande sur la rive gauche du Rhin.

Moltke a d'abord refusé de croire à une surprise stratégique. D'après un rapport du major von Waldersee, attaché militaire à Paris, il suppose que les hostilités sérieuses ne commenceront pas avant le 24[3]. C'est le 19 juillet seulement que ses impressions paraissent se mettre à l'unisson de

---

1. *État-major prussien*, I, 88 ; von Schell, 9. — Ces chiffres sont au-dessous de la réalité pour la cavalerie. Ainsi, le 3ᵉ hussards est mobilisé à 626 chevaux ; le 5ᵉ dragons, à 516 (Historiques). Mais nombre de régiments d'infanterie partent pour la frontière avec moins de 1,500 hommes : 50ᵉ de ligne, 1,394 hommes, le 21 juillet ; 32ᵉ de ligne, 1,350 hommes environ, le 16 ; 43ᵉ de ligne, 1,500 hommes, le 20 ; 13ᵉ de ligne, 1,402 hommes, le 22 ; 97ᵉ de ligne, 61 officiers, 1,415 hommes, le 24 (Historiques et Journaux de marche). Voir *suprà*, p. 138, 188.

2. *Moltkes Korrespondenz*, III, I, 137, lettre du 16 juillet au colonel von Wintzendorff, chef d'état-major du VIIIᵉ corps. — Moltke ne croit pas pour cela à une surprise stratégique. Voir, pour nos effectifs réels, les annexes.

3. *Moltkes Korrespondenz*, III, I, nᵒˢ 28 et 29, p. 142.

celles, plus pessimistes, du roi[1]. La déclaration de guerre, que l'on n'attendait pas si tôt, le persuade que nous allons franchir la frontière le 20, négliger le Sud de l'Allemagne, foncer dans le Palatinat et attaquer la IIe armée à Marnheim le 11e jour de la mobilisation, c'est-à-dire le 26 juillet. A cette date, les Prussiens ne pourront concentrer que la moitié environ des IIIe, IVe, XIe corps, avec la 25e division, 60,000 hommes pourvus d'une artillerie insuffisante. La résistance sera impossible ; il faudra se reporter jusqu'à Mayence, où les Français arriveront le 28. Là ils trouveront les IIIe, IVe, IXe corps à peu près complets, 100,000 hommes, et à Germersheim, le XIe corps, les Badois, partie des Wurtembergeois, 50,000 hommes. La disproportion sera moins grande, et l'on disposera d'un point d'appui de premier ordre[2].

Moltke est également amené à étudier le cas où les troupes d'Alsace — qu'il croit consister en le 1er corps et la *division* Douay seulement, avec un effectif d'environ 35,000 hommes — prendraient l'offensive le 25, en même temps que l'armée de Lorraine. Il admet que, les 28 juillet et 1er août, ces deux groupes se heurteraient à des forces su-

---

1. Le roi à la reine Augusta, 17 juillet : « ... D'après les nouvelles de ce soir, il y a déjà des forces considérables rassemblées à Metz et Strasbourg. Nous attendons une invasion par ce dernier point et un passage du Rhin à Worms. Le respect de la neutralité de la Belgique et de la Hollande est très important ; le front du côté de la France est, par suite, très étroit entre Metz et la Suisse... »
Le roi à la reine Augusta, 19 juillet : « ... L'offensive de l'ennemi est à prévoir à chaque minute, car aujourd'hui, après la fête de l'ouverture, M. Lesour (*sic*) a remis au ministre, comte Bismarck, la déclaration de guerre. L'enthousiasme a gagné maintenant aussi le sud de l'Allemagne, mais... il ne renforce et n'améliore pas les troupes... La neutralité de la Belgique et de la Hollande, le Luxembourg inclus, respectée par nous *et* par la France est importante, mais les Français la respecteront-ils longtemps ? Pour la Belgique, peut-être, à cause de l'Angleterre qui commence aussi à armer. L'Autriche donne toujours des réponses indécises et arme. Le Danemark ne souffle mot, n'a déclaré ses intentions de neutralité qu'à la Russie et arme aussi. La Russie seule a non seulement annoncé sa neutralité bienveillante, mais laissé entrevoir plus encore... » (Oncken, 195-196). Autour du roi on craint l'invasion du pays de Bade jusqu'au matin du 3 août (L. Schneider, II, 174).
2. *Moltkes Korrespondenz*, III, I, 144, n° 30, 19 juillet ; confirmation dans le n° 31.

périeures : 35,000 hommes contre 65,000 ; 97,500 contre 176,000[1].

Mais la crainte d'une surprise antérieure est visiblement plus sérieuse. Le 22 juillet, Moltke en rend compte au roi : « Hier les Français n'avaient pas encore franchi la frontière, mais ils peuvent le faire d'un moment à l'autre.

« S'ils prennent aujourd'hui, 7e jour de notre mobilisation, l'offensive avec les 142,000 hommes environ qu'ils ont concentrés, ils pourront atteindre, le 13e jour, les abords de Kirchheimbolanden, à condition de marcher résolument.

« A mettre les choses au pis, ils seront sur le Rhin le 15e jour. » Là ils se heurteront à 170,000 hommes (100,000 concentrés à Mayence, 50,000 à Worms, 20,000 du VIIIe corps à Kreuznach). Ce total suffira, dans tous les cas, pour les arrêter. D'ailleurs, la garde et le Xe corps entreront en ligne à Mayence le 18e jour, ainsi que les Ve et XIIe corps à Worms. Le 1er août, on disposera de 250,000 hommes[2], sans les Bavarois et le VIIe corps, qui pourra agir sur les derrières de l'ennemi.

Il est possible, ajoute Moltke, que les Français retardent encore leur offensive. Ils concentrent 52,000 hommes derrière les corps d'armée prêts à entrer en ligne ; leurs 70,000 réservistes rallient les dépôts le 23, et les corps le 28. Mais il n'est ni certain ni même vraisemblable que les opérations actives soient ainsi ajournées[3].

En tout état de cause et quoique à regret, Moltke propose de débarquer la IIe armée sur le Rhin, ce qui ne l'empêchera pas de porter au delà du fleuve, le 12e jour, deux divisions d'avant-garde, que le reste des troupes suivra plus tard. Cette proposition est aussitôt acceptée. Le 23 juillet, c'est-à-dire avant le début des transports de concentration,

---

1. *Moltkes Korrespondenz*, III, I, nos 32 et 35, 145-151. — Cette hypothèse paraît dictée par le rapport du major von Waldersee dont nous avons parlé. La *Correspondance* ne donne pas la date de sa conception.

2. 30,000 hommes de Kreuznach, 130,000 de Mayence, 90,000 de Worms.

3. Au cas où les Français prendraient l'offensive le 24 juillet, on pourrait leur opposer à Kirchheimbolanden, ou plus avant, 60,000 hommes des IIIe et IVe corps, qui retarderaient leur marche par des combats d'arrière-garde (Rapport au roi, *Moltkes Korrespondenz*, III, I, n° 43, 155).

la II⁰ armée reçoit les nouveaux ordres. Les III⁰ et X⁰ corps, qui utilisent la ligne Cologne, Coblenz, Bingen, débarqueront en ce dernier point, pour cantonner vers Kreuznach et Mayence. La garde et le IV⁰ corps feront de même à Mannheim. Les III⁰ et IV⁰ corps pousseront des avant-gardes au delà de Kreuznach et vers Dürkheim, en les reliant par le 5⁰ dragons, qui s'est porté, dès le 22, de Francfort à Kaiserslautern. Les deux corps d'armée de deuxième ligne, XI⁰ et XII⁰, qui doivent également s'établir à Mayence, sont placés sous les ordres du commandant de la II⁰ armée, en ce qui concerne les cantonnements et les étapes. La 25⁰ division (hessoise) sera, le 25, à Gernsheim et, le 26, à Worms. Enfin, des corps d'armée restés provisoirement à l'intérieur du pays, le I⁰ʳ corps ira par voie ferrée à Berlin, le VI⁰ corps se rassemblera à Görlitz et Breslau. Si l'on doute encore du gouvernement autrichien, on est pleinement rassuré sur les intentions de la Russie [1].

Les opérations vont être sensiblement retardées par ces modifications aux premiers ordres. Au lieu d'être prêtes à l'offensive le 3 août, les trois armées ne le seront guère avant le 7, exception faite pour la III⁰. Si tel est le résultat des simples apparences qui font craindre à l'ennemi une surprise stratégique, que serait-il si cette surprise était réelle ?

La persuasion où est Moltke que nous allons entrer en Allemagne ne lui fait pourtant pas perdre de vue ses projets. Le 24 juillet, il télégraphie qu'il faut conserver en toute circonstance les ponts de chemin de fer sur le Rhin à Mannheim. Leur destruction serait entièrement inopportune [2]. De

---

[1]. *Les Origines*, 386 et suiv.; *État-major prussien*, I, 87-91; *Moltkes Korrespondenz*, III, 1, n° 50, 160. — Moltke revient dans ce télégramme sur la probabilité de voir, au premier jour, des forces importantes traverser la frontière, entre la Moselle et le Rhin. C'est « tout à fait malgré lui » qu'il propose de reporter en arrière la concentration de la II⁰ armée. La proximité de masses françaises, en face desquelles il n'y a rien, inquiète grandement les populations et d'autres encore. Un commandant de corps d'armée du centre propose de porter des troupes à la défense du Rhin (Verdy du Vernois, *Im grossen Hauptquartier*, 41). — La 25⁰ division remplace au IX⁰ corps la 17⁰, composée de contingents des Mecklembourg et des villes hanséatiques, qui doit être employée à la défense des côtes.

[2]. *Moltkes Korrespondenz*, III, 1, n° 57, 166.

même, il prescrit au lieutenant-colonel von Pestel, qui commande à Sarrebruck, de ne détruire, en terre allemande, aucun ouvrage d'art de quelque importance. Au cas d'une retraite, on se bornerait à multiplier les coupures sur les voies ferrées[1]. Il fait connaître aux commandants de corps d'armée à quelle date probable les troupes auront achevé leur concentration[2].

On voit que, pour Moltke et l'état-major prussien, toutes les apparences indiquent une offensive brusquée de notre part. Sur la frontière on partage ce sentiment. Aussi, le prince royal de Prusse juge à propos de couvrir ses centres de

---

1. *Moltkes Korrespondenz*, III, I, n° 59 ; von Schell, 11 ; *État-major prussien*, I, 91₂ — En raison de la situation très exposée du détachement de Sarrebruck, Moltke avait insisté auprès du chef d'état-major du VIIIe corps pour que son commandement fût confié à un officier « avisé et calme » (Lettre du 19 juillet, Cardinal von Widdern, *Kritische Tage*, III, II, 9). Le choix fut d'ailleurs très heureux.

2. *Ire armée*. — VIIe corps : à Trèves, du 31 juillet au 1er août (13e division) et du 1er au 2 août (14e) ;

VIIIe corps : autour de Kirchberg, du 28 au 31 juillet ou, le 2 août, de Sarrelouis à Hermeskeil ;

IIe armée. — IIIe corps : à Bingen, du 25 au 28 juillet ;

X[e] corps : à Bingen, du 29 juillet au 5 août ;

IVe corps : à Mannheim, du 26 au 29 juillet ;

La garde : à Darmstadt ou Mannheim, du 30 juillet au 5 août.

IIIe armée. — XIe corps : du 25 au 27 juillet, à Germersheim et Landau ;

V[e] corps : du 27 juillet au 3 août, à Landau ;

1er corps bavarois, à Spire, le IIe, à Germersheim, prêts à combattre avant le 3 août et à se mettre en mouvement avant le 9 ;

Les Wurtembergeois, concentrés à Karlsruhe, avant le 28 juillet ;

Les Badois, déjà en position au nord de Rastatt.

Réserves. — IXe corps : la 25e division, à Worms, le 26 juillet ; la 18e, à Mayence, du 28 juillet au 2 août ;

XIIe corps : à Mayence, du 27 juillet au 2 août.

Corps restés dans l'Est. — Ier corps : du 27 juillet au 5 août, aux environs de Berlin ;

IIe corps : à Berlin, du 26 au 31 juillet ;

VIe corps : à dater des 25 et 26 juillet, à Görlitz et Breslau ;

17e division : du 26 au 28 juillet, à Hambourg ;

Division de landwehr de la garde : du 28 juillet au 3 août, à Hanovre ;

2e division de landwehr : du 29 juillet au 1er août, à Brême ;

1re et 3e divisions de landwehr, échelonnées, avant le 5 août, sur les voies ferrées (Schneidemühl, Magdeburg, Stettin, Glogau, Posen, Tilsitt) ;

La garnison de Sarrelouis est complète ;

Celle de Mayence le sera le 28 juillet ;

Celle de Cologne, le 1er août ;

Celles des côtes, points menacés, les 29 et 30 juillet.

(*Moltkes Korrespondenz*, III, I, 161, à la date du 23 juillet.)

PREMIÈRES OPÉRATIONS.   317

débarquements (25 juillet). Il prescrit aux Ve et XIe corps prussiens d'occuper des cantonnements resserrés autour de Landau et de Germersheim. Au cas d'une attaque française, ils défendraient énergiquement (*nachhaltig*) la ligne du Kling-Bach. Si nous passons le Rhin à Strasbourg, le XIe corps le traversera à Germersheim, pour renforcer les Badois à Oos. Si, au contraire, comme il est à croire, notre offensive se produit sur la rive gauche du fleuve, les divisions badoise et wurtembergeoise s'y porteront par Maxau et Germersheim, pour border le Kling-Bach. Si les corps bavarois ne sont pas encore disponibles, le grand état-major compte utiliser, comme renfort, le IVe corps prussien, dont le débarquement a commencé à Mannheim[1].

Il sait que nos troupes de Colmar et de Belfort sont loin d'être prêtes à marcher; que le 1er corps a deux divisions à Strasbourg et deux échelonnées le long du chemin de fer par Brumath. Tous les rapports d'avant-postes venant du sud du Palatinat concordent à signaler des mouvements de troupes de Bitche vers Wissembourg et le Bien-Wald, ainsi que l'occupation de Hornbach, de Sturzelbronn et de Schœnau. On assure qu'il y a à Altenstadt un régiment d'infanterie, deux de cavalerie et une batterie[2]. Enfin, les avant-postes badois rendent compte d'un mouvement général de Strasbourg vers la Lauter, sous la direction personnelle du maréchal de Mac-Mahon. Un important matériel de pont serait rassemblé au sud de Lauterbourg. De cet ensemble, faux ou exagéré, on déduit l'imminence d'une offensive française le long du Rhin ou du passage de ce fleuve. Si les 1er et 5e corps se concentrent sur la Lauter, leur ensemble représentera 80,000 hommes.

Tous les rapports font prévoir une attaque pour le 26 juillet. Aussi, le matin de ce jour, le général von Gersdorf rassemble au nord-ouest de Landau les fractions déjà débarquées du XIe corps, dans la prévision de notre débouché

---

1. *État-major prussien*, I, 100.
2. Hornbach et Schœnau, au nord de Volmunster et de Wœrth; Sturzelbronn, à l'est de Bitche; Altenstadt, à l'est de Wissembourg.

par Pirmasens. Vers midi seulement, il apprend que cette alarme n'est pas fondée et renvoie les troupes dans leurs cantonnements[1]. On peut juger par là du désarroi que causerait une attaque véritable.

De son côté, Moltke admet également la possibilité de voir 60,000 Français déboucher d'Alsace par Wissembourg. Dans ce cas, les Badois et les Wurtembergeois rallieraient aussitôt la IIIe armée par Maxau ou Germersheim ; on mettrait en sûreté le pont de Maxau. Si, au contraire, notre attaque avait lieu par la rive droite du Rhin, Badois et Wurtembergeois seraient soutenus en temps opportun à Ettlingen[2].

Malgré notre immobilité, Moltke ne peut admettre que nous ayons ainsi précipité notre concentration, pour rester ensuite inactifs, attendant passivement les coups de l'adversaire. Le 28 juillet, il examine encore la situation au cas où nous passerions la frontière ce même jour. La IIe armée et la réserve se concentreraient sur la ligne Alsenz-Göllheim-Grünstadt, qui, même au prix de marches forcées, ne pourrait être attaquée par nous avant le 5 août. Les Allemands disposeraient alors de 194,000 hommes d'infanterie, dans une position avantageuse, pour nous attaquer au débouché des montagnes[3].

Nous compterions au plus 133,000 hommes d'infanterie[4] et, en outre, à notre droite, les 44,000 hommes d'Alsace. Mais le maréchal de Mac-Mahon a déjà devant lui 77,000 hommes d'infanterie, que 48,000 hommes vont renforcer avant le 5 août. C'est un total de 125,000 hommes, plus que suffisant pour l'arrêter.

A l'aile gauche, le 4e corps pourrait mettre en ligne 27,000

---

1. *Moltkes Korrespondenz*, III, I, n° 62 ; *État-major prussien*, I, 101.
2. *Ibid.*, n° 63, 168, 26 juillet. — Le 27, Moltke prévoit encore le reploiement du pont de Maxau (*Ibid.*, n° 66).
3. Garde, IIIe, IVe, Xe, IXe, XIIe, Ier et moitié du VIe corps. — Ces chiffres ne comprennent que des combattants, contrairement aux nôtres.
4. 3e, 2e, 5e corps, garde. Moltke y ajoute 25,000 hommes de la réserve (Canrobert). Or, à cette date, le 6e corps est encore en formation à l'ouest de l'Argonne.

hommes d'infanterie, qui auraient devant eux les 50,000 fantassins de la IIe armée. Ainsi, d'après Moltke, à la date du 28 juillet, une offensive française n'a plus aucune chance de succès[1]. Il semble qu'en effet le moment soit passé où notre débouché entre la Moselle et le Rhin aurait apporté les plus graves perturbations dans la concentration de nos adversaires. Mais il faut ajouter que, même dût-elle aboutir à un échec, l'offensive n'eût pas eu pour nous de pires conséquences que l'inaction. Elle aurait grandi notre moral aux dépens des Allemands et ralenti leurs opérations du début[2].

Nous avons signalé les tendances à la défensive qui se manifestent, dès les premiers jours, de la part de nos troupes. Vers la fin de juillet, elles deviennent évidentes pour les moins prévenus. L'état-major prussien ne les laisse pas échapper. Nettement orienté sur nos emplacements et nos effectifs[3], il remarque au sud de Sarrebruck un mouvement rétrograde de nos avant-postes. En plusieurs points, nous poussons activement des travaux de campagne, particulièrement sur le plateau de Spicheren. Déserteurs et espions assurent que le manque de vivres se fait déjà sentir parmi nous. Tous nos villages de Forbach à Sarreguemines sont fortement occupés, mais un nombre croissant d'indices trahit un mouvement général de concentration vers notre droite.

---

1. *Moltkes Korrespondenz*, III, 1, n° 71, 171 et suiv. — Vers cette date, l'ennemi n'est pas beaucoup mieux renseigné sur nous que nous sur lui. Voir *ibid.*, 175, la *disposition* résultant des renseignements parvenus, du 27 au 29 juillet, sur l'armée française. On n'est pas encore fixé sur le nombre des divisions du 5e corps; on ne sait rien du 6e, sinon qu'il a pour chef le maréchal Canrobert, pour chef d'état-major le général Henry et qu'il est encore, dit-on, à Châlons. Pour le 7e, la même incertitude subsiste. On paraît croire qu'il se composera de trois divisions de cavalerie et d'une d'infanterie. On amalgame ainsi une partie de ce corps d'armée et les trois divisions de la réserve de cavalerie.

2. Le général Montaudon, II, 209, croit à la possibilité de l'offensive vers la fin de juillet. De même pour Ducrot (*Vie militaire du général Ducrot*, II, 342), le général Todleben (Comte Fleury, La France et la Russie en 1870, d'après les papiers du général Fleury, *Revue de Paris*, 15 décembre 1898, 304), le général Derrécagaix (*La guerre moderne*, I, 505), M. Thiers, *Enquête*, dépositions, I, 12), M. le général Fay, p. 44, etc.

3. *Moltkes Korrespondenz*, III, 1, 175.

On signale des colonnes en marche de Saint-Avold vers l'est; le 5ᵉ dragons prussien s'est heurté, à Breidenbach, à mi-chemin entre Deux-Ponts et Bitche, aux avant-postes d'un fort détachement de toutes armes. Enfin, le 4ᵉ corps paraît être en mouvement de Thionville vers le sud-est; des régiments lui appartenant ont été signalés à Colmen, au nord de Bouzonville. Non seulement on a rétabli les ponts détruits à Sarreguemines, mais on en jette un, puis deux sur la Sarre.

De cet ensemble il est permis de conclure à une concentration sur la ligne Forbach-Bitche[1], qui n'exclurait pas encore une offensive prochaine. Moltke invite la 1ʳᵉ armée à ne pas dépasser provisoirement la ligne Saarburg-Wadern avec le gros de ses forces et à tenir Trèves contre une attaque. Quant au prince Frédéric-Charles, il portera les IIIᵉ et IVᵉ corps sur la ligne Alsenz-Göllheim-Grünstadt, à 45 kilomètres environ au sud-ouest de Mayence, leurs avantgardes plus au sud[2]. De la sorte, la IIᵉ armée sera prête à arrêter une poussée directe de nos troupes, tandis que la Iʳᵉ pourra se jeter dans leur flanc gauche.

En même temps, Moltke fait connaître au commandant de la IIᵉ armée que, le 5 août, les Iᵉʳ et VIᵉ corps auront été transportés par chemin de fer au sud de Mayence. Il le prie de faire évacuer cette zone, aussitôt que possible, par les IXᵉ et XIIᵉ corps[3]. C'est une nouvelle masse de deux corps d'armée qui va devenir disponible contre nous.

---

1. *État-major prussien*, I, 98.
2. *Moltkes Korrespondenz*, III, I, 174, télégrammes au général von Steinmetz et à Frédéric-Charles, 3 heures soir (29 juillet); von Schell, 11 et suiv. Le 28, Steinmetz avait fait part à Frédéric-Charles de son intention de s'en tenir aux instructions générales : « Concentration sur la ligne Merzig-Sarrelouis au 3 août. »
3. *Moltkes Korrespondenz*, III, I, 174, nᵒˢ 75 et 77. — Pour leur transport, ces deux corps font usage des lignes A, C, D, E. Voir *suprà*, p. 261.

VIII

LE 30 JUILLET

Renseignements sur l'ennemi. — Double concentration vers la Sarre. — Dans le Palatinat. — Ducrot et l'occupation de Wissembourg. — Prétendue concentration dans la Forêt-Noire. — Genèse de l'opération sur Sarrebruck. — Ordres pour les 31 juillet et 1er août. — Ordres pour le 2 août. — Les Allemands le 30 juillet.

Déjà les renseignements que nous possédons sur l'ennemi comportent quelque précision. Ainsi le bulletin du grand quartier général indique la répartition des Allemands en trois armées, sous leurs véritables chefs. Mais il place leurs quartiers généraux à Karlsruhe, Mannheim et Kreuznach, en reportant le centre du groupement sensiblement vers l'est. De plus, les corps d'armée y sont très inexactement répartis [1].

Une dépêche « de source sûre » porte que l'ennemi « paraît disposé à prendre l'offensive en dirigeant des forces considérables, à travers le Rhin, dans le Palatinat ». — « Le moment présent semble favorable pour une marche en avant des Français [2]... »

Cette offensive prochaine des Allemands, de nombreux renseignements la confirment des points les plus différents. On signale de grosses concentrations à Coblenz et à

---

[1]. Ire armée ou armée de gauche, prince royal : Garde prussienne, V^e corps, corps badois et wurtembergeois, 1 corps bavarois.
IIe armée ou armée du centre, prince Frédéric-Charles : IIe, IIIe, IVe corps prussiens, XIIe corps (saxon), 1 corps bavarois.
IIIe armée ou armée de droite, général Steinmetz : VIIe, VIIIe corps prussiens, garnison de Mayence, IXe, X^e corps prussiens
Restent les Ier, VIe, XIe corps, la division hessoise, pour lesquels on n'a aucun renseignement. On suppose qu'ils constituent une armée destinée à opérer au nord, sous les ordres du général Vogel von Falkenstein (Bulletin n° 6, 30 juillet, *Revue d'histoire*, 1er S. 1901, 200). — A comparer avec la répartition réelle, *suprà*, p. 258.
[2]. *Ibid.*, 203. — La *source sûre* n'est pas indiquée, mais il semble ressortir d'une annotation portée sur l'original et reproduite par la *Revue* qu'il s'agit d'un renseignement communiqué à l'impératrice et à l'empereur par les Affaires étrangères.

Mayence, vers Dudweiler; il y aurait « plus de 100,000 hommes » dans cette direction. Le général Bataille assure même que « de nombreux travailleurs » élèvent des « retranchements considérables... sur une étendue de 4 à 5 kilomètres » à Dudweiler et de Saint-Ingbert à Sultzbach [1]. Le 3e corps est aussi explicite : on persiste à annoncer l'arrivée, entre Trèves, Wittlich et Conz, de nombreuses troupes venant de Coblenz et de Neuwied ; on a entendu, le 27, un grand mouvement de trains vers Sarrelouis, où il serait arrivé 50,000 hommes. « Le chemin de fer aurait aussi transporté beaucoup de monde du côté de Sarrebruck [2]. »

Au 4e corps, on confirme la concentration, entre Sarrelouis et Sarrebruck, de troupes venant de Trèves et de l'Eifel ; un mouvement simultané se ferait par Birkenfeld [3]. Il est vrai que d'autres rapports présentent la Sarre comme à peu près abandonnée par l'ennemi, Sarrelouis comme « presque sans troupes [4] ». Mais l'ensemble indique une double concentration, d'une part entre Trèves et Sarrebruck, de l'autre au nord-est de cette dernière ville.

En Alsace, les renseignements concordent beaucoup moins. On assure que les « avant-postes ennemis se sont retirés de la frontière », en appuyant vers l'ouest. Le plus avancé serait à Bobenthal, au nord-ouest de Wissembourg. Par contre, il y aurait « un grand rassemblement » dans la Forêt-Noire, vers Neuf-Brisach, tandis que, plus au nord, toutes les troupes autour de Karlsruhe auraient passé le Rhin [5].

D'autres rapports signalent une concentration « à *Lauter-*

---

1. Le ministre au major général, 30 juillet, 6h 24 soir, renvoyant un télégramme à l'adresse du commandant Samuel ; le préfet de Metz au major général, m. d. ; Journal de marche de la 3e division du 2e corps, m. d. ; rapport du général Bataille, m. d. ; Journal de marche du 2e corps, m. d. (*Revue d'histoire*, 1er S. 1901, 204, 144, 206 ; *Revue militaire*, 1900, 108).
2. Bulletin du 3e corps, 30 juillet ; le général Metman au maréchal Bazaine, m. d. (*Revue d'histoire*, 1er S. 1901, 208-210).
3. Bulletin du 4e corps, 30 juillet, 10 heures matin, *ibid.*, 210.
4. Le général de Lorencez au général de Ladmirault, 30 juillet, *ibid.*, 212.
5. Bulletins de renseignements du 1er corps, 30 juillet, *ibid.*, 204 ; Journal de marche du 1er corps, 29 juillet, *Revue militaire*, 1900, 833 ; voir *supra*, p. 304.

bourg, Kandel, Germersheim » ; dans la première de ces villes on craint « une invasion de 20,000 hommes » pour cette nuit [1]. Le général Ducrot demande au maréchal de Mac-Mahon l'autorisation de réoccuper Wissembourg, non pour les motifs invoqués la veille par l'intendance, mais afin de mieux surveiller les mouvements de l'ennemi. Cette autorisation lui est d'ailleurs refusée, pour les raisons qu'il invoquait naguère en faisant évacuer « cette mauvaise petite place [2] ».

Le général Félix Douay envoie des avis plus inquiétants encore : « ... Les renseignements que j'ai recueillis (le 29) semblent indiquer que l'ennemi se dispose à occuper Lörrach et Nollingen.

« J'ai trouvé à Huningue le dépôt du 45e, qui m'y semble fort en l'air... Pour le moment nous serions très vulnérables de ce côté, si l'ennemi devenait entreprenant, car il pourrait faire passer le Rhin, en barques, à quelques détachements, et tenter des entreprises contre notre ligne ferrée..., même la ville de Mulhouse [3]... » Le même jour, on télégraphie à Metz, de l'état-major du 7e corps, que, d'après « un déserteur prussien venu à Colmar..., une armée considérable se

---

1. Renseignements envoyés par le colonel Dastugue, du 11e chasseurs, et par un agent de Lauterbourg, 30 juillet (*Revue d'histoire*, 1er S. 1901, 205).

2. « Le général Ducrot au maréchal de Mac-Mahon, 30 juillet, 5h 05 :
« Voulez-vous m'autoriser à placer 3 compagnies du 96e et 2 escadrons du 2e lanciers à Wissembourg ? Cela nous permettra de mieux surveiller les mouvements de l'ennemi et tiendra ses patrouilles à distance. L'établissement du Pigeonnier (*sic*), où nous nous établirons solidement, donnera toute sécurité à ce détachement. »

« Le maréchal au général Ducrot, m. d., 8h 15 :
« Je ne vois pas de nécessité à mettre de l'infanterie à Wissembourg. J'y vois même un danger, car il résulte des renseignements recueillis par le major général que l'ennemi avait formé le projet d'enlever Wissembourg, s'il avait été occupé. Bornez-vous à envoyer de fréquentes patrouilles de cavalerie à Wissembourg » (Commandant de Chalus, 195).

Les *Souvenirs inédits* du maréchal de Mac-Mahon (*Revue d'histoire*, 1er S. 1901, 115) font allusion à cet échange de dépêches. Le général le passe sous silence dans sa brochure (*Wissembourg*, 9). Il semble imputer la réoccupation de cette place uniquement à l'intendance et au maréchal. Voir *suprà*, 307.

3. Le général F. Douay au major général, 30 juillet, confirmation d'un télégramme du 29, 7h 20 soir (voir *suprà*, p. 309) ; le commandant Loizillon au colonel Lewal, lettre et télégramme, m. d., 5h 40 soir (*Revue d'histoire*, 1er S. 1901, 178-213). La lettre du chef d'escadrons Loizillon est moins affirmative sur la concentration à Lörrach-Nollingen.

forme derrière la Forêt-Noire[1]... ». Ces informations contribuent sans doute à accroître l'indécision de l'empereur, déjà troublé par l'incertitude des nouvelles venant de Vienne et de Florence[2]. D'après le général Lebrun, il a décidé que les opérations actives commenceront « vers le 4 août ». Mais les circonstances l'amènent à modifier ces intentions.

Depuis le 20 juillet, le général Frossard insiste sur la nécessité d'enlever Sarrebruck. Nous tenons déjà Sarreguemines, important point de passage sur la Sarre, débouché d'une bonne route allant vers Deux-Ponts, Kaiserslautern et Mayence. Il serait avantageux d'occuper aussi Sarrebruck, tête d'une ligne ferrée qui se dirige également sur cette grande place et sur Berlin. Le 21, le général Frossard en demande l'autorisation, mais un télégramme du maréchal Le Bœuf lui enjoint de ne pas franchir la Sarre, en le laissant libre de prendre la partie de la ville située au sud de cette rivière. Dans tous les cas, il devra faire reconnaître les gués d'amont et d'aval.

Le 22, autre télégramme du ministre : le général est invité à étudier la possibilité de transformer Sarreguemines en une place de circonstance, où l'on réunirait quantité de vivres et de matériel. Il propose, en effet, la construction de travaux défensifs, mais, dans l'universel désarroi, aucune mesure d'exécution n'est prise[3]. On doit ajouter que le choix de Sarreguemines comme magasin, sur la frontière même, paraît des moins justifiés.

Plusieurs jours se passent ; l'empereur arrive à Metz et trouve la situation tout autre qu'il ne l'imaginait. Il hésite entre diverses solutions. Après avoir penché vers l'attaque sur Sarrelouis[4], préconisée par le maréchal Le Bœuf dans

---

1. Il s'agit d'une colonne mobile aux ordres du colonel von Seubert (1 régiment d'infanterie, 1 escadron et 1 batterie de dépôt), amenée par voie ferrée, le 30, de Plochingen à Donaueschingen, d'où elle marche sur le Rhin par la Forêt-Noire (*État-major prussien*, I, 101).
2. *Les Origines*, p. 371-376.
3. Général Lebrun, 214-217 ; voir *supra*, p. 279.
4. Carnet de notes du général Coffinières de Nordeck, 29 juillet (*Revue d'histoire*, 1er S. 1901, 109).

une lettre au général Frossard (19 juillet)[1], il va, le 29, à Saint-Avold, où il a un entretien avec Bazaine et le commandant du 2ᵉ corps. Sans doute, ce dernier insiste sur l'importance de Sarrebruck, sur les avantages de la « magnifique position » de Cadenbronn, d'où l'on pourrait prendre une offensive énergique, après avoir tenu tête à des forces très supérieures[2]. Le maréchal Bazaine écrit, le lendemain, au général de Ladmirault : « ... J'ai vu hier l'empereur à Saint-Avold ; rien n'est encore arrêté sur les opérations que doit entreprendre l'armée... Il semble cependant que l'on penche vers un mouvement offensif en avant du 2ᵉ corps[3] ... » Mais tout indique une orientation plus nette de la pensée impériale. L'opération sur Sarrebruck est évidemment décidée lors de son entretien du 29 avec Frossard[4].

Le 30, c'est le maréchal de Mac-Mahon qui voit l'empereur. En dépit des renseignements recueillis jusqu'alors, Napoléon III paraît être mal fixé sur les emplacements de l'ennemi, qu'il ne croit pas encore à l'ouest du Rhin. D'autre part, il connaît la situation de l'armée, à laquelle il manque encore une partie de son artillerie, de ses ambulances, de ses trains[5]. Il sait combien ses prévisions ont été déçues en ce qui concerne nos effectifs. Au lieu de 385,000 hommes à opposer aux Allemands, nous en avons 232,216. Encore faut-il y comprendre les 6ᵉ et 7ᵉ corps, tous deux

---

1. *Revue militaire*, 1900, 620 ; voir *suprà*, 271.
2. *Mémoire*, 1ʳᵉ partie, *ibid.*, 742-744. L'hypothèse de l'offensive restreinte sur Sarrebruck est déjà envisagée dans ce mémoire (*Ibid.*, 518).
3. *Revue d'histoire*, 1ᵉʳ S. 1901, 168 ; Bazaine, *L'armée du Rhin*, 258 ; *Épisodes*, 10.
4. Le major général envoie à celui-ci l'ordre télégraphique de porter, le 31, son quartier général à Morsbach. Le général répond que ce mouvement sera opéré « demain » et que « l'opération projetée (dont le major général ne faisait pas mention) pourra être faite après-demain ». Dans la journée, l'empereur télégraphie à Frossard : « Quand croyez-vous être prêt pour l'opération projetée ? » et le commandant du 2ᵉ corps confirme la date du 1ᵉʳ août (Le major général au général Frossard, 30 juillet, 12ʰ 20 matin ; réponse s. i. d. h. ; le major général au général Frossard, 11ʰ 07 matin ; l'empereur au même, 1ʰ 25 soir ; réponse s. i. d. h.). A 6ʰ 15 soir, le général Frossard n'a pas encore reçu les ordres pour le 2 (Télégramme au major général, *Revue d'histoire*, 1ᵉʳ S. 1901, 145-146 ; *ibid.*, 111-113).
5. *Souvenirs inédits* du maréchal de Mac-Mahon, *ibid.*, 107.

encore en formation et incapables d'intervenir pour l'instant. L'avenir apparaît, dès lors, gros de menaces, et l'empereur se voit forcé d'ajourner le passage du Rhin, tout le plan d'opérations offensives qu'il a échafaudé sur de fausses suppositions et dont il perçoit trop tard la difficulté [1].

En outre, l'adversaire grossit vers la Sarre : on le signale marchant en forces de Trèves sur Sarrebruck, se concentrant vers Sarrelouis et Neunkirchen. A défaut de l'offensive rêvée, actuellement impossible, on va se hâter d'enlever Sarrebruck avant que cette opération soit trop difficile. On calmera ainsi les impatiences de l'armée et du pays sans rien compromettre, et l'on pourra attendre d'avoir « une suffisante manifestation des projets de l'ennemi [2] ». Mais on s'imagine, sans raison, que la prise de Sarrebruck sera une opération délicate, et l'on décide d'y faire concourir trois de nos corps d'armée, plus du tiers de nos forces [3] ! Le maréchal Bazaine, les généraux Frossard et de Failly, les généraux commandant l'artillerie et le génie, Soleille et Coffinières de Nordeck, se réuniront, le 31, à 11 heures, au quartier général du 2ᵉ corps, pour « concerter... les dispositions de détail ». L'attaque n'aura lieu que le 2 août [4].

En attendant, l'armée va opérer un mouvement général, dont le but sera de la rapprocher de la frontière, tout en faisant serrer les corps de gauche sur la ligne de Metz à

---

1. *Œuvres posthumes. Autographes inédits de Napoléon III en exil*, 89 et 95, citées par la *Revue d'histoire*, 1ᵉʳ S. 1901, 108. — Voir, pour l'effectif de l'armée du Rhin, *ibid.*, 137.

2. Général Frossard, *Rapport sur les opérations du 2ᵉ corps d'armée*, p. 15 : L'empereur « voulait que ce corps (le 2ᵉ) fût éventuellement en mesure d'occuper Sarrebruck et de se porter au delà, selon les circonstances... Peut-être prévoyait-il aussi un passage de la Sarre par les Prussiens près de Sarrelouis et un débouché en forces de ce côté. C'est ce qui semble avoir motivé l'étendue laissée... au front des 3ᵉ et 4ᵉ corps, et avoir fait naître une préoccupation qui, malheureusement, a duré jusqu'au 6 août... » (*Revue militaire*, 1900, 825; *Revue d'histoire*, 1ᵉʳ S. 1901, 351).

3. Général Lebrun, 219 et suiv.

4. *Revue d'histoire*, 1ᵉʳ S. 1901, 195, le major général au général Soleille, 30 juillet. — Une convocation semblable est adressée au reste du conseil.

Sarrebruck[1]. Le 4ᵉ corps opérera ce déplacement en deux jours (31 juillet-1ᵉʳ août); les 3ᵉ et 2ᵉ, en un seul (1ᵉʳ août). Le général de Ladmirault portera son quartier général à Boulay, la division de Cissey, à Bouzonville, celles des généraux Rose et de Lorencez, à Boulay et à Coume; la division de cavalerie et la réserve d'artillerie, à Boulay[2].

Quant au 3ᵉ corps, il aura son quartier général à Saint-Avold, la division Montaudon, « sur la position du Haut-Hombourg », celles des généraux de Castagny, Metman, Decaen, à Saint-Avold, Ham-sous-Varsberg, Boucheporn; la cavalerie du général de Clérembault et la réserve d'artillerie, à Saint-Avold[3].

Enfin, le 2ᵉ corps portera son quartier général à Morsbach, la division de Laveaucoupet, « sur la position d'Œ-

---

1. Emplacements de l'armée le 30, au soir :
Grand quartier général : Metz.
1ᵉʳ corps : Quartier général, Strasbourg, 1ʳᵉ division d'infanterie, Reichshoffen, 2ᵉ, Haguenau, 3ᵉ et 4ᵉ, Strasbourg; division de cavalerie, Soultz, Haguenau, Brumath, Strasbourg, Schlestadt; réserves d'artillerie et du génie, Strasbourg.
2ᵉ corps : Quartier général et 1ʳᵉ division, Saint-Avold, 2ᵉ, Forbach, 3ᵉ, Bening; division de cavalerie, Forbach, Bening, Saint-Avold; réserves, Saint-Avold.
3ᵉ corps : Quartier général, Boulay, 1ʳᵉ division, Boucheporn, 2ᵉ et 4ᵉ, Boulay, 3ᵉ, Bettange; division de cavalerie, Boulay; réserves, Volmerange.
4ᵉ corps : Quartier général, Thionville, 1ʳᵉ division, Sierck, 2ᵉ, Lacroix, 3ᵉ, entre Thionville et Bouzonville; division de cavalerie, Sierck, Bouzonville, Colmen; réserves, Thionville.
5ᵉ corps : Quartier général, 1ʳᵉ et 2ᵉ divisions, Sarreguemines, 3ᵉ division, Bitche; division de cavalerie, Sarreguemines, Bitche, Niederbronn; réserves, Sarreguemines.
6ᵉ corps : Quartier général, 1ʳᵉ et 2ᵉ divisions, camp de Châlons, 3ᵉ division, Soissons, 4ᵉ, Paris; division de cavalerie, réserves, camp de Châlons.
7ᵉ corps : Quartier général, Belfort, 1ʳᵉ division, Colmar, 2ᵉ, Belfort, 3ᵉ, Lyon; division de cavalerie, Belfort et Lyon; réserves, Belfort.
Garde : Metz.
Réserve générale de cavalerie : En formation à Lunéville et Pont-à-Mousson.
Réserve générale d'artillerie : En formation à Nancy.
Parcs de corps d'armée, équipages de pont de réserve : Emplacements du 29.
Grand parc d'artillerie : En formation dans les arsenaux.
(*Revue d'histoire*, 1ᵉʳ S. 1901, 125-126).
2. Analyse de cet ordre, *ibid.*, 112; ordre de mouvement du 4ᵉ corps, 30 juillet, *ibid.*, 166. — Les divisions de Lorencez et Legrand, la réserve d'artillerie seront en position dès le 31. Le texte de l'ordre nº 75, commun à toute l'armée, figure *ibid.*, 147.
3. *Ibid.*, 112; le maréchal Bazaine aux généraux Montaudon et Metman; ordres de mouvement de la division Decaen et de l'artillerie du 3ᵉ corps, 30 juillet, *ibid.*, 154-157.

ting », et celle du général Vergé, à Bening. Le reste des troupes gardera ses emplacements actuels[1].

La garde impériale enverra son bataillon de chasseurs, le 31, de Metz à Thionville, par voie ferrée, « pour y relever les troupes du 4ᵉ corps » se rendant à Boulay[2]. La 3ᵉ division de cavalerie de réserve (général de Forton) quittera Pont-à-Mousson le 1ᵉʳ août, se rendant à Faulquemont. La 2ᵉ division (général de Bonnemains) se tiendra « prête à partir » le 2 août ; elle ira, par étapes, à Brumath, où elle sera dans le « rayon d'action » du maréchal de Mac-Mahon « et en mesure, si les circonstances l'exigent, de concourir » à ses opérations[3].

Ces ordres du 30 juillet ne font aucune mention de l'ennemi, du but général de l'opération. Ils admettent que les zones réservées aux 3ᵉ et 2ᵉ corps auront une partie commune à Saint-Avold, au risque de difficultés qu'il serait facile d'éviter. Enfin, ils tendent visiblement à un timide essai de concentration portant sur dix de nos divisions d'infanterie. Le 1ᵉʳ août, au soir, elles seront disposées suivant un angle rentrant, de Bouzonville à Saint-Avold et à Forbach, sur plus de 40 kilomètres à vol d'oiseau. Le 5ᵉ corps, qui s'étend de Sarreguemines — et même de Grosbliederstroff — à Bitche, sur plus de 33 kilomètres, est moins concentré encore. Rien n'indique dans ce dispositif la préparation d'une offensive sérieuse, ni même d'une défensive

---

1. *Revue d'histoire*, 1ᵉʳ S. 1901, 112 ; ordres au général Frossard, 30 juillet, 12ʰ 20 et m. d., n° 75, *ibid.*, 145, 147 ; ordres du général Frossard à nos corps d'armée, m. d., et ordre de mouvement de la division de Laveaucoupet, *ibid.*, 149-150. — La division Bataille est à Forbach, la division de cavalerie, à Forbach, Bening et Saint-Avold ; la réserve d'artillerie et le génie, à Saint-Avold. En ce dernier point, des fractions du 2ᵉ corps resteront provisoirement dans la zone attribuée au 3ᵉ. En outre, les commandants de corps d'armée n'ayant aucune indication d'heure pour leur mouvement, il en résultera nécessairement des croisements de colonnes, si une entente préliminaire n'intervient pas (voir ce qui se produit aux 2ᵉ et 3ᵉ corps, *ibid.*, 113).

2. *Ibid.*, 113, 189 ; le major général au général Bourbaki et ordre du général Deligny. — En réalité, le 4ᵉ corps laisse à Thionville le 3ᵉ bataillon du 98ᵉ et 2 batteries de la réserve pour garder le trésor, l'ambulance et le convoi administratif, immobilisés faute d'attelages (Ordre de mouvement du 30 juillet, *ibid.*, 167).

3. Le major général au maréchal de Mac-Mahon, 30 juillet, *ibid.*, 140.

rationnelle. C'est que l'empereur croit l'ennemi « loin d'être prêt¹ ». De plus, en groupant dix divisions de Forbach à Bouzonville, il veut peut-être exécuter une partie du plan inexécutable dû à l'archiduc Albert².

Quoi qu'il en soit, le soir du même jour, 30 juillet, le major général envoie aux 2ᵉ, 3ᵉ, 5ᵉ corps les ordres pour l'opération contre Sarrebruck. Elle n'aura lieu que le 2 août, plus de 48 heures après; c'est dire qu'on se préoccupe peu d'en assurer le secret. Depuis l'arrivée de l'empereur, le maréchal Bazaine n'exerce plus le commandement provisoire de l'armée; il est, néanmoins, chargé de la direction supérieure de notre attaque, combinaison vicieuse qui substitue une responsabilité mal définie à des devoirs positifs. Quelle autorité peut avoir le commandant du 3ᵉ corps sur des unités placées sous ses ordres, de la façon la plus vague, pour quelques heures seulement?

Quant à l'offensive contre Sarrebruck, elle sera confiée au 2ᵉ corps, qui passera la Sarre un peu en amont. Deux divisions du 3ᵉ, sous les ordres de Bazaine, se porteront, le 2, de Forbach, à travers la forêt, sur Gersweiler, pour franchir la rivière en aval de Sarrebruck. De son côté, le général de Failly descendra de Sarreguemines par la rive droite, pour appuyer le 2ᵉ corps.

C'est donc un vaste mouvement enveloppant, que sept de nos divisions vont opérer contre la petite garnison de Sarrebruck, un bataillon et trois escadrons ! Dans quel but ? Quel est notre objectif final ? Rien ne l'indique, pas plus que les emplacements présumés, les forces de l'adversaire. Il serait difficile, assurément, de donner un ordre plus défectueux. La forme en est aussi mauvaise que le fond. Tout y traduit l'indécision, la faiblesse, l'insuffisance technique du commandement³.

---

1. Le major général au ministre, 1ᵉʳ août, *Revue d'histoire*, 1ᵉʳ S. 1901, 130.
2. *Ibid.*, 127 ; voir *suprà*, p. 199.
3. « Metz, 30 juillet, à   heures du soir (*sic*).
« Les ordres de l'empereur sont que le général Frossard, avec son corps d'armée, franchisse la Sarre et s'empare de Sarrebruck.
« L'opération devra être faite dans la matinée du mardi 2 août, avec l'appui

Il y aurait, certes, mieux à faire. L'empereur pourrait prescrire, le 30 juillet, aux 2ᵉ et 3ᵉ corps de passer la Sarre, le 1ᵉʳ août, aux abords de Sarrebruck ; à deux divisions du 5ᵉ corps de déboucher par Sarreguemines ; au 4ᵉ corps et à la garde de suivre en échelons de gauche. Pendant ce temps, les 1ᵉʳ et 7ᵉ corps constitueraient une sorte de masque défensif des Vosges au Rhin, face à la IIIᵉ armée, et la 3ᵉ division du 5ᵉ corps, à Bitche, garderait ce centre de communi-

---

des deux divisions de votre corps d'armée, qui occuperont demain Saint-Avold et Haut-Hombourg, et des deux divisions du général de Failly qui sont, en ce moment, à Sarreguemines. A cet effet, les deux divisions qui doivent arriver demain à Saint-Avold et à Haut-Hombourg continueront, dans la journée du 1ᵉʳ août, leur mouvement jusqu'à Forbach.

« Pour l'opération dont il s'agit, l'empereur désirerait que le général Frossard exécutât le passage de la Sarre, au point qu'il a déjà reconnu, un peu en amont de Sarrebruck.

« Avec vos deux divisions, vous vous porteriez, en partant de Forbach et à travers la forêt de ce nom, vers Gersweiler, pour passer la Sarre en aval de Sarrebruck, à un point choisi entre le chemin de fer et le ruisseau qui tombe dans la Sarre, à hauteur du village de Burbach.

« Le général de Failly se porterait de Sarreguemines vers Sarrebruck, par la rive droite de la Sarre, pour appuyer le mouvement du général Frossard.

« Les mouvements de toutes les troupes appelées à prendre part à cette opération devront être combinés de telle façon que les passages de la Sarre, en aval comme en amont de Sarrebruck, soient exécutés au point du jour.

« V. E. prendra le commandement des trois corps d'armée appelés à concourir à l'opération.

« Vous vous rendrez, de votre personne, dans la journée de demain dimanche 31, au quartier général du général Frossard, à Morsbach, où se trouveront également le général de Failly et les généraux commandant l'artillerie et le génie de l'armée ; vous vous concerterez avec eux pour arrêter les dispositions de détail relatives à l'opération ; le rendez-vous aura lieu à 11 heures.

« L'équipage de ponts de corps d'armée, qui se trouve à Metz, sera transporté demain jusqu'à Forbach ; il servira à l'établissement de deux ponts pour le passage des troupes du général Frossard. Le général Coffinières compte qu'il pourra fournir les moyens de jeter deux autres ponts pour le passage des deux divisions de votre corps ; l'empereur tient essentiellement à ce que la Sarre ne soit pas franchie à gué.

« Je ferai remarquer à V. E. que les instructions qui précèdent ne sont que des ordres d'ensemble. S. M. s'en rapporte à votre expérience pour régler les détails d'exécution, de la manière la plus convenable pour assurer le succès de l'opération » (Le major général au maréchal Bazaine, *Revue d'histoire,* 1ᵉʳ S. 1901, 153 ; Bazaine, *L'armée du Rhin,* 259). — Dans ses *Épisodes,* 11, l'ex-maréchal fait remarquer que le général Frossard porta, le 31, de sa propre autorité, son quartier général à Forbach au lieu de Morsbach, sans même prendre la précaution d'en informer l'empereur et les corps d'armée voisins.

L'ordre au 5ᵉ corps (*ibid.,* 172) est la reproduction partielle de celui du 3ᵉ.

cations, prête à appuyer, au besoin, nos troupes d'Alsace. Le 6ᵉ corps viendrait à Metz.

Dans ces conditions, une offensive limitée nous ferait heurter, avec une grande supériorité numérique, aux têtes de colonne de la Iʳᵉ armée. Le résultat serait, à peu près sûrement, un échec pour celle-ci et l'arrêt momentané de la IIᵉ[1]. Les conséquences morales, sinon matérielles, seraient inappréciables. Mais il faudrait pour cela du coup d'œil, de la décision et de la volonté : le commandement français ne possède ni les uns, ni les autres.

Il n'en va pas de même chez l'ennemi. D'après les rapports reçus le 29 et confirmés le 30 de Sarrebruck, il semble que nos troupes se concentrent sur la ligne Forbach-Bitche. Jusqu'alors, le petit détachement du lieutenant-colonel von Pestel a tenu Sarrebruck et surveillé une longue étendue de la frontière[2]. Le voisinage de forces infiniment supérieures rend sa situation très dangereuse. Le général von Gœben en rend compte à Moltke, le 30, et demande si Pestel ne pourrait pas être soutenu par la IIᵉ armée[3]. Cette solution est inadmissible, en raison des distances. On ne veut pourtant pas sacrifier « la petite bande » de Sarrebruck. Dans la soirée, Moltke lui fait donner ordre de se retirer sur Sulzbach et Bildstock, tout en gardant le contact[4]. Mais, quand ces prescriptions parviennent à Gœben, celui-ci a déjà ordonné aux deux autres bataillons du 40ᵉ de rallier le 3ᵉ à Sarrebruck ; un détachement est prêt à les recueillir, à Lebach. Dans ces conditions, Pestel juge qu'il peut garder son emplacement : « Laissez-nous ici, écrit-il ; les gens de

---

1. *Revue d'histoire*, 1ᵉʳ S. 1901, 121-122.
2. D'après l'*État-major prussien*, I, 98, le 30, une de ces compagnies a une escarmouche dans le bois de Saint-Arnual ; une patrouille qu'elle dirige sur nos bivouacs de Spicheren et d'Alsting suffit à les mettre en alarme. Le Journal de marche du 2ᵉ corps (*Revue militaire*, 1900, 108) et Dick de Lonlay, II, ne signalent rien de pareil. Le détachement Pestel compte 1 bataillon du 40ᵉ et 3 escadrons du 7ᵉ ulans.
3. *Moltkes Korrespondenz*, III, I, 178. — Ce télégramme arrive à 1ʰ 30 soir.
4. *Moltkes Korrespondenz*, III, I, 178, nᵒˢ 78 et 79, 2 heures et 7ʰ 50 soir ; *État-major prussien*, I, 98 ; von Schell, 22.

là-bas ont plus peur de nous que nous d'eux. » Moltke cède volontiers[1].

Il a pris d'autres mesures pour couvrir les rassemblements allemands. Dans la journée, Frédéric-Charles est invité à pousser immédiatement les 5e et 6e divisions de cavalerie vers la ligne Sarrebruck-Bitche; les IXe et XIIe corps sont placés sous son commandement; le IXe se portera à hauteur des IIIe et IVe; le reste de la IIe armée serrera sur eux[2]. Ces dispositions indiquent assez que Moltke s'attend à nous voir prendre l'offensive entre Sarrebruck et Bitche.

Le commandant de la IIIe armée, prince royal de Prusse, arrive à Spire et prescrit aussitôt la concentration, sur la rive droite du Rhin, des Badois à Karlsruhe, des Wurtembergeois à Graben, au sud-est de Germersheim. On croit au grand quartier général qu'il serait avantageux de faire passer ces deux divisions à l'ouest du fleuve, en profitant de ce que le pont de Maxau existe encore. On parerait ainsi, plus aisément, à l'offensive des troupes d'Alsace que la concentration des 1er et 5e corps vers la basse Lauter semble présager. Le meilleur moyen de couvrir l'Allemagne du Sud est d'attaquer suivant l'axe Haguenau-Bischwiller[3].

---

1. *État-major prussien, loc. cit.*, Verdy du Vernois, 41. Voir dans les *Kritische Tage* de Cardinal von Widdern, III, II, 16, le télégramme de von Pestel à Moltke, daté de 9h 45 soir. Pendant 15 jours, son détachement ne perdit que 3 tués, 5 blessés et 4 chevaux tués ; il fit des prisonniers de 4 régiments différents (*Ibid.*).
2. *Moltkes Korrespondenz*, III, I, 179, télégramme de 2h 15 soir ; *État-major prussien*, I, 103. Frédéric-Charles avait donné, dès le 29, l'ordre relatif aux 5e et 6e divisions (Cardinal von Widdern, *Kritische Tage*, III, II, 202).
3. *Moltkes Korrespondenz*, III, I, 180, télégramme au général von Blumenthal, le 30, matin ; *État-major prussien*, I, 104. — Le colonel von Gottberg, quartier-maître de la IIIe armée, a rendu compte, le 29 soir, que des mouvements de troupes se produisaient de Bitche par Wissembourg vers le Bien-Wald, ce qui était faux.

IX

LE 31 JUILLET

Renseignements sur l'ennemi. — Indications d'ensemble. — Conférence de Forbach. Mouvements opérés le 31. — Emplacements des troupes.

A mesure que la crise approche, les renseignements que nous recueillons sur l'ennemi gagnent en précision : « Trèves et environs se garnissent de troupes ; il se trouverait 6,000 hommes dans cette ville... et pareil nombre entre Trèves, Conz et Wasserbillig.

« On parle également de rassemblements à Wittlich, Bittburg et Speicher.

« On annonce de nouveau que l'armée prussienne se disposerait à prendre l'offensive, et que ses colonnes remonteraient la Moselle et la Sarre, dans la direction de Sarrebruck... » Un déserteur prussien donne des renseignements à peu près exacts sur la garnison de Sarrelouis. « ... Les bruits de concentrations nombreuses à Coblenz et à Mayence se confirment. Il en est de même au sujet du rassemblement qui se formerait derrière la Forêt-Noire... »

Dans la soirée, on annonce la présence des Prussiens en force vers la Sarre, de Sarrelouis à Sarrebruck, le long du Lauterbach et de la Rosselle. « Sur la frontière de la Lauter, les avant-postes ennemis ont rétrogradé et ont appuyé vers leur droite. Le plus avancé de ces postes serait à Bobenthal[1]. »

L'ensemble de ces renseignements est confirmé par ceux que recueillent les corps d'armée. Ainsi, le général Frossard signale le passage du III⁰ corps et de la garde à Kreuznach, où serait attendu Frédéric-Charles. « A Trèves, la

---

[1]. *Revue d'histoire*, 1ᵉʳ S. 1901, 416, Bulletin de renseignements n° 7, du grand quartier général et note datée de 5ʰ 30 soir, d'après les renseignements recueillis par le général de Laveaucoupet.

panique était générale les premiers jours; mais il paraît que la confiance est revenue, et il y a même une grande arrogance à l'égard des Français qui se trouvent encore à Trèves ou à Sarrelouis[1]. » Un paysan, venant de Kreuznach, a rencontré sur tout le parcours « ... des troupes nombreuses et une concentration formidable du côté de Dudweiler...; il aurait entendu évaluer les forces de ce côté à plus de 100,000 hommes[2]. »

De même on signale de Thionville, au 3ᵉ corps, « des mouvements de troupes assez considérables » vers Bittburg, Wittlich, Trèves, Sarrelouis et Sarrebruck. Dans la soirée du 30 juillet, notamment, 10,000 hommes se seraient concentrés « entre Trèves, Conz et Wasserbillig[3] ». Bazaine annonce au général Frossard le transport de « beaucoup de troupes » arrivant de Wittlich et de Bittburg vers Sarrebruck[4].

En Alsace, le général Félix Douay revient sur ses renseignements de la veille. Cette fois, il annonce qu'il n'y aurait personne « de Lörrach et de Nollingen jusqu'au Val-d'Enfer[5] ». De même, le maréchal de Mac-Mahon est très rassurant : « Quelques troupes seulement sont signalées vers Kandel et Germersheim. Pas de mouvements sur le Rhin[6]... » Le soir même, le ton change : « Les troupes de cavalerie ont augmenté sur la frontière et empêchent complètement de pénétrer sur le territoire ennemi, entre Wissembourg et Lauterbourg[7]. » Le *Courrier du Bas-Rhin* du 31 juillet signale des masses prussiennes en voie de concentration dans la Bavière rhénane. Un Alsacien, revenant de Landau, estime à 80,000 hommes les masses qui ont traversé cette place. Entre elle et la frontière, 10,000 hommes environ

---

1. *Revue d'histoire*, 1ᵉʳ S. 1901, 421, Bulletin de renseignements nº 4, du 2ᵉ corps.
2. *Ibid.*, 422, Bulletin de renseignements de la 3ᵉ division du 2ᵉ corps, 31 juillet.
3. *Ibid.*, 423, Note au maréchal Bazaine, 31 juillet, 9 heures matin.
4. *Ibid.*, 424, le maréchal Bazaine au général Frossard, 31 juillet.
5. *Ibid.*, 424, le général Douay au major général, 31 juillet.
6. *Ibid.*, 417, Bulletin de renseignements nº 5, du 1ᵉʳ corps, 31 juillet.
7. *Ibid.*, 418, Bulletin de renseignements nº 6, du 1ᵉʳ corps, 31 juillet.

seraient disséminés « jusqu'à portée de fusil » du sol national[1]. Un ancien soldat de la légion étrangère, qui vient par Bâle de Lörrach, donne les renseignements les plus inexacts. Il aurait vu, autour de cette ville, de 25,000 à 30,000 Prussiens. Il a entendu dire que quatre « corps d'observation » bordent « la rive droite du Rhin, le premier près de Lörrach, deux autres en face de Neuf-Brisach et de Strasbourg, le dernier, plus bas, et dans la direction de Lauterbourg... L'armée du Rhin est commandée par le prince Charles de Prusse[2]... » Ces grossiers mensonges influent peut-être sur la répartition de nos troupes d'Alsace.

De l'ensemble il résulte qu'une double concentration s'opère au nord de Sarrelouis-Sarreguemines, dans la direction de Trèves et de Mayence ; des forces importantes tiennent la Sarre entre Sarrebruck et Sarrelouis. De gros rassemblements se forment vers Landau et peut-être derrière la Forêt-Noire.

Malgré tout, nos états-majors persistent à croire la concentration française plus avancée que celle des Allemands[3]. Nous ne cherchons pas à nous en assurer, en jetant au delà de la Sarre une partie des quatre divisions de cavalerie qui restent inactives aux 5ᵉ, 2ᵉ, 3ᵉ et 4ᵉ corps. La faiblesse de la couverture allemande leur permettrait de faciles succès. Elles masqueraient nos troupes, tout en prenant le contact de leur adversaire[4]. Mais, chez nous, cavalerie et commandement ont perdu entièrement le sens de la grande guerre.

D'ailleurs, la situation est sérieuse, et l'on commence à s'en rendre compte. Loin d'atteindre les chiffres rêvés, l'armée ne compte que 238,188 hommes, y compris les 6ᵉ et 7ᵉ corps qui n'ont pas encore rejoint la base de concentra-

---

1. *Revue d'histoire*, 1ᵉʳ S. 1901, 427. — La *Badische Landes-Zeitung*, du 31 juillet, annonce que le prince royal de Prusse va établir son quartier général à Spire (*Ibid.*, 428).
2. *Ibid.*, 418, Rapport confidentiel du prévôt de la 2ᵉ division, 31 juillet. Il s'agit évidemment d'un espion.
3. « De quinze jours » (*Ibid.*, 358, Historique de la division de Lartigue, 31 juillet). Voir *suprà*, p. 299, 305.
4. Verdy du Vernois, *Études de guerre*, traduction, I, 59-60 ; *Revue d'histoire*, 1ᵉʳ S. 1901, 330.

tion[1]. Elle forme cinq masses séparées. Même, la principale, celle des 5e, 2e, 3e et 4e corps, est insuffisamment concentrée, comme le prouvera la journée du 6 août. On ne peut espérer que le 6e corps, encore au camp de Châlons, soit rendu à Metz avant le soir du 4. En outre, les détachements de réservistes sont loin d'avoir tous rejoint[2]. Par suite, l'empereur continue de croire que l'attente s'impose.

La conférence qu'il a prescrite a lieu à Forbach, dans la journée. Dès le début, Bazaine manifeste son opposition au principe même de l'opération. Il n'est pas d'avis qu'on lui donne l'importance prévue, parce que nous sommes incomplètement organisés et hors d'état d'en poursuivre les résultats favorables. Ce serait « provoquer l'ennemi... à prendre l'offensive sur nos troupes disséminées ». On parviendrait, sans doute, « à inutiliser les voies ferrées de Mayence, de Trèves et de Mannheim vers leur point de jonction », mais on risquerait de « compromettre, en s'engageant intempestivement, les débuts de la campagne ».

Dans ces conditions, le maréchal est d'avis qu'il vaudrait mieux « faire une opération sérieuse sur Deux-Ponts ou sur Trèves, après avoir enlevé Sarrelouis, afin de porter la

---

1. Effectif de l'armée du Rhin au 31 juillet :

1er corps.	40,231 hommes,	8,045 chevaux.
2e corps	25,884 —	4,774 —
3e corps	37,725 —	7,934 —
4e corps	28,591 —	5,459 —
5e corps	24,780 —	5,188 —
6e corps	33,701 —	4,831 —
7e corps	20,341 —	3,705 —
Garde impériale. . . .	21,537 —	6,883 —
Réserve de cavalerie. .	5,189 —	4,794 —
Réserve du génie . . .	209 —	58 —
Total.	238,188 hommes,	51,671 chevaux.

(*Revue d'histoire*, 1er S. 1901, 357.)

Le général Lebrun, *Souvenirs militaires*, 227, porte l'effectif, au 31 juillet, à 235,800 hommes, dont 31,200 pour le 6e corps.

2. Général Lebrun, *loc. cit.* — Le général assure à tort que l'ordre a été donné au 6e corps de se rendre à Metz dans le plus bref délai. Or, un télégramme du ministre au maréchal Canrobert, 31 juillet, 12h 45 soir, fait simplement mention du mouvement par étapes de la 3e division de Soissons sur le camp (*Revue d'histoire*, 1er S. 1901, 398). L'ordre de porter le 6e corps à Metz sera donné seulement le 4 août.

guerre chez l'ennemi ». Apparemment nous ne le provoquerions pas de la sorte !

On fait observer au commandant du 3ᵉ corps que prendre une petite place pour premier objectif serait « faire la guerre comme du temps de Turenne », qu'il faut masquer Sarrelouis et non s'en emparer. Le maréchal Le Bœuf demande que nous passions la Sarre pour détruire la voie ferrée. On le trouve « trop audacieux ». Après discussion, le conseil adopte à l'unanimité un parti timide, selon qu'il est de règle en pareil cas. On fera l'opération prescrite, par déférence pour l'empereur, mais en la limitant à la rive gauche de la Sarre [1]. Une partie de Sarrebruck et la gare étant sur la rive droite, le résultat final sera nul, malgré l'importance de notre effort.

Informé des décisions prises, l'empereur les approuve le soir même, bien qu'elles ne cadrent guère avec son projet primitif [2].

Pourtant, le major général prend des dispositions indiquant qu'il envisage encore une offensive prochaine. A défaut de l'équipage de pont du 2ᵉ corps, qui est à Strasbourg et atteindra Saint-Avold le 4, il en fait envoyer un autre au général Frossard : celui du 3ᵉ corps, qui « doit être attelé provisoirement par une partie des chevaux de la réserve

---

1. Mémoire et rapport sur les opérations de l'armée du Rhin et la capitulation de Metz, reproduit dans le *Procès Bazaine*, compte rendu officiel, 136 et suiv. ; Bazaine, *Épisodes*, 11-13 ; *L'armée du Rhin*, 261 ; le major général au général Dejean, 1ᵉʳ août, *Revue d'histoire*, 1ᵉʳ S. 1901, 577. Les *Notes manuscrites* du général Coffinières (*Ibid.*, 351), le *Rapport sur les opérations du 2ᵉ corps*, du général Frossard, 15 et suiv., le Journal de marche du 5ᵉ corps, *Revue militaire*, 1899, 297, ne contiennent rien qui infirme cette version.

2. « L'empereur au maréchal Bazaine, 3ʰ 20 soir :
« La conférence a-t-elle eu lieu ? »
« Le maréchal Bazaine à S. M. l'empereur, 4ʰ 48 soir :
« Je rentre à l'instant de Forbach, où la conférence a eu lieu au quartier général du général Frossard. Le général de Coffinières (*sic*) rentre à Metz immédiatement, pour rendre compte du résultat qui, d'après un accord unanime, doit se borner à l'occupation de la rive gauche (*sic*). »
« Le major général au maréchal Bazaine, 10ʰ 6 soir :
« L'empereur approuve l'opération telle que vous l'avez réglée dans votre conférence d'aujourd'hui avec les généraux commandant les 2ᵉ et 5ᵉ corps et l'artillerie et le génie » (Bazaine, *Épisodes*, 11-12 ; *Revue d'histoire*, 1ᵉʳ S. 1901, 380). Cette dernière ne mentionne pas le télégramme de l'empereur.

338   LA GUERRE DE 1870.

d'artillerie » de ce corps d'armée. « Si cette réserve se trouvait campée trop loin, employez... les chevaux de votre réserve ou autres que vous avez sous la main[1] », écrit le major général.

Nous prévoyons même des opérations contre les forteresses allemandes : le ministre de la guerre annonce au général Soleille l'envoi à Metz et à Strasbourg de deux équipages de siège, renforcés chacun de 15 pièces de 19 centimètres, empruntées à la marine[2]. Jamais ils n'arriveront à destination.

Dans la journée, l'armée exécute, en général dans de mauvaises conditions, les mouvements prescrits la veille[3]. Chaque division marche pour son compte, sans se préoccuper des colonnes voisines, sans que les ordres du commandant de corps d'armée ou l'initiative du divisionnaire établissent entre elles la moindre liaison. Les distances parcourues sont très faibles : au 3ᵉ corps, 15, 20, 14 et 10 kilomètres pour les quatre divisions d'infanterie; au 4ᵉ, 17, 14 et 16 kilomètres[4]. Les troupes n'en sont pas plus ménagées, car, pour la plupart, la journée est très pénible en raison des conditions mêmes de la marche. Malgré une pluie vio-

---

1. Le major général au général Frossard, 31 juillet, 9 heures matin (*Revue d'histoire*, 1ᵉʳ S. 1901, 370). Ce télégramme a été reproduit, avec quelques modifications de forme, par M. le général Fay, *Journal d'un officier de l'armée du Rhin*, 36. Le ministre annonce le même jour, 12ʰ17 soir, l'envoi de l'équipage de pont du 2ᵉ corps (Télégramme, *Revue d'histoire*, 1ᵉʳ S. 1901, 371). — Les équipages des 1ᵉʳ, 3ᵉ, 4ᵉ, 5ᵉ et 7ᵉ corps sont mis à la disposition des généraux commandant l'artillerie des corps d'armée (Le général Jarras au général Soleille, 31 juillet, *ibid.*, 413).

2. Le ministre au général Soleille, 31 juillet, 7ʰ35 matin. Il s'agit de l'équipage réglementaire, p. 111 de l'aide-mémoire modifié pour canons rayés. — Le même au même, 31 juillet (*Revue d'histoire*, 1ᵉʳ S. 1901, 411-412).

3. Le 2ᵉ *corps* porte son quartier général à Forbach, sa 1ʳᵉ division à Bening, sa 3ᵉ à Œting ; le 3ᵉ *corps,* son quartier général à Saint-Avold, sa 1ʳᵉ division à Haut-Hombourg, sa 2ᵉ à Saint-Avold, sa 3ᵉ à Ham-sous-Varsberg, sa 4ᵉ à Boucheporn, sa division de cavalerie et sa réserve d'artillerie à Saint-Avold ; le 4ᵉ *corps,* son quartier général à Boulay, sa 1ʳᵉ division à Bouzonville et Lacroix, sa 2ᵉ à Boulay, Lacroix et Dalstein, sa 3ᵉ à Coume, sa division de cavalerie à Hombourg et Bouzonville ; la *garde,* son bataillon de chasseurs à Thionville (Journal de marche du grand quartier général, *Revue d'histoire,* 1ᵉʳ S. 1901, 350).

4. Le 2ᵉ corps se concentre presque sur place (*Ibid.*, 326). Voir 375 et suiv., les extraits des journaux de marche des 3ᵉ et 4ᵉ corps.

lente, elles bivouaquent presque toutes, sans qu'on cherche les emplacements les plus favorables. On se propose, au contraire, d'occuper des positions où il soit possible de combattre.

Au départ, tous les éléments prennent les armes ensemble, ce qui entraîne de longues attentes sans objet. De même, ils serrent sur la tête de colonne au bivouac du soir. D'où une nouvelle cause de fatigue. Enfin, les heures de mise en route sont très tardives, les croisements de colonnes fréquents, les à-coups nombreux dans la marche et le soldat trop lourdement chargé. Dans l'un des régiments du 4ᵉ corps, il porte huit jours de vivres[1] !

C'est ainsi qu'une partie de la division Montaudon arrive à 6 heures du soir au bivouac, après une étape de 15 kilomètres seulement. Il est vrai qu'elle a été retardée par la queue du convoi du 2ᵉ corps et par la division Castagny, qui l'a croisée[2].

Une préoccupation contribue à rendre les départs plus tardifs et la marche plus difficile, par cette orageuse journée de juillet : celle de garder tous les débouchés de la frontière, de n'en pas abandonner un seul qui ne soit aussitôt

---

[1]. Historique du 64ᵉ, reproduit par l'ex-maréchal Bazaine, *Épisodes*, 112. Voir, pour ce qui concerne l'exécution des marches du 31 juillet, la *Revue d'histoire*, 1ᵉʳ S. 1901, 326, et les journaux de marche, *ibid.*, 375 et suiv. D'après le lieutenant-colonel Patry, p. 32, la division de Cissey part en pleine nuit du plateau de Bistroff et marche, jusque dans la matinée, à une allure d'enterrement. Suivant la *Revue d'histoire*, 1ᵉʳ S. 1901, 327, elle serait partie entre 3 et 5 heures du soir, n'ayant reçu son ordre de mouvement qu'à 7ʰ 20 du matin. Ainsi, une division *bivouaquée* avait besoin de huit heures au moins pour se mettre en marche ! — De même, les divisions Clérembault, Lorencez, Bellecour partent à 1 heure du soir, 10 heures et 11 heures du matin.

[2]. *Division Montaudon*, départ de Boucheporn en deux colonnes à 9 heures du matin et 2 heures du soir ; arrivée à Haut-Hombourg entre midi et 6 heures du soir ; *division Castagny*, départ de Teterchen à 8ʰ 30 ; arrivée entre 4 et 5 heures du soir à l'est de Saint-Avold ; *division Metman*, départ de Bettange à 9 heures ; arrivée à 3 heures du soir à Ham-sous-Varsberg, après avoir été croisée par la division Lorencez ; *division Decaen*, départ de Boulay à 5 heures du soir ; arrivée à Boucheporn vers 8 heures ; *division Clérembault*, départ de Boulay à 1 heure du soir ; arrivée à Saint-Avold vers 5 heures, après avoir côtoyé le convoi de la division Castagny (*Revue d'histoire*, 1ᵉʳ S. 1901, 375 et suiv., journaux de marche du 3ᵉ corps ; Dick de Lonlay, II, 251 ; *Trois mois à l'armée de Metz*, par un officier du génie, 24 ; lieutenant de Saint-Just, *Historique du 5ᵉ dragons*, 335).

occupé par une autre troupe[1]. Évidemment, c'est la pensée de la défensive qui hante nos états-majors, malgré les préparatifs en sens contraire qu'esquisse le major général.

Les mouvements opérés le 31 juillet réalisent d'une façon incomplète la concentration de trois de nos corps d'armée au sud de la Sarre. Le 4e est réparti entre Bouzonville, Lacroix, Boulay et Coume; le 3e, entre Ham-sous-Varsberg, Boucheporn, Saint-Avold et Haut-Hombourg; le 2e, entre Spicheren, Forbach, Morsbach, Œting et Merlebach[2]. Mais, de Spicheren à Bouzonville, la distance est de 32 kilomètres en ligne droite. Le 2e corps, dont les emplacements dessinent un saillant vers l'ennemi, ne pourrait être soutenu en temps opportun que par une partie des 3e et 5e corps. Quant à la garde, elle est encore à Metz (55 kilomètres de Forbach à vol d'oiseau), incapable d'intervenir en temps opportun. Le 5e corps est réparti de Grosbliederstroff à Bitche, sur 33 kilomètres; derrière lui, il n'y a rien. Ainsi, pour les quatre corps d'armée qui bordent la Sarre, la concentration est insuffisante si nous devons garder la défensive.

En Alsace, le 1er corps continue d'être disséminé de la façon la plus dangereuse. La division Ducrot se répartit entre Climbach, Niederbronn, Reichshoffen et Wœrth, parallèlement aux Vosges. Celle du général Douay tient la plaine du Rhin, entre Seltz et Gunstett. La cavalerie est éparse de Wissembourg à Schlestadt[3], sans qu'il soit pos-

---

1. Lettres des généraux de Cissey, Bellecour et de Lorencez au général de Ladmirault, 31 juillet (*Revue d'histoire*, 1er S. 1901, 389-390). Voir également l'Historique du 2e corps, *Revue militaire*, 1900, 109, au sujet des hauteurs occupées par la 3e division.
2. *Revue d'histoire*, 1er S. 1901, 391, 383, 374.
3. 45e de ligne, à Niederbronn; 13e bataillon de chasseurs, 2 bataillons du 1er zouaves, artillerie et génie, à Reichshoffen; 18e de ligne, à Wœrth; 1 bataillon du 1er zouaves, à Nechwiller, Jægerthal, Mattstall; 96e de ligne, à Climbach.
16e bataillon de chasseurs, Seltz; 50e de ligne, Soultz, Oberbetschdorf, Gunstett; 74e de ligne, 2e brigade, artillerie et génie, Haguenau.
3e hussards, 2 escadrons du 11e chasseurs à Soultz; 3 escadrons du 11e chasseurs, à Haguenau; 2 escadrons du 2e lanciers, à Wissembourg et 2 à Hatten; 2 escadrons du 6e lanciers à Strasbourg et 2 à Schlestadt; 8e et 9e cuirassiers à Brumath (*Revue d'histoire*, 1er S. 1901, 363)

sible de démêler une idée quelconque dans son dispositif. Le reste du corps d'armée est à Strasbourg.

Le 7ᵉ corps, toujours fort incomplet, est moins encore en état de combattre. Il se répartit de Colmar à Belfort ; une grande partie est restée à Lyon, pour des raisons de politique intérieure[1]. Le général Doutrelaine, commandant le génie du corps d'armée, signale le danger de voir l'ennemi passer le Rhin entre Schlestadt et la frontière suisse, surtout vers Huningue et un peu en aval. Bien qu'il soit fort invraisemblable que les Allemands fassent choix d'une ligne d'opérations aussi excentrique, il croit à la nécessité d'observer attentivement le fleuve. Une ligne de vigies le bordera, appuyée en arrière par neuf postes, de Huningue à Artzenheim, puis par une troisième ligne établie de Bartenheim à Neuf-Brisach. On consacrera à cette surveillance une des divisions du corps d'armée, 3 régiments de cavalerie et 8 batteries. Derrière elle, une autre division, la 2ᵉ brigade de cavalerie et 1 batterie seront à Colmar, Altkirch, Mulhouse, la dernière division demeurant en réserve à Belfort[2]. Ainsi, tout le 7ᵉ corps serait absorbé par l'observation du Rhin entre Huningue et Schlestadt, quoique rien ne soit plus douteux que la présence de l'ennemi en forces sur la rive opposée. La note du général Doutrelaine n'en exercera pas moins une fâcheuse influence sur les dispositions prises, le 4 août, par le général F. Douay[3].

---

[1]. Quartier général, division Liébert, 2 régiments de cavalerie, réserve d'artillerie et génie, à Belfort ; 1 régiment de cavalerie, à Altkirch ; division Conseil-Dumesnil, à Colmar ; division Dupont, 2ᵉ brigade de cavalerie, à Lyon (*Revue d'histoire*, 1ᵉʳ S. 1901, 406).

[2]. Notes du général Doutrelaine sur la défensive (*sic*) du Haut-Rhin remise, le 31 juillet, au général Félix Douay, *ibid.*, 403. L'ex-maréchal Bazaine semble faire allusion à ce document dans ses *Épisodes*, p. 313.

[3]. *Revue d'histoire*, 1ᵉʳ S. 1901, 403. — Une lettre du général Doutrelaine au général Véronique, 1ᵉʳ août, indique que le général Douay fut séduit par les propositions du premier, et qu'il en commença « l'exécution, en envoyant à Altkirch et à Huningue un de ses régiments de cavalerie » (*Ibid.*, 642).

X

LES ALLEMANDS

Ordres donnés aux armées allemandes. — Offensive prescrite à la IIIe armée. — Ordres du prince royal. — Emplacements des Allemands. — Leur cavalerie. — État de leur préparation.

Les états-majors allemands connaissent avec une exactitude relative la répartition et la force de nos troupes[1]. Ils observent, le 31 juillet, « beaucoup de mouvement en avant de Sarrebruck. De nouveaux débarquements ont lieu à Stiring ; de fortes colonnes, avec de l'artillerie, se portent de Saint-Avold sur Forbach. Les forces françaises diminuent à Sierck, tandis que de Bitche, une avant-garde pousse vers Hauviller et se fortifie sur les hauteurs[2]. » Un rapport signale que « toutes les troupes » ont été portées de Saint-Avold à Forbach[3]. Comme ceux de la veille, ces renseignements indiquent que l'armée française opère un mouvement de concentration sur sa droite. On peut croire qu'elle va prendre l'offensive entre Sarrelouis et Sarreguemines[4].

Depuis des années, Moltke tend à prêter une grande importance aux avantages de la défensive tactique. S'il est un offensif à outrance, il ne professe pas moins cette règle : « Stratégie offensive, tactique défensive[5]. » Dès lors, il va

---

1. Verdy du Vernois, *Études de guerre*, traduction, III, 397. Voir *supra*, p. 311.
2. *État-major prussien*, I, 99.
3. *Études de guerre*, II, 171. Voir *supra*, p. 338.
4. *État-major prussien*, I, 98 ; *Revue d'histoire*, 1er S. 1901, 342.
5. Comme le montre la *Revue d'histoire, ibid.*, cette règle ressort des *Moltkes taktisch-strategische Aufsätze aus den Jahren 1857 bis 1871*, parus en 1900. Voir, notamment, des travaux de 1858, de 1860, de 1861, de 1865 (p. 7, 24, 31, 56). En 1868, contre ce que dit la *Revue d'histoire*, il écrit : « Unsere Strategie nicht nur sondern auch unsere Taktik wird daher in Zukunft eine Offensive bleiben » (p. 100). Dans ses instructions du 24 juin 1869, p. 208 et suiv., il fait ressortir les avantages de l'offensive, tout en manifestant ses prédilections pour la défensive-offensive, pour l'emploi des positions.

faire prendre des positions défensives aux Ire et IIe armées, sans renoncer aucunement à une offensive prochaine. La Ire se concentrera sur la ligne Wadern-Losheim, tout en continuant d'observer vers la Sarre. La IIe poursuivra son mouvement au sud-ouest, de sorte que les IIIe, IVe et IXe corps soient, le 3 août, en avant d'Alzey, suivis de près par la garde, les Xe et XIIe corps ; les 5e et 6e divisions de cavalerie, appuyées à distance par deux divisions d'infanterie appartenant aux IIIe et IVe corps, se porteront, dès le 31, vers la frontière française qu'elles atteindront le 3 août [1].

Fidèle à l'esprit de ces instructions, le prince Frédéric-Charles s'occupe de trouver, aux environs de Göllheim et de Kirchheimbolanden, la position la plus avantageuse en vue d'une bataille défensive. Elle est située au point où le Mont-Tonnerre et le Stumpfwald se rapprochent, en formant une sorte de défilé [2].

Ainsi, la masse principale des Allemands, les Ire et IIe armées, va tout d'abord attendre notre attaque. Mais Moltke dispose d'un autre moyen de la tenir en échec. Empruntant peut-être cette inspiration à Clausewitz [3], il a demandé, le 30, au prince royal de prendre l'offensive sur la Lauter. Si nos troupes de la Sarre s'engagent en territoire allemand, elles pourront être placées, à bref délai, dans la situation la plus dangereuse. Il suffirait que la IIIe armée, après avoir refoulé nos corps d'Alsace, décrivît un vaste mouvement de conversion au travers des Vosges, ce qu'elle fera en effet. Mais, dans la matinée du 31, le prince royal répond qu'il ne peut se porter en avant, l'armée n'ayant pas encore achevé sa

---

1. *Moltkes Korrespondenz*, III, I, 181, télégramme aux Ire et IIIe armées, à la Ire, au général von Storch, à la IIe ; von Schell, 11 et suiv. — A dater du 2 août matin, les centres de débarquements de la IIe armée seront reportés à Kaiserslautern et Birkenfeld. Voir dans *Kritische Tage* de Cardinal von Widdern, III, II, 106, l'ordre de Steinmetz, daté du 31 juillet, et, p. 107, l'avis de Frédéric-Charles à Steinmetz, concernant les 5e et 6e divisions de cavalerie (29 juillet).
2. Von der Goltz, *Die Operationen der II. Armee vom Beginn des Krieges bis zur Kapitulation von Metz*.
3. *Théorie de la grande guerre*, traduction de Vatry, II, 304-305. — Clausewitz recommande aux défenseurs, parmi les procédés à suivre, d'agir sur les lignes de communication de l'ennemi, ou de se porter à la contre-attaque sans s'occuper de lui (*Revue d'histoire*, 1er S. 1901, 344).

concentration. Cette réponse est loin de plaire à Moltke. Il insiste pour savoir quand l'offensive pourra se produire. Le général von Blumenthal se borne à faire connaître que l'armée sera prête à marcher le 3 août[1].

Cette fois encore, le chef d'état-major du roi n'est pas satisfait. Il tend à croire que la IIIe armée se mettra en marche seulement après l'arrivée de ses derniers éléments, alors qu'il jugerait avantageux une date moins tardive. Il va envoyer au prince royal un télégramme dans ce sens, quand le lieutenant-colonel von Verdy du Vernois, qui juge ce message trop cassant, obtient d'être envoyé au quartier général de la IIIe armée. Quelques minutes d'entretien feront davantage pour le résultat visé. C'est ce qui a lieu. Arrivé le 2 août à Spire, il apprend que les ordres préliminaires ont été donnés le matin. L'accord se fait en vue de commencer les opérations le 4[2]. Ainsi, la fortune nous accorde encore trois jours pour rallier les troupes éparses de Bitche à Belfort.

Dans la journée du 31 juillet, la concentration allemande, presque achevée pour la IIIe armée, l'est beaucoup moins pour les Ire et IIe. A la Ire, le VIIe corps, seul, est concentré à Trèves, derrière des avant-gardes poussées à Saarburg et à Conz. Au VIIIe corps, la dispersion est encore complète. Une partie de la 16e division cantonne autour de Wadern et de Hermeskeil; le reste est demeuré de Trèves à Sarrebruck, attendant d'être relevé par d'autres troupes. Quant à la 15e division, son infanterie est à une étape de la 16e, autour de Thalsang et de Birkenfeld, son artillerie à Bernkastel. L'ensemble est réparti sur plus de 50 kilomètres. Enfin, l'ar-

---

[1]. *Moltkes Korrespondenz*, II, I, 180-181, télégrammes des 30 et 31 juillet, n°s 81, 82, 83 : « S. M. estime opportun que la IIIe armée, aussitôt que les divisions badoise et wurtembergeoise auront rallié, se porte en avant vers le sud, par la rive gauche du Rhin, cherche l'ennemi et l'attaque. On l'empêcherait ainsi de jeter un pont au sud de Lauterbourg, et l'on protégerait l'Allemagne du Sud de la façon la plus efficace » (Télégramme du 31 juillet, n° 82, 7[h] 30 soir). Le texte des réponses du prince royal n'est pas donné dans la *Moltkes Korrespondenz*; Verdy du Vernois, *Im grossen Hauptquartier*, 50. Voir supra, p. 332.

[2]. Verdy du Vernois, *loc. cit.*

tillerie de corps est également fractionnée : les batteries à cheval, à Mettnich (près de Wadern); les batteries montées, à Wittlich, au delà de la Moselle. Les trains et convois sont encore à une ou deux étapes de la queue du corps d'armée.

Celui-ci est donc loin d'être concentré. Sur l'ordre du grand quartier général, Steinmetz prescrit, pour le 3 août, la concentration de la Ire armée sur la ligne Wadern-Losheim. Le VIIe corps observera la route de Thionville à Trèves; le VIIIe entretiendra la liaison avec Sarrelouis[1].

Bien que couvrant un front très étendu, 40 kilomètres, la IIe armée, plus que la Ire, est en état de résister à une offensive brusquée. Le IIIe corps est à Wörrstadt (sud-ouest de Mayence), son avant-garde à Fürfeld. Il lui manque 7 batteries, trois compagnies de pionniers et une partie du premier échelon de ses trains, restés derrière le Xe corps. Toutefois, on pourra débarquer ces fractions à Birkenfeld, ce qui permet de compter sur la concentration du corps d'armée pour le 3 août. Le IVe, à Dürkheim et Hochspeyer, son avant-garde à Kaiserslautern, est complet, moins le deuxième échelon de ses trains.

En deuxième ligne, la garde prussienne est entre Worms et Mannheim, autour de Frankenthal; 4 bataillons, 4 escadrons et 4 batteries débarqueront, le 1er, à Mannheim. L'artillerie de corps, la division de cavalerie, la majeure partie du premier échelon pourront être transportés, avant le 3 août, à Kaiserslautern, où la tête du corps d'armée arrivera le 4. Le IXe corps est concentré autour d'Oppenheim, sur le Rhin. Le XIIe, le 31, à Morsbach et Kastel, passe en grande partie le fleuve ce même jour et pousse son avant-garde à Nieder-Olm, au sud-ouest de Mayence. Enfin, le Xe est à Bingen ; il lui manque 6 bataillons, 7 batteries, une partie de son premier échelon, mais le tout pourra rallier avant le 3.

Dès le 29 juillet[2], Frédéric-Charles a prescrit aux 5e et

---

1. *État-major prussien*, I, 107. Noter que la 3e division de cavalerie n'est pas encore constituée ; ses régiments sont avec leurs corps d'armée respectifs.
2. Voir *suprà*, p. 332.

6ᵉ divisions de cavalerie de se porter en avant, sous les ordres de l'un des divisionnaires, von Rheinbaben. La 6ᵉ doit se diriger de Fürfeld, par Meissenheim, sur Neunkirchen ; la 5ᵉ l'encadrera à droite et à gauche, les brigades von Redern et von Barby marchant par Sobernheim, Baumholder sur Völklingen ; celle de von Bredow, par Dürkheim et Kaiserslautern sur Homburg. Un détachement de flanc, qui les relie à la IIIᵉ armée, complète ce dispositif bizarre, assurément difficile à justifier.

Les 5ᵉ et 6ᵉ divisions doivent s'établir à une petite étape de la frontière. De là elles exécuteront constamment des entreprises contre l'ennemi, au moyen d'escadrons ou de régiments jetés en avant ; elles chercheront et garderont le contact[1]. Il semble qu'il n'y ait pas là d'exploration véritable, ni même d'emploi rationnel de la cavalerie en couverture. Pourtant Moltke admet la constitution de *corps* de cette arme, mais pour un temps limité et en vue d'un objectif déterminé[2]. Son mémoire du 6 mai 1870, prévoit même la formation d'une avant-garde générale, composée d'un corps de cavalerie et d'une division d'infanterie[3]. Dans sa pensée, cette infanterie semble destinée uniquement à fournir un point d'appui solide à l'arme sœur. C'est le rôle attribué aux deux divisions des IIIᵉ et IVᵉ corps qui doivent suivre les 5ᵉ et 6ᵉ divisions de cavalerie[4].

---

1. *État-major prussien*, I, 108-109 : « ... Il s'agit moins d'intervenir en grandes masses que d'être partout avec la cavalerie et de former un voile devant l'armée » (Ordre de Frédéric-Charles, daté du 28 juillet). — La séparation de la 5ᵉ division en deux groupes tient à ce que, formée de fractions des IVᵉ et Xᵉ corps, elle avait deux points de débarquement, Mannheim et Bingen, à 66 kilomètres à vol d'oiseau. Il eût été néanmoins possible de parer à cet inconvénient (Cardinal von Widdern, *Kritische Tage*, 1ʳᵉ partie, IIIᵉ vol., Iʳᵉ livr., 4). La 5ᵉ division ne sera réellement constituée que le 7 août.

2. Mémoire du 25 juillet 1868 sur les enseignements de la guerre de 1866, *loc. cit.*, 125 : « Mais le groupement de la cavalerie et sa formation en corps dès la première concentration de l'armée ne peuvent avoir lieu sans un objectif bien déterminé, ne serait-ce qu'en raison des difficultés d'alimentation. » Ce passage ne nous paraît pas avoir été interprété comme il convient par la *Revue d'histoire*, 1ᵉʳ S. 1901, 331.

3. *Moltkes Korrespondenz*, III, I, 132.

4. Voir *suprà*, p. 343 ; *Moltkes Korrespondenz*, *loc. cit.* ; mémoire du 25 juillet 1868, *loc. cit.*

En somme, malgré l'envoi de celles-ci vers la frontière, les escadrons allemands rendront très peu de services au début des opérations. A la Ire armée, la 3e division sera encore, le 5 août, derrière le VIIIe corps; elle ne passera la Sarre que le 10; la 1re atteindra cette rivière le 8. A la IIIe armée, le 3 août, la 4e division n'aura pas devancé le Ve corps et les Bavarois. A la IIe, il est vrai, les 5e et 6e divisions précèdent leur infanterie dès le 31 juillet, mais elles ne doivent atteindre la Sarre que le 3 août, derrière les têtes de colonne de la Ire armée. Leur mission, telle qu'elle a été indiquée plus haut, est insuffisante. Des escadrons ou des régiments seront arrêtés là où des reconnaissances d'officiers passeraient sans peine. C'est trop ou trop peu. Leur prise de contact s'arrêtera à l'épiderme. Ce n'est pas de l'exploration véritable[1].

Quoi qu'il en soit, le 31 juillet, les 5e et 6e divisions de cavalerie portent leurs fractions les plus avancées sur la ligne Martinstein, Meissenheim, Dürkheim, à 80 kilomètres au moins, en ligne droite, de la frontière où l'on compte qu'elles arriveront le 3 août. Derrière elles, à la même date, le IIIe corps sera vers Baumholder, le IVe à Kaiserslautern (45 kilomètres de la Sarre à vol d'oiseau). Deux de leurs divisions pousseront d'une étape plus avant[2].

La IIIe armée est beaucoup moins éloignée de la frontière. Le XIe corps, dont le gros cantonne autour de Germersheim, a son avant-garde à Rheinzabern, vers Lauterbourg, et des avant-postes à Langenkandel se reliant vers l'est aux Badois de Hagenbach. A l'ouest, la 4e division bavaroise est entre Bergzabern et Landau, gardant la route de Wissembourg. Le reste des Ier et IIe corps bavarois se concentre autour de Spire (1re et 2e divisions) et de Neustadt (3e). Un détachement, colonel von Rex, surveille à Annweiler la route de Pirmasens à Landau. Quant au

---

1. Voir la *Revue d'histoire*, 1er S. 1901, 332 et suiv., d'après le colonel de Chabot, *La cavalerie allemande pendant la guerre de 1870-1871*, 20-21, et le colonel Cherfils, *Essai sur l'emploi de la cavalerie*, 40-53.
2. *État-major prussien*, I, 109.

V⁰ corps, il est bizarrement intercalé, autour de cette petite place, entre les 3ᵉ et 4ᵉ divisions bavaroises¹.

Bien que la concentration de ces troupes soit relativement avancée, il leur manque encore un nombre très considérable d'éléments : au Vᵉ corps, 4 escadrons, 6 batteries, la majeure partie des colonnes de munitions et des trains ; au Iᵉʳ bavarois, *11 bataillons, 8 escadrons, 13 batteries, toutes les colonnes et les trains ;* au IIᵉ bavarois, 1 bataillon, 4 escadrons, 11 batteries, les colonnes et les trains. La 4ᵉ division de cavalerie n'est pas encore constituée. La IIIᵉ armée dispose de 116 bataillons, 86 escadrons et 300 pièces². Une offensive énergique de nos 1ᵉʳ, 5ᵉ et 7ᵉ corps, si elle était possible, n'en aurait pas moins de sérieuses chances de succès. Mais nos troupes d'Alsace sont moins concentrées encore que celles du prince royal. En outre, l'empereur et le maréchal de Mac-Mahon ne croient pas à l'urgence de l'offensive.

Celle-ci est prévue par l'ennemi. Si elle se produit sur la Lauter, les Vᵉ et XIᵉ corps, la 4ᵉ division bavaroise se rassembleront derrière le Kling-Bach et y tiendront énergiquement. Si nous opérons par la rive droite du Rhin, les Badois prendront une position de flanc à Oos et se replieront à travers la montagne sur Ettlingen et Karlsruhe, où ils seront recueillis par les Wurtembergeois. Au besoin, le XIᵉ corps passerait le fleuve pour les soutenir³. Dès lors, une offensive du 1ᵉʳ corps, même renforcé de fractions notables des 5ᵉ et 7ᵉ, tout à fait impraticable à l'est du Rhin, aurait très peu de chances de succès à l'ouest.

Telle est la situation au 31 juillet. Sans tenir compte de

---

1. *État-major prussien*, I, 109. Noter que les avant-postes de la IIIᵉ armée à Hagenbach, Langenkandel, Schaidt, Vorder-Weidenthal sont à 15 kilomètres au plus de notre frontière. Le détachement d'Annweiler est composé du 58ᵉ, d'un escadron du 4ᵉ dragons et de 2 pièces. Au XIᵉ corps, la 22ᵉ division est à Bellheim, la 21ᵉ à Knitelsheim.

2. *État-major prussien*, I, 110.

3. Le XIᵉ corps se rassemblerait à Herxheimweiher, le Vᵉ à l'ouest d'Insheim, la 4ᵉ division bavaroise entre Heuchelheim et Klingenmünster (*État-major prussien*, I, 110 ; ordre au commandant du XIᵉ corps, reçu le 31 juillet, Verdy du Vernois, *Études de guerre*, II, 226).

la possibilité, pour nos troupes, d'une concentration plus rationnelle, il est permis de croire que les 5e, 2e, 3e, 4e corps pourraient encore recueillir de beaux résultats d'une offensive de courte envergure contre les têtes de la Ire armée. Celles de la IIe ne doivent border la Sarre qu'à dater du 6 août. Steinmetz a un tempérament offensif par essence. Il supporte mal la moindre contrainte. Dès lors, toutes les chances sont pour qu'il accepte la bataille au lieu de gagner, par une retraite pied à pied, le temps nécessaire à l'entrée en scène de Frédéric-Charles. Son infériorité numérique serait telle, même sans tenir compte de la dispersion de ses troupes, qu'il ne pourrait éviter un grave échec[1].

---

1. *Revue d'histoire,* 1er S. 1901, 348. Voir le projet de tableau de marche, datant de fin juillet 1870, reproduit dans la *Moltkes Korrespondenz,* III, I, 183.

XI

LE 1ᵉʳ AOÛT

Renseignements sur l'ennemi. — Le commandement suprême. — Ordres pour le 2 août. Mouvements du 1ᵉʳ. — Les Allemands.

Le 1ᵉʳ août, les renseignements recueillis sur l'ennemi sont nombreux et souvent contradictoires. Certains présentent même un caractère suspect. D'après le grand quartier général, on continue de signaler de divers côtés « la marche de colonnes prussiennes du Rhin vers la Sarre ». On a constaté sur la rive gauche du fleuve la présence d'unités appartenant à six corps d'armée, les IIᵉ, IIIᵉ, VIᵉ, VIIᵉ, VIIIᵉ et Xᵉ. Mais, « on affirme qu'une partie des réserves prussiennes, d'abord convoquées, auraient été renvoyées, temporairement du moins, faute d'effets d'habillement et d'équipement ». On relève la construction de travaux défensifs à l'ouest de Sarrelouis, la présence, vers Saint-Ingbert, d'une division mixte prussienne et bavaroise ; à Neunkirchen (Nunkirchen, sud de Wadern ?), celle du commandant du VIIIᵉ corps. Ce corps d'armée, « tout au moins », serait à proximité de Sarrebruck [1].

Le soir, des renseignements venus de Trèves, Wittlich et Conz confirment le passage de troupes considérables en ces points ; on parle de deux corps d'armée, les VIIIᵉ et XIᵉ, de 37,000 hommes répartis entre Saarburg et Trèves. Un autre agent signale la concentration de 40,000 hommes de Conz à Sarrelouis [2] ; ce bruit présente assez de consistance pour que le major général en avise aussitôt le maréchal Bazaine

---

[1]. Bulletin de renseignements du grand quartier général ; Bulletins de la division Bataille, des 3ᵉ et 4ᵉ corps (1ᵉʳ août), *Revue d'histoire*, 1ᵉʳ S. 1901, 661-668.

[2]. Renseignements arrivés le 1ᵉʳ août soir ; un agent de Thionville au major général, 7 heures matin ; le préfet de la Moselle au major général ; Bulletin du 4ᵉ corps (*Ibid.*, 662-668).

et le général de Ladmirault[1]. Dès lors, la pensée d'une concentration vers Sarrelouis va hanter le commandant du 3ᵉ corps, en contribuant à le paralyser jusqu'au 7 août.

En Alsace, les renseignements comportent une assez forte part d'inexactitude : « Sur la frontière, près de Wissembourg, les postes sont toujours peu nombreux... L'ennemi s'occupe à faire des abatis et d'autres ouvrages sur la route de Wissembourg à Landau. » Le maréchal de Mac-Mahon transmet les fausses indications fournies la veille par « l'ancien soldat de la légion étrangère », sur la présence de forces importantes à l'est du Rhin[2]. Mais ce bruit est aussitôt démenti. Le même soir, on informe le major général qu'il n'y a personne à Neustadt et à Constance. Badois et Wurtembergeois remontent « depuis deux jours vers le nord et l'ouest, pour être encadrés, dit-on, entre les corps prussiens, dans le Palatinat ». Les masses ennemies sont concentrées autour de Landau, Maxau et Germersheim ; « 8 régiments à Landau, beaucoup de troupes à Pirmasens..., 2 régiments à Kandel » ; à Bergzabern et Annweiler des « forces minimes ».

A ces données relativement très exactes, le capitaine Jung joint l'ordre de bataille des armées allemandes et leurs emplacements, qui ne le sont pas moins[3]. Toutefois, nous ne

---

1. « Des renseignements qui me parviennent indiquent que la concentration de l'ennemi augmenterait entre Conz et Sarrelouis. Vous avez à veiller beaucoup du côté de Sarrelouis » (Note s. d. de la main du major général ; une annotation porte que des télégrammes dans ce sens ont été envoyés au maréchal Bazaine et au général de Ladmirault, 3 heures soir, *Revue d'histoire*, 1ᵉʳ S. 1901, 663). Voir dans *L'armée du Rhin*, 261, le texte du premier, daté de 3ʰ 17. Il fut transmis, dès 4 heures, au général Frossard (*Revue d'histoire*, 1ᵉʳ S. 1901, 603). — Le général de Cissey écrit, le même soir, au général de Ladmirault que des troupes prussiennes, environ 2,000 hommes, se rassemblent à Nied-Altdorf et Loignon, à l'ouest de Sarrelouis (*Ibid.*, 627), ce qui semble confirmer les renseignements du major général.

2. Voir *suprà*, p. 335 ; Bulletins du 1ᵉʳ corps, 1ᵉʳ août matin et soir, *Revue d'histoire*, 1ᵉʳ S. 1901, 663.

3. « Trois corps avec landwehr, pour couvrir frontière maritime de l'Ems à Dantzig ; 160,000 hommes sous Vogel et Herwarth.

« Steinmetz, vers Coblenz, avec deux corps et deux divisions landwehr, 70,000 hommes.

« Prince Charles, de Mayence à Mannheim, avec six corps, 160,000 hommes.

« Prince royal, vers Karlsruhe, avec deux corps prussiens et les Alliés, 160,000

semblons pas prêter à la concentration de la IIIᵉ armée, si près de la frontière, l'importance qui conviendrait. Ducrot écrit au général Abel Douay : « En résumé, les renseignements qui me parviennent me font supposer que l'ennemi n'a pas de grandes forces très rapprochées de ses avant-postes, et qu'il n'a nulle envie de prendre l'offensive[1]. » L'erreur est complète, on le voit.

De l'ensemble ressortent un certain nombre de données : l'existence de trois groupements distincts à l'est du Rhin, celui de la Forêt-Noire très douteux ; une autre concentration à l'ouest, vers Landau ; un double mouvement en voie d'exécution de Trèves et de Bingen vers la Sarre, déjà signalé les jours précédents. Il y aurait des forces importantes, trois divisions au moins, à proximité de notre frontière vers Neunkirchen (Nunkirchen?), Dudweiler, Sarrebruck et Saint-Ingbert.

Dans la situation présente, les résultats obtenus par le service des renseignements peuvent passer pour satisfaisants. Nos reconnaissances n'y entrent pour rien. Elles continuent, en effet, de se faire avec la plus extrême timidité, la cavalerie semblant ne pouvoir se détacher de nos bataillons. Ainsi, le lieutenant-colonel du 29ᵉ de ligne rend compte qu'il n'a rencontré « nulle part trace de l'ennemi », mais que des troupes nombreuses, des trois armes, occupent Bérus et les environs. Or, sa reconnaissance, à laquelle prenait part un escadron de chasseurs, a dépassé Creutzwald-la-Croix, et Bérus n'est qu'à 6 kilomètres. Il n'a pas songé à vérifier les renseignements fournis par les habitants, ce que la

---

hommes » (Le capitaine Jung au major général, 1ᵉʳ août, 6ʰ 15 soir ; le maréchal de Mac-Mahon au même, 7ʰ 40 soir, *Revue d'histoire*, 1ᵉʳ S. 1901, 665). M. le général Fay résume le sens général du premier télégramme dans son *Journal d'un officier de l'armée du Rhin*, 38. — Le Bulletin de renseignements du 7ᵉ corps porte : « Aucun mouvement sur la rive badoise ne m'a été signalé. Je crois toujours qu'il n'y a pas de troupes dans le sud du grand-duché... » (*Revue d'histoire*, ibid., 669). — Le journal *Le Nord* annonce : « L'organisation de toute l'armée du Sud est presque achevée, grâce à l'activité infatigable de tous. Le prince royal est attendu demain à Karlsruhe » (*Ibid.*, 670).

1. *Revue d'histoire*, 1ᵉʳ S. 1901, 588.

moindre patrouille eût pu faire.¹ Nouvelle preuve que nous avons perdu toute notion de la guerre.

A mesure qu'il approche du dénouement, le commandement se rend mieux compte des difficultés qui l'accablent. La majorité des généraux croit à la nécessité de la défensive; le soldat, lui, est impatient de marcher à l'ennemi. Toutes les prévisions de l'empereur ont été trompées. Pas plus qu'aucun de ses lieutenants, il ne connaît notre effectif réel, qui est certainement fort au-dessous des chiffres rêvés². D'après M. le général Derrécagaix³ nous n'aurions sur la frontière, le 1ᵉʳ août, que 267 bataillons, 195 escadrons et 152 batteries, soit 222,242 hommes et 56,094 chevaux, déduction faite des fractions encore à l'intérieur, comme le 6ᵉ corps et une partie du 7ᵉ. Le matériel est fort incomplet dans tous les corps d'armée, et l'on s'exagère encore les difficultés qui en résultent. Par suite, Napoléon III juge indispensable d'attendre le campement, l'équipement, les équipages, les détachements annoncés. Trois ou quatre jours suffiront et nous pourrons entamer les opérations sérieuses du 4 au 5; du moins, il l'espère. Mais ce retard provoque l'étonnement, puis le mécontentement de tous. Des explosions de colère se manifestent, jusqu'au grand quartier général, contre ceux qui ont si mal préparé la guerre. L'empereur, à peu près seul, conserve son calme inaltérable. Il « gémit presque silencieusement ».

Dès lors, le commandement devient plus hésitant; il doute de lui-même et ce doute gagne les troupes : « Des projets, des contre-projets; des décisions prises et aussitôt annulées, des ordres et des contre-ordres se succédaient sans qu'on s'arrêtât à rien de définitif⁴. » Cet état d'esprit se trahit dans une lettre du maréchal Le Bœuf au général Dejean, qui le remplace par intérim au ministère : « Lorsque

---

1. Rapport du lieutenant-colonel du 29ᵉ de ligne, 1ᵉʳ août, *Revue d'histoire*, 1ᵉʳ S. 1901, 553, 619.
2. Voir aux annexes l'effectif au 1ᵉʳ août; voir aussi *supra*, p. 188.
3. I, 429. Suivant l'état officiel (*Revue d'histoire*, 1ᵉʳ S. 1901, 579, l'armée, moins le 6ᵉ corps seulement, compte en tout 215,716 hommes et 48,551 chevaux.
4. Général Lebrun, 213.

j'ai pris congé de vous, je croyais bien qu'à la date de cette lettre, nous serions en opérations. Malheureusement, notre organisation administrative nous retient encore sur la frontière..., je commence à craindre que nous n'ayons pas les avantages et les honneurs de l'offensive.

« Demain matin nous prendrons Sarrebruck. Je voulais passer la Sarre et détruire la voie ferrée, dont l'ennemi use largement. On m'a trouvé trop audacieux et, dans une conférence, on s'est décidé à rester sur la rive gauche. Ce ne sera qu'un préliminaire... sans doute suivi d'une nouvelle pause... » Puis le maréchal insiste pour qu'on accélère l'envoi du matériel manquant encore. Il ajoute : « Ayez soin que l'artillerie forme promptement ses équipages de siège, à Metz et à Strasbourg ;

« Après le départ de l'armée, continuez à bonder Metz et Strasbourg, points capitaux de notre base d'opérations. Ne négligez pas Bitche, qui peut devenir un point de ravitaillement secondaire, mais important, si nous opérons dans la Bavière rhénane ;

« Il est probable que le maréchal Canrobert, avec ses trois divisions de Soissons et de Châlons, sera prochainement appelé à occuper la frontière, avec son quartier général à Saint-Avold ;

« L'empereur désire appeler Douay, le plus tôt possible, dans la Basse-Alsace, avec son quartier général à Strasbourg, Mac-Mahon portant le sien à Haguenau [1].

---

1. Le major général télégraphie au général Douay, 3ʰ 20 soir : « Des deux divisions de votre corps d'armée, qui occupent Colmar et Belfort, quelle est celle qui sera la première prête à être dirigée sur le Bas-Rhin ? Où en est votre cavalerie ? » Réponse, 5ʰ 30 soir : « Les divisions de Colmar et de Belfort sont exactement dans le même état d'imperfection ; elles attendent le résultat des démarches faites à Paris pour compléter le matériel et les ustensiles de campement. J'espère, d'ici deux ou trois jours, qu'il sera obtenu » (*Revue d'histoire*, 1ᵉʳ S. 1901, 640).

De son côté, le maréchal de Mac-Mahon télégraphie au général F. Douay : « L'empereur désire que le 1ᵉʳ corps quitte Strasbourg en entier pour se rapprocher de la frontière nord. L'ennemi ne paraissant pas avoir de forces considérables du côté de Rastatt, il voudrait que vous vinssiez, avec votre corps, relever le 1ᵉʳ à Strasbourg, laissant seulement une division en arrière, destinée à empêcher l'ennemi de couper le chemin de fer entre cette place et Altkirch » (Souvenirs inédits du maréchal, *ibid.*, 583).

« En résumé, hâtons-nous, car les renseignements que je reçois indiquent chez l'ennemi des dispositions offensives, bien qu'il soit loin d'être prêt... De part et d'autre, on se prépare à une guerre sérieuse... L'empereur, qui ne veut pas se mettre en mouvement avant d'avoir assuré l'intérieur, a hâte de voir former des régiments de marche[1]. »

Visiblement Napoléon III cherche tous les moyens de renforcer une armée qu'il pressent insuffisante. Ainsi, il hâte le renvoi en France de la brigade restée dans les États romains. Elle remplacera, à Lyon, la 3ᵉ division du 7ᵉ corps, qui se portera à Colmar, tandis que celle du général Conseil-Dumesnil ira de Colmar à Strasbourg ou plus au nord. Il est convenu, avec le duc de Gramont, que le départ des troupes de Civita-Vecchia aura lieu le 5 août[2].

Le rappel de cette brigade est intimement lié, nous l'avons vu[3], aux négociations en cours avec l'Autriche et l'Italie, au sujet d'une alliance. L'un des principaux intermédiaires, comte Vimercati, vient d'arriver à Paris, et l'impératrice demande un sauf-conduit destiné à lui permettre de rejoindre Napoléon III[4]. Peut-être le désir de mener à bien ces pourparlers contribue-t-il aux hésitations de l'empereur? Il craint de tout compromettre par un échec.

Ces dispositions expliquent l'aspect que prennent nos préparatifs pour l'opération du 2 août. Jamais combat ne fut combiné avec un tel luxe de prescriptions détaillées, entrepris par un nombre d'unités aussi considérable, avec un plus mince résultat. Nous avons dit quelles sont les forces

---

1. Le major général au général Dejean, 1ᵉ août, *Revue d'histoire*, 1ᵉʳ S. 1901, 577. — Une annotation du général Soleille, en marge d'une lettre du général Mitrecé, directeur général des parcs et des équipages d'artillerie, 1ᵉʳ août, porte que l'on doit concentrer à Toul les fractions 2 et 2 *bis* du grand parc de campagne (*Ibid.*, 651).
2. *Ibid.*, 570-571, 1ᵉʳ août : le major général au ministre, sans heure ; le ministre au major général, 7ʰ06 et 11ʰ50 soir ; le ministre au général Dumont, sans heure ; note autographe du major général.
3. *Les Origines*, 376.
4. L'impératrice au ministre de la guerre, Saint-Cloud, 1ᵉʳ août, 5ʰ6 soir : « Faites donner, je vous prie, un sauf-conduit au comte Vimercati qui se rend au quartier impérial. » Le comte ne resta que quelques heures à Paris (*Revue d'histoire*, 1ᵉʳ S. 1901, 529 ; W. Busch, *Die Beziehung Frankreichs zu Œsterreich und Italien, zwischen den Kriegen von 1866 und 1870-1871*, 65).

mises à la disposition du maréchal Bazaine. L'empereur les croit encore insuffisantes, car il y fait ajouter deux divisions du 3ᵉ corps et une du 4ᵉ[1].

Quant à l'objectif visé, le voici tel qu'il ressort d'une lettre du maréchal au général de Ladmirault : « ...M. le général Frossard doit s'emparer, demain matin, de la portion de Sarrebruck qui se trouve sur la rive gauche de la Sarre, et occuper les points culminants situés » à droite et à gauche de cette ville. Il pourra, « par le feu de son artillerie, détruire la gare de Saint-Jean et rendre impraticable, si cela est possible..., la communication par la voie ferrée, entre Sarrelouis et Mayence.

« Je dois l'appuyer sur sa gauche par une démonstration offensive sur Werden (Wehrden); de Failly doit l'appuyer sur sa droite par une même opération sur Auersmacher (Auersmachern). La 3ᵉ division (du 3ᵉ corps), qui est à Ham-sous-Varsberg, concourra à l'opération, tout en laissant du monde pour garder son campement.

« Il serait utile, si vos troupes sont en position à Teterchen, de faire pousser une reconnaissance offensive sur Hargarten et Merten, poussant même jusqu'à Uberherrn et Besten, en se méfiant beaucoup de Bérus, où, dit-on, ils auraient (sic) un assez gros détachement avec de l'artillerie[2].

« Notre but est de faire rétrograder tous les détachements prussiens éparpillés dans cette zone sous les murs de Sarrelouis, de tâcher d'en battre quelques-uns, sans cependant nous compromettre.

« L'opération terminée, c'est-à-dire quand M. le général Frossard me fera prévenir qu'il est fortement installé sur les

---

[1]. Voir *suprà*, p. 329. « Pour l'opération qui doit être exécutée demain, sous votre commandement, disposez, si vous le jugez nécessaire, des quatre divisions de votre corps et de la division Lorencez du 4ᵉ corps. Donnez, au besoin, les ordres de mouvement et un avis au général Ladmirault (sic) qui est à Boulay.

« Faites-moi savoir, aussitôt que possible, ce que vous avez décidé, si vous faites faire mouvement aux divisions Lorencez, Decaen et Metman. L'empereur appelle votre attention sur la garnison de Sarrelouis » (Note autographe du maréchal Le Bœuf, s. d., *Revue d'histoire*, 1ᵉʳ S. 1901, 612).

[2]. Voir *suprà*, p. 352.

positions conquises..., les troupes rentreront à leurs campements[1]. »

Telles sont les dispositions générales prévues pour le lendemain. On voit combien elles trahissent de timidité, à quel point elles ont peu un caractère offensif. Bien que le maréchal Bazaine doive exercer le commandement suprême[2], il affecte de s'en désintéresser, comme il fera le 6 août. A part les instructions résumées plus haut pour le 4e corps et les ordres qu'il donne au 3e, il ne prend pas la moindre décision. Il n'y a pas trace de prescriptions qu'il ait adressées au général Frossard[3]. Au contraire, il prend son heure : « L'empereur approuve l'opération telle qu'elle a été réglée dans notre conférence d'hier. Dites-moi à quelle heure vous voulez commencer..., afin de régler mes mouvements en conséquence. La 1re division du 3e corps se portera dans l'après-midi à Rosbruck. »

Frossard se borne à répondre : « Mon opération est réglée dans ses détails; elle se fera à 10 heures du matin. Le brouillard pourrait empêcher (sic) plus tôt. L'ennemi ne s'attendra à rien à cette heure-là. Si votre 1re division règle son mouvement de manière à se trouver près de Werden vers 10 heures, ce sera bien[4]. » Rien ne ressemble moins, on le voit, à la correspondance entre un chef et son subordonné.

Le général Frossard n'assure pas le secret de l'opération qu'il prépare. Dès l'après-midi du 1er août, elle est connue de certains habitants de Spicheren[5]. En outre, l'ordre qu'il donne à ses troupes est fait pour paralyser toute initiative, tant ses prescriptions sont touffues.

L'attaque des hauteurs sud de Sarrebruck sera confiée à la division Bataille : à droite, 1 bataillon du 67e et 1 peloton

---

1. *Revue d'histoire*, 1er S. 1901, 611.
2. Note précitée du maréchal Le Bœuf.
3. *Revue d'histoire*, 1er S. 1901, 532.
4. *Ibid.*, 602.
5. Colonel Devaureix, *Souvenirs et observations sur la campagne de 1870*, I, 23, cité par la *Revue d'histoire*, 1er S. 1901, 533.

du 5ᵉ chasseurs, lieutenant-colonel Thibaudin, traverseront le bois d'Arneval (Saint-Arnual), prendront ce village et « la hauteur qui le domine ». Les deux autres bataillons, après avoir suivi le chemin de Spicheren à Sarrebruck, descendront dans le ravin (nord-est du Rothe-Berg), en obliquant à droite, et prendront une direction indiquée « sur le terrain » par le commandant du corps d'armée.

Le 66ᵉ, se conformant au mouvement du 67ᵉ, se portera à sa gauche « pour franchir le ravin et gagner aussi les hauteurs à occuper ». Il sera suivi d'une batterie de 4. Une batterie de 12 appuiera cette brigade, en prenant position « tout près et à gauche de la route sur le mamelon (cote 300), à l'emplacement qui a été reconnu et qui sera indiqué... par un officier du général Bastoul ». Une des brigades, une batterie et la compagnie de sapeurs du général de Laveaucoupet suivront en deuxième ligne. La seconde brigade se tiendra prête à intervenir, tout en jetant 1 bataillon et 1 peloton de dragons « par la vallée du moulin de Simbach », sur la route de Sarreguemines et Sarrebruck, aussi près que possible de Saint-Arnual.

Pendant ce mouvement de notre droite, 1 bataillon du 8ᵉ de ligne se portera par la voie ferrée vers Sarrebruck, en se réglant sur la marche de la brigade Bastoul. Le reste du 8ᵉ, le 12ᵉ bataillon de chasseurs et le 23ᵉ de ligne, 1 batterie de 4, 1 compagnie du génie, suivront la grande route, puis « se déploieront en partie entre cette route et les bois de la gauche, un peu en deçà de la ligne frontière ».

La 1ʳᵉ brigade de la division Vergé, moins le bataillon de chasseurs, formera deuxième ligne avec 1 batterie de 4 et 1 compagnie de sapeurs ; 1 batterie de 12 suivra. Enfin, à l'extrême gauche, le colonel du Ferron, 1 escadron et 2 bataillons de la division Vergé, reconnaîtront jusqu'à Gersweiler par Schœneck.

Le général Frossard donne ensuite les prescriptions les plus minutieuses sur les heures auxquelles commenceront les divers mouvements. Il y joint cette recommandation naïve : « La troupe et les officiers emporteront de quoi manger, attendu qu'on ne sait pas à quelle heure on pourra rentrer dans les campements, le soir¹. »

Est-il nécessaire de faire remarquer les côtés défectueux de ce document, qui tient plus du scénario que de l'ordre de combat? Il renferme les prescriptions les plus détaillées et en même temps les moins précises. Ainsi, les diverses colonnes n'ont pas d'objectif nettement déterminé. Il n'y en a pas non plus pour l'ensemble. Chose plus grave, il n'est pas fait mention de l'ennemi, bien que le général Frossard connaisse une partie de ses emplacements. Le rôle des troupes voisines n'est pas spécifié. La division de cavalerie du 2ᵉ corps ne reçoit aucune mission; il n'est pas constitué d'avant-garde, en sorte que le corps d'armée déploie à l'avance toute une division contre une mince ligne d'avant-postes. L'artillerie est disséminée par batterie. L'emplacement où se tiendra le commandant du corps d'armée n'est pas indiqué². Pourtant l'état-major de l'armée du Rhin et Frossard lui-même croient avoir affaire à des forces considérables. Ils prévoient un combat sérieux³. Quel contraste avec les dispositions prises!

Les ordres donnés par le général de Failly présentent le même caractère. Il voudrait exécuter l'opération à la pointe du jour; détail à noter, il s'adresse, dans ce but, à Frossard et non au maréchal Bazaine qui devrait exercer le commandement⁴. Il prescrit aux 1ʳᵉ, 2ᵉ divisions et à la cavalerie

---

1. Ordre reproduit par la *Revue d'histoire*, 1ᵉʳ S. 1901, 533. — Le lieutenant-colonel Thibaudin doit commencer son mouvement à 9 heures; les 67ᵉ et 66ᵉ, à 9ʰ 45; la batterie de 12, à 9ʰ 30; le bataillon du 8ᵉ, à 10 heures; la 1ʳᵉ brigade de la division Bataille et le 5ᵉ chasseurs seront à 10 heures sur la route à hauteur de Stiring; le colonel du Ferron sera à Schœneck vers 9ʰ 30.

2. *Ibid.*, 536.

3. Général Frossard, *Rapport sur les opérations du 2ᵉ corps;* bulletins de renseignements du grand quartier général et du 2ᵉ corps, 29 juillet, *Revue militaire*, 1900, 1032, 1043; bulletin du grand quartier général, 31 juillet, *Revue d'histoire*, 1ᵉʳ S. 1901, 416; général Lebrun, *Souvenirs militaires*, 222.

4. « Je demande d'avancer l'heure de l'opération du lendemain (*sic*) et de la mettre à la pointe du jour au lieu de 11 heures du matin. » — Réponse : « Non, le mouvement se fera demain à 10 heures. Tout est réglé. Le maréchal est informé. » Le maréchal Bazaine au général de Failly : « L'empereur approuve l'opération telle qu'elle a été arrêtée dans votre conférence d'hier. Votre mouvement se réglera sur celui du général Frossard » (*Revue militaire*, 1893, 298).

du 5ᵉ corps « une grande reconnaissance sur la rive droite de la Sarre et de la Blies ». Leur mouvement commencera dès 3 heures et demie du matin.

A droite, le 5ᵉ lanciers se portera de Rohrbach vers la frontière (Niedergailbach), d'où il se reliera aux troupes à sa gauche. Le 3ᵉ lanciers ira par la ferme de Wising à Bliesbrücken, Rheinheim, « jusqu'aux hauteurs qui dominent Gersheim à droite ».

A la 1ʳᵉ division, le 61ᵉ se portera de même à Bliesbrücken, Rheinheim, où il attendra les lanciers, les laissera passer et leur servira de soutien, « en se portant à 1 ou 2 kilomètres au nord » du village. Avec 2 escadrons, le colonel Flogny, partant de Sarreguemines, suivra la route de Deux-Ponts « et poussera sa tête de colonne jusqu'à Bebelsheim ». Une brigade de la division Goze se portera en soutien de cette reconnaissance ; un de ses régiments et une batterie traverseront la Blies à Frauenberg, pour aller prendre position sur le plateau à 2 kilomètres au nord, couverts par un bataillon au moins, poussé en avant du bois de Neuwiederwald (Breiter Wald?). Le reste de la brigade et une batterie s'établiront au sud de la rivière ; de même pour la seconde brigade du général Goze, avec une batterie au sud de Bliesguerschwiller.

A la 2ᵉ division, « la brigade de Maussion, précédée de l'escadron divisionnaire, ira prendre position au-dessus d'Auersmacher (Auersmachern)... Après s'être déployée » et le village reconnu, elle se portera sur le plateau de Bliesguerschwiller et Kleinblidersdorf (Klein-Blittersdorf)[1]. Puis elle reconnaîtra Rauschbach et « Wintringen sur le chemin de Fechingen ». La brigade Lapasset ne traversera pas la Blies et prendra position, avec une batterie, au nord de Grosbliederstroff, face à la rivière, pour protéger le mouvement du général de Maussion. L'artillerie de réserve suivra le mouvement de ce dernier. Les troupes régleront leur

---

1. L'ordre fait mention de l'artillerie, qui passera la Blies sur le pont de bateaux avec la cavalerie, sans spécifier de quelles batteries il est question.

marche de façon à atteindre, « autant que possible, à 7 heures, et non avant », leur position extrême[1].

On pourrait répéter, au sujet de ces prescriptions, ce que l'on a dit de celles du 2ᵉ corps. Il n'y est question, ni de l'ennemi, ni de l'opération confiée au général Frossard. Il semble que les troupes n'aient d'autre mission que de s'avancer de quelques kilomètres en territoire ennemi et d'y « prendre position ». C'est opérer dans le vide, sans but défini et aussi sans résultat possible. Nous ne ferons même pas une reconnaissance, car nos escadrons pousseront à 8 kilomètres au plus de la frontière, comme à Bebelsheim. A Niedergailbach, le 5ᵉ lanciers en est à 1,200 mètres. Si nous devons rencontrer des forces sérieuses, nos troupes, morcelées en petites colonnes, coupées quatre fois par la Sarre et par une boucle de la Blies, seront dans les pires conditions pour combattre[2].

Les ordres que donne le maréchal Bazaine au 3ᵉ corps sont conçus dans le même esprit. La division Montaudon, partant de Merlebach et Rosbruck, à 8ʰ30, se mettra en marche sur Forbach où elle laissera son convoi et ses bagages. Puis elle se portera sur Petite-Rosselle, la Vieille-Verrerie et y prendra position, en observant vers Sarrelouis. La 1ʳᵉ brigade de la division Castagny marchera, à 4ʰ30, sur Rosbruck, avec 1 batterie de la réserve et 1 compagnie du génie. Elle y attendra des ordres.

A 9 heures, la 1ʳᵉ brigade de la division Metman, avec 1 escadron et 2 pièces, sera dirigée sur Creutzwald-la-Croix, où elle occupera « une bonne position militaire, qui lui permette de bien surveiller la route de Sarrelouis par Ueberherrn » et ses abords. Enfin, la 1ʳᵉ brigade de la division Decaen sera dirigée à la même heure sur Carling, « prenant une bonne position militaire qui lui permette de bien observer la zone boisée de Lauterbach (où l'ennemi a un gros détachement) et de conserver ses communications avec

---

1. Ordre de marche du 5ᵉ corps, *Revue d'histoire*, 1ᵉʳ S. 1901, 631.
2. *Ibid.*, 538 ; général Derrécagaix, *La Guerre moderne*, I, 582.

Boucheporn »; 1 escadron et 2 pièces marcheront avec elle. Au cas où ces deux dernières brigades seraient engagées, les divisionnaires auraient à les soutenir, tout en assurant la garde des camps[1].

En somme, la démonstration du 3ᵉ corps se réduira à disséminer, « sur de bonnes positions défensives », 1 division et 3 brigades, qui attendront ensuite les événements. Quant à la division de cavalerie, elle n'est même pas mentionnée. Le maréchal n'emploiera que « la cavalerie de combat nécessaire », ainsi qu'il l'écrit au général de Ladmirault[2].

La part de ce dernier sera encore moindre. Bazaine lui a prescrit de pousser une reconnaissance offensive sur Hargarten et Merten (deux villages français!), de reconnaître « aussi loin que possible la route de Teterchen à Sarrelouis ». Mais le général ne peut retirer sa 1ʳᵉ division de Bouzonville, « où elle occupe une très forte position et garde la gauche de toute la ligne[3] ».

Comme les autres commandants de corps d'armée, Ladmirault obéit uniquement à des préoccupations défensives. Il reste encore en deçà des instructions, si timides, données par le maréchal Bazaine.

On voit, en somme, combien toutes ces prescriptions s'écartent de l'offensive. Le rôle de nos troupes est d'attaquer. Pourtant la plupart vont « prendre de bonnes positions militaires », suivant la formule constante, après d'insignifiants mouvements en avant. Le général de Failly prescrit même que les bagages se mettront en route, seulement « sur un ordre du général en chef, et dans le cas où, par suite de la

---

1. Ordres pour les 1ʳᵉ, 2ᵉ, 3ᵉ, 4ᵉ divisions du 3ᵉ corps, 1ᵉʳ août, *Revue d'histoire*, 1ᵉʳ S. 1901, 615. — « ...Le mouvement du général Montaudon peut se borner à aller de Rosbruck, par la vallée de la Rosselle, sur *Gross-Rosselle, Ludweiler, Geislautern* et *Werden*... Dans cette vallée, il faut procéder avec prudence et échelonner de petits détachements... On rencontrera probablement quelques patrouilles... » (Note autographe du général Frossard, 2 août, *ibid.*, 606).
2. Lettre du 1ᵉʳ août, *ibid.*, 611.
3. Le général de Ladmirault au major général, 1ᵉʳ août, *ibid.*, 626 ; « Il serait utile, si vos troupes sont en position à Teterchen, de faire pousser une reconnaissance offensive sur Hargarten et Merten, poussant même jusqu'à Ueberherrn et Bisten, en se méfiant beaucoup de Bérus... » (Le maréchal Bazaine au général de Ladmirault, *ibid.*, 611).

présence de l'ennemi, les troupes resteraient en position ». Ainsi, qu'elles rencontrent ou non l'adversaire, ces deux divisions attendront passivement les événements. Il n'y a pas à insister sur un pareil système de guerre, qui en est la négation même. Un seul mot pour le qualifier : il est enfantin.

Quant aux mouvements prescrits pour la journée du 1er août, ils s'opèrent sans rien amener que des rencontres insignifiantes. Au 4e corps, la division Cissey se porte à Bouzonville. Une compagnie du 57e (2e du 3e bataillon), en grand'garde à l'est de Filstroff, est attaquée par une reconnaissance prussienne, qu'elle repousse avec l'aide du reste du bataillon. Une partie de la brigade de hussards Montaigu poursuit l'ennemi sans l'atteindre [1].

Les 2e et 3e divisions du 4e corps atteignent Boulay, Coume et Teterchen.

Au 3e corps, les mouvements sont encore plus restreints ; la division Montaudon quitte Haut-Hambourg pour aller à quelques kilomètres au nord-est, à Rosbruck et Merlebach [2]. Elle se rapproche ainsi du 2e corps, qui, de son côté, se concentre davantage. Le général Frossard voit, en effet, « se confirmer de plus en plus, par les rapports de ses reconnaissances et des espions, le fait d'un grand rassemblement de troupes prussiennes à Dudweiler... ». Sa 1re division quitte Rosbruck pour s'établir à l'ouest de Forbach ; le 3e bataillon du 8e de ligne (2e division) renforce les deux autres à Stiring. Enfin, la 3e division reconnaît les chemins qui relient Œting au plateau de Spicheren, afin d'assurer son débouché [3].

Le 5e corps garde ses emplacements du 31 juillet, sans autre incident que l'attaque par un peloton de cavaliers allemands d'une voiture régimentaire escortée par trois hom-

---

1. Journal de marche du 4e corps, *Revue d'histoire*, 1er S. 1901, 621. D'après Dick de Lonlay, II, 346, la reconnaissance prussienne comprenait 1 compagnie et 1 peloton de cavalerie. Elle aurait perdu 2 tués, 5 blessés. Le *Journal de marche* porte 4 ou 5 tués ou blessés.
2. Journal de marche de la 1re division, *ibid.*, 608. Ce mouvement s'exécute encore dans de singulières conditions, après 4 heures du soir.
3. Journal de marche du 2e corps, *ibid.*, 589.

mes. Ceux-ci se retirent en combattant sur une grand'garde voisine qui met l'ennemi en fuite[1]. Enfin, au 6e corps, la 3e division, qui est à Soissons, reçoit l'ordre de partir le 2 août pour le camp de Châlons, par étapes[2].

En Alsace, le maréchal de Mac-Mahon, venu à Reichshoffen, pour quelques heures, prescrit au général Ducrot de se porter, le 2 août, à Lembach et au col du Pigeonnier. La division Douay l'attendra « au bas de Cléebourg », avec la brigade de Septeuil au Geissberg (sud-est de Wissembourg). Il sera remplacé à Reichshoffen par le général Raoult (3e division)[3]. Dans l'intervalle, 25 cavaliers du 11e chasseurs ont eu, près de Seltz, une escarmouche avec des hussards prussiens ($^1/_2$ escadron du 14e régiment) qui perdent 2 hommes et 3 chevaux[4].

Les armées allemandes continuent avec méthode leur concentration. Des renseignements recueillis sur nos troupes, il semble résulter qu'elles renoncent à l'offensive. A la Ire armée, le général von Zastrow rend compte que les Français ont évacué, le 31 juillet, leur camp de Sierck pour se diriger vers le sud-est. Le général von Gœben, qui suit la frontière de Sarrebruck à Dillingen, en rapporte cette impression que nous nous sommes partout affaiblis, sauf devant Sarrebruck. Tout indique l'intention de garder la défensive; on se fortifie sur tous les points. Un mouvement continu se produit vers l'est[5].

---

1. Le cheval seul fut blessé. Les cavaliers allemands perdirent 1 prisonnier, 5 selles, 2 pistolets, 2 mousquetons, 1 sabre et 1 cheval (Rapport du général de Lespart, 1er août, *Revue d'histoire*, 1er S. 1901, 634). Il s'agissait d'une patrouille de 50 chevaux, moitié chevau-légers bavarois, moitié hussards du 12e prussien. L'*État-major prussien* donne un tout autre aspect à cette escarmouche et ne mentionne pas la perte d'un cavalier (I, 171).
2. Journal de marche, *ibid.*, 636.
3. Journal de marche de la 2e division; Journal inédit du comte de Leusse, *ibid.*, 583, 584.
4. Rapport du chef d'escadron de Kernisan, *ibid.*, 584; *État-major prussien*, I, 170; Dick de Lonlay, I, 8, porte cette affaire au 2 au lieu du 1er.
5. Major von Schell, *Les Opérations de la Ire armée sous les ordres du général von Steinmetz*, traduction, 20; Rapport de Gœben à Steinmetz, 2 août, Cardinal von Widdern, *Kritische Tage, Die Führung der I. und II. Armee und deren Vortruppen*, 110.

A la IIIᵉ armée on confirme la marche de colonnes se portant du sud au nord de l'Alsace; on signale des travaux défensifs en construction « à Ober-Steinbach, Lembach et sur les hauteurs au sud de Wissembourg [1] ». — « L'impression résultant des faits antérieurs et des nouvelles reçues, amenait à supposer que l'adversaire, reconnaissant qu'il n'était pas prêt et que les Allemands avaient de l'avance sur lui, renonçait à toute idée d'offensive et voulait maintenant recevoir la bataille derrière la Sarre [2]. » Pourtant on juge encore certaines précautions nécessaires.

La Iʳᵉ armée n'est pas concentrée, il s'en faut. Au VIIIᵉ corps, la 13ᵉ division d'infanterie et la 7ᵉ brigade de cavalerie sont à Trèves, une avant-garde à Conz et Saarburg; la 14ᵉ division est en arrière, jusqu'à Bittburg. Au VIIᵉ corps, la 15ᵉ division atteint les environs de Wadern; le gros de la 16ᵉ est vers Neunkirchen, un peu au sud. Toutes les fractions qu'elle a poussées sur la Sarre sont sous les ordres du général comte von Gneisenau [3].

A la IIᵉ armée, le IIIᵉ corps atteint Wöllstein, la 5ᵉ division, Meissenheim; le IVᵉ corps est à l'ouest de Grünstadt et Dürkheim, la 8ᵉ division à Kaiserslautern. Derrière le centre de cette ligne, le IXᵉ corps, qui va s'y intercaler, occupe encore ses emplacements d'Oppenheim et de Worms. En arrière de la droite, le Xᵉ corps achève de débarquer à Bingen; la 19ᵉ division est à Kreutznach. Derrière la gauche, à l'ouest de Mannheim, la garde n'a pas encore terminé son débarquement. Entre les IXᵉ et Xᵉ corps, le XIIᵉ est aux environs de Nieder-Olm, sur la rive gauche du Rhin. En avant des IIIᵉ et IVᵉ corps, la droite de la 5ᵉ division de cavalerie, brigades von Redern et von Barby, atteint Reichenbach et Baumholder; la gauche, von Bredow, est à Kaiserslautern, sur la même ligne que l'infanterie, avec un régiment (13ᵉ dragons) à Annweiler, pour établir la liaison des IIᵉ et IIIᵉ armées. La 6ᵉ division, qui continue d'être

---

1. Major von Hahnke, *Les Opérations de la IIIᵉ armée*, traduction, 26.
2. *État-major prussien*, I, 171.
3. *Ibid.*, 138.

bizarrement intercalée entre les deux colonnes de la 5ᵉ, arrive à Altenglan.

Dans la nuit du 31 juillet au 1ᵉʳ août, Frédéric-Charles est avisé qu'à dater du 2, les débarquements auront lieu à Birkenfeld et Kaiserslautern, c'est-à-dire en avant du front actuel de l'armée. Bien qu'ils doivent être, jusqu'à un certain point, couverts par la cavalerie et même par la 1ʳᵉ armée, qui est en avant de son flanc droit, le prince décide de porter, dès le 3 août, le IIIᵉ corps à Baumholder et le IVᵉ à Kaiserslautern. Le IXᵉ corps atteindra la ligne Alsenz-Dürkheim ; le reste de l'armée appuiera vers l'ouest, de manière à laisser libre une zone de cantonnements destinée aux VIᵉ et Iᵉʳ corps, qui vont arriver de l'intérieur du pays [1].

La concentration de la IIIᵉ armée est beaucoup plus avancée et, le 1ᵉʳ août, il n'y a plus sur la rive gauche du Rhin que des mouvements insignifiants. Sur la rive droite, la division badoise occupe des cantonnements resserrés entre Karlsruhe et le fleuve, que la garnison de Rastatt observe de la Murg à la Lauter ; 2 escadrons restés à Oos patrouillent vers Kehl [2]. Le soir du 1ᵉʳ août, le détachement du colonel von Seubert est entre Fribourg et Schaffhouse, à Neustadt et Sankt-Blasien ; il a détaché une petite colonne sur la route du Kniebis et dans la vallée de la Kinzig [3]. C'est à ces mouvements insignifiants que se bornent les « grosses concentrations » dans la Forêt-Noire, constamment signalées à nos troupes d'Alsace.

---

1. *État-major prussien*, I, 157-158. — Voir le croquis n° 2.
2. *Ibid.*, 170. — Le détachement badois d'Hagenbach, relevé par l'avant-garde du XIᵉ corps, a été porté à Maxau. Les avant-postes de la 4ᵉ division bavaroise tiennent Reichsdorf, Schweigen, Kapsweyer et Schaidt ; son gros est à 4 kilomètres en avant du front du Vᵉ corps et à 8 kilomètres de Wissembourg. La 42ᵉ brigade est à 8 kilomètres du front du XIᵉ corps et à 12 de Lauterbourg (Général Bonnal, *Frœschwiller*, 27).
3. *État-major prussien*, I, 204 ; voir *supra*, p. 335, 351.

XII

COMBAT DE SARREBRUCK

(2 août)

Sarrebruck. — Ses abords sud. — Emplacements des deux adversaires. — Ensemble de l'opération. — Colonne Thibaudin. — Brigade Bastoul. — Brigade Haca. — Retraite des Prussiens. — Brigades Micheler et Doëns. — Détachement du Ferron. — Pertes. — L'empereur et Bazaine. — L'impression et les résultats d'ensemble.

En 1870, Sarrebruck est une petite ville de 8,000 habitants, y compris le faubourg de Sankt-Johann, qui en est séparé par la Sarre; elle s'étage, au sud, sur les pentes qui descendent vers cette rivière. Celle-ci, large de 30 mètres en moyenne, n'est pas guéable et devient même navigable. Trois ponts la traversent, dont deux reliant la ville à Sankt-Johann et un troisième servant au passage du chemin de fer, celui-ci situé en aval, vers Malstatt. Plusieurs lignes ferrées viennent s'y croiser: celle de Mayence, qui se prolonge au delà de Sarrebruck, vers Forbach et Metz; celle de Sarrelouis-Trèves, qui longe ensuite la Sarre vers Sarreguemines, Bitche et Haguenau. C'est, en outre, un nœud de routes importantes, reliant les vallées du Rhin et de la Moselle, le Palatinat bavarois, la province prussienne du Rhin et nos départements d'Alsace-Lorraine.

Au sud, la ville est dominée par un demi-cercle de collines comprises entre deux massifs boisés, la forêt communale de Sarrebruck, à l'ouest, et le Stiftswald de Saint-Arnual, à l'est. Le vaste rectangle du Champ de manœuvres, entouré de grands arbres, dans un emplacement dominant, le Repperts-Berg, le Nuss-Berg, le Winter-Berg se succèdent dans l'intervalle. Au delà le terrain s'abaisse, pour se relever ensuite sous la forme de pitons isolés comme le Galgen-Berg et la Folster-Höhe. Un plateau étendu, celui de Spicheren, détache vers le nord un saillant très marqué, le Rothe-

Berg, encadré à droite et à gauche par une série de bois, qui vont de la route de Metz à la Sarre : bois de Spicheren, Gifert-Wald, Stiftswald de Saint-Arnual.

L'ensemble est de parcours assez difficile. Les pentes y sont souvent très raides et les taillis épais. Des étangs garnissent les fonds dans les parties ouest et est. L'intervalle du plateau de Spicheren à la lisière sud de Sarrebruck est néanmoins découvert, en général, et offre des champs de tir assez avantageux. La route de Metz, plantée de hauts peupliers, le coupe obliquement de Forbach à Sarrebruck. Quant au chemin de fer, presque toujours en tranchée profonde, il limite à l'est une vaste étendue de bois, forêt communale de Sarrebruck, Stiringer-Wald, Stiftswald de Saint-Arnual, forêt de Forbach, etc., qui s'étendent au loin vers l'ouest et le sud, de chaque côté de la frontière.

Au matin du 2 août, le 2e corps occupe les emplacements suivants autour de Forbach, son quartier général : la division Vergé, au nord-est; celle du général Bataille, disséminée entre Stiring, le plateau de Spicheren et Forbach; la division de Laveaucoupet, à Bousbach, Behren et Œting; la cavalerie à Forbach et Merlebach; les réserves d'artillerie et du génie à Morsbach et Bening [1].

Du côté des Allemands, il y a à Völklingen-Wehrden, trois compagnies (9e, 11e, 12e du 69e) et 100 ulans; à Malstatt, une compagnie (10e du 69e), qui tient le viaduc de Burbach; à Sarrebruck, deux compagnies (6e et 7e du 40e), fournissant des avant-postes sur la ligne Champ de manœuvres, Nuss-Berg, Winter-Berg, longue de plus de 3,000 mètres, leur gros à chacune des issues est et ouest de la ville; le 2e escadron et trois pelotons (3e escadron) du 7e ulans,

---

[1]. *Revue d'histoire*, 1er S. 1901, 782 : *Division Bataille* : 12e bataillon de chasseurs et 23e de ligne, au nord-est de Forbach; 8e de ligne, à Stiring; brigade Fauvart-Bastoul et 2 batteries, dont 1 de la réserve, sur le plateau de Spicheren; les deux autres batteries et la compagnie du génie, à Forbach; *division de Laveaucoupet* : brigade Doëns et artillerie, à Bousbach et Behren; brigade Micheler et compagnie du génie, à Œting; *division* de cavalerie : brigade de chasseurs, Forbach; brigade de dragons, 7e dragons, Forbach; 12e dragons, Merlebach; réserve d'artillerie, 4 batteries, Morsbach; 2 batteries, Bening; réserve du génie, Morsbach.

dans leur quartier; à Sankt-Johann, une compagnie (5ᵉ du 40ᵉ), en réserve d'avant-postes; à Brebach, une compagnie (8ᵉ du 40ᵉ) et un peloton de ulans, observant vers Sarreguemines; à Dudweiler, sur la route de Mayence, le 4ᵉ escadron; à Raschpfuhl, sur la lisière des bois, au nord-ouest de Sarrebruck, deux bataillons (1ᵉʳ et 3ᵉ du 40ᵉ), un escadron (2ᵉ du 9ᵉ hussards), une batterie (6ᵉ légère du 8ᵉ régiment); à Heusweiler, sur la route de Wadern, un bataillon (2ᵉ du 29ᵉ), un escadron (1ᵉʳ du 9ᵉ hussards) et une batterie (6ᵉ lourde du 8ᵉ régiment)[1].

Ainsi, les trois compagnies d'avant-postes disséminées du viaduc de Burbach à Brebach ont une petite réserve à Sankt-Johann, un détachement de repli plus considérable à Raschpfuhl et un autre à Heusweiler, à 11 kilomètres au nord-ouest. Devant des forces supérieures, le général von Gneisenau a l'ordre de se retirer sur Lebach[2].

Les Allemands ne soupçonnent pas l'imminence d'une attaque. Le soir du 2 août, Steinmetz reçoit, à Trèves, une lettre de Gœben, qui rend compte de sa tournée sur la Sarre. A l'en croire, nous nous sommes affaiblis partout, sauf devant Sarrebruck. Notre attitude annonce sûrement la défensive. Nous nous fortifions activement sur tous les points, en continuant un mouvement général vers le Palatinat[3].

Les ordres donnés par le général Frossard peuvent se résumer ainsi : la ligne des avant-postes prussiens sera attaquée par la division Bataille, disposée en brigades accolées, celles-ci pourvues chacune d'une batterie de 4 et pouvant être renforcées d'une batterie de 12, une fraction du 5ᵉ chasseurs jouant le rôle de cavalerie divisionnaire.

En deuxième ligne, la brigade Micheler, une batterie de 4 et une compagnie du génie (division Laveaucoupet) marcheront derrière la droite du général Bataille; la brigade Letellier-Valazé, une batterie de 4 et une compagnie du génie

---

1. *État-major prussien*, I, 138; Cardinal von Widdern, *Kritische Tage*, III, II, 24; le 3ᵉ escadron du 9ᵉ hussards est à Rehlingen, et le 4ᵉ, à Dillingen.
2. *État-major prussien*, I, 138; *Kritische Tage*, III. II, 25.
3. Lettre de Gœben à Steinmetz, *Kritische Tage*. III, II, 110.

(division Vergé), derrière la gauche. Sur les ailes, deux reconnaissances seront dirigées, l'une vers Saint-Arnual, par la division Laveaucoupet, l'autre sur Gersweiler, par la division Vergé[1].

A 8 heures du matin, la brigade Micheler quitte son bivouac d'Œting, arrive à Spicheren vers 9 heures et met à la disposition du général Fauvart-Bastoul un bataillon (2e du 40e[2]) et sa compagnie du génie. Le lieutenant-colonel Thibaudin y joint le 3e bataillon du 67e et un peloton du 5e chasseurs ; puis il se porte vers Saint-Arnual, à travers le Stiftswald. A 10h 20, il arrive auprès de ce village, qu'il reconnaît, attendant, pour prononcer son attaque, l'intervention à sa gauche de la brigade Bastoul[3].

Ce mouvement n'a pas échappé à l'ennemi. Vers 10 heures, on le signale à la 6e compagnie du 40e, de deux points différents. Elle renforce aussitôt ses grand'gardes : un peloton occupe la ferme Lœwenburg, entre le Nuss-Berg et le Winter-Berg, ainsi que la partie ouest de ce dernier ; un autre s'installe à l'est ; le 3e va sur Saint-Arnual. En même temps, la 7e compagnie se porte au Champ de manœuvres et la 5e quitte la rive droite pour aller à la Maison-Rouge, au nord du Repperts-Berg[4]. Puis le général von Gneisenau prescrit à l'un des bataillons en réserve à Raschpfuhl (3e du 40e) de se porter à Sankt-Johann.

Mais la brigade Bastoul débouche à la gauche du lieutenant-colonel Thibaudin. Celui-ci lance sur Saint-Arnual trois compagnies du 67e, qui abordent le saillant sud, tandis qu'il conduit les trois autres vers le centre, au pied des pentes. Devant cette double attaque, le petit poste prussien ne peut opposer qu'une faible résistance, appuyée, il est vrai, par le

---

1. Voir suprà, p. 357 ; Revue d'histoire, 1er S. 1901, 784.
2. 5 compagnies seulement. La 8e batterie du 15e régiment (4), la 13e compagnie du 3e du génie et un peloton du 7e dragons marchent avec la brigade Micheler.
3. Rapports du lieutenant-colonel Thibaudin et du chef de bataillon Hermieu, du 40e, Revue d'histoire, 1er S. 1901, 867, 870.
4. Verdy du Vernois, Études de guerre, III, 318 ; Gisevius, Historique du 40e, 54 ; Kritische Tage, III, II, 27. Les deux escadrons de Sarrebruck se reportent à Raschpfuhl, en vertu d'un ordre de Gneisenau difficile à justifier.

feu de la compagnie (8ᵉ du 40ᵉ) qui est vers Brebach, au delà de la Sarre, et que deux pièces (6ᵉ batterie légère du 8ᵉ régiment), venues de Raschpfuhl au cimetière de Brebach, renforcent efficacement. La lisière sud-est de Saint-Arnual est occupée, et le peloton qui accourait de Sarrebruck pour occuper ce village est refoulé avant de l'avoir atteint. Le capitaine qui le commande gagne directement le pont d'amont, puis Sankt-Johann, sans prévenir de sa retraite le reste de la compagnie¹.

Nous mettons aussitôt Saint-Arnual en état de défense ; trois compagnies du 40ᵉ s'établissent sur la croupe au sud ; une compagnie du 67ᵉ (5ᵉ du 3ᵉ bataillon) gravit le Winter-Berg pour se relier à la brigade Bastoul, qui vient de l'aborder. Vers 11ʰ30, elle est suivie du reste du bataillon, Saint-Arnual restant occupé par celui du 40ᵉ et par la compagnie du génie².

La brigade Bastoul a quitté le camp de Spicheren à 9ʰ45, pour se porter sur le Winter-Berg et le Repperts-Berg en deux colonnes, précédées chacune d'un peloton du 5ᵉ chasseurs (1ᵉʳ escadron) et d'une ligne de tirailleurs. La 8ᵉ batterie du 5ᵉ régiment suit le 66ᵉ à distance ; la 10ᵉ du 5ᵉ régiment (12) prend position sur l'éperon nord du plateau de Spicheren, au Rothe-Berg, prête à ouvrir le feu pour appuyer notre attaque³. Les 1ᵉʳ et 2ᵉ bataillons du 67ᵉ suivent d'abord le chemin de Spicheren à Sarrebruck, puis se déploient derrière leurs tirailleurs et arrivent sans aucune

---

1. Rapport Thibaudin ; Gisevius, *Historique du 40ᵉ*, 57 ; *Historique du 67ᵉ*, *Revue d'histoire*, 1ᵉʳ S. 1901, 787. Vers 9ʰ15, un télégramme venu de Klein-Blittersdorf a prévenu la 8ᵉ compagnie que nos troupes se mettaient en marche de Sarreguemines (*Kritische Tage*, III, II, 28).
2. Rapport Thibaudin, *loc. cit.* ; *Revue d'histoire*, 1ᵉʳ S. 1901, 788.
3. Voir dans la *Revue d'histoire*, 1ᵉʳ S. 1901, 788, une discussion sur le rôle de cette batterie. Il y a contradiction à ce sujet entre la relation de M. le colonel Devaureix, qui appartenait à la compagnie du 66ᵉ, soutien de cette batterie, et les rapports du chef d'escadron Rebillot, du général Gagneur, l'Historique du 5ᵉ régiment d'artillerie, la relation de l'état-major prussien, les *Études de guerre*, III, 426, du général von Verdy du Vernois. De l'ensemble il résulte que la batterie a pris position *sans tirer* au Rothe-Berg, comme l'admet la *Revue d'histoire*. Toutefois, on doit faire remarquer que la carte au 80,000ᵉ ne porte pas sur cet éperon la cote 300 mentionnée dans l'ordre du général Frossard (voir *supra*, p. 358).

perte au pied du Winter-Berg. A ce moment retentissent vers Saint-Arnual « une fusillade et même une canonnade assez vive ». Le colonel Mangin envoie, à l'est de l'étang Tief-Weiher, deux compagnies pour appuyer l'attaque de la colonne Thibaudin. Puis, « après un repos de cinq minutes », il fait sonner la charge et enlève la position du Winter-Berg, « en la tournant par les deux ailes[1] ». Les deux pelotons prussiens se replient sur le pont d'amont à Sarrebruck, nous laissant une trentaine de prisonniers (de 12 heures à 12^{h}15). Ils y sont renforcés par la 5e compagnie et le barricadent.

Un peu auparavant, les deux pièces ennemies, en position au cimetière de Brebach, menacent de prendre notre ligne d'enfilade. Le colonel Mangin fait ouvrir le feu par une section de 4 (8e batterie du 15e régiment), qui oblige en quelques coups les canons prussiens à la retraite (11^{h}30). Elle déloge ensuite des tirailleurs d'un enclos de Brebach et du bois en arrière[2].

De son côté, le 66e déploie ses 1er et 2e bataillons, entre la gauche du 67e et la route de Forbach (10^{h}45); le 3e marche en colonne derrière la gauche du 2e. Le Repperts-Berg est inoccupé et nos tirailleurs en couronnent déjà la crête, lorsque survient la 5e compagnie du 40e qui accourt de la Maison-Rouge et les refoule un instant. L'adjudant-major Serpin ramène en avant une compagnie qui pliait; le colonel du 66e déploie à sa gauche le 3e bataillon, et la colline est définitivement conquise, non sans pertes, aux sons de la *Marseillaise* (12 heures). Le général Bastoul y porte sa batterie de 4, qui ouvre le feu sur la gare de Sarrebruck. Comme nous l'avons vu, la 5e compagnie se retire sur le pont d'amont[3].

---

1. Rapport du colonel Mangin, *Revue d'histoire*, 1er S. 1901, 865; *Kritische Tage*, III, II, 30. Les 1er et 2e bataillons du 67e n'ont que 2 blessés.
2. Rapport Thibaudin; Journal de marche de l'artillerie de la 3e division et Rapport du lieutenant commandant cette section, *Revue d'histoire*, 1er S. 1901, 790.
3. Rapports du colonel Ameller, du général Fauvart-Bastoul, lettre de ce dernier au général Bataille, 3 août, *Revue d'histoire*, 1er S. 1901, 864, 860, 861;

A gauche de la brigade Bastoul, le colonel Haca[1] s'est porté sur la route de Forbach, sans se montrer. Il ne doit commencer son mouvement qu'après la précédente, qui le facilitera. Sa brigade se forme par régiments accolés, en colonnes serrées par peloton, entre un bois et l'auberge de la Brême d'Or. Le 8ᵉ de ligne, à gauche, aura pour direction le Champ de manœuvres; le 23ᵉ, à droite, établira la liaison avec le 66ᵉ. Le 12ᵉ bataillon de chasseurs sert de soutien à l'artillerie.

Le mouvement commence par le 3ᵉ bataillon du 8ᵉ de ligne, qui forme échelon avancé, en fouillant le bois de chaque côté de la voie ferrée. Il atteint ainsi le hameau de Drahtzug, où il est rejoint par les 1ᵉʳ et 2ᵉ bataillons. Ceux-ci ont traversé le Stiringer-Waldstück pour venir se déployer à hauteur des étangs, au nord de la Folster-Höhe. Ils s'y relient au 23ᵉ, qui a déployé son 1ᵉʳ bataillon à droite, les 2ᵉ et 3ᵉ à gauche de la route de Forbach, chacun couvert par deux compagnies en tirailleurs.

La brigade se porte en avant et franchit ainsi le terrain accidenté qui la sépare du Champ de manœuvres. Sur la gauche elle est exposée à un feu de tirailleurs assez vif, auquel répond une fraction du 8ᵉ de ligne[2]. La résistance des Prussiens est insignifiante. Leur 7ᵉ compagnie se replie rapidement sur le pont d'aval. Vers 11ʰ 15 une batterie de 4 (8ᵉ du 5ᵉ régiment) vient prendre position au Champ de manœuvres et ouvre le feu sur la gare, qu'une autre de nos batteries (7ᵉ du 5ᵉ régiment) canonne depuis un quart d'heure du Repperts-Berg. Puis, toutes deux contre-battent quatre pièces allemandes qui viennent d'apparaître à

Kritische Tage, III, II, 30; Dick de Lonlay, II, 43. Le général von Verdy du Vernois (*Études de guerre*, III, 331) paraît exagérer l'énergie déployée par la 5ᵉ compagnie.

1. Il remplace le général Pouget, malade à Forbach.
2. Rapport du colonel Haca, *loc. cit.*; Dick de Lonlay, II, 39. Ces compagnies ont dépassé le Deutsch-Muhl et s'avancent à l'ouest du chemin de fer. Elles sont arrêtées par les feux de la 10ᵉʳ compagnie du 69ᵉ qui occupe la rive droite de la Sarre (*Revue d'histoire*, 1ᵉʳ S. 1901, 793; *Kritische Tage*, III, II, 31). Cardinal von Widdern porte la retraite de la 7ᵉ compagnie à midi, mais il semble, d'après les rapports français, qu'elle ait eu lieu vers 11 heures.

1,500 mètres environ au nord de Malstatt, près de la route de Lebach, et qui se déplacent fréquemment[1].

Il est midi environ. Les Prussiens refoulés de la rive gauche traversent la Sarre sous la protection du 3e bataillon du 40e, accouru de Raschpfuhl. Deux compagnies (10e et 11e) ont pris position en avant du pont d'aval et sur la rive droite; deux autres (9e et 12e) derrière le remblai du chemin de fer, entre la gare et Malstatt. Aucune tentative n'est faite pour nous assurer la possession des ponts, ou même couper les voies ferrées et le télégraphe, ce qui n'offrirait pas l'ombre d'une difficulté. Sarrebruck n'est pas fouillé par nos patrouilles. Bien plus, un soldat y est tué traîtreusement par un habitant, et nous ne songeons pas à en tirer vengeance[2]. Le 2e corps s'installe à proximité immédiate d'une ville et de débouchés importants sans les tenir, même par une vedette. Les motifs invoqués pour justifier cette attitude montrent à quel point nous avons perdu le sens de la guerre[3].

---

1. 6e batterie légère du 8e régiment, venue de Raschpfuhl, et qui a détaché une section à Brebach.

2. « Les faisceaux avaient été formés par le 55e de ligne, sur la place d'exercices de Sarrebruck. Trois hommes, sans arme, sans ordre, en se promenant, pénétrèrent dans la quatrième maison à gauche en entrant en ville; on entendit un coup de fusil. Cinq minutes ne s'étaient pas écoulées, que deux de ces hommes ramenaient le troisième, mort. Le propriétaire de la maison venait de le tuer; exécution sommaire sans explication de sa part, ni justification. Un rassemblement se forma aussitôt autour du cadavre; le général Valazé était présent, le colonel du 55e se faisait rendre compte de l'événement, au milieu du silence le plus profond. Le général prit la parole avec beaucoup de calme, mais de façon à être entendu : « C'est fâcheux, dit-il, très fâcheux. Les ordres « sont formels ; cet homme a eu le tort d'entrer dans une habitation ; il n'y a rien « à faire ; que l'on porte le corps à l'ambulance. » Je certifie le fait... sans commentaires » (W. [général de Waldner-Freundstein], Les grandes batailles de Metz, *Spectateur militaire* de décembre 1887).

Le général Frossard fut informé que des habitants, notamment des membres de la société de tir, avaient pris part au combat. Il se rendit sur la place, fit appeler le bourgmestre et lui déclara que la discipline la plus rigoureuse serait observée à l'égard de la ville (*Rapport sur les opérations du 2e corps*, 21-22). — Un certain nombre d'hommes du 10e bataillon de chasseurs et du 67e, entrés en ville à la fin du combat, avaient quelque peu pillé une brasserie (Dick de Lonlay, II, 49).

3. Nous installer à Sarrebruck « eût présenté un danger réel, non seulement au point de vue de l'occupation en elle-même, la ville étant dominée à petites distances sur la rive droite..., mais aussi au point de vue de la possibilité que

La retraite de l'ennemi est donc aisée. Vers 2 heures du soir, le général von Gneisenau prescrit à son détachement de se replier sur Raschpfuhl, dans la direction de Lebach, abandonnant ainsi les routes de Dudweiler et de Saint-Ingbert, que vont suivre les têtes de colonne de la IIe armée. Le 2e bataillon du 40e gagne le Köllerthaler-Wald ; le 3e bataillon, la lisière au sud de Russhütte ; deux compagnies et quatre pièces se rassemblent à Raschpfuhl[1]. Notre artillerie est seule à gêner ces mouvements divergents.

Les deux batteries de 4 du général Bataille ont été successivement renforcées par celles de 12 (10e et 11e du 5e régiment), d'abord réparties entre les deux brigades et placées, l'une au Repperts-Berg, l'autre au Champ de manœuvres. Une batterie de mitrailleuses (9e du 5e régiment), partie de Forbach avec la brigade Haca, s'est établie en ce dernier point vers 2ʰ30. Elle tire, à 1,800 mètres, sur les groupes sortant de Sarrebruck, et continue jusqu'à 2,700 mètres avec « de très bons résultats[2] ».

Le feu ne tarde pas à cesser, sauf pour une section (7e batterie du 5e régiment), à l'extrémité ouest du Champ de manœuvres, qui tire par intervalles sur quelques tirailleurs embusqués derrière le remblai du chemin de fer, vers Malstatt[3]. Elle protège ainsi la construction « de retranchements expéditifs et d'embuscades », entreprise sur les crêtes du Champ de manœuvres, par la réserve du génie, les compagnies divisionnaires et 1,500 travailleurs d'infanterie. Ces travaux, terminés à 8 heures du soir[4], achèvent

---

les trois ponts... eussent été, à l'avance, minés par les Prussiens... Il est probable que les bois étaient fortement occupés et que, si nous avions eu l'imprudence de descendre à Sarrebruck, comme l'on voulait sans doute nous y attirer, nous aurions eu une lutte plus sérieuse à engager... » (Rapport du général Gagneur, *Revue d'histoire*, 1ᵉʳ S. 1901, 873).

1. 10e compagnie du 40e, 10e du 69e ; 4 pièces de la 6e batterie légère du 8e régiment (*État-major prussien*, I, 143).

2. Rapport du lieutenant-colonel de Maintenant, *Revue d'histoire*, 1ᵉʳ S. 1901, 867. Il est permis d'en douter.

3. 10e compagnie du 40e. — Quelques maisons de Sankt-Johann, de Sarrebruck, le tablier du viaduc de Malstatt et une ferme de Raschpfuhl furent brûlés (*Kritische Tage*, III, II, 32).

4. Journal de marche de la réserve du génie (*Revue d'histoire*, 1ᵉʳ S. 1901, 852).

de donner à notre attitude en ce jour le caractère de timidité qu'elle a revêtu dès le début.

Notre deuxième ligne a appuyé le mouvement de la division Bataille. Elle est formée de la brigade Micheler, d'une batterie, d'une compagnie du génie (division Laveaucoupet); de la brigade Letellier-Valazé, moins le 3ᵉ bataillon de chasseurs, d'une batterie, d'une compagnie du génie (division Vergé), renforcées d'une batterie de 12 de la réserve. En outre, la brigade Doëns (division Laveaucoupet) doit se tenir prête à se porter en avant, s'il est nécessaire.

Le rôle de la brigade Micheler se borne à renforcer le lieutenant-colonel Thibaudin d'un bataillon et d'une compagnie du génie, puis à porter sur la première ligne, où il s'est produit un vide, le 1ᵉʳ bataillon du 40ᵉ et une batterie (8ᵉ du 15ᵉ régiment), qui tire quelques obus au moment de l'évacuation de Sarrebruck [1].

Quant à la brigade Doëns, elle reste à Spicheren, sauf le 10ᵉ bataillon de chasseurs, une compagnie du 24ᵉ et un peloton du 7ᵉ dragons, qui se dirigent par la vallée du Simbach vers la route de Sarreguemines à Sarrebruck. Ce détachement arrive au moulin de Simbach, mais, « voyant la rive droite de la Sarre fortement occupée » — par une compagnie du 40ᵉ, deux pièces et quelques ulans ! — le commandant Schenck juge nécessaire de « prendre position ». Il se remet en marche à 2 heures seulement, quand la mousqueterie et la canonnade cessent à Brebach. A hauteur de ce village, il est de nouveau accueilli par une vive fusillade. Il se jette alors dans le Stiftswald et ne rejoint qu'à 5ʰ 30 le 2ᵉ bataillon du 40ᵉ, à Saint-Arnual [2]. De même, la brigade Letellier-Valazé a suivi la gauche de la division Bataille, sans intervenir en aucune façon dans l'action.

Enfin, le colonel du Ferron s'est porté sur Gersweiler, avec

---

[1]. Rapport du général Micheler et du colonel Vittot, *Revue d'histoire*, 1ᵉʳ S. 1901, 869, 870. Le 40ᵉ n'eut qu'un blessé.

[2]. Rapport du commandant Schenck, *Revue d'histoire*, 1ᵉʳ S. 1901, 872. La compagnie du 24ᵉ descendait de grand'garde et avait suivi le 10ᵉ chasseurs, ignorant la direction prise par son régiment. Le détachement n'eut qu'un cheval tué.

le 3e bataillon de chasseurs, le 1er bataillon du 77e et le 6e escadron du 4e chasseurs. Sa mission est de « relier les mouvements du 2e corps à ceux du 3e ». Parti à 6 heures du matin, il traverse le Stiringer-Wald et prend position à Schœneck. A 11 heures seulement, il se remet en marche et atteint les hauteurs qui dominent la Sarre vers Gerstweiler. Son rôle se borne à l'échange de quelques balles avec une trentaine de tirailleurs prussiens embusqués au nord de la rivière[1].

Nos pertes sont peu marquées : 7 officiers, 78 hommes hors de combat. Quant aux Allemands, malgré leur faible effectif, ils ont perdu 5 officiers et 131 hommes, dont 44 prisonniers[2].

---

1. Journal de marche, extrait du Rapport journalier de la division de cavalerie, *Revue d'histoire*, 1er S. 1901, 851 ; *ibid.*, 797 ; *Kritische Tage*, III, II, 31. Il y avait là 11 hommes du 69e et 20 environ du 40e prussien. Nos pertes furent de 6 blessés, dont 1 officier et 1 soldat mortellement.

2.   Pertes françaises.
     Division Bataille.
66e de ligne : 1 officier, 6 hommes de troupe tués ; 4 officiers (dont 2 mortellement), 34 hommes blessés (41).
67e de ligne : 3 tués, 22 blessés (25).
8e de ligne : 2 blessés (4).
     Division Vergé.
3e bataillon de chasseurs : 1 blessé (mortellement).
32e de ligne : 2 blessés.
55e de ligne : 1 blessé (mortellement).
77e de ligne : 1 officier (mortellement) et 4 hommes blessés (12).
     Division Laveaucoupet.
24e de ligne : 1 blessé (2).
40e de ligne : 1 tué ; 1 officier, 1 homme blessés.
Autres troupes d'infanterie, artillerie, génie, cavalerie : pertes nulles (1 cheval tué au 4e chasseurs, 1 au 7e dragons, 1 blessé à la réserve du génie).
Total : 1 officier, 10 hommes tués ; 6 officiers, 68 hommes blessés, dont 3 officiers et 2 hommes mortellement (Rapports, journaux de marche et historiques divers). Le rapport du général Frossard (*Journal officiel* du 5 août) porte 6 tués, dont 2 officiers, et 67 blessés. Les chiffres entre parenthèses sont ceux donnés par le major Kunz, p. 59, qui les a empruntés aux historiques ou à Dick de Lonlay (II, 42).
     Pertes allemandes.
40e régiment d'infanterie :
 1er bataillon : 1 tué ; 6 blessés ;
 IIe bataillon : 16 tués ; 1 officier, 39 hommes blessés ; 43 disparus ;
 IIIe bataillon : 2 tués ; 2 officiers, 16 hommes blessés ; 1 disparu.
69e régiment d'infanterie, 10e compagnie : 2 blessés.
8e régiment d'artillerie : 1 officier blessé.
9e hussards : 2 blessés.
7e ulans : 1 tué ; 1 officier et 2 hommes blessés ; 8 chevaux tués.
Total : 20 tués, 5 officiers et 67 hommes blessés, 44 disparus, 8 chevaux tués,

L'empereur a voulu assister au combat, croyant qu'il serait sérieux. Il est même persuadé que nos trois corps d'armée seront engagés. Sa déception est grande, malgré la satisfaction que lui cause le baptême du feu, crânement reçu par le prince impérial. Elle se complique de la surprise que provoque l'absence du maréchal Bazaine qui, d'après ses ordres formels, devrait diriger l'action. Il apprend « vaguement » que le commandant du 3ᵉ corps a quitté Forbach le matin, pour aller sur Wehrden. Il envoie le général Lebrun à sa recherche, inutilement. Cette absence donne lieu à de vifs commentaires : « Les uns l'attribuèrent à un sentiment d'hostilité du maréchal envers le général Frossard. Ils supposèrent que, voyant celui-ci chargé de la partie principale de l'opération..., il avait voulu lui laisser toute la responsabilité. D'autres supposèrent qu'en se portant de sa personne sur un point rapproché de Sarrelouis, le maréchal avait voulu voir si les Prussiens n'essayeraient point d'en déboucher... Quoi qu'il en soit de ces suppositions, sa conduite... demeura toujours inexpliquée [1]. » De son côté, l'ancien commandant du 3ᵉ corps allègue qu'il attachait une grande importance à sa diversion de Wehrden et que ce motif, seul, l'empêcha de se rendre devant Sarrebruck [2]. Il est à croire que ces deux facteurs contribuèrent pour une part à sa résolution. C'est malgré lui que l'opération a été

---

soit 5 officiers, 131 hommes, 8 chevaux hors de combat (*Kritische Tage*, III, II, 40). L'*État-major prussien* donne comme total : 4 officiers et 80 hommes (I, 144). Schell reproduit ces mêmes chiffres, en contradiction complète avec l'Historique du 40ᵉ prussien, p. 65, auquel Cardinal von Widdern a emprunté la plupart des siens. D'après Dick de Lonlay, II, 53, nous aurions fait 63 prisonniers.

La consommation de nos batteries atteignit 741 obus de 4, 140 de 12, 69 coups à balle (Rapport du général Gagneur, *Revue d'histoire*, 1ᵉʳ S. 1901, 876). Celle de la batterie prussienne fut de 127 coups (*Kritische Tage*, III, II, 32).

1. Général Lebrun, *Souvenirs militaires, 1866-1870*, 219-224.
2. *Épisodes*, 16-17. Le général d'Andlau (*Metz, campagne et négociations*, 27) donne une autre explication, moins vraisemblable. Le commandant du 3ᵉ corps aurait appris que l'empereur et le major général se réservaient d'assister au combat, « de telle sorte que le fait seul de leur présence annulait le commandement général confié provisoirement au maréchal. Celui-ci le comprit si bien que, dans la journée du 2 août, il ne parut pas et s'abstint de venir saluer l'empereur et son fils ». De son côté, l'ex-maréchal, *Épisodes*, *loc. cit.*, affirme qu'il ignorait l'intention de Napoléon III.

décidée; il nourrit à l'égard du général Frossard une jalousie dont nous donnerons les preuves; il croit, comme le montre sa correspondance, les Prussiens en forces vers Sarrelouis. Il y a là, amplement, de quoi expliquer, sinon justifier, son abstention.

La maladresse d'un subalterne prête à cet insignifiant combat une importance d'autant plus exagérée qu'elle contrastera avec celle de nos prochains échecs. Le *Journal officiel* du 3 août décrit le « sérieux engagement » de la veille. « Notre armée a pris l'offensive, franchi la frontière et envahi le territoire de la Prusse. Malgré la force de la position ennemie, quelques-uns de nos bataillons ont suffi pour enlever les hauteurs qui dominent Sarrebruck... L'empereur assistait aux opérations, et le Prince impérial, qui l'accompagnait partout, a reçu, sur le premier champ de bataille de la campagne, le baptême du feu[1]... »

Dans l'entourage de Napoléon III, l'impression est fâcheuse. Les idées les plus sombres se font jour, tant sur la tenue des troupes avant le combat que sur les événements prochains[2]. D'ailleurs, on se rend compte de la disproportion de l'effort au résultat : « Il est difficile de voir le commencement d'une vigoureuse campagne dans une semblable opération[3]. » — « La reconnaissance offensive de Sarrebruck ne répondait donc à aucune idée nette, elle n'avait

---

1. La plupart des rapports concernant le combat sont dans la même note, notamment ceux du général Frossard, des colonels Thibaudin et Mangin (*Revue d'histoire*, 1er S. 1901, 856, 863, 865). — Sur le côté nord du Champ de manœuvres, un cube de pierre porte une plaque de bronze avec ces mots : *Lulu's erstes Debut — 2. August 1870*. La *Lulu Stein* marque l'emplacement d'où le prince aurait tiré le canon sur Sarrebruck (général Canonge, *Histoire militaire contemporaine*, II, 49).

2. Général Lebrun, 219-224; P. de Massa, 280; Darimon, *Notes*, 34; général prince de la Moskowa, *loc. cit.*, 953 : Après Wissembourg, le prince aurait dit au major général que notre armée de deuxième ligne ne rejoindrait plus la première, qu'elle était composée d'éléments sans valeur, « mais que, si on la ménageait, elle pourrait, peut-être, servir *à traiter!* Ce mot bien risqué, quand on n'est pas tout à fait battu, lui fit faire un soubresaut; pourtant il me prit la main, me serra fortement et s'en alla sans répondre un mot. » — « Les colonnes... jonchent le sol de shakos en drap rouge, que tout le monde s'empresse de semer pour mettre son képi » (Dick de Lonlay, II, 41).

3. Général Fay, 39.

rien appris, ne servait à rien et, si peu qu'elle coûtât, c'était encore payer trop cher le néant[1]... »

Quant au détachement prussien, il a largement rempli sa tâche, en affirmant, par une résistance des plus honorables, l'attitude qu'il a gardée quinze jours durant, dans une situation très délicate[2]. Le général von Gneisenau n'y est pour rien, car il a dispersé sans utilité, par l'envoi de deux pièces et d'une compagnie à Brebach, des forces déjà insuffisantes. Sa retraite s'est faite sans peine, puisque nos troupes ont défense d'entrer dans Sarrebruck. Une patrouille prussienne le constate et s'empare même du correspondant du *Temps* et d'un soldat du 66e, qui se montre prodigue de renseignements. Malgré ce fait probant, Gneisenau poursuit sa retraite sur Hilschbach, à 11 kilomètres de Sarrebruck, sans chercher à garder le contact. C'est dans la soirée seulement que survient le commandant de la 16e division, général von Barnekow, qui prescrit l'envoi immédiat de patrouilles vers le sud. A ce moment, le détachement de Gneisenau est coupé en trois fractions dont les avant-postes sont à 12 kilomètres des nôtres[3].

---

1. Lieutenant-colonel Rousset, I, 163. Nous ne croyons nullement que, comme l'écrit la *Revue d'histoire*, 1er S. 1901, 803, d'après Verdy du Vernoy, III, 305, « le combat de Sarrebruck avait essentiellement amélioré la situation des corps français ».

2. Lettre du général von Gœben à sa femme, 2 août, *Kritische Tage*, III, II, 24 ; Verdy du Vernois, *Études de guerre*, II, 174.

3. *Kritische Tage*, III, II, 57-69. *Détachement de Raschpfuhl* : 1er et 2e bataillons du 40e, 4 pièces, 1 escadron 1/3 du 7e ulans, 1 peloton du 9e hussards ; la 10e compagnie du 69e le rejoint entre 3 et 4 heures. Les 5e, 7e compagnies et 1 peloton de la 6e du 40e sont déjà en retraite sur Hilschbach ; *Détachement de Brebach* : 1 compagnie du 40e, 2 pièces, 1 peloton de ulans ; il rejoint le précédent le 3 au matin, par Dudweiler, Holz et Dilsburg ; *6e compagnie du 40e* : 2 pelotons, qui passent la nuit à Querscheid, au nord de Dudweiler, et rejoignent le 40e le matin du 3.

Le rapport de Gneisenau, daté de 8h 30 soir à Hilschbach, ne signale pas que nous sommes restés au sud de la Sarre. A 11h 45, il a prescrit au 2e bataillon du 29e et à la batterie lourde de se porter de Heusweiler sur Sarrebruck (ordre reproduit dans *Kritische Tage*, III, II, 33). Les deux escadrons du 9e hussards se conforment à cet ordre. Vers 1 heure, avant leur arrivée, Gneisenau ordonne la retraite générale sur Raschpfuhl, mais cette prescription ne parvient ni aux 11e et 12e compagnies du 40e, à Sankt-Johann, ni à la 10e du 69e à Malstatt, ni au détachement de Brebach, ni à la 6e compagnie du 40e, qui est sur la route de Dudweiler. Avant même que le rassemblement soit effectué à Raschpfuhl, ce qui a lieu entre 2 et 3 heures, Gneisenau fait continuer la retraite sur Hilschbach (*Ibid.*).

XIII

L'ARMÉE, MOINS LE 2ᵉ CORPS, LE 2 AOÛT

Les 5ᵉ, 3ᵉ, 4ᵉ corps. — En Alsace. — Le 7ᵉ corps. — Mouvements prescrits au 1ᵉʳ corps — Leurs dangers. — Renseignements sur l'ennemi. — Les Allemands au 2 août. — Le roi à Mayence. — Les armées. — L'offensive sur la Lauter.

Le général de Failly doit opérer une « grande reconnaissance » en avant de Sarreguemines, « destinée à appuyer le mouvement » du 2ᵉ corps. Ses ordres sont exécutés sans le moindre incident. Partout nos avant-gardes n'aperçoivent que des vedettes, qui disparaissent rapidement. Sur la gauche, on entend le canon de Frossard. « Après s'être assuré, par des reconnaissances de cavalerie, qu'aucun corps ennemi ne se trouvait en face de lui », de Failly, certain que le 2ᵉ corps « ne pouvait être inquiété sur sa droite, ordonna la rentrée dans les camps de Sarreguemines, vers 4 heures du soir[1] ». Nos pertes se bornent à un traînard enlevé par les ulans.

En réalité, nos reconnaissances de cavalerie n'ont pas dépassé Rheinheim, Bebelsheim, Bliesransbach; elles ignorent, par suite, s'il n'y a pas de forces importantes à Dudweiler et Saint-Ingbert, comme on l'a annoncé la veille. Dans ce cas, ce n'est pas en prenant position à proximité de Sarreguemines que le 5ᵉ corps pourrait faciliter l'attaque de Sarrebruck. Il devrait être tout au moins en relation constante avec les troupes du général Frossard, et rien de

---

[1]. Journal de marche du 5ᵉ corps, *Revue militaire*, 1899, 303; Rapport du général Nicolas, Journaux de marche des 1ʳᵉ, 2ᵉ divisions de la brigade Lapasset, de la division de cavalerie du 5ᵉ corps, *Revue d'histoire*, 1ᵉʳ S. 1901, 894 et suiv. — Le 84ᵉ, qui est à Phalsbourg, avec 4 compagnies à Bitche, en part le 2 août pour rallier sa division à Sarreguemines; il reste à Phalsbourg le 4ᵉ bataillon du 96ᵉ, qui doit se rendre à Strasbourg après l'arrivée du 4ᵉ bataillon du 63ᵉ, attendu d'Épinal. En outre, le 1ᵉʳ bataillon des mobiles de la Meurthe s'organise à Phalsbourg, et ordre a été donné d'y envoyer une batterie à pied du 9ᵉ régiment (le major général au général Crespin, le général de Failly au général de Lespart, 2 août, *ibid.*, 838, 898).

pareil ne se produit[1]. « La démonstration... en avant de Sarreguemines, dit Verdy du Vernois, est demeurée absolument sans effet... ; elle eut pour unique conséquence de provoquer l'envoi de quelques patrouilles de ulans au sud de Brebach[2]. »

L'action exercée par le 3ᵉ corps est aussi restreinte. Il doit appuyer le 2ᵉ « par une démonstration offensive sur Wehrden », en faisant « rétrograder sous les murs de Sarrelouis tous les détachements éparpillés » de Völklingen à Uberherrn. Ses quatre divisions se conforment aux ordres de Bazaine, sans que, nulle part, il en résulte rien de sérieux. Le maréchal juge à propos de prendre le commandement direct de la division Montaudon à l'entrée de la forêt de Forbach, sur la route de Sarrelouis. Il établit vers la Grande-Rosselle le 18ᵉ bataillon de chasseurs et une fraction du 51ᵉ. Le 62ᵉ et la 2ᵉ brigade continuent par la Vieille Verrerie.

« A midi, on entend une canonnade dans la direction de Sarrebruck ; à 2 heures, le maréchal Bazaine emmène le 62ᵉ, laissant la 2ᵉ brigade en observation sur le plateau. Il s'engage dans la forêt. La tête de colonne débouche, vers 3 heures, en face de Völklingen, sur un petit plateau déboisé, d'où l'on domine le cours de la Sarre, et canonne un instant la gare. Un bataillon prussien replie à la hâte ses avant-postes et se rallie derrière les maisons. A 4 heures, la colonne... rallie tous ses petits postes et rentre à Morsbach, à 9ʰ 30 du soir[3]. »

---

1. *Revue d'histoire*, 1ᵉʳ S. 1901, 805. — Le Journal de marche du capitaine, aujourd'hui général, de Lanouvelle porte que le 5ᵉ hussards « s'avança à deux lieues du pont d'Habkirchen sur la route de Deux-Ponts » (*Ibid.*).
2. *Études de guerre*, III, 428, citées par la *Revue d'histoire*, 1ᵉʳ S. 1901, 806.
3. Journal de marche de la division Montaudon, *Revue d'histoire*, 1ᵉʳ S. 1901, 880 ; voir également le Journal du 3ᵉ corps, *Revue militaire*, 1900, 194 ; les journaux des divisions Castagny, Metman, Decaen, Clérembault ; de la brigade Potier ; les dépêches du général de Potier au général Metman (*Revue d'histoire*, 1ᵉʳ S. 1901, 880 et suiv.) ; Cardinal von Widdern, III, II, 60. — Un télégramme de Bazaine, 9ʰ 30 soir, informe le général Montaudon qu'il est mis à la disposition du général Frossard « momentanément, en ce qui concerne les mouvements de troupes seulement. — Vous êtes destiné à agir surtout sur sa gauche, dans les terrains que nous avons reconnus aujourd'hui... » (*Ibid.*, 886 ; général Montaudon, *Souvenirs*, II, 68).

En résumé, le 3º corps s'est borné à établir « sur de bonnes positions militaires » une division et trois brigades d'infanterie qui ont gardé, tout le jour, une attitude défensive, sans s'inquiéter, en aucune façon, du canon qui retentit vers Sarrebruck[1]. Il eût été préférable, assurément, de les laisser au bivouac, d'autant que le maréchal Bazaine rapporte de cette opération avortée une impression défavorable : « Cette marche offensive m'impressionna par le peu d'énergie des soldats à supporter les fatigues[2]. »

Le rôle du 4º corps, plus insignifiant encore, s'il est possible, se borne à un échange de coups de feu avec des patrouilles prussiennes, vers Schreckling et Ittersdorf. Toutefois, le général de Lorencez peut constater *de visu* que la position de Bérus, « signalée par le quartier général comme très forte et garnie d'une puissante artillerie », est tout à fait inoccupée[3].

Le résultat final de la journée est donc négatif en Lorraine[4]. En Alsace, des résolutions graves sont prises, de nature à compliquer singulièrement une situation déjà dangereuse.

Le 1ᵉʳ août, le maréchal de Mac-Mahon a invité le général F. Douay à porter une partie du 7º corps à Strasbourg[5]. Le 2, sur des objections de Douay, il lui adresse une nouvelle dépêche réclamant l'envoi d'une division dans cette place[6]. A 11ʰ45 du matin, le commandant du 7º corps répond qu'il a reçu en grande partie, de Paris, le campement qui manquait à ses troupes. Dès lors, rien ne s'oppose à ce que les divisions Conseil-Dumesnil et Liébert soient diri-

---

1. *Revue d'histoire*, 1ᵉʳ S. 1901, 810.
2. Bazaine, *Épisodes*, 15-16.
3. *Revue d'histoire*, 1ᵉʳ S. 1901, 812 ; Journal de marche du 4º corps, *Revue militaire*, 1900, 350 ; Journaux de marche des 2º, 3º divisions et de la brigade Berger, *Revue d'histoire*, 1ᵉʳ S. 1901, 887.
4. La garde reste sous Metz le 2 août ; au 6º corps, la brigade de Sonnay, 3º division, quitte Soissons pour se rendre au camp de Châlons. Elle fait étape à Fismes. La division Bonnemains quitte Lunéville pour aller à Brumath ; elle fait étape à Blâmont et à Vic (Journaux de marche, *Revue d'histoire*, 1ᵉʳ S. 1901, 900-903 ; *Revue militaire*, 1900, 453).
5. Voir *supra*, p. 355.
6. *Revue d'histoire*, 1ᵉʳ S. 1901, 821, 839, texte des *Souvenirs inédits* du maréchal.

gées sur Strasbourg, la première par voie ferrée, la seconde par étapes. Ce double mouvement pourra avoir lieu dès le 4. En revanche, le général Douay insiste pour l'envoi à Belfort des fractions du corps d'armée restées à Lyon. Mais la brigade de Civita-Vecchia n'a pas encore commencé son embarquement à destination de cette ville, que l'empereur ne veut pas laisser sans garnison. Dès lors, la 3ᵉ division du 7ᵉ corps ne peut être dirigée sur Belfort. En outre, on entend laisser des troupes dans la Haute-Alsace, pour garder la ligne ferrée de Strasbourg à Mulhouse et aussi faire face aux rassemblements si souvent signalés derrière la Forêt-Noire. Le maréchal de Mac-Mahon se borne à prescrire l'envoi immédiat, par voie ferrée, de la division Conseil-Dumesnil à Strasbourg. Une des brigades du général Liébert ira à Colmar « aussitôt après [1] ».

La garde de ces deux villes assurée, le maréchal de Mac-Mahon peut donner suite à son intention « de concentrer ses forces sur le versant est des Vosges, de manière à conserver ses communications avec l'armée » de Lorraine [2]. Toutefois, le dispositif qu'il donne au 1ᵉʳ corps ne vise rien moins que sa concentration.

La division Ducrot, ayant son quartier général à Lembach, occupera, en avant de ce point, « la forte position un peu en arrière de Nothweiler », sa droite à Climbach, sa gauche à Obersteinbach, se reliant à la division Guyot de Lespart du 5ᵉ corps. Elle quittera Reichshoffen le 4 août.

Le général Abel Douay « ira s'établir, le 5, à Wissembourg [3]. Il occupera, sur sa droite, Altenstadt, pour couvrir le chemin de fer, et aura sa gauche à Weiler et Le Pigeonnier, d'où il se reliera » à la 1ʳᵉ division. « Le général Ducrot, en raison de son ancienneté, aura la 2ᵉ division sous ses ordres, en ce qui concerne les positions à occuper

---

1. *Revue d'histoire*, 1ᵉʳ S. 1901, 821 ; le maréchal de Mac-Mahon à l'empereur, 2 août, 4ʰ 5 soir, et au major général, s. h., *ibid.*, 841 ; le général F. Douay, au maréchal et au major général, 11ʰ 45 matin ; au major général, 8ʰ 45 soir, *ibid.*, 901.
2. Voir *suprà*, p. 284 ; Notes dictées par le maréchal en janvier 1871, *Revue d'histoire*, 1ᵉʳ S. 1901, 822.
3. Voir *suprà*, p. 323.

placera, le 4, la 1re division à Reichshoffen, Niederbronn, Wœrth, avec des postes à Mattstall, à Jægerthal; l'un de ses régiments détachera un bataillon à Soultz et deux à Seltz, avec le 2e lanciers. La division de Lartigue sera établie le même jour à Haguenau, ainsi que le 6e lanciers.

La brigade de cavalerie légère aura son gros au Geissberg, au sud-est de Wissembourg. Celle de cuirassiers restera à Brumath[1]. Enfin, le quartier général du corps d'armée et la réserve d'artillerie seront à Haguenau le 5.

La liaison des 1er et 5e corps s'établira à Sturzelbronn, au moyen d'un régiment de la division Guyot de Lespart; il détachera un bataillon « sur les chemins qui conduisent de Fischbach et de Ludwigs-Winkel à Philippsbourg ». C'est, du moins, ce que propose le maréchal[2].

En somme, ce dispositif se réduit à déployer les divisions Douay et Ducrot d'Altenstadt à Obersteinbach, sur un front de 20 kilomètres, dans un pays montueux et boisé, à proximité immédiate de la frontière derrière laquelle, on le sait, de grosses masses sont en voie de concentration. Le reste du corps d'armée sera réparti entre Reichshoffen et Haguenau, à plus de 25 kilomètres de Wissembourg. Dans ces conditions, nos troupes, surtout la division Douay, courent les risques les plus sérieux.

Il faut ajouter que cette conception vicieuse n'est point particulière au maréchal de Mac-Mahon. De Seltz à Bouzonville, le 4 août, nous allons avoir une suite ininterrompue de postes, occupés par des forces variant d'un bataillon

---

1. Journal de marche du 1er corps, *Revue militaire*, 1899, 106; *Souvenirs inédits* du maréchal, 2 août; ordres de mouvement des divisions Douay, Ducrot; le maréchal à l'empereur et au major général, 2 août (*Revue d'histoire*, 1er S. 1901, 839 et suiv.); général Ducrot, *Wissembourg*, 9; *Vie militaire du général Ducrot*, II, 347. — L'ordre de mouvement de la 2e division porte que « le 11e régiment de chasseurs... occupera, le 4, la position du Geissberg ». Singulière compréhension du rôle de la cavalerie ! D'après le Journal de marche de cette division, c'est au 1er août que remonterait la mise du général Douay sous les ordres de Ducrot. En réalité, elle eut lieu le 27 juillet (le maréchal de Mac-Mahon au major général, *Revue militaire*, 1900, 639).
2. Lettre au major général, 2 août. — Il paraît résulter d'une annotation du major général que le général Guyot de Lespart dut recevoir du maréchal des ordres dans ce sens (*Revue d'histoire*, 1er S. 1901, 843).

à une division, dans le seul but d'interdire aux Allemands l'accès de notre sol. Il en résulte que nous serons faibles sur tous les points. En outre, les chefs de ces fractions isolées, peu ou point orientés sur la situation générale, sont naturellement conduits à attribuer aux emplacements qu'ils occupent une importance hors de proportion et, par suite, à s'y croire immobilisés[1]. Les conséquences ne sont que trop aisées à prévoir.

Ni la « reconnaissance offensive » de Sarrebruck, ni les mouvements timidement esquissés par les 5e, 3e, 4e corps ne nous ont valu un renseignement sérieux sur l'ennemi. C'est de l'espionnage ou des journaux que viennent toutes nos informations nouvelles, le 2 août. La plupart confirment celles de la veille sur la concentration allemande. Ainsi, on écrit de Luxembourg, le 1er août, à 11h 55 du soir, que le prince Frédéric-Charles est attendu à Trèves. Cinq régiments des IVe, Ve, VIIe, IXe corps y seraient arrivés dans la journée. « Toute la contrée est remplie de troupes ; on annonce un événement grave et très prochain. » Une autre dépêche porte que Wittlich et Trarbach sont complètement dégarnis ; on signale beaucoup de forces entre Conz et Sarrelouis. « Presque toutes les troupes de Trèves, ainsi que la majorité de celles de Conz », seraient parties pour Sarrebruck[2].

Dans une autre direction, on confirme le passage à Kreuznach de nombreuses troupes appartenant notamment au IIIe corps ; l'état-major du IVe corps serait attendu à Deux-Ponts ; celui du VIIIe et une grande partie de ce corps d'armée auraient déjà atteint Nunkirchen. « Le mot d'ordre est de marcher sur la Sarre. » On continue de mentionner les bruits d'une forte concentration (de 80,000 à 100,000 hommes) à Dudweiler[3]. »

---

1. *Revue d'histoire,* 1er S. 1901, 824.
2. Bulletin de renseignements du grand quartier général (2 août) ; Renseignements reçus à Thionville le 1er août, 11h 55 soir ; un agent de Thionville au major général, 2 août, 11h 51 matin et 7h 30 soir ; un agent de Luxembourg au major général, 10h 25 (?) ; le commandant de Longwy au commandant Samuel, 11h 48 matin ; Bulletin du 4e corps, 9 heures matin (*Revue d'histoire,* 1er S. 1901, 905 et suiv., 912).
3. Bulletin du 2e corps ; Rapport de la division Laveaucoupet, *ibid.,* 909 et suiv.

PREMIÈRES OPÉRATIONS.   387

En Alsace, tout confirme les impressions de la veille. Si la frontière est « très peu garnie » aux environs de Wissembourg, il y a des « postes nombreux » dans la forêt du Bien-Wald, « beaucoup de troupes » à Pirmasens, « huit régiments à Landau..., des masses ennemies » entre Landau, Maxau et Germersheim, « deux régiments à Kandel ». Le capitaine d'état-major Rau rend compte « qu'une grande concentration... aurait lieu à Bergzabern », et une autre de Pirmasens à Deux-Ponts[1].

Le préfet du Haut-Rhin prévient le général Douay que, depuis six jours, des colonnes prussiennes évaluées à 20,000 hommes remontent la rive droite du Rhin, allant vers Huningue. Mais le capitaine des douanes de Saint-Louis affirme qu'aucun mouvement n'a eu lieu dans cette direction ; à Bâle, le 31 juillet, on donnait comme certain qu'il n'y avait pas de troupes dans le sud du grand-duché[2].

L'ensemble indique une triple concentration des Allemands, en forces croissantes, au nord de notre frontière d'Alsace-Lorraine. Ce qu'il y a d'inquiétant dans ces nouvelles est compensé, jusqu'à un certain point, par ce qui concerne l'attitude de l'Autriche[3]. Sans trop d'imprudence, on peut encore espérer sa coopération.

Pour l'ennemi, le 2 août est un jour de crise. Le roi Guillaume, parti le soir du 31 juillet de Berlin, arrive le matin à Mayence, après avoir été partout, sur son passage, l'objet d'ovations enthousiastes[4].

---

1. Bulletin du 1er corps, 2 août matin ; le maréchal de Mac-Mahon au major général, *Revue d'histoire*, 1er S. 1901, 908.
2. Bulletin du 7e corps, 2 août, *ibid.*, 912 et 827.
3. Télégramme au ministre de la guerre (sans origine ni signature) : « L'Autriche cherche à cacher ses préparatifs, mais il est certain qu'elle rappelle ses hommes en congé et de la réserve, et achète des chevaux. 80,000 honveds, infanterie et cavalerie, sont armés et prêts. La Hongrie va en porter le nombre à 130,000. L'Autriche leur donnerait, au besoin, de l'artillerie de l'armée » (*Ibid.*, 905).
4. *État-major prussien*, I, 132 ; Verdy du Vernois, *Im grossen Hauptquartier*, 46. La proclamation que le roi adresse à l'armée, le 2 août, est ainsi conçue :
« Toute l'Allemagne est en armes contre un État voisin qui nous a déclaré la guerre par surprise et sans cause. Il s'agit de défendre notre patrie menacée,

Avant même d'avoir reçu les premières nouvelles de Sarrebruck, Moltke juge encore une fois nécessaire de prévoir un mouvement offensif de notre part. S'il ne s'opère pas en force le jour même, la IIe armée poussera le gros du IVe corps jusqu'à Landstuhl, sans dépasser ce point. Si nous débouchons, au contraire, de l'intervalle entre Sarrebruck et Sarreguemines, le IIIe corps ne continuera pas, le 3, sa marche sur Baumholder, et le gros du IVe restera à Kaiserslautern, sans que les débarquements soient interrompus en ce point ni à Birkenfeld. Ces deux corps reprendront leur mouvement au sud-ouest, seulement lorsque le reste de l'armée aura serré à une demi-étape derrière eux[1].

Moltke ignore jusqu'à l'après-midi du 3 les détails du combat de Sarrebruck[2]. C'est à partir de midi seulement, le 2 août, que parviennent les premières nouvelles, très vagues, d'une affaire sérieuse engagée aux abords de cette ville, puis de la retraite des troupes prussiennes. Dans l'entourage du roi, on s'attend à nous voir continuer l'offensive. Seule, la Ire armée pourrait s'y opposer, après s'être concentrée à Losheim-Wadern, comme il a été prescrit, mais Moltke jugerait cette résistance imprudente devant des forces supérieures, et Steinmetz recevra, le 3 août, ordre de se retirer sur Tholey[3]. Quant à la IIe armée, elle est avisée d'avoir à hâter sa concentration, et la IIIe se masse, le jour

---

notre honneur, nos foyers. Je prends aujourd'hui le commandement de toutes les armées et vais avec confiance au combat que nos pères ont une première fois glorieusement soutenu.

« Avec moi la patrie entière a les yeux sur vous. Le Seigneur notre Dieu sera pour notre juste cause. »

1. Télégramme à la IIe armée, 11 heures matin, *Moltkes Korrespondenz*, III, I, 184. La 1re division de cavalerie est rattachée à la Ire armée ; le Ier corps, qui débarque à Birkenfeld à dater du 3 août, à la IIe (provisoirement), et le VIe, qui débarque à dater du 4 à Landau, à la IIIe.

2. Télégrammes aux commandants de Sarrelouis et du VIIIe corps, 3 août, midi (*Ibid.*, 188) : « Que s'est-il passé hier à Sarrebruck ? Ici nous n'avons que des bruits vagues, mais point de rapport officiel. » — Dans un rapport envoyé e soir du 2, de Wadern, Gœben annonçait que Sarrebruck était repris, d'après un compte rendu parti de Sarrelouis à 5h 15 (Schell, 23).

3. *État-major prussien*, I, 132 ; *Moltkes Korrespondenz*, III, I, 187, télégramme du 3 août, 11 heures matin.

même, au nord du Kling-Bach[1]. Ainsi, les Ire et IIe armées vont prendre une attitude défensive, tandis que la IIIe se prépare à nous porter un coup droit en Alsace.

Pendant la journée du 2, le VIIe corps a continué sa concentration vers Losheim[2]; le gros du VIIIe se répartit entre Wadern et Lebach. On a vu que le détachement Gneisenau s'est replié dans la soirée sur Hilschbach et Guichenbach. Le général von Barnekow, qui commande la 16e division, prescrit, le soir même, de reprendre le contact et de porter sur l'heure des détachements de Lebach à Landsweiler et Eppelborn, au sud-est. Le commandant du VIIIe corps, von Gœben, approuve ces dispositions et prescrit, pour le 3 août, la marche d'avant-gardes sur Dudweiler, Sarrebruck et Völklingen. Afin de les soutenir, le corps d'armée appuiera au sud, la 15e division et l'artillerie de corps se portant vers Lebach, la 16e division allant au nord d'Heusweiler. Il rend compte de ces dispositions à Steinmetz, qui les approuve et ordonne au VIIe corps d'atteindre, le 3, Merzig-Harlingen (13e division), Broddorf (14e division) et Losheim (artillerie de corps). Il annonce à Moltke l'intention de marcher, le 4, sur la ligne Sarrelouis-Hellenhausen[3], en faisant opérer, le 5, de fortes reconnaissances vers les routes de Bouzonville et de Saint-Avold[4].

En arrêtant ces prescriptions, Steinmetz prévoit néces-

---

1. *Moltkes Korrespondenz*, III, I, 186, télégramme à la IIe armée, 2 août, 9 heures soir.
2. *VIIe corps*: 13e division, Saarburg; l'avant-garde à Trassem; 1 bataillon à Conz; 14e division, 2 bataillons à Trèves, le reste à Zerf; artillerie de corps, Pellingen; 7e brigade de cavalerie à 7[km],500 au sud de Trèves; les trains à Schweich, sur la rive gauche de la Moselle.
VIIIe corps: Gros de la 15e division vers Wadern; 8e bataillon de chasseurs et 3 escadrons du 9e hussards à Rehlingen et Dillingen; détachement Gneisenau (4 bataillons, 6 escadrons, 2 batteries) à Hilschbach et Guichenbach; le reste de la 16e division autour de Lebach (*État-major prussien*, I, 144).
3. Entre Lebach et Heusweiler.
4. *État-major prussien*, I, 145; Cardinal von Widdern, III, II, 64 et suiv.; Verdy du Vernois, *Études de guerre*, III, 380 et suiv. Voir dans Cardinal von Widdern, 111 et suiv., le texte du compte rendu de Gœben, daté de 8 heures soir, et du télégramme de Steinmetz, 10[h] 10 soir, au grand quartier général. Ce dernier paraît avoir été rédigé sous l'impression d'un rapport du général von Zastrow, commandant le VIIe corps, daté de 4[h] 15 soir et signalant la marche de colonnes françaises de Sierck et Thionville vers le sud.

sairement qu'elles entraîneront un choc avec nos troupes, qu'il suppose devoir franchir la Sarre le 3 août, tandis que la IIe armée ne pourra l'atteindre avant le 6. Mais le « lion de Nachod » est un offensif à outrance, de l'école du vieux Blücher. Il est impatient de joindre de nouveaux lauriers à ceux de 1866. D'ailleurs, il n'est pas orienté sur les intentions du grand quartier général et paraît ignorer, notamment, que Moltke entend menacer avec la Ire armée le flanc gauche de la nôtre, si elle prenait l'offensive contre la IIe. C'est ainsi qu'il s'expose à un échec à peu près certain, du propre avis du chef d'état-major du roi[1].

A la IIe armée, le IIIe corps se répartit d'Offenbach à Meissenheim; le IVe, de Grünstadt à Kaiserslautern; le IXe, à l'est de Kirchheimbolanden; le Xe et la Garde, autour de Kreuznach et de Mannheim; le XIIe, vers Wörrstadt. Quant aux 5e et 6e divisions de cavalerie, elles atteignent la ligne Tholey-Saint-Wendel-Schœnenberg-Mühlbach, se reliant, d'une part, au 5e dragons vers Einöd et Blieskastel, de l'autre, au VIIIe corps vers Lebach. Conformément aux directives venues de Mayence, Frédéric-Charles prescrit au IIIe corps de continuer, le 3, jusqu'à Baumholder, au IVe de porter son gros, le 4, à Landstuhl. Ils y attendront le reste de l'armée[2].

Devant les avant-postes de la IIIe armée, la situation paraît à peu près la même que le 1er août. Une reconnaissance poussée sur Seltz y trouve des fractions notables d'infanterie et de cavalerie; à Ober-Seebach on voit, pour la première fois, des lanciers; Wissembourg est inoccupé le matin, mais ses portes sont fermées et les Français ont coupé la ligne télégraphique entre cette ville et Lauterbourg[3]. Au contraire, on signale la marche de forts détachements de Bitche sur Pirmasens, et le général von Bothmer juge nécessaire d'envoyer des renforts dans cette direction. Vers

---

1. Cardinal von Widdern, III, II, 116-145; *Revue d'histoire*, 1901, 1er S. 830.
2. *État-major prussien*, I, 158.
3. Ce détail incompréhensible est donné *ibid.*, 171.

midi, on s'aperçoit que le mouvement signalé correspond à un simple déplacement le long de la frontière[1].

A la même heure, l'état-major de la III⁰ armée a envoyé les ordres préparatoires à l'offensive réclamée par Moltke. Les troupes vont se concentrer au nord du Kling-Bach; leur mouvement en avant commencera dès le 4[2].

Sur la rive droite du Rhin, le colonel von Seubert fait de son mieux pour fixer notre attention. Le 2 août, son détachement de droite va à Oppenau et Biberach, dans la vallée de la Kinzig, battant le terrain vers Kehl et Lahr. Une compagnie d'infanterie en voitures et un peloton de cavalerie se dirigent sur Fribourg par le Val d'Enfer, faisant voir des patrouilles entre Brisach et Neuenburg. Enfin Seubert se rend avec deux compagnies à Waldshut, puis à Rheinfelden, et bivouaque à la nuit vers Lœrrach, dans un camp préparé par les habitants. En multipliant les feux, les batteries de tambour, il cherche à faire admettre la présence d'un corps nombreux[3]. Ces démonstrations, venant après les manœuvres du contre-espionnage allemand, ne seront pas sans influence sur le rôle du 7ᵉ corps au 6 août.

---

1. *État-major prussien*, I, 172. — Le 5ᵉ bataillon de chasseurs prussiens a été concentré à Dahn.
2. *Ibid.;* voir *suprà*, 344; von Hahnke, *Les opérations de la III⁰ armée*, traduction, 28.
3. *État-major prussien*, I, 205.

XIV

PREMIÈRES OPÉRATIONS MARITIMES

Départ de Bouët-Willaumez. — L'escadre du prince Adalbert. — Nos bâtiments dans les eaux danoises. — Hésitations de Bouët-Willaumez. — Son entrée dans la Baltique.

Malgré les difficultés que rencontre le projet de diversion dans la Baltique, il n'est pas entièrement abandonné avant nos premiers désastres[1]. Le vice-amiral Bouët-Willaumez part de Brest pour le nord, le 24 juillet, avec les frégates cuirassées *Surveillante, Gauloise, Guyenne, Flandre, Océan, Thétis,* la corvette cuirassée *Jeanne-d'Arc* et l'aviso *Cassard*. Il a commandé l'escadre de la Méditerranée et a été, en Crimée, le chef d'état-major de l'amiral Hamelin, ce qui lui vaut une grande expérience des débarquements. Ses instructions, datées du 23 juillet, débutent en ces termes : « Vous vous dirigerez d'abord vers le Sund, où vous détacherez la *Thétis* à Copenhague ; puis, de nuit, vous reviendrez devant la Jade pour y bloquer l'escadre prussienne. Pendant ce temps, les autres bâtiments vous seront expédiés. Vous laisserez devant la Jade le contre-amiral Dieudonné avec une division et vous vous rendrez, avec l'autre, dans la Baltique. » Le ministre ajoute quelques détails, « faux pour la plupart », sur la flotte prussienne. Il interdit formellement d'attaquer aucune ville ouverte. La neutralité russe lui paraît si peu acquise, qu'il invite Bouët-Willaumez à surveiller la Russie par Cronstadt. Dans une seconde dépêche, il revient sur le même sujet : « En présence des

---

[1]. *Les Origines*, 381 ; Mme Carette, II, 156-158 ; télégrammes des 17, 18, 22, 25, 27, 29, 31 juillet, 2, 5, 6 août, *Enquête*, dépositions, I, Rigault de Genouilly, 128, 139, 140. L'amiral Rigault de Genouilly désirait, dit-on, prendre le commandement de nos forces navales de la mer du Nord et de la Baltique. On armait même l'*Océan* à son intention. Il renonça à ce projet, l'empereur lui ayant fait une obligation d'abandonner son portefeuille en cas d'embarquement (R. de Pont-Jest, 8).

éventualités contre la Russie, ordre est donné à l'escadre de la Méditerranée de rallier Brest, afin de rester ainsi à cheval sur le détroit de Gibraltar et la mer du Nord [1].

L'amiral Bouët espère que les bâtiments prussiens ne se sont pas encore réfugiés dans la Jade, comme le portent ses instructions, et qu'il pourra les attaquer au large. Il sait que le prince Adalbert a sous ses ordres trois frégates cuirassés, un monitor et le *König-Wilhelm,* supérieur en vitesse et en artillerie à toutes nos unités de combat. Dès lors, avant de quitter Cherbourg, il arrête un plan d'attaque par le choc et en fait part à tous ses commandants.

Le 25 juillet, un feu flottant de la côte anglaise signale le passage de l'escadre, dont nous avons essayé jusqu'alors de tenir le départ secret. De notre côté, nous ignorons si les bâtiments prussiens ont gagné Kiel ou se sont réfugiés dans la Jade. En raison de cette incertitude et de l'insuffisance du charbon, qui va manquer à quelques-uns de ses navires, l'amiral Bouët prend le parti de remonter vers le nord. Le 28 juillet, il contourne le cap Skagen, à la pointe septentrionale du Jutland, quand le capitaine de frégate de Champeaux vient de Copenhague à sa rencontre. Non seulement il a pu engager des pilotes danois, mais il a trouvé une place de ravitaillement pour l'escadre sur la côte est de Seeland, la baie de Kioje. Au nom de notre ministre en Danemark, M. de Saint-Féréol, il demande l'entrée immédiate de nos bâtiments dans la Baltique. A Copenhague, les femmes ne portent plus que les couleurs françaises ; les théâtres retentissent de la *Marseillaise* et du *Rhin allemand*. Une souscription pour nos blessés atteint 80,000 fr. en quelques jours ; une autre, pour les blessés allemands, ne dépasse pas 1,800 fr. dans le même temps. La presse danoise presque entière pousse à la guerre.

Mais l'amiral Bouët ne dispose d'aucune troupe de débarquement. En outre, il se croit lié par ses instructions.

---

1. R. de Pont-Jest, 9-11. — Le ministre promettait que l'escadre serait incessamment renforcée de 6 frégates cuirassées, de 5 avisos, du monitor *Rochambeau* et du bélier *Taureau*.

Il se borne à informer le ministre de la marine, en demandant de nouveaux ordres. Son télégramme se croise avec un autre venant de Paris. L'amiral Rigault de Genouilly « l'invitait à choisir un point d'observation qui lui permettrait, tout à la fois, de respecter la neutralité danoise, de surveiller les côtes ennemies et de pourvoir au ravitaillement de ses bâtiments. Il lui recommandait de plus, l'entrée de la Jade étant libre, d'y laisser des forces considérables en observation[1]. »

La tâche devient singulièrement malaisée. Si la neutralité danoise nous tient maintenant à cœur, c'est que la Russie n'a pas dissimulé ses intentions hostiles[2]. De plus, les forces de Bouët-Willaumez ne suffisent pas pour surveiller les côtes de la Baltique, de la mer du Nord et, en même temps, bloquer étroitement la Jade. De cette baie à Kiel, il y a 300 lieues de navigation difficile, parfois dangereuse, pour de grands bâtiments.

Dans cette situation, l'amiral Bouët croit devoir attendre de nouvelles instructions, sans rien tenter contre les défenses des ports prussiens. Le 1er août, après avoir perdu des heures précieuses, il voit arriver M. de Cadore sur le *Coligny*. Notre envoyé extraordinaire vient de nouveau le prier, comme a fait M. de Champeaux, de pénétrer dans les détroits, pour exercer sur le Danemark une action morale. Bouët refuse encore, alléguant ses instructions. Toutefois, il consent d'attendre 48 heures avant de se diriger sur la Jade, comme l'a prescrit le ministre. M. de Cadore doit se contenter de cette concession.

Sur les entrefaites, il apprend que le monitor prussien *Arminius* et la corvette *Elisabeth* essaient de remonter le Grand Belt pour gagner la mer du Nord. Il envoie à leur rencontre la *Thétis*, la *Guyenne*, la *Jeanne-d'Arc* et le *Cassard*; mais, grâce à son faible tirant d'eau, l'*Arminius* parvient à s'abriter dans les eaux danoises, puis à s'échapper,

---

1. R. de Pont-Jest. 17.
2. *Les Origines,* 384 et suiv.

le long des côtes, sans même avoir été vu. Quant à l'*Elisabeth,* elle regagne Kiel, d'où elle ne sortira plus. Cet incident montre que l'escadre, dépourvue de navires légers, à marche rapide et suffisamment armés, parviendra difficilement à maintenir un blocus effectif.

Le 2 août seulement, M. de Champeaux revient, apportant à l'amiral Bouët l'ordre d'entrer dans la Baltique. C'est M. de Gramont qui l'a provoqué, comptant toujours sur l'alliance danoise. L'escadre remonte aussitôt le Cattégat. De son côté, l'amiral Fourichon est arrivé de Gibraltar à Brest; il va partir pour la Jade, lorsque surviennent Frœschwiller et Spicheren. Une grande partie des ressources de la marine doit être absorbée par la défense du sol national. Il ne saurait plus être question pour elle de grandes opérations offensives[1].

---

1. R. de Pont-Jest, 17-18; *Enquête,* dépositions, I, Rigault de Genouilly, 128-129; A. Guérard, 75.

ANNEXE 1.

RÉPARTITION DE L'ARMÉE FRANÇAISE

En mai 1870.

Garde impériale (Paris) : 2 divisions d'infanterie, 4 brigades, 8 régiments, 1 bataillon de chasseurs; 1 division de cavalerie, 3 brigades, 6 régiments; 1 brigade d'artillerie, 2 régiments; 1 escadron du train d'artillerie; 1 escadron du train des équipages.

1er corps d'armée (Paris), 1re et 2e divisions militaires [Paris et Rouen] : 3 divisions d'infanterie, 6 brigades, 12 régiments, 3 bataillons de chasseurs; 3 régiments d'infanterie, 1 bataillon de chasseurs non endivisionnés; 1 division de cavalerie, 3 brigades, 6 régiments; 3 régiments de cavalerie non endivisionnés, 2 régiments d'artillerie montée.

2e corps d'armée (Lille), 3e et 4e divisions militaires [Lille et Châlons] : 1 brigade, 2 régiments au camp de Châlons; 14 régiments d'infanterie, 3 bataillons de chasseurs, 6 régiments de cavalerie non endivisionnés; 2 régiments d'artillerie montée, 1 régiment du génie.

3e corps d'armée (Nancy), 5e, 6e, 7e divisions militaires [Metz, Strasbourg, Besançon] : 15 régiments d'infanterie, 4 bataillons de chasseurs non endivisionnés; 1 division de cavalerie, 2 brigades, 4 régiments; 9 régiments de cavalerie non endivisionnés; 4 régiments d'artillerie montée; 2 régiments d'artillerie à cheval; 1 régiment de pontonniers; 1 régiment du génie.

4e corps d'armée (Lyon), 8e, 9e, 10e, 17e, 20e, 22e divisions militaires [Lyon, Marseille, Montpellier, Bastia, Clermont, Grenoble] : 3 divisions d'infanterie, 6 brigades, 12 régiments, 3 bataillons de chasseurs; 1 division de cavalerie, 2 brigades, 4 régiments; 18 régiments d'infanterie et 1 bataillon de chasseurs; 2 régiments de cavalerie non endivisionnés; 2 régiments d'artillerie montée; 1 régiment d'artillerie à cheval; 1 régiment du génie.

5ᵉ corps d'armée (Tours), 15ᵉ, 16ᵉ, 18ᵉ, 19ᵉ, 21ᵉ divisions militaires [Nantes, Rennes, Tours, Bourges, Limoges] : 9 régiments d'infanterie, 1 bataillon de chasseurs, 3 régiments de cavalerie non endivisionnés ; 3 régiments d'artillerie montée.

6ᵉ corps d'armée (Toulouse) : 11ᵉ, 12ᵉ, 13ᵉ, 14ᵉ divisions militaires [Perpignan, Toulouse, Bayonne, Bordeaux] : 9 régiments d'infanterie, 2 bataillons de chasseurs, 4 régiments de cavalerie non endivisionnés ; 1 régiment d'artillerie montée ; 1 régiment d'artillerie à cheval.

7ᵉ corps d'armée (Alger) : 1ʳᵉ, 2ᵉ, 3ᵉ divisions militaires [Alger, Oran, Constantine] : 4 régiments de ligne, 1 bataillon de chasseurs, 3 régiments de zouaves, 3 bataillons d'infanterie légère d'Afrique, 1 régiment étranger, 3 régiments de tirailleurs algériens, 3 régiments de cavalerie de France, 4 régiments de chasseurs d'Afrique, 3 régiments de spahis, 1 régiment d'artillerie montée.

États romains : 1 brigade d'infanterie, 2 régiments et 1 bataillon de chasseurs (en outre, 2 batteries et 2 escadrons)[1].

---

1. *Une mauvaise économie. Brochure impériale trouvée aux Tuileries*, 11 ; capitaine E. Bureau, *Atlas militaire*, tableau 23.

ANNEXE 2.

EFFECTIFS MOYENS

Depuis 1860.

	EFFECTIFS MOYENS.		TOTAUX.	CONTINGENTS.
	Active.	Réserve.		
1860	474,095	165,479	639,574	102,234
1861	467,579	177,948	645,527	100,000
1862	432,352	203,100	635,452	100,000
1863	420,850	210,414	631,264	100,000
1864	414,716	211,390	626,106	100,000
1865	402,824	239,882	642,706	100,000
1866	391,397	235,853	627,250	100,000
1867	410,102	211,565	621,667	100,000
1868	416,177	188,554	604,731	100,000
1869	414,754	239,597	654,351	100,000

Le 24 septembre 1869.

Le Chef de bureau,

Signé : DELBOUSQUET[1].

---

1. La Chapelle, *op. cit.*, 106. Les *Mémoires* du maréchal Randon, II, 182-183, rapport à l'empereur, donnent des chiffres différents pour l'effectif moyen :

1860	480,000 hommes.
1861	469,000 —
1862	433,000 —
1863	421,000 —
1864	417,000 —
1865	403,000 —
1866	389,000 —

ANNEXE 3.

NOS EFFECTIFS THÉORIQUES DE GUERRE

En 1868[1].

	HOMMES.	CHEVAUX de selle.	CHEVAUX de trait ou de bât.	VOITURES.
Bataillon de chasseurs à pied . . .	938	6	5	3
Régiment d'infanterie	2,785	19	14	11
Escadron de cavalerie.	167	144	1	1
Régiment à 4 escadrons.	693	617	13	7
Régiment à 5 escadrons.	860	761	14	8
Batterie montée de 4	154	36	85	19
Batterie à cheval.	161	94	85	19
Batterie de canons à balles.	154	36	85	19
Batterie montée de 12.	201	36	133	23
Batterie de montagne.	206	25	112	1
Compagnie du génie	162	9	11	2
Compagnie montée du train	205	40	228	»
Compagnie légère du train.	357	40	300	»
Division d'infanterie à 2 brigades. .	13,134	320	537	160
Brigade de cavalerie à 2 régiments de ligne.	1,535	1,274	110	36
Brigade de cavalerie à 2 régiments de légère	1,869	1,562	112	38
Division de cavalerie à 2 brigades de ligne.	3,371	2,753	392	113
Division de cavalerie à 1 brigade de ligne et 1 de légère.	3,705	3,041	394	115
Division de cavalerie de deux brigades de légère	4,039	3,329	396	117

[1]. D'après la *Composition des armées en 1868*, travail personnel de l'empereur et du général Lebrun, reproduit par le comte de La Chapelle (*Forces militaires de la France en 1870*, p. 29) et daté du 20 janvier 1868. — Au début de la guerre, le complet de guerre est fixé à 2,400 hommes pour le régiment de ligne, et à 850 pour le bataillon de chasseurs (le maréchal de Mac-Mahon au général Douay, 31 juillet, *Revue d'histoire*, 1er S. 1901, 359).

ANNEXES. 401

	HOMMES.	CHEVAUX		VOITURES.
		de selle	de trait ou de bât.	
Division de cavalerie de 3 brigades (1 régiment de légère, 5 de ligne ou de réserve)[1]	5,003	4,147	472	141
Grand quartier général	1,349	718	460	156
Quartier général de corps d'armée.	791	346	373	100
Réserve d'un corps d'armée à 3 divisions avec équipage de pont	2,767	586	2,076	436
Réserve d'un corps d'armée à 3 divisions sans équipage de pont	2,522	552	1,827	379
Réserve d'un corps d'armée à 2 divisions avec équipage de pont	2,479	550	1,754	367
Réserve d'un corps d'armée à 2 divisions sans équipage de pont	2,199	516	1,593	326
Réserve générale d'artillerie de campagne	1,812	561	1,038	192
Grand parc d'artillerie de campagne pour une armée de 3 corps d'armée.	1,949	275	1,715	341
Grand parc d'artillerie de campagne pour une armée de 2 corps d'armée.	1,776	249	1,473	284
Grand parc du génie	451	62	373	60
Équipage de siège de l'artillerie	4,449	456	2,910	643

---

1. La *Composition des armées en 1868* prévoit la constitution d'un corps de réserve de cavalerie à deux divisions (1 de légère, 1 de réserve) [De La Chapelle, 29].

ANNEXE 4.

EFFECTIFS EN RATIONNAIRES

Du 27 juillet au 2 août 1870[1].

	HOMMES.	CHEVAUX.
27 juillet . . .	187,485 »	»
28 juillet . . .	200,795 (200,795)	»
29 juillet . . .	201,256 (202,448)	»
30 juillet . . .	231,008 (232,216)	»
31 juillet . . .	240,386 (238,188)	51,184 (51,671)
1er août. . . .	251,127 (251,130)	53,991 (53,991)
2 août	255,249 (257,496)	54,945 (53,093)

En y comprenant les officiers, le nombre des rationnaires au 1er août atteint 262,295, ce qui implique 11,168 officiers. D'après M. le général Derrécagaix lui-même, ces chiffres sont purement approchés. Les situations des corps d'armée étaient établies au moyen de situations de divisions, de brigades, de régiments remontant à un, deux, trois jours ou plus. De là des inexactitudes forcées qui font, par exemple, que les situations ne concordent pas, pour le 1er août, avec les *feuilles de journées* administratives. En outre, ces effectifs comprenaient un grand nombre de fractions encore en route ou même restées dans leurs garnisons. Ainsi, au 1er corps, le 10e dragons, qui rejoint après le 6 août; au 6e corps, qui n'est pas sur la frontière, le 6e chasseurs (5 escadrons) et deux escadrons du 2e lanciers, qui n'ont pas rejoint; au 7e corps, 9 bataillons, 9 escadrons, 2 batteries qui sont encore à Lyon; à la 1re division de cavalerie de réserve, le 4e chasseurs d'Afrique et 3 escadrons du 3e, en route venant d'Algérie; à la 3e division, l'artillerie qui n'a pas rejoint; enfin, le grand parc du génie qui n'est pas encore constitué, etc.

---

1. Général Derrécagaix, I, 411 et suiv. — Les chiffres entre parenthèses sont ceux tirés des Archives historiques et reproduits par la *Revue militaire* ou la *Revue d'histoire* (1900-1901).

De la sorte, l'effectif réellement réparti sur notre frontière, le 1er août, s'élève à 267 bataillons, 195 escadrons, 152 batteries, soit 222,242 hommes et 56,094 chevaux. Les chiffres donnés par M. le général Derrécagaix (I, 411, 412, 426, 428) ne comportent pas tous les mêmes éléments ; de là une grande incertitude et des différences marquées.

Le maréchal Le Bœuf (*Enquête*, dépositions, I, 72) a donné pour les effectifs au 1er août les chiffres ci-après, qu'il considère, d'ailleurs, comme inférieurs à la réalité (les chiffres entre parenthèses sont ceux de la *Revue d'histoire*, 1er S. 1901, 579) :

	HOMMES.	HOMMES.	CHEVAUX.
1er corps	41,156	(41,816	8,143)
2e corps	26,084	(27,868	5,016)
3e corps	27,723	(39,922	7,947)
4e corps	28,591	(28,910	5,536)
5e corps	25,073	(25,997	5,502)
6e corps	35,414	(35,414	5,440)
7e corps	20,341	(21,882	3,870)
Garde impériale	21,587	(21,580	6,716)
Réserve de cavalerie	5,617	(5,617	4,492)
Réserve d'artillerie	1,054	(1,646	1,228)
Réserve du génie	312	(209	58)
Services administratifs du grand quartier général	209	(269	43)
Total	243,171	(251,130	53,991)

Notons que les chiffres donnés par la *Revue d'histoire*, 1er S. 1901, 579, pour toute l'armée, ne concordent pas avec ceux donnés pour chacun des éléments, p. 588 et suiv. Ainsi, p. 620, le 3e corps figure avec un effectif de 41,272 hommes et 9,810 chevaux, au lieu de 39,922 hommes et 7,947 chevaux.

D'après les tableaux établis au ministère de la guerre, l'armée du Rhin aurait dû comprendre, le 1er août, 278,882 hommes (*Enquête*, dépositions, I, 49).

Dans ses *Souvenirs militaires*, p. 197, M. le général Lebrun lui prête, au 1er août, un effectif de 235,800 hommes.

Enfin, le général Frossard, *Rapport sur les opérations du 2e corps de l'Armée du Rhin*, donne, pour le 2 août, un effectif total de 244,828 hommes et 54,097 chevaux.

En dehors de l'armée du Rhin, il reste 1,151 compagnies d'infanterie ou 192 bataillons à 6 compagnies, 107 escadrons, 10 batteries de campagne, 20 batteries de dépôt, 55 batteries à pied.

D'après M. le général Fay, 14, l'effectif disponible serait de 567,000 hommes dont 393,500 sous les drapeaux, 61,000 réservistes, 112,500 hommes de la deuxième portion (Voir *suprà*, p. 188).

D'après M. le général Derrécagaix, I, 426, l'effectif disponible serait ainsi réparti au 1er août :

	OFFICIERS.	HOMMES.	CHEVAUX.
Armée du Rhin.	11,249	252,761	63,607
Intérieur.	8,924	231,629	45,258
Algérie	2,249	40,945	12,529
Rome.	206	5,260	813
Total.	22,628	530,595	122,207

Soit 553,223 rationnaires.

Page 428 du même ouvrage, l'effectif de l'armée du Rhin, au 1er août, figure comme étant de 11,268 officiers, 253,231 hommes, 63,018 chevaux.

Suivant M. le général Lewal, *La réforme de l'armée,* 33, au 1er janvier 1870, l'armée active compte 408,000 hommes environ. Il s'y adjoint à la mobilisation 119,000 réservistes (37,666 n'ont pas rejoint), ce qui donne un total de 527,720 hommes, dont 308,000 constituent nos forces actives. Il y en aurait 268,000 à l'armée du Rhin, le 5 août, officiers compris. Les non-valeurs ne représenteraient pas moins de 176,376 hommes :

	HOMMES.
Gendarmerie	26,000
Gardes de Paris	3,600
Sapeurs-pompiers	1,800
Invalides	1,100
Cadres des dépôts, compagnies et pelotons hors rang	50,700
Service des remontes	3,000
Enfants de troupe	5,253
Arsenaux	2,680
Service du recrutement	534

	HOMMES.
Gardes du génie et d'artillerie	1,039
État-major des places, etc.	1,850
Services des hôpitaux	1,900
Service des prisons et de la justice	220
Malades aux hôpitaux ou en congé de convalescence	59,000
Détenus ou prévenus	1,800
Corps de punitions	5,500

Divers de ces chiffres sont visiblement inexacts. (Voir *suprà*, p. 57 et suiv.)

En résumé, il paraît impossible de connaître l'effectif exact de nos forces militaires au 1er août 1870.

ANNEXE 5.

ARMÉE DU RHIN

MAISON MILITAIRE ET GRAND QUARTIER GÉNÉRAL [1]

Commandant en chef : L'EMPEREUR.

MAISON MILITAIRE

Aides de camp.

Généraux de division Yvelin de Béville, prince de la Moskowa, Castelnau ; généraux de brigade Waubert de Genlis, comte Reille, Favé, vicomte Pajol, Arnaudeau.

Officiers d'ordonnance.

Capitaines d'état-major Hepp, Lesergeant d'Hendecourt ; capitaine du génie Dreyssé ; capitaines d'infanterie Petyst de Morcourt, Harty de Pierrebourg, de Trécesson, Pierron ; capitaine d'artillerie Gusman ; capitaines de cavalerie Clary, Law de Lauriston ; lieutenant de vaisseau Conneau [2].

---

[1]. Cet ordre de bataille a été établi au moyen d'un grand nombre de documents et, notamment, de l'*Ordre de bataille de l'armée du Rhin* publié par la *Revue militaire*, 1899, p. 39.

[2]. J. Richard, *Annuaire de la guerre 1870-1871*, I, 9. — D'après M. de Massa, *Souvenirs et impressions*, 275, la maison militaire comprend : 6 généraux aides de camp, 1 général adjudant général, 7 officiers d'ordonnance, 2 maréchaux des logis, 5 écuyers, dont un capitaine adjoint, 9 secrétaires, aumôniers, médecins. En outre, 3 officiers sont attachés au Prince impérial et 3 au prince Napoléon. Total : 36 officiers ou assimilés.
Le personnel subalterne comporte d'abord 101 chevaux de selle ou d'attelage, 69 hommes, 22 voitures. Le 20 août, à Châlons, il est réduit à 75 chevaux, 57 hommes, 15 voitures ; à Tourteron, après le départ du prince impérial, il n'est plus que de 54 chevaux, 45 hommes, 10 voitures.
Ces chiffres ne comprennent pas les ordonnances et domestiques du personnel.
Le 3 août, le 3e bataillon du 3e grenadiers, commandant de Souancé, et le 5e escadron des guides, capitaine Gourg de Moure, sont attachés au grand quartier général (Lonlay, II, 382). Deux pelotons de cent-gardes, 4 officiers et 86 hommes, plus 7 domestiques, en font également partie (Verly, *Souvenirs du second Empire*, I, 176).

ÉTAT-MAJOR GÉNÉRAL

Maréchal LE BŒUF, major général.
Général de division LEBRUN, 1ᵉʳ aide-major général.
Général de division JARRAS, 2ᵉ aide-major général.

1ʳᵉ section. — Renseignements : Colonel Lewal.
2ᵉ section. — Opérations et mouvements : Colonel d'Andlau.
3ᵉ section. — Personnel : Colonel Lamy.
4ᵉ section. — Matériel, administration : Lieutenant-colonel Ducrot.

Lieutenants-colonels Nugues, Klein de Kleinenberg ; chefs d'escadron Fay, Tiersonnier, Fœrster, de l'Espée, Vanson, Le Pippre, Laveuve, Samuel ; capitaines Fix, Méquillet, Vosseur, de France, de Salles, Jung, Costa de Serda, Guioth, Derrécagaix, Fouché, Lemoyne, Campionnet, Tamajo, Amphoux (ces 4 officiers font partie du corps d'état-major. Voir leur répartition entre les quatre sections, *Revue militaire,* 1900, 534).

Attaché à l'état-major général : *Secrétaire d'ambassade* Debains.

CABINET ET ÉTAT-MAJOR PARTICULIER DU MAJOR GÉNÉRAL

Aides de camp : Chef d'escadron Mojon ; capitaines Gavard et Thibault de la Carte de la Ferté Senectère.

Officiers d'ordonnance : Capitaine de cavalerie Duvivier, lieutenant de cavalerie Laurens de Waru ; lieutenant d'infanterie Radiguet ; lieutenant d'artillerie Petit de Coupray.

Chef du cabinet : Colonel d'état-major d'Ornant
Sous-chef : Lieutenant-colonel d'état-major de Clermont-Tonnerre.
Personnel civil : D'Estouvelles, Melher, Dehau, Loiseau, Beau.

ÉTAT-MAJOR GÉNÉRAL DE L'ARTILLERIE

Commandant en chef : Général de division SOLEILLE.
Aides de camp : Chef d'escadron Sers, capitaine Dubouays de la Bégassière.
Chef d'état-major : Colonel Vasse Saint-Ouen.
Sous-chef : Lieutenant-colonel Ducos de La Hitte.
Adjoints : Chefs d'escadron Maignien, Couturier, Hurstel, Abraham, de Mondésir ; capitaines Morlière, Deloye, Anfrye.

ÉTAT-MAJOR GÉNÉRAL DU GÉNIE

Commandant en chef : Général de division Coffinières de Nordeck.
Aides de camp : Chef de bataillon Guichard, capitaine Serval.
Chef d'état-major : Colonel Boissonnet.
Sous-chef : Lieutenant-colonel Salanson.
Adjoints : Lieutenant-colonel Lachaud de Loqueyssie ; chefs de bataillon Séguineau de Préval et Chrétien ; capitaines Lallemant, Le Coispellier, Wagner, Bacharach, Mathieu, de Rochas d'Aiglun, Mougin.

SERVICES DE L'INTENDANCE

Intendant en chef : Intendant général Wolf.
Chef du cabinet : Sous-intendant Segonne.
A la disposition de l'intendant en chef : Sous-intendants Chapplain, Vuillaume ; adjoints Poutingon et Martinie.
Service des *hôpitaux et ambulances :* Intendant Séguineau de Préval.
Service des *transports :* Sous-intendant Gaffiot.
Service des *subsistances :* Sous-intendant Mony.
Service du *campement :* Sous-intendant Richard.
Service des *fonds :* Sous-intendant Demons.
Administration du grand quartier général : Sous-intendant Soret de Boisbrunet.
Médecin en chef : Médecin inspecteur baron Larrey.
Pharmacien en chef : Pharmacien inspecteur Poggiale.

Grand prévôt de l'armée : Général de brigade Arnaud de Saint-Sauveur.
Vaguemestre général : Colonel de gendarmerie Potié.
Commandant supérieur du train des équipages : Colonel Hugueney.
Commandant le grand quartier général : Général de brigade Letellier-Blanchard.
Payeur en chef : Fourtier.
Aumônier : Abbé Métairie, chapelain de l'empereur[1].
Officiers généraux à la suite du grand quartier général : Général de brigade Wolff ; N., N.

---

1. J. Richard, 9 et suiv. — Le 14 août, après avoir pris le commandement de l'armée du Rhin, le maréchal Bazaine a pour escorte le 1er escadron du 3e chasseurs et le 5e escadron du 5e hussards (Lonlay, II, 643). La 1re compagnie du 2e régiment du génie (télégraphie) est rattachée au grand quartier général le 6 août (*Revue d'histoire*, 2e S. 1901, 856).

GARDE IMPÉRIALE

Commandant en chef : Général de division BOURBAKI, puis DESVAUX.

Aides de camp : Chef d'escadron d'état-major Leperche, capitaine d'état-major de Nègre du Clat.

Officiers d'ordonnance : Capitaine de lanciers Lefébure de Saucy de Parabère, capitaine d'artillerie Jorna de Lacale, lieutenant de zouaves Sédillot.

Chef d'état-major général : Général de brigade d'Auvergne.

Sous-chef d'état-major : Colonel d'état-major Robinet, puis lieutenant-colonel Chennevière.

Chef d'escadron d'état-major Chennevière ; capitaines d'état-major Pagès, Guillet, Perrier.

Commandant l'artillerie : Général de brigade Pé de Arros.

Aide de camp : Capitaine Saillard.

Chef d'état-major : Colonel Melchior.

Capitaines Mercier, de Geoffre de Chabrignac.

Commandant le génie : Général de brigade Durand de Villers.

Aide de camp : Capitaine Pognon.

Chef d'état-major : Colonel Bressonnet.

Chef de bataillon Prévost ; capitaines Demoulin, Brunau, Petit (Pierre).

Intendant militaire : Lebrun.

Sous-intendants Lejeune, Jallibert.

Médecin en chef : Médecin principal Marit.

Prévôt du corps : Chef d'escadron Ramolino.

Aumônier principal : Abbé Maurin.

Payeur principal : Pontallié.

DIVISION DES VOLTIGEURS

Général de division DELIGNY.

Aide de camp : Capitaine d'état-major Hulin.

Officier d'ordonnance : Lieutenant de voltigeurs de Coatgoureden.

Chef d'état-major : Colonel d'état-major Ferret.

Chef d'escadron d'état-major Fabre; capitaines d'état-major Multzer et Blanchot.

Commandant l'artillerie : Lieutenant-colonel Gerbaut.
Commandant le génie : Chef de bataillon Hitschler.
Sous-intendant militaire : Samson, puis Lejeune.
Prévôt : Capitaine Bollot.
Payeur : Anthaulme de Nonville.
Aumônier : Abbé Morel.

1re Brigade (sept bataillons).

Général Brincourt.

Aide de camp : Capitaine d'état-major Tordeux.
Bataillon de chasseurs à pied : Commandants Dufaure du Bessol, puis de Ligniville (à 8 compagnies; tous les autres bataillons de l'armée du Rhin sont à 6 compagnies).
1er voltigeurs : Colonel Dumont.
2e voltigeurs : Colonel Peychaud.

2e Brigade (six bataillons).

Général Garnier.

Aide de camp : Capitaine d'état-major Godard.
3e voltigeurs : Colonel Lian.
4e voltigeurs : Colonel Ponsard.

Artillerie. Chef d'escadron Voilliard, 1re, 2e, 5e (à balles) batteries du *régiment monté* de la garde[1].

Génie : 8e compagnie de sapeurs du *3e régiment*.

Total : 13 bataillons, 3 batteries, 1 compagnie du génie.

DIVISION DES GRENADIERS

Général de division Picard.
Aide de camp : Capitaine d'état-major Sonnois.
Chef d'état-major : Colonel d'état-major Balland.

Chef d'escadron d'état-major Magnin; capitaines d'état-major Cœuret de Saint-Georges, de Brye.

---

[1]. Les batteries dont le calibre n'est pas spécifié sont de 4.

ANNEXES. 411

Commandant l'artillerie : Lieutenant-colonel Denecey de Cevilly.
Commandant le génie : Chef de bataillon Henry.
Sous-intendant militaire : Brassel.
Prévôt : Capitaine de Simorre.
Payeur : Mathieu.
Aumônier : Abbé Marchal.

1re Brigade (cinq bataillons).

Général JEANNINGROS.
Aide de camp : Capitaine d'état-major Noirot.
Régiment de zouaves (2 bataillons) : Colonel Giraud, puis de La Hayrie.
1er grenadiers : Colonel Théologue, puis Péan.

2e Brigade (six bataillons).

Général LE POITTEVIN DE LA CROIX DE VAUBOIS.
Aide de camp : Capitaine d'état-major Delannoy.
2e grenadiers : Colonel Lecointe.
3e grenadiers : Colonel Cousin (tué à Rezonville), puis de Launay.

Artillerie : Chef d'escadron Léveillé, 3e, 4e, 6e (à balles) batteries du *régiment monté*.
Génie : 10e compagnie de sapeurs du *3e régiment*.
Total : 11 bataillons, 3 batteries, 1 compagnie du génie.

DIVISION DE CAVALERIE

Général de division DESVAUX.
Aide de camp : Chef d'escadron d'état-major Robert (L. G).
Chef d'état-major : Colonel d'état-major Galinier.
Chef d'escadron d'état-major Hennequin de Villermont; capitaines d'état-major Dubreton, Delphin.
Sous-intendant militaire : Samson.
Prévôt : Lieutenant Esswein.
Payeur : Jaubert.
Aumônier : Abbé Gilet de Kervéguen.

1ʳᵉ **Brigade** (dix escadrons [1]).

Général Halna du Fretay.

Officier d'ordonnance : Lieutenant de guides de Brossin de Méré.
Régiment des guides : Colonel de Percin Northumberlan (le 5ᵉ escadron sert d'escorte à l'empereur).
Régiment des chasseurs : Colonel de Montarby.

2ᵉ **Brigade** (dix escadrons).

Général de France.

Aide de camp : Capitaine d'état-major Babin de Grandmaison.
Régiment des lanciers : Colonel de Latheulade.
Régiment des dragons : Colonel Sautereau-Dupart (Le 2ᵉ escadron sert d'escorte au général Bourbaki).

3ᵉ **Brigade** (dix escadrons).

Général du Preuil.

Aide de camp : Capitaine d'état-major Furst.
Officiers d'ordonnance : Lieutenants des carabiniers Mathieu de La Redorte et de Saint-James.
Régiment de cuirassiers : Colonel Dupressoir.
Régiment de carabiniers : Colonel baron Petit.

Artillerie : Chef d'escadron Roux Jouffrenot de Montlebert, 1ʳᵉ et 2ᵉ batteries du *régiment à cheval* [2].

Total : 30 escadrons, 2 batteries.

RÉSERVE D'ARTILLERIE (quatre batteries).

Colonel Clappier.

3ᵉ, 4ᵉ, 5ᵉ, 6ᵉ batteries du *régiment à cheval*.

---

[1]. Tous les régiments de la garde sont mobilisés à 5 escadrons (*Journal des marches et opérations de la garde*).

[2]. Après les grandes batailles sous Metz, ces deux batteries cessent de compter à la division Desvaux et sont transformées en batteries de réserve de 8 (Dick de Lonlay, VI, 109).

PARC D'ARTILLERIE

Colonel DE VASSOIGNE.

¹/₂ batterie à pied *bis* du *11ᵉ régiment* ; détachement des *9ᵉ compagnie d'ouvriers* et *1ʳᵉ compagnie d'artificiers*.

Total général pour la garde impériale : 24 bataillons, 30 escadrons, 12 batteries (10 de 4 et 2 de canons à balles), 2 compagnies du génie.

1ᵉʳ CORPS D'ARMÉE

Commandant en chef : Maréchal De MAC-MAHON, duc de Magenta, puis général de division DUCROT.

Aides de camp : Lieutenants-colonels d'état-major d'Abzac et Broye.

Officiers d'ordonnance : Capitaine d'artillerie de Vaulgrenant, capitaine de spahis de Vogué, lieutenants de zouaves Marescalchi et d'Harcourt ; lieutenant d'état-major d'Harcourt.

Chef d'état-major général : Général de brigade Colson, tué à Frœschwiller et remplacé par le colonel, puis général Faure ; puis colonel Robert.

Sous-chef : Colonel d'état-major Faure, puis chef d'escadron Corbin.

Chefs d'escadron d'état-major Tissier, de Bastard, Corbin ; capitaines d'état-major de Gaudemaris, Riff, Leroy, Kessler, Rau, de Grouchy ; lieutenants d'état-major Uhrich, Lamy [1].

Commandant l'artillerie : Général de division Forgeot, puis général de brigade Joly-Frigola.

Aide de camp : Chef d'escadron Minot.

Chef d'état-major : Colonel Schnéegans.

Chef d'escadron Voisin ; capitaines Louis, de Lahitolle, de Mecquenem.

Commandant le génie : Général de division Le Brettevillois.

Aide de camp : Capitaine Turot.

Chef d'état-major : Colonel Parmentier.

Chef de bataillon Moll ; capitaines Lelorrain, Poncet, Klein, Carette, Massu.

Intendant militaire : Baron de Séganville.

Sous-intendant Palisot de Warluzel ; adjoints Meunier et Fages.

Médecin en chef : Médecin principal Le Gouest.

---

1. A l'armée de Châlons, l'état-major du 1ᵉʳ corps est composé des capitaines d'état-major Rouff et Peloux, du capitaine d'artillerie Achard, des lieutenants de cavalerie Desroches et d'Aupias ; des lieutenants d'état-major de Sancy et Delanoue ; du lieutenant de chasseurs à pied de Lissac.

Prévôt du corps d'armée : Chef d'escadron Flambart-Delanos.
Payeur principal : Gallet.
Aumônier : Abbé de Beuvron.
Pasteurs (culte réformé) : Rey et Meyer.

1re DIVISION D'INFANTERIE

Général de division Ducrot, puis général de brigade Wolff.
Aide de camp : Capitaine d'état-major Bossan.
Chef d'état-major : Lieutenant-colonel d'état-major Levisse de Montigny.
Chef d'escadron d'état-major Cartier; capitaines d'état-major Schnell, Aignan.
Commandant l'artillerie : Lieutenant-colonel Lecœuvre.
Commandant le génie : Chef de bataillon Barrillon.
Sous-intendant militaire : Rodet.
Adjoint : Robert.
Prévôt : Capitaine Raymond.
Payeur : Chaumont.
Aumônier : Abbé Grunenwald.

1re Brigade (sept bataillons).

Général Moréno, puis Wolff.
Aide de camp : N.
13e bataillon de chasseurs à pied : Commandant Le Cacher de Bonneville, puis Potier.
18e régiment d'infanterie : Colonel Bréger.
96e régiment d'infanterie : Colonel de Franchessin (tué à Frœschwiller), puis Bluem.

2e Brigade (six bataillons).

Général de Postis du Houlbec.
Aide de camp : Lieutenant d'état-major Le Loup de Sancy.
45e régiment d'infanterie : Colonel Bertrand.
1er régiment de zouaves : Colonel Carteret-Trécourt, puis Barrachin.

Artillerie : Chef d'escadron Quellain, 6ᵉ, 7ᵉ, 8ᵉ (à balles) batteries du 9ᵉ *régiment.*

Génie : 3ᵉ compagnie de sapeurs du 1ᵉʳ *régiment.*

Total : 13 bataillons, 3 batteries, 1 compagnie du génie.

2ᵉ DIVISION D'INFANTERIE

Général de division Douay (Abel), tué à Wissembourg, puis général Pellé, promu divisionnaire.

Aide de camp : Capitaine d'état-major Rollet.
Chef d'état-major : Colonel d'état-major Robert (P. J.).
Chef d'escadron d'état-major Lambrigot; capitaines d'état-major Titre et Barbat Du Closel.
Commandant l'artillerie : Lieutenant-colonel Cauvet.
Commandant le génie : Chef de bataillon Dhombres.
Sous-intendant militaire : Greil.
Adjoint : Gentil.
Prévôt : Capitaine Bertrand de Laflotte.
Payeur : Livet.
Aumônier : Abbé Gillet.

1ʳᵉ **Brigade** (sept bataillons).

Général Pelletier de Montmarie.

Aide de camp : Capitaine d'état-major Sézille de Biarre.
16ᵉ bataillon de chasseurs à pied : Commandant d'Hugues.
50ᵉ régiment d'infanterie : Colonel Ardouin.
74ᵉ régiment d'infanterie : Colonel Moreno, puis Theuvez.

2ᵉ **Brigade** (six bataillons).

Général Pellé, puis Gandil.

Aide de camp : Capitaine d'état-major Briet de Rainvilliers.
78ᵉ régiment d'infanterie : Colonel de Carrey de Bellemare.
1ᵉʳ régiment de tirailleurs algériens : Colonel Morandy (2ᵉ, 3ᵉ, 4ᵉ bataillons).

Artillerie : Chef d'escadron J. de Fleurey, 9ᵉ, 10ᵉ (à balles), 12ᵉ batteries du 9ᵉ *régiment.*

Génie : 8ᵉ compagnie de sapeurs du *1ᵉʳ régiment.*

Total : 13 bataillons, 3 batteries, 1 compagnie du génie.

Le 28 août, le 1ᵉʳ régiment d'infanterie de marche est adjoint à la 2ᵉ brigade.

3ᵉ DIVISION D'INFANTERIE

Général de division RAOULT, tué à Frœschwiller, puis L'HÉRILLER.

Aide de camp : Capitaine d'état-major Bataille.
Chef d'état-major : Colonel d'état-major Marel.
Chef d'escadron d'état-major Thierry ; capitaines d'état-major Guerrier, Leduc (ou Rouff et Fouquet).
Commandant l'artillerie : Lieutenant-colonel Cheguillaume.
Commandant le génie : Chef de bataillon Lanty.
Sous-intendant militaire : Bruyère.
Adjoint : Augier.
Prévôt : Capitaine Mathieu de Fossey.
Payeur : M. Prétet.
Aumônier : Abbé Gillard.

1ʳᵉ **Brigade** (sept bataillons).

Général L'HÉRILLER, puis CARTERET-TRÉCOURT.

Aide de camp : N.
8ᵉ bataillon de chasseurs à pied : Commandant Poyet, puis Viénot.
36ᵉ régiment d'infanterie : Colonel Krien, puis Baudoin.
2ᵉ régiment de zouaves : Colonel Détrie.

2ᵉ **Brigade** (six bataillons).

Général LEFEBVRE.

Aide de camp : Capitaine d'état-major Hagron.
48ᵉ régiment d'infanterie : Colonel Rogier.
2ᵉ régiment de tirailleurs algériens : Colonel Suzzoni (tué le 6 août).

Artillerie : Chef d'escadron de Noüe, 5ᵉ, 6ᵉ, 9ᵉ (à balles) batteries du *12ᵉ régiment.*

Génie : 9ᵉ compagnie de sapeurs du *1ᵉʳ régiment.*

Total : 13 bataillons, 3 batteries, 1 compagnie du génie.

Pendant la campagne de Sedan, le 1ᵉʳ bataillon des francs-tireurs dits Lafon-Mocquard, commandant Robin, est attaché à la 2ᵉ brigade.

4ᵉ DIVISION D'INFANTERIE

Général de division DE LARTIGUE.

Aide de camp : Capitaine d'état-major Besaucèle.
Chef d'état-major : Colonel d'état-major d'Andigné.
Chef d'escadron d'état-major Warnet, capitaines d'état-major Rosselin, Mansuy.
Commandant l'artillerie : Lieutenant-colonel Lamandé.
Commandant le génie : Chef de bataillon Loyre.
Sous-intendant militaire : Coulombeix.
Prévôt : Capitaine Ainaud.
Payeur : Le Cardinal, puis Pougin de la Maisonneuve.
Aumônier : Abbé Bretter (ou Vallée).

1ʳᵉ **Brigade** (sept bataillons).

Général FRABOULET DE KERLÉADEC.
Aide de camp : Capitaine d'état-major Michel.
1ᵉʳ bataillon de chasseurs à pied : Commandant Bureau, puis Pichon.
56ᵉ régiment d'infanterie : Colonel Ména.
3ᵉ régiment de zouaves : Colonel Bocher.

2ᵉ **Brigade** (six bataillons).

Général LACRETELLE, puis CARREY DE BELLEMARE.
Aide de camp : N.
87ᵉ régiment d'infanterie : Colonel Blot, puis Rollet (le 87ᵉ fut investi dans Strasbourg).
3ᵉ régiment de tirailleurs algériens : Colonel Gandil, puis Barrué.

Artillerie : Chef d'escadron Suter, 7ᵉ, 10ᵉ (à balles), 11ᵉ batteries du *12ᵉ régiment.*
Génie : 13ᵉ compagnie de sapeurs du *1ᵉʳ régiment.*
Total : 13 bataillons, 3 batteries, 1 compagnie du génie.

Le 3ᵉ régiment de marche (lieutenant-colonel Guyot de Leuchey) remplace le 87ᵉ à la 1ʳᵉ brigade, le 28 août. Le 3ᵉ bataillon du 3ᵉ grenadiers de la garde (commandant Guillier de Souancé), qui a suivi l'empereur à l'armée de Châlons, est rattaché à la 2ᵉ brigade.

DIVISION DE CAVALERIE

Général de division Duhesme, puis général de brigade Michel.
Aide de camp : Chef d'escadron d'état-major Beaugeois.
Chef d'état-major : Colonel d'état-major Gresley.
Chef d'escadron d'état-major Régnier (P. A.); capitaines d'état-major Caron, d'Harcourt.
Sous-intendant militaire : Iratsoquy.
Prévôt : Capitaine Guibert.
Payeur : Courtiadès.
Aumônier : Abbé Gardey.

1ʳᵉ **Brigade** (dix escadrons).

Général de Septeuil.
Aide de camp : Capitaine Marois.
3ᵉ hussards : Colonel de Viel d'Espeuilles, puis Cramezel de Kerhué.
11ᵉ chasseurs : Colonel Dastugue, puis de Bailliencourt, *dit* Courcol.

2ᵉ **Brigade** (douze escadrons).

Général de Nansouty.
2ᵉ lanciers : Colonel Poissonnier, puis Maillart de Landreville, puis de Saint-Jean.
6ᵉ lanciers : Colonel Tripart, puis Pollard (2 escadrons rejoignent le 6 août).
10ᵉ dragons : Colonel Perrot (arrivé après le 6 août, commandant de Chalus, 222; général Derrécagaix, I, 428. Il voyage par étapes depuis Clermont-Ferrand [général Bonnal, *Frœschwiller*, 56]).

3ᵉ **Brigade** (huit escadrons).

Général Michel.
8ᵉ cuirassiers : Colonel Guiot de La Rochère.

9ᵉ cuirassiers : Colonel Waternau, puis de Vouges de Chanteclair (très affaibli par ses pertes à Frœschwiller, ce régiment, renvoyé à Versailles, est remplacé par le 10ᵉ dragons [2ᵉ brigade]).

Total : 30 escadrons.

RÉSERVE D'ARTILLERIE ET PARC (huit batteries).

Général de brigade Joly-Frigola.

Aide de camp : Capitaine Renouf du Breil.
Chef d'état-major : Lieutenant-colonel Gaillart de Blairville.
Commandant la réserve : Colonel de Vassart d'Andernay, tué à Frœschwiller; puis colonel Grouvel.

Lieutenant-colonel de Brives : 11ᵉ et 12ᵉ batteries (12) du 6ᵉ *régiment;* 5ᵉ et 11ᵉ batteries du *9ᵉ régiment.*

Lieutenant-colonel Grouvel : 1ʳᵉ, 2ᵉ, 3ᵉ et 4ᵉ batteries du *20ᵉ régiment* à cheval.

Directeur du parc : Colonel Petitpied.

Sous-directeur : Chef d'escadron Bial; adjoint, capitaine Bousson : ¹/₂ batterie à pied du *9ᵉ régiment;* détachements des *4ᵉ compagnie d'ouvriers* et *1ʳᵉ compagnie d'artificiers.*

6 compagnies du *train d'artillerie* (13ᵉ *bis* du 1ᵉʳ régiment, 1ʳᵉ et 1ʳᵉ *bis*, 8ᵉ, 12ᵉ et 12ᵉ *bis* du 2ᵉ régiment).

Directeur des ponts : Colonel Fiévet (investi dans Strasbourg).

3ᵉ compagnie de pontonniers (16ᵉ régiment); détachement de la *4ᵉ compagnie d'ouvriers.*

RÉSERVE DU GÉNIE

Commandant Moll.

2ᵉ compagnie de mineurs du *1ᵉʳ régiment.*
¹/₂ 1ʳᵉ compagnie de sapeurs du *1ᵉʳ régiment.*
Détachement de sapeurs-conducteurs du *1ᵉʳ régiment.*

> Total général pour le 1ᵉʳ corps d'armée : 52 bataillons, 30 escadrons, 20 batteries, dont 2 de 12 et 4 de canons à balles; 6 compagnies et demie du génie ou des pontonniers.

2ᵉ CORPS D'ARMÉE

Commandant en chef : Général de division FROSSARD.

Aides de camp : Capitaine d'état-major Chanoine ; capitaine du génie Sabouraud.

Officiers d'ordonnance : capitaine d'artillerie Lepage ; lieutenant de cavalerie Rozat de Mandres ; lieutenant d'infanterie Fririon ; sous-lieutenant du génie Frossard.

Chef d'état-major général : Général de brigade Saget.

Sous-chef : Lieutenant-colonel d'état-major Gaillard.

Chefs d'escadron d'état-major de Crény et Kienlin ; capitaines d'état-major Allaire, Parisot, Le Mulier, Destremau, Thomas ; lieutenant d'état-major Texier de La Pommeraye.

Commandant l'artillerie : Général de brigade Gagneur.

Aide de camp : Capitaine d'Aumale.

Chef d'état-major : Lieutenant-colonel de Franchessin.

Capitaines Gravelle et Aron.

Commandant le génie : Général de brigade Dubost.

Aide de camp : Capitaine Correnson.

Chef d'état-major : Colonel Lemasson.

Capitaines Barbary, Poulain, Sinn, Derendinger.

Intendant militaire : Bagès.

Sous-intendants de La Chevardière de la Grandville ; adjoints Bouteiller, Daussier, Romanet.

Prévôt du corps d'armée : Chef d'escadron Janisset.

Médecin principal : Le Roy.

Payeur principal : Bechu.

Aumônier : Abbé Baron.

1ʳᵉ DIVISION D'INFANTERIE

Général de division VERGÉ.

Aide de camp : Chef d'escadron d'état-major du Peloux.

Officier d'ordonnance : Sous-lieutenant d'infanterie Vergé.

Chef d'état-major : Colonel d'état-major Andrieu.

Chef d'escadron d'état-major Deguilly; capitaine d'état-major Peyronnet; lieutenant d'état-major Rivet de Chaussepierre.

Commandant l'artillerie : Lieutenant-colonel Chavaudret.
Commandant le génie : Chef de bataillon Sainte-Beuve.
Sous-intendant militaire : Saunier.
Prévôt : Capitaine Faure.
Payeur : Aimon.
Aumônier : Abbé Bolard.

1re **Brigade** (sept bataillons).

Général Tixier, puis Letellier-Valazé.

Aide de camp : Capitaine d'état-major Wyts.
3e bataillon de chasseurs à pied : Commandant Thomas, puis Petit.
32e régiment d'infanterie : Colonel Merle.
55e régiment d'infanterie : Colonel de Postis du Houlbec, puis de Waldner-Freundstein.

2e **Brigade** (six bataillons).

Général Jolivet.

Aide de camp : Capitaine d'état-major Migneret de Cendrecourt.
76e régiment d'infanterie : Colonel Brice.
77e régiment d'infanterie : Colonel Février.

Artillerie : Chef d'escadron Rey, 5e, 6e, 12e (à balles) batteries du *5e régiment*.
Génie : 9e compagnie de sapeurs du *3e régiment*.

Total : 13 bataillons, 3 batteries, 1 compagnie du génie.

2e DIVISION D'INFANTERIE

Général de division Bataille.
Aide de camp : Capitaine d'état-major Imbourg.
Officier d'ordonnance : Lieutenant d'infanterie Couturier.

Chef d'état-major : Lieutenant-colonel d'état-major Loysel.
Chef d'escadron d'état-major Magnan ; capitaines d'état-major Miot, Truchy.
Commandant l'artillerie : Lieutenant-colonel de Maintenant.
Commandant le génie : Chef de bataillon Lesdos.
Sous-intendant militaire : Lanoaille de Lachèze.
Prévôt : Capitaine Potelleret.
Payeur : Perrin.
Aumônier : Abbé Fortier.

1re Brigade (sept bataillons).

Général Pouget, pris le 6 août et remplacé par le général Mangin.
Aide de camp : N.
12e bataillon de chasseurs à pied : Commandant Jouanne-Beaulieu, puis Bonnot de Mably.
8e régiment d'infanterie : Colonel Haca.
23e régiment d'infanterie : Colonel Rolland.

2e Brigade (six bataillons).

Général Fauvart-Bastoul.
Aide de camp : Capitaine d'état-major Voyer.
Officier d'ordonnance : Lieutenant d'infanterie Le Flô.
66e régiment d'infanterie : Colonel Ameller.
67e régiment d'infanterie : Colonel Mangin, puis Thibaudin.

Artillerie : Chef d'escadron Collangettes, 7e, 8e, 9e (à balles) batteries du *5e régiment* (au 15 juillet, 5e et 6e batteries du 6e régiment).
Génie : 12e compagnie de sapeurs du *3e régiment* (au 15 juillet, 4e compagnie du 1er régiment, d'après le *Journal des marches et opérations* du 2e corps).
Total : 13 bataillons, 3 batteries, 1 compagnie du génie.

3e DIVISION D'INFANTERIE

Général de division Merle de la Brugière de Laveaucoupet.
Officiers d'ordonnance : Lieutenants d'infanterie Libermann et Boisselier, lieutenant de dragons de Benoist.

Chef d'état-major : Lieutenant-colonel d'état-major Billot.

Chef d'escadron d'état-major Heilmann; capitaines d'état-major Abria, Durieux.

Commandant l'artillerie : Lieutenant-colonel Larroque.
Commandant le génie : Chef de bataillon Peaucellier.
Sous-intendant militaire : Demartial.
Prévôt : Capitaine Wambergue.
Payeur : Labley de La Roque.
Aumônier : Abbé de Courval.

1re **Brigade** (sept bataillons).

Général DE MAUDHUY, puis général DOËNS, tué à Spicheren et remplacé par le général ZENTZ D'ALNOIS.

Officier d'ordonnance : Lieutenant d'infanterie Abria.
10e bataillon de chasseurs à pied : Commandant Étienne, puis Schenck, puis Chabert, puis Lecer.
2e régiment d'infanterie : Colonel de Saint-Hillier, tué le 6 août, puis Voynant.
63e régiment d'infanterie : Colonel Zentz d'Alnois, puis Griset.

2e **Brigade** (six bataillons).

Général MICHELER.

Aide de camp : Capitaine d'état-major Rivière.
24e régiment d'infanterie : Colonel d'Arguesse.
40e régiment d'infanterie : Colonel Vittot, puis Nicot.

Artillerie : Chef d'escadron Bedoin, 7e, 8e, 11e (à balles) batteries du *15e régiment*.
Génie : 13e compagnie de sapeurs du *3e régiment*.
Total : 13 bataillons, 3 batteries, 1 compagnie du génie.

DIVISION DE CAVALERIE

Général de division LICTHLIN, puis MARMIER (n'a pas rejoint), remplacé par le général de brigade DE VALABRÈGUE.

Aide de camp : Capitaine d'état-major Thomas.

Chef d'état-major : Lieutenant-colonel d'état-major de Cools.
Chef d'escadron d'état-major de La Chevardière de La Grandville ; capitaines d'état-major de Germiny, Beaudoin de Saint-Étienne.
Sous-intendant militaire : De Grateloup.
Prévôt : Capitaine Charme.
Payeur : Dowling.
Aumônier : Abbé Wollenschneide.

1re **Brigade** (dix escadrons).

Général DE VALABRÈGUE.
Officier d'ordonnance : Lieutenant de chasseurs Alizard (de Léautaud ?).
4e régiment de chasseurs : Colonel du Ferron.
5e régiment de chasseurs : Colonel Gombaud de Séréville.

2e **Brigade** (huit escadrons).

Général BACHELIER.
Aide de camp : Capitaine d'état-major de Luppé.
7e régiment de dragons : Colonel de Gressot.
12e régiment de dragons : Colonel de Bigault d'Avocourt.

> Total : 18 escadrons (au 15 juillet, la division compte une 3e brigade, général GIRARD, 1er et 4e cuirassiers).

RÉSERVE D'ARTILLERIE

Colonel BEAUDOUIN.
10e et 11e batteries (12) du *5e régiment.*
6e et 10e batteries du *15e régiment* (batteries de 4 transformées en 12 de siège, le 11 septembre [Lonlay, VI, 153]).
7e et 8e batteries du *17e régiment à cheval* [1].

PARC D'ARTILLERIE

Colonel BRADY.
Sous-directeur : Chef d'escadron WELTER.
2e compagnie de *pontonniers.*

---

[1]. Le *Journal des marches et opérations* du 2e corps, publié dans la *Revue militaire* de 1899, p. 435 et suiv., porte les 10e et 11e batteries du 5e, les 11e et 12e batteries du 1er comme étant des batteries à cheval, ce qui est matériellement faux, les 1er et 5e régiments étant des régiments *montés.*

ANNEXES.

$1/2$ batterie de la 1re *bis* du *5e régiment*.

Détachement des *3e compagnie d'ouvriers* et *3e compagnie d'artificiers*.

5 compagnies du *train d'artillerie* (3e, 4e et 4e *bis*, 9e et 9e *bis* du 2e régiment).

RÉSERVE DU GÉNIE

2e compagnie de sapeurs du *3e régiment*.
Détachement de sapeurs-conducteurs du *4er régiment*.

Total général pour le 2e corps d'armée : 39 bataillons, 18 escadrons, 15 batteries (dont 2 de 12 et 3 de canons à balles), 5 compagnies du génie ou de pontonniers [1].

---

1. Le 7 août, la 1re brigade de la 2e division du 5e corps est coupée de son corps d'armée et suit dès lors le 2e, auquel elle est adjointe (J. Richard, I, 26 ; D. de Lonlay, II, 201).

Général de brigade LAPASSET.
Aide de camp : Capitaine d'état-major Broussier.
Chef d'état-major : Capitaine d'état-major de Gibon, faisant fonctions.
Sous-intendant militaire : Adjoint Boulanger.
2e compagnie du *14e bataillon de chasseurs à pied* (renforcée de 180 chasseurs arrivant du dépôt).
84e régiment d'infanterie : Colonel Benoit.
97e régiment d'infanterie : Colonel Copmartin.
3e régiment de lanciers : Colonel Torel.
Artillerie : 7e batterie du 2e régiment.

Sont rattachées au 3e bataillon du 97e de ligne :
3e compagnie et 1 section de la 4e du 3e bataillon du 46e de ligne ;
1 compagnie du 11e de ligne ;
1 compagnie du 86e de ligne.

Sont rattachés au 84e :
350 réservistes du 46e, arrivés le 6 août à Forbach.

Total : 6 bataillons, 4 escadrons, 1 batterie.

3ᵉ CORPS D'ARMÉE

Commandant en chef : Maréchal BAZAINE, puis général DECAEN, blessé mortellement le 14 août et remplacé par le maréchal LE BŒUF.

Aides de camp : Colonel d'état-major Boyer; chef d'escadron d'état-major Willette.

Officiers d'ordonnance : Capitaine de cuirassiers Gudin; capitaine des guides de Mornay Soult de Dalmatie; lieutenant d'artillerie Bazaine (Adolphe), lieutenant d'infanterie Bazaine (Albert).

Chef d'état-major général : Général de brigade Manèque, blessé mortellement le 1ᵉʳ septembre et remplacé par le colonel d'état-major d'Ornant.

Sous-chef : Lieutenant-colonel Grangez du Rouet.

Chefs d'escadron d'état-major Châtillon, Duverney, Hubert-Castex; capitaines d'état-major de Vaudrimey (tué le 1ᵉʳ septembre), Gisbert, du Parc de Locmaria, Grenier, de Mauduit-Duplessis; lieutenants d'état-major Bonneau du Martray, d'Aboville [1].

Commandant l'artillerie : Général de division Grimaudet de Rochebouët.

Aide de camp : Chef d'escadron Berge.

Chef d'état-major : Colonel Saint-Remy.

Chefs d'escadron Dumas-Champvallier, Abrial et Jamont; capitaine Namur.

Commandant le génie : Général de division Vialla.

Aide de camp : Chef de bataillon Frogier de Ponlevoy.

---

[1]. Le général Decaen, commandant le 3ᵉ corps, a un *aide de camp*, chef d'escadron d'état-major Munier, et un *officier d'ordonnance*, N.
Le maréchal Le Bœuf, commandant le 3ᵉ corps, a pour *aides de camp* le chef d'escadron d'état-major Mojon, les capitaines d'état-major Gavard et Thibaut de la Carte de la Ferté-Senectère ; pour *officiers d'ordonnance* les capitaines de cuirassiers Duvivier, lieutenant de hussards Laurens de Waru, lieutenant d'artillerie Petit de Coupray, lieutenant d'infanterie Radiguet (J. Richard, I, 27-28).

Chef d'état-major : Colonel Mondain.

Capitaines Mensier, Dumontier, Corda, Bourgeot, Vollot.

Intendant militaire : Friant.

Sous-intendant militaire Rossignol, adjoints Forget et Chaudruc de Crazannes.

Prévôt du corps d'armée : Chef d'escadron Gillet.

Médecin en chef : Médecin principal Brault.

Payeur principal : Gisbert.

Aumônier : Abbé Echenoz.

Pasteurs : Bauer et Horning, de la religion réformée.

1re DIVISION D'INFANTERIE

Général de division MONTAUDON.

Aide de camp : Capitaine d'état-major Haillot.

Chef d'état-major : Colonel d'état-major Folloppe.

Chef d'escadron d'état-major Férey ; capitaines d'état-major Mercier (C.), Lahalle.

Commandant l'artillerie : Lieutenant-colonel Fourgous.

Commandant le génie : Chef de bataillon Marchand.

Sous-intendant militaire : Puffeney.

Prévôt : Capitaine Gérodias.

Payeur : Piétresson de Saint-Aubin.

Aumônier : Abbé Gossin.

1re Brigade (sept bataillons).

Général baron AYMARD, puis PLOMBIN, remplacé le 27 septembre par le général de COURCY.

Aide de camp : Capitaine d'état-major de Montfort.

18e bataillon de chasseurs à pied : Commandant Rigault, puis Delavau.

51e régiment d'infanterie : Colonel Delebecque.

62e régiment d'infanterie : Colonel Dauphin.

2e Brigade (six bataillons).

Général CLINCHANT.

Aide de camp : Capitaine d'état-major Cremer.

81e régiment d'infanterie : Colonel Colavier d'Albici.

95ᶜ *régiment d'infanterie* : Colonel Cousin, puis Davout d'Auerstædt.

Artillerie : Chef d'escadron Leclerc, 5ᵉ, 6ᵉ, 8ᵉ (à balles) batteries du *4ᵉ régiment*.
Génie : 12ᵉ compagnie de sapeurs du *1ᵉʳ régiment*.

Total : 13 bataillons, 3 batteries, 1 compagnie du génie.

2ᵉ DIVISION D'INFANTERIE

Général de division DE CASTAGNY.
Aide de camp : Capitaine d'état-major Bécat.
Chef d'état-major : Colonel d'état-major Bonneau du Martray.
Chef d'escadron d'état-major Ruyneau de Saint-Georges; capitaines d'état-major Contesse, Graff.
Commandant l'artillerie : Lieutenant-colonel Delange.
Commandant le génie : Chef de bataillon Fulcrand.
Sous-intendant militaire : De Geoffre de Chabrignac.
Adjoint : Retault.
Prévôt : Capitaine Simon.
Payeur : Saintpierre.
Aumônier : Abbé Jacques.

1ʳᵉ Brigade (sept bataillons).

Général CAMBRIELS, malade, n'a pas rejoint; général NAYRAL.
Aide de camp : N.
15ᵉ bataillon de chasseurs à pied : Commandant Lafouge.
19ᵉ régiment d'infanterie : Colonel de Launay, puis Bréart (17 septembre).
41ᵉ régiment d'infanterie : Colonel Saussier.

2ᵉ Brigade (six bataillons).

Général DUPLESSIS.
Aide de camp : Capitaine d'état-major Sénault.
Officier d'ordonnance : Lieutenant d'infanterie Grégoire.
69ᵉ régiment d'infanterie : Colonel Le Tourneur.
90ᵉ régiment d'infanterie : Colonel Roussel de Courcy, puis Vilmette.

Artillerie : Chef d'escadron Teissèdre, 9ᵉ (à balles), 11ᵉ, 12ᵉ batteries du *4ᵉ régiment*.

Génie : 10ᵉ compagnie de sapeurs du *1ᵉʳ régiment*.

Total : 13 bataillons, 3 batteries, 1 compagnie du génie.

3ᵉ DIVISION D'INFANTERIE

Général de division METMAN.

Aide de camp : Capitaine d'état-major Reiss.

Chef d'état-major : Lieutenant-colonel d'état-major d'Orléans.

Chef d'escadron d'état-major Dumas ; capitaines d'état-major Schasseré, de Champflour.

Commandant l'artillerie : Lieutenant-colonel Sempé.

Commandant le génie : Chef de bataillon Masselin.

Sous-intendant militaire : Lahaussois.

Prévôt : Capitaine Mazière.

Payeur : Guillaud.

Aumônier : Abbé de Meissas.

1ʳᵉ **Brigade** (sept bataillons).

Général DE POTIER.

Aide de camp : Capitaine d'état-major Tardif.

7ᵉ bataillon de chasseurs à pied : Commandant Coste, puis Rigaud.

7ᵉ régiment d'infanterie : Colonel Cottret.

29ᵉ régiment d'infanterie : Colonel Lalanne.

2ᵉ **Brigade** (six bataillons).

Général ARNAUDEAU.

Aide de camp : Capitaine d'état-major de Pellieux.

59ᵉ régiment d'infanterie : Colonel Hardy de La Largère, puis Berger.

71ᵉ régiment d'infanterie : Colonel d'Audebard de Férussac.

Artillerie : Chef d'escadron N., 5ᵉ (à balles), 6ᵉ et 7ᵉ batteries du *11ᵉ régiment*.

Génie : 11ᵉ compagnie de sapeurs du *1ᵉʳ régiment*.

Total : 13 bataillons, 3 batteries, 1 compagnie du génie.

4ᵉ DIVISION D'INFANTERIE

Général de division DECAEN, puis AYMARD.

Aide de camp : Chef d'escadron d'état-major Munier, puis capitaine de Montfort.

Officier d'ordonnance : Lieutenant d'infanterie Guntz.

Chef d'état-major : Lieutenant-colonel d'état-major de La Soujeole.

Chef d'escadron d'état-major Versigny; capitaines d'état-major Parison, Bertrand.

Commandant l'artillerie : Lieutenant-colonel Maucourant.

Commandant le génie : Chef de bataillon Fargue.

Sous-intendant militaire : Pézeril.

Prévôt : Capitaine Jaubert.

Payeur : Camproger.

Aumônier : Abbé Bernard.

1ʳᵉ Brigade (sept bataillons).

Général J. DE BRAUER.

Aide de camp : Capitaine d'état-major Linet.

11ᵉ bataillon de chasseurs à pied : Commandant de Paillot, puis Avril, puis Raynal.

44ᵉ régiment d'infanterie : Colonel Fournier, puis Thoumini de La Haulle.

60ᵉ régiment d'infanterie : Colonel Boissie.

2ᵉ Brigade (six bataillons).

Général SANGLÉ-FERRIÈRES.

Aide de camp : N.

80ᵉ régiment d'infanterie : Colonel Janin.

85ᵉ régiment d'infanterie : Colonel Le Breton, puis Plauchut.

Artillerie : Chef d'escadron de Frescheville, 8ᵉ (à balles), 9ᵉ, 10ᵉ batteries du *11ᵉ régiment*.

Génie : 6ᵉ compagnie de sapeurs du *1ᵉʳ régiment* (arrivée à Metz le 11 août).

Total : 13 bataillons, 3 batteries, 1 compagnie du génie.

DIVISION DE CAVALERIE

Général de division comte DE CLÉREMBAULT.
Aide de camp : Capitaine d'état-major Lignier.
Officier d'ordonnance : Lieutenant de chasseurs de Mun.
Chef d'état-major : Lieutenant-colonel d'état-major de Jouffroy d'Abbans.
Chef d'escadron d'état-major Scellier de Lample; capitaines d'état-major Dutheil de La Rochère (C. A. M.), Vincent.
Sous-intendant militaire : Létang.
Prévôt : Capitaine Duphil.
Payeur : Lélu.
Aumônier : Abbé Bessay.

1ʳᵉ Brigade (quinze escadrons), passée au 6ᵉ corps le 18 août.

Général DE BRUCHARD.
Aide de camp : Capitaine d'état-major Abblart.
2ᵉ régiment de chasseurs : Colonel Pelletier.
3ᵉ régiment de chasseurs : Colonel Sanson de Sansal.
10ᵉ régiment de chasseurs : Colonel de Percin Northumberlan, puis lieutenant-colonel Nérin.

2ᵉ Brigade (huit escadrons).

Général GAYAULT DE MAUBRANCHES.
Aide de camp : Capitaine d'état-major de France.
2ᵉ régiment de dragons : Colonel Mercier du Paty de Clam.
4ᵉ régiment de dragons : Colonel Cornat.

3ᵉ Brigade (huit escadrons).

Général BÉGOUGNE DE JUNIAC.
Aide de camp : Capitaine d'état-major de Masin.
5ᵉ régiment de dragons : Colonel Euchêne.
8ᵉ régiment de dragons : Colonel de Boyer de Fonscolombe.
Total : 31 escadrons.

RÉSERVE ET PARC D'ARTILLERIE (huit batteries).

Général de brigade DE BERCKHEIM.
Aide de camp : Capitaine Zurlinden.
Chef d'état-major : Lieutenant-colonel Lanty.

Commandant la réserve : Colonel de Lajaille.

Lieutenant-colonel Guével : 7ᵉ et 10ᵉ batteries du *4ᵉ régiment*; 11ᵉ, 12ᵉ batteries (12) du *11ᵉ régiment*[1].

Lieutenant-colonel Delatte : 1ʳᵉ, 2ᵉ, 3ᵉ et 4ᵉ batteries du *17ᵉ régiment à cheval*.

Directeur du parc : Colonel de Bar.
Sous-directeur : Chef d'escadron de Tinseau.
Adjoint : Capitaine Joyeux.
1/2 batterie 1ʳᵉ *bis* du *4ᵉ régiment*.
Détachement des *7ᵉ compagnie d'ouvriers* et *3ᵉ compagnie d'artificiers*.
6 compagnies du *train d'artillerie* (dont les 1ʳᵉ, 1ʳᵉ *bis*, Cᵉ, 7ᵉ, 7ᵉ *bis* du 1ᵉʳ régiment).

Directeur de l'équipage de ponts : Colonel Marion.
4ᵉ compagnie de *pontonniers*.

RÉSERVE DU GÉNIE

1/2 1ʳᵉ compagnie de sapeurs (chemins de fer),
4ᵉ compagnie de sapeurs,
Détachement de sapeurs-conducteurs du *1ᵉʳ régiment*.

> Total général pour le 3ᵉ corps : 52 bataillons, 31 escadrons, 20 batteries (dont 2 de 12 et 4 de canons à balles), 6 compagnies et demie du génie ou de pontonniers.

---

[1]. Le 7 septembre, la 10ᵉ batterie du 4ᵉ régiment est transformée en batterie de 12 (Lonlay, VI, 109).

4ᵉ CORPS D'ARMÉE

Commandant en chef : Général de division DE LADMIRAULT.

Aides de camp : Chef d'escadron d'état-major Pesme ; capitaine d'état-major de La Tour du Pin Chambly de La Charce.

Officiers d'ordonnance : Lieutenant d'état-major Niel, lieutenant de dragons Harty de Pierrebourg, lieutenant de hussards Millet.

Chef d'état-major général : Général de brigade Osmont.

Sous-chef : Lieutenant-colonel Saget.

Chefs d'escadron d'état-major de Plazanet, de Polignac ; capitaines d'état-major Marigues de Champreprus, Jeanjean, Doreau, Bourelly.

Commandant l'artillerie : Général de brigade Laffaille.

Aide de camp : Capitaine Héricart de Thury.

Chef d'état-major : Lieutenant-colonel Deville.

Capitaines Gillet, Cazal.

Commandant le génie : Général de brigade Prudon.

Aide de camp : Capitaine Faugeron.

Chef d'état-major : Lieutenant-colonel Gallimard.

Capitaines Huberdeau, Brenier, Cordin, Mangon.

Intendant militaire : Gayard.

Sous-intendant Galles ; adjoint Baratier.

Prévôt du corps d'armée : Chef d'escadron Chabert.

Médecin en chef : Médecin principal Fuzier.

Payeur principal : Bouygue.

Aumônier : Abbé Vimart.

1ʳᵉ DIVISION D'INFANTERIE

Général de division COURTOT DE CISSEY.

Aide de camp : Capitaine d'état-major Georgette du Buisson de La Boulaye (C. A. A.).

Chef d'état-major : Colonel d'état-major de Place.

Chef d'escadron d'état-major Debize ; capitaines d'état-major Georgette du Buisson de La Boulaye (C. H. G.), Garcin.

ANNEXES. 435

Commandant l'artillerie : Lieutenant-colonel de Narp.
Commandant le génie : Chef de bataillon Dambrun.
Sous-intendant militaire : Bouvard.
Prévôt : Capitaine Kiéner.
Payeur : Bernard.
Aumônier : Abbé Gromaire.

1re Brigade (Sept bataillons).

Général comte Brayer (M. S. P. A. A.), tué le 16 août.
Aide de camp : Capitaine d'état-major Doquin de Saint-Preux.
20e bataillon de chasseurs à pied : Commandant de La Barrière, puis Copri.
1er régiment d'infanterie : Colonel Frémont.
6e régiment d'infanterie : Colonel Labarthe.

2e Brigade (Six bataillons).

Général de Golberg.
Aide de camp : Capitaine d'état-major Ganot.
57e régiment d'infanterie : Colonel Giraud, puis Verjus.
73e régiment d'infanterie : Colonel Supervielle (tué le 16 août), puis Charmes.

Artillerie : Chef d'escadron Putz, 5e, 9e, 12e (à balles) batteries du 15e régiment.
Génie : 9e compagnie du 2e régiment.

Total : 13 bataillons, 3 batteries, 1 compagnie du génie.

2e DIVISION D'INFANTERIE

Général de division Rose, malade (quitte le commandement le 25 juillet) ; général de division Grenier (6 août).
Aide de camp : Lieutenant d'état-major L'Espagnol de Chanteloup.
Chef d'état-major : Lieutenant-colonel d'état-major de Rambaud.
Chef d'escadron d'état-major Goumenault des Plantes ; capitaine d'état-major Bassot, Guérin-Précourt.
Commandant l'artillerie : Lieutenant-colonel de Larminat.
Commandant le génie : Chef de bataillon Mallet.

Sous-intendant militaire : Bauduin.
Prévôt : Capitaine Saux.
Payeur : Giboin.
Aumônier : Abbé Dumolard.

1ʳᵉ **Brigade** (Sept bataillons).

Général Véron *dit* Bellecourt.

Aide de camp : Capitaine d'état-major Wartelle.
5ᵉ bataillon de chasseurs à pied : Commandant Carré (tué le 31 août), puis Renaud (17 septembre).
13ᵉ régiment d'infanterie : Colonel Lion.
43ᵉ régiment d'infanterie : Colonel Pollet, puis de Viville.

2ᵉ **Brigade** (Six bataillons).

Général Pradier.

Aide de camp : Capitaine d'état-major Rubino de Barazia.
64ᵉ régiment d'infanterie : Colonel Léger.
98ᵉ régiment d'infanterie : Colonel Lechesne.

Artillerie : Chef d'escadron Vigier, 5ᵉ (à balles), 6ᵉ, 7ᵉ batteries du *1ᵉʳ régiment*.
Génie : 10ᵉ compagnie de sapeurs du *2ᵉ régiment*.

Total : 13 bataillons, 3 batteries, 1 compagnie du génie.

3ᵉ DIVISION D'INFANTERIE

Général de division Latrille, comte de Lorencez.

Aide de camp : Capitaine d'état-major Masson (A.).
Chef d'état-major : Lieutenant-colonel d'état-major Villette.
Chef d'escadron d'état-major Beillet ; capitaines d'état-major Duquesnay, Acariès.
Commandant l'artillerie : Lieutenant-colonel Legardeur.
Commandant le génie : Chef de bataillon Hinstin.
Sous-intendant militaire : Taisson.
Prévôt : Lieutenant Combette.
Payeur : Noël.
Aumônier : Abbé Sobaux.

1re Brigade (Sept bataillons).

Général Pajol (C. P. V.).

Aide de camp : Capitaine d'état-major Bocher.
2e bataillon de chasseurs à pied : Commandant Bernot de Charant, puis Le Tanneur.
15e régiment d'infanterie : Colonel Fraboulet de Kerléadec (tué le 16 août), puis Derroja.
33e régiment d'infanterie : Colonel Bounetou.

2e Brigade (Six bataillons).

Général Berger.

Aide de camp : Capitaine d'état-major Emery.
Officier d'ordonnance : Lieutenant Dupuy.
54e régiment d'infanterie : Colonel Caillot (tué le 16 août), puis Grébus.
65e régiment d'infanterie : Colonel Sée.

Artillerie : Chef d'escadron Legrand, 8e (à balles), 9e, 10e batteries du *1er régiment.*
Génie : 13e compagnie de sapeurs du *2e régiment.*

Total : 13 bataillons, 3 batteries, 1 compagnie du génie.

DIVISION DE CAVALERIE

Général de division Legrand (tué le 16 août), puis comte Pajol.

Aide de camp : Capitaine d'état-major Longuet.
Chef d'état-major : Colonel d'état-major Campenon.
Capitaines d'état-major Rispaud, Crétin, Bach.
Sous-intendant militaire : Hitschler.
Prévôt : Capitaine de Vaugelet.
Payeur : Marthory.
Aumônier : Abbé Lamarche.

1re Brigade (Dix escadrons).

Général de Montaigu.
Aide de camp : Capitaine d'état-major Meynier.

2ᵉ régiment de hussards : Colonel Carrelet (1ᵉʳ, 3ᵉ, 4ᵉ, 5ᵉ, 6ᵉ escadrons).

7ᵉ régiment de hussards : Colonel Chaussée (1ᵉʳ, 3ᵉ, 4ᵉ, 5ᵉ, 6ᵉ escadrons).

Les 1ᵉʳˢ escadrons de ces deux régiments rejoignent le 2 août seulement.

2ᵉ **Brigade** (Huit escadrons).

Général de GONDRECOURT.
Aide de camp : N.

3ᵉ régiment de dragons : Colonel Bilhau, puis Ney d'Elchingen.

11ᵉ régiment de dragons : Colonel Huyn de Verneville.

Total : 18 escadrons.

RÉSERVE D'ARTILLERIE (Six batteries).

Colonel SOLEILLE.

11ᵉ, 12ᵉ batteries (12) du *1ᵉʳ régiment.*
6ᵉ et 9ᵉ batteries (4) du *8ᵉ régiment.*
5ᵉ et 6ᵉ batteries du *17ᵉ régiment à cheval.*

Le 7 septembre, les 6ᵉ et 9ᵉ batteries du 8ᵉ régiment (4) sont transformées en batteries de 12 (Lonlay, VI, 109).

PARC

Colonel LUXER.
Sous-directeur : Chef d'escadron Voisin.
Adjoint : Capitaine Lestaudin.
8ᵉ compagnie de *pontonniers.*
$^1/_2$ batterie de la 1ʳᵉ bis du *15ᵉ régiment.*

Détachements des *5ᵉ compagnie d'ouvriers* et de la *2ᵉ compagnie d'artificiers.*

5 compagnies du *1ᵉʳ régiment du train d'artillerie* (2ᵉ et 2ᵉ *bis,* 6ᵉ *bis,* 11ᵉ et 11ᵉ *bis*).

RÉSERVE DU GÉNIE

2ᵉ compagnie de mineurs du *2ᵉ régiment.*
Détachement de sapeurs-conducteurs du *2ᵉ régiment.*

Total général pour le 4ᵉ corps : 39 bataillons, 18 escadrons, 15 batteries, dont 2 de 12 et 2 de 4 à cheval, 5 compagnies du génie ou de pontonniers.

5ᵉ CORPS D'ARMÉE

Commandant en chef : Général de division comte DE FAILLY, puis général de division DE WIMPFFEN (31 août).

Aides de camp : Chef d'escadron d'état-major Haillot ; capitaine d'état-major Finot.

Officiers d'ordonnance : Capitaine d'artillerie Louchet ; lieutenant de cuirassiers Douville de Fraussu ; lieutenant d'infanterie Valdejo [1].

Chef d'état-major général : Général de brigade Besson.

Sous-chef : Colonel d'état-major Clémeur.

Chef d'escadron d'état-major Perrotin ; capitaines d'état-major Adorno de Tscharner, Le Coat de Saint-Haouen, de Gibon, Veau de Lanouvelle, Philpin de Piépape.

Commandant l'artillerie : Général de brigade Liédot (tué le 1ᵉʳ septembre).

Aide de camp : Capitaine Gibouin.

Chef d'état-major : Lieutenant-colonel Fiaux.

Capitaines Condren et Jouart.

Commandant le génie : Colonel Veye *dit* Chareton.

Adjoint : Capitaine Dubois.

Chef d'état-major : Lieutenant-colonel Moréal de Brévans.

Capitaines Fescourt, de Saint-Florent, Laman, Ripert.

Intendant militaire : Lévy.

Sous-intendants Méry et Courtois.

Prévôt du corps d'armée : Chef d'escadron Bellissime.

Médecin en chef : Médecin principal Lacronique.

Payeur principal : Faure-Labrande.

Aumônier : Abbé Darnis.

Pasteur (culte réformé) : Roehrig.

---

[1]. En arrivant à l'armée de Châlons, le général de Wimpffen amène avec lui son officier d'ordonnance, le capitaine Daram, du 93ᵉ, et le sous-lieutenant de mobiles de Laizer.

1re DIVISION D'INFANTERIE

Général de division de Castagny, puis Goze.
Aide de camp : Chef d'escadron d'état-major Dantin.

Officier d'ordonnance : Lieutenant d'infanterie Godard de Bellengreville.
Chef d'état-major : Lieutenant-colonel d'état-major Clappier.
Chef d'escadron d'état-major Bresson; capitaines d'état-major Caris, Pifteau.
Commandant l'artillerie : Lieutenant-colonel Rolland.
Commandant le génie : Chef de bataillon Merlin (A.).
Sous-intendant militaire : Bassignet.
Prévôt : Capitaine de Trévelec.
Payeur : Walch.
Aumônier : Abbé Fougeois.

1re Brigade (Sept bataillons).

Général Grenier, puis Saurin (25 juillet).

Aide de camp : N.
4e bataillon de chasseurs à pied : Commandant Foncegrives.
11e régiment d'infanterie : Colonel de Béhagle (tué le 30 août).
46e régiment d'infanterie : Colonel Pichon.

2e Brigade (Six bataillons).

Général Nicolas-Nicolas.

Aide de camp : Capitaine d'état-major d'Ormesson.
61e régiment d'infanterie : Colonel du Moulin.
86e régiment d'infanterie : Colonel Berthe (Le 2e bataillon reste à Bitche, pour faire partie de la garnison).

Artillerie : Chef d'escadron Pérot, 5e, 6e, 7e (à balles) batteries du 6e *régiment*.
Génie : 6e compagnie de sapeurs du 2e *régiment*.

Total : 13 bataillons, 3 batteries, 1 compagnie du génie.

2ᵉ DIVISION D'INFANTERIE

Général de division DE L'ABADIE D'AYDREIN.

Aide de camp : Chef d'escadron d'état-major Poulot.
Officier d'ordonnance : Lieutenant d'infanterie Girardel.
Chef d'état-major : Colonel d'état-major Beaudoin.
Capitaines d'état-major Bertrand (M. E.), Perrossier, Poulain.
Commandant l'artillerie : Lieutenant-colonel Bougault, puis Peureux de Boureulle.
Commandant le génie : Chef de bataillon Heydt.
Sous-intendant militaire : Ligneau.
Prévôt : Capitaine Mathieu.
Payeur : Babeau.
Aumônier : Abbé Bergé.

1ʳᵉ Brigade (Sept bataillons); passée presque en totalité au 2ᵉ corps à dater du 7 août.

Général LAPASSET.

Aide de camp : Capitaine d'état-major Broussier.
14ᵉ bataillon de chasseurs à pied : Commandant Parlier.
84ᵉ régiment d'infanterie : Colonel Benoît, passé comme brigadier au 14ᵉ corps.
97ᵉ régiment d'infanterie : Colonel Copmartin.

2ᵉ Brigade (Six bataillons).

Général DE MAUSSION, passé comme divisionnaire au 14ᵉ corps.

Aide de camp : Capitaine d'état-major Doë de Maindreville.
49ᵉ régiment d'infanterie : Colonel Ponsard, puis Kampf.
88ᵉ régiment d'infanterie : Colonel Courty.

Artillerie: Chef d'escadron Berthomier des Prots, 5ᵉ (à balles), 7ᵉ, 8ᵉ batteries du *2ᵉ régiment*[1].
Génie : 8ᵉ compagnie de sapeurs du *2ᵉ régiment*.

Total : 13 bataillons, 3 batteries, 1 compagnie du génie.

---

1. La 7ᵉ batterie suit au 2ᵉ corps la brigade Lapasset.

3ᵉ DIVISION D'INFANTERIE

Général de division Guyot de Lespart, tué le 1ᵉʳ septembre.
Aide de camp : Capitaine d'état-major de Lassone.
Chef d'état-major : Colonel d'état-major Lambert.
Capitaines d'état-major Anot de Maizière, Patard de la Vieuville, de La Tuollais.
Commandant l'artillerie : Lieutenant-colonel Montel.
Commandant le génie : Chef de bataillon Hugon.
Sous-intendant militaire : Galler.
Prévôt : Lieutenant Salm.
Payeur : Delamarre.
Aumônier : Abbé Fabre.

1ʳᵉ **Brigade** (Sept bataillons).

Général Abbatucci.
Aide de camp : Capitaine d'état-major Humbert Droz.
19ᵉ bataillon de chasseurs à pied : Commandant de Marqué.
17ᵉ régiment d'infanterie : Colonel Weissemburger.
27ᵉ régiment d'infanterie : Colonel de Barolet.

2ᵉ **Brigade** (Six bataillons).

Général de Fontanges de Couzan.
Aide de camp : Capitaine d'état-major Thiroux.
30ᵉ régiment d'infanterie : Colonel Wirbel.
68ᵉ régiment d'infanterie : Colonel Paturel[1].

Artillerie : Chef d'escadron Normand, 9ᵉ (à balles), 11ᵉ et 12ᵉ batteries du *2ᵉ régiment*.
Génie : 14ᵉ compagnie de sapeurs du *2ᵉ régiment*.

Total : 13 bataillons, 3 batteries, 1 compagnie du génie.

---

[1]. D'après le commandant de Chalus, *Wissembourg, Frœschwiller, Retraite sur Châlons*, 228-229, la 1ʳᵉ brigade de la 3ᵉ division comprendrait les 27ᵉ et 30ᵉ de ligne, et la 2ᵉ brigade les 17ᵉ et 68ᵉ.

DIVISION DE CAVALERIE

Général de division Brahaut.

Aide de camp : Capitaine d'état-major Hacquart.
Officier d'ordonnance : Sous-lieutenant de hussards Letonnelier de Breteuil.
Chef d'état-major : Lieutenant-colonel d'état-major Pujade.
Chef d'escadron d'état-major Gervais; capitaines d'état-major Pendezec, d'Heilly.
Sous-intendant militaire : Demange.
Prévôt : Capitaine Ogier.
Payeur : Léon.
Aumônier : Lamarche.

1re Brigade (Dix escadrons).

Général de Pierre de Bernis.

Aide de camp : Capitaine d'état-major Briois.
Officier d'ordonnance : Lieutenant de hussards de Quinsonnas.
5e régiment de hussards : Colonel Flogny (Le 5e escadron est dirigé sur Metz par erreur. Pendant l'investissement, il sert d'escorte au maréchal Bazaine).
12e régiment de chasseurs : Colonel de Tucé, puis de Reinach.

2e Brigade (Huit escadrons).

Général Simon de la Mortière.

Aide de camp : Lieutenant d'état-major Marsaa.
Officier d'ordonnance : Lieutenant de lanciers Raimond.
3e régiment de lanciers : Colonel Torel (Après le 6 août, ce régiment est rattaché au 2e corps avec la brigade Lapasset).
5e régiment de lanciers : Colonel de Boërio, puis Gayraud.

> Total : 18 escadrons, dont 13 seulement continuent de faire partie du 5e corps après le 6 août.

RÉSERVE D'ARTILLERIE (Six batteries).

Colonel DE SALIGNAC-FÉNELON.

6ᵉ et 10ᵉ batteries du *2ᵉ régiment*.
11ᵉ batterie du 10ᵉ régiment et 11ᵉ du *14ᵉ régiment* (12).
5ᵉ et 6ᵉ batteries du *20ᵉ régiment à cheval*.

PARC

Colonel GOBERT.

Sous-directeur : Chef d'escadron Tessier.
Adjoint : Capitaine Laurens.
$1/_2$ batterie à pied de la 1ʳᵉ *bis* du *2ᵉ régiment*.
15ᵉ compagnie du *1ᵉʳ régiment du train d'artillerie*.
3ᵉ *bis*, 2ᵉ, 2ᵉ *bis*, 10ᵉ du *2ᵉ régiment*.
5ᵉ compagnie de *pontonniers*.
Détachements des *1ʳᵉ compagnie d'ouvriers* et *5ᵉ compagnie d'artificiers*.

RÉSERVE DU GÉNIE

5ᵉ compagnie de sapeurs et détachement de sapeurs-conducteurs du *2ᵉ régiment*.

> Total général pour le 5ᵉ corps d'armée : 39 bataillons, 15 batteries, dont 2 de 12 et 3 de canons à balles, 18 escadrons, 5 compagnies du génie ou de pontonniers.

6ᵉ CORPS D'ARMÉE

Commandant en chef : Maréchal CERTAIN-CANROBERT.

Aides de camp : Lieutenant-colonel d'état-major Lonclas; chef d'escadron d'état-major Boussenard; capitaine d'état-major Campionnet (venu de l'état-major général).

Officiers d'ordonnance : Capitaine d'artillerie Martin de Randal; capitaine d'infanterie de Reyniès; lieutenant de lanciers de Forsanz; sous-lieutenant d'infanterie du Couëdic.

Chef d'état-major général : Général de brigade Henry.

Sous-chef : Colonel d'état-major Borson.

Chefs d'escadron d'état-major Roussel, Caffarel; capitaines d'état-major Aubry, Grosjean, de Vallin, Leps.

Commandant l'artillerie : Général de division Labastie, puis de Berckheim.

Aide de camp : Capitaine Magon de La Villehuchet, puis Zurlinden.

Chef d'état-major : Colonel d'état-major de Lapeyrouse.

Chefs d'escadron d'état-major Novion, Tardif de Moidrey; capitaines d'état-major Olivier, Demimuid, Julliard.

Commandant le génie : Général de division Ducasse.

Aide de camp : Capitaine Segretain.

Chef d'état-major : Colonel Duval.

Capitaines Morellet, Varaigne, Riondel, Jourdan, Arvers, Bourras.

Intendant militaire : Vigo-Roussillon.

Sous-intendants Santini, Tournois; adjoints Delannoy, Péron.

Prévôt du corps d'armée : Chef d'escadron Boutard.

Médecin en chef : Médecin principal Quesnoy.

Payeur principal : De Boismontbrun.

Aumônier : Abbé Chilard.

Pasteur (culte réformé) : Guion.

1ʳᵉ DIVISION D'INFANTERIE

Général de division TIXIER.

Aide de camp : Lieutenant d'état-major Révérard.

Officier d'ordonnance : Lieutenant d'infanterie Duval.

Chef d'état-major : Lieutenant-colonel d'état-major Fourchault.

Chef d'escadron d'état-major Gruizard ; capitaines d'état-major d'Amboix, Litschfousse ; lieutenant d'état-major de Plazanet.

Commandant l'artillerie : Lieutenant-colonel de Montluisant, puis chef d'escadron Vignotti.

Commandant le génie : Chef de bataillon Féraud.

Sous-intendant militaire : Gatumeau.

Prévôt : Capitaine Clémencet.

Payeur : Baillot de Courtelon.

Aumônier : Abbé Houdit.

1re Brigade (Sept bataillons).

Général Péchot.

Aide de camp : Capitaine d'état-major Nogaret de Calvière.

9e bataillon de chasseurs à pied : Commandant Mathelin, puis de Gislain.

4e régiment d'infanterie : Colonel Martinez, puis Vincendon.

10e régiment d'infanterie : Colonel Ardant du Picq (tué le 16 août), puis Mercier de Sainte-Croix.

2e Brigade (Six bataillons).

Général Leroy de Days.

Aide de camp : Capitaine d'état-major Taffart de Saint-Germain.

12e régiment d'infanterie : Colonel Lebrun.

100e régiment d'infanterie : Colonel Grémion, puis de Brem, puis de Launay, puis Merchier.

Artillerie : Chef d'escadron Vignotti, 5e, 7e, 8e (à balles) batteries du *8e régiment*.

Génie : 3e compagnie de sapeurs du *3e régiment*.

Total : 13 bataillons, 3 batteries, 1 compagnie du génie.

2e DIVISION D'INFANTERIE

Général de division Bisson.

Aide de camp : Capitaine d'état-major Litschfousse.

Officier d'ordonnance : Lieutenant d'infanterie Lafeuillade.

Chef d'état-major : Colonel d'état-major Dollin du Fresnel.

Chef d'escadron d'état-major Regnier (J. M.); capitaines d'état-major Humbel, Avon.

Commandant l'artillerie : Lieutenant-colonel Colcomb.
Commandant le génie : Chef de bataillon de Foucauld.
Sous-intendant militaire : Barry.
Prévôt : Capitaine Jolly.
Payeur : Castella.
Aumônier : Abbé Garnier.

1re Brigade (Six bataillons).

Général Noël, puis Archinard.
Aide de camp : Capitaine d'état-major Abria.
9e régiment d'infanterie : Colonel Roux, puis Lombardeau.
14e régiment d'infanterie : Colonel Louvent (Ne peut parvenir à Metz et fait partie de l'armée de Châlons [12e corps]).

2e Brigade (Six bataillons).

Général Maurice, puis Plombin.
Officier d'ordonnance : Lieutenant d'infanterie Mantels.
20e régiment d'infanterie : Colonel Louveau de La Guigneraye (Ne peut parvenir à Metz et fait partie de l'armée de Châlons [12e corps]).
31e régiment d'infanterie : Colonel Sautereau (Même observation).

Artillerie : Chef d'escadron Chaumette, 10e, 11e et 12e batteries du *8e régiment.*
Génie : *4e* compagnie de sapeurs du *3e régiment.*

Total : 12 bataillons, dont 3 seulement arrivent à Metz ; 3 batteries, dont 1 arrive à Metz ; 1 compagnie du génie[1].

3e DIVISION D'INFANTERIE

Général de division La Font de Villiers.
Aide de camp : Capitaine d'état-major Clément.

---

[1]. Les 10e et 11e batteries du 8e régiment ne peuvent arriver à Metz et sont rattachées au 12e corps, ainsi que la compagnie du génie. Le 9e de ligne a laissé 600 hommes à Blois pour le service de la Haute cour de justice (Lonlay, II, 435). La 12e batterie est rattachée à la 4e division.

Chef d'état-major : Lieutenant-colonel d'état-major Piquemal.
Capitaines d'état-major Hiver, Henneton, Tisseyre.
Commandant l'artillerie : Lieutenant-colonel Jamet.
Commandant le génie : Chef de bataillon Latour.
Sous-intendant militaire : Lari.
Prévôt : Lieutenant Poncelet.
Payeur : D'Harcourt.
Aumônier : Abbé Heynard d'Aroux.

1re Brigade (Six bataillons).

Général BECQUET DE SONNAY.

Aide de camp : Lieutenant d'état-major Libersart.
75e régiment d'infanterie : Colonel Amadieu, puis Péan, puis Hochstetter.
91e régiment d'infanterie : Colonel Daguerre.

2e Brigade (Six bataillons).

Général COLIN.

Aide de camp : Capitaine d'état-major Gœdorp.
93e régiment d'infanterie : Colonel Ganzin.
94e régiment d'infanterie : Colonel de Geslin.

Artillerie : Chef d'escadron Bernardet, *5e, 6e, 7e* batteries du *14e régiment.*
Génie : *7e* compagnie de sapeurs du *3e régiment.*
Total : 12 bataillons, 3 batteries, 1 compagnie du génie.

4e DIVISION D'INFANTERIE

Général de division DE MARTIMPREY, puis LE VASSOR-SORVAL.

Aide de camp : Capitaine Caillô.
Officier d'ordonnance : Lieutenant d'infanterie Pucheu.
Chef d'état-major : Colonel d'état-major Melin, puis Borson.
Chef d'escadron d'état-major Bourgeois; capitaines d'état-major Martner, Niox.
Commandant l'artillerie : Lieutenant-colonel Noury.
Commandant le génie : Chef de bataillon Tanon-Pellissier.

ANNEXES. 449

Sous-intendant militaire : Courtois.
Prévôt : N.
Payeur : Dresch.
Aumônier : Abbé Coulange.

1e Brigade (six bataillons).

Général DE MARGUENAT (tué le 16 août), puis GIBON (tué le 7 octobre), puis THÉOLOGUE.

Aide de camp : Capitaine d'état-major Rondot.
25e régiment d'infanterie : Colonel Gibon, puis Morin, puis Paillier.
26e régiment d'infanterie : Colonel Maurice, puis Hanrion (B. A.).

2e Brigade (six bataillons).

Général DE CHANALEILLES.

Aide de camp : Capitaine d'état-major Audren de Kerdrel.
28e régiment d'infanterie : Colonel Lamothe.
70e régiment d'infanterie : Colonel Henrion-Bertier.

Artillerie : Chef d'escadron Le Bescond de Coatpont, 7e, 8e, 9e batteries du *10e régiment*.
Génie : 11e compagnie de sapeurs du *3e régiment*.

Total : 12 bataillons, 3 batteries, 1 compagnie du génie[1].

DIVISION DE CAVALERIE (Ne peut parvenir à Metz et fait partie du 12e corps, armée de Châlons).

Général de division DE SALIGNAC-FÉNELON.
Aide de camp : Capitaine d'état-major Demasur.
Chef d'état-major : Lieutenant-colonel d'état-major Armand.
Chef d'escadron d'état-major Decosmi; capitaine d'état-major Jacobé de Haut; lieutenant d'état-major d'Entraigues.
Sous-intendant militaire : Delanny.
Prévôt : Lieutenant Faroul.
Payeur : Brulé.
Aumônier : Griz.

---

1. L'artillerie et le génie sont coupés de Metz et rattachés au 12e corps.

1re Brigade (dix escadrons).

Général TILLIARD (tué le 1er septembre).
Aide de camp : Capitaine d'état-major Proust.
1er régiment de hussards : Colonel de Bauffremont.
6e régiment de chasseurs : Colonel Bonvoust.

2e Brigade (huit escadrons).

Général SAVARESSE.
Aide de camp : Lieutenant d'état-major Deleuze.
1er régiment de lanciers : Colonel Oudinot de Reggio, puis Savin de Larclause.
7e régiment de lanciers : Colonel Périer.

3e Brigade (huit escadrons).

Général DE BÉVILLE.
Officier d'ordonnance : Lieutenant de cuirassiers de Beaurepaire.
5e régiment de cuirassiers : Colonel Dubessey de Contenson (tué le 30 août).
6e régiment de cuirassiers : Colonel Martin (Ch.).

Total : 26 escadrons.

RÉSERVE ET PARC D'ARTILLERIE (Huit batteries). Ne peuvent parvenir à Metz ; sont rattachés au 12e corps, armée de Châlons.

Général de brigade BERTRAND.
Aide de camp : Capitaine Berthier de Grandry.
Chef d'état-major : Colonel de La Peyrouse, puis lieutenant-colonel Moulin.
Commandant la réserve : Colonel Desprels.
1re division : Lieutenant-colonel Chappe, 5e et 6e batteries, 10e et 12e batteries (4) du *10e régiment*.
2e division : Lieutenant-colonel de Maldan, 8e et 9e batteries (12) du *14e régiment* ; 1re et 2e batteries du *19e régiment à cheval*.
Directeur du parc : Colonel Chatillon.
Sous-directeur : Chef d'escadron Coccoz ; adjoint, capitaine Ollivier.

ANNEXES. 451

Détachements des *6ᵉ compagnie d'ouvriers* et *2ᵉ compagnie d'artificiers*.

1/2 *2ᵉ batterie bis du 8ᵉ régiment*.

3ᵉ, 3ᵉ *bis*, 4ᵉ, 4ᵉ *bis*, 10ᵉ compagnie du *1ᵉʳ régiment du train d'artillerie*.

RÉSERVE ET PARC DU GÉNIE

14ᵉ compagnie de sapeurs et détachement de sapeurs-conducteurs du *3ᵉ régiment*.

Total général du 6ᵉ corps d'armée : 49 bataillons, 26 escadrons, 20 batteries, dont 2 de 12, 1 de canons à balles ; 5 compagnies du génie. — 9 bataillons, les 26 escadrons, 13 batteries et 3 compagnies du génie ne peuvent arriver à Metz et sont rattachés au 12ᵉ corps [1] (Lonlay, II, 435).

---

1. A Metz, la 3ᵉ division reste constituée à un seul régiment. La réserve d'artillerie est reconstituée au moyen de prélèvements sur la réserve générale. Quant à la division de cavalerie, elle est réorganisée le 18 août :

Général de division DU BARAIL (commandant jusqu'alors la 1ʳᵉ division de cavalerie de réserve).
Aide de camp : Capitaine d'état-major Darras.
Chef d'état-major : Chef d'escadron d'état-major de Lantivy.
Capitaines d'état-major Delatre, Chalanqui, Lorrain.
Sous-intendant militaire : Schmitz.
Prévôt : Lieutenant Samalens.

1ʳᵉ Brigade (dix escadrons).

Général DE LAJAILLE (précédemment à la 1ʳᵉ division de réserve).
Aide de camp : Lieutenant d'état-major Roget.
2ᵉ régiment de chasseurs d'Afrique : Colonel de La Martinière (même observation).
2ᵉ régiment de chasseurs : Colonel Pelletier (venant de la 1ʳᵉ brigade de la division de cavalerie du 3ᵉ corps).

2ᵉ Brigade (dix escadrons).

Général DE BRUCHARD (même observation).
Aide de camp : Capitaine d'état-major Abblart.
3ᵉ régiment de chasseurs : Colonel Sanson de Sansal (même observation).
Le 3ᵉ escadron continue de former l'escorte du maréchal Le Bœuf.
10ᵉ régiment de chasseurs : Colonel Nérin (même observation).

La nouvelle réserve d'artillerie comprend notamment les 9ᵉ et 10ᵉ batteries du *13ᵉ régiment*, la 11ᵉ du *15ᵉ régiment* (à balles) [Lonlay, V, 20, 49]. La dernière est empruntée à la division de Laveaucoupet, destinée à tenir garnison dans Metz.

Les 5ᵉ et 6ᵉ batteries du *19ᵉ régiment à cheval* sont rattachées à la division de cavalerie (Lonlay, V, 10). — Voir, en ce qui concerne la composition de l'artillerie des 6ᵉ et 12ᵉ corps, le rapport sur la marche des opérations de l'artillerie du 6ᵉ corps (Général Lebrun, *Bazeilles-Sedan*, 243).

7ᵉ CORPS D'ARMÉE

Commandant en chef : Général de division DOUAY (Félix).
Aide de camp : Chef d'escadron d'état-major Seigland.
Officiers d'ordonnance : Lieutenant de lanciers de Vergennes ; chef de bataillon (?) Georges Bibesco [au titre étranger].
Chef d'état-major général : Général de brigade Renson.
Aide de camp : Capitaine d'état-major Danès.
Sous-chef d'état-major général : Lieutenant-colonel d'état-major Davenet.
Chefs d'escadron d'état-major des Plas et Loizillon ; capitaines d'état-major de Fayet, Tinchant, Robert (F.), de Geffrier.
Commandant l'artillerie : Général de brigade Liégeard.
Aide de camp : Capitaine Chicoyneau de La Valette.
Chef d'état-major : Lieutenant-Colonel Claret de Latouche.
Capitaines Caro, de Tromenec.
Commandant le génie : Général de brigade Doutrelaine.
Aide de camp : Capitaine Bouvier.
Chef d'état-major : Lieutenant-colonel Béziat.
Capitaines Fleury, Bureaux de Puzy, Combe, Chaïé-Fontaine.
Intendant militaire : Largillier.
Sous-intendant militaire : Huot de Neuvier.
Prévôt du corps d'armée : Chef d'escadron Mény.
Médecin en chef : Médecin principal Coindet.
Payeur principal : Frottier.
Aumônier : Abbé Lanusse.
Pasteur : Leser.

1ʳᵉ DIVISION D'INFANTERIE

Général de division Conseil-Dumesnil.
Aide de camp : Capitaine d'état-major Mulotte.
Chef d'état-major : Lieutenant-colonel d'état-major Sumpt.
Chef d'escadron d'état-major Taffin ; capitaines d'état-major Roudaire, Mathieu.

ANNEXES. 453

Commandant l'artillerie : Lieutenant-colonel Guillemin.
Commandant le génie : Chef de bataillon Le Secq.
Sous-intendant militaire : Malet (P. H. V.).
Prévôt : Capitaine Mailhé.
Payeur : Cardaire.
Aumônier : Abbé Lebastard de Lisle.

1re Brigade (sept bataillons).

Général Nicolaï, malade, a quitté l'armée le 5 août ; général Lenormand de Bretteville.

17ᵉ bataillon de chasseurs à pied : Commandant Merchier, puis Barré.
3ᵉ régiment d'infanterie : Colonel Champion.
21ᵉ régiment d'infanterie : Colonel Morand, général de brigade du 25 août, tué le 30.

2e Brigade (six bataillons).

Général Maire, tué le 6 août ; puis général Chagrin de Saint-Hilaire.

47ᵉ régiment d'infanterie : Colonel de Gramont.
99ᵉ régiment d'infanterie : Colonel Chagrin de Saint-Hilaire, puis Gouzil.

Artillerie : Chef d'escadron Geynet, 5ᵉ, 6ᵉ, 11ᵉ (à balles) batteries du *7ᵉ régiment*.
Génie : 2ᵉ compagnie de sapeurs du *2ᵉ régiment*.

Total : 13 bataillons, 3 batteries, 1 compagnie du génie.

2ᵉ DIVISION D'INFANTERIE

Général Liébert.

Aide de camp : Capitaine d'infanterie Oget.
Officier d'ordonnance : Lieutenant d'infanterie Lombard.
Chef d'état-major : Colonel d'état-major de Linage (tué le 1ᵉʳ septembre).

Chef d'escadron d'état-major Parmentier (tué le 1ᵉʳ septembre); capitaines d'état-major Berruyer, Espivent de La Villeboisnet.
Commandant l'artillerie : Lieutenant-colonel Clouzet (tué le 1ᵉʳ septembre).

Commandant du génie : Chef de bataillon Dormont.
Sous-intendant militaire : Lemaître.
Prévôt : Capitaine de gendarmerie Montagne.
Payeur : Viel.
Aumônier : Abbé Violaine.

1re Brigade (sept bataillons).

Général Guiomar.
Aide de camp : Capitaine d'état-major de Gérault de Langalerie.
6e bataillon de chasseurs à pied : Commandant de Beaufort.
5e régiment d'infanterie : Colonel Boyer.
37e régiment d'infanterie : Colonel de Formy de la Blanchetée, puis Mallat.

2e Brigade (six bataillons).

Général de la Bastide.
Aide de camp : Capitaine d'état-major Nouail de la Villegille.
53e régiment d'infanterie : Colonel Japy.
89e régiment d'infanterie : Colonel Munier.
Artillerie : Chef d'escadron Moraud de Callac, 8e, 9e, 12e (à balles) batteries du 7e régiment.
Génie : 3e compagnie de sapeurs du 2e régiment[1].

Total : 13 bataillons, 3 batteries, 1 compagnie du génie.

3e DIVISION D'INFANTERIE

Général de division Dumont.
Aide de camp : Capitaine d'état-major Dumarest.
Chef d'état-major : Lieutenant-colonel d'état-major Duval.
Chef d'escadron d'état-major Beaux ; capitaines d'état-major Penel, Quarré de Verneuil (?).
Commandant l'artillerie : Lieutenant-colonel Bonnin.
Commandant du génie : Chef de bataillon Hélie.
Sous-intendant militaire : Legros.
Prévôt : Lieutenant Schini.
Payeur : Condamine.
Aumônier : Abbé Hortola.

---

1. La compagnie du génie de la 2e division passa à la 3e et inversement (ordre du 6 août 1870, *Revue d'histoire*, I, 1901, 1380).

ANNEXES. 455

1re Brigade (six bataillons).

Général Bordas.
Officier d'ordonnance : Lieutenant d'infanterie Regnault de La Soudière.
52e régiment d'infanterie : Colonel Aveline.
79e régiment d'infanterie : Colonel Bressolles (Ce régiment, qui était en Corse, passe au 12e corps et est remplacé par le 72e, colonel Bartel).

2e Brigade (six bataillons).

Général Capriol de Péchassaut, puis Bittard-Des Portes.
Aide de camp : Capitaine d'état-major Frotier de La Messelière.
82e régiment d'infanterie : Colonel Genneau, puis Guys, blessé mortellement le 1er septembre.
83e régiment d'infanterie : Colonel Séatelli.
Artillerie : Chef d'escadron Médoni, 8e, 9e, 10e (à balles) batteries du 6e régiment.
Génie : 4e compagnie de sapeurs du 2e régiment.
Total : 12 bataillons, 3 batteries, 1 compagnie du génie.

DIVISION DE CAVALERIE

Général de division baron Ameil.
Aide de camp : Capitaine d'état-major Leroy.
Officier d'ordonnance : Lieutenant de dragons Laffeuillade, lieutenant de lanciers Reynold de Seresin.
Chef d'état-major (intérimaire) : chef d'escadron d'état-major Boquet.
Capitaines d'état-major de Perthuis de Laillevault, Hagron.
Sous-intendant militaire : Roux.
Prévôt : Lieutenant Noblat.
Payeur : Piazza.
Aumônier : Abbé Lefebvre.

1re Brigade (treize escadrons).

Général Cambriel.
4e régiment de hussards : Colonel Choury de Lavigerie.
4e régiment de lanciers : Colonel Féline.
8e régiment de lanciers : Colonel Du Val de Dampierre.

2ᵉ Brigade (onze escadrons), ne rejoint pas, rattachée au 13ᵉ corps, puis à l'armée de la Loire.

Général Jolif-Ducoulombier.

6ᵉ régiment de hussards : Colonel Guillon, puis de Lignières.

6ᵉ régiment de dragons : Colonel Tillion, puis Fombert de Villiers.

Total : 24 escadrons, dont 11 ne rejoignent pas le 7ᵉ corps.

RÉSERVE D'ARTILLERIE (six batteries).

Colonel Aubac.

7ᵉ et 10ᵉ batteries (12) du *7ᵉ régiment;* 8ᵉ et 12ᵉ batteries du *12ᵉ régiment;* 3ᵉ et 4ᵉ batteries du *19ᵉ régiment à cheval.*

PARC

Colonel Hennet.

Sous-directeur : Chef d'escadron Bonnefin ; adjoint, capitaine Rigourd.

7ᵉ compagnie de *pontonniers ;* cinq compagnies du *train d'artillerie* (7ᵉ et 7ᵉ bis, 8ᵉ, 10ᵉ bis, 11ᵉ du *2ᵉ régiment*) ; ¹/₂ batterie 1ʳᵉ bis du *7ᵉ régiment;* détachements des *8ᵉ compagnie d'ouvriers* et *5ᵉ compagnie d'artificiers.*

RÉSERVE DU GÉNIE

12ᵉ compagnie de sapeurs du *2ᵉ régiment.*

Détachement de sapeurs-conducteurs du *1ᵉʳ régiment.*

Total général pour le 7ᵉ corps : 38 bataillons, 15 batteries, dont 2 de 12, 3 de canons à balles, 2 de 4 à cheval ; 24 escadrons, 5 compagnies du génie ou de pontonniers.

RÉSERVES GÉNÉRALES

RÉSERVE DE CAVALERIE

1re DIVISION DE CAVALERIE

Général de division DU BARAIL.
Aide de camp : Capitaine d'état-major Darras.
Officier d'ordonnance : Lieutenant de chasseurs d'Afrique Brossier de Buros.
Chef d'état-major : Colonel d'état-major Ferri-Pisani-Jourdan de Saint-Anastase (ne rejoint pas).

Chef d'escadron d'état-major de Lantivy de Trédion ; capitaines d'état-major Delatre, Chalanqui, de Saint-Sauveur, Coste ; lieutenants d'état-major Tronchet, Lelasseux, Lorain.
Sous-intendant militaire : Schmitz.
Prévôt : Lieutenant Samalens.
Payeur : Givanovich.
Aumônier : Abbé Cherpin.

1re Brigade (dix escadrons).

Général MARGUERITTE (tué le 1er septembre).
Aide de camp : Capitaine d'état-major Henderson.
Officier d'ordonnance : Lieutenant de chasseurs d'Afrique Reverony.

1er régiment de chasseurs d'Afrique : Colonel Clicquot (tué le 1er septembre).
3e régiment de chasseurs d'Afrique : Colonel de Galliffet.

2e Brigade (dix escadrons).

Général DE LAJAILLE.

2e régiment de chasseurs d'Afrique : Colonel de La Martinière.
4e régiment de chasseurs d'Afrique : Colonel de Quélen.

458　　　　　　　　　　ANNEXES.

Artillerie : Chef d'escadron Loyer, 5ᵉ et 6ᵉ batteries du *19ᵉ régiment à cheval.*

Total : 20 escadrons, 2 batteries [1].

2ᵉ DIVISION DE CAVALERIE

Général de division vicomte de Bonnemains.
Aide de camp : Capitaine d'état-major Renouard.
Chef d'état-major : Lieutenant-colonel d'état-major Gondallier de Tugny.
Chef d'escadron d'état-major Jumel de Noireterre; capitaines d'état-major Mangon de La Lande, N…
Sous-intendant militaire : Seligman-Lui.
Prévôt : Lieutenant Attuyt.
Payeur : Baudot.
Aumônier : Abbé Juin.

1ʳᵉ **Brigade** (huit escadrons).

Général Girard, tué le 1ᵉʳ septembre.
Aide de camp : N…
1ᵉʳ régiment de cuirassiers : Colonel Leforestier de Vendeuvre.
4ᵉ régiment de cuirassiers : Colonel Billet, puis Clément, puis de Tinseau, puis Lacour.

---

1. La 1ʳᵉ division fut dissoute sans avoir jamais été réunie. Les 1ᵉʳ, 2ᵉ, 3ᵉ chasseurs d'Afrique, seuls, purent atteindre Metz. Le 16 août, la 1ʳᵉ brigade escorta l'empereur à Verdun. Le 17, elle recevait du maréchal de Mac-Mahon l'ordre de rallier à Sainte-Menehould la 1ʳᵉ brigade de la division de Salignac-Fénelon (6ᵉ corps) et de former avec elle une nouvelle division destinée à l'armée de Châlons.
Voici sa composition :
　Général de brigade : Margueritte (divisionnaire du 31 août) [20 escadrons].
　Aide de camp : Capitaine d'état-major Henderson.
　Officier d'ordonnance : Lieutenant de chasseurs d'Afrique Reverony.
　1ʳᵉ Brigade (général N…) : *1ᵉʳ et 3ᵉ chasseurs d'Afrique.*
　2ᵉ Brigade (général Tilliard) : *6ᵉ chasseurs, 1ᵉʳ hussards.*
　Artillerie : Chef d'escadron Beaupoil de Saint-Aulaire, 1ʳᵉ et 2ᵉ batteries du *19ᵉ régiment à cheval.* Ces deux batteries provenaient de la réserve du 6ᵉ corps. Une seule, la 2ᵉ, paraît avoir rejoint la division Margueritte.
Quant au *4ᵉ chasseurs d'Afrique,* survenu après le départ du camp de Châlons, il est d'abord rattaché à la division de Salignac-Fénelon, puis (30 août) à la brigade Tilliard (division Margueritte) [J. Richard, I, 51-52].

ANNEXES. 459

2ᵉ Brigade (huit escadrons).

Général DE BRAUER (Léopold).
Aide de camp : N...
2ᵉ régiment de cuirassiers : Colonel baron Rosetti, puis Boré-Verrier.
3ᵉ régiment de cuirassiers : Colonel de Lafutsun de Lacarre (tué le 6 août), puis Despetit de La Salle.
Artillerie : Chef d'escadron Astier, 7ᵉ (4) et 8ᵉ (canons à balles) batteries du *19ᵉ régiment à cheval*.
Total : 16 escadrons, 2 batteries.

3ᵉ DIVISION DE CAVALERIE

Général de division marquis DE FORTON.
Aide de camp : Capitaine d'état-major Lafouge.
Chef d'état-major : Colonel d'état-major Durand de Villers.
Capitaines d'état-major Martin, Saint-Arroman, N...; lieutenants d'état-major de La Brousse de Veyrazet, de Bouzignac.
Sous-intendant militaire : Birouste.
Prévôt : Lieutenant Bertrand.
Payeur : Faynot.
Aumônier : Abbé Gallio.

1ʳᵉ Brigade (huit escadrons).

Général prince MURAT.
Aide de camp : Capitaine d'état-major Leplus.
1ᵉʳ régiment de dragons : Colonel Forceville, puis L'Hotte.
9ᵉ régiment de dragons : Colonel Reboul.

2ᵉ Brigade (huit escadrons).

Général duc DE GRAMONT LESPARRE.
Aide de camp : Capitaine d'état-major Wolf.
Officier d'ordonnance : Capitaine de cuirassiers Aubaret.
7ᵉ régiment de cuirassiers : Colonel Nitot.
10ᵉ régiment de cuirassiers : Colonel Juncker.
Artillerie : Chef d'escadron Clerc (deux batteries), 7ᵉ et 8ᵉ batteries du *20ᵉ régiment à cheval* (non arrivées le 1ᵉʳ août, général Derrécagaix, I, 428).
Total : 16 escadrons, 2 batteries.

Un *corps de cavalerie* comprenant la majeure partie de ces 3 divisions et la division de la garde fut organisé le 25 août sous les ordres du général Desvaux (Lonlay, IV, 93).

RÉSERVE GÉNÉRALE D'ARTILLERIE (seize batteries).

Général de division Canu.
Aide de camp : Capitaine Perreau.
Chef d'état-major : Lieutenant-colonel Laffon de Ladebat.
Payeur : Fourcade.

1re DIVISION

Colonel Salvador.

5e à 12e batteries du *13e régiment* (12) (arrivées à Nancy le 30 juillet).

2e DIVISION

Colonel Toussaint.

1re à 8e batteries du *18e régiment à cheval* (6 arrivent à Nancy le 30 juillet et 2 le 31).

La réserve générale d'artillerie fut rattachée à la garde impériale par décision du maréchal Bazaine, 29 août 1870.

PARC

Colonel P. Hennet

Sous-directeur : Chef d'escadron Cavalier; *adjoint :* Capitaine Mathieu (J. J. A.)

$^1/_2$ batterie à pied de la 2e *bis* du *14e régiment;* détachements des *2e compagnie d'ouvriers* et *4e compagnie d'artificiers;* quatre compagnies du *train d'artillerie*.

GRAND PARC DE CAMPAGNE[1]

Directeur général des parcs : Général de brigade Mitrecé.
Aide de camp : Capitaine Morvan.

---

[1]. Le grand parc commence de se constituer à Toul vers le 29 juillet. Il doit comprendre 8 sections provenant chacune d'un arsenal de construction et n'est jamais au complet (*Revue militaire*, 1900, 1027, rapport du général Mitrecé).

Les 6e, 8e et 12e batteries de montagne du 7e régiment furent désignées pour faire partie de la réserve générale. La 6e est signalée le 5 août comme en route pour Nancy; les deux autres n'ont pas encore débarqué à cette date (*Revue d'histoire*, II, 1901, 926).

Chef d'état-major : Lieutenant-colonel de Rollepot.
Directeur du parc : Colonel Fabre.
Sous-directeur : Lieutenant-colonel Lucet.

Chef d'escadron Aubert, Portes ; capitaines Bouchard, Lefebvre, Gras et Lusson : 2ᵉ batterie du *7ᵉ régiment ;* 1ʳᵉ batterie et 1ʳᵉ *bis* du *10ᵉ régiment ;* ¹/₂ *2ᵉ* et *8ᵉ compagnies d'ouvriers ;* détachement de la *4ᵉ compagnie d'artificiers ;* 4 compagnies du *train d'artillerie.*

1ᵉʳ équipage de ponts de réserve : Chef d'escadron Carré : 10ᵉ et 12ᵉ compagnies de *pontonniers ;* 2 compagnies du *train.*

2ᵉ équipage de ponts de réserve : Chef d'escadron Bergère : 6ᵉ et 9ᵉ compagnies de *pontonniers ;* 2 compagnies du *train.*

Inspecteur du train d'artillerie : Chef d'escadron Bruyant.

RÉSERVE GÉNÉRALE ET PARC DU GÉNIE

(Rejoignent le 12 août, à Metz.)

Directeur du parc : Colonel Rémond.
Sous-directeur : Chef de bataillon Antoine ; adjoint, capitaine Barbe.
Chef du service télégraphique : Chef de bataillon Cord.

2ᵉ compagnie de sapeurs du *1ᵉʳ régiment* (télégraphes) ; 1ʳᵉ compagnie de sapeurs (chemins de fer), 1ʳᵉ compagnie de mineurs et détachement de sapeurs conducteurs du *3ᵉ régiment.*

Total : 3 compagnies du génie.

RÉCAPITULATION

POUR L'ENSEMBLE DE L'ARMÉE DU RHIN.

332 bataillons, 247 escadrons, 154 batteries (dont 70 de 4 monté, 38 de 4 à cheval, 22 de 12, 24 de canons à balles), 46 compagnies de génie ou de pontonniers. Effectif total au 2 août 1870, d'après le général Frossard : 244,828 hommes et 54,097 chevaux; 255,249 hommes (officiers non compris) et 54,945 chevaux, d'après M. le général Derrécagaix; 257,496 hommes et 53,093 chevaux, d'après la *Revue d'histoire* (I, 1901, 839). — Voir le général Thoumas, II, VII, et une lettre du ministre de la guerre en date du 17 janvier 1872 (*Enquête*, dépositions, V, 2ᵉ partie, 31), pour le nombre des batteries de 4 monté ou à cheval et celui des batteries de 12.

Garde : 10 batteries de 4 monté ou à cheval, 2 à balles, 2 réserves divisionnaires, 90 voitures du parc.

1ᵉʳ et 3ᵉ corps : 28 batteries de 4 monté ou à cheval, 4 de 12, 8 à balles, 8 réserves divisionnaires, 360 voitures du parc.

6ᵉ corps : 17 batteries de 4 monté ou à cheval, 2 de 12, 1 à balles, 4 réserves divisionnaires, 180 voitures du parc.

2ᵉ, 4ᵉ, 5ᵉ, 7ᵉ corps : 40 batteries de 4 monté ou à cheval, 8 de 12, 12 à balles, 12 réserves divisionnaires, 592 voitures du parc.

Réserve de cavalerie : 5 batteries de 4 monté ou à cheval, 1 à balles.

Réserve générale d'artillerie : 8 batteries de 4 monté ou à cheval, 8 de 12.

Grand parc : 1,510 voitures du parc.

Total : 108 batteries de 4 monté ou à cheval, 22 de 12, 24 à balles, 26 réserves divisionnaires, 2,732 voitures du parc ; soit 780 pièces de 4 et 12, 144 canons à balles, 6,112 voitures (y compris les 520 voitures des 26 réserves divisionnaires [général Thoumas, II, VII]).

Voir, pour ce qui concerne l'organisation de la télégraphie militaire à l'armée du Rhin, la *Revue militaire*, 1900, 1828.

INDEX

A

Abrantès (d'), 20.
Adalbert, prince, 393.
Afrique (guerres d'), 71, 97, 108.
Albe (duc d'), 24.
Albert, archiduc, 149, 167, 202.
Albedinski, colonel, 13.
Allemand (l'), 213.
Amagat, député, 30.
Ambert, général, 6 et *passim*.
Andigné (chef d'escadron d'), 84.
Andlau (chef d'escadron d'), 84, 378.
Arese, comte, 24.
Argence, député, 41.
Aristocratie française, 43.
Armée du Rhin, 147.
— badoise, 235, 244.
— bavaroise, 234, 243.
— française, 55, 397.
— prussienne, 220.
— saxonne, 221.
— wurtembergeoise, 234, 244.
Armement français, 177.
Artillerie allemande, 232.
— française, 105, 115.
Artilleristische Erinnerungen, 218 et *passim*.
Arvers, général, 131.
Attachés militaires français, 84.

Aubry (Mme), 41 et *passim*.
Augusta, reine, 66 et *passim*.
Aumale (duc d'), 55.
Aurelle de Paladines (général d'), 75.
Autriche-Hongrie, 313, 355, 387.
Avancement, 70.
Avant-postes (service d'), 101.
Aymard, général, 287 et suiv.

B

Baillehache (de), 103 et *passim*.
Banning (mémoire), 215.
Baraguey d'Hilliers (maréchal), 29.
Barail (général du), 19 et *passim*.
Barbier, soldat, 11.
Barby (général von), 346.
Barine (Mme Arvède), 8.
Barnekow (général von), 380.
Baroche, 29.
Barrès, Maurice, 214.
Basset de Bellavalle, 67.
Bataille, général, 273 et suiv.
Baunard, 37.
Bazaine, maréchal, 10; 79, 152, 267, 271, 274, 277, 287, 291, 299, 324, 329, 334, 336, 356, 361, 378, 382 et *passim*.
Beaulaincourt-Marles (de), 84.
Beaunis, 53 et *passim*.
Belgique, 313.

Benedetti, comte, 223.
Berger, général, 306 et suiv.
Berlioz, Hector, 6.
Bernis (général de), 285.
Berruyer, 40.
Berthier, major général, 65.
Beust (comte de), 24.
Béville (général de), 175.
Bibesco, prince, 175 et *passim*.
Billot, général, 62 et *passim*.
Bismarck (prince de), 5 et *passim*.
Bitche, 198.
Bivouac, 121.
Bonfadini, 24.
Bonie, général, 139.
Bonin (général von), 259.
Bonnal, général, 80 et *passim*.
Bonnet, commandant, 9.
Bonnechose (*Vie du cardinal de*), 40.
Bonnemains (général de), 69 et *passim*.
Bordier, H, 217.
Bosson, capitaine, 293.
Bouches-du-Rhône, 53.
Bouët-Willaumez, amiral, 209 et *passim*.
Bourbaki, général, 74, 152 et *passim*.
Bourget, Paul, 8, 34.
Blanc, capitaine, 106.
Blanchard, intendant général, 135.
Bleibtreu, Karl, 225.
Blois (général de), 60.
Blondeau, intendant général, 128, 170 et *passim*.
Blondel, intendant général, 69 et *passim*.
Blume (général von), 224.
Blumenthal (général von), 344.
Bredow (général von), 365.
Brialmont, général, 193.
Budget français, 31.
Bugeaud, maréchal, 71.

Bureau, capitaine, 31 et *passim*.
Busch, M., 218.
Busch, W., 355.

C

Cabinet noir, 35.
Cabot, correspondance, 44.
Cadenborn, position, 201, 325.
Cadore (de), 216, 394.
Canonge, général, 3 et *passim*.
Canons français, 115.
Canrobert, maréchal, 74, 354, 364 et *passim*.
Capucins d'Hazebrouck, 36.
Cardinal von Widdern, 103 et *passim*.
Cardot, général, 225.
Carette (Mme), 16 et *passim*.
Cartes, 185, 266.
Cassagnac (A. Granier de), 46.
— (Paul G. de), 46.
Castagny (général de), 361 et *passim*.
Castellane (maréchal de), 10 et *passim*.
Castex, général, 104 et *passim*.
Causes de nos désastres (*Les*), 8 et *passim*.
Causes (*Des*) *qui ont amené la capitulation de Sedan*, 205.
Cavaignac (*Les deux généraux*), 73.
Cavalerie allemande, 231.
— française, 101.
Centralisation en France, 33, 69.
César, *Commentaires*, 3 et suiv.
Chabot (colonel de), 347.
Chalus (commandant de), 172 et *passim*.
Chamfort, 9.
Champeaux (capitaine de frégate de), 393.

Changarnier, général, 55.
Chassepot, fusil, 113.
Chateaubriand (de), 9.
Chauvinisme, 11.
Chelius, docteur, 16.
Cherbuliez, Victor, 213 et *passim*.
Cherfils, colonel, 347.
Choppin (capitaine H.), 104.
Chuquet, A., 60.
Circourt (comte de), 40.
Cissey (général de), 84, 363 et *passim*.
Claretie, Jules, 7.
Clausewitz, 249, 343.
Clérembault (général de), 382 et suiv.
Clergé français, 35.
Coffinières de Nordeck (général), 324.
Colson, lieutenant-colonel, 84.
Commandement français, 64, 168, 353.
Composition des armées en 1868, 147 et *passim*.
Concentration allemande, 260.
— française, 165.
Conneau, docteur, 18.
Conti, 17.
Conseil-Dumesnil, général, 295 et suiv.
Corvisart, docteur, 18.
Côtes allemandes, 246.
Cours martiales, 109.
Couverture allemande, 263.
Cresson, F., 8.

D

Dalwigk (de), 217.
Danemark, 313, 393.
Dastugue, colonel, 104.
Dauvé, médecin inspecteur, 183.
Decazes, duc, 9.

Défensive (la), 78.
Dejean, général, 196 et suiv.
Delescluze, 41.
Deligny, général, 153.
Delmas, 53 et *passim*.
Delorme, Amédée, 139.
Dépôt de la guerre, 82.
Dernier des Napoléon (le), 6 et *passim*.
Derrécagaix, général, 62 et *passim*.
Deschamps, Gaston, 6 et 8.
Destombes, 37.
Desvaux, général, 74, 104 et *passim*.
Devaureix, colonel, 78 et *passim*.
Dieudonné, amiral, 392.
Discipline, 109, 162 et 174.
Diversion dans la Baltique, 124.
Dœllinger, chanoine, 214.
Doëns, général, 376 et suiv.
Dossier de la guerre de 1870, 89 et *passim*.
Douaniers, 145.
Douay (général Abel), 100, 293 et *passim*.
Douay (général Félix), 74, 172, 302, 309, 323, 334, 341, 354, 383, 387 et *passim*.
Doutrelaine, général, 341.
Dreyse, fusil, 113, 230.
Drouyn de Lhuys, 29.
Duban, colonel, 62 et *passim*.
Du Camp, Maxime, 88.
Ducarre, député, 31.
Duclos, 3.
Ducoulombier, général, 302 et suiv.
Ducrot, général, 274, 276, 288, 292, 297, 301, 307, 323, 340, 364, 384 et *passim*.
Ducrot (Vie militaire du général), 17 et *passim*.
Dudweiler (concentration à), 274, 279, 283, 295, 322, 334, 363, et 386.

Dumas, Alexandre, 3 et *passim*.
Dumas-Guilin (commandant M.), 174.
Dumont, général, 302 et suiv.
Dupin, président, 74.
Dupuy, capitaine, 140.
Duquet, Alfred, 293.
Duruy, Albert, 215.
Dussieux, L., 97.
Dynamite, 120.

E

Eberhardt, Justus, 219.
Écoles militaires, 90.
Effectifs allemands, 243.
— français, 37, 188, 300, 305, 335, 353, 399, 400, 402.
Eichthal (d'), 153, 399, 400, 402.
Elisabeth, rapport secret, 35.
Endivisionnement, 60 et 172.
Engagements volontaires, 11 et 190.
Enquête parlementaire sur les actes du gouvernement de la Défense nationale, 27 et *passim*.
Équipages, 183.
Équipement, 120 et 175.
Erckmann-Chatrian, 7.
Espionnage allemand, 13.
Esprit militaire, 10.
État-major français (corps d'), 82.
— (école d'), 92.
État-major prussien, 95, 149, 226 et *passim*.
Eulenburg, comte, 47.

F

Fabrice (général von), 259.
Failly (général de), 14, 80, 267, 268, 272, 278, 282, 284, 296, 301, 307, 359, 381 et *passim*.

Falkenstein (général Vogel von), 259, 321 et *passim*.
Falloux (de), 37.
Farcy, Camille, 51.
Faure, chanteur, 50.
Faurie, lieutenant-colonel, 99.
Fautras, G., 215.
Fauvart-Bastoul, général, 281, 370 et *passim*.
Fauvel, docteur, 18.
Favre, Jules, 39.
Fay, général, 14 et *passim*.
Ferrand, préfet, 135.
Ferron (colonel du), 281, 358 et suiv.
Ferry, Jules, 47.
Feuillet (Mme Octave), 17.
Finances françaises, 30.
Fix, colonel, 76, 137 et *passim*.
Fleury, comte, 319.
Fleury, général, 17.
Flogny, colonel, 360.
Fonctionnaires français, 33.
Forbach, conférence, 31 juillet, 336.
Forêt-Noire (Concentration derrière la), 279, 290, 304, 322, 333, 334, 351, 366, 387.
Forgeot, général, 141 et *passim*.
Forteresses françaises, 193.
Forton (général de), 166 et *passim*.
Fourichon, amiral, 210.
Fournier, général, 196.
Francophobie, 216.
Frédéric-Charles, prince, 258 et *passim*.
Frœschwiller, position, 200.
Frœschwiller (De) à Sedan, 62 et *passim*.
Frossard, général, 74, 153, 199, 267, 269, 272, 278, 289, 294, 324, 333, 356, 369 et *passim*.

G

Gagneur, général, 375.
Galliffet (colonel de), 84, 112.
Gally, régisseur, 13.
Gambetta, 47.
Garde nationale mobile, 60, 143.
Garde nationale sédentaire, 145.
Généraux français, 233.
Génie allemand, 233.
Génie français, 106.
Gersdorf (général von), 317.
Girardin (Émile de), 44, 46.
Giraudeau, Fernand, 3, 9 et *passim*.
Gisevius (von), 240 et *passim*.
Glaser, espion, 13.
Gneisenau (général von), 365.
Gœben (général v.), 331 et *passim*.
Göllheim, position, 343.
Goltz (général von der), 72 et *passim*.
Gondrecourt (général de), 91.
Gottberg (colonel von), 332.
Gouvernement français, 26.
Gouvion Saint-Cyr, maréchal, 82.
Goze, général, 287 et suiv.
Grabinski, comte, 24.
Gramont (duc de), 29, 134, 355.
Grandchamp, général, 29.
Grenier, général, 176.
Gresley, colonel, 66, 128.
Gribeauval, système, 119.
Grimm, 5.
Gudin, général, 65.
Guérard, lieutenant de vaisseau, 209 et *passim*.
Guillaume de Prusse, 66, 220 et *passim*.
Guillaume de Wurtemberg, 216.
Guizot (Lettres de M.), 3.
Gull, docteur, 20.
Guyot de Lespart, général, 280 et suiv.

H

Haca, colonel, 373.
Hahnke (major von), 365.
Haillot, général, 75.
Hartmann (général von), 249.
Hautpoul (général d'), 83.
Havas, correspondance, 44.
Havresacs déposés au combat, 122.
Haye (forêt de), 205.
Herwarth (général von), 259.
Hesse (grand-duc de), 217.
Heusch (lieutenant-colonel de), 69.
Heye, lieutenant, 236.
Histoire de l'ex-corps d'état-major, 83 et *passim*.
Hohenlohe Ingelfingen (général prince von), 25, 116 et *passim*.
Hohenlohe (prince von), 216.
Hohenzollern, candidature, 27, 40.
Hollande, 313.
Houssaye, Henry, 144.
Huningue, 323.

I

Imbert de Saint-Amand, 3.
Impératrice Eugénie, 22, 26 et *passim*.
Indiscrétions de la presse, 47.
Infanterie allemande, 230.
Infanterie française, 99.
Initiative, 69.
Instruction dans l'armée française, 93 et 96.
Instructions tactiques, 78.
Intendance militaire, 86 et 179.
Internationale, 42.
Italie, 355.

J

Jacqmin, 120 et *passim*.
Jarras, général, 25, 150 et *passim*.
Jérôme, roi, 65.
Joinville (prince de), 55.
Jouvencel (de), 41.
Jung, capitaine, 290, 301 et 351.
Justice en France, 35.

K

Kirschbach (général von), 265.
Kirchheimbolanden, position, 343.
Kleist (capitaine von), 223.
Kling-Bach, 317 et 348.
Krause, major, 310.
Krupp, 119.
Kunz, major, 14 et 377.

L

L'Abadie (de) d'Aydrein, général, 287 et suiv.
La Bastide (général de), 172.
Labastie (général de), 143.
La Chapelle (comte de), 56 et *passim*.
Ladmirault (général de), 66, 267, 291, 327, 356, 383 et *passim*.
La Faye (J. de), 163.
La Font de Villiers, général, 77.
La Gorce (de), 37.
La Guéronnière (de), 36.
Lano (P. de), 13 et *passim*.
Landwehr, 233.
Langres, 201.
Lanouvelle (général de), 382.
Lapasset, général, 292.
Lapasset (Le général), 6 et *passim*.
La Petite-Pierre, 198.
Larrey, médecin inspecteur, 16.
Latour (docteur A.), 18.
Laveaucoupet (général de), 100.
Lavisse, Ernest, 222 et 298.
Le Bœuf, maréchal, 27, 150, 169, 267, 271, 277, 286, 290, 305, 324, 337, 353 et *passim*.
Lebrun, général, 11, 12, 150 et *passim*.
Le Faure, Amédée, 39.
Légèreté française, 2.
Léouzon-Leduc, 82 et *passim*.
Leperche, colonel, 153.
Lepic, général, 66.
Leroy (Abbé A.), 5.
Letellier-Valazé, général, 374 et suiv.
Lettres d'un cavalier, 109.
Leurs, capitaine, 233.
Leusse (comte de), 142 et *passim*.
Lewal, général, 17, 31 et *passim*.
Lichtenberg, 198.
Liébert, général, 302 et suiv.
Liédot, général, 142.
Littérature en France, 4.
Lockroy, 41.
Lörrach, 309, 323, 334.
Lonlay (Dick de), 112, 272 et *passim*.
Lorencez (général de), 15 et *passim*.
Luxembourg, 313.

M

Mac-Mahon (maréchal de), 66, 276, 284, 288, 291, 293, 296, 324, 351, 364, 383 et *passim*.
Magne, ministre, 29.
Maillard, général, 85.
Malakoff (Melle de), 22.
Malmesbury (lord), 17 et *passim*.

INDEX.

Mangin, colonel, 372.
Manteuffel (général von), 223.
Marbot, général, 86.
Marguerittc, général, 104 et 151.
Marine allemande, 236 et 245.
— française, 123 et 209.
Marmont, maréchal, 5.
Martin, colonel, 75 et 175.
Martin des Pallières, général, 109.
Massa (marquis P. de), 16 et passim.
Mathilde, princesse, 16.
Maugny (de), 24.
Maupas (de), 27.
Maussion (général de), 360.
Mauvaise économie (Une), 39.
Mazade (A. de), 12.
Mazade (Ch. de), 27 et 46.
Mengin-Lecreux, général, 194.
Mentana, 36.
Menzel, 216.
Merchic, docteur, 175.
Mérimée, 17 et passim.
Metman, général, 287 et passim.
Metz, 196.
Meuse, département, 52.
Mexique (guerre du), 24.
Meyer, lieutenant-colonel, 249.
Michel, général, 172.
Micheler, général, 369.
Michelet, 2.
Mitrailleuses, 116 et 177.
Mobilisation allemande, 236.
— française, 137.
Moltke (général de), 22, 224, 247 et passim.
Moltke (Le maréchal de), 222.
Monnier, Henri, 4.
Montaudon, général, 20 et passim.
Montijo (Melle de), 22.
Moral (État) de la France, 5.
Moral (État) de l'armée, 107.
Morand, général, 99.

Mortemart (général duc de), 10, 40.
Moskowa (général prince de), 95.
Mouchy (duchesse de), 17.

N

Napoléon Ier, 9.
Napoléon III, 15, 16 et passim.
Napoléon III (*Œuvres posthumes*), 205.
Napoléon, prince, 19, 22, 29.
Nélaton, docteur, 17.
Nélaton, docteur G., 18.
Neuf-Brisach, 198.
Neunhoffen, poste, 296, 301.
Ney, maréchal, 95.
Nicolas, général, 284 et passim.
Niel, maréchal, 16, 62, 96, 113, 127 et passim.
Noir, Victor, 110.
Nord, département, 52.
Notes sur l'organisation militaire de l'Allemagne du Nord, 39.

O

Observations sur la cavalerie, 154.
Observations sur les combats, 78, 99.
Offensive française (hypothèse), 311.
Officiers prussiens, 227.
Ollivier, Émile, 21, 26, 223.
Oncken, 66 et passim.
Opposition (l') sous l'empire, 38.
Organisation de l'armée, 55.

P

Pajol, général, 283.
Palikao (général de), 23.
Papiers et correspondance, 13 et *passim*.
Papiers sauvés des Tuileries, 37.
Papiers secrets, 22.
Parieu (de), 34.
Paris et la guerre, 50.
Pastré, maison de Marseille, 86.
Patorni, commandant, 139.
Patriotisme en France, 12, 41.
Patry, lieut^t-colonel, 53 et *passim*.
Pays de Bourjolly (général Le), 68.
Pellissier, maréchal, 66.
Persigny (duc de), 29.
Pestel (lieut^t-colonel von), 316, 331.
Phalsbourg, 381.
Pharaon, correspondance, 44.
Philebert, général, 104.
Philibert de Tournus, 115.
Picard, Ernest, 42.
Pierron, général, 85, 132 et *passim*.
Piétri, 50, 112.
Pinard, 38.
Pinget, capitaine, 11 et *passim*.
Piton, F., 134.
Plébiscite, 15, 110, 189.
Plan de Moltke, 249.
Plans d'opérations (nos), 199.
Police, 35.
Polytechnique, école, 92.
Ponchalon (colonel de), 10 et *passim*.
Pont-Jest (R. de), 209.
Potier, capitaine, 118.
Presse française, 43, 47.
Prévost, lieut^t-colonel, 195.
Prince royal de Prusse, 258, 343 et *passim*.
Priscott-Hawitt, docteur, 20.
Proudhon, 34.
Province (la) et la guerre, 52.
Pyat, Félix, 40.

R

Rabelais, 4.
Race française, 1.
Raiberti, député, 8.
Rambaud, A., 53.
Rambourg, L., 17.
Ranc, 40.
Randon, maréchal, 36.
Rang (officiers du), 93.
Ranke, 2.
Raoult, général, 364.
Rastatt, 261.
Reclus, Élisée, 2.
Recrutement de l'armée, 55.
Rédemptoristes de Douay, 36.
Redern (général von), 346.
Reffye (chef d'escadron de), 116 et 118.
Remplaçants (les), 56 et 107.
Renan, Ernest, 215.
Réserves (appel des), 127 et 189.
Rethel, 12 et 34.
Rex (colonel von), 347.
Rheinbaben (général von), 346.
Riant, député, 195.
Richard, Maurice, 21.
Rigault de Genouilly, amiral, 29 et *passim*.
Ricord, docteur, 18.
Rivière (général de), 148.
Roberts (général sir R. H.), 90.
Rochebouët (général de), 106.
Rochefort, Henri, 45.
Rome (corps d'occupation de), 355 et 384.
Rome (question de), 25 et 36.
Roon (général von), 226.
Rosetti, colonel, 104.

Rothan, G., 13, 169, 240 et *passim*.
Rouher, 16, 17 et 28.
Rouland, 26.
Rousset (lieutenant-colonel), 10 et *passim*.
Russie, 250, 313 et 392.
Rüstow, colonel, 139.

S

Sadowa, 39.
Sadowa français, 27.
Saint-Arnaud (maréchal de), 73 91.
Saint-Cloud (départ de), 298.
Saint-Cyr, école, 91.
Saint-Féréol (de), 393.
Saint-Just (lieutenant de), 176.
Saint-Vincent de Paul (société de), 36.
Samuel, commandant, 39, 268 et *passim*.
Santé (service de), en Allemagne, 233.
Santé (service de), en France, 87 et 182.
Sarazin, docteur, 14 et *passim*.
Sarrebruck, 277 et *passim*.
Sarrebruck (combat, 2 août), 324, 355 et 367.
Sarreguemines, 324.
Sarrelouis, 260, 277, 322, 325, 350 et 356.
Schall, abbé, 37.
Schell (major von), 364.
Schenck, commandant, 376.
Schlestadt, 198.
Schneider, président, 29.
Schneider, L., 218, 222 et *passim*.
Secours aux blessés, société, 88.
Sée, docteur G., 16 et 17.
Seinguerlet, 22.

Seltz, escarmouche, 1er août, 364.
Serpin, capitaine, 372.
Service obligatoire en France, 9.
Seubert (colonel von), 324, 366, 391.
Siebecker, 41.
Sierck, 274.
Signy-l'Abbaye, 34.
Soldat allemand, 228.
Soldat français, 108.
Soleille, général, 141 et *passim*.
Soult, maréchal, 55.
Sous-officiers français, 95.
Sous-officiers prussiens, 228.
Souvenirs d'un vieux critique, 42.
Suckow (général von), 259.
Süddeutsches Heerwesen und Süddeutsche Politik, 217.
Steinmetz (général von), 258 et *passim*.
Stoffel, colonel, 6, 236 et *passim*.
Strasbourg, 197.
Sturzelbronn, 296, 301.

T

Tarret, commandant, 53 et *passim*.
Tente-abri, 121.
Théremin d'Hame, général, 135.
Thibaudin, lieut-colonel, 358.
Thiers, Adolphe, 27, 30, 33, 38, 245.
Thionville, 198.
Thoumas, général, 5, 55 et *passim*.
Titeux, lieut-colonel, 70 et *passim*.
Tocqueville (de), 10.
Tonnelie, 13.
Transports de concentration français, 156.
Transports de concentration allemands, 261.

Transvaal, guerre, 72.
Trochu, général, 6 et *passim*.
Trois mois à l'armée de Metz, 101 et *passim*.
Troppmann (Affaire), 43.
Tyrannie prussienne (La), 6 et *passim*.

V

Vaillant, maréchal, 61, 65.
Valfrey, 67.
Vatry, lieut-colonel, 249.
Vauban, 106, 194.
Vaucluse, 52.
Verdy du Vernois, lieut-colonel, 12, 344 et *passim*.
Vergé, général, 358 et *passim*.
Verly, A., 24, 104.
Vial, lieut-colonel, 84.
Vimercati, comte, 355.
Vitet (Auguste), 42.
Vivres, 180.

W

Wagner, Richard, 6.
Waldersee (major von), 100, 106, 312.
Waldner-Freundstein (général de), 374.
Weidner, 229.
Wilmowski (von), 49.
Wimpffen (général de), 12, 35 et *passim*.
Wissembourg (combat, 4 août), 49, 276, 307, 323.
Wolf, intendant général, 162, 171, 180.

Y

Y. K., *La sortie de la Marne*, 293.

Z

Zastrow (général von), 389.
Zeppelin, reconnaissance, 285.

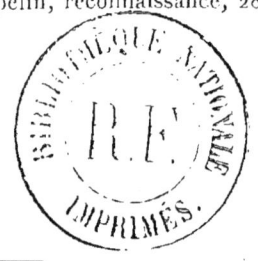

TABLE DES MATIÈRES

                                                                      Pages.

INTRODUCTION   v

LIVRE Ier

LA FRANCE
LA NATION ET L'ARMÉE

I. — LA NATION

La race. — État moral. — Le mensonge historique. — La vanité nationale. — Les progrès du luxe. — Idées dominantes. — L'esprit militaire. — Le patriotisme. — L'espionnage allemand   1

II. — L'EMPEREUR

Le souverain. — L'homme. — Déclin de ses forces physiques. — Premiers symptômes de maladie. — Consultations du 20 juin et du 1er juillet 1870. — État physique pendant la guerre. — Responsabilités encourues   15

III. — L'IMPÉRATRICE

La femme. — La souveraine. — La cour. — Les responsabilités de l'impératrice   22

IV. — LE GOUVERNEMENT

Affaiblissement du régime impérial. — Son évolution du 2 janvier. — Le plébiscite. — Situation du cabinet. — L'impératrice. — La régence . . .   26

V. — L'ADMINISTRATION

Les finances. — Le budget. — Les dépenses militaires. — Les fonctionnaires. — La centralisation. — Ses effets. — La justice. — La police. — Le clergé   30

VI. — L'OPINION

Pages.

Le Corps législatif de 1863 et de 1869. — Les dépenses militaires et les députés. — Le Corps législatif et la guerre. — L'opposition et l'idée de patrie. — L'internationale. — La presse 38

VII. — PARIS ET LES DÉPARTEMENTS

Paris et la guerre. — Patriotisme tapageur. — Les départements. — L'ensemble 50

VIII. — ORGANISATION DE L'ARMÉE.

Recrutement. — Organisation. — Composition de l'armée. — Absence de grandes unités permanentes 55

IX. — LE COMMANDEMENT

L'empereur chef d'armées. — L'empereur et la guerre. — Les généraux. — Excès de centralisation. — L'initiative. — Les idées régnantes. — Les ordres 64

X. — LES ORGANES DU COMMANDEMENT

L'état-major. — Le dépôt de la guerre. — L'administration. — Le service de santé 82

XI. — LES CADRES

Nos écoles militaires. — Saint-Cyr. — École polytechnique. — Le corps d'officiers. — Les sous-officiers 90

XII. — L'INSTRUCTION

L'instruction d'ensemble. — L'infanterie. — Le service d'avant-postes. — La cavalerie. — L'exploration et la sûreté. — Les armes spéciales . . . 97

XIII. — ÉTAT MORAL

Le soldat. — Les remplaçants. — L'éducation morale. — La discipline. — La tenue 107

XIV. — LE MATÉRIEL

Pages.

Le fusil Chassepot. — L'approvisionnement d'armes. — Le canon. — La mitrailleuse. — L'armement des places. — La tenue de campagne . . . 113

XV. — LA MARINE

Le budget. — Les effectifs. — La flotte. — Études en vue de la guerre. — La diversion dans la Baltique. 123

LIVRE II

LA CONCENTRATION FRANÇAISE

I. — L'APPEL DES RÉSERVES

Absence de règles précises. — Premières dispositions. — L'appel des réservistes. — Leur incorporation. — L'indiscipline 127

II. — DÉTAILS DE LA MOBILISATION

Les états-majors. — L'infanterie. — La cavalerie. — Les armes spéciales. — La garde mobile. — La garde nationale et les corps francs 137

III. — ORGANISATION DE L'ARMÉE DU RHIN

Le plan de 1868. — Les trois armées. — L'armée du Rhin. — Le haut personnel. — Les divers éléments 147

IV. — LES TRANSPORTS DE CONCENTRATION

La préparation des transports. — La commission des chemins de fer. — Les transports de 1870. — Absence de direction. — Désordre des embarquements. — Les isolés. — L'indiscipline. — Encombrement des gares. . . 156

V. — LA ZONE DE CONCENTRATION

Pages.
Noyaux de concentration. — Dispositif en cordon. — La cavalerie. . . . 165

VI. — LE COMMANDEMENT

Les états-majors. — État moral. — Indécision du commandement. — Contre-ordre et désordre 168

VII. — LES TROUPES

État moral. — Armement. — Équipement. — Parcs et munitions. — L'intendance. — Les vivres. — Le service de santé. — Les équipages. — Les cartes 174

VIII. — LES EFFECTIFS

Effectif total. — Les non-valeurs. — Les mécomptes. — Les engagements volontaires. — Les forces disponibles. 188

IX. — NOS PLACES FORTES

La fortification en France. — État des places fortes. — Metz. — Strasbourg. — Les petites places. 193

X. — NOS PLANS D'OPÉRATIONS

Le plan de 1868. — Le plan de l'archiduc Albert. — Le plan de l'empereur. — Discussion. 199

XI. — LA MARINE

Préparation à la guerre. — La mobilisation. — Premières dispositions au dehors 209

LIVRE III

L'ALLEMAGNE

I. — LE PAYS

Pages.
La race. — La haine de la France. — Tendances particularistes. — L'Allemagne et la guerre. — L'unité morale............... 213

II. — LE ROI GUILLAUME

Réorganisation de 1860. — Guerre de 1866. — Le roi Guillaume. — Moltke. — Roon................................... 220

III. — L'ORGANISATION MILITAIRE

L'état-major prussien. — Le corps d'officiers. — Les sous-officiers. — Le soldat.................................. 227

IV. — LES FORCES MILITAIRES

L'infanterie. — La cavalerie. — L'artillerie. — Les pionniers. — Les services divers. — Les armées du Sud. — La marine........... 230

V. — LA MOBILISATION

Mesures préparatoires. — L'ordre de mobilisation. — Les différentes armes. — Armement des places. — Les États du Sud. — Les effectifs. — La marine. — La défense des côtes................... 237

VI. — LE PLAN DE MOLTKE.

Plans d'invasion avant Moltke. — Ses études de 1857 à 1870. — Le plan de 1868-1869. — Discussion. — Ordre de bataille des armées allemandes.. 249

VII. — LA CONCENTRATION

Mesures de sécurité. — Les transports. — Concentration projetée..... 260

VIII. — LA COUVERTURE ALLEMANDE

Pages.

La couverture sur la Sarre. — Dans le Palatinat. — Renforts. — La rive droite du Rhin 263

LIVRE IV

PREMIÈRES OPÉRATIONS

I. — DU 15 AU 19 JUILLET

Commandement provisoire du maréchal Bazaine. — Premiers renseignements sur l'ennemi. — Ses forces réelles. — La concentration des 2e et 5e corps. — Nouvelles de l'ennemi. — Premières tendances à la défensive 267

II. — DU 20 AU 23 JUILLET

Le 20 juillet. — Nouvelles tendances à la défensive. — Ducrot en Alsace. — Le 21 juillet. — Le 22 juillet. — Le 23 juillet 274

III. — DU 24 AU 25 JUILLET

Le 24 juillet. — Mouvement du 5e corps sur Sarreguemines. — Les Allemands. — Reconnaissance Zeppelin. — Le 25 juillet. — Mouvement de Ducrot sur Frœschwiller 283

IV. — DU 26 AU 27 JUILLET

Le 26 juillet. — Renseignements sur l'ennemi. — Offensive projetée. — Le 27 juillet. — Nouveaux renseignements 289

V. — LE 28 JUILLET

L'empereur à Metz. — Sa proclamation à l'armée. — Le 28 juillet. — Ducrot en Alsace. 298

VI. — LE 29 JUILLET

Pages.

Renseignements sur l'ennemi. — Sa répartition exacte. — Nos emplacements. — Nos effectifs. — Les projets de l'empereur. — Les mouvements du 29 juillet. — Le 1er corps en Alsace. 303

VII. — HYPOTHÈSE DE L'OFFENSIVE FRANÇAISE

Renseignements sur l'armée française. — Moltke et la surprise stratégique. — Mesures pour y parer. — Ses résultats probables 311

VIII. — LE 30 JUILLET

Renseignements sur l'ennemi. — Double concentration vers la Sarre. — Dans le Palatinat. — Ducrot et l'occupation de Wissembourg. — Prétendue concentration dans la Forêt-Noire. — Genèse de l'opération sur Sarrebruck. — Ordres pour les 31 juillet et 1er août. — Ordres pour le 2 août. — Les Allemands le 30 juillet 321

IX. — LE 31 JUILLET

Renseignements sur l'ennemi. — Indications d'ensemble. — Conférence de Forbach. — Mouvements opérés le 31. — Emplacements des troupes. . 333

X. — LES ALLEMANDS

Ordres donnés aux armées allemandes. — Offensive prescrite à la IIIe armée. — Ordres du prince royal. — Emplacements des Allemands. — Leur cavalerie. — État de leur préparation. 342

XI. — LE 1er AOUT

Renseignements sur l'ennemi. — Le commandement suprême. — Ordres pour le 2 août. — Mouvements du 1er. — Les Allemands 350

XII. — COMBAT DE SARREBRUCK (2 août)

Sarrebruck. — Ses abords sud. — Emplacements des deux adversaires. — Ensemble de l'opération. — Colonne Thibaudin. — Brigade Bastoul. — Brigade Haca. — Retraite des Prussiens. — Brigades Micheler et Doëns. — Détachement du Ferron. — Pertes. — L'empereur et Bazaine. — L'impression et les résultats d'ensemble 367

XIII. — L'ARMÉE, MOINS LE 2ᵉ CORPS, LE 2 AOUT

Pages.

Les 5ᵉ, 3ᵉ, 4ᵉ corps. — En Alsace. — Le 7ᵉ corps. — Mouvements prescrits au 1ᵉʳ corps. — Leurs dangers. — Renseignements sur l'ennemi. — Les Allemands au 2 août. — Le roi à Mayence. — Les armées. — L'offensive sur la Lauter 381

XIV. — PREMIÈRES OPÉRATIONS MARITIMES

Départ de Bouët-Willaumez. — L'escadre du prince Adalbert. — Nos bâtiments dans les eaux danoises. — Hésitations de Bouët-Willaumez. — Son entrée dans la Baltique 392

ANNEXES

Annexe 1 : Répartition de l'armée française en mai 1870 397
Annexe 2 : Effectif moyen depuis 1860 399
Annexe 3 : Nos effectifs théoriques de guerre en 1868 400
Annexe 4 : Effectifs en rationnaires du 27 juillet au 2 août 402
Annexe 5 : Ordre de bataille de l'armée du Rhin :
    Maison militaire et grand quartier général 406
    Garde impériale 409
    1ᵉʳ corps d'armée 414
    2ᵉ corps d'armée 421
    3ᵉ corps d'armée 427
    4ᵉ corps d'armée 434
    5ᵉ corps d'armée 439
    6ᵉ corps d'armée 445
    7ᵉ corps d'armée 452
    Réserves générales 457
    Récapitulation pour l'ensemble de l'armée du Rhin . . . 462

Index 463
Table des matières 473

CROQUIS

Nº 1. Emplacement des armées au 31 juillet.
Nº 2. Combat de Sarrebrück, 2 août 1870.

Nancy, impr. Berger-Levrault et Cⁱᵉ.

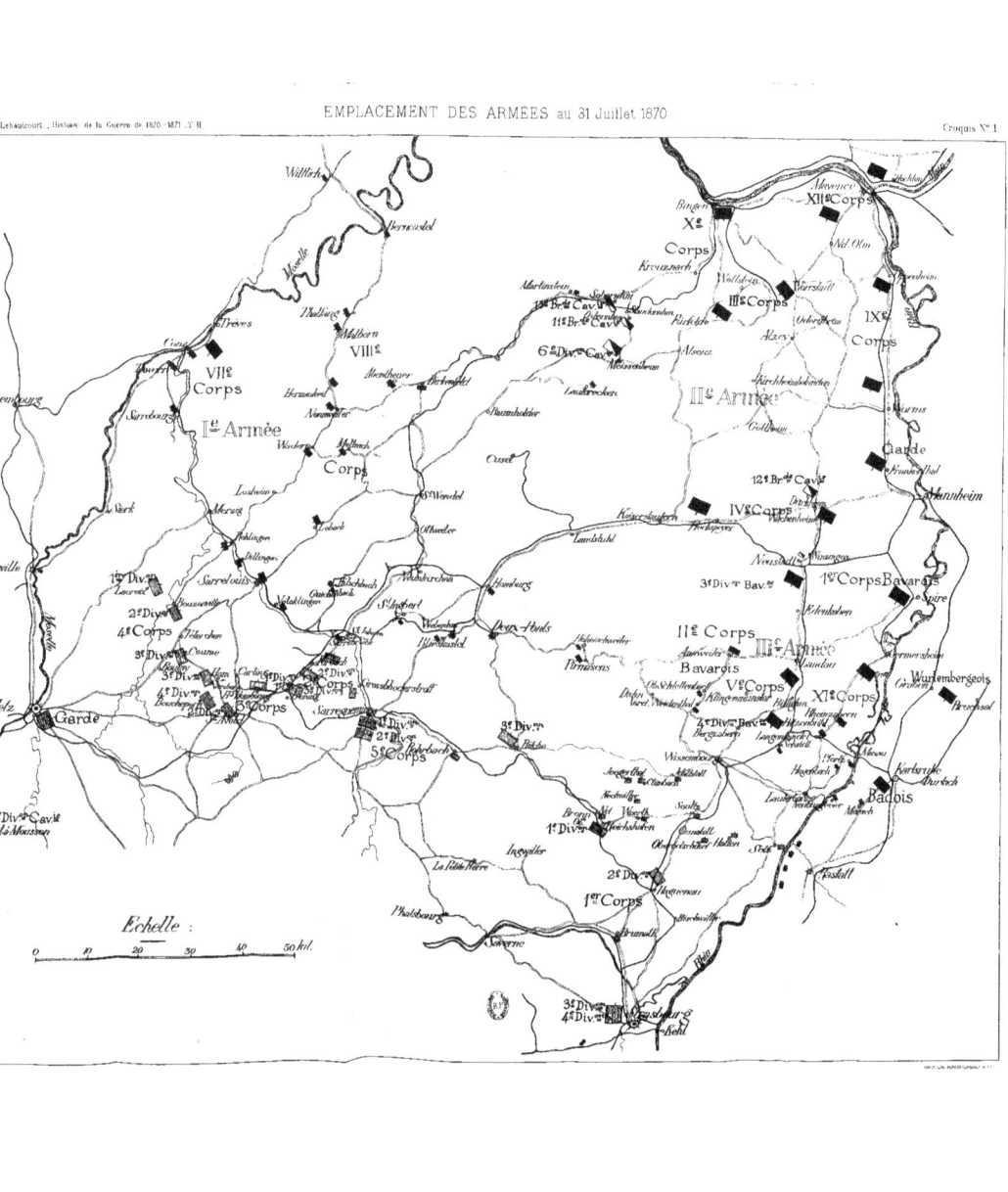

EMPLACEMENT DES ARMÉES au 31 Juillet 1870.

COMBAT DE SARREBRUCK 2 Août 1870.

P. Lehautcourt. _ Histoire de la Guerre de 1870-1871. _ T. II.

Croquis N° 2.

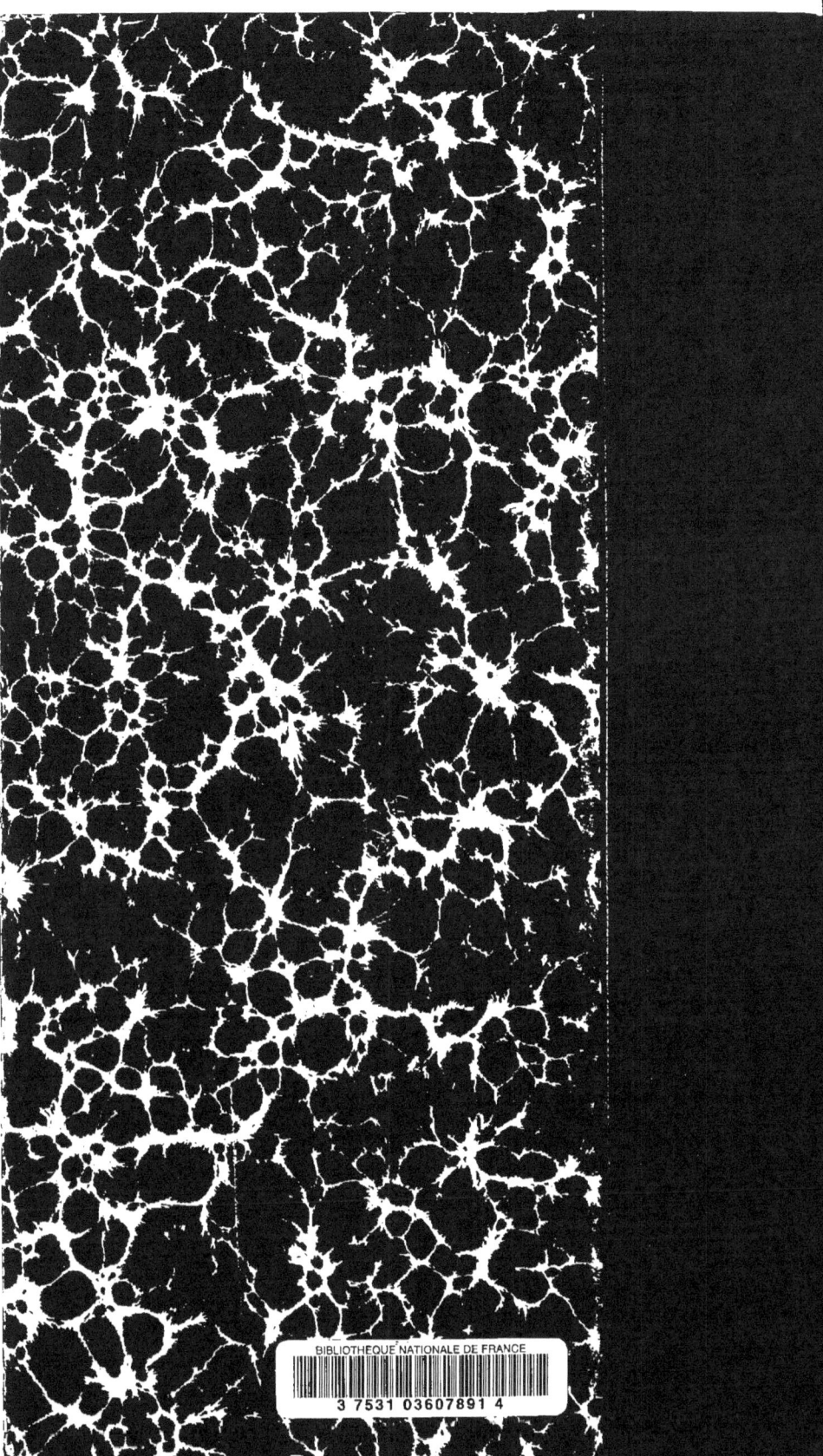

www.ingramcontent.com/pod-product-compliance
Lightning Source LLC
Chambersburg PA
CBHW071708230426
43670CB00008B/939